大数据与裁判规则
系列丛书

房地产纠纷裁判精要与裁判规则

张嘉军 等 —— 著

河南省高等学校哲学社会科学研究优秀学者资助项目
《民事诉讼程序实证研究》（2019-YXXZ-17）
2021年度河南省高等学校哲学社会科学基础研究重大项目《新时代检察民事公益诉讼基本程序体系研究》资助项目

人民法院出版社　|　People's Court Press

图书在版编目（CIP）数据

房地产纠纷裁判精要与裁判规则 / 张嘉军等著. -- 北京：人民法院出版社，2021.9
（大数据与裁判规则系列丛书）
ISBN 978-7-5109-3246-5

Ⅰ. ①房… Ⅱ. ①张… Ⅲ. ①房屋纠纷—审判—案例—中国 Ⅳ. ①D925.118.25

中国版本图书馆CIP数据核字（2021）第156741号

房地产纠纷裁判精要与裁判规则
张嘉军 等 著

策划编辑	李安尼
责任编辑	巩 雪
出版发行	人民法院出版社
地　　址	北京市东城区东交民巷27号（100745）
电　　话	（010）67550658（责任编辑）　67550558（发行部查询）
	65223677（读者服务部）
客 服 QQ	2092078039
网　　址	http://www.courtbook.com.cn
E - mail	courtpress@sohu.com
印　　刷	天津嘉恒印务有限公司
经　　销	新华书店
开　　本	787毫米×1092毫米　1/16
字　　数	600千字
印　　张	35.5
版　　次	2021年9月第1版　2021年9月第1次印刷
书　　号	ISBN 978-7-5109-3246-5
定　　价	108.00元

版权所有　侵权必究

房地产纠纷裁判精要与裁判规则
撰稿人名单

撰稿人（以撰写先后为序）

张嘉军　李慧娟　马　斌　陈同柱

安帅奇　靳　楠　段阶尧　李巍华

陈　城　常珂豪　高铭泽

统稿人　张嘉军

序

党的十八大以来，以习近平同志为核心的党中央高度重视司法案例对于推进法治建设、促进司法公正、加强法治宣传教育的重要作用。党的十八届四中全会作出决定，要求加强和规范案例指导，统一法律适用标准。最高人民法院院长周强强调，要充分运用大数据全面推进司法案例工作，积极构建司法案例研究大格局，将其作为一项重要的基础性、全局性、常态性工作规划和部署，推进审判体系和审判能力现代化，实现司法为民、公正司法。

司法案例是总结审判经验、诠释法律精神的重要载体，我国自古以来便有重视案例研判的传统，律例并行、以例补律是中华法系的突出特点，"比附援引"是中国古代的一种重要法律形式。周代断狱的"邦成"，秦代的"廷行事"，汉代的"决事比"，隋朝的"断罪无正条"，唐代的"出罪举重以明轻，入罪举轻以明重"，宋代的"断例"，元代的"格例、条格"，清代的比附"成案"，都是重视司法案例、以典型案例作为裁判指引和参考的表现。

在中国历史上，司法案例与成文法曾出现过三次较为明显的结合。从西周初年的以例断狱到战国时期的成文法，再到西汉时期的律例并用，两者出现了首次融合。汉代《九章律》不足，于是就有了"决事比"，当时仅处以死罪的"决事比"就高达 14 372 条。这一现象贯穿中国古代始终，唐律疏议、大明律、大清律等法典的条文之后都附有数目众多的"例"，在当时起到了注释法律的作用。第二次融合现象出现在"清末修律"之后，大理院在当时创制了大量案例，以解决日本学者仿效欧洲移植到中国的成文法的适应性问题。中华民国时期，尽管"六法全书"被认为建立了较为完备的法律体系，但该体系中仍然包含了众多案例。20 世纪 40 年代后，由于多重因素使然，旧法统曾出现过由成文法"一边倒"的局面转而向英美法靠拢、对案例进行制度化建设的趋势。第三次融合，则发生在中华人民共和国成立之后。

中华人民共和国成立以来，我国通过案例提炼司法智慧和审判经验的努力历程久远。中华人民共和国成立初期，我国成文法尚不完备，运用案例积累立法经验、回应司法实践需求、以案例指导审判工作成为当时一项重要的司法探索和实践。毛泽东同志针对当时法制方面的问题指出："不仅要制定法律，还要编案例。"自1953年开始，最高人民法院历时数年调集各地案例，起草了著名的《1955年以来奸淫幼女案件检查总结》，并于1957年下发执行。1955年10月，针对当时确定罪名、适用刑罚司法尺度不一的现象，时任最高人民法院院长董必武同志主持最高人民法院调阅各级法院审结的19 200件案件，总结拟定了当时审判工作通用的9类罪、92个罪名和10个刑种。①1956年董必武同志提出："要注重编纂典型案例，经审定后发给各级法院比照援引。"1962年12月，《最高人民法院关于人民法院工作若干问题的规定》要求"总结审判工作经验，选择案例，指导工作"。1976年，最高人民法院印发"刘殿清案"等9个典型案例，②指导各级法院开展工作，在当时对国家拨乱反正、匡扶社会正义、树立司法权威等起到了关键作用。

党的十一届三中全会召开之后，刑法、民法通则、婚姻法、刑事诉讼法等法律相继颁布施行，针对审判实践中出现的法律适用问题，最高人民法院开启了运用案例解释法律、配合有关法律和司法解释指导审判实践的尝试，并将其作为对下级法院审判工作进行监督和指导的重要措施。1983年，时任最高人民法院院长郑天翔指出，要利用具体案例指导各级人民法院的审判工作，对人民群众进行具体、生动而实际的法律教育。1983年至1988年间，最高人民法院以内部文件形式下发了一些案例，对一些重大、复杂、新型的刑事案件的定罪、量刑问题提供范例，为改革开放中新出现的民事、经济纠纷案件提供审判参考。1985年，《最高人民法院公报》在创刊号上发布了15个案例，并于其后的十年间发布了168个案例。将案例定期在《公报》上发布，表明我国的司法案例制度逐渐步入规范化轨道。

1989年4月29日，时任最高人民法院院长任建新提出，在法制不健全、

---

① 参见《建立中国特色案例指导制度》，载四川法制报官网，https://legal.scol.com.cn/2011/01/11/20110111852324050023.htm#，最后访问时间：2020年8月11日；"两高"高层力推中国案例指导制度构建》，载新浪网，http://news.sina.com.cn/c/sd/2010-08-18/110420923277.shtml，最后访问时间：2020年8月11日。

② 石磊：《人民法院司法案例体系与类型》，载《法律适用》2018年第6期。

法律不完备的情况下，中央要求最高人民法院"要更多地搞点案例"，"案例对下级法院做好审判工作是很有指导作用和参照作用的，而发布案例只能由最高人民法院来做"。这一时期，所有的案例都在《公报》上公开发布，公开性和透明度大大提高，发布案例的程序较过去也更加规范。1996年后，各地法院也开始编辑典型案例，案例的发掘、推广、研究和运用逐步由自发性生长、制度化探索走向多元化发展的道路。

党的十五大以后，最高人民法院着手进行案例指导的制度性建设。1999年，《人民法院五年改革纲要》明确提出要编选典型案例，供下级法院审判类似案件时参考。2005年，《人民法院第二个五年改革纲要（2004—2008）》首次以正式文件的形式提出"建立和完善案例指导制度"。2008年12月，《中央政法委员会关于深化司法体制和工作机制改革若干问题的意见》将案例指导作为国家司法改革的一项重要内容。2010年11月26日，《最高人民法院关于案例指导工作的规定》要求："最高人民法院发布的指导性案例，各级人民法院在审判类似案件时应当参照。"这标志着中国特色的案例指导制度正式确立。

自最高人民检察院2010年发布了第一批3件指导性案例、最高人民法院2011年发布第一批4个指导性案例以来，截至2021年8月，最高人民法院颁布了28批共162件指导性案例，最高人民检察院也发布了28批110件指导性案例，在解释法律、统一法律适用标准、规范司法行为等方面发挥了积极的作用。

司法案例是我国法治进程的真实记录和见证，蕴藏着法律的经验和秩序，浓缩着人类法律智慧赋予的温情与正义。作为法治的基本单位，案例几乎蕴涵着所有与法有关的信息，其不仅集中展现制度的冲突与整合，而且充分显示了司法运行的实际及制约因素。相较于司法解释固有的局限性，司法案例在弥补制定法不足方面更具有针对性、及时性和明确性，更有利于将法官的自由裁量权约束到一个相对合理的限度内。作为司法公共服务产品，以及国家立法的先行验证和实践支撑，其已然成为国家治理的重要依据。

强调司法案例重要作用的同时，不容忽视的是，司法案例作为经验主义哲学的产物，其本身也存在一定的局限性。重视案例并不意味着要以案例改变甚至取代法律和司法解释的地位和作用。对司法案例进行的类似性判断，是逻辑上类比推理等方法的运用，对此必须谨慎对待，不仅应注重类比推理过程的合理性，同时更应重视规范分析的根基地位。类似性比对应以案件要素事实为基础，考量案件关键事实、法律关系、案件争点、争议法律问题是否具有相似性。在对实定法秩序进行体系化解释的过程中,要坚持司法中心主义,既给价值判断留出适当的弹性空间,同时也应注重保持法律体系的相对封闭性,在尊重案例事实的基础上完成理论抽象,以此保证案例作用发挥的科学性。

当前,我国裁判文书公开的全面性、及时性、公开内容的规范化程度还存在一定的提升空间,指导性案例在数量、质量,以及援引适用的状况距离司法实践需求还存在一定的距离。在我国法学发展和法治建设的时代背景下,案例研究理应成为法学研究的重要方法。

中国司法案例研究中心自成立以来,始终致力于发现、树立、推广具有独特价值的案例,深度挖掘其中蕴含的裁判方法和法律思维,充分发挥这些案例独特的启示、指引和示范功能,目前已经基本建设成较为智能、高效、便捷的典型案例推广平台、法学理论研究平台、法律工作者服务平台、普及法律知识平台和司法交流合作平台,发挥了以案例分析法律、丰富法律、普及法律的作用,为探索和推动切合我国国情和司法实际的本土案例研究范式树立了较为成功的典范。

本套丛书不仅是中国司法案例研究中心多年研究成果的总结和回顾,同时也是对司法大数据与审判经验深度融合进行制度探索的经验归纳与凝练。从内容上看,丛书集中选取了一批权威度高、影响力广泛的案例进行精心编排、整理编辑,其中也不乏一些适用法律和司法解释准确、说理充分的文书范例。本套丛书基于案例,但又不局限于汇编案例,研究中心的学者在案例研究的基础上,对案例所涉基本理论、裁判要旨、争议要点等进行了重点解读、详尽阐述和深入解析,对案件事实认定和法律适用过程中可能出现的容易引起混淆和误解的问题进行了尽可能全面、客观的适用指引。通读本套丛书,不仅可以全面掌握蕴藏在典型案例中的制度规则,以及该制度规则的理论背景、学术观点,了解权威法律机关对具体法律适用问题的司法政策、观点,准确理解和掌握法律条文及司法解释的精神和原义,而且还能够获取大量可参照、可复制的释法说理的思路与方法,其中的分析与观点深具启发,具有一定的指导及参考价值。

本套丛书契合我国司法实际,无论是内容编排还是案例选取,都始终注重其专题性、典型性、代表性和新颖性,不仅对司法实务有重要的参考价值,可资成为法官、检察官、律师、仲裁员在审判实践中参考的工具书,而且能够为法学理论研究提供生动的素材,也可作为法科学生学习的辅佐性案例参考。本套丛书在编排过程中，注重结构体系的系统性，以及案例来源、法律观点的权威性，故而也能够为法科学生以及法律爱好者进行法学专业知识学习提供参考和帮助。使用本书时，应注意国家最新公布的法律和最高人民法院最新颁布的司法解释，凡与前者有抵触的，应以前者为准。

是为序。

河南省高级人民法院副院长　王韶华
二○二一年八月

前 言

　　由于法学传统渊源之差异，两大法系形成了截然不同的裁判规范路径。大陆法系形成了以成文法为主体的裁判规范体系，英美法系则形成了以案例为主体的裁判规范体系。尽管二者的终极目标都是为了判决的公正，但是二者对法官的要求却有所不同。前者需要法官对现有法律规定有全面把握与理解，后者需要法官对过往案例了然于心。两大法系在裁判思路上的差异，并不影响其在各自反思基础上相互吸收与靠拢。大陆法系国家在继续坚持成文法裁判规范思路之时，开始发布部分案例，指导各级法院的审判。英美法系在继续秉持案例法裁判规范思路的同时，也开始颁布部分成文法，注重依据法律规定进行裁判。任何体系或制度貌似拥有抵御外来知识或文化侵入的坚硬外壳，但并非说明其坚不可摧甚或恒久不变。变与不变主要取决于这一体系或制度在历史变迁中适应社会经济发展的能力，当这一能力并不能完全契合社会经济发展需要时，就应作出自身的调整和变革，否则这一体系或制度只能被抛弃，或者被其他新的体系或制度所取代。大陆法系的成文法裁判规范体系与英美法系案例法裁判规范体系的相互吸收与借鉴，一方面固然说明了两大法系在世界全球化背景下的相互融合与接近，另一方面也说明了这两种裁判规范体系在历史发展进程中已经遭遇到了需要作出改变的内外压力。两大法系在裁判规范思路上的变化，让两大法系各自不同的裁判规范体系更具有张力与适应性。

　　我国是成文法国家，法律的明文规定系我国法院裁判规范的主要依据。随着改革开放的不断深入，我国的法学和司法也成为世界全球化浪潮的"弄潮儿"。两大法系的法学和司法知识大量传入我国，我国的法学和司法也走出了国门。我国众多法律制度的制定或修改，在注重本土化的同时，也或多或少地吸收和借鉴了两大法系国家或地区的相关制度。在这一过程中，我国关注到了英美法系的案例法制度，也注意到了大陆法系开始建设有限的案例制度。这些新变化和新走向，对我国裁判规范体系的影响无疑是深远的。最高人民法院于

2011年开始发布指导性案例以来，最高人民法院已经发布多批次指导性案例用以指导各级法院法官的裁判。尽管我国的指导性案例并不具有英美法系案例较高的法律位阶层次，但是指导性案例也可以作为裁判主文的引用规范，即指导性案例具有司法解释的功用。具有我国特色的案例指导制度在我国已经形成并已深深嵌入我国的司法体系之中，这一点是毋庸置疑的。但是我国这一特色的案例指导制度也存在一些问题：一是指导性案件多为新颖性、造法性案例。对于广大一线法官而言，有些指导性案例并"不接地气"。二是指导性案例的数量有限，涵盖面不足，指导性案例与广大一线法官需求之间的张力日益明显。对我国裁判具有划时代意义的"中国裁判文书网"于2013年7月1日正式上线，在中国裁判文书网上公布生效裁判文书截至有121 395 946余份。这些"浩如烟海"的"海量"裁判文书为一线法官办案时查找相关案例作为参考提供了极大的便利。中国裁判文书网上公布的案例，弥补了指导性案例对一线法官办案指导性不足以及有时"不接地气"的问题。正是看到了这一点，不少纸质媒体和新媒体等都及时发布各类案件的裁判规则以及裁判精要，内容丰富、灵活多样，契合了司法实践的需求，受到司法实践者和法学爱好者的青睐。河南省高级人民法院与郑州大学联合成立的"中国司法案例研究中心"以最高人民法院的生效判决为基础梳理了大量类案并形成了一系列"裁判精要和裁判规则"，这些"裁判精要与裁判规则"涉及实体法和程序法的诸多内容。其中部分"裁判精要与裁判规则"已经在该中心的微信公众号——"判例研究（Chinese case）"上推送，反响较大、社会效果好。是故，本中心将已经在"判例研究（Chinese case）"上推送的以及尚未推送的"裁判规则"整理出版，以飨读者。该书具有但并不限于以下特点：

一是权威性。本书收录的裁判规则优先选择了最高人民法院的生效裁判文书，对相同案件的裁判规则和裁判思路进行梳理。在此基础上提炼形成的裁判规则和裁判思路一定程度上代表了这一时期的司法水准，对各级法院裁判的参考性和权威性更强。

二是适用性。本书紧扣当前司法实践中的热点或难点，梳理相关生效判决中的裁判规则与裁判思路。这样的进路，更能贴近司法现实的需要。该书所收录的裁判规则和裁判精要更契合一线司法工作人员、律师等人的办案需求。因此，本书的适用性更强。

三是专题性。本书收录的有关最高人民法院等生效裁判的裁判规则与思路聚焦于房地产纠纷领域，详细梳理了涉及房地产权属纠纷、房地产建设纠纷、业主和物业纠纷、相邻权纠纷等房地产纠纷领域的裁判规则与思路。这样的裁判规则内容，更有助于法官、检察官、律师、学者以及法科学生进行专题化使用与学习。

四是体系性。为便于读者更为全面地了解某一问题的相关内容，本书在对每一个裁判规则梳理时，都涵盖导论、基本理论、裁判规则、结语四部分内容，凸显其体系性。

中国司法案例研究中心推出的"大数据与裁判规则"系列丛书，显然并非传统意义上的学术专著，其更是在归纳整理相关知识点以及相关法律和司法解释规定基础上，再归纳梳理相关案件的裁判规则和裁判思路。这样的"研究"进路意在探寻和发现司法实践中最为鲜活生动的一面——法官裁判的精髓，即承载着法官对法律和案件事实经验智慧的裁判规则，并将其呈现在广大学者、法官、检察官、律师以及法科学生面前，供其研究、参考办案与学习之用。尽管其深度有限，但其对于我国法治建设的贡献或许并不亚于深奥的学术专著。

本书仅为这一研究进路的第四部有关"裁判规则"书籍，今后我们将秉持这样的进路继续跋涉，陆续推出"大数据与裁判规则系列丛书"，为法治建设尽一份绵薄之力！

是为前言。

张嘉军
二〇二一年七月二十八日于盛和苑

目 录

第一章 房地产权属纠纷

序 论 ·· 003

第一节 预购商品房抵押贷款合同纠纷 ···································· 004
  一、导论 ·· 004
  二、预购商品房抵押贷款合同的基本理论 ································ 005
    （一）预购商品房抵押的概念 ·· 005
    （二）预购商品房抵押的性质 ·· 005
    （三）预购商品抵押权预告登记的效力 ······························· 006
    （四）商品房买卖合同变动对抵押权的影响 ························· 006
  三、关于预购商品房抵押合同纠纷的裁判规则 ·························· 007
    （一）房屋抵押权预告登记的权利人，在未办理房屋抵押权登记之前，其享有的是当抵押登记条件成就或约定期限届满时对抵押房屋办理抵押权登记的请求权 ···················· 007
    （二）预购商品房抵押权预告登记的对象为将来设立抵押权的请求权，该请求权虽经预告登记后产生了一定的物权效力，但并不产生抵押权设立的法律后果 ···························· 008
    （三）预购商品房作为正在建造中的房屋进行抵押，只要办理了抵押登记，人民法院就可以认定抵押有效 ················· 009

（四）当事人以预售商品房抵押的，登记机关应当在抵押合同上作记载，抵押的房地产在抵押期间竣工的，当事人应当在抵押人领取房地产权属证书后，重新办理房地产抵押登记 … 010

（五）房屋抵押设定成功，则阶段性连带保证的任务完成，银行获得借款人的房屋抵押担保之时就是房产开发商的阶段性保证期间届满之时 … 011

四、结语 … 012

第二节　商品房按揭贷款合同纠纷 … 013
　一、导论 … 013
　二、商品房按揭贷款合同纠纷的基本理论 … 013
　　（一）我国商品房按揭的分类 … 013
　　（二）预售商品房按揭的法律性质 … 014
　　（三）我国商品房按揭所涉及的法律关系 … 015
　　（四）按揭与抵押的区分 … 015
　三、关于商品房按揭贷款合同纠纷的裁判规则 … 017
　　（一）商品房按揭贷款合同的签订并非完全取决于买受人的还款能力，银行对经济形势等因素以及贷款合同保证人的资信状况和担保能力同样关注 … 017
　　（二）按揭贷款的方式是分期支付房款 … 018
　　（三）在商品房销售合同纠纷和金融借款合同纠纷合并审理时，可由贷款的实际收取方即房地产开发企业直接将购房贷款返还银行，并直接向银行承担购房人应当承担的责任 … 019
　　（四）商品房买卖合同的双方仅就买卖合同提起诉讼时，按揭银行有权作为有独立请求权的第三人主动要求参加该案诉讼 … 020
　四、结语 … 022

第三节　商品房预约合同纠纷 … 023
　一、导论 … 023
　二、商品房预约合同的基本理论 … 024
　　（一）预约合同的概念 … 024

  （二）预约合同的效力 ……………………………………………… 024
  （三）商品房买卖预约合同的界定标准 …………………………… 025
  （四）预约合同与本约合同 ………………………………………… 026
 三、关于商品房预约合同纠纷的裁判规则 …………………………… 027
  （一）商品房预约合同在形式上一般表现为以"认购书""定购
    单""意向书"等，在内容上一般包括双方当事人基本情况、
    房屋基本状况、定金条款等内容 ……………………………… 027
  （二）预约合同的目的是在本约订立前先行约定部分条款，将双方
    一致的意思表示以合同条款的形式固定下来，并约定后续谈
    判其他条款直至合同订立 ……………………………………… 028
  （三）预约合同的履行实质系缔结本约，当一方不履行订立本约
    义务时，强制缔约有违合同意思自治原则 …………………… 029
  （四）预约合同系为将来签订本约合同而达成的协议，其本身具
    有相对独立性，违反预约合同的约定同样应当按照相关法
    律规定承担违约责任，但违反预约合同承担的违约责任与
    本约合同不同 …………………………………………………… 030
  （五）预约合同的损害赔偿应从利益平衡和诚实信用、公平原则
    出发，结合案件实际情况，以信赖利益为限，守约方的履
    约情况、违约方的过错程度、合理的成本支出等因素 ……… 031
  （六）当事人因违反预约合同而承担的损失金额应当综合考虑交
    纳房款的数额、合理的成本支出、房屋差价及所获利润等
    因素来进行确定 ………………………………………………… 032
 四、结语 ………………………………………………………………… 033

第四节　商品房预售合同纠纷 ……………………………………………… 034
 一、导论 ………………………………………………………………… 034
 二、商品房预售合同的基本理论 ……………………………………… 035
  （一）商品房预售合同的性质 ……………………………………… 035
  （二）商品房预售合同的特征 ……………………………………… 035
  （三）预售商品房转让行为的性质 ………………………………… 037
 三、关于商品房预售合同纠纷的裁判规则 …………………………… 038

（一）商品房预售合同纠纷本质上仍然是买卖合同，其与房屋买卖合同纠纷的区别仅在于出售主体不同 038

（二）《商品房预售合同》解除后，当事人申请解除《个人住房（商业用房）借款合同》及《房地产抵押合同》的，人民法院予以支持 038

（三）商品房预售合同是房地产公司依据商品房销售行业惯例，参酌商品房建设营销中的通常风险预先拟定，在商品房预售阶段反复使用的格式合同 040

（四）当事人以签订定金合同及定金合同补充协议、办理网签合同备案登记、收取购房款、开具购房发票等行为主张预售合同成立的，人民法院予以支持 041

（五）商品房预售合同是一种特殊形式的买卖合同，作为买卖合同的出卖人应承担标的物房屋的瑕疵担保责任 041

四、结语 042

第五节 商品房销售合同纠纷 044

一、导论 044

二、商品房销售合同的基本理论 044

（一）商品房销售合同的概念及特征 044

（二）商品房销售合同纠纷的特征 046

（三）商品房销售合同的立法现状 046

（四）商品房销售合同的解除 047

三、关于商品房销售合同纠纷的裁判规则 047

（一）商品房的销售广告和宣传资料作为要约邀请转化为要约必须同时具备两个条件：一是就商品房开发规划范围内的房屋及相关设施所作的说明和允诺具体确定；二是对商品房买卖合同的订立以及房屋价格的确定有重大影响 047

（二）当商品房销售合同中，出现违约情况时，继续履行是违约方承担责任的首选方式。当他的履行不能实现合同目的时，则不应再将其作为判断违约方承担责任的方式 048

（三）委托经营合同不属于商品房买卖合同的从合同，当事人以商

　　　　品房买卖合同无效为由，主张委托经营合同也应认定无效
　　　　的，人民法院不予支持 ··· 050
　　（四）在房屋所有权未作变更登记时，房地产开发商作为所有权
　　　　人，有权处分自己的财产，其所签订的数份买卖合同只要
　　　　不具有法定的无效情形，自成立时起生效，出卖人不能履
　　　　行合同义务的，承担违约责任 ·· 051
　　（五）双方以较低价格交易涉案房产，以获取额外非法利益的，
　　　　因该利益的谋取有悖于诚信原则及社会公序良俗，而不受
　　　　法律的保护 ··· 052
　　（六）无权处分和未经抵押权人同意转让抵押财产均不影响合同
　　　　效力的认定 ··· 053
　四、结语 ·· 054

第六节　商品房委托代理销售合同纠纷 ·· 055
　一、导论 ·· 055
　二、商品房委托代理销售合同的基本理论 ·· 056
　　（一）商品房委托代理销售合同的性质 ·· 056
　　（二）民事合同与商事合同中任意解除权的适用 ······································ 056
　　（三）商品房委托代理销售合同解除后的可得利益赔偿 ···························· 057
　三、关于商品房委托代理销售合同纠纷的裁判规则 ······································ 058
　　（一）当事人在委托代理销售合同签订时未取得房地产经纪资质
　　　　的，不能否定双方当事人之间存在的委托销售代理关系 ······· 058
　　（二）当事人在委托代理销售合同签订时未取得商品房预售许可
　　　　证的，不能否定双方当事人之间存在的委托销售代理关系 ··· 059
　　（三）在商品房包销合同的履行过程中，当事人之间的法律关系
　　　　存在转变的可能，即当事人可能因房屋在一定期限内售出
　　　　而成立代理关系，也可能因房屋最终出售给包销商而成立
　　　　商品房买卖关系 ··· 060
　　（四）委托代理销售合同的损失赔偿适用过错归责原则 ·············· 061

（五）人民法院在计算和认定可得利益损失时，应当运用可预见规则、减损规则、损益相抵规则以及过失相抵规则等综合予以判定 ·············· 062

四、结语 ·············· 063

第七节 经济适用房转让合同纠纷 ·············· 064
一、导论 ·············· 064
二、经济适用房转让合同纠纷的基本理论 ·············· 065
（一）经济适用房的概念和特征 ·············· 065
（二）经济适用房与商品房的区别 ·············· 065
（三）经济适用房的指标转让 ·············· 066
三、关于经济适用房转让合同纠纷的裁判规则 ·············· 067
（一）购买经济适用房不满5年上市交易的，因违反国家政策，客观上损害了社会公共利益而导致合同无效 ·············· 067
（二）经济适用房转让协议系双方当事人的真实意思表示，内容不违反法律、行政法规的禁止性规定，即应为合法有效 ·············· 068
（三）经济适用房的建设和销售，除了遵守合同约定之外，还必须符合国家和地方的相关经济适用房政策性规定 ·············· 068
（四）办理经济适用房产权登记过程中，相关记载与实际房屋性质不一致的，不能构成当事人否认该房屋性质的理由 ·············· 069
（五）经济适用住房转让协议违约金立法采用"补偿性为主，惩罚性为辅"的基本原则，以补偿守约方的实际损失为主要功能 ··· 070
（六）对于不符合上市交易条件的经济适用住房，应由相关行政部门在房屋权属转移登记时，依据相关政策规定对合同履行予以限制，而不应由司法机关在合同效力层面上予以禁止 ·············· 071
四、结语 ·············· 071

第八节 房屋赠与合同纠纷 ·············· 073
一、导论 ·············· 073
二、房屋赠与合同的基本理论 ·············· 073
（一）赠与合同的概述 ·············· 073

（二）亲子间赠与合同 075
　　（三）夫妻间赠与关系 076
三、关于房屋赠与合同纠纷的裁判规则 077
　　（一）父母为子女婚后提供资金购买房产，除明确表示赠与之外，应当视为以帮助为目的的临时性资金出借，子女负有偿还义务 077
　　（二）当事人之间签订房屋买卖合同后，一方当事人实际取得涉案房屋产权证，但未支付购房款，主张双方系赠与合同关系，同时并未提交有效证据证明的，人民法院不予支持 078
　　（三）当事人双方在离婚协议书中约定将房屋赠与未成年子女的，夫妻一方在未征得另一方同意的情况下，无权依据"赠与人在赠与财产的权利转移之前可以撤销赠与"的规定单方撤销赠与 079
　　（四）夫妻双方以子女不履行赡养义务为由撤销房屋赠与的，子女以在一年前曾明确表示拒绝履行赡养义务为由抗辩父母撤销赠与超过一年除斥期间的，人民法院不予支持 080
　　（五）借款人婚前以个人名义借款用于购买房屋，婚后将其配偶登记为房屋共有人的，该行为构成夫妻间赠与。在婚前借款依法认定为夫妻共同债务的情况下，出借人以赠与行为损害其债权为由要求撤销赠与的，人民法院不予支持 081
四、结语 082

第二章　房地产建设纠纷

序　论 087

第一节　房地产委托代建合同纠纷 088
一、导论 088
二、房地产委托代建合同的基本理论 089
　　（一）房地产委托代建合同的概述 089

（二）委托代建合同与其他合同的区别 ················· 090
　三、关于房地产委托代建合同纠纷的裁判规则 ············· 092
　　（一）对当事人之间法律关系性质的认定，应当从签订的合同形式、内容、权利义务以及实际履行情况等因素综合认定，不能仅从合同名称进行判断 ························· 092
　　（二）建设项目委托代建管理合同的法律性质属于建筑工程管理服务合同，合同当事人的权利义务设定不能违反建设领域相关法律法规的规定，违反法律和行政法规的强制性规定的合同无效 ······························ 093
　　（三）在未约定承担连带责任的情形下，代建人获得完整的"发包人"地位的，其与施工单位之间产生的工程款支付纠纷不应由代建合同关系中的委托人来承担支付责任 ······ 094
　　（四）房地产建筑工程存在两个以上发包人的，后发包人取得国有土地使用权后，接受了前发包人的前期建设成果，并发包给新承包人进行了建设和添附的，前发包人与后发包人之间存在事实上的委托代建合同关系 ·············· 096
　　（五）代建单位负有保证代建工程符合质量要求的义务，代建工程存在严重质量问题被拆除后，代建单位就拆除部分主张委托代建费用及利息的，人民法院不予支持 ·········· 097
　　（六）代建公司与建房人签订的代建合同约定的代建项目内容未能最终履行完毕，且代建公司未提供证据证明是因建房人违约导致代建合同无法履行的，代建公司主张赔偿其合同正常履行时的可得利益的，人民法院不予支持 ············ 098
　四、结语 ··· 099

第二节　房地产项目转让合同纠纷 ······················· 101
　一、导论 ··· 101
　二、房地产项目转让合同的基本理论 ····················· 102
　　（一）房地产项目转让合同的概述 ··················· 102
　　（二）房地产项目转让的方式 ······················· 102
　三、关于房地产项目转让合同纠纷的裁判规则 ············· 104

（一）房地产项目转让合同纠纷不适用不动产专属管辖 ·············· 104
　　（二）《城市房地产管理法》第39条第1款第（2）项规定并非效
　　　　力性强制性规定，当事人仅以转让国有土地使用权未达到该
　　　　项规定条件为由请求确认合同无效的，人民法院不予支持 ····· 105
　　（三）项目转让协议书的性质并非国有土地使用权转让合同的，
　　　　人民法院不应适用《最高人民法院关于审理涉及国有土地
　　　　使用权合同纠纷案件适用法律问题的解释》第9条的规定
　　　　认定项目转让协议书的效力 ······································ 107
　　（四）当事人就案件的案由是项目转让纠纷还是以《项目转让结
　　　　算协议》为形式的借款纠纷产生争议的，人民法院可依据
　　　　当事人是否实际参与涉案房地产项目的开发经营进行认定 ··· 108
　　（五）当事人仅对建筑工程施工关系提出诉讼请求，但诉争协议
　　　　同时涉及建筑工程施工与项目转让法律关系，且协议履行
　　　　中各方当事人的权利义务存在交叉的，人民法院可以一并
　　　　判决 ·· 109
　四、结语 ··· 110

第三节　建设工程施工合同纠纷 ·· 111
　一、导论 ··· 111
　二、建设工程施工合同的基本理论 ·· 112
　　（一）建设工程施工合同的概述 ······································ 112
　　（二）建设工程施工合同的生效要件 ································· 112
　　（三）建设工程施工合同的无效情形 ································· 114
　三、关于建设工程施工合同纠纷的裁判规则 ······························ 115
　　（一）建设工程施工合同无效的，工程款利息约定无效，工程款
　　　　利息按照中国人民银行同期同类贷款利率计算 ··············· 115
　　（二）对于非必须招标项目，当事人自愿选择通过招投标程序订
　　　　立施工合同的，应当受《招标投标法》的约束 ··············· 116
　　（三）建设施工合同中工程款支付条件不属于相关资料规定的"请
　　　　求参照合同约定支付工程价款"中的"合同约定"内容 ······ 118

（四）建设工程施工合同未约定工程的具体开工日期和施工楼号的，不影响建设工程施工合同的成立 …………………………… 119

（五）建设工程施工合同无效，但承包人施工的建设工程经竣工验收合格的，双方当事人有权自愿进行结算 …………………… 120

（六）涉案工程属于必须进行招投标的工程，在履行招投标程序之前，承包人已进场施工并与发包人就涉案工程实质性内容进行磋商后签订建设工程施工合同的，中标行为无效 …… 121

四、结语 ………………………………………………………………………… 122

第四节　建设工程价款优先受偿权纠纷 ……………………………… 123

一、导论 ………………………………………………………………………… 123

二、建设工程价款优先受偿权的基本理论 …………………………………… 124

（一）建设工程价款优先受偿权概述 ……………………………………… 124

（二）建设工程价款优先受偿权的行使 …………………………………… 126

三、关于建设工程价款优先受偿权纠纷的裁判规则 ………………………… 127

（一）发包人未按照合同约定支付工程价款，是承包人行使工程价款优先受偿权须具备的前提条件 ……………………………… 127

（二）房地产建设中存在没有资质的实际施工人（挂靠人）借用有资质的建筑施工企业（被挂靠人）名义的情况，人民法院应当认定实际施工人（挂靠人）具有优先受偿权 ……………… 128

（三）承包人就工程折价或者拍卖的价款享有优先受偿权的前提是该工程不存在按照其性质不宜折价、拍卖的情形。违法建筑系不可折价、拍卖的工程，承包人对此不享有优先受偿权 …… 130

（四）承包人行使建设工程价款优先受偿权的起算之日，不受双方约定付款限期的限制 …………………………………………… 131

（五）在承包人就案涉建设工程价款优先受偿权未实现亦未放弃的情况下，发包人将该建设工程转让的行为，不足以否定承包人的优先受偿权，其优先受偿权仍应得到法律保护 ……………… 132

（六）建设工程价款优先受偿权并非必须通过诉讼程序确认才能成立，优先受偿权人可以直接向法院执行部门提出主张 ……… 133

四、结语 ………………………………………………………………………… 134

第五节　建设工程分包合同纠纷 ·· 136
  一、导论 ··· 136
  二、建设工程分包合同纠纷的基本理论 ·································· 137
    （一）建设工程分包合同纠纷概述 ···································· 137
    （二）建筑工程分包与转包、内包、挂靠辨析 ···················· 138
    （三）建设工程分包合同审核要点 ···································· 139
  三、关于建设工程分包合同纠纷的裁判规则 ··························· 141
    （一）建设工程分包合同纠纷，应当按照不动产纠纷确定由不动产所在地法院管辖 ·· 141
    （二）房地产建设中实际施工人非承包人员工而独立施工，人民法院应当认定其为非法转包而非挂靠关系 ·································· 142
    （三）当事人主张建设工程承包人和违法转包人因违法转包在欠付工程款范围内承担连带责任的，人民法院不予支持 ·············· 143
    （四）劳务分包内部承包人作为实际施工人主张工程款的，人民法院应予支持 ··· 144
    （五）人民法院在审查当事人之间的关系属于挂靠关系还是建设工程分包关系时，核心在于当事人双方是否存在资质以及名义上的借用，存在的即为挂靠，不存在的为非法分包 ········ 145
    （六）在涉案工程实际由实际施工人完成，承包人明知实际施工人没有施工资质，仍对涉案工程违法分包的情况下，承包人主张管理费从工程款中扣除的，人民法院不予支持 ············ 146
  四、结语 ··· 147

第六节　建设工程监理合同纠纷 ·· 148
  一、导论 ··· 148
  二、建设工程监理合同的基本理论 ······································· 149
    （一）建设工程监理概述 ·· 149
    （二）建设工程监理人的权利与义务 ································· 150
    （三）建设工程监理委托人的权利与义务 ·························· 150
  三、关于建设工程监理合同纠纷的裁判规则 ··························· 151

（一）当事人签订合同时明知监理服务招标系总价报价的，应当视为其接受监理的固定价格条件。如果当事人以建设工程总造价发生变化为由要求增加监理费用的，人民法院不予支持 ····· 151

（二）当事人之间未进行招投标即签订了监理合同的，监理合同无效。但一方当事人已实际履行监理职责的，另一方当事人应折价补偿 ································ 152

（三）监理人员是否具有监理资质不影响其实际完成的监理工作事实的认定。当事人仅以监理人员不具有监理资质主张监理工作未完成的，人民法院不予支持 ···················· 153

（四）监理机构在监理合同到期后仍然进行监理活动的，即使双方未及时签订新的补充协议，人民法院可以认定存在延期监理服务 ···································· 154

（五）建设工程委托监理合同变更中标通知书对监理费价格的计算依据，但二者中监理费的计算依据均属于同一有效文件，且不存在合同无效的情形，人民法院应当认定该约定有效 ··· 155

（六）施工人之间的工程转包以及内部承包关系不是监理公司监理的对象，当事人主张监理公司未监理到承包方将工程非法转包存在故意与失察的，人民法院不予支持 ················ 156

四、结语 ·· 158

第七节　装饰装修合同纠纷 ·· 159
一、导论 ·· 159
二、房地产装饰装修合同的基本理论 ································ 160
（一）房地产装饰装修合同概述 ································ 160
（二）装饰装修合同与建设工程设计合同的区别 ············ 162
三、关于装饰装修合同纠纷的裁判规则 ···························· 163
（一）在装饰装修合同纠纷中，对装饰装修合同属性的认定应当依据最高人民法院将该案由列明的位置来判断，即其属于建设工程合同 ···································· 163

（二）在装饰装修合同纠纷中依据《施工合同》无法确定工程价款的，可以将工程造价司法鉴定意见作为确定工程价款的依据 ······ 164

（三）在装饰装修合同纠纷中，当事人双方于无效《施工合同》中对付款条件的约定不能依法律规定的，即使合同无效但承包人可因工程经竣工验收合格而请求参照合同约定获得工程价款 ······ 165

（四）合同约定工程价款以记名支票形式支付的，第二层转包人以第一层非法转包人名义于发包人处领取该支票的，即使支票载明收款人为第一层非法转包人，仍可认定发包人已支付了工程价款 ······ 166

（五）在装饰装修合同纠纷中，施工合同的有效与否与建设工程的验收备案无直接因果关系 ······ 167

（六）装修工程施工方为保障装修工程安全所接收的建设工程施工方的保洁及安保服务，在未与装修工程协商该部分费用负担情况下要求其承担的，人民法院不予支持 ······ 168

四、结语 ······ 169

第八节　农村建房施工合同纠纷 ······ 170
一、导论 ······ 170
二、农村建房施工合同的基本理论 ······ 170
（一）农村自建房的定义及认定标准 ······ 170
（二）农村建房施工合同概述 ······ 171
三、关于农村建房施工合同纠纷的裁判规则 ······ 173
（一）农村自建房未按规定发包给有资质承包方而使《施工合同》无效的，即使房屋未经验收但发包人已实际占有并使用的，承包人仍可参照无效合同的约定请求支付相应的工程价款 ······ 173
（二）在农村建房施工合同纠纷中，是否有已达成的书面《施工合同》不影响房屋质量需达到安全使用的标准，由此请求承包方承担一定的房屋质量修复费的，人民法院应予支持 ······ 174

（三）即使房屋主体质量达到政府标准，农村自建房户以房屋存在质量问题拒绝支付剩余工程价款的，人民法院仍予支持 … 175

（四）在农村建房施工合同纠纷中，即使工程价款单据上仅有农村自建房户对农村自建房总工程价款计算的内容，但没有签字的，仍应当认定其已对工程价款予以承认 … 175

（五）在农村建房施工合同纠纷中，对农村建房施工合同关系的认定应根据建房图纸、建房资金明细及所建房屋宅基地证明来综合判断 … 176

（六）在农村建房施工合同纠纷中，施工人工资无法确定结算的，人民法院可依职权指定具有长期施工经验和相关资质的人员根据工程量确定 … 177

四、结语 … 178

第九节 建设用地使用权出让合同纠纷 … 179

一、导论 … 179

二、建设用地使用权出让合同的基本理论 … 180

（一）建设用地及建设用地使用权出让 … 180

（二）建设用地使用权转让合同概述 … 180

三、关于建设用地使用权出让合同纠纷的裁判规则 … 183

（一）在建设用地使用权出让合同纠纷中，当事人行政机关内部文件作为认定属于建设用地使用权出让合同要约的，人民法院不予支持 … 183

（二）在建设用地使用权出让合同纠纷中，因土地状况无法依约出让且受让人订立合同时明知的，人民法院可在公平和诚信原则的基础上减少出让人应支付的违约金 … 184

（三）在建设用地使用权出让合同纠纷中，一方当事人以因国家法律、法规及政策的出台而使合同不能履行且缔约目的不能实现为由请求人民法院解除合同的，人民法院应当予以支持 … 185

（四）在建设用地使用权出让合同纠纷中，一方当事人以因行政审批未通过而使土地交付义务未履行为由，请求以合同相对方实际损失为限支付违约金的，人民法院予以支持 ……… 186

（五）最高人民法院行政庭作出的有关建设用地使用权拍卖成交确认性质的《答复》仅具有行政意义，一方以此为由主张双方不构成建设用地使用权出让合同民事法律关系的，人民法院不予支持 ……… 187

（六）在建设用地使用权出让合同纠纷中，买受方以其无法仅从土地外观上知晓第三人对部分土地享有权利为由，请求出让方承担瑕疵担保义务的，人民法院予以支持 ……… 188

四、结语 ……… 189

第十节　建设用地使用权转让合同纠纷 ……… 190
　一、导论 ……… 190
　二、建设用地使用权转让合同的基本理论 ……… 191
　　（一）建设用地及建设用地使用权转让 ……… 191
　　（二）建设用地使用权转让合同概述 ……… 192
　三、关于建设用地使用权转让合同纠纷的裁判规则 ……… 195
　　（一）即使建设用地使用权转让合同无效，受让方以其对长期履行合同义务的合理信赖为由主张建设用地被征收的补偿款的，人民法院予以支持 ……… 195
　　（二）在建设用地使用权转让合同纠纷中，未获销售许可的受让方出售案涉土地上房产且销售所得未给予转让方的，转让方不得以此作为因合同目的不能实现并行使解除权的理由 ……… 196
　　（三）即使合同中明确约定就房地产项目转让签订合同，但同时对转让项目土地使用性质、项目法律手续、项目建设及出售等进行详细约定的，应当认定为项目转让合同而非该公司建设用地使用权转让合同 ……… 197
　　（四）在建设用地使用权转让合同纠纷中，转让方以出让的方式取得建设用地使用权后一直将其处于闲置状态的，受让方受让时明知的不得要求转让方赔偿其合同目的未达成的损失 ……… 198

（五）在建设用地使用权转让合同纠纷中，一方以合同相对方在签订合同时的签名与起诉时的姓名不一致作为否认合同相对方身份理由的，人民法院不予支持 ········· 199

（六）在建设用地使用权转让合同纠纷中，价款支付凭证的形式不代表所支付价款的性质，一方当事人以价款支付凭证为借条作为否认属于合同价款理由的，人民法院不予支持 ······ 200

四、结语 ········· 201

第十一节 建设工程勘察合同纠纷 ········· 202

一、导论 ········· 202

二、建设工程勘察合同纠纷的基本理论 ········· 203

（一）建设工程勘察概述 ········· 203

（二）建设工程勘察合同概述 ········· 203

三、关于建设工程勘察合同纠纷的裁判规则 ········· 205

（一）在建设工程勘察合同纠纷中，一方当事人以要约中要求的履行行为属于对其承诺方式的约定，并以此请求其实际施工且交付勘探成果的行为构成合同成立的，人民法院应予支持 ········· 205

（二）在建设工程勘察合同纠纷中，建筑企业的资质和施工能力是保证建设工程质量的前提条件，一方当事人以法律对此并未明确规定并否认勘察合同无效的，人民法院不予支持 ········· 207

（三）在建设工程勘察合同纠纷中，对勘察工作约定"初勘"和"详勘"两个步骤但发包方于详勘报告出具前就审批并投入施工的，即使施工后确因勘察不当出现瑕疵，不能拒绝支付勘察工程款 ········· 208

（四）在建设工程勘察合同纠纷中，对其中一项测量费用的计算标准未明确约定的，可根据体系解释方式同其他测量项目的计算标准作同一标准的解释 ········· 209

（五）在建设工程勘察合同纠纷中，勘察方以双方的实践合同为补签合同且相对方不予否认为由能够认定相对方在其发出的企业询证函上的盖章属于对勘查工程的验收，能够以此索要勘察费 ········· 210

（六）在建设工程勘察合同纠纷中，对当事人双方之间合同关系的判断应结合合同的订立形式以及是否有实际履行的事实综合判断 ………………………………………………………… 211

四、结语 ……………………………………………………………………… 212

第十二节　建设工程设计合同纠纷 …………………………………… 213

一、导论 ……………………………………………………………………… 213

二、建设工程设计合同纠纷的基本理论 …………………………………… 214

（一）建设工程设计概述 ……………………………………………… 214

（二）建设工程设计合同概述 ………………………………………… 214

三、关于建设工程设计合同纠纷的裁判规则 ……………………………… 216

（一）在建设工程设计合同纠纷中，约定概念计划方案须经政府审批才属于合同约定的智力成果范畴的，一方以方案虽未被认可但确已付出劳动力为由请求工程价款的，人民法院不予支持 ……………………………………………………… 216

（二）在建设工程设计合同中，设计方未对设计工程进行专业考量致使工程不达标的，无权请求支付工程价款 ………………… 217

（三）在建设工程设计合同中，承建方向设计方出具的确认其设计服务工作的《询证函》仅属于其欠付设计费的证据，设计方不得以此认定属于承建方应付设计款结算的依据 ……… 218

（四）在建设工程设计合同中，招标内部会议中出具的设计方案仅属于为达成合同合意及投标成功的准备工作，设计方不得以此认定已达成了设计合同合意并请求支付相应的设计费用 ……………………………………………………………… 219

（五）在涉外建设工程设计合同纠纷中，外方工程设计单位未与有资质的中方设计单位合作的，不能认定工程设计合同属于违反效力性强制性规定的情形而无效 ……………………… 220

（六）在建设工程设计合同纠纷中，设计方案文本是以取得待建土地开发权为目的的，相对方不得以待建土地未摘牌且设计方案未经其通知而拒绝支付设计费 ……………………………… 221

四、结语 ……………………………………………………………………… 222

第十三节　建筑设备租赁合同纠纷····················223
一、导论····················223
二、建筑设备租赁合同的基本理论····················224
（一）建筑设备租赁合同概述····················224
（二）建筑设备租赁合同的法律要点····················224
三、关于建筑设备租赁合同纠纷的裁判规则····················226
（一）发包人将项目发包给承包人，承包人租赁出租人的建筑设备用于项目建设，出租人要求发包人承担租赁费的，人民法院不予支持····················226
（二）若承租人与出租人未签订书面建筑设备租赁合同，形成事实上的建筑设备租赁关系，出租人因承租人拖欠租赁费而主张逾期利息的，人民法院予以支持；出租要求承租人承担违约金的，人民法院不予支持····················227
（三）自然人与建筑工程项目承包人签订分包合同，成为项目实际施工人，尽管该自然人的安全员证挂靠在承包人公司，并以承包人公司员工名义办理养老保险，但在无其他证据证明该自然人与承包人建立劳动关系的情况下，不能仅以此认定该自然人系承包人员工并有权代表承包人签订建筑设备租赁合同····················228
（四）自然人以某公司名义取得建造师资格，系该公司在册建造师，并且该公司为该自然人缴纳社会保险费，通过合同明确该自然人系该公司所设立工程项目部及涉案工程的项目经理的。若该自然人租赁出租人建筑设备用于该涉案工程，法院应认定为该自然人系该公司员工，该自然人向出租人租赁建筑设备的行为系履行职务的行为，该公司应当就该自然人履行职务的行为承担责任····················229
（五）工程项目的承包人借用发包人资质租赁出租人的建筑设备，发包人作为租赁建筑设备的使用人，构成借用资质，就承包人向建筑设备出租人支付的建筑设备租金，发包人和承包人应共同承担支付责任····················230
四、结语····················231

目 录

第三章 业主、物业纠纷

序 论 ·· 235

第一节 物业服务合同纠纷 ·· 236
  一、导论 ··· 236
  二、物业服务合同的基本理论 ··· 236
    （一）物业服务合同的概念和特征 ·· 236
    （二）物业服务合同的类型及与相关合同的区别 ····················· 237
  三、关于物业服务合同纠纷的裁判规则 ····································· 240
    （一）前期服务合同中的原物业服务公司在不具备物业管理资质
        的情况下，建设单位与另行选聘的新的具有管理资质的物
        业公司签订的物业服务合同有效，对业主具有约束力 ········ 240
    （二）业主以建设单位与物业服务管理公司系母子公司关系请求
        法院确认两者之间签订的《前期物业管理服务委托合同》
        无效的，人民法院不予支持 ··· 241
    （三）前期物业管理委托合同有效，实际建设单位有证据证明其
        与名义上的建设单位存在挂靠关系，业主不能以该实际建
        设单位不是建设单位为由主张物业服务合同对全体业主不
        发生效力 ·· 242
    （四）业主委员会与物业公司签订的物业服务合同不属于业主撤
        销权的对象，同时业主也不是合同的一方当事人，不能基
        于合同法规定的欺诈等事由主张撤销物业合同 ·················· 243
    （五）在物业服务合同纠纷中，应将物业服务合同中约定的服务
        范围作扩大解释，业主以聘请专人对其所有的建筑物进行
        日常维护为由拒绝缴纳物业服务费的，人民法院不予支持 ··· 245
    （六）买受人在购得被执行房屋后，物业公司基于与被执行人的
        物业服务合同请求买受人支付被执行人所欠的一定期限的
        物业费的，应认定为物业服务合同纠纷，不属于执行纠纷 ··· 246
  四、结语 ··· 247

第二节　业主专有权纠纷 ································· 248
一、导论 ··· 248
二、业主专有权纠纷的基本理论 ························· 249
（一）业主专有权概述 ································ 249
（二）业主专有权的法律地位 ·························· 250
（三）业主专有权的限制 ······························ 252
三、关于业主专有权纠纷的裁判规则 ····················· 253
（一）业主的私有车库属于业主的专有权范围，业主委员会以业主违反其对共有区域行使管理职能为由拒绝为业主进行车辆登记并收取停车费用的，人民法院不予支持 ········ 253
（二）在业主专有权纠纷中，法院能够推定是因业主对其专有部分管理不当造成他人损失的，不要求受害一方尽充分举证责任即可判定业主承担相应损失 ···················· 254
（三）业主购房时未与开发商约定建筑区划内具有营利性质的会所（游泳池、健身房）属性的，该设施既不为全体业主共有也不为个别业主专有 ······························ 254
（四）业主基于联建协议主张对专有部分行使区分所有权的，联建户的委托人不能以该业主未能付清相关费用为由拒绝办理过户手续 ·· 256
（五）在仅以地钉标记来区分但未形成独立密闭空间的商铺中，业主委员会经合法程序已经将商铺的经营权、管理权委托给受托方，业主不能对其购买的商铺主张自主管理经营权 ··· 257
（六）"门脸"应为建筑物的外墙，属于全体业主共有，单个业主起诉主张对"门脸"专有权的，人民法院不予支持 ········ 258
四、结语 ··· 259

第三节　业主共有权纠纷 ································· 260
一、导论 ··· 260
二、建筑物业主共有权的基本理论 ······················· 261
（一）建筑物业主共有权概述 ·························· 261
（二）建筑物区分共有部分 ···························· 263

三、关于业主共有权纠纷的裁判规则 …………………………………… 264
（一）同一行政区划范围内楼房即使分属不同地块，但事实上形成了一个物业关联区域关系的，应当认定楼房前绿化广场和停车位的使用权和管理权归全体业主共同享有 …… 264
（二）业主在建筑物的通道安装防盗门以及在通道墙体上设置开关和电线的行为，并未改变其他业主对通道及共用墙体的共有关系，不能认为侵犯了其他业主的共有权 …………… 266
（三）房屋交付时，法律没有直接规定权属且相关管理不规范的，应当结合房屋现状、实际履行情况、相关证据以及当时的政策规定综合判断是否为业主共有 ………………………… 266
（四）房屋交付时，当事人在明知其购房行为构成对部分共有部分放弃的，之后又依据相关法律规定，主张对该共有部分享有共有权的，人民法院不予支持 ……………………………… 268
（五）当事人之间无特别约定，购房人取得房屋所有权时也取得对共有部分相应的权利，购房人不能以未向原房主主张共有部分权利而放弃对共有部分的权利义务 ………………… 269
（六）对于具有特定功能的会所的共有权归属问题，可依据"谁投资、谁收益"原则、业主是否公摊诉争房屋的面积、当事人之间的约定、诉争房屋的构造和用途来认定 ……………… 270

四、结语 ………………………………………………………………………… 271

第四节 车位纠纷 ……………………………………………………………… 273
一、导论 ………………………………………………………………………… 273
二、车位权属的基本理论 ……………………………………………………… 274
（一）地下车位的类型 ……………………………………………………… 274
（二）地下车位的归属 ……………………………………………………… 275
（三）不同类型地下车位归属的处理 ……………………………………… 276
三、关于车位纠纷的裁判规则 ………………………………………………… 277
（一）在地下车位纠纷中，当事人一方在原车位后空余处新增车位使得新增车位与原车位形成母子关系的，仍适用当事人关于车位归属的约定 ……………………………………… 277

（二）车位使用权附属于相对应的房产，在无法律规定禁止转让的情形下，当事人一方从原权利人处因购得房屋而取得的车位使用权继续有效 ………………………………………………… 278

（三）当事人按照优惠协议使用合法有效的车位优惠券购买车位的行为，视为已经支付车位款项并取得车位的使用权 ……… 279

（四）当事人购买的带有数字标识的车位，数字标识本身并不是标的物的特征，数字标识所代表的具体位置才是标的物的特征，对方当事人不能通过变更数字交付车位予以抗辩 …… 280

（五）在购房合同中，对于约定不明的合同双方当事人可以协议补充，未协议补充但是以其行为能够推定车位权属的，视为已经达成补充协议，当事人一方据此可以主张对车位的权属 …… 281

（六）建设单位利用小区地下空间建设的车位，没有法律规定或约定归业主共有或者所有的，可以参照部门规章的规定，认定车位的归属 ……………………………………………… 282

四、结语 ……………………………………………………………… 283

第五节 车库纠纷 ……………………………………………………… 285

一、导论 ……………………………………………………………… 285

二、车库的基本理论 ………………………………………………… 286

（一）车库权属概述 ……………………………………………… 286

（二）依据车库物的"从物性"和"规划性"确定其权属 ……… 288

三、关于车库纠纷的裁判规则 ……………………………………… 289

（一）业主未经许可在建筑区划内的架空层公共车库处加建墙面、加装卷闸门围蔽独立空间用于停放自家车辆的行为，属于明显改变公共车库用途的行为，侵犯了其他业主的共有权 … 289

（二）在合用车库使用权纠纷中，一方当事人以独自使用案涉车库多年已成立新的稳固的占有状态、车库数量与房屋数量相对应、车库的电表从自家接入为由请求人民法院认定其为车库使用权人的，人民法院不予支持 …………………… 290

（三）在车库权属纠纷中，当事人提供的《收款收据》和《证明》能够证明其已支付车库购买款且对方当事人已经交付的，其为车库所有权人，对方当事人提出的《收款收据》形式瑕疵等理由不能成为有效之抗辩……291

（四）当事人对车库的归属没有约定或者约定不明且法律没有明确规定的，依据事实能够认定车库的面积并不在总建筑面积或者分摊面积范围之内的，业主委员会不能请求业主对车库共有……292

（五）业主对车库享有的权利（共有权、专有权）并不影响物业管理企业对车库除经营收益权之外的物业管理权……293

（六）车库数量与房屋数量是否对应、电表从何处接往何处等不足以改变判断车库使用权人的标准……294

四、结语……295

第六节 业主撤销权纠纷……297

一、导论……297

二、业主撤销权的基本理论……298

（一）业主撤销权概述……298

（二）业主撤销权行使的法律分解……300

三、关于业主撤销权纠纷的裁判规则……301

（一）业主以投给物业公司的部分选票电话号码与业主基础信息不一致为由，主张业委会擅自变更业主信息侵犯业主合法权益向人民法院主张撤销权的，人民法院不予支持……301

（二）在业主撤销权纠纷中，业主理应从公示之日知悉本小区业主大会的投票决议，业主不能以知道或者应当知道之日为由主张未超过除斥期间，进而主张行使撤销权……302

（三）业主委员会实施的临时代管行为不属于应由小区业主共同决定的事项，在该临时代管行为符合全体业主共同利益且不侵害业主个人合法权益的情况下，业主不能行使撤销权…303

（四）业主大会中表决票未向全体业主送达、表决票送达时间违反议事规则等应认定为程序上的严重瑕疵，业主有权行使撤销权 ·· 305

（五）业主委员会作出的上调物业收费标准的决定经书面征求过半数业主同意，为大多数业主实际接受，而且在有类似收费标准且并非畸高的情况下，业主不能提起撤销权之诉 ······ 306

（六）业主选举过程中产生的"决定"不是业主行使撤销权的范围，业主不能以该类"决定"侵害其合法权益为由提起撤销权之诉 ·· 307

四、结语 ·· 308

第七节 业主知情权纠纷 ·· 310
一、导论 ·· 310
二、业主知情权的基本理论 ·· 311
（一）业主知情权的本质 ·· 311
（二）业主知情权的范围界定 ·· 312
三、关于业主知情权纠纷的裁判规则 ···································· 314
（一）实施代表大会制形式的业主大会，部分业主因未能亲自参与大会而对表决票存有质疑，并对业主大会的表决票主张业主知情权的，人民法院不予支持 ····························· 314

（二）业主以交接之后的业主委员会为被诉主体，请求交接后的业主委员会公布建筑物所有共有部分的收支明细和相关资料的，人民法院不予支持 ··· 315

（三）业主委员会以相关信息已经公布且主张知情权的业主已经知情、业主行使知情权会加重业委会的工作负担为由拒绝向业主提供相关信息的，人民法院不予支持 ················ 316

（四）业主在取得房屋所有权之后，有权对与其利益息息相关的共有部分的相关资料主张知情权，业主委员会以其取得业主身份前的资料应无查阅权为由拒绝提供的，人民法院不予支持 ·· 317

（五）表决票既不属于法律明文规定的业主应当知晓的情形，也不属于法律及相关司法解释规定的兜底条款内容，业主不能对其行使知情权 ⋯⋯⋯⋯⋯⋯⋯⋯⋯⋯⋯⋯⋯⋯⋯⋯⋯⋯⋯ 318

（六）酬金制经营模式下的物业经营总收入减去管理者佣金后的剩余部分应属于应当向业主公开的情况和资料，业主有权对此主张知情权 ⋯⋯⋯⋯⋯⋯⋯⋯⋯⋯⋯⋯⋯⋯⋯⋯⋯⋯⋯⋯⋯ 319

四、结语 ⋯⋯⋯⋯⋯⋯⋯⋯⋯⋯⋯⋯⋯⋯⋯⋯⋯⋯⋯⋯⋯⋯⋯⋯⋯⋯ 321

第四章　相邻权纠纷

序　论 ⋯⋯⋯⋯⋯⋯⋯⋯⋯⋯⋯⋯⋯⋯⋯⋯⋯⋯⋯⋯⋯⋯⋯⋯⋯⋯⋯⋯ 325

第一节　相邻用水、排水纠纷 ⋯⋯⋯⋯⋯⋯⋯⋯⋯⋯⋯⋯⋯⋯⋯⋯ 326

一、导论 ⋯⋯⋯⋯⋯⋯⋯⋯⋯⋯⋯⋯⋯⋯⋯⋯⋯⋯⋯⋯⋯⋯⋯⋯⋯⋯ 326

二、相邻用水权、排水权的基本理论 ⋯⋯⋯⋯⋯⋯⋯⋯⋯⋯⋯⋯⋯⋯ 327

（一）相邻用水权、排水权的概念和特征 ⋯⋯⋯⋯⋯⋯⋯⋯⋯⋯⋯ 327

（二）相邻用水权、排水权的类型 ⋯⋯⋯⋯⋯⋯⋯⋯⋯⋯⋯⋯⋯⋯ 328

三、关于相邻用水、排水纠纷的裁判规则 ⋯⋯⋯⋯⋯⋯⋯⋯⋯⋯⋯⋯ 329

（一）不动产权利人利用相邻不动产，对相邻不动产权利人造成损害，同时相邻不动产权利人也存在一定过错的，相邻不动产权利人也应适当承担部分责任 ⋯⋯⋯⋯⋯⋯⋯⋯⋯⋯⋯⋯⋯ 329

（二）相邻权人之间未对涉案现存房屋排污管道的安装作出约定，但根据墙体与房屋之间的距离及房屋使用情况，主张将排污管道安装在其房屋墙体外的地下的，人民法院予以支持⋯ 330

（三）当事人主张另一方当事人应改建其屋后排水沟，但其未能提供证据证实该水沟对其改建的房屋权利造成影响的，人民法院不予支持 ⋯⋯⋯⋯⋯⋯⋯⋯⋯⋯⋯⋯⋯⋯⋯⋯⋯⋯⋯⋯ 331

（四）被申请人因正常排污之需埋设排污管道，未对申请人合法权益造成损害的，申请人认为利用其门前空地铺设排污管道并非唯一途径主张拆除排污管道的，人民法院不予支持⋯ 332

（五）一方当事人私自截断公共管道侵犯他人权利的，另一方当事人要求其停止侵害的，人民法院予以支持 ·········· 333
　四、结语 ·········· 333

第二节　相邻通行纠纷 ·········· 335
　一、导论 ·········· 335
　二、相邻通行权的基本理论 ·········· 335
　　（一）相邻通行权概述 ·········· 335
　　（二）相邻通行权与通行地役权 ·········· 336
　　（三）处理相邻权纠纷的原则 ·········· 337
　三、关于相邻通行纠纷的裁判规则 ·········· 338
　　（一）当事人用水泥硬化修建小斜坡虽有不当，但另一当事人的通行权利仍能得到保障的，另一当事人主张排除妨害的，人民法院不予支持 ·········· 338
　　（二）在公共通道上堆放杂物妨碍了他人的日常通行，当事人主张排除妨碍的，人民法院予以支持 ·········· 338
　　（三）对于一方所有的或使用的建筑物范围内历史形成的必经通道，所有权或使用权人不得堵塞。因堵塞影响他人生产、生活，他人要求排除妨碍或者恢复原状的，人民法院予以支持 ·········· 339
　　（四）对于在承包地上建房阻碍相邻方正常通行，相邻方主张排除妨碍的，人民法院予以支持 ·········· 340
　　（五）修建花圃和铁棚给他人的通行带来不便，当事人主张拆除部分花圃、留出通道供他人通行的，人民法院予以支持 ·········· 341
　　（六）诉争通道距公路直线距离最短，但并非通行前往公路的唯一道路的，不存在通行不便问题，当事人主张排除妨碍的，人民法院不予支持 ·········· 342
　四、结语 ·········· 343

第三节　相邻土地、建筑物利用关系纠纷 ·········· 344
　一、导论 ·········· 344

二、相邻土地、建筑物利用关系的基本理论 ········ 345
（一）相邻土地、建筑物利用关系的概念 ········ 345
（二）对于《民法典》中相邻土地、建筑物利用关系的理解 ········ 345
三、关于相邻土地、建筑物利用关系纠纷的裁判规则 ········ 346
（一）当事人之间在先约定，一方将其屋前土地提供给他人只作为通道使用且不得改变性质，另一方仅是将原有通道加固成水泥路的，不属于改变通道的使用性质 ········ 346
（二）在相邻建筑物利用的相邻关系中，一方修复及添附不动产的目的系满足其能够继续利用该不动产的，该修复及添附不动产的行为不构成无因管理 ········ 347
（三）一方在自己和他人后院的界墙上放置旧瓦妨碍他人对后院伙墙的利用且存在安全隐患的，应该对该部分旧瓦予以移除 ········ 349
（四）排除妨害请求属于民事案件范畴，对于认为排除妨害请求不属于法院受理范围的主张，人民法院不予采纳 ········ 350
（五）利用相邻关系人土地的理由必须客观存在并且充分。若这种利用不是必须，且不动产权利人经过努力可以自己解决的，相邻关系人可以拒绝向其提供便利 ········ 351
（六）若无法认定对其他主体在相邻权方面达到足以影响正常使用的程度的，相邻关系人请求拆除部分房屋、责令其停止侵害、排除妨害、恢复原状的诉讼请求，人民法院不予支持 ········ 352
四、结语 ········ 353

第四节　相邻通风纠纷 ········ 354
一、导论 ········ 354
二、相邻通风权的基本理论 ········ 354
（一）相邻通风权的概念 ········ 354
（二）关于相邻通风权的理解 ········ 355
三、关于相邻通风纠纷的裁判规则 ········ 355
（一）对于擅自在居民楼的消防连廊上建造构筑物，给他人通风、采光造成影响的，当事人主张排除妨害的，人民法院予以支持 ········ 355

（二）要求他人修建自家的围墙并留足通道，该请求不属于排除妨害纠纷处理范围，人民法院不予支持 …………………… 356

（三）当事人不享有集体土地建设用地房屋所有权和土地使用权的，其提起以通行、通风、采光和土地使用权为标的的民事诉讼，人民法院不予受理 ………………………………… 357

（四）紧贴他人房屋修建杂物房，严重影响他人正常的通风、采光和日照，当事人主张恢复原状的，人民法院予以支持 …… 358

（五）当事人为解决房屋的通风问题要求另一方当事人在房屋内开窗，但其并不能解决房屋通风问题的，人民法院不予支持 …… 359

（六）对于小区尚未建设完毕的光伏设备，当事人主张因其影响采光而造成房屋贬值主张赔偿损失，但损失的范围处于不确定状态的，人民法院不予支持 …………………………… 360

四、结语 …………………………………………………………………… 361

第五节 相邻采光、日照纠纷 ……………………………………… 362

一、导论 …………………………………………………………………… 362

二、相邻采光、日照权的基本理论 ……………………………………… 362

（一）相邻采光、日照权的概念 ………………………………………… 362

（二）对于侵犯相邻采光、日照权的维权 ……………………………… 363

（三）相邻采光、日照权中的开发商责任 ……………………………… 363

三、关于相邻采光、日照纠纷的裁判规则 ……………………………… 364

（一）人民法院在判断是否存在日照、采光和通风的妨害行为时，以国家有关工程建设标准为基本判断标准 …………… 364

（二）在相邻采光、日照纠纷引发诉讼的案件中，当事人因不认可鉴定意见请求重新鉴定且未能提交其他证据证明鉴定意见存在无效或应当重新鉴定情形的，人民法院不予支持 …… 365

（三）涉案房屋对他人的房屋构成采光、日照妨碍，但能够基本满足采光需求。若部分拆除会对房屋的整体安全造成隐患的，当事人主张拆除涉案房屋的，人民法院不予支持 ……… 366

（四）当事人在购买案涉房屋时对该房屋的相邻采光被妨碍的状态未尽到谨慎义务的，当事人主张另一当事人赔偿因房屋采光不足等造成房屋价值损失的，人民法院不予支持 …… 367

（五）被告房屋降低了原告采光时间，且部分房屋建设超出了规划范围，但原告日照标准仍符合国家强制性标准的，被告超出规划部分的建设属于行政机关管理范围，不属于民事调整范围 …… 368

四、结语 …… 369

第六节 相邻污染侵害纠纷 …… 371

一、导论 …… 371

二、相邻污染侵害纠纷的基本理论 …… 371

（一）相邻污染侵害的概念 …… 371

（二）关于相邻污染侵害纠纷容忍限度判断标准的理解 …… 372

（三）相邻污染侵害纠纷中容忍限度判断标准的类型化分析 …… 372

三、关于相邻污染纠纷的裁判规则 …… 374

（一）当事人所提供的证据不足以证明对方在生产经营中存在违规超标行为及因此受到损害事实的，人民法院对其诉讼请求不予支持 …… 374

（二）生产噪音已构成环境噪音污染侵权且侵权行为长期存在的，噪音污染对申请人人身权利的侵害不应仅以病理性特征为标准，人民法院应当支持其精神赔偿请求 …… 375

（三）施工噪音引起原奶牛不安、产奶量和质量下降，当事人请求损害赔偿的，人民法院应当支持 …… 376

（四）当事人提交没有制作日期和制作人的厂房污染及受损原材料照片的，人民法院对该证据不予采纳 …… 376

（五）农村环境治理配套设施未到位的，邻里之间应保持合理的容忍度，双方应相互沟通、理解，相互减少对他人的影响与妨害 …… 377

（六）案涉电力线路产生的工频电场、工频磁场均符合标准，未对房屋周边环境造成电磁波辐射污染，不影响案涉房屋的使用价值和居住功能的，人民法院不予支持当事人的赔偿请求 ·· 378

四、结语 ·· 379

第七节 相邻损害防免关系纠纷 ·· 380

一、导论 ·· 380

二、相邻损害防免关系的基本理论 ·· 381

（一）相邻损害防免关系的概念 ·· 381

（二）相邻损害防免关系的种类和纠纷特点 ·· 381

三、关于相邻损害防免关系纠纷的裁判规则 ·· 382

（一）在相邻损害防免关系纠纷中，案涉不动产上设立权利的先后顺序不影响具有相邻关系的双方保障相对方公平生产义务的履行 ·· 382

（二）在相邻损害防免关系纠纷中，案涉不动产房屋所有权的状态不影响因相邻损害达成的赔偿协议的效力 ················ 383

（三）在相邻损害防免关系纠纷中，对铁路安全保护区内既有房屋的拆除需以该既有房屋已采取了安全防护措施仍无法保证安全为前提 ·· 383

（四）在相邻损害防免关系纠纷中，即使案涉标的为一方专有，但因物业维修不利而造成相邻方损失的，人民法院仍可根据实际情况由物业方承担较大比例赔偿责任 ················ 384

（五）在相邻损害防免关系纠纷中，法律对争议解决规定了行政救济途径的，当事人不得再次提起民事诉讼 ················ 385

（六）在相邻损害防免关系纠纷中，受损价值无法确定时，法院应当从便于纠纷解决和减轻当事人负担角度判断是否选择评估鉴定 ·· 386

四、结语 ·· 387

第五章　房地产纠纷疑难法律问题

序　论 ·· 391

第一节　单位集资房和已参加房改的公有住房的出售纠纷 ·················· 392
　一、导论 ·· 392
　二、单位集资房和已参加房改的公有住房的基本理论 ······················ 393
　　（一）单位集资房概述 ··· 393
　　（二）房改房概述 ··· 394
　三、关于单位集资房和已参加房改的公有住房出售纠纷的裁判规则 ······ 396
　　（一）单位集资房的认购资格不属于法定物权，不属于夫妻共同财产
　　　　　的范围 ·· 396
　　（二）当事人将单位集资合作建房出售给非经济适用住房供应对
　　　　　象的，案涉单位集资房买卖合同无效 ·································· 397
　　（三）因单位内部就单位集资房的分房、建房、占房、腾房所产
　　　　　生的纠纷，不属于人民法院民事诉讼的受理范围，当事人
　　　　　就此提起民事诉讼的，人民法院应驳回起诉 ························· 398
　　（四）对于依照地方政府规定可以办理权属证书但尚未取得权属
　　　　　证书、尚需房屋建造单位审核报批的单位集资房，该单位
　　　　　集资房共有人主张其他共有人配合办理该单位集资房的不
　　　　　动产登记手续，若其他共有人不配合则由其全权办理登记
　　　　　手续的，不属于人民法院民事诉讼的受理范围，当事人就
　　　　　此提起民事诉讼的，人民法院应驳回起诉 ···························· 399
　　（五）在家庭成员之间因购买公有住房而产生的诉讼中，售后公
　　　　　房买卖不同于一般市场上的商品房交易，应从生活常理、
　　　　　日常经验角度出发，综合判断各方当事人的真实意思 ·············· 400
　　（六）公有住房单价的确定若属于政策调整范畴，则不属于人民
　　　　　法院民事诉讼的受理范围，当事人就此提起民事诉讼的，
　　　　　人民法院应驳回起诉 ·· 401
　四、结语 ·· 401

第二节　宅基地使用权纠纷

一、导论 ··· 403

二、宅基地使用权的基本理论 ··· 404

（一）宅基地使用权概述 ·· 404

（二）宅基地使用权与其他权利的区别 ································· 405

三、关于宅基地使用权纠纷的裁判规则 ··································· 406

（一）宅基地的使用方案不属于人民法院民事诉讼的受理范围，当事人就此提起民事诉讼的，人民法院应驳回起诉 ·········· 406

（二）当事人对所持有的土地权属证书所载明的地址、土地四至范围及面积产生的争议，不属于人民法院民事诉讼的受理范围，当事人就此提起民事诉讼的，人民法院应驳回起诉 ··· 407

（三）关于村委会决定的宅基地补偿款的分配方案及数额的争议，不属于人民法院民事诉讼的受理范围，当事人就此提起民事诉讼的，人民法院应驳回起诉 ································ 408

（四）村委会作为宅基地所有人按照经村民代表会议通过的方案诉请当事人交回所涉宅基地及相关证件的，属于人民法院受案范围 ·· 409

（五）同一村集体经济组织成员之间通过买卖的方式获得除建房审批之外的宅基地，并不因违反《土地管理法》第62条中"农村村民一户只能拥有一处宅基地"的规定而导致买卖合同无效 ·· 410

（六）在连环买卖农村房屋的情形下，若房屋的原始权利人系房屋所在宅基地的户主，处分不违反法律强制性规定，尽管买卖的中间环节买受人系城镇居民，但若最后一手买受人系房屋所在地集体经济组织的成员且实际占有、使用该宅基地，该连环买卖房屋并未使集体经济组织权益受到损害的，人民法院不宜对案涉售房协议作无效处理 ················ 411

四、结语 ··· 412

第三节　农村房屋买卖合同纠纷

一、导论 ··· 414

二、农村房屋买卖合同的基本理论 ... 415
（一）农村房屋买卖合同概述 ... 415
（二）农村房屋买卖合同效力 ... 416
（三）《第八次全国法院民事商事审判工作会议（民事部分）纪要》关于农村房屋买卖问题的规定 ... 417

三、关于农村房屋买卖合同纠纷的裁判规则 ... 417
（一）虽双方当事人就农村房屋签订的协议没有明确写明是房屋买卖合同，但若双方当事人交易的标的物是案涉农村房屋，一方当事人取得的是案涉农村房屋的占有、使用、收益、处分权等权益，则人民法院可以将协议认定为农村房屋买卖合同 ... 417
（二）农村房屋所有权人将登记在自己名下的房屋出售给本村集体经济组织成员，若双方当事人意思表示真实，不违反法律、行政法规强制性规定，且无其他导致合同无效的情形，则该农村房屋买卖合同有效 ... 418
（三）非农村房屋所在地集体经济组织成员购买该农村房屋的，农村房屋买卖合同无效 ... 419
（四）人民法院在认定因农村房屋买卖合同无效产生的责任时，要综合权衡买卖双方的利益，全面考虑合同无效对双方当事人的利益影响；对于买受人已经翻建、扩建房屋的情况，应对其添附价值进行补偿；判决返还、腾退房屋同时应注意妥善安置房屋买受人，为其留出合理的腾退时间 ... 420
（五）合同被确认无效后产生的返还指因合同取得的财产的返还，在农村房屋买卖合同无效中指案涉宅基地及转让费的返还，非案涉征收与补偿协议中财产的返还 ... 421

四、结语 ... 422

第四节 合资、合作开发房地产合同纠纷 ... 423
一、导论 ... 423
二、合资、合作开发房地产合同的基本理论 ... 424
（一）合作开发房地产合同概述 ... 424

（二）合作开发房地产合同与其他合同的区别 ················ 424
　　（三）《国有土地使用权合同纠纷司法解释》关于合作开发房地产
　　　　合同的其他重要规定 ································· 425
三、关于合资、合作开发房地产合同纠纷的裁判规则 ············ 426
　　（一）合作双方不具备房地产开发经营资质，但第三方主体具备
　　　　房地产开发经营资质，并以实际行为加入合作建房中，合
　　　　作开发房地产合同有效 ······························· 426
　　（二）政府许可一方主体与其他主体合作开发房地产，若政府批
　　　　复同意该主体将占有划拨土地依法变性用于房地产开发，
　　　　不因此影响合作开发房地产合同的有效性 ··············· 428
　　（三）以农民集体所有的土地合作开发房地产，若未经过当地政
　　　　府规划审批，也未对所涉土地依法办理征收、出让等相关
　　　　手续，该合作开发房地产合同无效 ····················· 429
　　（四）在合作开发房地产合同纠纷中，案涉土地成本大幅度上涨
　　　　应属于商业风险，不属于不可预见风险，不构成情势变更 ··· 430
　　（五）合资、合作开发房地产合同的双方并不完全具有双务合同
　　　　履行上的牵连性，即使一方未履行自己的合同义务，也未
　　　　必构成对方的履行抗辩权，除非合同明确约定或者根据合
　　　　同具体内容可以判断构成了履行上的牵连关系 ··········· 430
　　（六）合作开发房地产合同虽然约定各半投资、各半分配，但合
　　　　作双方实际投资数额并不相同的，应按实际投资比例进行
　　　　利润分配 ··· 431
四、结语 ··· 432

第五节　房屋虚假宣传纠纷 ································· 434
　一、导论 ··· 434
　二、房屋虚假宣传的基本理论 ····························· 435
　　（一）房屋虚假宣传概述 ······························· 435
　　（二）我国关于房屋虚假宣传的法律规制 ················· 436
　三、关于房屋虚假宣传纠纷的裁判规则 ····················· 437

（一）出卖人和买受人在商品房买卖合同中明确约定，出卖人的广告不作为合同的组成部分，买受人对此明知，又以广告中的内容未实现主张出卖人违约的，人民法院不予支持 …… 437

（二）房屋买卖合同的出卖人在与买受人签订房屋买卖合同之后存在虚假广告宣传行为，该买受人以出卖人存在该虚假广告宣传行为为由诉请解除合同、赔偿损失的，人民法院不予支持 …… 438

（三）尽管出卖人可能存在夸大宣传的行为，客观上增强了买受人购买案涉商铺的欲望，但买受人与出卖人就商铺签订买卖合同后，仅因该夸大宣传行为请求出卖人承担侵权责任的，人民法院不予支持 …… 439

（四）商品房出卖人因虚假宣传受到行政处罚，并不必然对买受人构成合同欺诈 …… 440

（五）商品房销售方将楼盘由开发商开发宣传为开发商的大股东开发，若该大股东明确参与楼盘的开发建设，商品房买受方没有证据证明销售方作出案涉楼盘系该大股东独家开发宣传的，人民法院不足以认定销售方存在虚假宣传 …… 442

四、结语 …… 443

第六节　房屋租赁合同纠纷 …… 444
　一、导论 …… 444
　二、房屋租赁合同的基本理论 …… 445
　　（一）房屋租赁合同概述 …… 445
　　（二）房屋租赁合同的相关问题 …… 446
　三、关于房屋租赁合同纠纷的裁判规则 …… 447
　　（一）双方签订房屋租赁合同后，与第三方签订转让承租人全部权利义务且由承租人承担连带保证责任协议，该协议并未解除双方租赁合同，一方起诉要求解除其与第三方房屋租赁关系的，不属于起诉法律关系错误 …… 447

　　（二）租赁合同中规定"双方无特别异议"但并未对此作出约定的，应结合上述条款的字面含义、行业交易习惯等综合判断 …… 448

（三）租赁合同中，享有法定或者约定解除权的当事人才能行使以通知方式解除合同的权利，违约方并不享有上述单方通知解除权 ⋯⋯⋯⋯⋯⋯⋯⋯⋯⋯⋯⋯⋯⋯⋯⋯⋯⋯⋯⋯⋯⋯⋯⋯⋯⋯ 448

（四）租赁合同补充协议虽由公司经办人签字，但该协议签订后双方在诉讼前一直未就该签字的效力提出异议，且双方就案涉房屋订立的租赁合同处于持续履行中，人民法院可以认定当事人对经办人的签字予以追认有效 ⋯⋯⋯⋯⋯⋯⋯⋯⋯⋯⋯ 449

（五）房屋租赁合同为继续性合同，不因租金支付方式的改变而将一份租赁合同分割为数份租赁合同 ⋯⋯⋯⋯⋯⋯⋯⋯⋯⋯⋯⋯ 450

（六）当事人签订《租赁合同》时已知晓案涉房屋没有建设工程规划许可手续，人民法院可以据此认定当事人对《租赁合同》的无效均有过错，并且综合考虑案涉房屋配备的临时水电设施、建设工程消防验收情况等因素，酌情认定房屋占有使用费 ⋯⋯⋯⋯⋯⋯⋯⋯⋯⋯⋯⋯⋯⋯⋯⋯⋯⋯⋯⋯⋯⋯⋯⋯⋯⋯ 451

四、结语 ⋯⋯⋯⋯⋯⋯⋯⋯⋯⋯⋯⋯⋯⋯⋯⋯⋯⋯⋯⋯⋯⋯⋯⋯⋯⋯⋯⋯ 452

第七节 房屋质量纠纷 ⋯⋯⋯⋯⋯⋯⋯⋯⋯⋯⋯⋯⋯⋯⋯⋯⋯⋯⋯⋯⋯ 453

一、导论 ⋯⋯⋯⋯⋯⋯⋯⋯⋯⋯⋯⋯⋯⋯⋯⋯⋯⋯⋯⋯⋯⋯⋯⋯⋯⋯⋯⋯ 453

二、房屋质量纠纷的基本理论 ⋯⋯⋯⋯⋯⋯⋯⋯⋯⋯⋯⋯⋯⋯⋯⋯⋯⋯ 454

（一）房屋质量问题的种类 ⋯⋯⋯⋯⋯⋯⋯⋯⋯⋯⋯⋯⋯⋯⋯⋯ 454

（二）能否因房屋质量问题不交物业费 ⋯⋯⋯⋯⋯⋯⋯⋯⋯⋯⋯ 454

（三）物业公司在房屋质量纠纷中的作用 ⋯⋯⋯⋯⋯⋯⋯⋯⋯⋯ 454

（四）如何处理房屋质量纠纷 ⋯⋯⋯⋯⋯⋯⋯⋯⋯⋯⋯⋯⋯⋯⋯ 455

（五）请求解除合同和赔偿损失时应注意的问题 ⋯⋯⋯⋯⋯⋯⋯ 455

三、关于房屋质量纠纷的裁判规则 ⋯⋯⋯⋯⋯⋯⋯⋯⋯⋯⋯⋯⋯⋯⋯⋯ 456

（一）双方当事人在确认书中作出了终局性解决相关房屋质量纠纷的意思表示且已履行完毕，一方又起诉要求对方赔偿的，人民法院不予支持 ⋯⋯⋯⋯⋯⋯⋯⋯⋯⋯⋯⋯⋯⋯⋯⋯⋯⋯⋯⋯⋯ 456

（二）一方当事人在接收房屋时并未对房屋屋面防水防漏工程提出异议，也未举证证实案涉房屋漏水系对方当事人未做好屋面防水防漏工程所致，该当事人在支付部分购房款后又主张因未做屋面防水防漏工程而不符合付款条件的，人民法院不予支持 ······ 457

（三）负有举证证明责任的当事人未能按照司法鉴定机构的要求提供进行司法鉴定所必需的完整的相关材料，并且没有按照要求向司法鉴定机构明确其所要求的具体司法鉴定事项范围，致使案涉商品房是否存在质量问题的待证事实不能通过司法鉴定予以确定的，其诉讼请求缺乏相应的证据予以证明，人民法院不予支持 ······ 458

（四）商品房虽存在质量瑕疵但不影响该房屋的基本功能，并未导致商品房买卖合同目的不能实现的，不构成严重影响正常居住的根本违约，不得以房屋存在质量瑕疵为由拒绝收房 ······ 459

（五）当事人主张案涉房屋存在质量问题，但不能证明其属于《前期物业服务管理协议》约定的可以拒绝收楼并可不支付物业服务费情形的，不得拒绝收楼及交纳物业管理费 ······ 460

（六）案涉房屋因质量问题所产生的维修义务由开发商承担，物业公司多次组织人员对案涉房屋进行修补，未能解决渗漏水问题，但不能因此而认定物业公司未尽到物业服务义务，当事人不得以此为由拒交物业服务费 ······ 461

四、结语 ······ 462

第八节　房屋拆迁安置补偿合同纠纷 ······ 464
  一、导论 ······ 464
  二、房屋拆迁安置补偿合同的基本理论 ······ 465
  （一）房屋拆迁安置补偿合同概述 ······ 465
  （二）房屋拆迁安置补偿合同的主要内容 ······ 465
  （三）房屋拆迁安置补偿合同无效的情形 ······ 466
  （四）房屋拆迁安置补偿协议履行中的纠纷解决 ······ 466

三、关于房屋拆迁安置补偿合同纠纷的裁判规则 ··············· 467

（一）搬迁补偿协议仅有一方签字，对方并未签字盖章，签字一方当事人亦未能提供其他证据证明其与对方达成了搬迁补偿协议的，不足以证明双方就案涉搬迁补偿事项已达成了一致 ··············· 467

（二）因案涉土地被国土部门征收而导致案涉征地协议无法履行的，双方当事人对取得的财产应当相互返还或折价补偿 ······ 468

（三）拆迁房屋的单位未取得房屋拆迁许可证实施拆迁行为不会导致拆迁合同无效 ··············· 469

（四）土地及房屋的所有权人在其他共有人均出具证明表示不主张权利的情况下在补偿安置协议书上签字的，足以产生法律效力 ··············· 470

（五）一方当事人将案涉房屋另行处置导致对方未能实现取得安置房屋的合同目的的，其赔偿数额的确定应当以能够使对方在当前市场上取得与约定交付的安置房屋相类似的房屋价格为依据 ··············· 470

（六）一方当事人与变更后的拆迁主体达成补偿协议且收取了部分拆迁补偿款的，应视为对拆迁主体变更的默许，拆迁主体变更后，此前已经确定的补偿范围以及达成的补偿协议应认定继续有效 ··············· 471

四、结语 ··············· 472

第九节　房地产价格评估合同纠纷 ··············· 474
一、导论 ··············· 474
二、房地产价格评估合同纠纷的基本理论 ··············· 475
（一）房地产价格评估概述 ··············· 475
（二）房地产价格评估的类型 ··············· 475
（三）房地产价格评估的基本原则 ··············· 475
（四）房地产价格评估机构的确定方法 ··············· 476
（五）房地产价格评估的现状分析 ··············· 476
（六）房屋估价纠纷的解决方式 ··············· 476

三、关于房地产价格评估合同纠纷的裁判规则……477
　（一）关于评估费的内部请示文件，不能作为认定评估单位已完成价格评估服务工作的直接证据……477
　（二）当事人作为评估公司提供评估服务的直接受益人，其主张与评估公司之间不存在评估合同关系的，人民法院不予支持……478
　（三）签订评估委托合同后，该项目又划转给其他部门，该其他部门不同意承担案涉评估费用且债权人评估公司亦不同意债务人变更的，案涉评估费用由原部门承担……479
　（四）当事人对评估公司出具的结算审核报告予以盖章确认，且在一审判决其支付酬金后未提起上诉的，应视为其认可评估公司所完成的工作……480
　（五）当事人以评估公司提交的初审稿不符合合同约定为由拒绝支付咨询服务费，亦没有提交证据证实其在收到审核初稿后对初审稿提出异议的，人民法院不予支持……481
　（六）房屋评估合同的签订双方为街道办事处与评估公司的，该评估合同产生的权利义务由街道办事处与评估公司承担，房屋征收与补偿的对象并非该评估合同的权利义务相对人……482
四、结语……482

第十节　建筑物和其他土地附着物抵押权纠纷……484
一、导论……484
二、建筑物和其他土地附着物抵押权纠纷的基本理论……485
　（一）建筑物和其他土地附着物抵押权概述……485
　（二）土地使用权及其建筑物未一并抵押的处理……485
　（三）设定抵押权的土地建造建筑物后，抵押权如何实现……485
　（四）建筑物抵押权人是否可以针对工程价款优先受偿之判决提出第三人撤销之诉……486
三、关于建筑物和其他土地附着物抵押权纠纷的裁判规则……486

（一）双方未签订书面借款协议，一方亦未举证证明其要求对方及时履行出借义务，未要求对方办理注销房屋抵押登记手续，仅在强制执行过程中对抵押权提出异议的，人民法院不予支持 …………………………………………………… 486

（二）建筑物和其他土地附着物抵押权纠纷中，抵押权人无法与抵押人取得联系，因而在抵押物处张贴贷款催收通知单进行债务催收的，应视为诉讼时效的中断 …………………… 487

（三）为使抵押担保更符合形式上的要求而签订的借款合同，因双方没有发生真实的借贷关系而无效，但并不影响双方签订的一般抵押权合同的效力 …………………………… 488

（四）建筑物和其他土地附着物抵押权纠纷中，抵押权强制执行力从属于担保的主债权的强制执行力，受主债权强制执行申请期限的限制，主债权因超过强制执行申请期限而丧失强制执行力的保护及于该抵押权 ………………………… 489

（五）建筑物和其他土地附着物抵押权纠纷中，已生效判决仅涉及借款本金及相应利息、罚息，当事人又诉请办理案涉房屋的相关初始登记及抵押登记的，不构成重复起诉 ………… 489

（六）建筑物和其他土地附着物抵押权纠纷中，抵押权人在主债权诉讼时效届满前未行使抵押权，抵押人在主债权诉讼时效届满后请求涂销抵押权登记的，人民法院依法予以支持 … 490

四、结语 ……………………………………………………………… 491

第十一节 在建建筑物抵押权纠纷 ……………………………………… 493

一、导论 ……………………………………………………………… 493

二、在建建筑物抵押权纠纷的基本理论 ……………………………… 494

（一）在建建筑物抵押概述 ……………………………………… 494

（二）在建建筑物抵押相关问题 ………………………………… 494

三、关于在建建筑物抵押权纠纷的裁判规则 ………………………… 496

（一）抵押担保合同以借款合同的存在为前提，主合同已成立但未生效，从合同担保的债务亦未实际发生，当事人因此要求解除在建工程抵押登记的，人民法院依法应予支持 ……… 496

（二）一方诉请对方支付欠款，有双方签订的《在建工程抵押合同》、房屋他项权证、申请书等予以证实且对方无异议的，人民法院依法应予支持 ·· 497

（三）当事人之间签订的《最高额抵押合同》约定的担保范围包括借款本金、利息、罚息、复利的，有权要求在最高余额内就期房抵押证明所载抵押物折价或者拍卖、变卖所得价款优先受偿 ·· 497

（四）抵押权属于担保物权，因抵押权设立、变更、转让和消灭引起的纠纷，实质是对担保物抵押权的确认引起的纠纷 ······ 498

（五）当事人一方因请求否定对方的抵押物权而提起的诉讼，依法属于不动产纠纷，适用不动产专属管辖原则 ············ 499

（六）当事人提出诉请判决案涉建筑物抵押登记自始无效后上诉，又因相同事由诉至法院的，人民法院不予支持 ············ 500

四、结语 ··· 500

第十二节 建设用地使用权抵押权纠纷 ··························· 502
一、导论 ··· 502
二、建设用地使用权抵押权纠纷的基本理论 ····································· 503
（一）建设用地使用权抵押权概述 ································ 503
（二）建设用地使用权抵押权相关问题 ························ 503
（三）国有建设用地使用权及房屋所有权一般抵押权首次登记所需提交的材料 ···································· 504

三、关于建设用地使用权抵押权纠纷的裁判规则 ····························· 505
（一）案涉主合同并没有实际履行到位，他项权证书登记的抵押权人并非上诉人，该上诉人据此主张对抵押物拍卖款项享有优先受偿权的，人民法院不予支持 ······················ 505

（二）当事人可依据人民法院作出的最终裁决单方向有关权属登记机关申请物权的权利归属处理。当事人要求对方履行注销土地抵押登记的申请及协助义务的，人民法院不予支持 ··· 506

（三）案涉抵押权所依附的主债权已经被一审法院以超过诉讼时效而驳回，抵押权人在主债权诉讼时效期间届满前未行使抵押权，抵押人在主债权诉讼时效届满后请求涂销抵押权登记的，人民法院依法予以支持 ································· 507

（四）仅涉及担保效力问题而不涉及当事人的土地权属的建设用地使用权抵押权纠纷案件，不适用不动产专属管辖 ············· 507

（五）双方当事人在建设用地使用权抵押合同中明确约定解决争议的方式是向抵押权人所在地人民法院起诉的，该约定符合法律规定 ·· 508

（六）建设用地使用权抵押权纠纷涉及的土地属于不动产，应依照不动产专属管辖的规定来确定管辖法院 ··············· 509

四、结语 ·· 510

后　记 ·· 511

第一章
房地产权属纠纷

序 论

房地产纠纷产生的原因是多方面的，最主要的原因有两个方面：一是随着房地产业的不断发展，各类新事物、新问题不断涌现；二是相关配套法律不完善，不能很好地规范房地产市场。具体来说，在商品房预售纠纷中，由于我国目前的房地产业尚不发达，房地产供不应求，开发商占据信息和市场优势，购房者被迫接受"合同"中的不合理条款，由此导致了房地产买卖中口头承诺等现象泛滥。此外，在商品房销售纠纷中，一方面，房地产开发企业在商品房销售中存在诸多不规范现象：一是虚假宣传欺骗消费者，如售前广告承诺的室内设施、配套建设、公共场所、绿地等在房屋交付使用时不存在或不完善。二是利用消费者缺乏房地产专业知识的弱点，使用不规范的《商品房买卖合同》，在销售面积、价款等方面"做文章"，交付房屋时增大或减少房屋面积，增加收费项目等。另一方面，相关法律法规配套不完善也导致了房地产纠纷增加。因此，从实务层面来看，研究房地产纠纷相关法律问题，总结、归纳裁判文书中的裁判要点，对于解决房地产疑难问题，规范房地产交易市场具有非常重要的现实意义。

在体例上，本章共有八节内容，每一节均包括导论、基本理论、裁判规则、结语四部分；在素材上，本章以人民法院的裁判文书为主，辅以与此相关的理论；在内容上，本章包括预购商品房抵押贷款合同纠纷、商品房按揭贷款合同纠纷、商品房预约合同纠纷、商品房预售合同纠纷、商品房销售合同纠纷、商品房委托代理销售合同纠纷、经济适用房转让合同纠纷和房屋赠与合同纠纷八节内容，每一节均以相关理论为基础，精选五至六篇裁判文书，提炼、归纳和总结裁判文书中的实务要点。本章归纳、总结的要点紧扣司法实务中关于房地产权属纠纷的热点和难点问题，对于相关领域的理论研究和司法实践均有所帮助，希望以此为我国房地产法律制度的建设尽一份绵薄之力。

第一节　预购商品房抵押贷款合同纠纷

一、导论

我国于20世纪90年代建立了商品房预售制度，为避免个人住房贷款的金融风险，预购商品房抵押这种担保方式也相应建立。[①]1997年颁布的《城市房地产抵押管理办法》首次对预购商品房贷款抵押作了定义，根据该办法规定，预购商品房贷款抵押设定后，登记机关只是在抵押合同上记载而不作权利证书的发放。2007年3月颁布的《物权法》第20条首次规定了不动产的预告登记制度。[②]2008年2月建设部发布的《房屋登记办法》规定了几种可以办理预告登记的情形，首次明确规定预购商品房抵押可办理预告登记，但这些条文较为简短，并没有具体规定出预购商品房抵押预告登记的性质和效力，学术界及司法实践对预购商品房抵押也尚存诸多争议。本节以预购商品房抵押贷款合同纠纷的案件裁判文书为研究对象，并将2012年以来人民法院作出的相关裁判文书作为主要范围，归纳、提炼预购商品房抵押贷款合同纠纷裁判的理念和趋势，以期通过对我国案例的研究来指导司法实践。

截至2021年2月，编者在中国裁判文书网中输入"预购商品房抵押贷款合同"（案由）共检索出民事裁判文书4892篇，其中，由最高人民法院裁判的有1篇，由高级人民法院裁判的有12篇，由中级人民法院裁判的有264篇，由基层人民法院裁判的有4659篇。在具体案例的选取上，本节遵循以下"两个优先"原则：第一，优先选择审判层级较高的裁判文书；第二，优先选择审判日期较近的裁判文书。通过形式和内容两个方面的筛选，本节最终选择了5

---

① 徐连金：《贷款管理新办法》，上海财经大学出版社2010年版，第68页。
② 程力：《楼宇按揭对我国抵押制度理论发展的影响》，法律出版社2005年版，第102~104页。

篇裁判文书进行研究，即（2017）渝05民终7908号、（2018）渝05民终3209号、（2012）渝一中法民终字第02181号、（2015）连东民初字第00022号、（2017）沪02民终1754号。其中，裁判日期为2017年（含）之后的有3篇。

二、预购商品房抵押贷款合同的基本理论

（一）预购商品房抵押的概念

根据《城市房地产抵押管理办法》第3条的规定，预购商品房抵押是指购房人支付首期规定的房价款后，由贷款银行代其支付其余的购房款，将所购商品房抵押给贷款银行作为偿还履行担保的行为。具体而言，房屋正在建设中尚未取得产权，购房人与房产开发企业签订《预购商品房买卖合同》，购房人预先支付合同约定的数额作为首期房价款，同时向贷款银行申请商品房抵押贷款，经银行审核购房人符合贷款条件后，购房人与贷款银行签订《个人购房借款合同》和《商品房抵押担保合同》。一般来说，合同中会约定，借款人所购置的预售商品房作为担保《个人购房借款合同》主债务的抵押物，借款人若有约定违约情形，如逾期履行还款义务，贷款银行可解除借款合同，对抵押物行使优先受偿权。为保证信贷安全，贷款银行要求预购商品房的房产开发企业提供阶段性连带保证责任，保证期间为自借款合同生效之日起至借款人取得房屋权属证书并办理他项权证。《个人购房借款合同》生效后，贷款银行按照合同约定的贷款数额将款项一次性打入房产开发企业提供的收款银行账户中。[①]

（二）预购商品房抵押的性质

预购商品房抵押可以认定为不动产抵押。根据借款人（预购人）与债权人（银行）签订的《商品房抵押担保合同》中约定的抵押权人与抵押人的相关权利与义务，对合同项下的金融借款债务的清偿提供抵押物，预购商品房抵押的目的是担保双方订立的《个人购房借款合同》，抵押人保留对担保抵押物的占有、使用和收益权利。因而从设立抵押的目的来看，预购商品房没有超出不动产抵押的范围，并且银行在办理预购商品房抵押贷款和现房抵押贷款的流程是

---

① 参见程明太：《对完善林权与农房抵押贷款管理的思考》，载《中国金融》2009年第10期。

一致的,甚至没有作特别区分,有的银行提供的预购商品房抵押合同也与不动产抵押合同基本相同。在司法实践中,也是基本参照不动产抵押的相关法律规定进行实务操作的。①

(三)预购商品抵押权预告登记的效力

预告登记的效力一般分为四个部分:一是保全债权效力。对相关权属证明等债权预告登记的方式记录并且公示给公众,从而具备与预告登记内容相竞合的其他请求权对抗的能力,保障预告登记内容项下的期待性债权能够顺利实现。二是顺位保护效力。预告登记可以保全请求权的顺位,按照登记先后顺序排除其他后续登记的效力,法律规定的期限内取得登记的,请求权顺位可及至预告登记生效之时。三是破产保护效力。预告登记标的物的物权人破产时,经预告登记的请求权享有优先受偿权,可以对抗其他普通债权人的请求权。但是这种破产保护的情形仅适用于企业破产,我国法律中没有个人破产规定。四是预警效力。即预告登记取得后经行政机关的公告公示,第三人在对预告登记的不动产明示的情况知晓后,避免申请与之相冲突的权利。

(四)商品房买卖合同变动对抵押权的影响

预购人与房产开发企业签订的《商品房买卖合同》被解除或者无效的,预购人对所预购的商品房丧失所有权的期待,从而影响银行贷款的收回,预购商品房抵押合同的效力如何?根据《最高人民法院关于审理商品房买卖合同纠纷案件适用法律若干问题的解释》(2020年12月29日修正)第20条的规定,商品房买卖合同被确认无效或者被撤销、解除,致使商品房担保贷款合同目的无法实现,当事人请求解除商品房担保贷款合同的,应予支持。商品房担保贷款合同的解除意味着包含在内的从合同预购商品房抵押合同也可被解除,从而抵押权人丧失抵押权。但是该条并未直接规定商品房买卖合同和预购商品房抵押合同的主从关系,只是基于对案件的具体审理,对因商品房买卖合同被确认无效或者被撤销、解除情形下提供审判指引。那么,如果预购商品房抵押合同和商品房买卖合同一并被解除后,抵押权人的抵押权如何实现呢?《最高人民法

---

① 参见孙宪忠主编:《中国物权法:原理释义和立法解读》,经济管理出版社2008年版,第141页。

院关于审理商品房买卖合同纠纷案件运用法律若干问题的解释》第21条第2款规定："商品房买卖合同被确认无效或者被撤销、解除后，商品房担保贷款合同也被解除的，出卖人应当将收受的购房贷款和购房款的本金及利息分别返还担保权人和买受人。"这说明不论商品房买卖合同是无效还是被撤销、解除，预购商品房抵押合同的效力是肯定的，双方当事人签订的预购商品房抵押合同合法有效，只不过在商品房买卖合同基于房产开发企业的违约行为发生合同变动时，预购商品房抵押合同可以被解除。预购商品房抵押合同解除后，抵押权人的抵押权或者说抵押担保的主债权的实现方式，变更为要求房产开发企业返还收受的购房贷款和购房款的本金、利息。

三、关于预购商品房抵押合同纠纷的裁判规则

（一）房屋抵押权预告登记的权利人，在未办理房屋抵押权登记之前，其享有的是当抵押登记条件成就或约定期限届满时对抵押房屋办理抵押权登记的请求权

【案例来源】

案例名称：恒大地产集团重庆有限公司与东亚银行（中国）有限公司重庆分行、魏某文金融借款合同纠纷案

审理法院：重庆市第五中级人民法院

案　　号：（2017）渝05民终7908号

【争议点】

恒大地产集团重庆有限公司（以下简称恒大公司）与东亚银行（中国）有限公司重庆分行（以下简称东亚银行重庆分行）、魏某文因金融借款合同纠纷引发诉讼，该案历经重庆市渝中区人民法院一审、重庆市第五中级人民法院二审两个阶段。在二审中，当事人就东亚银行重庆分行对涉案房屋是否享有优先受偿权的问题产生争议。

【裁判说理】

《物权法》第 20 条[①]规定："当事人签订买卖房屋或者其他不动产物权的协议，为保障将来实现物权，按照约定可以向登记机构申请预告登记。预告登记后，未经预告登记的权利人同意，处分该不动产的，不发生物权效力。预告登记后，债权消灭或者自能够进行不动产登记之日起三个月内未申请登记的，预告登记失效。"《物权法》规定的预告登记制度，旨在保障当事人将来物权的实现，即保障当事人申请物权登记的权利，故预告登记并不等同于物权登记。根据《物权法》第 187 条[②]"以本法第一百八十条第一款第一项至第三项规定的财产或者第五项规定的正在建造的建筑物抵押的，应当办理抵押登记。抵押权自登记时设立"的规定，不动产抵押不登记不发生物权效力，故本案抵押权并未设立。东亚银行重庆分行要求对魏某文办理抵押权预告登记的房屋行使抵押权的请求，没有法律依据。据此，在抵押权登记完成前，对东亚银行重庆分行要求对讼争房屋享有优先受偿权的诉请应不予支持。

（二）预购商品房抵押权预告登记的对象为将来设立抵押权的请求权，该请求权虽经预告登记后产生了一定的物权效力，但并不产生抵押权设立的法律后果

【案例来源】

案例名称：周某瑛与华夏银行股份有限公司重庆南岸支行、重庆极地实业有限公司等金融借款合同纠纷案

审理法院：重庆市第五中级人民法院

案　　号：（2018）渝 05 民终 3209 号

【争议点】

周某瑛与华夏银行股份有限公司重庆南岸支行（简称华夏银行南岸支行）、重庆极地实业有限公司（以下简称极地实业公司）因金融借款合同纠纷引发诉

[①] 对应《民法典》第 221 条，该条规定："当事人签订买卖房屋的协议或者签订其他不动产物权的协议，为保障将来实现物权，按照约定可以向登记机构申请预告登记。预告登记后，未经预告登记的权利人同意，处分该不动产的，不发生物权效力。预告登记后，债权消灭或者自能够进行不动产登记之日起九十日内未申请登记的，预告登记失效。"

[②] 对应《民法典》第 402 条，该条规定："以本法第三百九十五条第一款第一项至第三项规定的财产或者第五项规定的正在建造的建筑物抵押的，应当办理抵押登记。抵押权自登记时设立。"

讼,该案历经重庆市南岸区人民法院一审、重庆市第五中级人民法院二审两个阶段。在二审中,当事人就华夏银行南岸支行对涉案房屋是否享有优先受偿权以及极地实业公司是否承担保证责任产生争议。

【裁判说理】

在本案中,当事人之间签订的《个人房屋抵押借款合同》及《重庆市预购商品房抵押贷款合同》均系自愿,且不违反法律规定,合法有效。在未变更为正式抵押权登记前,债权人尚未取得该预购商品房的抵押权,华夏银行南岸支行依据抵押权主张优先受偿,无法律依据,予以驳回。根据《个人房屋抵押借款合同》约定,极地实业公司为借款人在本案所涉房屋办理所有权证及抵押登记手续完成之前提供连带保证担保。该保证为阶段性保证,是对保证合同所附的解除条件。现涉案房屋抵押登记手续及房屋所有权证尚未办理完成,极地实业公司的阶段性连带保证担保责任并未解除,故极地实业公司应就借款人本案所涉债务向华夏银行南岸支行承担连带清偿责任。按照合同约定,其承担责任的范围包含了贷款本金、利息、罚息、复利及实现债权的费用等。故极地实业公司辩称其不应当对罚息、复利及实现债权的费用等承担责任与事实相悖,不予采信。综上,借款人应当按照约定时间和金额向贷款人履行还本付息的义务,本案借款人违反合同约定不按时履行还款义务,应当按照合同约定承担返还借款、支付利息、罚息、复利、律师费的责任。保证人对借款人债务承担连带清偿责任,其承担责任后有权向债务人追偿。故华夏银行南岸支行要求借款人返还借款、支付利息、罚息、复利、律师费的诉讼请求予以支持。另,华夏银行南岸支行自愿在本案中撤回对周某瑛的起诉,并放弃要求其承担责任,系华夏银行南岸支行对自己权利的处分,法院予以准许。

(三)预购商品房作为正在建造中的房屋进行抵押,只要办理了抵押登记,人民法院就可以认定抵押有效

【案例来源】

案例名称:中国工商银行股份有限公司重庆渝北支行与黄某枢、董某蓉等金融借款合同纠纷案

审理法院:重庆市第一中级人民法院

案　　号:(2012)渝一中法民终字第02181号

【争议点】

工商银行股份有限公司重庆渝北支行（以下简称工行渝北支行）与黄某枢、董某蓉、重庆维丰房地产开发有限公司（以下简称维丰公司）因借款合同纠纷引发诉讼，该案经重庆市渝北区人民法院一审、重庆市第一中级人民法院二审两个阶段。在二审中，当事人就何方享有涉案房屋的优先受偿权产生争议。

【裁判说理】

《最高人民法院关于适用〈中华人民共和国担保法〉若干问题的解释》第47条[①]规定："以依法获准尚未建造的或者正在建造中的房屋或者其他建筑物抵押的，当事人办理了抵押物登记，人民法院可以认定抵押有效。"建设部《城市房地产抵押管理办法》第27条以预购商品房贷款抵押的，须提交生效的预购房屋合同。第34条第2款以预售商品房或者在建工程抵押的，登记机关应当在抵押合同上作记载。抵押的房地产在抵押期间竣工的，当事人应当在抵押人领取房地产权属证书后，重新办理房地产抵押登记。

（四）当事人以预售商品房抵押的，登记机关应当在抵押合同上作记载，抵押的房地产在抵押期间竣工的，当事人应当在抵押人领取房地产权属证书后，重新办理房地产抵押登记

【案例来源】

案例名称：连云港飞龙置业有限公司与连云港顺天木业有限公司、尹某飞债权转让合同纠纷案

审理法院：东海县人民法院

案　　号：（2015）连东民初字第00022号

【争议点】

连云港飞龙置业有限责任公司（以下简称飞龙置业公司）与连云港顺天木业有限公司（以下简称顺天木业公司）、尹某飞因执行异议纠纷引发诉讼。在一审中，当事人就商品房买卖《协议》中约定抵押担保贷款是一般抵押担保贷款还是商品房按揭贷款产生争议。

---

① 参见《民法典》第402条，该条规定："以本法第三百九十五条第一款第一项至第三项规定的财产或者第五项规定的正在建造的建筑物抵押的，应当办理抵押登记。抵押权自登记时设立。"

【裁判说理】

在本案中,商品房买卖协议中约定:抵押担保贷款是一般抵押担保贷款还是商品房按揭贷款,协议双方没有明确规定,但根据建设部《城市房地产抵押管理办法》第 3 条的规定,预购商品房贷款抵押,是指购房人在支付首期规定的房价款后,由贷款银行代其支付其余的购房款,将所购商品房抵押给贷款银行作为偿还贷款履行担保的行为。同时根据该办法第 32 条的规定和《房屋登记管理办法》等相关法律规定,房地产抵押应当办理抵押登记,办理房地产抵押登记应当提供房屋所有权证书和房地产权证书。综上所述,本院认为协议双方没有明确约定抵押担保的类型,但原被告签订购房协议时,顺天木业公司未能支付原告全部购房款,也未取得涉案房屋的相关产权登记,涉案房屋无法以顺天木业公司的名义办理一般抵押贷款,只能办理商品房抵押贷款。

(五)房屋抵押设定成功,则阶段性连带保证的任务完成,银行获得借款人的房屋抵押担保之时就是房产开发商的阶段性保证期间届满之时

【案例来源】

案例名称:上海百润房地产有限公司与中国银行股份有限公司上海市宝山支行保证合同纠纷案

审理法院:东海县人民法院

案　　号:(2017)沪 02 民终 1754 号

【争议点】

上海百润房地产有限公司(以下简称百润公司)与中国银行股份有限公司上海市宝山支行(以下简称中行宝山支行)因保证合同纠纷引发诉讼,该案历经上海市宝山区人民法院一审、上海市第二中级人民法院二审两个阶段。在二审中,当事人就百润公司为顾某某在系争《个人住房抵押借款合同》项下债务所提供的阶段性保证期间是否已经届满产生争议。

【裁判说理】

在本案中,从已查明的事实来看,顾某某作为借款人就抵押的房产办理了预购商品房抵押登记,中行宝山支行为预告抵押权人。对此,法院认为,首先,从抵押预告登记的效力来看,抵押预告登记所登记的并非现实的抵押权,而是将来发生抵押权变动的请求权,该请求权具有排他效力。中行宝山支行作为抵押预告登记的权利人,在未办理房屋抵押登记之前,其享有的是当抵押登

记条件成就或约定期限届满对该房屋办理抵押登记的请求权,并可排他性地对抗他人针对该房屋的处分,但并非对该房屋享有现实抵押权。其次,从中行宝山支行能否进行抵押登记并行使抵押权的条件来看,涉案房屋权利现仍登记在百润公司名下,表明百润公司与顾某某未办理预购商品房转移登记,这已经对中行宝山支行依据预告抵押登记主张变更为抵押登记的请求权在行使过程中造成障碍,即在缺少预购商品房转移登记手续的情况下,中行宝山支行无法单方将抵押预告登记变更为抵押登记。而抵押预告登记在未变更为抵押登记之前,根据物权法定原则,中行宝山支行无法就抵押房屋行使处分并优先受偿的权利。最后,从合同约定的阶段性连带保证期间来看,涉案房屋未办理以顾某某为产权人的房地产权证及相应的房地产其他权利证明。因此,百润公司提供的阶段性连带保证责任期间届满的条件尚未成就,且从本案的现有证据来看,该期间届满条件的未成就并非中行宝山支行的原因所致。故对于百润公司提出的上诉理由,法院不予采信。关于百润公司提供的两份执行裁定书,从裁定书内容来看,涉及的是有关一审法院在执行相关公证债权文书时是否有权直接执行保证人百润公司财产的问题,与百润公司在本案中提出的其不应承担保证责任的主张之间缺乏关联性,故对于该证据的证明力本院不予采信。

四、结语

预购商品房抵押普遍存在于预售商品房销售过程中,在司法实践中也呈现操作地域差别化的特点。当事人以预售商品房抵押的,登记机关应当在抵押合同上作记载,抵押的房地产在抵押期间竣工的,当事人应当在抵押人领取房地产权属证书后,重新办理房地产抵押登记。作为房屋抵押权预告登记的权利人,在未办理房屋抵押权登记之前,其享有的是当抵押登记条件成就或约定期限届满对抵押房屋办理抵押权登记的请求权,并可排他性地对抗他人针对抵押房屋的处分,但并非对抵押房屋已享有现实的抵押权。预购商品房作为正在建造中的房屋进行抵押,只要办理了抵押登记,人民法院就可以认定抵押有效。此外,预购商品房抵押比较常见的是阶段性连带保证,其本意是由房产开发商在一定的阶段内,为借款人向银行履行还款义务提供保证,为银行获得安全的房屋抵押担保的等待过程提供保证。

第二节　商品房按揭贷款合同纠纷

一、导论

20世纪90年代之后，我国商品房按揭制度呈现迅猛发展之势，并成为我国居民购房最主要的融资方式之一。该制度一方面推进了我国城市化的进程，另一方面为我国金融业的发展注入了新鲜的血液。本节以商品房按揭贷款合同纠纷的案件裁判文书为研究对象，并将2016年以来人民法院作出的相关裁判文书作为主要范围，归纳、提炼商品房按揭贷款合同裁判的理念和趋势，以期通过对我国案例的研究来指导司法实践。

截至2021年2月，编者在中国裁判文书网中输入"商品房按揭贷款合同纠纷"（案由）共检索出民事裁判文书715篇，其中，由高级人民法院裁判的有4篇，由中级人民法院裁判的有434篇，由基层人民法院裁判的有276篇。本节选取了其中6篇典型案例，并对其裁判规则进行了梳理研究。在具体案例的选取上，本节遵循以下"两个优先"原则：第一，优先选择审判层级较高的裁判文书；第二，优先选择审判日期较近的裁判文书。通过形式和内容两个方面的筛选，本节最终选择了5篇裁判文书进行研究，即（2016）陕01民初1258号、（2020）内08民终1501号、（2018）云2301民初2307号、（2019）云23民终554号。其中，裁判日期为2018年（含）之后的有3篇。

二、商品房按揭贷款合同纠纷的基本理论

（一）我国商品房按揭的分类

按照按揭担保标的物可将其分为两类：期房按揭和现房按揭。

期房按揭在我国香港特别行政区称为"楼花按揭"。"楼花"一词首创于香

港房地产界，因为房屋尚未建好就被拆分，分期分批地像花瓣一样售给购房者，因此而得名。① 期房按揭是房地产开发建设中，由房产商、购房者（按揭人）、银行（按揭权人）三方共同参与的一种融资购房行为。具体步骤如下：银行与房地产开发企业订立项目合作协议，明确银行的贷款额度，开设贷款资金专门账户及房地产开发企业的连带保证责任；房地产开发企业和购房者签订房屋预售合同，购房者向房地产开发企业缴纳一定比例的首付款，房地产开发企业出具凭证证明；购房者向银行申请按揭贷款，房产商予以协助；银行、房地产开发企业、购房者三方签订按揭贷款合同，购房者将房屋预售合同、首付款收据等权利证书交付银行保管作为担保；购房者与保险公司订立保险合同，并将保单交由银行保管；银行向购房者支付按揭贷款，并按照按揭合同的约定将按揭贷款打入房产商的贷款资金专用账户上；房地产开发企业待商品房建成以后，具备办理房产证的条件，便通知银行、购房者办理房产证，由银行持有该证书并进行抵押登记。若购房者依约届期全部清偿银行贷款本息以及其他费用，则可以将该商品房之相关权利证书从银行处取回；如果购房者未能依约履行还款义务时，银行可通过要求房产商回购商品房或对该商品房进行拍卖、变价等方式所得价款优先受偿。该类型按揭在我国银行实务中被称为甲类按揭贷款。②

现房按揭是指在商品房建成以后，购房者与房产商签订商品房买卖合同，并支付一定比例的首付款，剩余部分向银行申请贷款，并将所购商品房的有关产权证明提交银行作为担保。该类按揭在我国银行实务中被称为乙类按揭贷款。③

（二）预售商品房按揭的法律性质

我国法律没有对预售商品房按揭作出准确的界定，但是在实务操作中，这种现象普遍存在。由于预售商品房按揭是为保证预购人如期归还按揭贷款本息而以将来建成的房屋作为担保物而设定的物的担保方式。我国相关法律中规定的担保方式有保证、抵押、质押、留置、定金，但没有规定按揭。所以，对于

---

① 参见曹燕、余慧华：《试论楼花按揭的法律展》，载《政法论丛》2000年第4期。
② 参见王闯：《让与担保法律制度研究》，法律出版社2000年版，第236页。
③ 参见王闯：《让与担保法律制度研究》，法律出版社2000年版，第237页。

预售商品房按揭在担保体系上的归属问题,理论界争论不一。

有学者认为"按揭就是按揭,它是一种新型的、独立的担保形式,所以法律属性也就是按揭"[①]。商品房预售按揭合同法律属性应属按揭。[②] 按揭具有自身的属性,是我国银行在抵押担保的实践中借鉴、吸收、发展了英、美、法等国的基础上成长起来的一种新型的担保物权形式。

（三）我国商品房按揭所涉及的法律关系

1. 按揭人（购房者）因购房与房产商形成的商品房买卖法律关系。

2. 按揭人因需支付购房款向按揭权人（银行）贷款形成的与银行之间的借款关系。

3. 按揭人将所购房屋的合同、收据等权利证书作为按约向银行偿还贷款本息的担保所形成的债权担保法律关系。

4. 房产商为确保按揭人按期偿还贷款与银行形成的保证关系。当按揭人不能按约向银行偿还贷款本息时,银行可要求房产商按原房价的一定比例回购按揭商品房。此时按揭权人既是借款关系中的贷款人,又是保证关系中的被保证人。在我国商品房按揭实务中,通常做法是按揭人不能按期履行债务时,由房产商按照原房价回购该商品房,若有第三人愿以高出原房价的价格买入,则由第三人买受。

5. 按揭人按照按揭权人指定的险种向保险公司办理保险形成的保险关系。理论上,保险关系是按揭的一种辅助性法律关系,属于自愿保险,所以在按揭中不一定必然发生保险关系。但在我国商品房按揭实务中,银行在办理按揭的过程中事实上已经将保险转为强制性的了。

6. 在资金划拨过程中,购房者授权银行将贷款本金划入房产商的专用账户而形成的委托关系。

（四）按揭与抵押的区分

一方面,按揭与抵押虽在设定目的、生效形式、对标的物的占有等方面有相同之处。其目的都是担保主债权的履行而设定的担保物权;二者在形式上也

---

① 李希:《试论按揭的法律属性》,载《政治与法律》1998年第3期。
② 余俊:《楼花按揭贷款合同的法律思考》,载《律师世界》2003年第5期。

要求必须有借贷双方就担保内容签订的书面合同；都不需要转移对标的物的占有；按揭人、抵押人都是通过履行约定义务按期归还贷款的本金、利息及支付其他费用等以解除这一担保按揭或抵押，恢复对担保标物的圆满权利状态。另一方面，按揭与抵押在诸多方面存在本质区别。

1. 两者所涉法律关系不同。商品房按揭一般会涉及多个（至少三个）法律关系，如购房者与房地产开发企业的房屋买卖合同关系、购房者与银行之间的按揭贷款合同关系、房地产开发企业与银行之间贷款担保关系以及保险、回购、委托等法律关系。涉及购房者、银行、房地产开发企业三方主体，并且主体都是具体确定的。而抵押只涉及两个法律关系，主债权债务关系和抵押关系，只有抵押人和抵押权人两个主体，或许会有第三方抵押人或保证人的存在。抵押人包括抵押物所有权人和第三人；抵押权人就是债权人，接受抵押房屋作为债务担保并享有优先受偿权的自然人、法人和非法人组织，而不像按揭将按揭权人仅限于金融机构。

2. 两者设定方式不同。我国当前商品房按揭实务中并不要求按揭人将房屋所有权让渡给银行，只需将与该商品房有关的权利证书（如生效的预售房屋合同、首期付款凭证或收据、抵押登记证明文件、商品房保险单等）交与银行保管，商品房买卖合同等权利证书不在不记名的有价证券的范围之内，持有此类权利证书并不代表就是按揭房屋的权利人，并且将这些权利证书转移于银行手中更不是意味着权利的转移。但是我国抵押设定时，要求抵押人将其依法享有所有权或者处分权的抵押物的交换价值的支配权让与给抵押权人，抵押权人便取得了抵押权，这才是典型的权利转移。

3. 两者实现方式存在差异。当按揭人不履行债务时，按揭权人可以通过以下两种方式实现其按揭权。其一，要求房产商承担连带保证责任或根据双方签订的回购协议回购按揭的商品房，用回购所得价款优先偿还贷款本息。其二，以拍卖、变卖、折价等方式处分按揭人所购的商品房。而抵押权人在抵押人不履行债务时，实现其抵押权可选择以拍卖、变卖、折价抵押物等方式优先受偿或双方协议由抵押权人取得抵押物的所有权来实现。按揭中按揭权人是不能剥夺按揭人的赎回权而取得按揭房屋的所有权。

三、关于商品房按揭贷款合同纠纷的裁判规则

（一）商品房按揭贷款合同的签订并非完全取决于买受人的还款能力，银行对经济形势等因素以及贷款合同保证人的资信状况和担保能力同样关注

【案例来源】

案例名称：西安凯威实业有限公司与苏炜商品房预售合同纠纷案

审理法院：西安市中级人民法院

案　　号：（2016）陕01民初1258号

【争议点】

西安凯威实业有限公司（以下简称凯威公司）与苏甲因商品房预售合同纠纷引发诉讼，在一审中，当事人就涉案楼盘第一层部分和第四层商品房买卖合同是否应予解除的问题产生争议。

【裁判说理】

在本案中，被告凯威公司是否应给付涉案一层部分和四层全部房屋购房款的利息问题，应依据《最高人民法院关于审理商品房买卖合同纠纷案件适用法律若干问题的解释》第23条[①]关于"因不可归责于当事人双方的事由未能订立商品房担保贷款合同并导致商品房买卖合同不能继续履行的，当事人可以请求解除合同，出卖人应当将收受的购房款本金及其利息或者定金返还买受人"的规定确定。从多份《合同》附件六关于"买受人需在出卖人指定的银行办理银行按揭手续"的约定和被告持有其拟制的合同文本的事实表明，被告凯威公司实际上是按揭贷款的具体经办人，原告对被告协调和保证能力的信赖也是促使其大量购置被告开发的商品房开办酒店的重要因素。事实上，在相同的信用状况下和申请时间段内，原告苏甲、另案原告苏乙就涉案楼盘共五层商品房与华夏银行、工商银行分别签订了按揭贷款合同。银行放贷大部分购房款的事实

---

① 对应《最高人民法院关于审理商品房买卖合同纠纷案件适用法律若干问题的解释》（2020年12月29日修正）第19条，该条规定："商品房买卖合同约定，买受人以担保贷款方式付款，因当事人一方原因未能订立商品房担保贷款合同并导致商品房买卖合同不能继续履行的，对方当事人可以请求解除合同和赔偿损失。因不可归责于当事人双方的事由未能订立商品房担保贷款合同并导致商品房买卖合同不能继续履行的，当事人可以请求解除合同，出卖人应当将收受的购房款本金及其利息或者定金返还买受人。"

表明，苏甲并不存在足以导致银行不能放贷的信用瑕疵。另外，本案双方当事人均认可陕北经济出现困难亦是导致原告贷款申请出现困难的因素，凯威公司《工作联系单》显示的内容对该事实予以了佐证。因此，被告将不能按揭付款的责任归因于苏甲缺乏事实依据，原告给付利息的请求具有相应的事实和法律依据，人民法院予以支持。

（二）按揭贷款的方式是分期支付房款

【案例来源】

案例名称：陈某与内蒙古万锦开元房地产开发有限公司房屋买卖合同纠纷案

审理法院：内蒙古自治区巴彦淖尔市中级人民法院

案　　号：（2020）内08民终1501号

【争议点】

陈某与被上诉人内蒙古万锦开元房地产开发有限公司（以下简称万锦房地产公司）因房屋买卖合同纠纷引发诉讼，该案历经内蒙古自治区巴彦淖尔市临河区人民法院一审、内蒙古自治区巴彦淖尔市中级人民法院二审两个阶段。在二审中，当事人就协议是否应予解除和是否应返还房款产生争议。

【裁判说理】

在本案中，陈某于2014年5月与万锦房地产公司签订了《临河万锦国际广场认购协议》，该协议约定：购房款支付方式为办理按揭贷款，并且万锦房地产公司与陈某均同意2015年10月1日至2018年9月30日三年租金150 900元抵顶房款。陈某称一直不知道案涉房屋不能办理贷款，从签订房屋买卖合同至起诉超过5年时间不办理贷款手续陈某不可能不知情。在案涉房屋不能办理贷款的情形下，陈某又认可三年的房租抵顶房款，万锦房地产公司又向陈某提供一次性支付购房款或分期免息支付购房款等支付购房款方式，且按揭贷款的方式也是分期支付房款。故该认购协议不是不能继续履行，合同目的通过其他方式是可以实现的，不存在《最高人民法院关于审理商品房买卖合同纠纷案件适用法律若干问题的解释》第 23 条①规定的不能继续履行的情形。

（三）在商品房销售合同纠纷和金融借款合同纠纷合并审理时，可由贷款的实际收取方即房地产开发企业直接将购房贷款返还银行，并直接向银行承担购房人应当承担的责任

【案例来源】

案例名称：中国工商银行股份有限公司楚雄分行与任某华、白某艳等金融借款合同纠纷案

审理法院：云南省楚雄市人民法院

案　　号：（2018）云 2301 民初 2307 号

【争议点】

中国工商银行股份有限公司楚雄分行（以下简称工商银行楚雄分行）与任某华、白某艳、万湖房地产开发有限公司（以下简称万湖房地产公司）因商品房销售合同纠纷、金融借款合同纠纷引发诉讼，在一审中，当事人就商品房销售合同及金融借款合同是否应当解除产生争议。

【裁判说理】

在本案中，任某华、白某艳与万湖房地产公司签订的商品房销售合同系双方当事人真实意思表示，未违反法律、行政法规的规定，合法有效。双方均应按合同约定履行各自义务。万湖房地产公司作为开发商，按约交房系其基本的合同义务。根据合同约定，万湖房地产公司应当在 2016 年 11 月 30 日前将经建设单位组织验收合格并符合本合同约定的商品房交付给任某华、白某艳，现查明的事实是万湖房地产公司出售给任某华、白某艳的商品房项目工程至今仍处于停工状态，其公司逾期交房 120 天以上，双方虽约定了合同解除权的行使期限，但万湖房地产公司于 2017 年 2 月 14 日作出的承诺可视为对合同解除权行使期限的撤销，现双方的合同目的已不能实现，任某华、白某艳有权依照合

---

① 对应《最高人民法院关于审理商品房买卖合同纠纷案件适用法律若干问题的解释》（2020 年 12 月 29 日修正）第 19 条，该条规定："商品房买卖合同约定，买受人以担保贷款方式付款、因当事人一方原因未能订立商品房担保贷款合同并导致商品房买卖合同不能继续履行的，对方当事人可以请求解除合同和赔偿损失。因不可归责于当事人双方的事由未能订立商品房担保贷款合同并导致商品房买卖合同不能继续履行的，当事人可以请求解除合同，出卖人应当将收受的购房款本金及其利息或者定金返还买受人。"

同约定解除与万湖房地产公司签订的商品房销售合同。该合同解除后，根据《最高人民法院关于审理商品房买卖合同纠纷案件适用法律若干问题的解释》第 24 条①之规定，因商品房买卖合同被确认无效或者被撤销、解除，致使商品房担保贷款合同的目的无法实现，当事人请求解除商品房担保贷款合同的应予支持。故对本案中的金融借款合同，一审法院一并予以解除。金融借款合同解除后即对双方不再具有约束力，原则上应当恢复原状，即购房人应当返还所贷全部款项，银行应当返还购房人已经偿还的本金及利息。在按揭贷款合同的解除系房地产开发企业违约导致房屋买卖合同解除而致时，购房人向银行承担的损失赔偿责任最终亦应由开发商承担。为减少当事人的诉累，在商品房销售合同纠纷和金融借款合同纠纷合并审理时，可由贷款的实际收取方即开发商直接将购房贷款返还银行，并直接向银行承担购房人应当承担的责任。这符合《最高人民法院关于审理商品房买卖合同纠纷案件适用法律若干问题的解释》第 25 条第 2 款②规定的本意。

（四）商品房买卖合同的双方仅就买卖合同提起诉讼时，按揭银行有权作为有独立请求权的第三人主动要求参加该案诉讼

【案例来源】

案例名称：中国工商银行股份有限公司楚雄分行与熊某成、刘某京等金融借款合同纠纷案

审理法院：云南省楚雄彝族自治州中级人民法院

案　　号：（2019）云 23 民终 554 号

【争议点】

中国工商银行股份有限公司楚雄分行（以下简称工商银行楚雄分行）与熊某成、刘某京、楚雄万湖房地产开发有限公司（以下简称万湖房地产公司）因

---

① 对应《最高人民法院关于审理商品房买卖合同纠纷案件适用法律若干问题的解释》（2020 年 12 月 29 日修正）第 20 条，该条规定："因商品房买卖合同被确认无效或者被撤销、解除，致使商品房担保贷款合同的目的无法实现，当事人请求解除商品房担保贷款合同的，应予支持。"

② 对应《最高人民法院关于审理商品房买卖合同纠纷案件适用法律若干问题的解释》（2020 年 12 月 29 日修正）第 21 条第 2 款，该条款规定："商品房买卖合同被确认无效或者被撤销、解除后，商品房担保贷款合同也被解除的，出卖人应当将收受的购房贷款和购房款的本金及利息分别返还担保权人和买受人。"

商品房销售合同纠纷、金融借款合同纠纷引发诉讼,该案历经云南省楚雄市人民法院一审、楚雄彝族自治州中级人民法院二审两个阶段。在二审中,当事人就一审法院将商品房购销合同纠纷与金融借款合同纠纷合并审理是否违反法定程序,熊某成、刘某京与工商银行楚雄分行下设中国工商银行股份有限公司楚雄东路支行于2015年6月24日签订的《个人购房担保借款合同》应否解除产生争议。

【裁判说理】

在本案中,熊某成、刘某京作为原审原告在提起诉讼时一并要求解除《商品房购销合同》及《个人购房担保借款合同》,并将作为按揭贷款合同一方当事人的工商银行楚雄分行列为被告,并无不当。工商银行楚雄分行认为根据《最高人民法院关于审理商品房买卖合同纠纷案件适用法律若干问题的解释》第25条①规定,商品房买卖合同与担保贷款合同合并审理的前提条件是工商银行楚雄分行在一审中提起诉讼。对此法院认为,《最高人民法院关于审理商品房买卖合同纠纷案件适用法律若干问题的解释》第25条的规定系解决银行进入单纯商品房买卖合同纠纷诉讼的诉讼地位问题。本案显然并非工商银行楚雄分行主动申请参加单纯商品房买卖合同纠纷之诉的情形,工商银行楚雄分行此项上诉理由不能成立,法院不予支持。本案中,《商品房购销合同》被解除后熊某成、刘某京订立《个人购房担保借款合同》时所期望之利益已不复存在。对工商银行楚雄分行而言,如果没有用于提供担保的房产,银行不可能向买受人发放贷款,而《商品房购销合同》解除后,担保标的物的现实权属状态将确定地发生变化,《个人购房担保借款合同》的目的已无法实现。熊某成、刘某京请求解除《个人购房担保借款合同》应予支持。一审判决解除熊某成、刘某京与工商银行楚雄分行签订的《个人购房担保借款合同》并无不当,法院予以维持。

---

① 对应《最高人民法院关于审理商品房买卖合同纠纷案件适用法律若干问题的解释》(2020年12月29日修正)第21条,该条规定:"以担保贷款为付款方式的商品房买卖合同的当事人一方请求确认商品房买卖合同无效或者撤销、解除合同的,如果担保权人作为有独立请求权第三人提出诉讼请求,应当与商品房担保贷款合同纠纷合并审理;未提出诉讼请求的,仅处理商品房买卖合同纠纷。担保权人就商品房担保贷款合同纠纷另行起诉的,可以与商品房买卖合同纠纷合并审理。商品房买卖合同被确认无效或者被撤销、解除后,商品房担保贷款合同也被解除的、出卖人应当将收受的购房贷款和购房款的本金及利息分别返还担保权人和买受人。"

四、结语

我国现阶段的个人住宅商品房贷款按揭，是指由房地产开发企业、按揭银行、买受人三方共同参加的融资购销楼房的行为。人民法院在审理商品房按揭贷款合同案件时，对于商品房按揭贷款合同的签订的认定不仅取决于买受人的还款能力，还包括贷款合同保证人的资信状况和担保能力。此外，按揭贷款的方式认定为分期支付房款。当商品房销售合同纠纷和金融借款合同纠纷合并审理时，可由贷款的实际收取方即开发商直接将购房贷款返还银行，并直接向银行承担购房人应当承担的责任。当商品房买卖合同的双方仅就买卖合同提起诉讼时，按揭银行有权作为有独立请求权的第三人主动要求参加该案诉讼，而商品房按揭贷款合同的当事人有请求解除贷款合同的权利。

第三节　商品房预约合同纠纷

一、导论

2013年出台的《最高人民法院关于审理商品房买卖合同纠纷案件适用法律若干问题的解释》的第2条首次承认了预约合同，但该条司法解释的规定较为笼统，在司法实践中不能满足解决预约合同纠纷的需要。因此，法院在处理商品房买卖预约合同案件时，对于预约合同的界定、效力与违约责任尚未形成统一、明确的适用标准。故，商品房买卖预约合同的法律适用问题成为实务中亟待解决的问题。本节以因商品房预约合同产生纠纷的案件裁判文书为研究对象，并将2014年以来人民法院作出的相关裁判文书作为主要范围，归纳、提炼商品房预约合同裁判的理念和趋势，以期通过对我国案例的研究来指导司法实践。

截至2021年2月，编者在中国裁判文书网中输入"商品房预约合同纠纷"（案由）共检索出民事裁判文书46 104篇，其中，由最高人民法院裁判的有16篇，由高级人民法院裁判的有931篇，由中级人民法院裁判的有7995篇，由基层人民法院裁判的有37 046篇。在具体案例的选取上，本节遵循以下"两个优先"原则：第一，优先选择审判层级较高的裁判文书；第二，优先选择审判日期较近的裁判文书。通过形式和内容两个方面的筛选，本节最终选择了6篇裁判文书进行研究，即（2015）陕民一终字第00225号、（2020）苏11民终2838号、（2017）浙民再95号、（2016）赣民再46号、（2014）新中民五终字第130号、（2018）川1524民初2419号。其中，由高级人民法院裁判的有3篇，且这3篇均为再审案件。

二、商品房预约合同的基本理论

（一）预约合同的概念

预约乃约定将来订立一定契约的契约；预约以订立本约为其债务内容，性质是独立于本约之契约；预约成立有两个要件：当事人承诺缔约的合意以及预约内容确定。[1] 与本约不同，预约合同是准备性合同，它并非当事人交易过程的终点，而是为了最后促成本约的订立，这与其目的是一致的。预约，又称为预备合同或者合同预约，是指当事人约定在将来订立一定的合同，即以将来就特定事项订立合同作为主要合同义务的合同。与预约合同相对应，将来订立的合同称为本约合同。预约作为合同，至少应具备民事行为成立的基本要件：第一，具备双方或多方当事人；第二，有当事人间意思表示的合意，即当事人间愿意将来就特定事项发生民事法律关系，并接受此意思表示的约束，有义务在将来就欲发生的民事法律关系用合同形式确定下来。[2]

（二）预约合同的效力

预约就是合同双方约定在未来订立一个合同的合同。因此，预约的目的就是使合同双方当事人之间在将来产生一种订立合同之债。[3] 预约效力大致有三种观点：一是"善意（必须）磋商说"，认为当事人仅负有善意磋商义务，但磋商未必一定达成本约；二是"实际履行（应当缔约）说"，认为当事人的义务就是依约订立合同，即使磋商不成，也须达成本约；三是"内容决定说"，主张区分不同情况，若预约中具备本约的主要条款，产生应当缔约的效力，否

---

[1] 参见王泽鉴：《债法原理》，北京大学出版社 2013 年版，第 168 页；史尚宽：《债法总论》，中国政法大学出版社 2000 年版，第 12 页；黄立：《民法债权总编》，中国政法大学出版社 2002 年版，第 31 页；陈自强：《民法讲义Ⅰ：契约的成立与生效》，法律出版社 2002 年版，第 87 页；[日] 我妻荣：《债权各论》（上卷），徐慧译，中国法制出版社 2008 年版，第 47 页；王利明：《合同法研究》（第 1 卷），中国人民大学出版社 2002 年版，第 40 页；崔建远：《合同法》，法律出版社 2010 年版，第 33 页；韩世远：《合同法总论》，法律出版社 2011 年版，第 66 页。

[2] 参见王建东、杨国锋：《预约合同的效力及判定——以商品房买卖预约合同为例》，载《浙江学刊》2011 年第 1 期。

[3] 参见史尚宽：《债法总论》，中国政法大学出版社 2000 年版，第 13 页。

则产生善意磋商的效力。①

1. 必须磋商说。该学说认为，当事人若缔结预约，双方预约义务的履行是按约定在对本约的缔结进行磋商，至于本约能否最终成立并非效力所问，即将继续磋商而非订立本约作为预约合同的订立目的。②具体到商品房认购书中，若其被认定为预约，则买卖双方仅需就商品房买卖合同的最终达成再次进行磋商，预约被视为磋商过程中的一个节点，仅发挥着促进进一步磋商的功能。

2. 必须缔约说。该学说认为，预约的效力是合同双方当事人相互负有在未来订立一个本约的义务。③预约债务人负有订立本约的义务，权利人得诉请履行，法院应命债务人为订立本约的意思表示，债务人不为意思表示者，视同自判决确定时已为意思表示。本约成立后，债权人即有请求给付的权利，基于诉讼经济原则，债权人得合并请求订立本约及履行本约。④

3. 内容决定说。该学说认为，预约的效力不能一概而论，应考察预约的内容或者说涉及的本约必要条款完备程度。若预约中包含了本约的主要条款，则产生应当缔约的效力；若预约的内容非常简略，本约的主要内容需留待日后磋商且当事人仅有进一步磋商的意思，则产生必须磋商的效力。⑤

（三）商品房买卖预约合同的界定标准

1. 两要件说。该学说认为，应当以预约合同约定的条款和主要内容作为协议性质的判断条件。只要当事人通过磋商订立了预约合同且标的明确，不管其他合同条款是否具备，也不管双方当事人如何命名该协议，只要预约合同内容具备以上两点要求，则视为预约合同的成立。如果预约内容就是本约合同的内容，即使未按本约合同进行命名，也视此预约合同的性质为本约合同。⑥

---

① 参见耿利航：《预约合同效力和违约救济的实证考察与应然路径》，载《法学研究》2016年第5期。
② 参见韩强：《论预约的效力与形态》，载《华东政法学院学报》2003年第1期。
③ 参见王泽鉴：《债法原理》，北京大学出版社2013年版。
④ 参见王泽鉴：《债法原理》，北京大学出版社2013年版。
⑤ 参见韩强：《论预约的效力与形态》，载《华东政法学院学报》2003年第1期。
⑥ 参见王利明：《预约合同若干问题研究——我国司法解释相关规定述评》，载《法学论坛》2014年第1期。

2. 核心要件说。该学说认为，对于预约合同的界定主要看双方是否有后续订立本约的意思表示。具备买卖合同的标的物仅仅是预约合同成立的一个条件，只要当事人明确表示有下一步订立本约的意思表示，则对于内容并不进行过多的要求。①预约合同的成立和其内容条款之间并无关联，对其成立的判断标准就是看双方当事人是否有缔结本约的目的。②

（四）预约合同与本约合同

就本节所研究的内容而言，如何判断实务中各种纷繁复杂的"商品房认购书""商品房意向书""商品房预购书"等协议书究竟属于预约合同还是本约合同？当事人的约定究竟属于预约抑或本约，理论上虽容易区分，实践中往往不易判断，应探求当事人的真意来认定。③《最高人民法院关于审理商品房买卖合同纠纷案件适用法律若干问题的解释》第5条规定："商品房的认购、订购、预订等协议具备《商品房销售管理办法》第十六条规定的商品房买卖合同的主要内容，并且出卖人已经按照约定收受购房款的，该协议应当认定为商品房买卖合同。"这一解释从协议内容的完整性来认定合同的性质，初步厘清了判断商品房买卖合同性质的标准。这也就意味着，如果双方当事人签订的合同中有《商品房销售管理办法》第16条规定的内容，确切地说是第16条第2款④所列举的主要内容，且出卖人已经按约收受购房款，可直接将其认定为商品房买卖合同，否则即为预约合同。

---

① 参见陆青：《〈买卖合同司法解释〉第2条评析》，载《法学家》2013年第3期。
② 参见刘承韪：《预约合同层次论》，载《法学论坛》2013年第6期。
③ 参见崔建远：《合同法总论（上卷）》（第二版），中国人民大学出版社2011年版，第99页。
④ 根据《商品房销售管理办法》第16条第2款规定，商品房买卖合同应当明确以下主要内容：（1）当事人名称或者姓名和住所；（2）商品房基本状况；（3）商品房的销售方式；（4）商品房价款的确定方式及总价款、付款方式、付款时间；（5）交付使用条件及日期；（6）装饰、设备标准承诺；（7）供水、供电、供热、燃气、通讯、道路、绿化等配套基础设施和公共设施的交付承诺和有关权益、责任；（8）公共配套建筑的产权归属；（9）面积差异的处理方式；（10）办理产权登记有关事宜；（11）解决争议的方法；（12）违约责任；（13）双方约定的其他事项。

三、关于商品房预约合同纠纷的裁判规则

（一）商品房预约合同在形式上一般表现为以"认购书""定购单""意向书"等，在内容上一般包括双方当事人基本情况、房屋基本状况、定金条款等内容

【案例来源】

案例名称：陕西安同实业发展有限公司与王某商品房预约合同纠纷案

审理法院：陕西省高级人民法院

案　　号：（2015）陕民一终字第 00225 号

【争议点】

陕西安同实业发展有限公司（以下简称安同公司）与王某因商品房预约合同纠纷引发诉讼，该案历经陕西省西安市中级人民法院一审、陕西省高级人民法院二审两个阶段。在二审中，当事人就关于《认购协议书》的效力问题产生争议。

【裁判说理】

在本案中，安同公司与王某签订的为商品房预约合同，而非商品房预售或商品房销售合同。该协议系双方当事人真实意思表示，不违反法律、法规的，为有效合同。根据《合同法》第94条①规定，当事人可以解除合同的情形包括：（1）当事人一方迟延履行主要债务，经催告后在合理期限内仍未履行；（2）当事人一方迟延履行债务或者有其他违约行为致使不能实现合同目的。由于王梅已依约履行了合同义务，但安同公司截至二审开庭时仍未取得商品房预售许可证、国有土地使用权证及建筑工程施工许可证，致使双方约定的合同目的无法实现，故依据《合同法》第94条第（3）~（4）项之规定，双方签订的《认购协议书》依法予以解除。购房者签订预约合同可以防止其他购房者抢购自己中意的房屋，又能暂缓付款，以冷静思考或筹措资金；房地产开发企业签

---

① 对应《民法典》第563条，该条规定："有下列情形之一的，当事人可以解除合同：（一）因不可抗力致使不能实现合同目的的；（二）在履行期限届满前，当事人一方明确表示或者以自己的行为表明不履行主要债务；（三）当事人一方迟延履行主要债务，经催告后在合理期限内仍未履行；（四）当事人一方迟延履行债务或者有其他违约行为致使不能实现合同目的的；（五）法律规定的其他情形。以持续履行的债务为内容的不定期合同，当事人可以随时解除合同，但是应当在合理期限之前通知对方。"

订预约合同可以锁定购房者，有利于按计划售房。双方签订的《认购协议书》符合商品房预约合同的法律要件。在签订预约合同后，未签订正式的房屋买卖合同因此而发生纠纷的，不适用缔约过失责任纠纷的案由。原审判决将本案纠纷认定为买卖合同纠纷不当，本案案由应为商品房预约合同纠纷。

（二）预约合同的目的是在本约订立前先行约定部分条款，将双方一致的意思表示以合同条款的形式固定下来，并约定后续谈判其他条款直至合同订立

【案例来源】

案例名称：江苏联强置业有限公司与张某花商品房销售合同纠纷案

审理法院：江苏省镇江市中级人民法院

案　　号：（2020）苏11民终2838号

【争议点】

江苏联强置业有限公司（以下简称联强公司）与张某花因商品房销售合同纠纷引发诉讼，该案历经江苏省镇江市句容市人民法院一审、江苏省镇江市中级人民法院二审两个阶段。在二审中，当事人就是否履行《商品房买卖合同》产生争议。

【裁判说理】

本案中，联强公司与张某花协商签订商品房买卖合同过程，约定付款方式为，合同签订当日张某花支付85 935元，2020年1月18日之前付款173 413元，剩余购房款60万元办理按揭贷款的方式支付。后张某花按上述约定向联强公司已支付房款合计259 348元。但联强公司此后要求张某花首付50%购房款才与其签订商品房买卖合同，并办理按揭贷款。为此双方未能达成一致意见，在不可归责于双方原因的情况下，张某花起诉要求解除商品房买卖合同，联强公司返还其已付购房款，符合法律规定。如果双方在公平原则和诚信原则下继续进行了磋商，只是基于各自利益考虑，无法就其他条款达成一致的意思表示，致使本约不能订立，则属于不可归责于双方的原因，在不构成违约情况下，预约合同应当解除。据此，一审判决解除双方商品房买卖合同，联强公司返还张某花购房款，并无不当。

（三）预约合同的履行实质系缔结本约，当一方不履行订立本约义务时，强制缔约有违合同意思自治原则

【案例来源】

案例名称：宁波远望华夏置业发展有限公司与孙某辉商品房预约合同纠纷案

审理法院：浙江省高级人民法院

案　　号：（2017）浙民再95号

【争议点】

宁波远望华夏置业发展有限公司（以下简称华夏置业公司）与孙某辉因商品房预约合同纠纷引发诉讼，该案历经浙江省宁波市北仑区人民法院一审、浙江省宁波市中级人民法院二审、浙江省高级人民法院再审三个阶段。在再审中，当事人就《商铺买卖合同》能否继续履行产生争议。

【裁判说理】

根据《最高人民法院关于审理买卖合同纠纷案件适用法律问题的解释》第2条规定，当事人签订认购书、订购书、预订书、意向书、备忘录等预约合同，约定在将来一定期限内订立买卖合同，一方不履行订立买卖合同的义务，对方请求其承担预约合同违约责任或要求解除预约合同并主张损害赔偿的，人民法院应予支持。该司法解释并未对预约合同继续履行问题作出明确规定。本案《商铺买卖合同》系预约合同性质，约定孙某辉认购位于宁波市北仑区新大路（里仁菜场）、岷山路（里仁菜场对面）的建筑面积共2000平方米商铺，但合同签订时，相应的建设工程规划尚未取得行政审批，如今实际建成的商铺系根据2014年8月13日、9月25日华夏置业公司分别取得的《建设工程规划许可证》《建筑工程施工许可证》进行施工，所附图纸与2010年签订《商铺买卖合同》时的附件图纸不是同一份，故无论根据预约合同的内容和性质，还是根据建设工程规划在审批前后发生的变更，均应由双方当事人通过自愿协商方式签订补充合同或条款，对预约合同未尽事项，诸如商铺的具体坐落、房号等进行补充，实现缔结本约的目的。但在本案再审期间，双方经协商已无法对预约合同未尽事项达成补充条款，本院亦无法依公权力进行填补。故孙某辉提出继续履行案涉《商铺买卖合同》的诉请，难以支持。

（四）预约合同系为将来签订本约合同而达成的协议，其本身具有相对独立性，违反预约合同的约定同样应当按照相关法律规定承担违约责任，但违反预约合同承担的违约责任与本约合同不同

【案例来源】

案例名称：程某菊与江西惠荣房地产投资开发有限公司商品房预约合同纠纷案

审理法院：江西省高级人民法院

案　　号：（2016）赣民再46号

【争议点】

程某菊与被申诉人江西惠荣房地产投资开发有限公司（以下简称惠荣公司）因商品房预约合同纠纷引发诉讼，该案历经江西省南昌市湾里区人民法院一审、江西省南昌市中级人民法院二审、江西省高级人民法院再审三个阶段。在再审中，当事人就惠荣公司应否双倍返还程某菊定金1万元以及二审法院判决由惠荣公司赔偿程某菊损失84 843.5元是否有事实和法律依据产生争议。

【裁判说理】

根据《最高人民法院关于审理买卖合同纠纷案件适用法律问题的解释》第2条规定，一方违反预约合同，不履行订立买卖合同的义务，对方请求其承担预约合同违约责任或者要求解除预约合同并主张损害赔偿的，人民法院应予支持。该条规定明确了守约方可以请求违约方承担的是预约合同违约责任。根据《最高人民法院关于审理商品房买卖合同纠纷案件适用法律若干问题的解释》第4条规定，规定出卖人通过认购、订购、预订等方式向买受人收取定金作为订立商品房买卖合同担保的，因一方当事人原因未能订立商品房买卖合同，应当按照法律关于定金的规定处理。只有因不可归责于双方的事由导致合同未签订的，出卖人才无须承担双倍返还定金的责任。该条规定只明确了守约方可以主张预约合同约定的定金罚则违约责任。两条司法解释均未规定守约方可以按照商品房买卖本约合同主张违约责任。因而，本案不能以商品房买卖本约合同的违约责任来判断程某菊的损失和惠荣公司应承担的违约赔偿数额。《合同法》

第113条①规定了一方违约后,守约方可以主张的违约损失范围,包括合同履行后可以获得的利益。预约合同作为独立性的合同,该条款对其应当同样适用,但预约合同和本约合同履行后可以获得的利益并非同一概念。本案程某菊与惠荣公司签订《认购书》后,其获得的是与惠荣公司签订商品房买卖合同的请求权,并非直接履行商品房买卖合同请求权,惠荣公司违反《认购书》的约定导致的损失是程某菊丧失与惠荣公司缔结商品房买卖合同的机会,此种机会损失不能简单地以商品房买卖合同单价差异确定。

(五)预约合同的损害赔偿应从利益平衡和诚实信用、公平原则出发,结合案件实际情况,以信赖利益为限,守约方的履约情况、违约方的过错程度、合理的成本支出等因素

【案例来源】

案例名称:王某、郭某山与河南普利置业有限公司商品房预约合同纠纷案
审理法院:新乡市中级人民法院
案　　号:(2014)新中民五终字第130号

【争议点】

王某、郭某山与河南普利置业有限公司(以下简称普利公司)因商品房预约合同纠纷引发诉讼,该案历经河南省新乡市红旗区人民法院一审、河南省新乡市中级人民法院二审两个阶段。在二审中,当事人就违约责任承担及损失范围确定的问题产生争议。

【裁判说理】

《最高人民法院关于审理买卖合同纠纷案件适用法律问题的解释》第2条规定:"当事人签订认购书、订购书、预订书、意向书、备忘录等预约合同,约定在将来一定期限内订立买卖合同,一方不履行订立买卖合同的义务,对方请求其承担预约合同违约责任或者要求解除预约合同并主张损害赔偿的,人民法院应予支持。"现行法律法规及司法解释未赋予预约合同强制订立本约的效力,且涉案登记协议中约定的房屋因规划变更已不存在,订立本约的基础已经

---

① 对应《民法典》第584条,该条规定:"当事人一方不履行合同义务或者履行合同义务不符合约定,造成对方损失的,损失赔偿额应当相当于因违约所造成的损失,包括合同履行后可以获得的利益;但是,不得超过违约一方订立合同时预见到或者应当预见到的因违约可能造成的损失。"

丧失，依据上述司法解释的规定，应当解除双方当事人签订的登记协议，由违约方向守约方承担损害赔偿责任。基于上述对是何原因造成当事人未能按照涉案协议约定签订商品房买卖合同问题的分析，应当由普利公司对王某承担损害赔偿责任。违约方应当赔偿守约方机会损失。如上所述，普利公司应返还王某已支付房款并赔偿该部分房款的利息，对王某的机会损失予以赔偿。关于应适用何种标准作为计算机会损失的依据问题。银马保利城房屋与本案预约合同约定的房屋在位置地段、房屋类别、房屋架构、设计等方面较为类似，原审法院参照银马保利城的房屋评估价格确定机会损失并无不妥。同时，王某提起诉讼的时间是 2010 年，此时，王某对于其丧失订立本约机会的事实应当知道，原审法院在诉讼中委托评估机构对与预约合同约定房屋相类似的房屋市场价进行评估并作为王某机会损失计算的参考依据符合本案实际。因此，对王某要求按照润华翡翠城 2012 年的市场评估价格确定机会损失及普利公司主张银马保利城评估价格过高的理由，均不予采纳。

（六）当事人因违反预约合同而承担的损失金额应当综合考虑交纳房款的数额、合理的成本支出、房屋差价及所获利润等因素来进行确定

【案例来源】

案例名称：罗某连与四川省宜宾恒正房地产开发有限公司、四川省宜宾海光实业发展有限公司房屋买卖合同纠纷案

审理法院：四川省长宁县人民法院

案　　号：（2018）川 1524 民初 2419 号

【争议点】

罗某连与四川省宜宾恒正房地产开发有限公司（以下简称恒正公司）、四川省宜宾海光实业发展有限公司（以下简称海光公司）因房屋买卖合同纠纷引发诉讼，在一审中，当事人就原告损失的确定问题产生争议。

【裁判说理】

本案中，原告罗某连与被告恒正公司签订的是预约合同，与可以直接履行的本约不同，预约合同并不具备商品房买卖合同的全部主要内容，某些事项需留待订立本约合同时继续磋商。如果直接通过房屋差价确定损失范围，则相当于赋予了预约合同与本约相同的法律效力，故对损失金额应当综合考虑原告向被告交纳房款的数额、被告合理的成本支出、房屋差价及被告所获利润等因素

来进行确定。被告恒正公司所开发建设的房屋建筑成本与双方签订预约合同时发生了重大的变化，被告至今未将涉案房屋卖与他人，也可以看出被告并非故意违约以获取更大的利益，并且原告罗某连在多次与被告协商不成时就应当考虑到因为客观原因的变化，可能出现不能按照原来的价格来履行合同的情况，应当即时止损，因此，综合考量以上因素结合本地房价实际，对于被告给原告造成的损失酌情认定为 50 000 元。

四、结语

我国现行法律尚未对商品房预约合同作出规定，实践中商品房预约合同的形式多表现为"认购书""定购单""意向书"等，内容一般包括双方当事人基本情况、房屋基本状况、商品房总价款、签署正式买卖正式合同的期限、定金条款等。当事人签订预约合同的目的是在本约订立前先行约明部分条款，将双方一致的意思表示以合同条款的形式固定下来，并约定后续谈判其他条款直至合同订立，从而最终为订立正式的、条款完备的本约创造条件，因此，当一方不履行订立本约义务时，强制缔约有违合同意思自治原则。

由于预约合同是为将来签订本约合同而达成的协议，其本身具有相对独立性，因此，违反预约合同同样应当按照法律规定承担违约责任，但违反预约合同承担违约责任与本约合同不同。对于预约合同的损害赔偿应从利益平衡、诚实信用和公平原则出发，结合案件实际情况，以信赖利益为限，考虑守约方的履约情况、违约方的过错程度、合理的成本支出等因素。

第四节 商品房预售合同纠纷

一、导论

1994年7月第八届全国人民代表大会常务委员会第八次会议通过了《城市房地产管理法》，这部全面规范城市房地产开发的法律正式确立了商品房预售制度。此后国务院《城市房地产开发经营管理条例》、建设部《城市商品房预售管理办法》《城市房地产转让管理规定》等法律文件，对这一制度进一步作了详细具体的规定。[①] 商品房预售目前已成为我国商品房市场中普遍采用的一种房屋销售形式，商品房预售合同也成为商品房预售制度的核心内容。商品房预售合同，是指取得商品房预售资格的商品房预售人在商品房还未竣工，房屋并未现实存在的情形下与预购人约定在一定期限后，将竣工的房屋交付给预购人，预购人支付价金的不动产买卖合同。本节以商品房预售合同纠纷的案件裁判文书为研究对象，以2017年以来人民法院作出的相关裁判文书为主要范围，归纳、提炼商品房预售合同纠纷裁判的理念和趋势，以期对我国案例的研究来指导司法实践，并希望对此进行一些有益的探讨。

截至2021年2月，编者在中国裁判文书网中输入"商品房预售合同纠纷"（案由）共检索出民事裁判文书764 554篇，其中，由最高人民法院裁判的有109篇，由高级人民法院裁判的有13 726篇，由中级人民法院裁判的有182 653篇，由基层人民法院裁判的有567 427篇。在具体案例的选取上，本节遵循以下"两个优先"原则：第一，优先选择审判层级较高的裁判文书；第二，优先选择审判日期较近的裁判文书。通过形式和内容两个方面的筛选，本节最终选择了5篇裁判文书进行研究，即（2020）苏08民终3391号、

[①] 参见雷兴虎、蔡科云：《中国商品房预售制度的存与废——兼谈我国房地产法律制度的完善》，载《法学评论》2008年第1期。

（2017）最高法民终683号、（2019）青民再79号、（2020）沪02民终7984号、（2020）浙08民终804号。其中，由最高人民法院裁判的有1篇，由高级人民法院裁判的有3篇，裁判日期为2019年（含）之后的有4篇。

二、商品房预售合同的基本理论

（一）商品房预售合同的性质

商品房预售，是指房地产开发企业将正在建设中的房屋预先出售给承购人，由承购人支付定金或房价款的行为。[①] 商品房预售合同是一种特殊的不动产买卖合同，它是获得预售资质的房地产预售人与预购人之间在房屋尚未竣工、房屋并不现实存在的条件下，约定在一定期限内交付将来竣工的房屋，买受人支付价款的不动产买卖合同。商品房预售合同的当事人包括预售人和预购人两方。

商品房预售合同中，由于房屋并不实际存在，预售人的主要义务如交房和产权交割等都不能马上进行，预购人获得的是一种期待权。能否实现预购合同的目的，即顺利取得合同约定的标的物所有权，不仅在时间上具有期待性，而且取决于预售方房地产开发企业是否能诚信履约，同时还需要合同外的市场未来不产生阻碍预购人合同利益实现的因素存在。

（二）商品房预售合同的特征

1.预售合同的主体特定且资质要求严格。依据《城市房地产管理法》第30

[①] 参见雷兴虎、蔡科云：《中国商品房预售制度的存与废——兼谈我国房地产法律制度的完善》，载《法学评论》2008年第1期。

条[①]、《城市房地产开发经营管理条例》第5条[②]的规定，设立房地产开发企业须满足以下条件：有组织机构和自己的名称；有固定的经营场所；有100万元以上的注册资本；必须具备6个以上具有专业技术知识的人员等。

2. 商品房预售合同的标的物具有不可预见性。商品房预售合同将期房作为合同的标的物，房地产开发商同买受人签订预售合同时，标的物尚未建成完工，即并没有客观存在的实物。因此，商品房预售中主要涉及的内容分为两方面：一是涉及合同的订立、履行，二是物权如何进行变动。因此，商品房预售合同中的标的物不同于传统意义的动产和不动产。商品房预售合同为非即时交付合同，合同签订时，标的物并非现存实物，而是尚处于施工建设中，需在将来形成实物。买受人的目的是获得将来在施工完成后符合双方约定的房屋。买受人同房地产开发商签订了商品房预售合同，买受人的主要目的就是获取房屋所有权，买受人在所需的商品房完成竣工并且获得了房屋之后，必须通过办理所有权权属转移登记（即房屋所有权证和国有土地使用权证）才能真正取得房屋的所有权，而在办理所有权权属证书时，即在实现物权变动时，仍然需要出卖人配合，买受人无法单方面办理权属转移登记手续。

3. 预售方履行商品房预售合同义务时间较长。在实际的预售商品房交易过程中，从订立合同到房屋竣工，这段时间往往是比较长的。并且建造过程中，房地产开发企业的履约能力很容易因为诸多因素而发生变化。此外，在商品房可能因为市场经济情况、施工材料价格有所涨跌等原因，施工时间不能按照约定的时间完工。

[①] 《城市房地产管理法》第30条规定："房地产开发企业是以营利为目的，从事房地产开发和经营的企业。设立房地产开发企业，应当具备下列条件：（一）有自己的名称和组织机构；（二）有固定的经营场所；（三）有符合国务院规定的注册资本；（四）有足够的专业技术人员；（五）法律、行政法规规定的其他条件。设立房地产开发企业，应当向工商行政管理部门申请设立登记。工商行政管理部门对符合本法规定条件的，应当予以登记，发给营业执照；对不符合本法规定条件的，不予登记。设立有限责任公司、股份有限公司，从事房地产开发经营的，还应当执行公司法的有关规定。房地产开发企业在领取营业执照后的一个月内，应当到登记机关所在地的县级以上地方人民政府规定的部门备案。"

[②] 《城市房地产开发经营管理条例》第5条规定："设立房地产开发企业，除应当符合有关法律、行政法规规定的企业设立条件外，还应当具备下列条件：（一）有100万元以上的注册资本；（二）有4名以上持有资格证书的房地产专业、建筑工程专业的专职技术人员，2名以上持有资格证书的专职会计人员。省、自治区、直辖市人民政府可以根据本地方的实际情况，对设立房地产开发企业的注册资本和专业技术人员的条件作出高于前款的规定。"

（三）预售商品房转让行为的性质

关于预售商品房转让行为的法律性质，学界存在争议，主要包括物权行为说、债权行为说以及准物权说三种观点。

1. 物权行为说。该学说认为，预购人与预售人在签订预售合同后，此时预购人需要按照双方的约定支付一部分或者是全部价款，会取得将来获得房屋所有权的利益，预购人转让的是房屋的所有权，预售商品房的转让是一种对物的期待权的转让。①

2. 债权行为说。该学说认为，商品房预售合同的标的是正在建造且尚未竣工的商品房，其所有权暂时尚未形成，就算预购人已经完全支付了房屋的价款，此时也不能取得商品房的所有权。所以，当预购人转让商品房预售合同时，不应该看作对商品房所有权的处分，而应看作预购人将自己的债权转让于第三人。② 预售合同转让的性质，即根据转让时预购人已履行预售合同义务程度的不同，分别是商品房预售合同的债权转让和权利义务转让。预购人已全部履行合同义务所为的转让是债权；预购人只部分履行合同义务所为的转让，则是权利义务转让。③

3. 准物权说。该学说认为，我国目前实行的是预售合同备案制度，经房地产管理部门备案登记的商品房预售合同，具有公示的作用，因此产生了公信力。经过备案登记的商品房预售合同依旧是债权的性质，但当通过登记备案会产生公信力，此时，预购人的债权产生了物权的效力，可以称为准物权。④

---

① 参见赵玲：《预售商品房应允许转让》，载《法学杂志》1998年第6期。
② 参见陈耀东：《商品房买卖法律问题专论》，法律出版社2003年版，第66页。
③ 参见赵英伟：《商品房预售合同转让法律性质及条件研究》，载《法律适用》2000年第5期。
④ 参见钱明星、姜晓春：《房屋预售制度若干理论问题研究》，载《中外法学》1996年第5期。

三、关于商品房预售合同纠纷的裁判规则

（一）商品房预售合同纠纷本质上仍然是买卖合同，其与房屋买卖合同纠纷的区别仅在于出售主体不同

【案例来源】

案例名称：何某明、盱眙海通置业有限公司与盱眙县第三建筑安装工程有限公司、汪某房屋买卖合同纠纷案

审理法院：江苏省淮安市中级人民法院

案　　号：（2020）苏08民终3391号

【争议点】

何某明、盱眙海通置业有限公司（以下简称海通公司）与被盱眙县第三建筑安装工程有限公司（以下简称三建公司）、汪某、第三人盱眙县通力商贸有限公司（以下简称通力公司）因房屋买卖合同纠纷引发诉讼，该案历经江苏省盱眙县人民法院一审、江苏省淮安市中级人民法院二审两个阶段。在二审中，当事人就本案案由系房屋买卖合同纠纷还是商品房预售合同纠纷的问题产生争议。

【裁判说理】

根据最高人民法院《民事案件案由规定》规定，房屋买卖合同纠纷包括：（1）商品房预约合同纠纷；（2）商品房预售合同纠纷；（3）商品房销售合同纠纷；（4）商品房委托代理销售合同纠纷；（5）经济适用房转让合同纠纷；（6）农村房屋买卖合同纠纷。商品房预售合同纠纷属于房屋买卖合同纠纷的子级案由。无论是房屋买卖合同纠纷，还是商品房预售合同纠纷，仅是出售主体不同，其本质仍然是买卖合同，并无明显区别，且本案适用何种案由，对于处理结果并无显著影响。根据查明的事实，何某明与海通公司并未形成房屋买卖合同关系，故何某明与海通公司不属于商品房预售合同纠纷，一审确定案由并无不当。

（二）《商品房预售合同》解除后，当事人申请解除《个人住房（商业用房）借款合同》及《房地产抵押合同》的，人民法院予以支持

【案例来源】

案例名称：中国建设银行股份有限公司青海省分行、王某诚商品房预售合

同纠纷案

审理法院：最高人民法院

案 号：（2017）最高法民终683号

【争议点】

中国建设银行股份有限公司青海省分行（以下简称建行青海分行）与王某诚，一审被告青海越州房地产开发有限公司（以下简称越州公司），第三人王某博、王某宝因商品房预售合同纠纷引发诉讼，该案历经青海省高级人民法院一审、最高人民法院二审两个阶段。在二审中，当事人就《商品房预售合同》解除后，《个人住房（商业用房）借款合同》及《房地产抵押合同》是否应当予以解除的问题产生争议。

【裁判说理】

《最高人民法院关于审理商品房买卖合同纠纷案件适用法律若干问题的解释》第24条[①] 规定："因商品房买卖合同被确认无效或者被撤销、解除，致使商品房担保贷款合同的目的无法实现，当事人请求解除商品房担保贷款合同的，应予支持。"据此，在《商品房预售合同》解除的情况下，王某诚从建行青海分行借款支付购房款的目的已经无法实现，王某诚请求解除《个人住房（商业用房）借款合同》的，应予支持。建行青海分行的这一上诉请求，理由不能成立，法院不予支持关于《个人住房（商业用房）借款合同》第19条第2款和第4款的特别规定，法院认为，该两款约定的含义并非《商品房预售合同》解除后，《个人住房（商业用房）借款合同》不得解除，而是约定《个人住房（商业用房）借款合同》解除后，王某诚应立即返还其所欠建行青海分行的贷款本金、利息、罚息及实现债权的费用，或委托越州公司直接将上述款项归还建行青海分行。故即使依据这两款规定，《个人住房（商业用房）借款合同》也可以解除。在主合同《个人住房（商业用房）借款合同》解除的情况下，因《房地产抵押合同》属于该合同的从合同，故《房地产抵押合同》也应当解除。

[①] 对应《最高人民法院关于审理商品房买卖合同纠纷案件适用法律若干问题的解释》（2020年12月29日修正）第20条，该条规定："因商品房买卖合同被确认无效或者被撤销、解除，致使商品房担保贷款合同的目的无法实现，当事人请求解除商品房担保贷款合同的，应予支持。"

（三）商品房预售合同是房地产公司依据商品房销售行业惯例，参酌商品房建设营销中的通常风险预先拟定，在商品房预售阶段反复使用的格式合同

【案例来源】

案例名称：扎西某措与青海省天桥房地产投资有限公司商品房预售合同纠纷案

审理法院：青海省高级人民法院

案　　号：（2019）青民再79号

【争议点】

扎西某措与被申请人青海省天桥房地产投资有限公司（以下简称天桥公司）因商品房预售合同纠纷引发诉讼，该案历经西宁市城中区人民法院一审、西宁市中级人民法院二审、青海省高级人民法院再审三个阶段。在再审中，当事人就违约金过高的问题产生争议。

【裁判说理】

在本案中，作为提供格式合同的天桥公司在制定合同过程中应该考量违约金条款的合理性，且该违约金条款约束签约双方，因逾期交款承担违约金责任的业主一方并未就违约金计算方式提出异议，天桥公司亦未就违约金过分高于损失提出证据予以证明，该主张因证据不足、并未违反基于合同公平原则的效力性规范，不应予以支持。双方对一审反诉请求的判项无异议，应予维持。综上所述，天桥公司的部分上诉请求成立，予以支持。依据《民事诉讼法》第170条第1款第（2）项规定，判决：（1）维持青海省西宁市城中区人民法院（2018）青0103民初2207号民事判决第二项，即扎西某措于本判决发生法律效力之日起十日内向青海省天桥房地产投资有限公司给付逾期交付房款违约金2154元；（2）变更青海省西宁市城中区人民法院（2018）青0103民初2207号民事判决第一项为：青海省天桥房地产投资有限公司于本判决发生法律效力之日起十日内一次性支付扎西某措逾期交房违约金45 223.82元。上述两项支付款相互折抵后，由青海省天桥房地产投资有限公司支付扎西某措43 069.82元。

（四）当事人以签订定金合同及定金合同补充协议、办理网签合同备案登记、收取购房款、开具购房发票等行为主张预售合同成立的，人民法院予以支持

【案例来源】

案例名称：经纬置地有限公司与张某商品房预售合同纠纷案

审理法院：上海市第二中级人民法院

案　　号：（2020）沪02民终7984号

【争议点】

经纬置地有限公司（以下简称经纬公司）与张某、第三人李某、上海和祥建筑工程有限公司（以下简称和祥公司）因商品房预售合同纠纷引发诉讼，该案历经上海市宝山区人民法院一审、上海市第二中级人民法院二审两个阶段。在二审中，当事人就预售合同是否成立产生争议。

【裁判说理】

采用书面形式订立的合同，在签字盖章前，当事人一方已经履行主要义务，对方接受的，该合同成立。本案中，经纬公司虽未在书面预售合同上盖章，但通过与张某的代理人李某签订定金合同及定金合同补充协议、办理网签合同备案登记、收取购房款、开具购房发票等行为表明其同意与张某签订房屋预售合同，一审据此认定双方合同关系成立，对经纬公司的反诉请求未予支持，并无不当。经纬公司称李某利用高管身份实施或擅自安排销售人员实施上述行为损害公司利益，依据不足，不予采信。鉴于系争房屋已于原审判决生效后被出售于和祥公司，一审法院综合本案系争房屋预售合同履行情况、张某支付房款时间及数额，系争房屋价格变化等因素，酌情判令经纬公司就拒绝履行预售合同的违约行为承担张某房屋差价损失120万元，亦无不妥。综上所述，经纬公司的上诉请求不能成立，应予驳回；一审判决认定事实清楚、适用法律正确，应予维持。

（五）商品房预售合同是一种特殊形式的买卖合同，作为买卖合同的出卖人应承担标的物房屋的瑕疵担保责任

【案例来源】

案例名称：吴某荟与开化贝林置业有限公司商品房预售合同纠纷案

审理法院：衢州市中级人民法院

案　　号：（2020）浙08民终804号

【争议点】

张某与开化贝林置业有限公司（以下简称贝林公司）因商品房预售合同纠纷引发诉讼，该案历经浙江省开化县人民法院一审、浙江省衢州市中级人民法院二审两个阶段。在二审中，当事人就涉案商品房是否符合交付条件产生争议。

【裁判说理】

在本案中，根据《贝林星月湾一期房屋质量问题投诉现场勘查报告》载明"高层卫生间渗水……如果处理不好会对房屋的正常使用产生较大的影响"，并要求贝林公司及时整改到位，可以证明涉案房屋存在质量瑕疵。商品房买卖合同事关业主重大权益，贝林公司应当承担赔偿责任。同时，买卖合同双方在合同履行过程中应恪守诚实信用原则。根据在案EMS快递凭证、《关于星月湾一期高层卫生间门槛底部渗水修补方案》、《回复函》等证据，贝林公司向张某送达了交房通知，后涉案房屋被业主投诉，贝林公司对卫生间渗水已经进行了整改，开化县建设工程质量监督管理站已进行确认，业主方也应当立即履行收房义务，至于业主所提供《贝林星月湾一期×幢×单元×室卫生间渗水问题查看回执》系对卫生间渗水是否修复完成的确认，而并非对是否渗水的确认。至于厨卫间墙面砖规格等问题，业主可依合同约定进行重新铺贴或修复，但不能以此拒绝收房。原判综合考虑本案证据及实际情况，酌情认定涉案商品房逾期交房时间自2019年7月1日至2019年8月22日，共计53天，适当。逾期违约金均是按照涉案房屋商品房买卖合同中双方约定的房款计算。

四、结语

商品房预售合同纠纷本质仍然是买卖合同，其与房屋买卖合同纠纷的区别仅在于出售主体不同，作为商品房预售合同的出卖人应承担标的物房屋的瑕疵担保责任。商品房预售合同是房地产公司预先拟定的格式合同，而房地产公司违约导致合同已经无法履行或者没有履行的必要，包括房屋灭失或者土地使用、土地规划手续等不合法导致的无法办理房屋权属登记的，当事人可以有提出合同解除和请求赔偿的权利。当事人提出解除《商品房预售合同》后，又申请解除《个人住房（商业用房）借款合同》及《房地产抵押合同》的，人民法院予以支持。此外，当事人之间就预售合同是否成立产生争议时，当事人以签订定金合同及定金合同补充协议、办理网签合同备案登记、收取购房款、开具购房发票等行为主张预售合同成立的，人民法院予以支持。

第五节　商品房销售合同纠纷

一、导论

随着我国城市化进程的加快，人们对房屋的需求增大，催生了房地产开发的活跃与火爆，商品房买卖成为市场交易中十分普遍的行为。同时，因商品房交易而产生的法律纠纷也已经成为社会关注的焦点。本节以商品房销售合同纠纷的案件裁判文书为研究对象，将2015年以来人民法院作出的相关裁判文书作为主要范围，归纳、提炼商品房销售合同纠纷裁判的理念和趋势，以期通过对我国案例的研究来指导司法实践。

截至2021年2月，编者在中国裁判文书网中输入"商品房销售合同纠纷"（案由）共检索出民事裁判文书616 627篇，其中，由最高人民法院裁判的有110篇，由高级人民法院裁判的有3016篇，由中级人民法院裁判的有128 150篇，由基层人民法院裁判的有474 193篇。在具体案例的选取上，本节遵循以下"两个优先"原则：第一，优先选择审判层级较高的裁判文书；第二，优先选择审判日期较近的裁判文书。通过形式和内容两个方面的筛选，本节最终选择了6篇裁判文书进行研究，即（2017）粤06民终6641号、（2019）云民终828号、（2015）鲁民一终字第111号、（2017）豫民终1086号、（2017）鄂民终9号、（2015）赣民一终字第100号。其中，由高级人民法院裁判的有5篇，裁判日期为2017年（含）之后的有4篇。

二、商品房销售合同的基本理论

（一）商品房销售合同的概念及特征

商品房销售合同是房地产开发企业将已竣工的房屋向社会销售所有权于买

受人，买受人支付价款的合同。根据《最高人民法院关于审理商品房买卖合同纠纷案件适用法律若干问题的解释》第1条规定，商品房买卖合同是指房地产开发企业（以下简称出卖人）将尚未建成或者已竣工的房屋向社会销售并转移房屋所有权于买受人，买受人支付价款的合同。商品房买卖合同中的"商品房"在民事审判中具有特殊含义，实际上是与非商品房并列的房屋的一种类型划分，是房地产开发经营企业开发、建成后的用于出售或出租的房屋（包括住宅用房和商业用房等）。[①] 商品房买卖特指开发商向买受人转让房屋所有权的法律行为，即"一手房"买卖。[②]

商品房买卖合同法律特征如下：

1. 出卖人和标的物特定。出卖人被特定化地限定为房地产开发企业。我国《城市房地产管理法》对房地产开发企业的性质、特征等进行了明确的规定，房地产开发企业在国家行政部门登记确认，在所认购的土地上组织进行建筑施工，建造房屋及相关配套设施，然后在市场上进行出售。商品房买卖合同的标的物是房地产开发企业开发的房屋，既包括尚未建成的房屋，也包括已经竣工的房屋。

2. 标的物财产权的转移以登记为标志。商品房出售方与买受方签订商品房买卖合同，合同约定经双方签字即发生法律效力，所以双方签订合同后合同生效。买受人签订合同后，出售方将房屋交付使用，买受方得到房屋的居住使用权，这时合同的债权得到实现。但是，所购买房屋的物权并没有发生转移，只有经房产部门的登记确认物权才发生转移，商品房标的物的财产权得以确认。

3. 合同的订立、履行是在国家行政调控下有序进行。商品房买卖合同的文本是国家统一制定的格式文本，合同的一方主体即售楼方的资格是需经国家严格审查，登记确认的房地产公司所出售的楼房要有国家行政部门的商品房预售许可。签订合同后，国家为保证合同权益的实现，规定了预告登记制度，合同标的物的质量要经过国家专门的行政机关进行验收，交付使用的商品房要经过国家房产部门登记确认才发生物权的转移。

[①] 参见陈耀东：《商品房买卖法律问题专论》，法律出版社2003年版，第13页。
[②] 参见高富平、黄武双：《房地产法学》，高等教育出版社2010年版，第178页。

（二）商品房销售合同纠纷的特征

就商品房买卖合同纠纷的类型而言，大致有认购书相关纠纷、商品房买卖合同效力认定相关纠纷、房屋交付相关纠纷、办理产权证相关纠纷、惩罚性赔偿纠纷等。

常见的商品房买卖合同纠纷的特征具体表现为：（1）合同签订后，房款交付完毕，但开发商延迟交付房屋、办理证照，多次要求履行仍拒不履行；（2）房屋交付后，屋内设施、物业设施没有按合同约定配套完成；（3）延期交付房屋拒不按合同约定交付违约金；（4）将房屋一房多卖，导致多方来争夺房屋权属；（5）公摊面积过大，不能作出合理解释；（6）出售房屋时，因没有获得商品房预售许可而引发纠纷；（7）名为商品房买卖，实为借贷，导致房屋权属混乱等。

（三）商品房销售合同的立法现状

1. 立法机关规范性文件。主要包括：《民法典》《城市房地产管理法》《建筑法》以及《全国人大常委会法制工作委员会关于超过批准用地面积不大的新建房屋是否可以用罚款代替责令限期拆除的答复》《全国人大常委会法制工作委员会关于卖方等行为是否按土地管理法第四十七条规定的买卖或以其他形式非法转让土地的行为予以处罚的答复》等。

2. 行政法规。主要包括：《国务院关于城镇保障性住房建设和管理工作情况的报告》《国务院办公厅关于保障性安居工程建设和管理的指导意见》《国务院关于坚决遏制部分城市房价过快上涨的通知》《国务院办公厅关于促进房地产市场健康发展的若干意见》等。

3. 司法解释。主要包括：《最高人民法院关于审理商品房买卖合同纠纷案件适用法律若干问题的解释》《最高人民法院关于审理建设工程施工合同纠纷案件适用法律问题的解释（一）》《最高人民法院关于审理建筑物区分所有权纠纷案件具体应用法律若干问题的解释》《最高人民法院关于审理城镇房屋租赁合同纠纷案件具体应用法律若干问题的解释》《最高人民法院关于军事法院管辖民事案件若干问题的规定》《最高人民法院关于审理买卖合同纠纷案件适用法律问题的解释》《最高人民法院关于房地产调控政策下人民法院严格审查各类虚假诉讼的紧急通知》等。

（四）商品房销售合同的解除

商品房买卖合同的解除主要包括合同解除、约定解除和法定解除。商品房买卖合同除适用《民法典》合同编关于法定解除的一般规定之外，还应当适用商品房买卖法律的特殊规定。《最高人民法院关于审理商品房买卖合同纠纷案件适用法律若干问题的解释》（2020年12月29日修正）共计24条，涉及合同解除的条款共计7条，根据解除事由主要可分为3种情形，其中除第11条、第19条为合同双方均有可能享有解除权之外，其余5条皆为买受人所享有的解除权。具体来说，根本违约适用第9条、第10条；迟延履行适用第11条（双方享有解除权）、第15条；其他情形，第19条（双方享有解除权）、第20条、第21条（担保贷款方式付款）。

三、关于商品房销售合同纠纷的裁判规则

（一）商品房的销售广告和宣传资料作为要约邀请转化为要约必须同时具备两个条件：一是就商品房开发规划范围内的房屋及相关设施所作的说明和允诺具体确定；二是对商品房买卖合同的订立以及房屋价格的确定有重大影响

【案例来源】

案例名称：廖某、广东时代胜誉房地产开发有限公司房屋买卖合同纠纷案

审理法院：佛山市中级人民法院

案　　号：（2017）粤06民终6641号

【争议点】

廖某与被广东时代胜誉房地产开发有限公司（以下简称时代公司）、广州市隆颖昌房地产有限公司（以下简称隆颖昌公司）因房屋买卖合同纠纷引发诉讼，该案历经广东省佛山市南海区人民法院一审、佛山市中级人民法院二审两个阶段。在二审中，当事人就涉案合同是否应予解除的问题产生争议。

【裁判说理】

在本案中，首先，廖某未提供证据证明有关"佛山谊某艺展中心"项目的系列宣传是由时代公司或隆颖昌公司推出，即该广告存在的事实尚不能确定。即使

时代公司或隆颖昌公司确实推出了"佛山谊某艺展中心"项目的系列宣传，以推广涉案商铺，该宣传亦仅是一个宏观的设计理念，宣传内容涉及谊某公司的入驻品牌，谊某公司的品牌与时代公司、隆颖昌公司分属不同的主体，最终是否入驻经营，并不由时代公司、隆颖昌公司完全掌控，具有不确定因素，不符合要约的构成要件。其次，廖某作为完全行为能力人，在决定购买商铺此等大额投资前，理应已对商铺的地理位置、经营环境、投资环境进行充分考察，新闻报道、宣传推广并不足以影响廖某的购房决定。同时，商铺作为投资的途径，投资是否得到回报，需要由廖某承担一定的商业风险。最后，现有的证据还不足以证明"佛山谊某艺展中心"项目的系列宣传推广对涉案商铺价格的确定造成重大影响。故廖某主张的"佛山谊某艺展中心"项目进驻涉案商铺所在的时代倾城小区经营并不符合相关司法解释中所述"要约邀请视为要约"的情形。

（二）当商品房销售合同中，出现违约情况时，继续履行是违约方承担责任的首选方式。当他的履行不能实现合同目的时，则不应再将其作为判断违约方承担责任的方式

【案例来源】

案例名称：赵某、丽江汇都房地产开发有限责任公司商品房销售合同纠纷案

审理法院：云南省高级人民法院

案　　号：（2019）云民终828号

【争议点】

赵某与丽江汇都房地产开发有限责任公司（以下简称汇都公司）、丽江市古城区西安街道义正社区双善村民小组（以下简称双善村民小组）因商品房销售合同纠纷引发诉讼，该案历经云南省丽江市中级人民法院一审、云南省高级人民法院二审两个阶段。在二审中，当事人就合同能否继续履行的问题产生争议。

【裁判说理】

在本案中，汇都公司有义务按照其与赵某于2016年3月31日签订的六份

《商品房购销合同》履行合同义务。同时,《合同法》第107条①规定:"当事人一方不履行合同义务或者履行合同义务不符合约定的,应当承担继续履行、采取补救措施或者赔偿损失等违约责任。"《合同法》第110条②规定:"当事人一方不履行非金钱债务或者履行非金钱债务不符合约定的,对方可以要求履行,但有下列情形之一的除外:(一)法律上或者事实上不能履行;(二)债务的标的不适于强制履行或者履行费用过高;(三)债权人在合理期限内未要求履行。"第94条③规定:"有下列情形之一的,当事人可以解除合同:(一)因不可抗力致使不能实现合同目的;(二)在履行期限届满之前,当事人一方明确表示或者以自己的行为表明不履行主要债务;(三)当事人一方迟延履行主要债务,经催告后在合理期限内仍未履行;(四)当事人一方迟延履行债务或者有其他违约行为致使不能实现合同目的;(五)法律规定的其他情形。"本案中,汇都公司在与赵某签订《借款合同》及用于担保的《商品房购销合同》之前(即2012年12月1日前),就与双善村民小组签订了《合作开发协议》,此后,双善村民小组按照其与汇都公司于2014年5月23日签订的《合作开发补充协议》,以分配合作收益的方式取得涉案六套商铺的使用权,在双善村民小组与汇都公司的合同形成在先,且双善村民小组已实际占有涉案六套商铺的情况下,汇都公司在客观上无法再按照其与赵某签订的《商品房购销合同》履行交付房屋并办理产权登记的合同义务,本案属于上述第110条第(1)项规定的"法律上或者事实上不能履行"的情形,根据上述第94条第(5)项的规定,本院确认汇都公司与赵某于2016年3月31日签订的六份《商品房购销合同》应予以解除。

---

① 对应《民法典》第577条,该条规定:"当事人一方不履行合同义务或者履行合同义务不符合约定的,应当承担继续履行、采取补救措施或者赔偿损失等违约责任。"

② 对应《民法典》第580条,该条规定:"当事人一方不履行非金钱债务或者履行非金钱债务:"不符合约定的,对方可以请求履行,但是有下列情形之一的除外:(一)法律上或者事实上不能履行;(二)债务的标的不适于强制履行或者履行费用过高;(三)债权人在合理期限内未请求履行。有前款规定的除外情形之一,致使不能实现合同目的的,人民法院或者仲裁机构可以根据当事人的请求终止合同权利义务关系,但是不影响违约责任的承担。"

③ 对应《民法典》第563条,该条规定:"有下列情形之一的,当事人可以解除合同:(一)因不可抗力致使不能实现合同目的;(二)在履行期限届满前,当事人一方明确表示或者以自己的行为表明不履行主要债务;(三)当事人一方迟延履行主要债务,经催告后在合理期限内仍未履行;(四)当事人一方迟延履行债务或者有其他违约行为致使不能实现合同目的;(五)法律规定的其他情形。以持续履行的债务为内容的不定合同,当事人可以随时解除合同,但是应当在合理期限之前通知对方。"

（三）委托经营合同不属于商品房买卖合同的从合同，当事人以商品房买卖合同无效为由，主张委托经营合同也应认定无效的，人民法院不予支持

【案例来源】

案例名称：刘某梅与日照铭泰房地产开发有限公司商品房销售合同纠纷案
审理法院：山东省高级人民法院
案　　号：（2015）鲁民一终字第111号

【争议点】

日照铭泰房地产开发有限公司与刘某梅因商品房销售合同纠纷引发诉讼，该案历经山东省日照市中级人民法院一审、山东省高级人民法院二审两个阶段。在二审中，当事人就涉案委托经营合同的法律效力问题产生争议。

【裁判说理】

目前我国现行立法对产权式酒店缺乏具体法律规定，判断本案所讼争的产权酒店委托经营合同的法律效力只能依据合同相关法律规定的立法原则和精神。上诉人主张原审认定涉案商品房买卖合同无效，而委托经营合同是商品房买卖合同的从合同，自然亦应认定无效，对此法院认为，涉案产权酒店委托经营合同固然与商品房买卖合同存在密切联系，但从合同的构成要素上，委托经营合同具有独立契约的法律性质。对上诉人委托代理人关于涉案委托经营合同属于独立合同性质的代理意见，法院予以采纳。我国现行法律不允许房地产开发商擅自分割销售原报批设计为大空间的商业用房，表明在我国现行法下购房人无法通过酒店客房的独立登记取得产权，根据我国《物权法》[①] 第15条的规定，此种禁止性规定会影响购房人取得所购酒店客房的物权，但一般不会影响委托经营合同的债权效力。2001年建设部发布的《商品房销售管理办法》第11条明确禁止房地产开发商采取售后包租或者变相售后包租的方式销售未竣工的商品房，但该禁止性规定是否适用于产权酒店并未明示，且该办法属于部颁规章，依照最高人民法院关于适用合同法的相关司法解释规定，不是认定涉案委托经营合同效力的依据。综合从本案所涉委托经营合同的形式和内容来分

---

① 对应《民法典》第215条，该条规定："当事人之间订立有关设立、变更、转让和消灭不动产物权的合同，除法律另有规定或者当事人另有约定外，自合同成立时生效；未办理物权登记的，不影响合同效力。"

析，并不违反我国现行合同及房地产管理立法的基本原则及相关强制性规定。

（四）在房屋所有权未作变更登记时，房地产开发商作为所有权人，有权处分自己的财产，其所签订的数份买卖合同只要不具有法定的无效情形，自成立时起生效，出卖人不能履行合同义务的，承担违约责任

【案例来源】

案例名称：朱某杰、刘某亮与许昌金德房地产有限公司商品房销售合同纠纷案

审理法院：河南省高级人民法院

案　　号：（2017）豫民终1086号

【争议点】

朱某杰与刘某亮及许昌金德房地产有限公司（以下简称金德公司）因商品房买卖合同纠纷引发诉讼，该案历经河南省许昌市中级人民法院一审、河南省高级人民法院二审两个阶段。在二审中，当事人就合同效力问题产生争议。

【裁判说理】

《物权法》第9条[①]规定："不动产物权的设立、变更、转让和消灭，经依法登记，发生效力；未经登记，不发生效力，但法律另有规定的除外。"第14条[②]规定："不动产物权的设立、变更、转让和消灭，依照法律规定应当登记的，自记载于不动产登记簿时发生效力。"第15条[③]规定："当事人之间订立有关设立、变更、转让和消灭不动产物权的合同，除法律另有规定或者合同另有约定外，自合同成立时生效；未办理物权登记的，不影响合同效力。"《最高人民法院关于适用〈中华人民共和国合同法〉若干问题的解释（二）》第15条[④]规定：出卖人就同一标的物订立多重买卖合同，合同均不具有合同法第五十二条规定的无效情形，买受人因不能按照合同约定取得标的物所有权，请求追究

[①] 对应《民法典》第209条，该条规定："不动产物权的设立、变更、转让和消灭，经依法登记，发生效力；未经登记，不发生效力，但是法律另有规定的除外。"

[②] 对应《民法典》第208条，该条规定："不动产物权的设立、变更、转让和消灭，应当依照法律规定登记。动产物权的设立和转让，应当依照法律规定交付。"

[③] 对应《民法典》第215条，该条规定："当事人之间订立有关设立、变更、转让和消灭不动产物权的合同，除法律另有规定或者当事人另有约定外，自合同成立时生效；未办理物权登记的，不影响合同效力。"

[④] 该法现已失效。

出卖人违约责任的,人民法院应予支持。根据上述法律、司法解释规定,具体到本案,金德公司就相同商铺分别与刘某亮、朱某杰签订了《商品房买卖合同》,均未办理不动产物权登记,就一、二审查明的事实,上述合同签订时均不具有《合同法》第52条①规定的无效情形,因此均为有效合同。

(五)双方以较低价格交易涉案房产,以获取额外非法利益的,因该利益的谋取有悖于诚信原则及社会公序良俗,而不受法律的保护

【案例来源】

案例名称:姜某、武汉市电影发行放映公司商品房销售合同纠纷案

审理法院:湖北省高级人民法院

案　　号:(2017)鄂民终9号

【争议点】

姜某与武汉市电影发行放映公司(以下简称电影公司)、武汉兴天科技投资发展有限公司(以下简称兴天科技公司)因商品房销售合同纠纷引发诉讼,该案历经湖北省武汉市中级人民法院一审、湖北省高级人民法院二审两个阶段。在二审中,当事人就《武汉市存量房买卖合同》的效力问题产生争议。

【裁判说理】

在本案中,其一,根据《企业国有资产法》的相关规定,电影公司作为国有全资企业,在出售资产时应当对出售资产进行评估,并报请国资管理部门批准。虽然上述规定在司法实践中被认为是管理性规范,不直接影响合同效力的认定,但根据相关刑事判决关于姜某与电影公司原总经理之间构成行贿、受贿事实的认定可知,双方对涉案资产没有报请国有资产管理部门批准,属于主观上的恶意规避监管。其二,电影公司与姜某于2011年2月签订《武汉市存量房买卖合同》时约定房屋买卖价格为800万元(单价5420元),与电影公司委托武汉华汉房地产评估咨询有限公司评估的价格8 855 280元尚存有差额。但

---

① 对应《民法典》第144条、第146条、第153条、第154条。第144条规定:"无民事行为能力人实施的民事法律行为无效。"第146条规定:"行为人与相对人以虚假的意思表示实施的民事法律行为无效。以虚假的意思表示隐藏的民事法律行为的效力,依照有关法律规定处理。"第153条规定:"违反法律、行政法规的强制性规定的民事法律行为无效。但是,该强制性规定不导致该民事法律行为无效的除外。违背公序良俗的民事法律行为无效。"第154条规定:"行为人与相对人恶意串通,损害他人合法权益的民事法律行为无效。"

在实际交易中,姜某未按此约定履行,而是向电影公司出具《承诺书》,欲按照电影公司与兴天科技公司在 2011 年 3 月 11 日签订的购房《补充协议》条款执行,即将买卖房屋的单价变更为每平方米 2800 元。该事实与姜某在本案仲裁阶段关于《武汉市存量房买卖合同》主要是用于办理过户手续,双方当事人是按照《补充协议二》的规定履行合同的答辩陈述相吻合。由此可见,电影公司与姜某签订的《武汉市存量房买卖合同》不是双方当事人的真实意思表示。故一审法院依据《合同法》第 52 条第 1 款第(2)项[①]的规定,认定上述合同无效并无不当。

(六)无权处分和未经抵押权人同意转让抵押财产均不影响合同效力的认定

【案例来源】

案例名称:江西立天唐人房地产发展有限公司、中国建设银行股份有限公司上饶市分行所有权确认纠纷、商品房销售合同纠纷案

审理法院:江西省高级人民法院

案　　号:(2015)赣民一终字第 100 号

【争议点】

江西立天唐人房地产发展有限公司(以下简称立天公司)、中国建设银行股份有限公司上饶市分行(以下简称建行上饶分行)与王某君因所有权确认、商品房销售合同纠纷引发诉讼,该案历经江西省上饶市中级人民法院一审、江西省高级人民法院二审两个阶段。在二审中,当事人就立天公司应否将 10 间店铺的所有权办理至王某君名下的问题产生争议。

【裁判说理】

在本案中,立天公司应否将 10 间店铺的所有权办理至王某君名下取决于立天公司是否负有此项合同义务。立天公司与王某君是否已经就如何履行《施工协议》有关以店铺抵扣工程款的约定达成的合意是立天公司有无义务办理 10 间店铺所有权过户登记的前提和条件。首先,《施工协议》中以店铺抵扣工程款的约定实际是协议双方就支付工程款的方法的约定。该方法的实质是由立天

---

① 对应《民法典》第 154 条,该条规定:"行为人与相对人恶意串通,损害他人合法权益的民事法律行为无效。"

公司以相等价值店铺购房款抵偿工程款。该条款的履行取决于两个因素：一是工程款的数额；二是抵偿的具体店铺地点、大小和价格确定。《施工协议》仅约定了以店铺抵偿作为支付工程款的方法，但并未就以哪个店铺、以何种价格抵扣等问题作出约定。协议中约定的价格计算以销售价格的九折或九二折优惠，但该销售价格是指何时的销售价格亦不明确。因此，仅凭《施工协议》的约定，以店铺抵偿工程款的约定无法直接履行。其次，杨某的说明和有杨某、刘某签字的价格表不具有以店铺抵扣工程款协议的基本要素。杨某的说明载明了王某君预购买其租赁的10间店铺中的8间，可以证明立天公司与王某君就以店铺抵扣工程款进行了协商，王某君有以该8间店铺抵扣其工程款的意图，但杨某的说明既没有记载面积，也没有记载单价或注明将其他价格表作为拟抵扣店铺的价格，更没有明确的以8间店铺抵扣工程款的意思表示。最后，建行上饶分行购买的店铺所有权均合法登记在立天公司名下，不存在王某君享有该8间店铺房屋所有权的事实，立天公司与建行上饶分行签订的《商品房买卖合同》不违反法律、行政法规的效力性强制性规定，且该合同已经依法在房屋管理部门办理了备案登记，具有公示效力。王某君在二审中提出其对建行上饶分行购买的房屋享有优先购买权，建行上饶分行与立天公司涉嫌串通损害其利益，故建行上饶分行与立天公司之间的合同无效，该主张同样不能得到支持。

四、结语

　　商品房买卖过程中所产生的法律问题种类繁多，从最开始的商品房销售广告到最后的商品房交付并办理登记，整个过程均可能产生纠纷。首先，商品房销售广告和宣传资料作为要约邀请转化为要约必须同时具备两个条件：一是就商品房开发规划范围内的房屋及相关设施所作的说明和允诺具体确定；二是对商品房买卖合同的订立以及房屋价格的确定有重大影响。其次，在房屋所有权未作变更登记时，房地产开发商作为所有权人，有权处分自己的财产，其所签订的数份买卖合同只要不具有法定的无效情形，自成立时起生效，出卖人不能履行合同义务的，承担违约责任。而当违约情况发生时，人民法院首选的违约方责任承担方式是继续履行。此外，需要注意的是当事人以较低价格交易涉案房产，以获取额外非法利益的，因该利益的谋取有悖于诚信原则及社会公序良俗，而不受法律的保护。

第六节　商品房委托代理销售合同纠纷

一、导论

在以往的司法实践中，商品房委托代理销售合同案件纠纷主要参照适用《合同法》第 410 条。《民法典》颁布实施后，该法第 933 条规定："委托人或者受托人可以随时解除委托合同。因解除合同造成对方损失的，除不可归责于该当事人的事由外，无偿委托合同的解除方应当赔偿因解除时间不当造成的直接损失，有偿委托合同的解除方应当赔偿对方的直接损失和合同履行后可以获得的利益。"委托合同的有关法律规定加以适用的。对于委托合同，法律规定了合同双方均享有任意解除权，即当作为委托合同基础的当事人之间的信赖关系丧失时，赋予委托方或受托方以自由解除委托合同的权利，解除后通过对被解除一方以损害赔偿的方式，预防和限制任意解除权在实务中的滥用。本节以商品房委托代理销售合同纠纷的案件裁判文书为研究对象，以 2008 年以来人民法院作出的相关裁判文书为主要范围，归纳、提炼商品房按揭贷款合同裁判的理念和趋势，以期对我国案例的研究来指导司法实践，并希望对此进行一些有益的探讨。

截至 2021 年 1 月，在中国裁判文书网中输入"商品房委托代理销售纠纷"（案由）检索出民事裁判文书 49 篇，其中，由最高人民法院裁判的有 61 篇，由高级人民法院裁判的有 473 篇，由中级人民法院裁判的有 2485 篇，由中级人民法院裁判的有 7672 篇。在具体案例的选取上，本节遵循以下"两个优先"原则：第一，优先选择审判层级较高的裁判文书；第二，优先选择审判日期较近的裁判文书。通过形式和内容两个方面的筛选，本节最终选择了 5 篇裁判文书进行研究，即（2018）晋民终 627 号、（2016）新民再 260 号、（2020）赣民再 88 号、（2008）浙民一终字第 261 号、（2015）民一终字第 226 号。其中，由最高人民法院裁判的有 1 篇，由高级人民法院裁判的有 4 篇。

二、商品房委托代理销售合同的基本理论

（一）商品房委托代理销售合同的性质

关于商品房委托代理销售合同的性质存在争议。有学者认为商品房委托代理销售合同性质上属于委托合同。根据《民法典》第933条规定，委托人或者受托人可以随时解除委托合同。商品房委托代理销售中受托人往往已经开始对所涉楼盘的销售处、销售广告等的设计、宣传工作。有的为委托事务已经投入了大量的人力和物力来开拓市场、联系客户，因此基于风险的分担原则，应当允许双方约定排除委托人的任意解除权。

但是当前我国采用民商合一的模式，委托合同既包含无偿委托，也包含有偿委托、商事委托。商品房委托代理销售合同在《民法典》中并未明文规定，但该类型合中混合了委托、居间、买卖等多种合同因素，这些因素的存在使得该类型合同已经不再是简单纯粹的委托合同。委托的方式多样，既可以通过特别或概括指示，也可以通过具体或开放指示，其差别主要取决于受托人的合同权限和主动性。依据委托合同自身性质，事务处理既可以只为委托人或其他第三人的利益，也可以同时兼顾受托人的利益，但不能纯粹只为受托人利益。[1]

（二）民事合同与商事合同中任意解除权的适用

《民法典》第933条的规定适用于各种类型的委托合同，即不区分民事委托和商事委托，全部适用任意解除权之规定。值得考虑的是，合同有偿与否势必会动摇任意解除权产生的基础，尤其在商事委托中。关于商事委托，有学者认为"存在于生产经营领域中，为生产经营目的服务的交易行为"[2]。另有学者指出，商事委托的根本特征为营业性与盈利性。[3] 因此，继续认可委托合同双方享有任意解除权明显与立法本意相违背，形成体系矛盾。[4]

有的教授提出，委托应区分民事和商事：民事委托多是无偿、不要式合

---

[1] 参见黄立主编：《民法债编各论》（下），中国政法大学出版社2003年版，第501页。
[2] 参见王轶：《民法原理与民法学方法》，法律出版社2009年版，第253~254页。
[3] 参见张良：《民法典编纂背景下我国合同法分则之完善——以民事合同与商事合同的区分为角度》，载《法学杂志》2016年第9期。
[4] 参见王利明：《民商法研究（第5辑）》，法律出版社2014年版。

同，信任的往往是受托人的品行和能力，往往不需要为事务处理耗费财物，委托人解除合同后一般也不会给受托人带来损失。但是，商事委托多为有偿、要式合同，受托人通常需要投入大量资金，委托人解除合同会给受托人带来重大损失。[1] 崔建远教授则指出，要更加注意民事和商事的区别，任意解除权在商事委托中的适用常常会带来一些负面的影响。[2]

（三）商品房委托代理销售合同解除后的可得利益赔偿

1. 肯定说。肯定说认为委托事务中同样包含受托人自身想要获取的利益，此种利益明显大于合同解除后的直接损失，若将赔偿范围限制在直接损失并不能弥补造成的受托人损失。[3] 我国《民法典》第584条规定了对于违约造成的损害赔偿范围包括预期可得利益。虽然委托合同的解除并不能完全地以违约去衡量，但对于其损害赔偿的计算，可以参考此规定来纳入可得利益。

2. 否定说。否定说认为，委托合同的委托代理关系原本就是体现当事双方之间的一种关系，是以双方的互相信任为基准而订立，而信任关系往往具有个人主观色彩，因此，信任关系较为容易发生变化。一旦这种信任不存在，合同将无法继续被履行，那么双方的委托合同也就已经名存实亡了。在这种情况下，委托人或受托人可以依法解除委托合同，双方是可以任意地终止合同。而委托合同的可得利益常表现为双方对于合同完全履行后收入或者报酬的约定，如今合同既已解除，那么也就不能按照约定求偿可得利益。

此外，有学者认为委托合同解除之后，受托人对于剩余的未来报酬享有请求权，但应依损益相抵规则、减损规则等限制性规则作出相应的限制，从而确定是否获赔。此外，受托人对于预期报酬和利益请求权的规范基础，并不在《民法典》第933条所规定的损害赔偿请求权中，而是在于《民法典》第928条规定的报酬请求权的扩张适用。还有学者将委托合同分为委托代理销售合同和风险代理合同展开讨论，并且建议合同双方在订立合同之时就自行约定解除的后果，是否将可得利益纳入其中。[4]

---

[1] 参见崔建远：《合同解除的疑问与释答》，载《法学》2005年第9期。
[2] 参见崔建远：《编纂民法典必须摆正的几对关系》，载《清华法学》2014年第6期。
[3] 参见崔建远：《合同解除的疑问与释答》，载《法学》2005年第9期。
[4] 参见于乐群：《论委托合同中任意解除权行使的赔偿责任》，载《学理论》2014年第3期。

三、关于商品房委托代理销售合同纠纷的裁判规则

（一）当事人在委托代理销售合同签订时未取得房地产经纪资质的，不能否定双方当事人之间存在的委托销售代理关系

【案例来源】

案例名称：晋中杰胜房产经纪有限公司与山西成城房地产开发有限公司、山西成城房地产开发有限公司寿阳分公司商品房委托代理销售合同纠纷案

审理法院：山西省高级人民法院

案　　号：（2018）晋民终627号

【争议点】

晋中杰胜房产经纪有限公司（以下简称杰胜公司）与山西成城房地产开发有限公司（以下简称成城公司）、山西成城房地产开发有限公司寿阳分公司（以下简称成城寿阳分公司）因商品房委托代理销售合同纠纷引发诉讼，该案历经山西省晋中市中级人民法院一审、二审两个阶段。在二审中，当事人就是否应支付佣金2 201 885.01元产生争议。

【裁判说理】

在本案中，2013年8月25日，成城寿阳分公司作为委托方、杰胜公司作为受托方，双方签订了《销售代理合同》，合同就成城寿阳分公司委托杰胜公司为成城寿阳分公司开发的房地产项目的营销策划、平面设计以及销售等事宜达成一致，并对委托内容、委托期限、双方权利与职责、服务报酬与考核结算、违约责任、合同生效及其他事宜作了详细约定。该合同上加盖了双方印章。从双方当事人提供的证据以及庭审中的陈述可知，合同签订后，杰胜公司依据合同约定代理销售部分房屋，成城寿阳分公司亦已支付部分代理费用。由此可认定，双方当事人通过签订《销售代理合同》以及部分履行行为而在彼此之间建立起了委托销售代理关系。虽然2015年9月24日《销售代理合同》被生效民事判决判令解除，且签订合同时上诉人尚未取得房地产经纪资质，但并不能因此否定双方当事人之间曾经存在的委托销售代理关系。

（二）当事人在委托代理销售合同签订时未取得商品房预售许可证的，不能否定双方当事人之间存在的委托销售代理关系

【案例来源】

案例名称：阿克苏金鼎房地产开发有限责任公司与阿克苏长江房地产经纪有限责任公司商品房委托代理销售合同纠纷案

审理法院：新疆维吾尔自治区高级人民法院

案　　号：（2016）新民再260号

【争议点】

阿克苏金鼎房地产开发有限责任公司（以下简称金鼎房地产公司）与阿克苏长江房地产经纪有限责任公司（以下简称长江经纪公司因）商品房委托代理销售合同纠纷引发诉讼，该案历经新疆维吾尔自治区阿克苏地区中级人民法院一审、新疆维吾尔自治区高级人民法院二审、最高人民法院指令新疆维吾尔自治区高级人民法院再审三个阶段。在再审中，当事人就双方合同效力问题产生争议。

【裁判说理】

《城市商品房预售管理办法》第6条规定："商品房预售实行许可制度。开发企业进行商品房预售，应当向房地产管理部门申请预售许可，取得《商品房预售许可证》。未取得《商品房预售许可证》的，不得进行商品房预售。"《城市房地产开发经营管理条例》第28条规定："房地产开发企业委托中介机构代理销售商品房的，应当向中介机构出具委托书。中介机构销售商品房时，应当向商品房购买人出示商品房的有关证明文件和商品房销售委托书。"从上述行业主管部门行政规章的规定可以看出，取得行政许可是从事商品房预售的前置条件，房地产经纪中介服务是建立在商品房预售的基础之上。在本案中，再审申请人金鼎房地产公司与被申请人长江经纪公司于2011年2月达成口头协议，双方又于2011年5月3日签订了《营销策划销售代理合同》书面合同，此时虽然金鼎房地产公司尚未取得《商品房预售许可证》，但双方达成的销售代理合同是双方当事人的真实意思表示。而且，由于金鼎房地产公司通过积极作为于2011年12月21日取得《商品房预售许可证》，其缔约能力与条件得到补正，故金鼎房地产公司与长江经纪公司签订的《营销策划销售代理合同》可认定为有效合同，对双方具有法律约束力，双方应当按照约定履行自己的义务。

（三）在商品房包销合同的履行过程中，当事人之间的法律关系存在转变的可能，即当事人可能因房屋在一定期限内售出而成立代理关系，也可能因房屋最终出售给包销商而成立商品房买卖关系

【案例来源】

案例名称：江西盈科行网络信息股份有限公司、江西省琴湖投资发展有限公司商品房委托代理销售合同纠纷案

审理法院：江西省高级人民法院

案　　号：（2020）赣民再88号

【争议点】

江西盈科行网络信息股份有限公司（以下简称盈科行公司）与江西省琴湖投资发展有限公司（以下简称琴湖公司）因商品房委托代理销售合同纠纷引发诉讼，该案历经江西省广昌县人民法院一审、江西省抚州市中级人民法院二审、江西省高级人民法院再审三个阶段。在再审中，当事人就双方之间的法律关系问题产生争议。

【裁判说理】

在本案中，从双方签订的包销合同来看，商品房包销的运作过程主要由两个部分组成：第一部分，开发商委托包销商，确定包销底价，由包销商为其寻找买主。包销商在一定期限内为开发商寻获买主后，买卖双方签约成交，包销商收取报酬。在这一部分里，包销商处于代理人的地位，因为包销商以被代理人的名义为客户寻获买主，符合代理行为的特征。第二部分，若在约定期限届满时房屋仍未售出，开发商按照包销底价将房屋出售给包销商，双方的代理关系终止，并另行成立商品房买卖关系。由此可见，在包销合同的履行过程中，双方的法律关系存在转变的可能，即双方可能因房屋在一定期限内售出而成立代理关系，也可能因房屋最终出售给包销商而成立商品房买卖关系。在本案中，双方于2018年9月17日签订结案协议，协议明确约定剩余应由包销人完成的工作不再履行，由开发商自行处理，并就代理费用进行了结算。此时，双方基于包销合同形成的法律关系依然是代理关系，并未转化为买卖关系。

（四）委托代理销售合同的损失赔偿适用过错归责原则

【案例来源】

案例名称：海三盟投资管理有限公司、上海久盟投资顾问有限公司与浙江中成实业有限公司商品房委托代理销售合同纠纷案

审理法院：浙江省高级人民法院

案　　号：（2008）浙民一终字第261号

【争议点】

上海三盟投资管理有限公司（以下简称三盟公司）、上海久盟投资顾问有限公司（以下简称久盟公司）与浙江中成实业有限公司（以下简称中成公司）因商品房代理销售合同纠纷引发诉讼，该案历经浙江省嘉兴市中级人民法院一审、浙江省高级人民法院二审两个阶段。在二审中，当事人就合同终止履行后的处理产生争议。

【裁判说理】

在本案中，上诉人提出其在合同履行期间支付的售楼处装修费、广告费以及日常开支费用等，全部应由被上诉人进行偿付的诉讼主张。根据我国《合同法》第407条①规定，受托人处理委托事务时，因不可归责于自己的事由受到损失的，可以向委托人要求赔偿损失。根据第410条②规定，受托人或者委托人可以随时解除委托合同，因解除合同给对方造成损失的，除不可归责于该当事人的事由以外，应当赔偿损失。如前所述，上诉人提出的被上诉人在本案中存在过错责任的主张不能成立，据此提出的损失赔偿则于法无据。况且，上诉人为履行合同所支出的广告费和日常开支的办公费，均属于其应负的合同义务，该费用按约当应由其自己承担，不存在列入损失范围的问题。至于原售楼处的再装修费用，依当事人合同约定，装修方案应由上诉人提交，经被上诉人审核同意后由上诉人实施，费用由被上诉人承担。诉讼中，双方对原售楼处已由上诉人再行装修，被上诉人已支付给上诉人100万元装修款的事实无争议，

---

① 对应《民法典》第930条，该条规定："受托人处理委托事务时，因不可归责于自己的事由受到损失的，可以向委托人请求赔偿损失。"

② 对应《民法典》第933条，该条规定："委托人或者受托人可以随时解除委托合同。因解除合同造成对方损失的，除不可归责于该当事人的事由外，无偿委托合同的解除方应当赔偿因解除时间不当造成的直接损失，有偿委托合同的解除方应当赔偿对方的直接损失和合同履行后可以获得的利益。"

仅就装修方案未经审核及装修费金额存在分歧。在双方合同并未约定应由被上诉人向上诉人预付装修款的情形下，则被上诉人支付100万元装修款的积极行为表明了其实际认可上诉人的装修方案，现再以上诉人擅自装修为由进行抗辩，显与客观事实不符，本院不予采信。依前述合同约定，装修费应理解为据实结算，即上诉人应按其实际支出的装修费与被上诉人进行结算。

（五）人民法院在计算和认定可得利益损失时，应当运用可预见规则、减损规则、损益相抵规则以及过失相抵规则等综合予以判定

【案例来源】

案例名称：成都和信致远地产顾问有限责任公司与四川省南部县金利房地产开发有限公司委托合同纠纷案

审理法院：最高人民法院

案　　号：（2015）民一终字第226号

【争议点】

四川南部县金利房地产开发有限公司（以下简称金利公司）与成都和信致远地产顾问有限责任公司（以下简称和信致远公司）因商品房销售代理合同纠纷引发诉讼，该案历经四川省高级人民法院一审、最高人民法院二审两个阶段。在二审中，当事人就可得利益损失如何确定的问题产生争议。

【裁判说理】

可得利益是履行合同后可以取得的利益。赔偿可得利益可以弥补因违约方给守约方造成的全部实际损失，使守约方恢复到合同得到严格履行情况下的状态，促使当事人诚信履行合同。根据已查明的事实，除案涉项目一期外，和信致远公司代理销售的其余项目的均价均超过住宅销售奖励的支付条件。在此情况下，金利公司于2013年4月23日向和信致远公司发出解除合同通知，主要是合同约定的销售奖励溢价发生情事变更，继续履行对其明显不利，双方协商未果。由此表明，金利公司在解除合同时对和信致远公司的预期商业利益已经有所预见。和信致远公司主张的可得利益应包括案涉项目22栋、23栋住房销售奖金的损失和金利公司单方解除合同而造成的损失。和信致远公司实际销售的22栋、23栋房屋面积为24 470 ㎡、销售金额为93 820 676元。在金利公司违约解除合同前，和信致远公司已完成销售的面积占可售房屋面积的81.38%。该比例未达到合同约定的支付奖金的条件，是金利公司为自己的利益不正当

阻止和信致远公司继续履行合同所致，应视为支付奖金的条件已成就。参照合同所约定的住宅销售奖励计算标准，和信致远公司对此应得到可得利益损失为 5 102 669 元 [（93 820 676 元 −3000 元 / ㎡ × 24 470 ㎡）× 25%]。关于金利公司没有继续履行合同而造成的损失问题，案涉合同约定如金利公司擅自解除合同，除支付和信致远公司应付款项外，按本项目预计总代理佣金的 10% 赔偿和信致远公司的损失。

四、结语

委托代理销售合同与一般的合同不同，当事人解除委托代理销售合同而承担的民事责任的性质、程度和后果，不能等同于当事人一般解除情形下应承担的违约责任。人民法院认定当事人之间的委托销售代理关系，不受以下两种情形的影响：一是当事人在委托代理销售合同签订时未取得房地产经纪资质；二是当事人在委托代理销售合同签订时未取得商品房预售许可证。委托代理销售合同的损失赔偿适用过错归责原则，人民法院在计算和认定可得利益损失时，应当运用可预见规则、减损规则、损益相抵规则以及过失相抵规则等综合予以判定。此外，在商品房包销合同的履行过程中，当事人之间的法律关系存在转变的可能，即当事人可能因房屋在一定期限内售出而成立代理关系，也可能因房屋最终出售给包销商而成立商品房买卖关系。

第七节 经济适用房转让合同纠纷

一、导论

经济适用房制度作为我国的一项住房保障制度,有其严格的准入条件。由于其土地由划拨方式取得并且免收土地出让金,致其产权不完整,被限定为"有限产权",在收益和处分权上存在限制。《经济适用住房管理办法》虽对于其准入和退出作出了具体规定,明确其5年内不得上市交易。然而,实践中,当事人在利益的驱动下私下违规交易经济适用房的行为屡见不鲜,由此产生的纠纷不断。本节以经济适用房转让合同纠纷的案件裁判文书为研究对象,以2011年以来人民法院作出的相关裁判文书为主要范围,归纳、提炼经济适用房转让合同纠纷裁判的理念和趋势,以期通过对我国案例的研究来指导司法实践。

截至2021年2月,编者在中国裁判文书网中输入"经济适用房转让合同纠纷"(案由)共检索出民事裁判文书858篇,其中,由高级人民法院裁判的有17篇,由中级人民法院裁判的有285篇,由基层人民法院裁判的有550篇。在具体案例的选取上,本节遵循以下"两个优先"原则:第一,优先选择审判层级较高的裁判文书;第二,优先选择审判日期较近的裁判文书。通过形式和内容两个方面的筛选,本节最终选择了6篇裁判文书进行研究,即(2017)内01民终3874号、(2017)苏1204民初1033号、(2020)琼96民终171号、(2019)苏01民终2294号、(2017)川01民终713号、(2011)华法民初字第4637号。其中,裁判日期为2017年(含)之后的案5篇。

二、经济适用房转让合同纠纷的基本理论

（一）经济适用房的概念和特征

1. 经济适用房的概念。经济适用房，是指政府组织房地产开发商以微小的利润卖给城市低收入家庭的政策性商品房。

2. 经济适用房的特征。(1) 经济适用房具有保障性。由于我国市场经济的迅速发展，收入水平差距较大，国家为了保障弱势群体的住房权益，开发建设经济适用住房。所以，经济适用住房与商品房的最本质区别就是其保障性。(2) 经济适用房具有商品性。经济适用房也属于商品房。因为经济适用房也是由购房者支付房款购买的，其销售过程中同样需要遵循市场交易的原则，这一点有别于计划经济体制下福利分房政策的性质。(3) 经济适用房具有经济性。从字面上看，就能看出其具有经济性这一特征。具体来说，因为经济适用房得到国家政策扶持，从行政划拨土地到免收各种税费、政府控制利润，较于一般商品房来说具有较大的价格优势。(4) 经济适用房具有适用性。经济适用房不能因为其经济性的特点忽视适用性，更不能因为是国家的保障性住房就降低建设标准，必须要满足人的基本住房要求。国家对于经济适用房有规范的建设标准和要求，必须予以严格遵守；此外，要注重住房质量，保证其实用性，做到真正满足相应需求。

（二）经济适用房与商品房的区别

1. 就房屋自身而言。(1) 面积套型不同：经济适用房的面积套型必须严格执行国家的规定；而商品房的面积套型由开发商根据市场需求自行决定。(2) 价格杠杆不同：经济适用房的定价以微利保本为原则，执行政府指导价，其建设用地由政府划拨，无需支付土地出让金，政府也免除相关的税费；商品房的价格完全由市场决定，其建设用地为政府"招、拍、挂"出让，开发商需要支付土地出让金和相关的税费。(3) 产权登记不同：个人购买经济适用房后，办理产权登记时需要注明所购房屋为经济适用房，拥有的是有限产权；而商品房买受人登记房屋为个人的完全产权。

2. 就房屋流转而言。(1) 出售对象不同：购买经济适用房的资格有住房、收入、户籍等限制；而商品房投入市场，原则上一切市场主体均有购买的权

利。(2) 流转时限不同：购买经济适用房不满5年的，一般不得上市交易；满5年的，政府有优先回购权，购房人也可以在缴纳土地收益等税费后取得完全产权，予以上市流转；而商品房买受人购买商品房后可自由上市交易，年限长短仅与缴纳营业税的多少有关。

（三）经济适用房的指标转让

1.经济适用房指标的性质。经济适用房指标，即经济适用房购买权，符合债权的法律特征，具有债权属性。首先，经济适用房指标具有相容性，属于请求权范畴。经济适用房购房指标因政府的行政行为而产生，可以将其理解为政府与购房指标享有人之间的合意。符合经济适用房管理办法规定的特定条件的低收入家庭，通过政府的行政行为获得经济适用房指标后，其享有的权利是请求政府向其提供经济适用房，属于请求权范畴，而并非表现为对经济适用房或者经济适用房中所包含的政府补助直接的支配权，这一权利可以相容地存在于政府这一义务主体上，并不具有排他性。其次，经济适用房指标的义务主体特定，只能是政府，属于人权的范畴。政府在审核通过当事人购房申请之后，就应当履行提供政策性优惠住房的义务。最后，经济适用房购买指标只能在一定期限内行使，不能无期限地一直存续下去，符合债权有期限权利的特征。

2.经济适用房指标转让的效力。经济适用房指标转让的效力存在两种观点。一是有效说。该学说认为《经济适用房转让协议》是当事人在平等自愿的基础上签订的，系双方真实的意思表示，且并不违反法律、行政法规的强制性规定，也不涉及公共利益，不属于《民法典》关于无效合同规定的范畴。因此转让合同有效，合同双方当事人均应履行合同义务。二是无效说。该学说认为，经济适用房指标转让违反了《城市房地产管理法》《经济适用房管理办法》等相关法律法规的规定。经济适用房指标的转让违反了经济适用房管理秩序与市场正常秩序，损害了其他符合购房条件的低收入家庭的利益，损害对象属于社会公共利益范畴。

三、关于经济适用房转让合同纠纷的裁判规则

（一）购买经济适用房不满5年上市交易的，因违反国家政策，客观上损害了社会公共利益而导致合同无效

【案例来源】

案例名称：张某1与乔某山经济适用房转让合同纠纷案

审理法院：呼和浩特市中级人民法院

案　　号：（2017）内01民终3874号

【争议点】

张某1与乔某山、张某2、第三人张某3因经济适用房转让合同纠纷引发诉讼，该案历经呼和浩特市回民区人民法院一审、呼和浩特市中的人民法院二审两个阶段。在二审中，当事人就签订的定金收条是否合法有效产生争议。

【裁判说理】

在本案中，2017年4月8日，张某1与乔某山签订定金收条，该收条约定了诉争房屋的坐落位置、房屋价款、相关费用的负担及违约责任等事项，已具备房屋买卖合同的主要内容，实为经济适用房买卖合同。《国务院关于解决城市低收入家庭住房困难的若干意见》《经济适用住房管理办法》均规定，经济适用房属于政策性住房，购房人拥有有限产权。购买经济适用房不满5年，不得直接上市交易，购房人因各种原因确需转让经济适用房的，由政府按照原价格并考虑折旧和物价水平等因素进行回购。购买经济适用房满5年，购房人可转让经济适用房，但应按照届时同地段普通商品住房与经济适用房差价的一定比例向政府交纳土地收益等价款，具体交纳比例由城市人民政府确定，政府可优先回购；购房人向政府交纳土地收益等价款后，也可以取得完全产权。由此可见，经济适用房系政府面向城市低收入住房困难家庭提供的具有保障性质的政策性住房，对于经济适用房的购买资格、上市交易等均存在限制，张某1未举证证明其已履行上述手续便上市出售房屋，不符合上述规定，一审判决认为双方签订该合同违反国家政策，客观上损害了社会公共利益，认定无效正确，人民法院予以确认。

（二）经济适用房转让协议系双方当事人的真实意思表示，内容不违反法律、行政法规的禁止性规定，即应为合法有效

【案例来源】

案例名称：韩某与钱某彬、陶某民经济适用房转让合同纠纷案

审理法院：泰州市姜堰区人民法院

案　　号：（2017）苏1204民初1033号

【争议点】

韩某与钱某彬、陶某民因经济适用房转让合同纠纷引发诉讼。在一审中，当事人就被告是否应当配合原告办理房屋过户登记产生争议。

【裁判说理】

本案中，案外人钱某梅受两被告委托与原告签订经济适用房转让协议书，该协议系原告韩某与被告钱某彬、陶某民双方当事人的真实意思表示，内容不违反法律、行政法规的禁止性规定，应为合法有效。按协议约定，原告支付购房款，被告应协助原告办理相关过户手续。原告向本院起诉后，本院通过邮寄及电话等方式通知被告到庭，被告未到庭，案外人到庭说明已收到原告交付的款项，且款项按被告指示偿还了相关债务，原告请求判令被告协助办理登记手续的诉讼请求，符合法律规定，人民法院予以支持。

（三）经济适用房的建设和销售，除了遵守合同约定之外，还必须符合国家和地方的相关经济适用房政策性规定

【案例来源】

案例名称：韩某影与文昌市住房和城乡建设局经济适用房转让合同纠纷案

审理法院：海南省第一中级人民法院

案　　号：（2020）琼96民终171号

【争议点】

韩某影与文昌市住房和城乡建设局（以下简称文昌市住建局）因经济适用房转让合同纠纷引发诉讼，该案历经海南省文昌市人民法院一审、海南省第一中级人民法院二审两个阶段。在二审中，当事人就文昌市住建局单方最终确定经济适用房单价是否符合相关规定产生争议。

【裁判说理】

本案中，根据原国家建设部等七部委制定颁布的《经济适用住房管理办法》规定，经济适用房，是指政府提供优惠，限定套型面积和销售价格，按照合理标准建设，面向城市低收入困难家庭供应，具有保障性质的政策性住房。根据《海南省经济适用住房管理实施办法》第17条第1款规定，经济适用房的基准价和指导价由市、县价格主管部门会同住房保障主管部门审核确定，报市、县政府批准向社会公布。鉴于经济适用房特有的政策性和保障性，因此，经济适用房的建设和销售，除了遵守合同约定之外，还必须符合国家和地方的相关经济适用房政策性规定。本案中，文昌市住建局作为该经济适用房项目的建设单位，在项目完工后，经与施工方结算后，报经审计部门审计、物价部门核定，并经文昌市政府常务会议讨论通过，最终确定了房屋基准单价为1606.65元/平方米。该经济适用房最终确定的单价符合双方合同和相关政策性规定。双方合同中约定的1350元/平方米单价是预算价，不是结算价。文昌市住建局作为该经济适用房项目建设单位，根据双方合同和相关政策性规定，经履行相关审计、物价核定、政府常务会议讨论，最终公布确定房屋单价，并未违反法律的禁止性规定。上诉人主张文昌市住建局无权单方最终确定房屋单价及主张合同约定的计价条款无效的抗辩，没有事实根据和法律依据，不予采纳。

（四）办理经济适用房产权登记过程中，相关记载与实际房屋性质不一致的，不能构成当事人否认该房屋性质的理由

【案例来源】

案例名称：张某与被上诉人南京市消防支队经济适用房转让合同纠纷案

审理法院：南京市中级人民法院

案　　号：（2019）苏01民终2294号

【争议点】

张某因与南京市消防支队（以下简称南京消防支队）因经济适用房转让合同纠纷引发诉讼，该案历经南京市雨花台区人民法院一审、南京市中级人民法院二审两个阶段。在二审中，当事人就房屋性质产生争议。

【裁判说理】

在本案中，2003年12月9日，消防局关于南京市消防支队经济适用房立

项建设的批复（武消营〔2003〕20号）载明：同意南京市消防支队建设经济适用房，建设地点位于南京市雨花台区招待所，建设用地2000平方米；住房建设所需投资按《武警部队经济适用住房建设管理实施细则》执行，通过预收个人购房款筹集，不得占用单位经费，并要求武警部队后勤部按照《关于加强武警部队经济适用住房建设管理的意见》要求，加强经济适用房的建设、出售和管理工作。案涉房屋立项、规划、建设、并至房产部门办理初始登记时，均按经济适用房进行审批，故房屋性质应属于经济适用房。案涉房屋办理产权登记过程中相关记载与实际房屋性质不一致，不能构成上诉人否认该房屋性质的理由。

（五）经济适用住房转让协议违约金立法采用"补偿性为主，惩罚性为辅"的基本原则，以补偿守约方的实际损失为主要功能

【案例来源】

案例名称：霍某田与姜某经济适用房转让合同纠纷案

审理法院：成都市中级人民法院

案　　号：（2017）川01民终713号

【争议点】

霍某田与姜某因经济适用房转让合同纠纷引发诉讼，该案历经成都市锦江区人民法院一审、成都市中级人民法院二审两个阶段。在二审中，当事人就违约金过高是否应予调整的问题产生争议。

【裁判说理】

根据《合同法》第114条第2款[①]规定，"约定的违约金低于造成的损失的，当事人可以请求人民法院或者仲裁机构予以增加；约定的违约金过分高于造成的损失的，当事人可以请求人民法院或者仲裁机构予以适当减少"。在本案中，第一，在履行合同过程中，霍某田不能交付房屋及办证存在违约行为，则其应当积极退还本金，但在截至本案二审判决作出前，霍某田对本金部分的款项也仅偿还约二分之一，其在履行合同的过程中存在过错；第二，参照《最

---

① 对应《民法典》第585条第2款，该条规定："约定的违约金低于造成的损失的，人民法院或者仲裁机构可以根据当事人的请求予以增加；约定的违约金过分高于造成的损失的，人民法院或者仲裁机构可以根据当事人的请求予以适当减少。"

高人民法院关于审理民间借贷案件适用法律若干问题的规定》第 26 条的规定，霍某田从 2012 年 7 月即占用姜某交付的房款 700 000 元、从 2013 年 7 月即占用姜某交付的房款 90 000 元，霍某田承诺计算至 2014 年 12 月 5 日的违约金亦未超过房款本金年利率 24%，故本院对违约金的金额不再调整，霍某田应当按照《承诺书》确定的金额向姜某给付款项。因霍某田未按照《承诺书》向姜某给付款项，原审法院依照公平原则酌情确定霍某田支付从 2014 年 12 月 6 日起至 2016 年 4 月 15 日止的利息恰当，本院予以维持。

（六）对于不符合上市交易条件的经济适用住房，应由相关行政部门在房屋权属转移登记时，依据相关政策规定对合同履行予以限制，而不应由司法机关在合同效力层面上予以禁止

【案例来源】

案例名称：张某华与被告孙某蓉经济适用房转让合同纠纷案

审理法院：濮阳市华龙区人民法院

案　　号：（2011）华法民初字第 4637 号

【争议点】

张某华与孙某蓉因经济适用房转让合同纠纷引发诉讼。在一审中，当事人就双方签订的房屋买卖协议是否为无效协议产生争议。

【裁判说理】

本案中，《经济适用住房管理办法》属于部门规章，《濮阳市经济适用住房管理实施办法》属于地方行政规章，二者均不属于合同法规定的法律、行政法规，原、被告均为完全行为能力人，具备相应的缔结合同的能力，其签订的房屋买卖协议系双方真实意思表示，内容不违背法律、行政法规的强制性规定，该协议合法有效。对于不符合上市交易条件的经济适用住房，应由相关行政部门在房屋权属转移登记时，依据相关政策规定对合同的履行予以限制，而不应由司法机关在合同效力层面上予以禁止。因此，原告主张合同无效的理由不能成立。

四、结语

经济适用房系政府面向城市低收入住房困难家庭提供的具有保障性质的政

策性住房，对于经济适用房的购买资格、上市交易等均存在限制。购买经济适用房不满 5 年上市交易的，因为在客观上损害了社会公共利益，人民法院通常会认定合同无效。购买经济适用房不满 5 年上市交易的，经济适用房转让协议系双方当事人的真实意思表示，内容不违反法律、行政法规的禁止性规定，转让协议即为合法有效。但是在办理经济适用房产权登记过程中，相关记载与实际房屋性质不一致的，不能构成当事人否认该房屋性质的理由。此外，对于经济适用房转让协议未能履行的违约金，立法上采用"补偿性为主，惩罚性为辅"的基本原则，来补偿守约方的实际损失。

第八节 房屋赠与合同纠纷

一、导论

有关房屋赠与合同纠纷,实践中存在大量案例。本节以因房屋赠与合同产生纠纷的案件裁判文书为研究对象,并将2017年以来人民法院作出的相关裁判文书作为主要范围,归纳、提炼房屋赠与合同纠纷裁判的理念和趋势,以期通过对我国案例的研究来指导司法实践。

截至2021年1月,编者在中国裁判文书网中输入"房屋赠与"(关键词)共检索出民事裁判文书30 967篇,其中,由最高人民法院裁判的有9篇,由高级人民法院裁判的有900篇。在具体案例的选取上,本节遵循以下"两个优先"原则:第一,优先选择审判层级较高的裁判文书;第二,优先选择审判日期较近的裁判文书。通过形式和内容两个方面的筛选,本节最终选择了6篇裁判文书进行研究,即(2019)京民申2635号、(2020)京01民终3286号、(2019)川民申6046号、(2017)陕民再36号、(2019)京02民终381号。其中由高级人民法院裁判的有3篇,裁判日期为2018年(含)之后的有4篇。

二、房屋赠与合同的基本理论

(一)赠与合同的概述

1. 赠与合同的定义。赠与合同是赠与人将自己的财产无偿给予受赠人,受赠人表示接受赠与的合同。赠与合同是移转财产权利的合同、有名合同、诺成合同、不要式合同、单务合同、无偿合同。需要注意的是,赠与是双方民事法律行为,赠与的要约经承诺后,赠与合同成立。受要约人拒绝承诺的,赠与合同不能成立。

2.赠与合同的形式。主要包括以下四种形式:

(1)口头形式。赠与人与受赠人以直接对话的方式订立合同,多用于小金额赠与。

(2)书面形式。赠与人以书面文字表达赠与内容的方式订立的合同形式。贵重物品或数额较大的赠与,多采用书面形式。

(3)公证形式。赠与合同双方当事人约定,以国家公证机关对合同内容加以审查公证所订立的一种合同形式。公证形式的赠与合同效力优于口头形式、书面形式。

(4)登记形式。合同当事人依照有关法律、法规规定,将合同提交有关主管机关登记转移赠与财产而订立的赠与合同。不动产赠与、一些注册动产的赠与,其转移按法律规定必须经过登记。

3.赠与合同的撤销权。赠与合同的赠与人对于赠与的财产享有撤销权,具体分为任意撤销权和法定撤销权。

(1)任意撤销权。任意撤销权的情形:赠与动产的,尚未交付;部分交付的,仅能对未交付的部分行使任意撤销权;赠与不动产的,尚未办理过户登记手续。任意撤销权的限制:对于救灾、扶贫等社会公益、道德义务性质的赠与合同或者经过公证的赠与合同不适用任意撤销权。对于不适用任意撤销的情形:赠与人不交付赠与的财产的,受赠人可以要求交付;因赠与人故意或者重大过失致使赠与的财产毁损、灭失的,赠与人应当承担损害赔偿责任。

(2)法定撤销权。受赠人有下列情形之一,赠与人或者其继承人、法定代理人有权撤销赠与合同:严重侵害赠与人或者赠与人的近亲属;对赠与人有扶养义务而不履行;不履行赠与合同约定的义务。赠与人应当自知道或者应当知道撤销原因之日起1年内行使撤销权。自撤销通知到达受赠人时发生撤销的效力,赠与合同自始无效。撤销权人有权要求受赠人返还赠与的财产。

4.赠与合同的注意事项。实践中签订赠与合同应注意如下几点:

(1)赠与合同的内容要具体明确。主要包括合同当事人双方、赠与的财产名称、财产目前状况、赠与合同履行的时限以及方式、赠与是否附条件以及何种条件、赠与合同的违约责任以及争议解决方式。

(2)对赠与人来说,若赠与行为在交付财产或转移权利之前有可能撤销,建议不对赠与合同进行公证;对受赠人来讲,应积极劝说赠与人将赠与合同进行公证。

（3）赠与的财产依法需要办理登记等手续的，应当约定办理有关手续的内容。

（4）赠与人应在赠与合同中说明赠与财产存在的瑕疵，否则将赔偿由此给受赠人造成的损失。

（二）亲子间赠与合同

1. 亲子间赠与合同的法律效力。根据民法意思自治的精神，在私权领域凡是法律、法规、规章没有禁止的行为，自然人、法人或者非法人组织都可以自由地选择做或不做。前文已述，父母对未成年子女的赠与行为并未违反法律的禁止性规定，因此笔者认为，亲子间赠与不存在法律上的障碍，应当予以认可。

2. 亲子间赠与合同的特点。

（1）亲子间赠与合同为诺成合同。父母对未成年子女的赠与属于自然人赠与，自然人之间的赠与合同为诺成合同，因此亲子间赠与合同也应当为诺成合同。[①] 合同双方达成合意，赠与合同即告成立，赠与人权利则可以通过撤销权来保护。因此，在父母赠与未成年子女房产的场合，变更不动产所有权登记并非合同成立的要件。但由于亲子间赠与的特殊性，在实际的庭审过程中当事人往往无法提供书面的赠与合同来证明双方当事人具有赠与与接受赠与的意思，此时不动产变更登记往往是最有力的证明方式。

（2）赠与双方财产混同。由于未成年人的民事行为能力受限，为保护未成年人利益，法律规定了相关的监护制度，法律规定由其监护人（绝大多数情况下为未成年人之父母）作为其财产的管理人。未成年人依然享有独立于其父母的财产权，但未成年人对其财产的所有权与管理权是相分离的。在这种情况下，未成年人的财产与其财产管理人的财产尽管在法律上的所有权主体不同，但在外观表现上是混同的，当发生权属纠纷时，家庭关系之外的人很难区分。

3. 亲子间赠与的排除强制执行的效力。亲子间赠与合同成立后，未成年人依据赠与合同所享有的权利并不必然具有排除强制执行的效力，在具体的案件中法院需要对比判断未成年人依据亲子间赠与所享有的权利与执行债权人之债权请求权之间的优先性。

---

① 彭夏华：《父母对未成年子女的赠与行为之法律效力分析——以无讼网151个案例为分析样本》，湘潭大学2020年硕士学位论文。

（三）夫妻间赠与关系

1.夫妻间赠与关系的定义。夫妻间赠与是发生在夫妻之间或即将建立婚姻关系的人之间的一种赠与，是指夫妻双方在婚姻关系存续期间一方将其个人所有的财产无偿给予另一方的行为，包括将一方个人所有的财产约定为对方所有、将一方个人所有的财产约定为双方共有两种情形其包括两种类型：一是婚姻关系存续期间的赠与；二是婚前因结婚而为的赠与。在夫妻约定将一方所有的财产转归双方共有或另一方所有时，其只是改变了协议所涉及财产的权利归属，并不涉及夫妻财产制的选择，在本质上并非夫妻财产制契约，仍属于夫妻间赠与的范畴。[①]

2.夫妻间赠与的特征。夫妻间财产赠与与一般性的赠与合同相比存在着诸多不同，主要有以下几种表现：

（1）主体具有特殊性。夫妻间的财产赠与与一般赠与合同的最大不同之处在于，夫妻间财产赠与的当事人具有夫妻身份关系，即赠与合同的缔约主体具有夫妻身份关系，或者赠与协议订立时虽不具有身份关系，但以婚姻关系的成立作为赠与合同的生效要件，即赠与协议生效后具有夫妻身份关系。由于夫妻间存在身份关系，因而不能将夫妻间赠与等同于普通意义上的赠与。学者史尚宽就曾提到，婚姻是建立在夫妻共同生活关系基础上的，这里的共同生活关系包含三个层面的内容：第一，精神的共同生活；第二，性的共同生活；第三，经济的共同生活。[②]

（2）具有人身法与财产法的结合性。夫妻间财产赠与仅发生于存在夫妻关系的男女双方之间，因而其主体具有独特性。夫妻间财产赠与主要处理的是夫妻间财产的分配权限与对夫妻间财产移转关系进行调整，夫妻间财产赠与的法律适用出现了人身法和财产法的融合。

（3）赠与动机多具有伦理性。事实上，家庭是一个非常复杂的关系体，涉及经济、伦理、社会等方面因素，因而在处理家庭关系的时候也显得比较复杂。具体来讲，家庭关系主要分为两种：一是家庭伦理关系，二是家庭财产关

[①] 田韶华：《夫妻间赠与的若干法律问题》，载《法学》2014年第2期。
[②] 史尚宽：《亲属法论》，中国政法大学出版社2000年版，第98页。

系，两种关系之间又存在着密切的关联。① 夫妻间财产赠作为家庭财产关系的一种，具有较强的伦理性。

三、关于房屋赠与合同纠纷的裁判规则

（一）父母为子女婚后提供资金购买房产，除明确表示赠与之外，应当视为以帮助为目的的临时性资金出借，子女负有偿还义务

【案例来源】
案例名称：李某、刘某塔、黄某华及刘某河民间借贷纠纷案
审理法院：北京市高级人民法院
案　　号：（2019）京民申 2635 号

【争议点】
李某、刘某塔、黄某华及刘某河因民间借贷纠纷引发诉讼，该案历经北京市大兴区人民法院一审、北京市第二中级人民法院二审、北京市高级人民法院再审三个阶段。在再审中，当事人就父母为子女婚后提供资金购买房产是借贷还是赠与产生争议。

【裁判说理】
结合刘某塔与黄某华夫妻二人对赠与意思表示的否认，刘某河对借贷关系的认可，虽借条系刘某河一人出具，没有李某的签名，但各方当事人均认可涉案款项用于为刘某河与李某夫妻二人购买房屋，可以认定刘某塔与黄某华夫妻二人对借贷关系成立的举证证明责任已完成。李某否认上述借条或主张涉案款项系赠与，需提供足以反驳的证据予以证明，但李某并未提供足以反驳的相应证据如赠与合同或者协议。正如一审法院在判决理由中所称，"虽然在当前高房价背景下，部分子女经济条件有限，父母在其购房时给予资助属于常态，但不能将此视为理所当然，也绝非法律所倡导，否则严重违背法律公平正义之理念。子女成年后，父母已经尽到了抚养义务，并无继续提供供养的义务。子女买房是父母出资，除明确表示赠与之外，应当视为以帮助为目的的临时性资金

---

① 赵敏：《家庭财产关系法律适用的路径选择——以夫妻间赠与为分析路径》，载《理论月刊》2017 年第 11 期。

出借，子女负有偿还义务"的观点，本院对此不持异议。具体到本案，购买涉案房屋的 137 万余元均系刘某塔与黄某华夫妻二人出资，刘某塔与黄某华称上述款项中有其二人的存款 80 多万元，剩余的款项均系其二人向亲戚朋友所借，刘某塔与黄某华二人经济能力有限。如果将刘某塔与黄某华二人支付的 137 万余元购房款，认定为对刘某河与李某二人的赠与，二位长辈不仅积蓄全无，可能还会背负巨额债务。考虑到涉案房屋的增值部分尚由刘某河与李某二人享有，从利益衡平的角度，一、二审法院支持二位长辈要求二人小辈返还借款及利息损失的处理结果，本院认为，并无不妥。

（二）当事人之间签订房屋买卖合同后，一方当事人实际取得涉案房屋产权证，但未支付购房款，主张双方系赠与合同关系，同时并未提交有效证据证明的，人民法院不予支持

【案例来源】

案例名称：董某因与胡某房屋买卖合同纠纷案

审理法院：北京市第一中级人民法院

案　　号：（2020）京 01 民终 3286 号

【争议点】

董某因与胡某房屋因买卖合同纠纷引发诉讼，该案历经北京市石景山区人民法院一审、北京市第一中级人民法院二审两个阶段。在二审中，当事人就案涉房屋是赠与还是买卖产生争议。

【裁判说理】

当事人应当按照约定全面履行自己的义务。当事人对自己提出的诉讼请求所依据的事实或者反驳对方诉讼请求所依据的事实有责任提供证据加以证明。没有证据或者证据不足以证明当事人的事实主张的，由负有举证责任的当事人承担不利后果。本案中，2017 年 8 月 16 日，胡某与董某就涉案房屋签订了《存量房屋买卖合同》，约定房价款为 1 332 800 元，将涉案房屋卖给董某。2017 年 8 月 28 日，董某依据买卖合同取得涉案房屋产权证，但董某至今未支付房款。现胡某以董某未支付房价款，不履行合同主要义务为由解除《存量房屋买卖合同》。根据查明的事实，不排除胡某有将涉案房屋给予董某的想法，胡某未能证明实为遗赠抚养，董某亦未能证明涉案房屋过户至自己名下名为买卖实为赠与。即董某与胡某签订房屋买卖合同后，董某实际取得涉案房屋产权

证,但是至今未支付购房款,且其不认可双方之间成立房屋买卖合同关系,故胡某现主张解除合同具有事实和法律依据,本院予以支持。董某提交的证据未能证明是赠与。董某关于涉案房屋为赠与的意见,没有事实及法律依据,法院不予采信。胡某以董某不支付房价款,不履行合同主要义务为由解除《存量房屋买卖合同》的主张,有事实及法律依据,法院予以支持。

(三)当事人双方在离婚协议书中约定将房屋赠与未成年子女的,夫妻一方在未征得另一方同意的情况下,无权依据"赠与人在赠与财产的权利转移之前可以撤销赠与"的规定单方撤销赠与

【案例来源】

案例名称:付甲、付乙赠与合同纠纷案

审理法院:四川省高级人民法院

案　　号:(2019)川民申 6046 号

【争议点】

付甲、付乙因赠与合同纠纷引发诉讼,该案历经四川省简阳市人民法院一审、四川省成都市中级人民法院二审、四川省高级人民法院再审三个阶段。在再审中,当事人就付甲将婚前个人财产进行单方赠与以及案涉房屋赠与能否撤销产生争议。

【裁判说理】

首先,根据《婚姻法》第 19 条第 1 款①"夫妻可以约定婚姻关系存续期间所得的财产以及婚前财产归各自所有、共同所有或部分各自所有、部分共同所有……"之规定,付甲在离婚协议书中将案涉房屋作为夫妻共同财产约定,并约定将案涉房屋赠与付某,属于自愿处分权利,不违反法律规定,且付甲在一审庭审中陈述订立协议时不存在欺诈、胁迫等情形,故付甲所持将婚前个人财产进行单方赠与的再审申请理由不能成立。此外,在离婚协议书中,夫妻双方将共同财产赠与未成年子女的约定,与解除婚姻关系、子女抚养、共同财产分

---

① 对应《民法典》第 1065 条,该条规定:"男女双方可以约定婚姻关系存续期间所得的财产以及婚前财产归各自所有、共同所有或者部分各自所有、部分共同所有。约定应当采用书面形式。没有约定或者约定不明确的,适用本法第一千零六十二条、第一千零六十三条的规定。夫妻对婚姻关系存续期间所得的财产以及婚前财产的约定,对双方具有法律约束力。夫妻对婚姻关系存续期间所得的财产约定归各自所有,夫或者妻一方对外所负的债务,相对人知道该约定的,以夫或者妻一方的个人财产清偿。"

割、共同债务清偿等内容构成一个整体，是"一揽子"的解决方案。在双方婚姻关系事实上因离婚协议书得以解除的情况下，赠与房屋作为离婚协议书中的财产分割部分，夫妻一方在未征得另一方同意的情况下，无权依据《合同法》第186条第1款①，"赠与人在赠与财产的权利转移之前可以撤销赠与"之规定单方撤销赠与，故付甲所持有权撤销赠与条款的再审申请理由不能成立。至于付甲所持已尽到抚养义务、付某生活能得到充分保障等再审申请理由亦不能成立。

（四）夫妻双方以子女不履行赡养义务为由撤销房屋赠与的，子女以在一年前曾明确表示拒绝履行赡养义务为由抗辩父母撤销赠与超过一年除斥期间的，人民法院不予支持

【案例来源】

案例名称：徐某玲与徐某启、任某芝撤销赠与合同纠纷案

审理法院：陕西省高级人民法院

案　　号：（2017）陕民再36号

【争议点】

徐某玲与徐某启、任某芝因撤销赠与合同纠纷引发诉讼，该案历经西安市新城区人民法院一审、西安市中级人民法院二审、陕西省高级人民法院三个阶段。在再审中，当事人就案涉房屋赠与能否撤销产生争议。

【裁判说理】

徐某玲作为徐某启、任某芝的女儿，在父母年老病弱时应积极履行赡养义务；徐某启、任某芝作为父母，亦可以随时向女儿徐某玲提出赡养要求。因徐某玲拒绝履行赡养义务，2013年6月，徐某启、任某芝以徐某玲不履行赡养义务为由向法院诉请撤销房屋赠与合同，其请求撤销赠与合同并未超出法定除斥期间，二审判决撤销该赠与合同并无不当。徐某玲以其自2008年以后就不再与父母往来，拒绝履行赡养义务，2010年在其父母要求其履行赡养义务时，其以明确拒绝履行赡养义务为由，主张徐某启、任某芝请求撤销赠与合同超过法

---

① 对应《民法典》第658条，该条规定："赠与人在赠与财产的权利转移之前可以撤销赠与。经过公证的赠与合同或者依法不得撤销的具有救灾、扶贫、助残等公益、道德义务性质的赠与合同，不适用前款规定。"

定除斥期间，本院不予支持。

（五）借款人婚前以个人名义借款用于购买房屋，婚后将其配偶登记为房屋共有人的，该行为构成夫妻间赠与。在婚前借款依法认定为夫妻共同债务的情况下，出借人以赠与行为损害其债权为由要求撤销赠与的，人民法院不予支持

【案例来源】

案例名称：高某峰与秦某等债权人撤销权纠纷案

审理法院：北京市第二中级人民法院

案　　号：（2019）京02民终381号

【争议点】

高某峰与高某、秦某因债权人撤销权纠纷引发诉讼，该案历经北京市大兴区人民法院一审、北京市第二中级人民法院二审两个阶段。在二审中，当事人就案涉房屋赠与能否撤销产生争议。

【裁判说理】

高某峰主张高某在未清偿高某峰借款且无其他偿还保障的情况下，将涉案房屋份额赠与秦某，损害了高某峰的合法权益，故起诉要求撤销高某将涉案房屋份额赠与秦某的行为。《合同法》第74条规定[①]："因债务人放弃其到期债权或者无偿转让财产，对债权人造成损害的，债权人可以请求人民法院撤销债务人的行为。债务人以明显不合理的低价转让财产，对债权人造成损害，并且受让人知道该情形的，债权人也可以请求人民法院撤销债务人的行为。撤销权的行使范围以债权人的债权为限。债权人行使撤销权的必要费用，由债务人负担。"根据本案证据，高某在婚前因购买、装修涉案房屋向高某峰借款，双方之间形成借款法律关系，在高某与秦某登记结婚后，秦某被登记为涉案房屋的

[①] 对应《民法典》第538条、第539条、第540条。第538条规定："债务人以放弃其债权、放弃债权担保、无偿转让财产等方式无偿处分财产权益，或者恶意延长其到期债权的履行期限，影响债权人的债权实现的，债权人可以请求人民法院撤销债务人的行为。"第539条规定："债务人以明显不合理的低价转让财产、以明显不合理的高价受让他人财产或者为他人的债务提供担保，影响债权人的债权实现，债务人的相对人知道或者应当知道该情形的，债权人可以请求人民法院撤销债务人的行为。"第540条规定："撤销权的行使范围以债权人的债权为限。债权人行使撤销权的必要费用，由债务人负担。"

共同共有权人，但未支付对价，即高某峰所称的高某将涉案房屋份额赠与秦某。据此，一审法院认定高某对高某峰负有债务，高某同意将秦某登记为涉案房屋的共同共有权人属于无偿转让其财产，并无不当。关于高某无偿转让财产是否对高某峰造成损害的问题。《最高人民法院关于适用〈中华人民共和国婚姻法〉若干问题的解释（二）》第23条①规定："债权人就一方婚前所负个人债务向债务人的配偶主张权利的，人民法院不予支持。但债权人能够证明所负债务用于婚后家庭共同生活的除外。"根据本案查明的事实，高某峰与高某之间的借款法律关系形成于高某与秦某结婚前，属于高某婚前所负个人债务，相关借款用于购买和装修涉案房屋，而涉案房屋在高某与秦某结婚后，由高某与秦某共同居住使用。一审法院根据上述事实并结合相关法律规定，认定高某对高某峰所负涉案债务系用于高某与秦某婚后家庭共同生活，应属于高某与秦某夫妻共同债务，进而认定秦某被登记为涉案房屋的共同共有权人的行为并不会对高某峰的债权造成损害，并无不当。综上所述，一审法院认定高某峰行使债权人撤销权不符合法律规定的条件，并无不当，本院予以维持。

四、结语

房屋赠与多出现在亲属之间，包括夫妻之间的房屋赠与、父母与亲子间的房屋赠与。由于其与普通赠与相比，具有人身法与财产法的结合性，赠与动机具有独特的伦理性，导致此类的房屋赠与案件审理时必须兼具情理与法理。人民法院在审理此类房屋案件中，对于父母与亲子间的房屋赠与应注意以下几点：其一，父母为子女婚后提供资金购买房产，除明确表示赠与之外，应当视为以帮助为目的的临时性资金出借，子女负有偿还义务。其二，夫妻双方将其房屋赠与子女后，可以子女不履行赡养义务为由撤销赠与。子女以在一年以前曾明确表示拒绝履行赡养义务为由抗辩父母撤销赠与超过一年的除斥期间的，人民法院不予支持。其三，夫妻双方在离婚协议书中约定将共同财产赠与未成年子女的，同时当事人双方婚姻关系事实上因离婚协议书得以解除的情况下，

---

① 对应《最高人民法院关于适用〈中华人民共和国民法典〉婚姻家庭编的解释（一）》第33条，该条规定："债权人就一方婚前所负个人债务向债务人的配偶主张权利的，人民法院不予支持。但债权人能够证明所负债务用于婚后家庭共同生活的除外。"

赠与房屋作为离婚协议书中的财产分割部分，夫妻一方在未征得另一方同意的情况下，无权单方撤销赠与。其四，《离婚协议书》约定将房产赠与子女后但并未过户至该子女名下的，即使已将房屋产权证书交予子女，赠与关系亦并未成立，子女对于该房产不享有所有权。此外，对于以下两种情况，人民法院不予支持：其一，借款人婚前以个人名义借款用于购买房屋并取得房屋所有权，婚后将其配偶登记为房屋共有人的，该行为构成夫妻间赠与。在婚前借款依法认定为夫妻共同债务的情况下，出借人以赠与行为损害其债权为由要求撤销赠与合同。其二，当事人之间签订房屋买卖合同后，一方当事人实际取得涉案房屋产权证，但未支付购房款，主张双方系赠与合同关系，同时并未提交有效的证据证明双方真实的意思表示为赠与的。

第二章
房地产建设纠纷

序　论

根据 2021 年最高人民法院颁布的《民事案件案由规定》，与房地产建设相关的案由多达 14 种，我国现行《城市房地产管理法》与相关司法解释对部分与房地产建设相关的问题也作出了规定，包括建设工程的施工、建设工程的分包、建设工程的监理、建筑设备租赁等内容。但随着现代房地产建设制度的不断发展，实践中出现了诸多新型、复杂案件；同时由于成文法的固有缺陷，也导致了法律适用中诸多新型、疑难问题的不断涌现，比如本章第二节讨论的房地产项目转让，司法实践中常常出现以房地产项目公司股权转让为表现形式的房地产项目转让，其中以取得土地使用权为项目转让付款条件的，对如何认定土地使用权的取得时间仍存在争议。因此，本章以人民法院作出的相关裁判文书为基础，归纳、提炼与房地产建设有关的裁判规则具有重大的现实意义。

在体例上，本章共十四节，每一节均包括导论、基本理论、裁判规则、结语四部分；在素材上，本节以人民法院作出的裁判文书为主，辅以与此相关的理论；在内容上，不仅选取了司法实务中较为典型房地产建设作为研究标的，还涉及诸多房地产建设过程中的共性问题，分为房地产委托代建合同纠纷、房地产项目转让合同纠纷、建设工程施工合同纠纷、建设工程价款优先受偿权纠纷、建设工程分包合同纠纷、建设工程监理合同纠纷、装饰装修合同纠纷、农村建房施工合同纠纷、建设用地使用权出让合同纠纷、建设用地使用权转让合同纠纷、建设工程勘察合同纠纷、建设工程设计合同纠纷、建筑设备租赁合同纠纷等十三部分，每一部分皆以有关理论为基础，对裁判文书进行筛选、梳理与分析，精准归纳、提炼出相应的裁判规则。本章紧扣实务热点，立足实践、指导实践，相信定会对理论研究与司法实务界的人士起到参考指导作用。

第一节　房地产委托代建合同纠纷

一、导论

2004年7月16日，国务院出台了《关于投资体制改革的决定》（以下简称《决定》），国务院在该《决定》中指出"加强政府投资项目管理、改进建设实施方式。对非经营性政府投资项目加快推行代建制，即通过招标等方式，选择专业化的项目管理单位负责建设实施，严格控制项目投资、质量和工期，竣工验收后移交使用单位。增强投资风险意识、建立和完善政府投资项目的风险管理机制"[1]。从此，代建制的概念在我国从以前的只能在理论上获得承认而转化为在制度内也获得了确立，代建制在我国非经营性政府投资项目的地位获得提高。然而，由于目前国内对代建制的研究，多是从建设工程或是项目管理的角度进行研究，从法律方面进行研究则是凤毛麟角，再加上房地产委托代建合同并非我国规定的有名合同，导致法律界对房地产委托代建合同认识不足。这种情况不仅会导致司法机关对房地产委托代建合同的界定缺乏一个统一的标准，而且实务中对具体适用的问题还处于进一步探索的阶段。本节以因房地产委托代建合同产生纠纷的案件裁判文书为研究对象，并将2017年以来人民法院作出的相关裁判文书作为主要范围，归纳、提炼房地产委托代建合同裁判的理念和趋势，以期通过对我国案例的研究来指导司法实践。

截至2021年1月，编者在中国裁判文书网中输入"房地产委托代建合同纠纷"（案由）共检索出民事裁判文书1603篇，其中，由最高人民法院裁判的有42篇，由高级人民法院裁判的有144篇。在具体案例的选取上，本节遵循以下"两个优先"原则：第一，优先选择审判层级较高的裁判文书；第二，优先选择审判日期较近的裁判文书。通过形式和内容两个方面的筛选，本节最终

---

[1]　参见《国务院关于投资体制改革的决定》（国发〔2004〕20号）。

选择了6篇裁判文书进行研究,即(2018)宁民终401号、(2017)粤民终2645号、(2018)最高法民终59号、(2019)宁民终465号、(2017)青民初9号、(2018)皖民终156号。其中,由最高人民法院裁判的有1篇,由高级人民法院裁判的有5篇,裁判日期为2018年(含)之后的有4篇。

二、房地产委托代建合同的基本理论

(一)房地产委托代建合同的概述

1. 代建制的定义。代建制,是指政府投资的建设工程项目的使用单位通过公开招标等方式选择专业化的项目建设管理单位(即代建单位),由代建单位对建设工程项目的某一阶段或全过程进行组织管理,严格依照与使用单位的约定控制投资、质量及工期等,并于竣工验收后交付使用单位使用及向使用单位承担保修义务的制度。[①]

2. 房地产委托代建合同的定义。委托代建合同,是指建房人(委托人)获得国有土地使用权后委托房地产建设企业代建房屋,并向受托房地产建设企业支付酬金的协议。建房人(委托人)应当享有土地使用权并承担立项、规划、设计、建安等建设成本(包括因设计变更、市场价格波动、法律变化和不可抗力等因素所致的部分风险),是代建项目的投资人;代建人应当具有相应资质,承担项目管理责任,获取管理费、咨询费和相关提成。代建人的主要义务是利用自己的资质代建房人依法进行相关建设活动,建房人的主要义务是支付酬金。

3. 房地产委托代建合同模式。委托代建制一般涉及两个合同。一个合同为投资人、代建人、使用人三方签订的委托代建合同,投资人委托代建人承担建设项目的组织建设和资金管理工作,工程完成后交付使用人;另一个合同为代建人与施工人签订的建设工程施工合同,代建人作为发包人,以自己的名义将代建工程发包给承包人完成。目前,"委托代建合同"有以下三种模式:

(1)"委托代建合同"模式。该模式即指由政府主导,直接组建专业的代建管理机构,该机构可作为独立法人对相关项目实施代建管理,由上述主体用招

---

① 邝敏维:《代建制法律问题研究》,暨南大学2010年硕士学位论文。

投标的形式确定一个公司作为代建人,再由上述主体作为委托方,与代建人订立"委托代建合同"。① 此"委托代理合同"模式的实质,是委托代建人对项目工程建设施工进行专业化组织管理,并代理委托方采用招标方式签订建设工程承包、监理、设备采购等合同。

(2)"指定代理合同"模式。该模式即指由政府有关部门用招投标的形式选定一个公司作为代建人,由代建人与使用人签订"代建合同"。此"指定代理合同"模式的实质,是政府投资主管部门指定代建人作为使用单位的代理人,对项目工程建设施工进行专业化组织管理,并代理使用单位采用招标方式签订建设工程承包、监理、设备采购等合同。

(3)"三方代建合同"模式。该模式即指由政府组建投资公司,再由政府所属的投资公司选择工程管理公司的三级管理模式。② 政府投资管理部门与代建人、使用人签订"三方代建合同"。"三方代建合同"除约定代建人的权利、义务和责任之外,还明确约定"政府主管部门"的权限和义务,委托人对代建人有监督权和知情权,委托人有及时提供建设资金的义务。

(二)委托代建合同与其他合同的区别

1.委托代建合同与建设工程合同。建设工程合同是承包人进行工程建设,发包人支付价款的合同。若发包人将工程的勘察、设计、施工、设备采购一并发包给一个总承包单位完成,称为工程总承包合同。二者的最大区别是,委托代建合同中,代建人是受委托人,承担建设项目的组织建设和资金管理工作,并不直接参与工程的勘察、设计、施工、设备采购等活动;建设工程合同中,代建人是发包人,以自己的名义将这些工程内容发包给勘察、设计、施工承包人完成。委托代建合同和建设工程合同是委托代建制实施过程中不同阶段需签订的合同。

2.委托代建合同与承揽合同。承揽合同是承揽人按照定作人的要求完成工作,交付工作成果,定作人给付报酬的合同。二者的共同之处为最后交付的是工作成果,但是二者的区别也很明显。承揽合同通常要求承揽人以自己的设备、技术和劳动力完成主要工作,而委托代建合同中代建人只需选定施工人,

---

① 朱康武、曹萍、乐文龙:《大型建设项目的代建制管理模式》,载《基建优化》2004年第8期。
② 邝敏维:《代建制法律问题研究》,暨南大学2010年硕士学位论文。

并作为发包人对施工人的施工活动实施监管即可，自己并不需要具备施工资质和能力，且在一些工程中明确要求代建人实行回避。

3. 委托代建合同与房地产开发经营合同。房地产开发经营合同，是指房地产开发企业在城市规划区内的国有土地上进行基础设施建设或房屋建设，并转让房地产开发项目或者销售、出租商品房的行为。房地产开发企业的开发项目是以自己的名义规划、立项，是真正的项目所有人，其目的是将商品房出卖或出租，并从中获取利润。而委托代建合同中，委托人才是项目的所有权人，即使在代建人作为发包人的建设工程合同中，虽然代建人以自己的名义发包工程，但其也不是项目的真正所有权人，代建人也不是以销售或出租的方式来获取回报的。

4. 委托代建合同与监理合同。委托代建合同与监理合同都属于管理合同，但是管理权限并不完全相同。监理的职责是在贯彻执行国家有关法律、法规的前提下，促使甲、乙双方签订的工程承包合同得到全面履行，具体为控制工程建设的投资、建设工期、工程质量；进行安全管理、工程建设合同管理；协调有关单位之间的工作关系，即"三控、两管、一协调"。而委托代建合同是将整个工程项目（包括前期工作和工程施工等）全部交付给代建人完成，同时，代建人又以自己的名义与施工人签订建设工程施工合同，将工程建设的施工任务承包给施工人。在工程施工过程中，代建人作为建设单位可委托监理对工程实施监管。

5. 委托代建合同与委托合同。委托合同，是指委托人和受托人约定，由受托人处理委托人事务的合同。委托代建合同与委托合同有共同之处，委托代建合同也是由委托人将项目建设的相关事务（勘察、设计、施工）交与代建人处理，代建人根据委托代建合同的约定完成工程的代建任务。

二者具有一定的相似之处：一是项目代建合同签订的目的是委托人项目业主委托受托人代建单位处理与政府投资项目工程建设相关的事务，代建单位要依据项目业主的授权和指示处理相应事务，不得擅自调整项目建设规模、建设内容、建设标准，擅自进行重大设计变更。二是项目代建合同建立在项目业主委托方和代建单位受托方之间的相互信赖关系上。代建合同建立的基础是政府投资主管部门对代建单位具备管理项目投资和工程建设的能力，以及能够忠实地为其服务；代建单位对作为项目业主的政府投资主管部门和项目使用单位能履行项目建设配合义务和按约支付报酬的了解，以及愿意接受委托处理项目代建事务。①

但它与一般的委托合同相比具有以下明显区别：一是一般的委托合同受托人应以委托人的名义处理委托事务，并由受托人自己完成；受托人的行为后果由委托人承担。而委托代建合同受托人接受委托后，以自己的名义将工程的施工任务交与施工人完成，在此过程中产生的利益和发生的风险由受托人自己承担。二是一般委托合同委托人主体没有限制，也不享有特权；而委托代建合同的委托人只能是政府或政府的代表，且享有一定的特权，委托代建合同的委托人行政机关有时可以利用行政权力维护自己的合同利益，对受托人的违约行为给予制裁。三是委托代建合同除适用《民法典》之外，还须适用行政法律、法规、规章，如《招标投标法》《政府采购法》以及各地关于代建制管理的地方立法及建筑方面的法律、法规、规章等。

三、关于房地产委托代建合同纠纷的裁判规则

（一）对当事人之间法律关系性质的认定，应当从签订的合同形式、内容、权利义务以及实际履行情况等因素综合认定，不能仅从合同名称进行判断

【案例来源】

案例名称：中国铁通集团有限公司宁夏分公司与宁夏龙海贸易有限公司合同纠纷案

审理法院：宁夏回族自治区高级人民法院

案　　号：（2018）宁民终401号

【争议点】

中国铁通集团有限公司宁夏分公司（以下简称铁通宁夏分公司）与宁夏龙海贸易有限公司（以下简称龙海贸易公司）、宁夏龙海信通房地产开发有限公司（以下简称龙海信通公司）、庄某因合同纠纷引发诉讼，该案历经宁夏回族自治区银川市中级人民法院一审、宁夏回族自治区高级人民法院二审两个阶段。在二审中，当事人就铁通宁夏分公司与龙海贸易公司、龙海信通公司之间就案涉房屋形成的法律关系的性质认定问题产生争议。

---

① 邹正浅：《谈代建制对政府投资项目的作用》，载《江西建材》2017年第22期。

【裁判说理】

本案中，对铁通宁夏分公司与龙海贸易公司、龙海信通公司之间就案涉房屋形成的法律关系性质的认定，应当从案涉《委托代建房屋协议》及其补充协议的合同形式、内容以及实际履行情况来综合判断。当前，并没有专门的法律、法规对代建制度加以调整，实践中的做法和认定不尽统一。虽然在司法实践中，《民事案件案由规定》第四部分合同纠纷（二级案由）项下的房地产开发经营合同纠纷（三级案由）中明确规定有委托代建合同纠纷（四级案由），但委托代建合同不是《合同法》[①]规定的有名合同。从《民事案件案由规定》来看，委托代建合同在法律性质上属狭义的房地产开发经营合同，仅指建设前期的经营活动。一般认为，委托代建合同是指建房人（委托人）获得国有土地使用权后委托房地产建设企业代建房屋，并向受托房地产建设企业支付酬金的协议；建房人（委托人）应当享有土地使用权并承担立项、规划、设计、建安等建设成本（包括因设计变更、市场价格波动、法律变化和不可抗力等因素所致的部分风险），是代建项目的投资人；代建人应当具有相应资质，承担项目管理责任，获取管理费、咨询费和相关提成；代建人的主要义务是利用自己的资质代建房人依法进行相关建设活动，建房人的主要义务是支付酬金。从铁通宁夏分公司与龙海贸易公司、龙海信通公司之间的主要权利义务约定及履行事实看，其之间的法律关系更符合商品房买卖法律关系的特点。至于案涉《委托代建房屋协议》的名称及铁通宁夏分公司在案涉有关协议履行过程中根据工程进度付款等情形，并不能改变当事人之间事实上是商品房买卖法律关系的性质，铁通宁夏分公司称双方之间系委托建房关系与事实和法律不符。

（二）建设项目委托代建管理合同的法律性质属于建筑工程管理服务合同，合同当事人的权利义务设定不能违反建设领域相关法律法规的规定，违反法律和行政法规的强制性规定的合同无效

【案例来源】

案例名称：广州江南房产有限公司、广州常元房地产开发实业有限公司委托代建合同纠纷案

审理法院：广东省高级人民法院

[①] 对应《民法典》合同编。

案　　号：（2017）粤民终 2645 号

【争议点】

广州江南房产有限公司（以下简称江南公司）与广州常元房地产开发实业有限公司（以下简称常元公司）因委托代建合同纠纷引发诉讼，该案历经广东省广州市中级人民法院一审、广东省高级人民法院二审两个阶段。在二审中，当事人就案涉《建设项目委托代建管理合同》的法律性质及效力问题产生争议。

【裁判说理】

关于《建设项目委托代建管理合同》的法律性质及效力问题。代建制的核心是建设单位向代建单位采购代建管理服务，代建单位作为受托人对工程项目进行管理，如包括项目立项、对施工单位进行选定和监督指导、对工期和工程质量进行全程控制、竣工验收、试运行和项目移交等。代建合同的法律性质实质上属于建筑工程管理服务合同，合同当事人的权利义务设定不能违反建设领域相关法律法规的规定。本案中，虽然涉案项目不属于国有资产和国家融资项目，但该项目包含属于涉及社会公共利益及公众安全的大型项目。根据《招标投标法》第 3 条第（1）项、国务院《招标投标法实施条例》第 2 条规定，涉案服务合同属于必须进行招投标的工程项目。因涉案合同未进行招投标，违反了法律和行政法规的强制性规定，根据《合同法》第 52 条第（5）项[①]违反法律、行政法规的强制性规定的合同无效之规定，《建设项目委托代建管理合同》属于无效合同，原审判决认定合同无效，认定事实清楚，适用法律正确，应予维持。江南公司上诉认为该合同有效，没有法律依据，本院不予支持。合同无效，江南公司、常元公司均有过错，江南公司上诉请求常元公司赔偿合同预期利益 19 500 万元，于法无据，不予支持。

（三）在未约定承担连带责任的情形下，代建人获得完整的"发包人"地位的，其与施工单位之间产生的工程款支付纠纷不应由代建合同关系中的委托人来承担支付责任

【案例来源】

案例名称：美建建筑系统（中国）有限公司、青海明瑞房地产开发有限公

[①] 对应《民法典》第 153 条，该条规定："违反法律、行政法规的强制性规定的民事法律行为无效。但是，该强制性规定不导致该民事法律行为无效的除外。违背公序良俗的民事法律行为无效。"

司建设工程施工合同纠纷案

审理法院：最高人民法院

案　　号：（2018）最高法民终 59 号

【争议点】

美建建筑系统（中国）有限公司（以下简称美建公司）与青海明瑞房地产开发有限公司（以下简称明瑞公司）、西宁城通交通建设投资有限公司（以下简称西宁交投）、西宁城市投资管理有限公司（以下简称西宁城投）因建设工程施工合同纠纷引发诉讼，该案历经青海省高级人民法院一审、最高人民法院二审两个阶段。在二审中，当事人就西宁交投、西宁城投是否应承担连带付款责任产生争议。

【裁判说理】

承担连带责任必须有当事人约定或者法律规定。本案中西宁交投、西宁城投与美建公司均未签订合同，西宁交投与明瑞公司之间的《合作协议》也未约定连带责任，因此本案不存在由西宁交投、西宁城投承担连带责任的合同依据。美建公司主张西宁交投是真正的发包人，应对工程产生的债务承担责任。根据《合同法》第 269 条[①]规定，建设工程合同是承包人进行工程建设，发包人支付价款的合同。西宁交投虽拥有项目产权，但从其与明瑞公司签订的《合作协议》所约定的内容及合作方式来看，西宁交投将案涉项目的开发建设权授权给明瑞公司，由明瑞公司作为全资投资人进行开发建设，该协议并非建设工程合同，并且西宁交投也未与其他主体签订任何建设工程合同，也不承担支付价款的义务，故西宁交投并不具备建设工程法律关系中的发包人地位，其并非案涉项目的发包人。明瑞公司通过合法招投标程序取得案涉项目工程发包主体资格、具备支付工程价款能力并承担付款义务，应认定为案涉项目的发包人。需要指出的是，即便将西宁交投认定为真正的"发包人"，其也并非当然对工程产生的债务承担责任。在发包人与实际施工人并无合同关系时，发包人仅在特定条件下就欠付工程款对实际施工人承担连带责任，其法律依据为《最高人

[①] 对应《民法典》第 788 条，该条规定："建设工程合同是承包人进行工程建设，发包人支付价款的合同。建设工程合同包括工程勘察、设计、施工合同。"

民法院关于审理建设工程施工合同纠纷案件适用法律问题的解释》第 26 条[①]规定，但该条因突破了合同相对性故对其适用有严格限制：首先，该条的立法目的在于解决农民工的权益保护和救济途径问题；其次，除合同相对方破产、下落不明等实际施工人难以保障权利实现的情形外，原则上不准许实际施工人提起以不具备合同关系的发包人、总承包人为被告的诉讼；最后，还需存在转包、非法分包、借用资质等违反法律、行政法规强制性规定导致合同无效的情形。就本案而言，并不符合上述条件，不能适用该条款。因此，美建公司以西宁交投系发包人为由要求其承担连带责任，缺乏事实和法律依据。

（四）房地产建筑工程存在两个以上发包人的，后发包人取得国有土地使用权后，接受了前发包人的前期建设成果，并发包给新承包人进行了建设和添附的，前发包人与后发包人之间存在事实上的委托代建合同关系

【案例来源】

案例名称：银川滨河新区投资发展（集团）有限公司与智慧水务（银川）有限公司委托代建合同纠纷案

审理法院：宁夏回族自治区高级人民法院

案　　号：（2019）宁民终 465 号

【争议点】

银川滨河新区投资发展（集团）有限公司（以下简称滨投公司）与智慧水务（银川）有限公司（以下简称智慧公司）因委托代建合同纠纷引发诉讼，该案历经宁夏回族自治区银川市中级人民法院一审、宁夏回族自治区高级人民法院二审两个阶段。在二审中，当事人就滨投公司与智慧公司之间是否为委托代建合同关系产生争议。

【裁判说理】

关于滨投公司与智慧公司之间是否为委托代建合同关系的问题。委托代建合同，是指建房人获得国有土地使用权后委托房地产建设企业代建房屋，并向

[①] 对应《最高人民法院关于审理建设工程施工合同纠纷案件适用法律问题的解释（一）》（2020年12月20日修正）第43条，该条规定："实际施工人以转包人、违法分包人为被告起诉的，人民法院应当依法受理。实际施工人以发包人为被告主张权利的，人民法院应当追加转包人或者违法分包人为本案第三人，在查明发包人欠付转包人或者违法分包人建设工程价款的数额后，判决发包人在欠付建设工程价款范围内对实际施工人承担责任。"

受托房地产建设企业支付酬金的协议。代建人的主要义务是代建房人依法进行相关建设活动，建房人的主要义务是支付酬金。本案中，虽然案涉项目前期建设由滨投公司发包给中建一局建设，而后智慧公司取得土地使用权，但智慧公司取得土地使用权及将剩余中建一局未施工项目委托四川互益公司继续施工的行为表明智慧公司事实上接受了滨投公司的建设成果，并对案涉项目享有所有权和处置权。智慧公司在滨投公司在向其出具的《智慧水务厂房项目已发生费用确认单》上盖章的行为能够证明智慧公司对滨投公司前期建设成果的接受，并认可应当向滨投公司支付酬金。2018年4月27日，由滨投公司、智慧公司参加的智慧水务项目推进会形成的《智慧水务项目推进会会议纪要》对前期厂房代建、案涉土地的权属进一步确认，对前期由滨投公司向中建一局发包建设，后期厂房由智慧水务向四川互益发包建设的事实也予以确认。综合上述事实可以认定，智慧公司对前期滨投公司发包给中建一局承建的案涉土地上建设的厂房等建筑物受益，并在此基础上发包给四川互益公司进行了建设和添附，滨投公司与智慧公司之间存在事实上的委托代建合同关系，本案案由应认定为委托代建合同纠纷。一审法院认定本案案由为建设工程施工合同纠纷不当，本院予以纠正。滨投公司主张案涉项目前期所有权归滨投公司、后期建设所有权归智慧公司，二公司对案涉项目按份共有，应进行分割的理由无事实和法律依据，不予支持。

（五）代建单位负有保证代建工程符合质量要求的义务，代建工程存在严重质量问题被拆除后，代建单位就拆除部分主张委托代建费用及利息的，人民法院不予支持

【案例来源】

案例名称：青海喜玛拉雅房地产开发有限公司与同仁县住房与城乡建设局委托代建合同纠纷案

审理法院：青海省高级人民法院

案　　号：（2017）青民初9号

【争议点】

青海喜玛拉雅房地产开发有限公司（以下简称喜玛拉雅公司）与同仁县住房与城乡建设局（以下简称同仁县住建局）因委托代建合同纠纷起诉至青海省高级人民法院，当事人在庭审中就关于已拆除部分应否计算委托代建费用问题

以及未履行部分委托代建费应否支持产生争议。

【裁判说理】

关于已拆除部分应否计算委托代建费用问题。喜玛拉雅公司认为，霍尔甲小区有5571.63平方米已建成多层房屋因同仁县住建局原因拆除，该部分委托代建费用及利息应根据合同约定的价格计入应付委托代建价款。本院认为，喜玛拉雅公司作为案涉工程代建单位，负有保证代建工程符合质量要求的义务，案涉工程中存在严重质量问题被拆除，喜玛拉雅公司存在过错。（2013）河刑初字第7号刑事判决虽认定同仁县住建局原局长马某斌犯滥用职权罪，但此是基于马某斌职务身份所应承担的刑事责任，不能排除喜玛拉雅公司在民事法律行为中所应负有的法定义务。据此，喜玛拉雅公司主张就拆除部分的委托代建费用及利息没有事实和法律依据，不应予以支持。关于未履行部分委托代建费应否支持的问题。喜玛拉雅公司认为，至合同被解除尚有两栋楼共计24层未完成，根据合同价款计算的履行利益为44 447 664元，该部分费用应由同仁县住建局承担。本院认为，本案委托代建合同及委托代建补充协议均为无效合同。合同有效的前提下方存在可履行利益。合同无效不存在可履行利益，其该项主张没有法律依据，不应予以支持。

（六）代建公司与建房人签订的代建合同约定的代建项目内容未能最终履行完毕，且代建公司未提供证据证明是因建房人违约导致代建合同无法履行的，代建公司主张赔偿其合同正常履行时的可得利益的，人民法院不予支持

【案例来源】

案例名称：中万景旅游控股有限公司与淮南市城市建设投资有限责任公司委托代建合同纠纷案

审理法院：安徽省高级人民法院

案　　号：（2018）皖民终156号

【争议点】

中万景旅游控股有限公司（以下简称中万景公司）与淮南市城市建设投资有限责任公司（以下简称淮南城投公司）因委托代建合同纠纷引发诉讼，该案历经淮南市中级人民法院一审、安徽省高级人民法院二审两个阶段。在二审中，当事人就淮南城投公司是否应当向中万景公司支付代建费产生争议。

【裁判说理】

中万景公司主张代建合同履行后，中万景公司可以获得 12 亿总投资的 2% 代建费，即 2400 万元。扣除已支付的，剩余款为 21 615 690 元。由于淮南城投公司违约，导致合同终止，依据合同法的规定，对违反合同时双方都能预见的 21 615 690 元的损失，淮南城投公司应予以赔偿。本院认为，根据《合同法》第 113 条[①]"当事人一方不履行合同义务或者履行合同义务不符合约定，给对方造成损失的，损失赔偿额应当相当于因违约所造成的损失，包括合同履行后可以获得的利益，但不得超过违反合同一方订立合同时预见到或者应当预见到的因违反合同可能造成的损失"的规定，可得利益损失赔偿须以违约行为存在为前提，且该可得利益损失须具有确定性，假定或可能发生的损失，不能作为违约损失赔偿的对象。本案中，双方当事人签订的代建合同约定的代建项目内容未能最终履行完毕，现双方当事人均同意解除合同，中万景公司未提供有效证据证明是因淮南城投公司违约导致代建合同无法履行，且中万景公司如果要获得合同正常履行时的可得利益，不能仅靠合同的继续有效，还需投入大量的资金、人力、物力等成本。中万景公司要求淮南城投公司按合同约定的代建费赔偿其可得利益损失，将使中万景公司在不需要继续投入的情况下，直接获取经营利润，超出了合同的履行利益和淮南城投公司签订合同时可以预见的损失范围，因此，中万景公司要求按合同约定的代建费标准赔偿其损失，缺乏事实及法律依据，本院对此不予支持。

四、结语

委托代建合同，是指建房人（委托人）获得国有土地使用权后委托房地产建设企业代建房屋，并向受托房地产建设企业支付酬金的协议，其在法律性质上属于建筑工程管理服务合同，因此，合同当事人的权利义务设定不能违反建设领域相关法律法规的规定，违反法律和行政法规的强制性规定的合同无效。人民法院在审理房地产委托代建合同案件时，若出现以下几种情况的人民法院

---

① 对应《民法典》第 584 条，该条规定："当事人一方不履行合同义务或者履行合同义务不符合约定，造成对方损失的，损失赔偿额应当相当于因违约所造成的损失，包括合同履行后可以获得的利益；但是，不得超过违约一方订立合同时预见到或者应当预见到的因违约可能造成的损失。"

不予支持：其一，代建工程存在严重质量问题被拆除后，代建单位就拆除部分主张委托代建费用及利息的；其二，委托代建合同无效的情况下，代建单位主张未履行部分委托代建费的；其三，在代建公司与建房人签订的代建合同约定的代建项目内容未能最终履行完毕，且代建公司未提供有效证据证明是因建房人违约导致代建合同无法履行的情况下，代建公司主张按合同约定的代建费标准赔偿其合同正常履行时的可得利益的；其四，在未约定承担连带责任的情形下，代建人获得完整的"发包人"地位的，其与施工单位之间产生的工程款支付纠纷要求由代建合同关系中的委托人来承担支付责任的。此外，若房地产建筑工程因国有土地使用权转让存在两个以上发包人的，发包人取得国有土地使用权后，接受了前发包人的前期建设成果，并在此基础上发包给新承包人进行了建设和添附的，人民法院应当认为前发包人与后发包人之间存在事实上的委托代建合同关系。

第二节 房地产项目转让合同纠纷

一、导论

近年来，在国家宏观调控政策影响下，房地产市场出现了两种反差较大的情况：一是部分房地产产业因缺少开发资金成本而无法按计划进行房地产开发，导致大量项目停建、缓建，土地资源闲置浪费；二是部分房地产投资者虽拥有大量的闲置资金却因无可供开发的土地，而四处寻找房地产开发项目。基于此，房地产项目转让应运而生。房地产项目转让方式主要有两种：一是房地产开发项目转让；二是房地产项目公司股权转让。其中，以股权转让方式转让房地产项目因操作较为简便而在实践中得到了广泛的应用，但由于其股权转让的最终目的仍是转让房地产项目，涉及土地、项目等重大问题，因此在股权转让方式转让房地产项目中产生的纠纷较多。由于目前国内对以股权方式转让房地产项目的研究，多是从建设工程实践或公司法的角度进行研究，而从房地产法律方面进行研究则较少，加之房地产项目转让合同并非我国规定的有名合同，导致法律界对房地产项目转让合同的相关问题认识不足。本节以因房地产项目合同产生纠纷的案件裁判文书为研究对象，以2017年以来人民法院作出的相关裁判文书为主要范围，归纳、提炼房地产项目转让合同裁判的理念和趋势，以期通过对我国案例的研究来指导司法实践。

截至2021年1月，编者在中国裁判文书网中输入"房地产项目转让合同纠纷"（案由）共检索出民事裁判文书1290篇，其中，由最高人民法院裁判的有109篇，由高级人民法院裁判的有204篇。在具体案例的选取上，本节遵循以下"两个优先"原则：第一，优先选择审判层级较高的裁判文书；第二，优先选择审判日期较近的裁判文书。通过形式和内容两个方面的筛选，本节最终选择了5篇裁判文书进行研究，即（2016）最高法民辖终84号、（2019）最高法民终128号、（2018）最高法民终431号、（2018）川民申6002号、（2015）

苏民终字第 00730 号。其中，由最高人民法院裁判的有 3 篇，由高级人民法院裁判的有 2 篇，裁判日期为 2018 年（含）之后的有 3 篇。

二、房地产项目转让合同的基本理论

（一）房地产项目转让合同的概述

1. 房地产项目转让合同的含义。房地产项目转让，是指开发商在开发过程中，将具备一定条件的整个房地产项目转让给他人的行为。[①] 这里的项目是指已经具备开工条件或已经开工但尚未开始预售的建设工程。所谓具备开工条件，是指建设工程已经立项，取得土地使用权证，土地已经完成"三通一平"和勘探、设计工作，设计方案已获得规划部门批准并已取得施工许可证。所谓已经开工但尚未开始房屋预售，是指建设工程已经开始基础施工，但尚不具备法律规定的预售条件、未领取《商品房预售许可证》。

2. 法律所禁止转让的房地产。根据《房地产管理法》第 38 条的规定下列房地产，不得转让：（1）以出让方式取得土地使用权的，不符合《房地产管理法》第 39 条规定的条件的；（2）司法机关和行政机关依法裁定、决定查封或者以其他形式限制房地产权利的；（3）依法收回土地使用权的；（4）共有房地产，未经其他共有人书面同意的；（5）权属有争议的；（6）未依法登记领取权属证书的；（7）法律、行政法规规定禁止转让的其他情形。

关于禁止转让上述房地产项目的，不仅包括在建项目，也包括建成项目。

（二）房地产项目转让的方式

1. 房地产开发项目转让应当具备的条件。根据《城市房地产开发经营管理条例》第 19 条、第 20 条规定，转让房地产开发项目，应当符合《城市房地产管理法》第 39 条、第 40 条规定的条件，转让房地产开发项目，转让人和受让人应当自土地使用权变更登记手续办理完毕之日起 30 日内，持房地产开发项目转让合同到房地产开发主管部门备案。

（1）在转让房地产开发项目时，务必考虑土地使用权的法律性质。以出让

[①] 朱树英主编：《法院审理房地产案件观点集成》，中国法制出版社 2017 年版，第 258 页。

方式取得土地使用权的，转让房地产时，应当符合下列条件：按照出让合同约定已经支付全部土地使用权出让金，并取得土地使用权证书；按照出让合同约定进行投资开发，属于房屋建设工程的，完成开发投资总额的25%以上，属于成片开发土地的，形成工业用地或者其他建设用地条件。转让房地产时房屋已经建成的，还应当持有房屋所有权证书。同时，以划拨方式取得土地使用权的，转让房地产时，应当按照国务院规定，报有批准权的人民政府审批。有批准权的人民政府准予转让的，应当由受让方办理土地使用权出让手续，并依照国家有关规定缴纳土地使用权出让金。

（2）房地产转让，应当签订书面转让合同，合同中应当载明土地使用权取得的方式。同时，土地使用权出让合同载明的权利和义务也一并随之转移。另外，以出让方式取得土地使用权的，转让房地产后，其土地使用权的使用年限为原土地使用权出让合同约定的使用年限减去原土地使用者已经使用年限后的剩余年限。

（3）关于转让后改变土地用途处理办法。以出让方式取得土地使用权的，转让房地产后，受让人改变原土地使用权出让合同约定的土地用途的，必须取得原出让方和市、县人民政府城市规划行政主管部门的同意，签订土地使用权出让合同变更协议或者重新签订土地使用权出让合同，并相应调整土地使用权出让金。

（4）土地使用权转让的限制，如果土地使用权受让人未按土地使用权出让合同规定的期限和条件投资开发、利用土地的，那么土地使用权不得转让。

2. 房地产项目转让的方式。实践中，实现整个房地产项目转让的方式主要有三种：第一，房地产股权的转让，通过房地产项目股东的变化，新的股东实际控制转让后的房地产项目。以股权转让方式实现房地产项目的转让，主要的好处是手续简单、时间短效率高，即只要办理了股权登记就实现了房地产项目的转让。第二，房地产项目资产的转让，将原房地产项目的资产（主要是土地、在建工程通过向政府主管部门申请），所有涉及房地产开发的批准文件的主体变更到受让房地产项目的受让方名下。这种转让方式对受让人来说最大的好处是风险小。由于受让人以自己的名义继续进行开发建设，转让人原来的债务，受让人无须承担，但用转让的资产进行抵押的债务除外。用资产转让方式转让房地产项目的弊端是，资产的各种证件的变更手续繁琐，要到不同的行政部门办理各种证照的变更手续，时间较长；此外，由于涉及资产权利人的变更，各种税费较高，特别是土地增值税、契税等税率较高，加大了转让的成本。第三，房地产项目的合作开发，就是通过受让方新投入资金或受让方的加入，签订房地产合作开发协议，明确合作各方的权利义务，通过合作开发的形式从而允许新加入的合作方参与到房地产项目中。合作开发实际上是一种变相的房地产项目转让，就是一方以尚未建成的房地产项目出资，另一方或多方出资金，约定项目建成后就销售所得进行分配或者对建成的房屋进行分配，最终实现转让方将项目转化为资金的一种方式。

3.房地产项目公司股权转让的一般流程。房地产项目公司是投资者专为开发特定的房地产项目而成立的房地产开发有限公司，由该房地产开发公司进行房地产开发项目的立项、规划、报批报建等工作，然后将其持有的项目公司股权转让给第三人，从而实现间接转让房地产项目的目的。[①] 因项目公司转让股权无需办理项目名称变更、备案等手续，只需取得转让受让双方的股东同意后，签订股权转让协议，并办理工商变更登记即可，涉及交易税费较少，因此实践中经常采用此种方式。具体流程如下：(1) 项目公司尚未成立的，由土地权利人向政府管理部门申请设立以该地块开发为经营范围的项目公司，并办理项目国土地使用权变更登记、项目立项、规划许可、建设许可等批文。(2) 项目公司股权出让人与受让人就项目公司股权转让进行协商，达成一致意见后，签订并公证《股权转让协议》。(3) 修改公司章程，选举新的董事会，办理公司股权转让之工商变更登记手续。(4) 项目公司为中外合资或合作公司的，股权转让时应报政府原审批部门批准。如果涉及国有股权转让的，需向国有资产监督管理机构履行报批手续。(5) 办理项目移交手续，支付股权转让价款。

三、关于房地产项目转让合同纠纷的裁判规则

（一）房地产项目转让合同纠纷不适用不动产专属管辖

【案例来源】

案例名称：深圳市鹏跃投资发展有限公司与陕西长通投资开发有限公司、

[①] 朱树英主编：《法院审理房地产案件观点集成》，中国法制出版社2017年版，第258页。

汇通国基房地产开发有限责任公司等项目转让合同纠纷案

审理法院：最高人民法院

案　　　号：（2016）最高法民辖终84号

【争议点】

陕西长通投资开发有限公司（以下简称长通公司）、汇通国基房地产开发有限责任公司（以下简称汇通国基公司）、汇通国基房地产开发有限责任公司西安分公司（以下简称汇通国基西安分公司）因与深圳市鹏跃投资发展有限公司（以下简称深圳鹏跃公司）因项目转让合同纠纷引发诉讼，该案历经广东省高级人民法院一审、最高人民法院二审两个阶段。在二审中，当事人就本案是否应由不动产所在地的陕西省高级人民法院管辖产生争议。

【裁判说理】

《最高人民法院关于适用〈中华人民共和国民事诉讼法〉的解释》第28条第1款和第2款规定："民事诉讼法第三十三条第一项规定的不动产纠纷是指因不动产的权利确认、分割、相邻关系等引起的物权纠纷。农村土地承包经营合同纠纷、房屋租赁合同纠纷、建设工程施工合同纠纷、政策性房屋买卖合同纠纷，按照不动产纠纷确定管辖。"根据上述规定，适用专属管辖的不动产纠纷限定在"因不动产的权利确认、分割、相邻关系等引起物权纠纷"，除此之外的其他不动产物权纠纷，不适用专属管辖。"农村土地承包经营合同纠纷、房屋租赁合同纠纷、建设工程施工合同纠纷、政策性房屋买卖合同纠纷，按照不动产纠纷确定管辖"，属于特别规定。本案系因双方履行《项目转让协议书》产生纠纷，深圳鹏跃公司认为长通公司在履行《项目转让协议书》过程中构成根本违约，请求判令长通公司返还定金，赔偿损失，并适用双倍定金返还原则，汇通国基公司、汇通国基西安分公司同时承担连带清偿责任等，该纠纷不符合《民事诉讼法司法解释》第28条第1款和第2款规定，即不属于《民事诉讼法》第33条第（1）项规定的不动产纠纷专属管辖的情形。

（二）《城市房地产管理法》第39条第1款第（2）项规定并非效力性强制性规定，当事人仅以转让国有土地使用权未达到该项规定条件为由请求确认合同无效的，人民法院不予支持

【案例来源】

案例名称：周某顺、海南东泰嘉华房地产开发有限公司项目转让合同纠

纷案

审理法院：最高人民法院

案　　号：（2019）最高法民终128号

【争议点】

周某顺、海南东泰嘉华房地产开发有限公司（以下简称东泰公司）与王某东、李某娴及中色海南有色金属工业有限公司（以下简称中色海南公司）因项目转让合同纠纷引发诉讼，该案历经海南省高级人民法院一审、最高人民法院二审两个阶段。在二审中，当事人就案涉《项目转让框架协议》及相关协议是否为有效合同产生争议。

【裁判说理】

《项目转让框架协议》及相关协议系各方当事人的真实意思表示，且合同内容并未违反法律、行政法规强制性规定，应认定均为有效合同。理由如下：（1）根据《最高人民法院关于适用〈中华人民共和国合同法〉若干问题的解释（二）》第14条①规定，"合同法第五十二条第（五）项规定的'强制性规定'是指效力性强制性规定"。根据《第八次全国法院民事商事审判工作会议（民事部分）纪要》第13条规定，《城市房地产管理法》第39条第1款第（2）项规定并非效力性强制性规定，当事人仅以转让国有土地使用权未达到该项规定条件（投资总额25%）为由请求确认转让合同无效，不予支持。对于涉案土地使用权转让问题，应当将合同效力和物权效力予以区分，即使涉案土地使用权转让无效亦不影响《项目转让框架协议》的效力。同时，根据合同相对性原理，《项目合作开发协议》的签订主体与《项目转让框架协议》不同，合同权利义务亦不尽相同，《项目合作开发协议》是否有效也不必然影响《项目转让框架协议》的效力。并且，经本院审理查明，《项目合作开发协议》经2017琼民终289号生效民事判决确认为有效合同，现亦无相反证据证明涉案土地使用权转让存在无效的事由。因此，周某顺、中色海南公司主张《项目转让框架协议》生效的前提是涉案土地转让、《项目合作开发协议》有效，亦缺乏事实和法律依据，不能成立。

---

① 对应《民法典》第154条，该条规定："第一百五十三条违反法律、行政法规的强制性规定的民事法律行为无效。但是，该强制性规定不导致该民事法律行为无效的除外。违背公序良俗的民事法律行为无效。"

（三）项目转让协议书的性质并非国有土地使用权转让合同的，人民法院不应适用《最高人民法院关于审理涉及国有土地使用权合同纠纷案件适用法律问题的解释》第 9 条的规定 ① 认定项目转让协议书的效力

【案例来源】

案例名称：陕西长通投资开发有限公司、汇通国基房地产开发有限责任公司项目转让合同纠纷案

审理法院：最高人民法院

案　　　号：（2018）最高法民终 431 号

【争议点】

陕西长通投资开发有限公司（以下简称长通公司）、汇通国基房地产开发有限责任公司（以下简称汇通公司）、汇通国基房地产开发有限责任公司西安分公司（以下简称汇通西安公司）与深圳市鹏跃投资发展有限公司（以下简称鹏跃公司）因项目转让合同纠纷引发诉讼，该案历经广东省高级人民法院一审、最高人民法院二审两个阶段。在二审中，当事人就案涉《项目转让协议书》是否有效产生争议。

【裁判说理】

《土地管理法》第 2 条第 3 款规定："任何单位和个人不得侵占、买卖或者以其他形式非法转让土地。土地使用权可以依法转让。"但《项目转让协议书》约定的是长通公司通过挂牌方式取得土地使用权，因此，并不存在非法转让土地的情形。《城市房地产管理法》第 39 条第 1 款第（1）项规定："以出让方式取得土地使用权的，转让房地产时，应当符合下列条件：（一）按照出让合同约定已经支付全部土地使用权出让金，并取得土地使用权证书……"该规定是管理性强制规定，并非效力性强制规定。即使《项目转让协议书》违反了该规定，亦不必然无效。且《项目转让协议书》签订后，因案涉土地尚未征转为国有土地，因此，根本不存在该法条规定的上述情形。至于长通公司能否通过挂牌方式取得土地使用权，是判定合同能否实际履行的因素，并不能因此认定该

---

① 对应《最高人民法院关于审理涉及国有土地使用权合同纠纷案件适用法律问题的解释》（2020 年 12 月 29 日修正）第 8 条，该条规定："土地使用权人作为转让方与受让方订立土地使用权转让合同后，当事人一方以双方之间未办理土地使用权变更登记手续为由，请求确认合同无效的，不予支持。"

协议无效。《最高人民法院关于审理涉及国有土地使用权合同纠纷案件适用法律问题的解释》第 9 条规定："土地使用权人作为转让方与受让方订立土地使用权转让合同后，当事人一方以双方之间未办理土地使用权变更登记手续为由，请求确认合同无效的，不予支持。"因《项目转让协议书》的性质并非国有土地使用权转让合同，不应适用该规定来认定《项目转让协议书》的效力。综上，鹏跃公司与长通公司签订的《项目转让协议书》是双方的真实意思表示，除了第 7.9 条中"若乙方不能在甲方发出书面终止本协议的通知之日 30 日内全额还款（含违约金），则甲方可视为已将本协议第 2.4 条约定物业已全额付款，要求乙方交付，或转售第三人"的约定因违反了《担保法》第 57 条①的规定而无效外，该协议书的其他内容均合法有效。

（四）当事人就案件的案由是项目转让纠纷还是以《项目转让结算协议》为形式的借款纠纷产生争议的，人民法院可依据当事人是否实际参与涉案房地产项目的开发经营进行认定

【案例来源】
案例名称：朱某华、四川华良房地产开发有限公司项目转让合同纠纷案
审理法院：四川省高级人民法院
案　　号：（2018）川民申 6002 号

【争议点】
四川华良房地产开发有限公司（以下简称华良开发公司）、卓某会与曹某敏因项目转让合同纠纷引发诉讼，该案历经四川省隆昌市人民法院一审、四川省内江市中级人民法院二审、四川省高级人民法院再审三个阶段。在再审中，当事人就案由是项目转让纠纷还是以《项目转让结算协议》为形式的借款纠纷产生争议。

【裁判说理】
关于本案朱某华与曹某敏之间的纠纷是项目转让纠纷还是以《项目转让结

---

① 对应《民法典》第 392 条，该条规定："被担保的债权既有物的担保又有人的担保的，债务人不履行到期债务或者发生当事人约定的实现担保物权的情形，债权人应当按照约定实现债权；没有约定或者约定不明确，债务人自己提供物的担保的，债权人应当先就该物的担保实现债权；第三人提供物的担保的，债权人可以就物的担保实现债权，也可以请求保证人承担保证责任。提供担保的第三人承担担保责任后，有权向债务人追偿。"

算协议》为形式的借款纠纷的问题。根据本案查明的事实，华良开发公司2013年12月成功竞买案涉土地，曹某敏和华良开发公司共同在《成交确认书》上签字、盖章确认。2014年至2016年期间，曹某敏与华良开发公司、朱某华先后三次为涉案项目融资，共同向隆昌金鹅建司承诺用家庭个人财产作抵押、担保。2014年曹某敏与朱某华一起代表华良开发公司共同对外聘请构造师，2016年曹某敏与朱某华一起代表华良开发公司共同对外聘请监理师，2016年7月至8月曹某敏收到隆昌金鹅建司转来的426万元后代表华良开发公司对外支付了425万元的材料款和保证金等，以上事实可以证明曹某敏参与了华良开发公司的涉案房地产项目的开发经营。双方于2017年8月5日签订《项目转让结算协议》是对此前的债权债务进行结算，《项目转让结算协议》系双方真实意思表示，合法有效。原判认定本案系项目转让合同纠纷，不是民间借贷纠纷正确。

（五）当事人仅对建筑工程施工关系提出诉讼请求，但诉争协议同时涉及建筑工程施工与项目转让法律关系，且协议履行中各方当事人的权利义务存在交叉的，人民法院可以一并判决

【案例来源】

案例名称：江苏丰臣地产集团有限公司、常州丰臣建筑工程有限公司与上海鹏欣房地产（集团）有限公司、常州柏泰置业有限公司项目转让合同纠纷案

审理法院：江苏省高级人民法院

案　　号：（2015）苏民终字第00730号

【争议点】

上海鹏欣房地产（集团）有限公司（以下简称鹏欣公司）与江苏丰臣地产集团有限公司（以下简称丰臣地产公司）、常州丰臣建筑工程有限公司（以下简称丰臣建筑公司）、常州柏泰置业有限公司（以下简称柏泰公司）因项目转让合同纠纷引发诉讼，该案历经江苏省常州市中级人民法院一审、江苏省高级人民法院二审两个阶段。在二审中，当事人就一审判决结果是否超出诉讼请求以及是否应对项目转让和建设工程施工合同法律关系分两案进行审理问题产生争议。

【裁判说理】

首先，丰臣地产公司、丰臣建筑公司一审诉讼关于工程款的请求为要求柏

泰公司向丰臣建筑公司支付工程款及逾期付款违约金，鹏欣公司承担共同或连带责任。上述诉讼请求涵盖了要求鹏欣公司承担工程款及违约金给付义务的意思表示，原审法院依据《框架协议》判决鹏欣公司向丰臣建筑公司履行付款义务符合各方协议约定且并未超出一审诉讼请求。其次，丰臣地产公司、鹏欣公司、丰臣建筑公司三方共同签订的《框架协议》约定内容既包含项目转让的相关约定又包含作为项目转让款的工程款给付的相关约定，该协议具有混合合同的性质，且从该协议履行的事实来看，各方当事人的权利义务亦存在交叉，原审法院依据该协议的约定内容结合案件其他相关事实对各方当事人的权利义务关系进行审理并作出判决不违反法律规定。

四、结语

房地产项目转让，是指开发商在开发过程中，将具备一定条件的整个房地产项目转让给他人的行为，其对解决部分房地产产业因缺少开发资金成本无法按计划进行房地产开发，而导致大量项目停建、缓建、土地资源闲置浪费等问题起到了突出作用，有利于优化资源配置，但是其在司法实践中仍存在大量疑难问题。在审理房地产项目转让合同纠纷案件时，若出现以下几种情况的，人民法院不予支持：其一，当事人仅以转让国有土地使用权未达到《城市房地产管理法》第 39 条第 1 款第（2）项规定条件（投资总额 25%）为由请求确认转让合同无效的；其二，《项目转让协议书》的性质并非国有土地使用权转让合同的，当事人主张适用《最高人民法院关于审理涉及国有土地使用权合同纠纷案件适用法律问题的解释》（2020 年 12 月 29 日修正）第 8 条的规定认定《项目转让协议书》的效力的；其三，主张案件管辖法院的确定应适用不动产专属管辖的。此外，当事人就案件的案由是项目转让纠纷还是以《项目转让结算协议》为形式的借款纠纷产生争议的，人民法院可依据当事人是否实际参与涉案房地产项目的开发经营进行认定。当事人仅对建筑工程施工关系提出诉讼请求，但诉争协议同时涉及建筑工程施工与项目转让法律关系，且协议履行中各方当事人的权利义务因此存在交叉的，人民法院可以一并判决。

第三节　建设工程施工合同纠纷

一、导论

随着我国改革开放程度的不断深化，国内城乡一体化进程日益加快，城乡界限逐渐被打破，各地区城乡规模不断扩大，国家对建筑行业的投资也长期处于较高增长的状态。然而，飞速发展的建筑行业带来了大量的建设工程纠纷，这不仅对我国建筑行业的发展造成了较大的困扰，而且影响着我国建筑行业的发展与产业升级。我国建筑行业受到市场经济的引导程度较高，但相关配套法律不尽完善，司法机关不仅对建设工程施工合同相关理论的界定缺乏一个统一的标准，而且对在其具体适用的问题上还处于进一步探索的阶段。本节以因建设工程施工合同产生纠纷的案件裁判文书为研究对象，并将 2017 年以来人民法院作出的相关裁判文书作为主要范围，归纳、提炼建设工程施工合同裁判的理念和趋势，以期通过对我国案例的研究来指导司法实践。

截至 2021 年 1 月，编者在中国裁判文书网中输入"建设工程施工合同纠纷"（案由）共检索出民事裁判文书 1 752 552 篇，其中，由最高人民法院裁判的有 6537 篇，由高级人民法院裁判的有 55 943 篇。在具体案例的选取上，本节遵循以下"两个优先"原则：第一，优先选择审判层级较高的裁判文书；第二，优先选择审判日期较近的裁判文书。通过形式和内容两个方面的筛选，本节最终选择了 6 篇裁判文书进行研究，即（2019）最高法民再 258 号、（2019）最高法民终 1925 号、（2019）最高法民终 1852 号、（2019）最高法民申 3321 号、（2019）最高法民终 523 号、（2020）最高法民申 2649 号。以上 6 篇文书均由最高人民法院裁判，裁判日期也均为 2019 年（含）之后。

二、建设工程施工合同的基本理论

（一）建设工程施工合同的概述

1. 建设工程施工合同的定义。建设工程施工合同，是指建设工程施工人员完成建筑、设备安装等工作，发包人验收相关工程结果，并支付价款的合同。[①] 施工合同的当事人是建设单位（发包人或称发包方）和施工单位（承包人或称承包方），双方是平等的民事主体。建设工程施工合同是建设工程合同的主要合同。

2. 建设工程施工合同的特征。（1）合同标的的特殊性。建设工程施工合同的标的是建筑产品，而建筑产品和其他产品相比具有固定性、形体庞大、生产的流动性、单件性、生产周期长等特点。（2）合同的内容繁杂。由于建设工程施工合同具备标的的特殊性以及主体的多样性等特点，因此都要求施工合同的内容尽量详细。（3）合同履行期限长。由于工程建设的工期一般较长，再加上必要的施工准备时间、办理竣工结算及保修期的时间，决定了施工合同的履行期限具有长期性。（4）合同监督严格。国家对施工合同实施非常严格的监督，在建设工程施工合同的订立、履行、变更、终止全过程中，除了要求合同当事人对合同进行严格的管理之外，合同的主管机关（工商行政管理机构）、建设行政主管机关、金融机构等都要对施工合同进行严格的监督。

3. 建设工程施工合同中法定无效情形。建设工程施工合同中法定无效情形主要包括恶意损害他人利益、损害公共利益、损害国家利益、违反法律与强制规定，如承包人资质欠缺、实际施工人借用资质、招标程序违法、非法转包、违法分包等。其中招投标时致使建设工程施工合同无效的情形主要包括三类：一是法律明确规定需要进行招标而未进行招标；二是中标价低于成本价；三是招、投标时，承、发包人之间的"明招暗定"。[②]

（二）建设工程施工合同的生效要件

1. 建设工程施工合同的主体资格要件。具体包括以下方面内容：

[①] 官江：《建设工程施工合同效力的司法认定》，西南科技大学2018年硕士学位论文。
[②] 李凡：《建设工程施工合同无效问题研究》，安徽大学2020年硕士学位论文。

（1）发包人的主体资格。发包人具备相应资质并获得相关的许可证书，才能够正式参与到建设工程施工合同的签订以及项目的实施中。发包人应该具备立项批准、土地使用权证、建设用地规划许可证、建设工程规划许可证以及施工许可证等，其中能够对合同效力产生重要影响的是建设工程规划许可证。一旦发包人欠缺建设工程规划许可证，那么就会导致建设工程施工合同客体处于不合法的情况，造成所谓的"违法违章"建筑。

（2）承包人的主体资格。在建设工程施工合同签订和实施过程中，项目的承包人也被称为施工方或者乙方。施工方的总体实力直接影响工程项目的质量以及施工进度。因此，国家针对建设工程项目承包单位的监管更加严格。首先，针对建设工程项目的承包人资质有更为严格的要求。承包人的主体资格对建设工程合同效力的影响，主要体现在承包人资质等级认定方面。我国法律规定建设工程项目的承包方从事建设活动必须在其核准等级的经营范围内，其签订的合同也必须依据经营范围，否则，法院可以直接认定其所缔结的建设工程施工合同无效。其次，项目的承包方作为工程的承揽者和建造者，施工企业关系重大，其技术实力、管理水平、施工经验等方面综合能力的高低，直接影响到建设工程的质量。我国现行《最高人民法院关于审理建设工程施工合同纠纷案件适用法律问题的解释（一）》(2020年12月29日修正)中详细列举了多种因承包方资质不足导致的无效合同的情形。因此，建设工程项目中承包方必须依法获得相应的等级资质，其施工和经营范围也必须严格限定在资质等级范围内。一旦违反，则会导致合同失效。

2. 建设工程施工合同的意思表示要件。即合同双方当事人达成合意，并形成法律层面的约束，在此过程中，需要意思表示真实。当事人意思表示包括意思自由与意思表示一致两方面的含义。一方面，合同双方当事人的意思形成没有受到他人的不当干预和妨碍，是在自由状态下形成的。另一方面，合同双方当事人表达出来的意思与其内心的意思一致。

3. 建设工程施工合同的内容和形式要件。具体包括以下两方面内容：

（1）合同标的的合法。合同标的的合法性是建设工程施工合同形式要件的重要内容之一，是合同双方当事人权利与义务的指向对象。[1] 在建设工程施工合同中，合同标的往往是建筑物以及相关的劳务行为。建设工程施工合同的标

---

[1] 张黎：《建设工程合同效力的研究》，长春工业大学2020年硕士学位论文。

的违法情形主要存在于不需要经过招标的工程项目以及当事人在合同中擅自改变招、投标文件中的内容。[1]

（2）合同履行结果的合法。在多数情况下，通过单一的建设工程施工合同，并不能够确定其是否合法。但是在建设工程施工合同履行的过程中，能够发现合同履行过程中存在的问题。合同双方当事人履行合同义务的过程，会直接暴露建设工程合施工项目是否影响他人的采光、通行及相邻权等。

（三）建设工程施工合同的无效情形

1. 建设工程施工合同中的法定无效情形。具体包括以下三种情况：（1）恶意损害他人利益。在建设工程项目签订过程中，部分施工合同当事人为牟取非法利益，可能存在共同串通，或在承包方资质不足的前提下签订合同的情形。这类合同签订的目的通常都是获取不正当利益，必然会对国家、集体或者其他个人的合法利益造成损害，因此此类建设工程合同被认定为法定无效情形。（2）损害公共利益。（3）违反法律与强制规定。主要包括以下情形：承包人资质欠缺、实际施工人借用资质、招投标程序违法、非法转包、违法分包。

2. 建设工程合同中特殊无效情形。具体包括以下三种情况：

（1）阴阳合同。除了承建单位与招标单位签订的双方各执一份的正式合同之外，双方私下再签订一份所谓的"阴合同"。正式合同，即"阳合同"，用来通过相关正规机构的审核，顺利地办理承建、开工等正规手续。与之相对应的是"阴合同"。为了降低被检查时的风险，合同中起关键作用的内容特别是费用等内容，则多采用"阴合同"的方式确立，即以附加条款式承诺书等形式确立。

（2）低于成本价合同。低于成本价的合同目前只存在于建筑工程类合同之中。根据我国法律规定，建筑企业如果在中标的合同中，使用了低于成本价的报价，那么这份合同在法律上就是无效的。同时，需要特别注意的是，法规中规定的成本价，是以合同签订时间为节点来确定的，而与建筑过程中的实际成本价和合同价格无关。

（3）带资承包合同与垫资承包合同。带资承包和垫资施工，是指在工程建设过程当中，施工方先垫付建设费用，发包方不付给承包方预付款或者进度款。

---

[1] 赵潞：《建设工程"黑白合同"效力认定研究》，安徽大学 2018 年硕士学位论文。

当前的法律规定下，虽然对垫资、带资有肯定的法律解释，但在实际情况中，垫资、带资行为往往容易违反其他法律规定，进而导致无效合同的出现。

三、关于建设工程施工合同纠纷的裁判规则

（一）建设工程施工合同无效的，工程款利息约定无效，工程款利息按照中国人民银行同期同类贷款利率计算

【案例来源】

案例名称：吴某全、重庆市丰都县第一建筑工程公司建设工程施工合同纠纷案

审理法院：最高人民法院

案　　号：（2019）最高法民再258号

【争议点】

吴某全因与重庆市丰都县第一建筑工程公司（以下简称丰都一建公司）、重庆市园林工程建设有限公司（以下简称园林工程公司）、重庆市丰都县福瑞文化传播有限公司（以下简称福瑞公司）、重庆福佑文化发展有限公司（以下简称福佑公司）因建设工程施工合同纠纷引发诉讼，重庆市第三中级人民法院一审、重庆市高级人民法院二审、最高人民法院再审三个阶段。在再审中，当事人就丰都一建公司是否应向吴某全支付工程款利息的问题产生争议。

【裁判说理】

丰都一建公司应从2015年12月6日起至2017年1月25日止，以工程款欠款6 403 497.42元为本金，按照人民银行同期同类贷款利率向吴某全支付工程款利息；从2017年1月26日起，以工程款欠款4 903 497.42元为本金，按照人民银行同期同类贷款利率向吴某全支付工程款利息至本金付清之日止。事实和理由：（1）根据《建设工程内部承包合同》约定，"首次支付工程款的时间为基础开工后两个月支付"，吴某全未能举示其具体的开工日期，但根据原始地貌测量时间2015年9月15日推断，即使吴某全在原始地貌测量完成后即时开工，首次支付工程款的时间最早应为2015年11月15日。再根据"结算月次月的五日前银行转账支付"的约定，第一次工程款最迟应于2015年12月

5日前支付。因丰都一建公司并未按约支付工程款,故应从2015年12月6日起支付工程欠款利息。(2)尽管《建设工程内部承包合同》专用条款第20条约定,发包人未按约定时间支付工程款,应当按照中国农业银行同期贷款利息的4倍计算工程欠款利息,但因《建设工程内部承包合同》无效,故该条亦无效。根据《最高人民法院关于审理建设工程施工合同纠纷案件适用法律的解释》第17条[①]规定,丰都一建公司应当按照中国人民银行发布的同期同类问题贷款利率标准计付利息。(3)根据四方《协议书》,园林工程公司已于2017年1月26日代替福瑞公司和丰都一建公司向吴某全支付了工程款150万元,故应分段计算工程欠款利息,即丰都一建公司应从2015年12月6日起至2017年1月25日止,以工程款欠款6 403 497.42元为本金,按照中国人民银行同期同类贷款利率计付工程款利息;从2017年1月26日起,以工程款欠款4 903 497.42元为本金,按照中国人民银行同期同类贷款利率计付工程款利息至本金付清之日止。

(二)对于非必须招标项目,当事人自愿选择通过招投标程序订立施工合同的,应当受《招标投标法》的约束

【案例来源】

案例名称:广西建工集团第一建筑工程有限责任公司、芜湖新翔科技孵化器建设项目开发有限公司建设工程施工合同纠纷案

审理法院:最高人民法院

案　　号:(2019)最高法民终1925号

【争议点】

广西建工集团第一建筑工程有限责任公司(以下简称广西一建公司)与芜湖新翔科技孵化器建设项目开发有限公司(以下简称芜湖新翔公司)因建设工程施工合同纠纷引发诉讼,该案历经安徽省高级人民法院一审、最高人民法院二审两个阶段。在二审中,当事人就涉案《建设工程施工合同》及相关协议的效力问题产生争议。

---

① 对应《最高人民法院关于审理建设工程施工合同纠纷案件运用法律问题的解释(一)》(2020年12月29日修正)第26条,该条规定:"当事人对欠付工程价格利息计付标准有约定的,按照约定处理。没有约定的,按照同期同类贷款利率或者同期贷款市场报价利率计算。"

【裁判说理】

在本案中,广西一建公司施工承包的具体范围是依据 2013 年 9 月 25 日、2014 年 3 月 21 日、2015 年 7 月 23 日签订的三份《建设工程施工合同》来确定的。在签订上述三份合同之前,芜湖新翔公司均向广西一建公司发出了《中标通知书》,但双方实际上并未履行法定招投标程序。且在上述三份合同签订之前,双方通过 2013 年 5 月 31 日签订的《建设工程施工合同》《补充协议》确定了广西一建公司承包人身份,广西一建公司还向芜湖新翔公司缴纳了履约保证金。且在广西一建公司与芜湖新翔公司 2014 年 3 月 21 日签订《建设工程施工合同》之前的 2014 年 3 月 18 日,监理单位就签发开工令通知广西一建公司就合同所约定的相关工程开工。上述行为明显违反《招标投标法》的强制性规定,即便对于非必须招标的项目,如当事人自愿选择通过招投标程序订立合同,也应当受《招标投标法》的约束。根据《最高人民法院关于审理建设工程施工合同纠纷案件适用法律问题的解释》第 1 条[①]"建设工程施工合同具有下列情形之一的,应当根据合同法第五十二条第(五)项的规定,认定无效:……(三)建设工程必须进行招标而未招标或者中标无效的"的规定,一审法院认定涉案的四份《建设工程施工合同》以及《补充协议》无效具有法律依据,广西一建公司主张上述协议有效理据不足。因涉案的四份《建设工程施工合同》无效,广西一建公司要求解除该四份《建设工程施工合同》的上诉请求不能成立,本院不予支持。

---

① 对应《最高人民法院关于审理建设工程施工合同纠纷案件适用法律问题的解释(一)》(2020 年 12 月 29 日修正)第 1 条,该条规定:"建设工程施工合同具有下列情形之一的,应当依据民法典第一百五十三条第一款的规定,认定无效:(一)承包人未取得建筑业企业资质或者超越资质等级的;(二)没有资质的实际施工人借用有资质的建筑施工企业名义的;(三)建设工程必须进行招标而未招标或者中标无效的。承包人因转包、违法分包建设工程与他人签订的建设工程施工合同,应当依据民法典第一百五十三条第一款及第七百九十一条第二款、第三款的规定,认定无效。"

（三）建设施工合同中工程款支付条件不属于相关资料规定的"请求参照合同约定支付工程价款"中的"合同约定"内容

【案例来源】

案例名称：何某华、邓某刚建设工程施工合同纠纷案

审理法院：最高人民法院

案　　号：（2019）最高法民终1852号

【争议点】

何某华与邓某刚及海南华成建设有限公司（以下简称海南华成）、首某雄、杨某斌、永兴县交通建设投资有限责任公司（以下简称永兴交投）、永兴县人民政府因建设工程施工合同纠纷引发诉讼，该案历经湖南省高级人民法院一审、最高人民法院二审两个阶段。在二审中，当事人就关于欠付工程款的利息应如何计算问题产生争议。

【裁判说理】

案涉双方签订的《建筑工程施工合同》属于无效合同，因此，涉案合同关于同步结算支付的条款也无效。《最高人民法院关于审理建设工程施工合同纠纷案件适用法律问题的解释》第2条①规定的"请求参照合同约定"中的"合同约定"主要指工程款计价方法、计价标准等与工程价款数额有关的约定，关于工程价款支付条件的约定则不属于可以参照适用的合同约定。一审法院根据《最高人民法院关于审理建设工程施工合同纠纷案件适用法律问题的解释》第18条②的规定认定欠付工程款的利息应从涉案工程交付之日计付，并无不当。何黎华主张欠付工程款的利息应从最终审计报告作出之日即2018年3月29日起算，缺乏事实和法律依据，本院不予支持。

---

① 对应《民法典》第793条第1款，该条款规定："建筑工程施工合同无效，但是建设工程经验收合格的，可以参照合同关于工程价款的约定补偿承包人。"

② 对应《最高人民法院关于审理建设工程施工合同纠纷案件适用法律问题的解释（一）》（2020年12月29日修正）第27条，该条规定："利息从应付工程价款之日开始计付。当事人对付款时间没有约定或者约定不明的，下列时间视为应付款时间：（一）建设工程已实际交付的，为交付之日；（二）建设工程没有交付的，为提交竣工结算文件之日；（三）建设工程未交付，工程价款也未结算的，为当事人起诉之日。"

（四）建设工程施工合同未约定工程的具体开工日期和施工楼号的，不影响建设工程施工合同的成立

【案例来源】

案例名称：江苏南通三建集团股份有限公司建设工程施工合同纠纷案

审理法院：最高人民法院

案　　号：（2019）最高法民申 3321 号

【争议点】

江苏南通三建集团股份有限公司（以下简称南通三建）与河北锐拓房地产开发集团有限公司（以下简称锐拓公司）因建设工程施工合同纠纷引发诉讼，该案历经石家庄市中级人民法院一审、河北省高级人民法院二审、最高人民法院再审三个阶段。在再审中，当事人就案涉工程的结算依据应如何认定的问题产生争议。

【裁判说理】

发包方锐拓公司与承包方南通三建就案涉工程的施工建设主要签订了以下几份建设工程施工合同：2011 年 8 月 8 日的《工程施工协议》、2011 年 9 月 18 日的《河北省建设工程施工合同》、2012 年 5 月 25 日的两份《河北省建设工程施工合同》。其中案涉《工程施工协议》已经包含了工程价款、承包范围、工程期限、违约责任等建设工程施工合同的主要合同条款，双方权利义务关系约定清晰、明确，据此可以认定双方已经成立了建设工程施工合同关系。至于工程的具体开工日期和施工楼号，并非影响建设工程施工合同成立的实质性内容。故，南通三建关于《工程施工协议》欠缺合同履行条件，仅为意向性协议的主张，于法无据。南通三建与锐拓公司在案涉工程招投标之前协商签订具有实质内容的《工程施工协议》，并对前期工程进行施工，其后南通三建中标并签订相应合同予以备案，双方构成串通投标。一、二审法院认定《工程施工协议》与上述中标备案合同因违反《招标投标法》相关效力性禁止性规定而无效，应以双方实际履行的合同作为工程价款结算依据，事实认定及法律适用均无不当。

（五）建设工程施工合同无效，但承包人施工的建设工程经竣工验收合格的，双方当事人有权自愿进行结算

【案例来源】

案例名称：杭州建工集团有限责任公司、阜阳巨川房地产开发有限公司建设工程施工合同纠纷案

审理法院：最高人民法院

案　　号：（2019）最高法民终523号

【争议点】

杭州建工集团有限责任公司（以下简称杭州建工公司）与阜阳巨川房地产开发有限公司（以下简称巨川公司）因建设工程施工合同纠纷引发诉讼，该案历经安徽省高级人民法院一审、最高人民法院再审两个阶段。在二审中，当事人就案涉《工程结算书》能否作为认定案涉工程价款依据的问题产生争议。

【裁判说理】

虽然案涉建设工程施工合同无效，但案涉《工程结算书》上加盖了杭州建工公司的印章，巨川公司授权的案涉工程项目负责人韦某林在该《工程结算书》上予以签字确认，韦某林签字确认的行为对巨川公司发生法律效力。巨川公司提交的证据不足以推翻《工程结算书》。综合全案证据来看，一审判决将《工程结算书》作为认定案涉工程价款的依据并无不当。此外，杭州建工公司在二审答辩状和二审庭审中均表示，其经与阜阳市宏成商品混凝土有限公司对账，确认该公司与巨川公司之间签订的协议记载，巨川公司同意以商品砼抵房款800万元，本着实事求是的原则，对巨川公司主张的以800万元购房款抵付材料款的上诉请求予以认可，同意以商品砼抵房款800万元，但不认可巨川公司要求支付300万元资金占用损失的主张。建设工程施工合同无效，但承包人施工的建设工程经竣工验收合格的，双方当事人有权自愿进行结算。鉴于双方当事人均同意商品砼抵房款800万元，故对杭州建工公司此项主张，本院予以准许。

（六）涉案工程属于必须进行招投标的工程，在履行招投标程序之前，承包人已进场施工并与发包人就涉案工程实质性内容进行磋商后签订建设工程施工合同的，中标行为无效

【案例来源】

案例名称：陕西宝陵建设（集团）有限责任公司、陕西聚泉节能建筑开发有限公司建设工程施工合同纠纷案

审理法院：最高人民法院

案 号：（2020）最高法民申2649号

【争议点】

陕西宝陵建设（集团）有限责任公司（以下简称宝陵公司）与陕西聚泉节能建筑开发有限公司（以下简称聚泉公司）、王某民因建设工程施工合同纠纷引发诉讼，石家庄市中级人民法院一审、河北省高级人民法院二审、最高人民法院再审三个阶段。在再审中，当事人就案涉中标行为是否有效的问题产生争议。

【裁判说理】

根据原审查明的事实，案涉工程属于必须进行招投标的工程，在履行招投标程序确定宝陵公司为施工单位，根据招投标文件签订建设工程施工合同之前，宝陵公司已进场施工，并与聚泉公司就案涉工程实质性内容进行磋商，签订建设工程施工合同，违反了《招标投标法》第43条、第55条的强制性规定，中标行为无效。根据《最高人民法院关于审理建设工程施工合同纠纷案件适用法律问题的解释》第1条第（3）项[①]的规定，中标无效，双方当事人根据招投标文件签订的施工合同即备案合同亦无效。除备案合同外，宝陵公司与聚泉公司在招投标前后，先后签订了多份施工合同及协议，因未通过招投标程序，该合同及协议亦无效。根据《最高人民法院关于审理建设工程施工合同纠

[①] 对应《最高人民法院关于审理建设工程施工合同纠纷案件适用法律问题的解释（一）》（2020年12月29日修正）第1条第（3）项，该条规定："（三）建设工程必须进行招标而未招标或者中标无效的。"

纷案件适用法律问题的解释（二）》第 11 条[①]规定，当事人就同一建设工程订立的数份建设工程施工合同均无效，但建设工程质量合格，一方当事人请求参照实际履行的合同结算建设工程价款的，人民法院应予支持。实际履行的合同难以确定，当事人请求参照最后签订的合同结算建设工程价款的，人民法院应予支持。宝陵公司与聚泉公司签订的《补充协议》是双方当事人签订的最后一份协议，且在协议中明确约定该协议作为双方竣工结算的唯一依据。宝陵公司与聚泉公司签订的《补充协议》是双方当事人签订的最后一份协议，且在协议中明确约定该协议作为双方竣工结算的唯一依据。原审判决认定《补充协议》及预算几点说明为案涉工程价款的结算依据，依据充分，并无不当。

四、结语

建设工程施工合同是较为重要的有名合同，由于该合同履行时间较长，据以适用的法律法规较多，其合同效力的认定较为复杂。首先，人民法院在审理建设工程施工合同案件时，建设工程施工合同无效的，违约金条款无效且工程款利息约定无效，工程款利息按照中国人民银行同期同类贷款利率计算，但承包人施工的建设工程经竣工验收合格的，双方当事人有权自愿进行结算。建设工程施工合同在订立时，对于非必须招标项目，当事人自愿选择通过招投标程序订立施工合同的，该建设工程施工合同应当受《招标投标法》的约束。其次，建设工程施工合同未约定工程的具体的开工日期和施工楼号的，不影响建设工程施工合同的成立。再次，涉案工程属于必须进行招投标的工程，在履行招投标程序确定施工单位并根据招投标文件签订建设工程施工合同之前，承包人已进场施工，并与发包人就涉案工程实质性内容进行磋商，签订建设工程施工合同的，中标行为无效。最后，建设施工合同中工程款支付条件不属于《最高人民法院关于审理建设工程施工合同纠纷案件适用法律问题的解释（一）》第 2 条规定的"请求参照合同约定支付工程价款"中的"合同约定"。

---

① 对应《最高人民法院关于审理建设工程施工合同纠纷案件适用法律问题的解释（一）》（2020年12月29日修正）第 24 条，该条规定："当事人就同一建设工程订立的数份建设工程施工合同均无效，但建设工程质量合格，一方当事人请求参照实际履行的合同关于工程价款的约定折价补偿承包人的，人民法院应予支持。实际履行的合同难以确定，当事人请求参照最后签订的合同关于工程价款的约定折价补偿承包人的，人民法院应予支持。"

第四节 建设工程价款优先受偿权纠纷

一、导论

在当前的建筑领域中，有些发包人不按照合同约定的时间及时足额支付工程进度款，而由承包方垫资，工程项目竣工验收以后，发包人仍然不支付承包人合同款的，不仅损害承包人的合法权益，而且还可能导致承包人不能向辛勤劳动的建筑工人发放工资、不能按照约定向供应商支付材料费用等后果，进而可能引发一系列社会问题。为了使建筑市场依法和规律运转，促进建筑产业平稳健康有序发展，切实保护承包人、建筑工人以及材料供应商的合法权益，我国《合同法》第286条正式确立了建设工程价款优先受偿权制度。《民法典》第807条对该条内容予以保留。在建设工程合同纠纷案件中，承包人对建设工程价款优先受偿权的主张日益增多，权利行使过程中的相关争议也随之而来。最高人民法院和许多地方法院也相继出台了诸多规定，以期更好地发挥该条的效用。但实践中，同案不同判的情况却依旧存在。本节以因房地产委托代建合同产生纠纷的案件裁判文书为研究对象，以2019年以来人民法院作出的相关裁判文书为主要范围，归纳、提炼房地产委托代建合同裁判的理念和趋势，以期对我国案例的研究来指导司法实践，并希望对此进行一些有益的探讨。

截至2021年1月，编者在中国裁判文书网中输入"建设工程价款优先受偿权纠纷"（案由）共检索出民事裁判文书1201篇，其中，由最高人民法院裁判的有11篇，由高级人民法院裁判的有55篇。在具体案例的选取上，本节遵循以下"两个优先"原则：第一，优先选择审判层级较高的裁判文书；第二，优先选择审判日期较近的裁判文书。通过形式和内容两个方面的筛选，本节最终选择了6篇裁判文书进行研究，即（2019）最高法民再57号、（2019）最高法民申6085号、（2020）最高法民申1850号、（2019）最高法民终1365号、（2018）最高法民申1281号、（2019）最高法民申5070号。以上6篇文书均由最高人民法院裁判的有 6 篇，裁判日期也均为 2019 年（含）之后的案例。

二、建设工程价款优先受偿权的基本理论

（一）建设工程价款优先受偿权概述

1. 建设工程价款优先受偿权的定义。建设工程价款优先受偿权，是指承包人对于建设工程的价款就该工程折价或者拍卖的价款享有优先受偿的权利，优先于一般的债权。

2. 建设工程价款优先受偿权特征。具体包括以下内容：

（1）优先权是针对保护弱者性质的优先权。建设工程价款优先受偿权突破债权平等性原则，目的是维护在建设施工合同中往往处于弱势的承包人的合法利益，更好地维护社会公平、正义的价值理念，实现社会的稳定性发展。因此，其是法律直接规定的特殊债权，无须依靠当事人约定即享有。

（2）不以占有或登记为原则。相比其他的权利来说，优先权就是特殊性权利，无论合同双方是否约定均需要根据国家法律法规来执行。

（3）无需公示担保物权。在建设工程项目中针对获得优先赔偿的权利无需进行登记，只需要确认属于建设工程项目费用，即可享受优先赔偿的权利。

（4）权利变动和受偿顺序法定。建设工程款优先受偿权的产生与消灭均来源于法律的直接规定，当事人不能约定该权利的产生和消灭。在真正适用该权利时，受偿顺序在抵押权和其他债权之前，而且不像意定抵押权那样，受偿顺序还要受登记与否、成立时间的先后等约束。

（5）权利行使受限。虽然建设工程价款优先受偿权优先于其他债权，但并不是绝对的，在行使过程中也是要受到限制的。首先，行使的权利客体只能是承包人实际投入的承包工程；其次，不能对抗已经支付大部分款项为满足生活消费需求购买商品房的消费者；最后，该权利的行使是有期限的，超过期限行使将不再受保护。

3. 建设工程价款优先受偿权性质。关于建设工程价款优先受偿权的性质，目前主要存在以下三种代表性学说：

（1）留置权说。主张留置权说的学者认为，该制度是由法律直接设立的，其成立条件不同于约定质权、抵押权，形式外观也不以占有财产为前提。基于

保护承包人利益的角度出发，可以适当扩大留置权客体的范围，当发包人不按照约定支付工程价款时，承包人有权留置该建设工程并以此进行拍卖、变卖折价处理占有物并以此价款优先受偿。①建设工程价款优先受偿权在行使方式上与留置权基本一致。故而，建设工程价款优先受偿权属于一种留置权。针对留置权说，学者们基本达成了一致观点，即优先权不属于留置权。

（2）法定抵押权说。该学说的主要理由有：第一，抵押权的成立与存续不以转移标的物的占有为必要，承包人完成合同要求并验收合格后一般都会将建设工程交付发包人，而此时建设工程价款优先受偿权并不因此而消灭。第二，建设工程价款优先受偿权产生于法律的直接规定，属于法定担保物权。第三，建设工程价款优先受偿权具有抵押权的一般属性，即从属性、不可分性、物上代位性以及优先受偿性，确定建设工程款优先受偿权为法定抵押权不会破坏我国现行法律体系的统一。

（3）法定优先权说。主张法定优先权说的学者认为，工程款优先受偿权是基于法律的直接规定而赋予建设工程承包人的优先性权利。②使用"优先权"这一说法清晰地表明了工程款优先受偿权的定性，即当承包人满足工程款优先受偿权的条件时，突破债权平等性优先于普通债权人受偿，给予特殊弱势群体优先保护。③

本书支持法定优先权说，优先权的设立一般有其特殊的立法背景，我国《民法典》《民用航空器法》《企业破产法》《海商法》等法律设立了若干种优先权，日本、法国设立各种优先权制度，也均是以发展经济、维护社会和谐稳定、保障底层民众基本生活为出发点，适度地突破了民法的公平原则。建设工程合同优先受偿权与法律中优先权的性质和特点具有高度相似性，将二者等同能够更好地体现立法目的。我国建设工程合同优先受偿权制度的出台，其初衷就是要在立法层面上赋予包含参与工程建设的农民工工资的工程款优先于其他债权实现的权利。故应当将建设工程合同优先受偿权视为法定优先权。

---

① 江平主编：《合同法精解》，中国政法大学出版社1999年版，第223页。
② 王全弟、丁洁：《物权法应确立优先权制度——围绕〈合同法〉第286条之争议》，载《法学》2001年第4期。
③ 张也驰：《我国建设工程价款优先受偿权制度完善研究》，安徽财经大学2020年硕士学位论文。

（二）建设工程价款优先受偿权的行使

1. 建设工程价款优先受偿的范围。建设工程价款优先受偿权的受偿范围是承包人主张权利的尺度，承包人仅能就受偿范围内的内容向义务人主张权利。受偿范围的不确定将会导致承包人权利上的受损或者不公平。首先，垫资款属于优先受偿范围。垫资问题从本质上讲，可以理解为承包人在工程开始前为建设工程的实施支付了预期的工程支出费用，而承包方实际支出的费用与垫资是相一致的，所以在建设工程施工合同的价款优先受偿范围中，应当包括垫资款。其次、利润属于优先受偿款的范围。我国现行的建设工程施工合同司法解释中关于优先受偿的范围并没有作出具体的规定，仅是规定根据国务院的相关规定来确定，但是利润属于优先受偿范围则得到了确认。

2. 建设工程优先受偿权的行使条件。具体包括以下内容：

（1）法定条件。一是建设工程价款优先受偿权的成立。二是发包人逾期不支付工程价款。三是建设工程不存在不宜折价、拍卖的情形。

（2）以工程质量合格为前提。最高人民法院明确了行使工程款优先受偿权应当在建设工程质量合格的前提下主张，突出坚持工程质量优于合同效力原则。当前，在我国建筑工程领域中，因资质、招投标等违法行为导致了大量无效合同的出现，如果规定行使工程款优先受偿权必须以合同有效为前提，则不利于无效合同中承包人的利益保护。该制度的立法初衷以保障承包人能够及时得到工程款，以保护建设工程的劳动者的劳动价值及基本生存权利，因为无论建设工程施工合同是否有效，劳动者的劳动都已经凝结到建筑物的价值中。合同效力与劳动者付出的价值并不构成必然关联，如果将合同无效作为否定行使工程款优先受偿权的前提，那么合同无效问题将归责于了劳动者，那么剥夺优先受偿权的行使是不合理的。

（3）承包人、发包人之间有权约定放弃或限制工程款优先受偿权。承包人放弃工程款优先受偿权主要有以下两种情况：一是为了特定第三人的利益而放弃工程款优先受偿权：在建设工程领域，开发商为了项目融资需要，包括获得银行贷款等行为，往往会将在建工程抵押给银行，而根据《最高人民法院关于建设工程价款优先受偿权问题的批复》确立了工程款优先受偿权优先于抵押权受偿，所以实践中银行为了确保自己债权利益的实现和预防、规避相应的风险,通常会要求承包人出具"法定抵押权抛弃书"来达到抵押权顺位的提升。[①] 二是为了发包人而放弃工程款优先受偿权:发包人招标时利用自己的强势地位,将放弃或限制工程款优先受偿权作为中标条件,因此承包人为了获得工程往往会同意该条款。

三、关于建设工程价款优先受偿权纠纷的裁判规则

(一)发包人未按照合同约定支付工程价款,是承包人行使工程价款优先受偿权须具备的前提条件

【案例来源】

案例名称:清远市美雅建筑工程有限公司与清远市长利兴旅游服务有限公司建设工程施工合同纠纷案

审理法院:最高人民法院

案　　号:(2019)最高法民再57号

【争议点】

清远市美雅建筑工程有限公司(以下简称美雅公司)因被申请人清远市长利兴旅游服务有限公司(以下简称长利兴公司)及广东清远农村商业银行股份有限公司(以下简称清远农商行)因建设工程施工合同纠纷引发诉讼,该案历经广东省清远市中级人民法院一审、广东省高级人民法院二审、最高人民法院再审三个阶段。在再审中,当事人就美雅公司是否享有建设工程价款优先受偿权的问题产生争议。

【裁判说理】

建设工程价款优先受偿权是法律为维护社会公平正义、维护弱者生存权利和社会秩序而赋予债权人的一项民事权利。在工程价款优先受偿权与抵押权相冲突的情形下,应秉持公平原则与诚信原则,结合法律规定与具体案情,在平等保护各方利益的前提下,对建设工程价款优先受偿权予以审查。首先,《合

[①] 王旭光:《建设工程价款优先受偿权制度研究——〈合同法〉第286条的理论与实务》,人民法院出版社2010年版,第229页。

同法》第286条①规定："发包人未按照约定支付价款的，承包人可以催告发包人在合理期限内支付价款。发包人逾期不支付的，除按照建设工程的性质不宜折价、拍卖的以外，承包人可以与发包人协议将该工程折价，也可以申请人民法院将该工程依法拍卖。建设工程的价款就该工程折价或者拍卖的价款优先受偿。"由此可知，发包人未按照合同约定支付工程价款，是承包人行使工程价款优先受偿权须具备的前提要件。如前所述，本案中，长利兴公司已足额支付美雅公司案涉工程款，因此，美雅公司主张案涉工程价款优先受偿权，欠缺"发包人未按照约定支付价款"这一前提要件，其主张依法不能支持。其次，虽然《最高人民法院关于建设工程价款优先受偿权问题的批复》第1条②规定，人民法院在审理房地产纠纷案件和办理执行案件中，应当依照《合同法》第286条的规定，认定建筑工程的承包人的优先受偿权优于抵押权和其他债权。但是，《合同法》第286条规定的建设工程价款优先受偿权的立法目的，主要在于平衡承包人同发包人的其他债权人之间的关系，并非衡平承包人与发包人之间的关系。故在判断承包人是否有权依据《合同法》第286条主张建设工程价款优先受偿权时，不能仅依据承包人与发包人之间的意思表示。

（二）房地产建设中存在没有资质的实际施工人（挂靠人）借用有资质的建筑施工企业（被挂靠人）名义的情况，人民法院应当认定实际施工人（挂靠人）具有优先受偿权

【案例来源】

案例名称：宁夏钰隆工程有限公司与安徽三建工程有限公司、宁夏蓝天房地产开发有限责任公司建设工程施工合同纠纷案

审理法院：最高人民法院

案　　号：（2019）最高法民申6085号

---

① 对应《民法典》第807条，该条规定："发包人未按照约定支付价款的，承包人可以催告发包人在合理期限内支付价款。发包人逾期不支付的，除根据建设工程的性质不宜折价、拍卖外，承包人可以与发包人协议将该工程折价，也可以请求人民法院将该工程依法拍卖。建设工程的价款就该工程折价或者拍卖的价款优先受偿。"

② 该规定现已失效，但是由最高人民法院执行局编写的《人民法院办理执行案件规范》一书中第945条有同样的内容，即"人民法院在审理房地产纠纷案件和办理执行案件中，应当依照《合同法》第二百八十六条的规定，认定建筑工程的承包人的优先受偿权优于抵押权和其他债权"。

【争议点】

宁夏钰隆工程有限公司（以下简称钰隆公司）与安徽三建工程有限公司（以下简称安徽三建）、宁夏蓝天房地产开发有限责任公司（以下简称蓝天公司）因建设工程施工合同纠纷引发诉讼，该案历经宁夏回族自治区高级人民法院一审、最高人民法院二审、最高人民法院再审三个阶段。在再审中，当事人就钰隆公司是否可以对工程款就案涉工程行使优先受偿权产生争议。

【裁判说理】

法律就工程项目设立优先受偿权的目的，是保障承包人对发包人主张工程款的请求权优先于一般债权得以实现。保障该请求权优先得以实现的原因在于，建设工程系承包人组织员工通过劳动建设而成，工程价款请求权的实现意味着员工劳动收入有所保障。无论合同是否有效，只要承包人组织员工按照合同约定建设了工程项目，交付给了发包人，发包人就没有理由无偿取得该工程建设成果。因此，虽然在《最高人民法院关于审理建设工程施工合同纠纷案件适用法律问题的解释》第1条[①]"建设工程施工合同具有下列情形之一的，应当根据合同法第五十二条第（五）项的规定，认定无效：（一）承包人未取得建筑施工企业资质或者超越资质等级的；（二）没有资质的实际施工人借用有资质的建筑施工企业名义的；（三）建设工程必须进行招标而未招标或者中标无效的"规定的情形下，建设工程施工合同应当认定为无效。合同虽然无效，但承包人仍然享有向发包人主张工程价款的请求权。而且，承包人组织员工施工建设工程项目，同样需要向员工支付劳动报酬，与合同有效时相同。因此，在合同无效的情况下，承包人的工程价款请求权同样需要优先于一般债权得以实现，故应当认定承包人享有优先受偿权。在该条第（2）项"没有资质的实际施工人借用有资质的建筑施工企业名义的"情况下，实际施工人和建筑施工企业谁是承包人，谁就享有工程价款请求权和优先受偿权。在合同书上所列的"承包人"是具有相应资质的建筑施工企业，即被挂靠人；而实际履行合同

[①] 对应《最高人民法院关于审理建设工程施工合同纠纷案件适用法律问题的解释（一）》（2020年12月29日修正）第1条，该条规定："建设工程施工合同具有下列情形之一的，应当依据民法典第一百五十三条第一款的规定，认定无效：（一）承包人未取得建筑业企业资质或者超越资质等级的；（二）没有资质的实际施工人借用有资质的建筑施工企业名义的；（三）建设工程必须进行招标而未招标或者中标无效的。承包人因转包、违法分包建设工程与他人签订的建设工程施工合同，应当依据民法典第一百五十三条第一款及第七百九十一条第二款、第三款的规定，认定无效。"

书上所列承包人义务的实际施工人，即挂靠人。关系发包人实际利益的是建设工程是否按照合同约定的标准和时间完成并交付到其手中，只要按约交付了建设工程，就不损害发包人的实际利益。但是否享有工程价款请求权和优先受偿权，直接关系对方当事人的实际利益。而事实上，是挂靠人实际组织员工进行了建设活动，并完成了合同中约定的承包人义务。所以，挂靠人因为实际施工行为而比被挂靠人更应当从发包人处得到工程款，被挂靠人实际上只是最终从挂靠人处获得管理费。因此，挂靠人比被挂靠人更符合法律关于承包人的规定，比被挂靠人更应当享有工程价款请求权和优先受偿权。挂靠人既是实际施工人，也是实际承包人，而被挂靠人只是名义承包人，因此，认定挂靠人享有主张工程价款请求权和优先受偿权，更符合法律保护工程价款请求权和设立优先受偿权的目的。

（三）承包人就工程折价或者拍卖的价款享有优先受偿权的前提是该工程不存在按照其性质不宜折价、拍卖的情形。违法建筑系不可折价、拍卖的工程，承包人对此不享有优先受偿权

【案例来源】

案例名称：中建海峡建设发展有限公司与和昌（福建）房地产开发有限公司建设工程施工合同纠纷案

审理法院：最高人民法院

案　　号：（2020）最高法民申 1850 号

【争议点】

中建海峡建设发展有限公司（以下简称海峡公司）与和昌（福建）房地产开发有限公司因建设工程价款优先受偿权纠纷引发诉讼，该案历经福建省泉州市中级人民法院一审、福建省高级人民法院二审、最高人民法院再审三个阶段。在再审中，当事人就海峡公司是否对案涉工程价款享有建设工程价款优先受偿权问题产生争议。

【裁判说理】

承包人就工程折价或者拍卖的价款享有优先受偿权的前提是该工程不存在按照其性质不宜折价、拍卖的情形。根据《土地管理法》《城乡规划法》《村庄和集镇建设管理条例》等相关法律规定，在城市规划区内，未取得建设工程规划许可证或者违反建设工程规划许可证的规定建设，严重影响城市规划的建筑，为违

法建筑。案涉工程至今尚未取得建设工程规划许可证，应属于违法建筑。对于违法建筑，《城乡规划法》第64条明确规定了处理方式，即"由县级以上地方人民政府城乡规划主管部门责令停止建设；尚可采取改正措施消除对规划实施的影响的，限期改正，处建设工程造价百分之五以上百分之十以下的罚款；无法采取改正措施消除影响的，限期拆除，不能拆除的，没收实物或者违法收入，可以并处建设工程造价百分之十以下的罚款"。案涉工程因违反法律禁止性规定，无法取得不动产所有权，二审判决认定该工程系不可折价、拍卖的工程，海峡公司对案涉工程价款不享有优先权，并无不当。

（四）承包人行使建设工程价款优先受偿权的起算之日，不受双方约定付款限期的限制

【案例来源】

案例名称：广西建工集团第一建筑工程有限责任公司与青海恒平房地产开发有限公司建设工程施工合同纠纷案

审理法院：最高人民法院

案　　号：（2019）最高法民终1365号

【争议点】

广西建工集团第一建筑工程有限责任公司（以下简称广西一建）与青海恒平房地产开发有限公司（以下简称恒平公司）因建设工程施工合同纠纷引发诉讼，该案历经青海省高级人民法院一审、最高人民法院二审两个阶段。在二审中，当事人就广西一建应否享有建设工程价款优先受偿权的问题产生争议。

【裁判说理】

在本案中，《最高人民法院关于审理建设工程施工合同纠纷案件适用法律若干问题的解释（二）》第22条①规定："承包人行使建设工程价款优先受偿权的期限为六个月，自发包人应当给付建设工程价款之日起算。"《最高人民法

---

① 对应《最高人民法院关于审理建设工程施工合同纠纷案件适用法律若干问题的解释（一）》（2020年12月29日修正）第41条，该条规定："承包人应当在合理期限内行使建设工程价款优先受偿权，但最长不得超过十八个月，自发包人应当给付建设工程价款之日起算。"

院关于审理建设工程施工合同纠纷案件适用法律若干问题的解释》第18条①规定："……当事人对付款时间没有约定或者约定不明的，下列时间视为应付款时间：（一）建设工程已实际交付的，为交付之日……"本案中，首先，根据查明的事实，案涉工程商铺于2017年3月22日已有商户开始使用，故一审法院据此认定案涉工程已于2017年3月22日实际投入使用，以此日期作为恒平公司应付款之日，并无不当。广西一建于2017年11月14日主张工程款，已超过建设工程价款优先受偿权行使期限。其次，即使按照广西一建的主张，恒平公司应当从结算之日即2017年3月29日起60日内付款，恒平公司应付款之日的起算日期亦应为2017年3月29日。2017年5月29日为60日的付款宽限期届满之日，而非应付款起算之日。因此，广西一建认为应当自2017年5月29日开始计算建设工程价款优先受偿权行使期限的主张不能成立。

（五）在承包人就案涉建设工程价款优先受偿权未实现亦未放弃的情况下，发包人将该建设工程转让的行为，不足以否定承包人的优先受偿权，其优先受偿权仍应得到法律保护

【案例来源】

案例名称：盘锦鑫诚实业集团有限责任公司与大连筑成建设集团有限公司案外人执行异议之诉案

审理法院：最高人民法院

案　　号：（2018）最高法民申1281号

【争议点】

盘锦鑫诚实业集团有限责任公司（以下简称盘锦鑫诚公司）与大连筑成建设集团有限公司（以下简称大连筑成公司）、盘锦赛格超级信息网格有限公司（以下简称盘锦赛格公司）、辽宁赛格超级信息网格有限公司因建设工程价款优先受偿权纠纷引发诉讼，该案历经辽宁省盘锦市中级人民法院一审、辽宁省高级人民法院二审、最高人民法院再审三个阶段。在再审中，当事人就大连筑成

---

① 对应《最高人民法院关于审理建设工程施工合同纠纷案件适用法律若干问题的解释（一）》（2020年12月29日修正）第27条，该条规定："利息从应付工程价款之日开始计付。当事人对付款时间没有约定或者约定不明的，下列时间视为应付款时间：（一）建设工程已实际交付的，为交付之日；（二）建设工程没有交付的，为提交竣工结算文件之日；（三）建设工程未交付，工程价款也未结算的，为当事人起诉之日。"

公司在其承包施工工程范围内是否享有建设工程价款优先受偿权产生争议。

【裁判说理】

建设工程价款优先受偿权为法定优先权,其设立条件原则上应符合合同有效、建设工程施工已竣工或因发包人原因停建,且不属于不宜折价、拍卖的范围等,而非依生效确权裁判确认后设立。《最高人民法院关于人民法院调解书中未写明建设工程款有优先受偿权应如何适用法律问题的请示》指出,"建设工程款优先受偿权是一种法定优先权,无需当事人另外予以明示"。根据《最高人民法院关于适用〈中华人民共和国民事诉讼法〉的解释》第508条第2款规定,对人民法院查封、扣押、冻结的财产有优先权、担保物权的债权人,可以直接申请参与分配,主张优先受偿权。根据上述规定,建设工程价款优先受偿权成立之后,无需另外明示,且可以依法直接行使。盘锦鑫诚公司申请再审主张大连筑成公司在优先受偿权之诉的诉讼过程中不享有建设工程价款优先受偿权,缺乏法律依据,本院不予支持。盘锦鑫诚公司在受让涉案在建工程时知道或者应当知道大连筑成公司对诉争标的享有优先受偿权,盘锦鑫诚公司受让涉案工程时,集团办公楼工程经验收合格并交付使用,综合商场、培训中心已施工至主体封顶,其应当知道上述工程建设项目存在工程欠款,施工合同终止时承包人对已完工工程即享有工程价款优先受偿权。工程价款优先受偿权为法定权利,自符合法定条件时起设立,并不以合同相对人或者利害关系人是否知道为权利设立、行使及权利存续的前提条件。

(六)建设工程价款优先受偿权并非必须通过诉讼程序确认才能成立,优先受偿权人可以直接向法院执行部门提出主张

【案例来源】

案例名称:河南省建筑安装工程有限公司与河南福成置业有限公司建设工程价款优先受偿权纠纷案

审理法院:最高人民法院

案　　号:(2019)最高法民申5070号

【争议点】

河南省建筑安装工程有限公司(以下简称河南建安公司)与被申请人河南福成置业有限公司(以下简称福成公司)因建设工程价款优先受偿权纠纷引发诉讼,该案历经河南省郑州市中级人民法院一审、河南省高级人民法院二审、

最高人民法院再审三个阶段。在再审中，当事人就河南建安公司起诉主张案涉建设工程价款优先受偿权是否超过法定六个月的期限产生争议。

【裁判说理】

建设工程价款优先受偿权是一种法定优先权，自其符合相应法定条件时设立。承包人可以与发包人协议就工程折价或申请法院拍卖工程的方式行使其权利。根据《最高人民法院关于适用〈中华人民共和国民事诉讼法〉的解释》第508条第2款"对人民法院查封、扣押、冻结的财产有优先权、担保物权的债权人，可以直接申请参与分配，主张优先受偿权"的规定，建设工程价款优先受偿权并非必须通过诉讼程序确认才能成立，优先受偿权人可以直接向法院执行部门提出主张。本案中，河南建安公司主张其在二审判决所认定的六个月法定期间内，向新乡中院、郑州中院执行局分别提出过主张建设工程价款优先受偿权的申请。但经本院组织双方当事人询问，河南建安公司既未提供证据证明其在法定期限内向新乡中院执行部门主张过优先受偿权，也未提供充分证据证明其曾向郑州中院执行部门主张过优先受偿权，故现有证据无法认定河南建安公司曾在法定期限内以向执行部门申请的方式对案涉工程主张过优先受偿权。因此，虽然二审判决就建设工程价款优先受偿权须先经审判程序确认后方可申请执行的认定不符合法律规定，但处理结果并无不当。河南建安公司的再审申请理由不能成立，本院不予支持。

四、结语

建设工程价款优先受偿权的设立是法律为维护社会公平正义，保护弱者生存权利而赋予债权人的一项民事权利。人民法院在审理建设工程价款优先受偿权纠纷相关案件，应当注意以下情况出现时，人民法院将不支持承包人主张的建设工程价款优先受偿权：其一，工程存在按照其性质不宜折价、拍卖的情形。其二，该工程属于未取得建设工程规划许可证或者未按照建设工程规划许可证的规定进行建设的工程。其三，发包人已按照合同约定支付工程价款。同时，出现以下情况时，人民法院应当认定当事人享有优先受偿权：其一，建设工程施工合同无效，但建设工程经竣工验收合格的。其二，房地产建设中存在没有资质的实际施工人（挂靠人）借用有资质的建筑施工企业（被挂靠人）名义的情况，人民法院应当认定实际施工人（挂靠人）具有优先受偿权。其三，在承包人就案涉建设工程价款优先受偿权未实现，亦未放弃的情况下，发包人将该建设工程转让的行为，不足以否定承包人的建设工程价款优先受偿权，其该优先受偿权仍应得到法律保护。此外，建设工程价款优先受偿权为法定优先权，原则上自符合合同有效、建设工程施工已竣工或因发包人原因停建，且不属于不宜折价、拍卖的范围等法定条件时起设立，而非依生效确权裁判确认后设立，优先受偿权人可以直接向法院执行部门提出主张。同时，承包人行使建设工程价款优先受偿权的起算之日，不受双方约定付款限期的限制。

第五节 建设工程分包合同纠纷

一、导论

历经改革开放四十余年的发展，我国建筑行业已经成为拉动国民经济发展的重要力量，并且在解决就业、促进社会分工方面发挥着重要作用。我国的建筑企业也由改革开放之初的单一国有制形式发展到了现在的多种所有制形式并存的形式，出现了一批优秀的建筑企业或企业集团。越来越多的人开始从事建筑业，我国建筑行业也成为劳动力转移的重要输入领域。同时，与之配套的法律规定和制度也在不断健全和完善。虽然我国建筑市场进步显著，但尚有许多问题亟待解决，例如没有完善的法律体系和制度、建筑企业项目管理水平较低、从业人员素质不高等是建筑行业遗留的问题。近些年来，建设工程项目中的工程质量纠纷和安全事故发生频率越来越高，其深层次原因是违法分包行为日益增多。司法机关对建设工程分包合同相关理论的界定缺乏一个统一的标准，并且对其具体适用的问题上，实务中还处于进一步探索的阶段。本节以因建设工程分包合同产生纠纷的案件裁判文书为研究对象，以2016年以来人民法院作出的相关裁判文书为主要范围，归纳、提炼建设工程分包合同裁判的理念和趋势，以期通过对我国案例的研究来指导司法实践。

截至2021年1月，编者在中国裁判文书网中输入"建设工程分包合同纠纷"（案由）共检索出民事裁判文书133 374篇，其中，由最高人民法院裁判的有141篇，由高级人民法院裁判的有3218篇。在具体案例的选取上，本节遵循以下"两个优先"原则：第一，优先选择审判层级较高的裁判文书；第二，优先选择审判日期较近的裁判文书。通过形式和内容两个方面的筛选，本节最终选择了6篇裁判文书进行研究，即（2019）最高法民辖终218号、（2017）最高法民提183号、（2016）最高法民再31号、（2018）最高法民终27号、（2018）最高法民申2595号、（2020）最高法民申2866号。以上6篇均由最高人民法院裁判的有6篇，裁判日期为2018年（含）之后的有4篇。

二、建设工程分包合同纠纷的基本理论

（一）建设工程分包合同纠纷概述

1. 建设工程分包的定义。建设工程分包发生在工程总承包过程中，是指工程总承包单位，包括勘察承包人、设计承包人、施工承包人在取得建设工程项目的承包之后，并非全由自己完成该工程项目，在其不退出总承包关系的同时，经业主同意将工程项目一个或多个部分依法发包给已取得相应资质的承包人，并与其签订建设工程分包合同的行为。①

2. 建设工程分包的法律特征。（1）主体的特定性。在建设工程分包法律关系中，主体只限于总承包人和分包人。（2）客体的特定性。法律关系客体，是指法律关系主体之间的权利和义务所指向的对象。②在建设工程分包法律关系的客体就是总承包单位和分承包单位的权利和义务所指向的对象，具体来说就是总承包工程中的专业工程和劳务作业，即由法律、行政法规或部门规章规定的允许分包的部分。（3）主体间关系的财产性。建设工程分包法律关系是总承包单位与分承包单位在工程分发包和分承包活动中形成的平等财产关系。总承包单位与分承包单位在建设工程分包市场中处于平等地位，双方就分包专业工程或劳务作业达成合意，签订分包合同，各自平等地履行合同约定的义务，享受合同约定的权利。（4）分包法律关系的从属性。建设工程分包是发生在工程项目总承包之后的，只有当总承包人取得总承包资格，才有可能成为分发包人，并将总承包工程项目的部分专业工程或是劳务作业发包给分承包人。因此，分包法律关系是从属于总承包法律关系的，一旦总承包法律关系不存在，分包法律关系自然也不复存在。分包法律关系是依附于总承包法律关系的。

3. 建设工程分包的分类。根据交易对象的不同对建设工程分包分为专业工程分包和劳务作业分包。根据选定分承包人的主体不同，可以将建设工程分包分为业主的指定分包和总承包商的分包。根据分包人的不同，建设工程分包

---

① 何辉：《我国建设工程分包法律问题研究》，华中科技大学2011年硕士学位论文。
② 舒国滢主编：《法理学导论》，中国政法大学出版社2006年版。

可以分为总承包企业内部的分包和总承包企业与第三方承包商之间的分包，这种分类就是实践中所谓的对内分包和对外分包。根据交易行为是否符合法律规定，可以将建设工程中的分包分为合法的分包和非法的分包。

4. 违法分包。（1）违法分包的表现形式。违法的分包主要是指以下三种情况：一是总承包单位将建设工程分包给不具备相关资质条件的单位。二是建设工程总承包方合同中没有约定，又未经建设单位认可，承包单位将其承包的部分建设工程交由其他单位完成。三是施工总承包方将建设工程的主体结构施工分包给其他单位的。四是分包单位将其承包的建设工程再分包。（2）违法分包的法律特征。一是分包给不具有相关资质的单位和公司。二是未经约定或建设单位认可的分包。三是将工程主体结构施工分包（主体工程劳务分包不算违法分包）。①

（二）建筑工程分包与转包、内包、挂靠辨析

1. 建筑工程分包与转包。（1）转包的定义。转包，是指承包单位承包建设工程后，不履行合同约定的责任和义务，将其承包的全部建设工程转给他人或者将其承包的全部建设工程肢解以后以分包的名义分别转给其他单位承包的行为。（2）建筑工程分包与转包的区别。一是分包可以是合法的，也可以是违法的。转包不管哪种形式的转包都是违法的。二是合法分包的内容是除主体结构施工之外的部分工程分包给具有相关资质的单位或者公司。在转包的内容是承接的全部工程。三是在合法分包的情况下，承包人要对分包工程进行现场管理。在转包的情况下，转包人不对工程进行管理。四是在合法分包情况下，需要分包工程承包人具有相应资质。转包情况下，无论转承包人是否具有资质，都是无效的。

2. 建设工程分包与内包。（1）内包的定义。"内包"又称"内部承包"，是承包人承接工程后，将工程交由内部职能机构或者部门负责完成的一种经营行为。因为内包的主体是承包人的内部机构或者部门属于公司内部管理，承包人承包工程项目后，将工程交由内设机构或分支机构完成的行为不属于我国法律规定的"将工程转包给他人或第三人的行为"。（2）建设工程转包与内包的区别。一是转包是非法的建设行为，内包是合法的经营手段。二是转包的对象是

---

① 付翔宇：《建设工程违法分包法律问题研究》，辽宁科技大学 2020 年硕士毕业论文。

转包人之外的"他人"或"第三人"。内包的对象则是承包人的内设机构或分支机构。三是在转包情况下，转包人不对工程进行管理。在内包情况下，承包人要对工程进行管理并承担责任。

3. 建设工程分包与挂靠。（1）挂靠的定义。挂靠在现行法律意义上主要是指没有资质的实际施工人借用有资质的建筑施工企业名义进行工程建设的行为。挂靠的表现形式主要有如下几种：一是不具有从事建筑活动主体资格的个人、合伙组织或企业以具备从事建筑活动资格的建筑企业的名义承揽工程。二是资质等级低的建筑企业以资质等级高的建筑企业的名义承揽工程。三是不具有工程总包资格的建筑企业以具有总包资格的建筑企业的名义承揽工程。（2）建设工程分包与挂靠。一是转包在对外关系的表现形式上存在两个独立的关系，即转包人与发包人的关系、转包人与转承包人的关系。在挂靠关系中，因为属于借名行为，所以一般在对外关系上表现为发包人与被挂靠人之间的关系。二是在转包关系下，转承包人一般是以自己名义进行活动。在挂靠关系下，挂靠人一般以被挂靠人的名义进行活动。三是在转包关系中，转包的对象可以是有资质的单位，也可以是无资质的单位或者个人。在挂靠关系中，挂靠人一般是无资质或资质条件不够的单位或个人。

（三）建设工程分包合同审核要点

对建设工程分包合同进行审核时，应注意以下方面：

1. 注意审查分包人资质。认真审查分包单位的企业资质和安全生产许可证。对无资质或资质等级不符合的施工企业，建设单位有否决权。

2. 注意审查分包人的责任范围。分包工程承包人应当按照分包合同的约定对其承包的工程向分包工程发包人负责。分包工程发包人和分包工程承包人就分包工程对建设单位承担连带责任。总包合同条款，是指发包人与承包人签订的施工总承包合同条款。

3. 注意审查发包、总包、分包人的关系约定。明确在分包条件下：（1）发包人与分包人是本分包合同主要权利义务的承担者。发包人负有支付分包工程价款义务和取得分包工程的权利；分包人负有按时、保质交付分包工程的义务和享有获得分包工程价款的权利。（2）承包人与分包人之间是总分包关系，承包人负有协调总包工程与分包工程关系，配合分包工程施工，进行工程现场安全、文明、消防等管理义务，享有获取总包管理费、总包配合费的权利；分包人负有服从总包管理、支付总包配合费的义务，享有取得承包人配合施工的权利。（3）发包人与承包人在本分包合同中具有共同管理分包工程的义务。发包人负有支付总包管理费的义务，承包人负有以有经验的承包人身份积极配合发包人管理分包工程的义务。

4. 分包工程的工程量确认。经工程师确认的计量凭证是发包人与分包人进行工程价款结算时计算工程量的依据。

5. 审查对于工程量变更的约定。分包人在双方确定变更后14天内不向承包人提出变更分包工程价款的报告，视为该项变更不涉及合同价款的变更。发包人、工程师无正当理由逾期未予确认或未提出修改意见的，视为该变更报告内容已被确认。

6. 注意审查竣工验收的专业技术要求。（1）发包人应当在分包工程竣工验收后24小时内签署竣工验收报告。（2）分包人未在专用条款约定的时间内提交分包工程决算的，发包人要求移交分包工程，分包人应当移交。发包人或工程师未在专用条款约定的时间内完成工程决算的审核确认，从期限届满的第二天起计算利息。发包人或工程师超过约定期限达三个月仍未完成审核确认的，该期限届满，视为分包工程决算已被确认。（3）经发包人或工程师、承包人、分包人确认的分包工程决算报告是发包人与分包人进行工程结算、支付工程结算价款的依据。（4）结算价款的支付时间和金额由双方在专用条款中约定。

7. 注意审查合同价款与支付的内容确定方式。包括单价固定合同最终价款的确定方式、总价固定合同最终价款的确定方式、本合同按结算合同最终结算价款的确定方式。

8. 注意审查分包人违约责任的设置。主要包括以下情形：分包人转包或再分包本工程时，承包人的权利因分包人致使分包工程延期竣工的、分包工程质量未达到本合同约定的质量目标、分包人违反本合同义务，造成发包人、承包人其他损失的。

三、关于建设工程分包合同纠纷的裁判规则

（一）建设工程分包合同纠纷，应当按照不动产纠纷确定由不动产所在地法院管辖

【案例来源】

案例名称：中铁北京工程局集团第一工程有限公司与河南省江涛实业有限公司建设工程施工合同纠纷案

审理法院：最高人民法院

案　　号：（2019）最高法民辖终218号

【争议点】

中铁北京工程局集团第一工程有限公司（以下简称中铁公司）与河南省江涛实业有限公司（以下简称江涛公司）因建设工程施工合同纠纷引发诉讼，该案历经青海省高级人民法院一审、最高人民法院二审两个阶段。在二审中，当事人就本案的管辖问题产生争议。

【裁判说理】

《民事诉讼法》第33条第（1）项规定："因不动产纠纷提起的诉讼，由不动产所在地人民法院管辖。"该法第34条规定："合同或者其他财产权益纠纷的当事人可以书面协议选择被告住所地、合同履行地、合同签订地、原告住所地、标的物所在地等与争议有实际联系的地点的人民法院管辖，但不得违反本法对级别管辖和专属管辖的规定。"《最高人民法院关于适用〈中华人民共和国民事诉讼法〉的解释》第28条第2款规定："农村土地承包经营合同纠纷、房屋租赁合同纠纷、建设工程施工合同纠纷、政策性房屋买卖合同纠纷，按照不动产纠纷确定管辖。"根据前述法律规定，合同或者其他财产权益纠纷的当事人可以协议约定管辖法院，但不得违反级别管辖与专属管辖的规定，建设工程施工合同纠纷按照不动产纠纷确定由不动产所在地人民法院专属管辖。在本案中，根据《木里煤矿聚乎更矿区八号井西采区土石方剥离工程合同》第21.1条约定，合同争议只能向中铁公司法人注册地有管辖权法院提起诉讼。本案系建设工程施工合同纠纷，涉案工程地点位于青海省天峻县，应由建设工程所在地青海省法院管辖。本案中铁公司与江涛公司协议约定的管辖地点违反了专属管辖的规定，该约定无效。根据《最高人民法院关于调整部分高级人民法院和中

级人民法院管辖第一审民商事案件标准的通知》第 2 条第 2 款有关"甘肃省、青海省、宁夏回族自治区高级人民法院管辖诉讼标的额 5000 万元以上一审民商事案件,所辖中级人民法院管辖诉讼标的额 1000 万元以上一审民商事案件"的规定,本案由青海省高级人民法院审理。中铁公司上诉主张其与江涛公司之间为建设工程分包合同关系,非建设工程施工合同关系,本案不应按照不动产纠纷确定管辖,而应根据合同约定由中铁公司法人注册地陕西法院管辖。本院认为,分包是基于主体的相对性界定工程施工的一种形式,其实质仍然是建设工程施工合同法律关系,应当按照不动产纠纷确定由不动产所在地法院管辖。中铁公司上诉主张本案应由陕西省高级人民法院管辖,缺乏事实和法律依据,本院不予支持。

(二)房地产建设中实际施工人非承包人员工而独立施工,人民法院应当认定其为非法转包而非挂靠关系

【案例来源】

案例名称:安徽省十字铺茶场与合肥建工金鸟集团有限公司建设工程合同纠纷案

审理法院:最高人民法院

案　　号:(2017)最高法民提 183 号

【争议点】

安徽省十字铺茶场(以下简称十字铺茶场)与合肥建工金鸟集团有限公司(以下简称金鸟公司)因建设工程合同纠纷引发诉讼,该案历经安徽省宣城市中级人民法院一审、安徽省高级人民法院二审、最高人民法院再审三个阶段。在再审中,当事人就金鸟公司与孙某、吴某杏之间是挂靠关系还是转包关系产生争议。

【裁判说理】

2010 年 10 月 22 日,金鸟公司与十字铺茶场签订《建设工程施工合同》,承建案涉工程。2011 年 2 月 1 日,金鸟公司又分别与孙某、吴某杏签订《工程承包合同》,将案涉工程交由孙某、吴某杏实际施工,其中孙某施工 39 号、40 号、41 号楼及附属工程,吴某杏施工 24 号、25 号、30 号楼。根据《工程承包合同》约定,金鸟公司收取 6% 的管理费,垫资由实际施工人自行解决,金鸟公司不承担任何费用和责任。上述事实证明,金鸟公司在承建案涉工程后,又

将全部案涉工程肢解成两部分，转包给并非其内部员工的孙某、吴某杏实际施工，且不承担任何费用和责任，其行为符合非法转包的构成要件。金鸟公司与孙某、吴某杏之间的关系应当认定为非法转包关系，原审判决认定为挂靠关系不当，本院依法予以纠正。

（三）当事人主张建设工程承包人和违法转包人因违法转包在欠付工程款范围内承担连带责任的，人民法院不予支持

【案例来源】

案例名称：蒲某、代某林与余某平、重庆建工第八建设有限责任公司建设工程分包合同纠纷案

审理法院：最高人民法院

案　　号：（2016）最高法民再31号

【争议点】

蒲某、代某林与余某平、重庆建工第八建设有限责任公司（以下简称八建公司）因建设工程分包合同纠纷引发诉讼，该案历经重庆市第一中级人民法院一审、重庆市高级人民法院二审、最高人民法院再审三个阶段。在再审中，当事人就本案工程款支付责任的承担问题产生争议。

【裁判说理】

本案中，八建公司将案涉工程内部承包给余某平，余某平再转包给代某林，代某林又将21号楼分包给蒲某，将6号楼、7号楼分包给杨某伦。而蒲某、代某林、余某平作为自然人，均无建筑施工企业资质。故蒲某与代某林签订的《内部栋号管理协议》因违反上述法律禁止性规定而无效。根据建设工程施工合同相关司法解释的规定，建设工程施工合同无效，但建设工程经竣工验收合格，承包人请求参照合同约定支付工程价款的，应予支持。本案所涉21号楼工程已经竣工验收合格并交付使用。代某林作为与施工人蒲某签订《内部栋号管理协议》的合同相对方，应承担《内部栋号管理协议》无效而产生的工程款支付责任。根据《最高人民法院关于审理建设工程施工合同纠纷案件适用

法律问题的解释》第26条第2款①的规定，实际施工人以发包人为被告主张权利的，人民法院可以追加转包人或者违法分包人为当事人；发包人在欠付工程价款范围内对实际施工人承担责任。在本案中，案涉工程的发包人是诚投公司。八建公司、余某平、代某林是承包人和违法转包人，不属上述司法解释规定的发包人。故蒲某主张八建公司、余某平因违法转包而在欠付工程款范围内承担连带责任，不符合法律规定，应不予支持。

（四）劳务分包内部承包人作为实际施工人主张工程款的，人民法院应予支持

【案例来源】

案例名称：贵州鸭溪酒业有限公司与罗某彬建设工程施工合同纠纷案

审理法院：最高人民法院

案　　号：（2018）最高法民终27号

【争议点】

贵州鸭溪酒业有限公司（以下简称鸭溪酒业）与罗某彬、黄某禄、蔡某兵、贵州省冶金建设公司（以下简称冶金公司）、贵州省冶金建设公司第三建筑工程公司（以下简称冶金三公司）及贵州建工华龙劳务工程有限公司（以下简称华龙劳务公司）、郑某因建设工程施工合同纠纷引发诉讼，该案历经贵州省高级人民法院一审、最高人民法院二审两个阶段。在二审中，当事人就鸭溪酒业在欠付冶金公司工程款范围内是否对实际施工人承担责任产生争议。

【裁判说理】

在本案中，鸭溪酒业将案涉工程发包给冶金公司承建，冶金公司授权冶金三公司组建项目部负责实施案涉工程，并任命郑某为项目部负责人。后冶金三公司与华龙劳务公司签订《建设工程劳务施工分包合同》，将案涉工程劳务工作分包给华龙劳务公司。华龙劳务公司又与罗某彬、黄某禄、蔡某兵签订了《劳务施工内部承包合同》，将劳务部分工作进行了内部承包。罗某彬、黄

---

① 对应《最高人民法院关于审理建设工程施工合同纠纷案件适用法律问题的解释（一）》第43条（2020年12月29日修正），该条规定："实际施工人以转包人、违法分包人为被告起诉的，人民法院应当依法受理。实际施工人以发包人为被告主张权利的，人民法院应当追加转包人或者违法分包人为本案第三人，在查明发包人欠付转包人或者违法分包人建设工程价款的数额后，判决发包人在欠付建设工程价款范围内对实际施工人承担责任。"

某禄、蔡某兵系案涉工程实际施工人。鸭溪酒业认为根据《最高人民法院关于审理建设工程施工合同纠纷案件适用法律问题的解释》第3条第2款、第10条的规定，其向冶金公司支付工程价款的条件亦未成就。本院认为，该两条司法解释并不适用本案情形，其适用的前提条件是：建设工程施工合同无效或已解除，且建设工程经竣工验收不合格。在本案中，罗某彬、黄某禄、蔡某兵并非鸭溪酒业与冶金公司签订《贵州鸭溪酒业有限公司技改扩建工程施工承包合同》项下工程的全部施工人，鸭溪酒业亦未举证证明罗某彬、黄某禄、蔡某兵施工部分工程经验收存在不合格情形。故一审依据《最高人民法院关于审理建设工程施工合同纠纷案件适用法律问题的解释》第26条[①]的规定，判令鸭溪酒业在欠付冶金公司工程款范围内对实际施工人承担责任，适用法律正确。

（五）人民法院在审查当事人之间的关系属于挂靠关系还是建设工程分包关系时，核心在于当事人双方是否存在资质以及名义上的借用，存在的即为挂靠，不存在的为非法分包

【案例来源】

案例名称：江苏省第一建筑安装集团股份有限公司（原江苏省第一建筑安装股份有限公司）与田某海建设工程施工合同纠纷案

审理法院：最高人民法院

案　　号：（2018）最高法民申2595号

【争议点】

江苏省第一建筑安装集团股份有限公司（以下简称江苏一建公司）与田某海、江苏省第一建筑安装股份有限公司宜昌分公司因建设工程合同纠纷引发诉讼，该案历经湖北省宜昌市中级人民法院一审、湖北省高级人民法院二审、最高人民法院再审三个阶段。在再审中，当事人就江苏一建公司与田某海之间属于挂靠关系还是建设工程分包关系产生争议。

---

① 对应《最高人民法院关于审理建设工程施工合同纠纷案件适用法律问题的解释（一）》（2020年12月29日修正）第43条，该条规定："实际施工人以转包人、违法分包人为被告起诉的，人民法院应当依法受理。实际施工人以发包人为被告主张权利的，人民法院应当追加转包人或者违法分包人为本案第三人，在查明发包人欠付转包人或者违法分包人建设工程价款的数额后，判决发包人在欠付建设工程价款范围内对实际施工人承担责任。"

【裁判说理】

关于江苏一建公司与田某海之间属于挂靠关系还是建设工程分包关系的问题。所谓的"挂靠"是指单位或个人以其他有资质的施工单位的名义，承揽工程的行为。判断是否构成挂靠关系的核心是资质以及名义上的借用。而本案江苏一建公司提交的证据无法证明田某海与江苏一建公司之间存在事先的意思联络并达成借用江苏一建公司资质及名义的事实，况且，江苏一建公司与田某海签订的合同名称为《工程承包（协议）责任书》，该合同第一句便写明"甲方（江苏一建）将'湖北江重机械制造有限公司办公楼至食堂宿舍区运河跨桥等'工程由乙方（田某海）承包施工"。无论从名称还是内容来看都是一份非法分包合同。因此，江苏一建公司主张二审法院将挂靠关系认定为建设工程分包关系属于认定事实错误这一再审申请理由不能成立。

（六）在涉案工程实际由实际施工人完成，承包人明知实际施工人没有施工资质，仍对涉案工程违法分包的情况下，承包人主张管理费从工程款中扣除的，人民法院不予支持

【案例来源】

案例名称：八冶建设集团有限公司、八冶建设集团有限公司武威分公司与张某建设工程施工合同纠纷案

审理法院：最高人民法院

案　　号：（2020）最高法民申 2866 号

【争议点】

八冶建设集团有限公司（以下简称八冶集团）、八冶建设集团有限公司武威分公司（以下简称八冶武威分公司）与张某因建设工程合同纠纷引发诉讼，该案历经甘肃省高级人民法院二审、最高人民法院再审三个阶段。在再审中，当事人就八冶集团、八冶武威分公司应付工程款数额如何确定以及利息如何计算产生争议。

【裁判说理】

八冶集团、八冶武威分公司申请再审称八冶集团、八冶武威分公司扣除管理费有明确的合同依据。且八冶集团、八冶武威分公司作为案涉项目的负责人，对整个项目进行了管理并参与项目施工，应当享有管理费。人民法院认为关于八冶集团、八冶武威分公司应付工程款数额如何确定的问题，包括8%的

管理费是否应当从工程款中扣除以及税率标准如何认定等方面。本案二审根据案涉《审计报告》来计算八冶集团、八冶武威分公司应付工程款数额。关于8%的管理费是否应当从工程款中扣除的问题。本案中，案涉工程实际由张某完成。八冶集团、八冶武威分公司作为专业建设企业，明知张某没有施工资质，仍对案涉工程违法分包，具有明显过错。二审认定八冶集团、八冶武威分公司主张扣除8%的管理费缺乏事实和法律依据。

四、结语

建设工程分包是市场经济条件下建筑市场社会化大生产不断发展带来的，是社会分工精细化的必然产物。在当前我国城市化进程加速、建筑业蓬勃发展的大背景下，建设工程分包因其专业性和高效性已成为一种普遍的工程建设方式。人民法院在审理建设工程分包合同纠纷时，应当注意以下几种情况：其一，应当按照不动产纠纷确定由不动产所在地法院管辖。其二，人民法院在审查当事人之间的关系属于挂靠关系还是建设工程分包关系时，核心在于当事人双方是否存在资质以及名义上的借用，存在的即为挂靠、不存在的为非法分包。其三，建设工程施工合同无效的，关于工程款支付时间的约定并不当然具有拘束力。在承包人应当支付工程款而未能支付的情况下，实际施工人请求承包人支付自工程交付使用之日起工程款利息的，人民法院应当予以支持。其四，劳务分包内部承包人作为实际施工人主张工程款的，人民法院应予支持。此外，出现以下情况时，人民法院不予支持：其一，房地产建设中实际施工人非承包人员工且独立施工，当事人主张其为挂靠的。其二，当事人主张建设工程承包人和违法转包人因违法转包在欠付工程款范围内承担连带责任的。其三，在实际施工人已完成涉案工程施工并交付的情况下，当事人以建设工程施工合同因非法转包无效主张拒绝支付工程款的。其四，在涉案工程实际由实际施工人完成，承包人明知实际施工人没有施工资质，仍对涉案工程违法分包的情况下，承包人主张管理费从工程款中扣除的。

第六节 建设工程监理合同纠纷

一、导论

我国的建设工程监理制度于1988年开始试点，1992年正式推广，1997年《建筑法》正式将其纳入我国法律框架。此后，我国先后出台了一系列与建设工程监理相关的法律、法规和部门规章，这对建设工程监理工作的开展起到了一定的促进与保障作用。但是，随着建筑市场的迅速发展、国内建设产业结构的调整和管理体系的改革，我国监理行业在面临大好发展机遇的同时，也面临着巨大的挑战。由于我国的建设工程监理制度设立时间不长，相关监理问题也逐渐浮出水面，这就需要我们对建设工程监理制度进行更深入的研究与分析。本节以因建设工程监理合同产生纠纷的案件裁判文书为研究对象，并将2016年以来人民法院作出的相关裁判文书作为主要范围，归纳、提炼建设工程监理合同裁判的理念和趋势，以期通过对我国案例的研究来指导司法实践。

截至2021年1月，编者在中国裁判文书网中输入"建设工程监理合同纠纷"（案由）共检索出民事裁判文书3054篇，其中，由最高人民法院裁判的有2篇，由高级人民法院裁判的有104篇。在具体案例的选取上，本节遵循以下"两个优先"原则：第一，优先选择审判层级较高的裁判文书。第二，优先选择了6篇裁判文书进行研究，即审判日期较近的裁判文书。通过形式和内容两个方面的筛选，本节最终选择（2019）苏民申3514号、（2019）川民申4021号、（2018）苏民终65号、（2018）陕民申2152号、（2020）晋民再3号、（2016）浙民申3872。以上6篇裁判文书均由高级人民法院裁判，其中裁判日期为2018年（含）之后的有5篇。

二、建设工程监理合同的基本理论

（一）建设工程监理概述

1. 建设工程监理的定义。建设工程监理就是在建设工程领域里的监督管理，特指在某些大、中型工程项目建设中，具有法定资质条件的工程监理企业和建设单位签订书面监理委托合同，监理企业接受建设单位的委托，依据法律、行政法规、规范标准和建筑工程承包合同，代表建设单位对施工单位的施工行为进行监督和管理的专业化服务工作。[①]

2. 建设工程监理的性质。建设工程监理合同是委托合同。监理单位是一种中介服务组织，其接受建设单位的委托或者授权，凭借自身的技术与能力为建设单位服务，从而实现工程建设项目的总目标。[②] 其管理的对象是施工单位的施工工程，但它代表建设单位对工程质量进行监督和管理。如此，建设单位与施工单位之间便介入了一个独立的第三方，这个第三方既不隶属于发包方，也不隶属于承接方，它是具有独立法人资质的单位。而作为监理单位的监理工程师，也有三重身份，即咨询者、代理人和公证人，他们是监理单位的工作人员，代表监理单位对被监理的工程进行现场监督、管理，在法律、法规和合同的授权范围内行使自己的权利、履行自己的义务。

3. 建设工程监理合同的特征。（1）监理合同的当事人双方应当是具有民事权利能力与民事行为能力、取得法人资格的企事业单位、其他社会组织，个人只有在法律允许的范围内才可以成为合同当事人。（2）监理人必须是依法成立具有法人资格的监理单位，并取得相应等级的资质证书，且所承担的工程监理业务应当与单位资质相符合。（3）监理合同的订立必须经过公开招标程序。（4）委托监理合同的标的是服务，与工程建设实施阶段的其他合同不同，勘察设计合同、施工合同、装饰装修等合同的标的是有形的成果，而监理合同的标的是服务，即监理工程师凭据自己的知识、经验、技能为相关建设工程提供监督和管理。

4. 必须实行监理的建设工程范围。根据相关法律规定，并非所有的建设工程项目均需要实行工程监理，必须实行工程监理的建设工程包括以下几项：国

[①] 李海军：《我国建设工程监理存在的问题与对策》，载《科技创新导报》2010年第15期。
[②] 王岩峰：《我国建设工程监理法律问题研究》，西北大学2011年硕士学位论文。

家重点建设工程；大中型公用事业工程；成片开发建设的住宅小区工程；利用外国政府或者国际组织贷款、援助资金的工程；国家规定必须实行监理的其他工程。除此之外的建设工程项目是否实行工程监理，由当事人自行约定。

（二）建设工程监理人的权利与义务

1. 建设工程监理人的权利。（1）选择工程总承包人的建议权。（2）选择工程分包人的认可权。（3）对工程建设有关事项包括工程规模、设计标准、规划设计、生产工艺设计和使用功能要求等，向委托人的建议权。（4）对工程设计中的技术问题，按照安全和优化的原则，向设计人提出建议。（5）审批工程施工组织设计和技术方案，按照保障质量、工期和降低成本的原则，向承包人提出建议，并向委托人提出书面报告。（6）主持工程建设有关协作单位的组织协调，重要协调事项应当事先向委托人报告。（7）征得委托人同意，监理人有权发布开工令、停工令、复工令，但应当事先向委托人报告。如在紧急情况下未能事先报告时，则应在24小时内向委托人作出书面报告。（8）工程中使用的材料和施工质量的检验权。（9）工程施工进度的检察、监督权，以及工程实际竣工日期提前或超过工程施工合同规定的竣工期限的签认权。（10）在工程施工合同约定的工程价款范围内，工程款支付的审核和签认权以及工程结算的复核确认权与否决权。

2. 监理人的义务。（1）监理人按合同约定派出监理工作需要的监理机构及监理人员，向委托人报送委派的总监理工程师及监理机构主要成员名单、监理策划，完成监理合同专用条款中约定的监理工作范围内的监理业务。在履行合同义务期间，应按合同约定定期向委托人报告监理工作。（2）监理人在履行合同义务期间，应认真、勤奋的工作，为委托人提供与其水平相适应的咨询意见，公正地维护各方面的合法权益。（3）监理人使用委托人提供的设施和物品属于委托人的财产。在监理工作完成或中止时，应将其设施和剩余的物品按合同约定的时间和方式移交给委托人。在合同期内或合同终止后，未征得有关方同意，不得泄露与本工程、本合同业务有关的保密资料。

（三）建设工程监理委托人的权利与义务

1. 建设工程监理委托人的权利。（1）委托人有选定工程总承包人以及与其签订合同的权利。（2）委托人有对工程规模、设计标准、规划设计、生产工艺设计和设计使用功能要求等的认定权以及对工程设计变更的审批权。(3)监理人调换总监理工程师须事先得到委托人同意。(4)委托人有权要求监理人提交监理工作月报及监理业务范围内的专项报告。(5)当委托人发现监理人员不按监理合同履行监理职责,或与承包人串通给委托人造成工程损失的,委托人有权要求监理人更换监理人员,直到终止合同,并要求监理人承担相应的赔偿责任或连带赔偿责任。

2.委托人的义务。(1)委托人在监理人开展监理业务之前应向监理人支付预付款。(2)委托人应当负责工程建设的所有外部关系的协调,为监理工作提供外部条件。根据需要,如将部分或全部协调工作委托监理人承担,则应在专用条款中明确委托的工作和相应的报酬。(3)委托人应当在双方约定的时间内免费向监理人提供与工程有关的监理工作所需要的工程资料。(4)委托人应当在专用条款约定的时间内就监理人书面提交并要求作出决定的一切事宜作出书面决定。(5)委托人应当授权一名熟悉工程情况、能在规定时间内作出决定的常驻代表,负责与监理人联系。如更换常驻代表,应提前通知监理人。(6)委托人应当将授予监理人的监理权利以及监理人主要成员的职能分工、监理权限,及时书面通知已选定的承包人。(7)委托人应向监理人提供如下资料:与本工程合作的原材料、构配件、机械设备等生产厂家名录。与本工程有关的协作单位、配合单位的名录。(8)委托人应免费向监理人提供办公用房、通讯设施、监理人员工地住房及合同专用条款约定的设施,对监理人自备的设施给予合理的经济补偿,补偿金额=设施在本工程使用时间占折旧年限的比例×设施原值+管理费。(9)根据需要,如果双方约定由委托人免费向监理人提供其他成员,应在监理合同专用条款中予以明确。

三、关于建设工程监理合同纠纷的裁判规则

(一)当事人签订合同时明知监理服务招标系总价报价的,应当视为其接受监理的固定价格条件。如果当事人以建设工程总造价发生变化为由要求增加监理费用的,人民法院不予支持

【案例来源】

案例名称:江苏地亚建筑有限公司与建湖县实验小学建设工程监理合同纠

纷案

审理法院：江苏省高级人民法院

案　　号：（2019）苏民申 3514 号

【争议点】

江苏地亚建筑有限公司（以下简称地亚公司）与建湖县实验小学（以下简称实验小学）因建设工程监理合同纠纷引发诉讼，该案历经江苏省建湖县人民法院一审、江苏省盐城市中级人民法院二审、江苏省高级人民法院再审三个阶段。在再审中，当事人就是否增加监理费用产生争议。

【裁判说理】

根据涉案工程监理服务招标文件及监理合同，地亚公司提供的监理服务系针对实验小学北校区及幼儿园新建工程，具体应当以工程施工图纸为准。而实验小学发布的监理服务招标系总价报价，招投标时施工图纸并未明确，地亚公司明知此情况而仍然进行投标报价，并签订了监理合同，且在监理合同中亦仅载明总价计价，未进一步明确具体的监理费计算方法。因此，应当视为地亚公司系在明知施工图纸未出的情况下对自身权利作出了处分，明确接受了实验小学提出的固定价格条件。现地亚公司以建设工程总造价发生变化为由要求实验小学加付监理费用，与双方之间的合同以及先前作出的具体行为不符，该主张不能成立。同时，地亚公司与实验小学在二审中均认可在工程实际施工中未发生大的工作量变动，地亚公司亦未提供具体证据证明其实际提供的监理服务较之原合同的约定发生了明显增加。据此，在实验小学已支付合同约定的监理费用的情况下，二审判决不支持地亚公司要求加付监理费的诉讼请求，并无不当。地亚公司的申请再审理由，不能成立。

（二）当事人之间未进行招投标即签订了监理合同的，监理合同无效。但一方当事人已实际履行监理职责的，另一方当事人应折价补偿

【案例来源】

案例名称：四川华建项目管理有限公司与四川华利得置业有限责任公司建设工程监理合同纠纷案

审理法院：四川省高级人民法院

案　　号：（2019）川民申 4021 号

【争议点】

四川华建项目管理有限公司（以下简称华建公司）与四川华利得置业有限责任公司（以下简称华利得公司）因建设工程监理合同纠纷引发诉讼，该案历经四川省宝兴县人民法院一审、四川省雅安市中级人民法院二审、四川省高级人民法院再审三个阶段。在再审中，当事人就监理费用应如何计算的问题产生争议。

【裁判说理】

首先，案涉工程监理应当进行招投标，但华利得公司未进行招投标就与华建公司签订了案涉监理合同及补充协议，违反了法律的强制性规定，案涉监理合同及补充协议无效。案涉监理合同及补充协议虽无效，但华建公司实际履行了监理职责，监理行为是劳务及智力活动的结果，已不能返还，只能折价补偿。其次，案涉监理合同及补充协议无效，华建公司则不能依据监理合同及补充协议的约定来计算监理费用。华建公司申请再审认为应按合同约定的价款计算监理费的主张不能成立。华建公司的二审上诉意见中明确认可"案涉项目工程总投资只有2000万元"，故华建公司申请再审认为案涉工程实际使用资金约7000万元，其认为二审法院对涉案总投资认定为2000万元有误的主张不能成立。二审法院依据国家发展改革委、建设部关于印发《建设工程监理与相关服务收费管理规定》的通知（发改价格〔2007〕670号）规定，计算监理费用为45.985万元符合本案实际情况，扣除已付9万元，华利得公司应支付华建公司监理费36.985万元并无不当。

（三）监理人员是否具有监理资质不影响其实际完成的监理工作事实的认定。当事人仅以监理人员不具有监理资质主张监理工作未完成的，人民法院不予支持

【案例来源】

案例名称：北京方圆工程监理有限公司与钱某1、江苏金海置业有限公司建设工程监理合同纠纷案

审理法院：江苏省高级人民法院

案　　号：（2018）苏民终65号

【争议点】

北京方圆工程监理有限公司（以下简称方圆公司）与钱某1、江苏金海置

业有限公司（以下简称金海公司）、钱某2因建设工程监理合同纠纷引发诉讼，该案历经江苏省连云港中级人民法院一审、江苏省高级人民法院二审两个阶段。在二审中，当事人就钱某1是否实际完成了监理工作的问题产生争议。

【裁判说理】

根据双方当事人提交的证据反映，工地例会的会议纪要全面记载了实际监理情况。从该会议纪要的内容以及工程验收组名单来看，实际参与涉案工程的监理人员主要有余某山、柳某军、孙某雨、钱某1、马某桐、祁某强、鲁某霖、顾某宁、杨某满等人。其中，除余某山、柳某军系方圆公司员工外，其余监理人员均系由钱某1实际控制并担任执行董事的经纬公司的工作人员。且钱某1实际掌握工程的监理日志反映的现场监理人员也主要为经纬公司的上述人员。结合《经济包干协议书》约定由钱某1对涉案工程监理进行经济包干，连云港监理项目部与方圆公司江苏监理部进行监理费结算，从已结算情况来看，实际也是由方圆公司工作人员朱某旭支付给钱某1 648 450元。以上事实可以认定，钱某1系在方圆公司工作人员余某山、柳某军的参与下实际完成了涉案工程的监理工作。这也与《经济包干协议书》中"公司江苏监理部定期和不定期派员到监理项目部核查监理工作的落实情况，参与重大质量问题的技术把关"等约定能互相印证，方圆公司也因此可取得23%的监理费用。经纬公司监理人员是否具有监理资质不影响其实际完成了监理工作事实的认定。方圆公司主张由其实际完成监理工作，钱某1与方圆公司仅为劳务关系，既缺乏证据证明，也与《经济包干协议书》的约定明显不合，本院不予支持。综上所述，一审法院认定涉案工程的监理工作主要由钱某1实际完成正确。

（四）监理机构在监理合同到期后仍然进行监理活动的，即使双方未及时签订新的补充协议，人民法院可以认定存在延期监理服务

【案例来源】

案例名称：临沂矿业集团有限责任公司与西安煤炭建设监理中心建设工程监理合同纠纷案

审理法院：陕西省高级人民法院

案　　号：（2018）陕民申2152号

【争议点】

临沂矿业集团有限责任公司（以下简称临沂矿业）与西安煤炭建设监理中

心(以下简称西安煤监)因建设工程监理合同纠纷引发诉讼,该案历经渭南市中级人民法院二审、陕西省高级人民法院再审三个阶段。在再审中,当事人就西安煤监是否存在延期监理服务的事实及延期监理服务费的数额如何认定产生争议。

【裁判说理】

2012年7月3日,西安煤监与石家坡煤业签订《澄城县石家坡煤矿建设工程监理补充协议书(45万吨/年)》,约定监理服务从2013年1月8日开始至2013年7月7日结束,合同期限为6个月,监理费用80万元。同时也约定了延期监理服务费的收取办法。上述合同签订后,西安煤监于2013年1月8日接到石家坡煤业发出的澄城县石家坡煤矿监理站进场通知单进场监理。合同到期后西安煤监仍在场进行监理活动但双方未及时签订新的补充协议。原审法院依据工程签证单、监理日志、施工日志、开工报告、竣工报告、旁站监理记录、第三方监督管理机构出具的相关证明等证据,认定西安煤监存在延期监理服务的事实并无不当。

(五)建设工程委托监理合同变更中标通知书对监理费价格的计算依据,但二者中监理费的计算依据均属于同一有效文件,且不存在合同无效的情形,人民法院应当认定该约定有效

【案例来源】

案例名称:山西方园建设工程项目管理有限公司与大同市市政建设发展公司建设工程监理合同纠纷案

审理法院:山西省高级人民法院

案　　号:(2020)晋民再3号

【争议点】

山西方园建设工程项目管理有限公司(以下简称山西方园公司)与大同市市政建设发展公司(以下简称大同市政公司)因建设工程监理合同纠纷引发诉讼,该案历经大同市城区人民法院一审、大同市中级人民法院二审、山西省高级人民法院再审三个阶段。在再审中,当事人就工程价款和监理费的数额的计算产生争议。

【裁判说理】

根据《招标投标法》《招标投标法实施条例》的规定,招标人和中标人按照

招标文件和中标人的投标文件订立书面合同,合同的标的、价款、质量、履行期限等主要条款应当与招标文件和中标人的投标文件的内容一致,招标人和投标人不得再行订立背离合同实质性内容的其他协议。案涉中标通知书与监理合同对于监理费的约定是否存在冲突,另案原一审法院大同市城区人民法院向大同市财政局预算评审中心(原大同市财政评审中心)进行调查落实,根据大同市财政局预算评审中心2018年4月23日的回复意见,工程监理费计费依据主要为国家发改委发改价格〔2007〕670号文件,和双方合同约定依据相同,而国家发改委发改价格〔2007〕670号文件附件中的建设工程监理与相关服务收费标准1.0.8条规定:施工监理服务收费的计费额可依建设工程概算投资额或建筑安装工程费计算。2010年4月17日的中标通知书与2010年4月20日双方签订了《建设工程委托监理合同》,时间顺序衔接,监理费的计算均是依据国家发改委发改价格〔2007〕670号文件,并不存在招标人和投标人故意或重大过错、再行订立背离合同实质性内容从而损害一方利益的其他协议的情形。所以,申请人山西方园公司以合同约定要求依据国家发改委发改价格〔2007〕670号文件下浮60%计算监理费,政策依据和合同依据充分、公平合理、利益平衡。即使依照中标通知书,造价认可大同市财政评审中心核定的价格,但时至今日,涉案工程已投入使用多年,但被申请人仍未就涉案工程主体项目向大同市财政局预算评审中心报送结算,何时可以结算并不明确,于情于理于法都不能因被申请人的懈怠行为而无限期地拖延监理费的结算,损害申请人的合法权益。

(六)施工人之间的工程转包以及内部承包关系不是监理公司监理的对象,当事人主张监理公司未监理到承包方将工程非法转包存在故意与失察的,人民法院不予支持

【案例来源】

案例名称:浙江德艾可家居用品有限公司与台州恒信工程监理有限公司建设工程监理合同纠纷案

审理法院:浙江省高级人民法院

案　　号:(2016)浙民申3872号

【争议点】

浙江德艾可家居用品有限公司(以下简称德艾可公司)与台州恒信工程监

理有限公司（以下简称恒信公司）因建设工程监理合同纠纷引发诉讼，该案历经浙江省台州市黄岩区人民法院一审、浙江省台州市中级人民法院二审、浙江省高级人民法院再审两个阶段。在再审中，当事人就恒信公司有无全面履行监理职责产生争议。

【裁判说理】

德艾可公司认为根据该判决的认定承包方标力集团又将部分工程进行了非法转包，恒信公司存在故意或失察。本院认为，监理公司监理的对象是工程质量，而对施工人之间的工程转包以及内部承包关系不是其监理的内容，因此，德艾可公司提交的新证据与本案争点无关，本院不予采信。本案主要的争点是恒信公司有无全面履行监理职责。本院认为，对监理公司的监理职责可从合同约定以及国家强制性法律规定两方面进行考量。根据《建筑法》第32条规定，建筑工程监理应当依照法律、行政法规及有关的技术标准、设计文件和建筑工程承包合同，对承包单位在施工质量、建设工期和建设资金使用等方面，代表建设单位实施监督。根据《建筑法》第35条规定，工程监理单位不按照委托监理合同的约定履行监理义务，对应当监督检查的项目不检查或者不按照规定检查，给建设单位造成损失的，应当承担相应的赔偿责任。工程监理单位与承包单位串通，为承包单位谋取非法利益，给建设单位造成损失的，应当与承包单位承担连带赔偿责任。根据《建设工程质量管理条例》第38条规定，监理工程师应当按照工程监理规范的要求，采取旁站、巡视和平行检验等形式，对建设工程实施监理。从以上规定可知，监理公司对应当监督检查的项目不检查或未按规定检查，或已经检查但未及时发出整改指令；或与施工单位串通、降低质量标准的，应当与承包单位承担连带赔偿责任。本案从德艾可公司提供的工程材料报验单看，复检栏已划勾，可以认定恒信公司在钢筋进场时已经履行了检验义务，而对钢筋直径的检验系对重量偏差方面的检验，由于当时施行的《混凝土结构工程质量验收规范》(以下简称《2002规范》)并没有要求监理公司必须进行重量偏差检验的规定，"重量偏差"检验系《2002规范》自2011年8月1日修订后增加，该增加的内容不能溯及既往。恒信公司按修订前的《2002规范》进行检验，检验方法是检查产品合格证、出厂检验报告和进场复验报告，并无不妥。因此恒信公司已经履行监理职责，也无证据证明其与承包方存在串通的故意。德艾可公司向恒信公司主张工期预期赔偿以及减扣监理费的理由均不能成立。

四、结语

作为建设工程领域当中重要的一方行为主体，我国推行建设工程监理制度已经有了多年的历史，这些年来，国家先后出台了"三法、两条例、一规范"，即《建筑法》《合同法》[①]《招标投标法》《建设工程质量管理条例》《建设工程安全生产管理条例》和《建设工程监理规范》。这些法律法规构成了我国建设工程领域的法律体系框架，其颁布实施有效地规范了工程建设市场秩序，形成了有效的建设工程监理机制，促进了建设监理事业的发展。伴随着我们工程建设的不断发展，新的问题也逐渐浮出水面，人民法院在审理建设工程监理合同纠纷时，出现以下情况的，人民法院不予支持：其一，当事人明知监理服务招标系总价报价后仍然进行投标报价，并签订了监理合同，接受监理的固定价格条件后当事人以建设工程总造价发生变化为由要求增加监理费用。其二，当事人主张监理公司未监理到承包方将工程非法转包存在故意与失察的。其三，当事人仅以监理人员不具有监理资质主张监理工作未完成的。此外，人民法院在审理案件时应当注意以下情况：其一，当事人之间未进行招投标即签订了监理合同的，监理合同无效。但一方当事人已实际履行监理职责的，另一方当事人应折价补偿。其二，《建设工程委托监理合同》中对监理费价格的约定虽变更中标通知书对监理费价格的计算依据的，但双方合同中监理费的计算依据均属于同一文件，不存在招标人和投标人故意或重大过错、再行订立背离合同实质性内容从而损害一方利益的其他协议的情形的，人民法院应当认定该约定有效。其三，监理公司对应当监督检查的项目不检查或未按规定检查，或已经检查但未及时发出整改指令；或与施工单位串通、降低质量标准的，应当与承包单位承担连带赔偿责任。其四，监理机构在监理合同到期后仍然进行监理活动的，即使双方未及时签订新的补充协议，人民法院可以认定存在延期监理服务。

---

① 该法现已失效。《民法典》合同编对相关内容进行了保留、完善。

第七节　装饰装修合同纠纷

一、导论

近年来，由于房地产行业的迅猛发展，装饰装修行业也实现了蓬勃发展。但是有关装饰装修过程中引发的纠纷也日渐增加，并且由于装饰装修工程标的类别不一、施工内容繁杂，现行法律、法规以及司法解释对装饰装修合同纠纷的规定尚待完善了，司法实践中也遇到了无法确切认定装饰装修合同性质、如何适用法律、是否属于《建筑法》调整范畴等问题。在房地产迅猛发展的背景下，因个人家庭住宅的装饰装修引发的纠纷逐年攀升，实践中出现了较多的由于施工手续粗糙、合同所对应的设计图纸、预算、施工材料不明确、双方对合同中固定总价的内容和范围发生争议等情况。在此情况下，本节以因装饰装修合同产生纠纷的案件裁判文书为研究对象，以2017年以来人民法院作出的相关裁判文书为主要范围，归纳、提炼装饰装修合同裁判的理念和趋势，以期通过对我国案例的研究来指导司法实践。

截至2021年2月，编者在中国裁判文书网中输入装饰装修合同纠纷"（案由）共检索出民事裁判文书206 533篇，其中，由最高人民法院裁判的有84篇，由高级人民法院裁判的有2421篇。在具体案例的选取上，本节遵循以下"两个优先"原则：第一，优先选择审判层级较高的裁判文书；第二，优先选择审判日期较近的裁判文书。通过形式和内容两个方面的筛选，本节最终选择了6篇裁判文书进行研究，即（2020）冀06民初41号、（2018）苏民终820号、（2020）陕民再160号、（2020）沪民再9号、（2019）云民终138号、（2019）渝民再126号。其中，高级人民法院审理的有5篇，中级人民法院审理的有1篇，裁判日期为2020年（含）的有3篇。

二、房地产装饰装修合同的基本理论

（一）房地产装饰装修合同概述

1.装饰装修工程的定义。工程装修分为"家装"和"工装"，前者是指家庭住宅装修，后者泛指有一定规模的公共场所设施的装修工程，如酒店、商场、办公楼等。根据《建筑装饰装修工程质量验收标准》之规定，"建筑装饰装修"是指为保护建筑物的主体结构，完善建筑物的使用功能和美化建筑物，采用装饰装修材料或饰物，对建筑物的内外表面积及空间进行的各种处理过程。①

2.装饰装修合同的定义。装饰装修合同是指发包人与装饰装修工程承包人之间就装饰装修工程签订的，明确双方权利义务的协议。根据工程标的的不同，装饰装修合同分为"家庭装饰装修合同"和"大型、非家装工程装饰装修合同"两种。

3.装饰装修合同分类及定性。由于工程装修分为"工装"和"家装"两种。而现行法律即法规、司法解释等法律文件也未对两种合同的性质作出具体明确的规定，并且司法实践中对两种合同性质的认定也不一。

（1）"大型、非家装的工程装修合同"。我国现行的法律及司法解释，普遍将该类型合同认定为建设工程施工合同。我国《民法典》第788条规定："建设工程合同是承包人进行工程建设，发包人支付价款的合同。建设工程合同包括工程勘察、设计、施工合同。"2019年修订的《建设工程质量管理条例》第2条第2款规定："建设工程"是指土木工程、建筑工程、线路管道和设备安装工程及装修工程。由此，《民事案件案由规定》第115条中将"装饰装修合同纠纷"属于"建设工程合同纠纷"案由。此外，根据住房和城乡建设部、工商总局发布的建设工程施工合同（示范文本）规定该《示范文本》的适用范围"《示范文本》适用于房屋建筑工程……装修工程等建设工程的施工承发包活动"。综上可见，"大型非家装的工程施工合同"可以认定为建设工程施工合同。

---

① 周利明：《解构与重塑——建设工程合同纠纷审判思维与方法》，法律出版社2019年版，第20页。

（2）"家庭装饰装修合同"。在司法实践中，对是否适用建筑法、能否认定为建设工程施工合同的做法存在诸多争议。学理上，有学者提出，住宅装饰装修更符合承揽合同的范畴，不属于《建筑法》规范的领域。对此《山东省高级人民法院2008年全省民事审判工作会议纪要》规定："关于家庭居室装饰装修合同如何适用法律的问题……所谓家庭居室装饰装修是指居民为改善自己的居住环境，自行或者委托他人对居住的房屋进行修饰处理的工程建设活动。家庭居室装饰装修不属于《建筑法》的调整范围，对于家庭居室装饰装修合同引起的纠纷应当依据《合同法》[①]有关承揽合同的规定，并参照建设部2002年发布的《住宅室内装饰装修管理办法》予以处理。"该会议纪要明确了家庭装饰装修合同不属于建设工程施工合同的范畴。《北京市高级人民法院关于审理建设工程施工合同纠纷案件若干疑难问题的解答》中也明确了"仅以施工人缺乏相应资质为由主张装饰装修合同无效的，一般不予支持"。该条文明确了家庭装饰装修合同对于施工人的资质要求并不严格。同时，在司法实践中，业主与无资质施工队负责人或无资质的个人之间订立的家庭住宅装饰装修合同，一般情况下也被认定为承揽合同，但也有个别将与无资质的个人之间订立的装修合同认定为劳务合同。

因此，一般情况下，家庭装饰装修合同应认定为承揽合同而非装饰装修合同，但如果承包人与第三方主体的个人并非分包关系，而是按固定标准计算报酬的，此类合同往往被认定为劳务合同。[②]

4. 装饰装修合同的管辖。根据《民事诉讼法》第33条之规定可知，因不动产纠纷提起的诉讼由不动产所在地法院管辖，同时2020年最新修订的《最高人民法院关于适用〈中华人民共和国民事诉讼法〉的解释》第28条也明确了，不动产包括建设工程施工合同，确定了建设工程施工合同纠纷依据不动产所在地原则适用专属管辖。因此装饰装修合同作为建设工程施工合同的一种，当然也适用专属管辖的原则。而对于其中的家庭装饰装修合同而言，由于其不属于建设工程施工合同的范畴，因此不受建设工程施工合同专属管辖的约束。

5. 装饰装修工程的优先受偿权。由于装饰装修工程分为"工装"和"家

[①] 对应《民法典》合同编相关内容。
[②] 周利明：《解构与重塑——建设工程合同纠纷审判思维与方法》，法律出版社2019年版，第24页。

装"两种，根据前述对两类装修工程合同性质的认定，可以发现由于后者在司法实践中通常被认定属于承揽合同而非建设工程施工合同，因此"家庭装饰装修合同"不受《建筑法》的约束。

由于因家庭装修合同引发的纠纷适用承揽合同的相关规定，因此，对于家庭装饰装修也不适用建设工程中优先受偿权的相关规定。但是对于前者"大型、非家庭装修工程合同"而言，由于其属于建设工程施工合同的范畴，因此对于此类装饰装修合同适用建设工程价款优先受偿权的相关法律规定。根据《民法典》第807条之规定可知，对于发包人经催告后仍然逾期不支付工程价款的，承包人可就折价或拍卖的工程价款优先受偿。2020年最新修订的《最高人民法院关于审理建设工程施工合同纠纷案件适用法律问题的解释（一）》第37条规定："装饰装修工程具备折价或者拍卖条件，装饰装修工程的承包人请求工程价款就该装饰装修工程折价或者拍卖的价款优先受偿的，人民法院应予支持。"该条也明确规定了装饰装修工程中工程价款优先受偿权。

（二）装饰装修合同与建设工程设计合同的区别

建设工程设计合同，是指发包人与设计人就为完成特定的设计任务而签订的确定双方权利义务的协议。装饰装修合同与建设工程设计合同尽管都属于建设工程合同的范畴，但两者也存在很大的区别。

第一，两者性质不同。建设工程设计合同属于建设工程合同，而装饰装修合同属于建设工程施工合同，其中家庭装饰装修合同则属于承揽合同。

第二，对于施工方有无资质要求不同。由于家庭装饰装修合同属于承揽合同，因此与无资质的施工方签订的装修合同并不必然影响合同效力，而对于建设工程设计合同而言，必须要求设计单位有相应的资质。

第三，两者对合同纠纷的管辖法院要求不同。由于根据前述可知装饰装修合同属于建设工程施工合同的范畴，因此适用不动产专属管辖。但是对于建设工程设计合同来说，由于承包方的工作成果主要是提供设计方案或设计文件等，与其他案由中承包人的合同主要系在工程现场完成、工程成果直接物化至不动产显著不同，因此建设工程设计合同不适用专属管辖。[①]

---

① 周利明：《解构与重塑——建设工程合同纠纷审判思维与方法》，法律出版社2019年版，第42页。

三、关于装饰装修合同纠纷的裁判规则

（一）在装饰装修合同纠纷中，对装饰装修合同属性的认定应当依据最高人民法院将该案由列明的位置来判断，即其属于建设工程合同

【案例来源】

案例名称：河北惠东房地产开发有限公司与保定市莲池区西关街道薛刘营村委员会装饰装修合同纠纷案

审理法院：河北省保定市中级人民法院

案　　号：（2020）冀06民初41号

【争议点】

河北惠东房地产开发有限公司（以下简称惠东公司）与保定市莲池区西关街道薛刘营村委员会（以下简称村委会）因装饰装修合同引发纠纷，该案历经河北省保定市中级人民法院一审一个阶段。在一审中，当事人双方就所签订的委托装修施工合同及补充协议是否有效产生纠纷。

【裁判说理】

在判断案涉装饰装修合同及补充协议的效力问题中，应当首先明确，由于最高人民法院将装饰装修合同纠纷案由列至建设工程合同项下，因此装饰装修合同应当属于建设工程合同的一种，所以在判断案涉装饰装修合同以及补充协议的效力时应当根据建设工程合同的相关法律及司法解释来认定。同时由于司法实践中对装饰装修合同双方的要求更符合施工合同的一种，因此将其认定为施工合同更为适宜，因此，根据相关司法解释规定，建设工程施工合同具有下列情形之一的，应当根据认定无效：（1）承包人未取得建筑施工企业资质或者超越资质等级的；（2）没有资质的实际施工人借用有资质的建筑施工企业名义的；（3）建设工程必须进行招标而未招标或者中标无效的。由此可知，在本案中原告惠东公司和实际施工人并无相应的资质，并且案涉属于应当招标而未招标的情形，因此即使案涉合同及补充协议的签订是在双方意思表示真实的情况下，但属于违反法律、行政法规强制性规定应当认定为无效的情况。

(二）在装饰装修合同纠纷中依据《施工合同》无法确定工程价款的，可以将工程造价司法鉴定意见作为确定工程价款的依据

【案例来源】

案例名称：南通佩尔斯服饰有限公司、胡某华与南通深蓝印象建筑装饰工程有限公司装饰装修合同纠纷案

审理法院：江苏省高级人民法院

案　　号：（2018）苏民终820号

【争议点】

南通佩尔斯服饰有限公司（以下简称佩尔斯公司）、胡某华与南通深蓝印象建筑装饰工程有限公司（以下简称深蓝公司）因装饰装修合同引发纠纷，该案经江苏省南通市中级人民法院一审、江苏省高级人民法院二审两个阶段。在二审中，当事人就工程造价司法鉴定意见能否作为确定涉案工程价款的依据问题产生争议。

【裁判说理】

首先，在本案中，由于已经认定对工程价款的认定标准应当以胡某华、佩尔斯公司和深蓝公司于2009年3月1日签订的合同为限，并且在要求应按照实际施工结算的情况下，法院为保障公平启动司法鉴定程序是十分必要的。其次，鉴定意见的依据包括两个方面：一是，案涉3月1日所签订的合同没有具体规定结算的依据，且由于案涉工程主要发生于2009年5月1日前后，在此期间当地政府出具了新的《建设工程收费定额》，因此，在结算依据上也应当根据最新颁布的《建设工程收费定额》的标准；二是，由于3月1日所签订的合同对工程主材的价款有相关约定，明确规定了在最终价款按实结算的情况下应当再增加12%的管理费（含税），因此，为保障最终价款的真实性，鉴定机构对认质认价材料按签证价加12%管理费（含税）也是应当准许的。同时，对于鉴定所依据的施工图纸和质认单价，由于胡某华并不能给出反证予以证明，因此也应当认定为真实。至于对佩尔思公司提出的案涉建筑三楼大厅轻钢龙骨项目的龙骨间距问题，由于在一审质证过程中其并未对此部分的鉴定意见提出异议，并且如果实际测量破坏案涉建筑的墙体，因此，在保障建筑完整性的前提下鉴定人员按照合理规格鉴定也是应当认可的。综上所述，当根据《施工合同》无法确定工程价款的情况下，可以依据工程造价的司法鉴定意见。

（三）在装饰装修合同纠纷中，当事人双方于无效《施工合同》中对付款条件的约定不能依法律规定的，即使合同无效但承包人可因工程经竣工验收合格而请求参照合同约定获得工程价款

【案例来源】

案例名称：张某清与浙江亚厦装饰股份有限公司与西安世纪金花曲江购物中心有限公司装饰装修合同纠纷案

审理法院：陕西省高级人民法院

案　　号：（2020）陕民再160号

【争议点】

张某清与江亚厦装饰股份有限公司（以下简称亚厦公司）、浙江亚厦装饰股份有限公司西南分公司（以下简称亚厦西南分公司）、西安世纪金花曲江购物中心有限公司（以下简称金花曲江公司）因装饰装修合同纠纷引发诉讼，该案历经西安市雁塔区人民法院一审、西安市中级人民法院二审、陕西省高级人民法院再审三个阶段。在再审中，事人就张某清能否请求亚厦西南分公司支付工程款是否附有条件及付款条件是否成就的问题产生争议。

【裁判说理】

由于该案为装饰装修合同纠纷，属于建设工程合同纠纷的范畴，因此根据法律规定承包人应当具备相应的资质，而案件中的承包人张某清是借用亚厦西南分公司的资质，因此，在此情况下双方签订的《考核责任书》无效。根据《最高人民法院关于审理建设工程施工合同纠纷案件适用法律若干问题的解释》第2条①规定："建设工程施工合同无效，但建设工程经竣工验收合格，承包人请求参照合同约定支付工程价款的，应予支持。"由此可知，在案涉合同无效的情况下，承包人参照无效合同中关于工程价款的约定请求支付。但是由于案涉合同中仅对付款条件作了约定，而第2条中"参照合同的约定"主要指工程的计价方法、计算标准等与工程价款数额相关的约定而不包括对付款方式的约定，因此在案涉合同仅对付款条件约定的情况下，不符合法律规定的承包人可参照合同的约定请求支付工程价款的情形。因此在案涉合同无效的情况下，合

---

① 对应《民法典》第793条第1款，该条款规定："建设工程族工合同无效，但是建设工程经验收合格的，可以参照合同关于工程价款的约定补偿承包人。"

同中对付款条件的约定对张某清和亚厦西南分公司没有约束力，因此，就双方争议的亚厦西南分公司向张某清应按案涉合同约定附条件支付工程价款的条件不能成就。

（四）合同约定工程价款以记名支票形式支付的，第二层转包人以第一层非法转包人名义于发包人处领取该支票的，即使支票载明收款人为第一层非法转包人，仍可认定发包人已支付了工程价款

【案例来源】

案例名称：中建东方装饰有限公司与浙江省永康市飞月门业有限公司、上海金旭建筑装饰工程有限公司、上海振龙房地产开发有限公司装饰装修合同纠纷案

审理法院：上海市高级人民法院

案　　号：（2020）沪民再9号

【争议点】

中建东方装饰有限公司（以下简称东方公司）与浙江省永康市飞月门业有限公司（以下简称飞月公司）、上海金旭建筑装饰工程有限公司（以下简称金旭公司）、上海振龙房地产开发有限公司（以下简称振龙公司）因装饰装修合同纠纷引发诉讼，该案历经上海市浦东新区人民法院一审、上海市第一中级人民法院二审、上海市高级人民法院再审三个阶段。在再审中，当事人就振龙公司是否欠付东方公司工程价款产生争议。

【裁判说理】

《最高人民法院关于审理建设工程施工合同纠纷案件适用法律问题的解释（二）》第24条[①]规定："实际施工人以发包人为被告主张权利的，人民法院应当追加转包人或者违法分包人为本案第三人，在查明发包人欠付转包人或者违法分包人建设工程价款的数额后，判决发包人在欠付建设工程价款范围内对实际施工人承担责任。"发包人在欠付转包人或违法分包人工程价款的情况下，发包人在工程价款的范围内承担连带责任。在本案中，实际施工人为飞月公司，

[①] 对应《最高人民法院关于审理建设工程施工合同纠纷案件适用法律问题的解释（一）》（2020年12月29日修正）第43条第2款，该条款规定："实际施工人以发包人为被告主张权利的，人民法院应当追加转包人或者违法分包人为本案第三人，在查明发包人欠付转包人或者违法分包人建设工程价款的数额后，判决发包人在欠付建设工程价款范围内对实际施工人承担责任。"

发包人为振龙公司，东方公司为违法分包人及第一层转包人，金旭公司为第二层转包人。由于案涉的六笔工程款均以记名支票的形式支付，且在记名支票上记载的收款人均为东方公司，而记名支票在背书转让或取款时需经过东方公司的签章，因此在案涉支票已经由支票人付款的情况下应当认定东方公司在此过程中知晓，尽管实际收款方并不是记载的收款人东方公司，但是并不能否认该款项没有支付的事实。并且，根据东方公司与振龙公司就工程款支付的约定可知，双方的工程款均以支票形式支付。此外，东方公司也承认之前有金旭公司员工曾向振龙公司领取过以东方公司未收款人的支票，对此东方公司也认可该支票属于工程款。由于案涉的六张支票有五张为金旭公司前员工杨某签收，根据之前的惯例，杨某作为金旭公司员工从发包人振龙公司处领取的支票也应当认定为属于振龙公司支付的工程价款。因此，应当认定振龙公司不欠付工程价款。

（五）在装饰装修合同纠纷中，施工合同的有效与否与建设工程的验收备案无直接因果关系

【案例来源】

案例名称：云南航空迪庆观光酒店有限公司与浙江八达建设集团有限公司、杭州建工集团有限公司、钟某松装饰装修合同纠纷案

审理法院：云南省高级人民法院

案　　号：（2019）云民终138号

【争议点】

云南航空迪庆观光酒店有限公司（以下简称迪庆观光酒店）因与浙江八达建设集团有限公司（以下简称浙江八达集团）、杭州建工集团有限责任公司、钟某松装饰装修建设合同引发纠纷，该案历经云南省迪庆藏族自治州中级人民法院一审、云南省高级人民法院二审两个阶段。在二审中，双方当事人就迪庆观光酒店能否要求钟某松或浙江八达集团配合办理酒店装修项目竣工验收备案相关手续产生纠纷。

【裁判说理】

由于本案为装饰装修合同纠纷，因此根据法律规定，对于装饰装修工程的施工人应当是具有相应资质的人，否则双方签订的施工合同无效。在本案中，实际施工人钟某松系借用浙江八达集团资质进行装修施工的，因此应当认定案涉施工合同是无效的。由于在建设工程施工过程中，无资质的实际施工人是借

用有资质的单位进行施工的，在施工过程中所形成的各项施工资料以及合格证通常情况下是以被借用资质的单位的名义出具的，因此，即使在无效合同的情况下也是存在工程验收备案的。在本案中，浙江八达集团于 2014 年已向迪庆观光酒店提交了竣工验收的申请报告，并且在申请当日迪庆观光酒店的现场负责人和经理等已对现场进行初步检验并提出了工程质量方面的要求，但在工程质量问题整改完毕之后，在经监理工程师说明该项目已具备竣工验收条件的情况下，迪庆观光酒店并未组织整体工程的竣工验收备案工作，而是仅对工程进行了验收。因此，未对工程验收备案并不是由钟某松或浙江八达集团造成的，而是在于迪庆观光酒店自身长期未组织竣工验收，并且是由于其酒店内部因管理人员变动、长期未实际经营的事实造成竣工资料的丢失，而不在于因案涉施工合同的无效导致工程无法验收备案。因此，迪庆观光酒店不能要求钟某松或浙江八达集团配合办理酒店装修项目竣工验收备案相关手续。

（六）装修工程施工方为保障装修工程安全所接收的建设工程施工方的保洁及安保服务，在未与装修工程协商该部分费用负担情况下要求其承担的，人民法院不予支持

【案例来源】

案例名称：重庆市江津区中心医院与陕西省建筑装饰工程公司装饰装修合同纠纷案

审理法院：重庆市高级人民法院

案　　号：（2019）渝民再 126 号

【争议点】

重庆市江津区中心医院（简称江津医院）与陕西建工装饰集团有限公司（简称陕西公司）因装饰装修合同引发纠纷，该案历经重庆市江津区人民法院一审、重庆市第五中级人民法院二审、重庆市高级人民法院再审三个阶段。在再审中当事人就陕西公司施工过程中发生的门卫、安保及清洁人员工资承担问题产生争议。

【裁判说理】

在本案中，由于在案涉工地例会会议记录里江津医院明确提出工地的配合费由现场的各施工单位内部协商决定，并且在工程完工后陕西公司向江津医院提交的案涉《函件》请求江津公司向未交配合费的施工单位催缴，且该配合费

的款项包含电费的费用，陕西公司在随后向江津公司申报工程款时也仅仅提出了延期开工损失，并未提及门卫、安保、保洁等安全文明施工费的款项，这表明陕西公司认可江津公司不支付该部分款项。同时就该部分安全保障施工费由谁结算的问题在陕西公司施工过程中并未与江津医院进行磋商，这也能反映出陕西公司的态度，即由其本人承担该部分款项的结算。除此之外，门卫、安保及清洁作为安全文明施工费用，在工程价款中本就包含了各施工方的自身安全文明施工费用。前期的工程建设单位，将现场的道路、门卫、环境在施工期间进行统一管理也是为了满足其主体工程施工的需要，并且在其安全文明施工专项费之外，江津医院也并未就该项工作另行向其支付费用。而陕西公司作为工程的装修单位，为了保障自身安全文明施工在其工程价款中已经包含了安全文明施工专项费用的情况下也应当接手该部分工作，因此在陕西公司接管该部分工作时，对该部分的费用承担也应当由其自行与现场其他施工单位协商收取更符合双方的约定。而不能将门卫、安保及保洁等该部分工人的费用直接要求江津医院承担，否则有违诚信的要求。

四、结语

人民法院在审理装饰装修合同纠纷的案件时，如果发现以下几种情况的应当注意：首先，在对装饰装修合同性质的认定时，应当根据最高人民法院最新案由规定的内容判断，即在最新案由规定中将装饰装修合同纠纷列于建设工程合同项下，基于此可以判断装饰装修合同的属性为建设工程合同；其次，在依据当事人双方签订的《施工合同》不能明确工程价款数额的情况下，可以采纳经司法鉴定确定的数额；再次，应当明确的是建设工程是否验收备案不能直接证明当事人达成的施工合同的效力；最后，当工程价款是以记名支票的形式进行支付的，如果第二层转包人以其第一层非法转包人名义在发包人处已经领取了支票，即使支票上的收款人为第一层非法转包人，仍旧可以证明发包人向第一层非法转包人支付了价款。此外，在发生以下情况的时，人民法院不应当予以支持：第一，在装修工程施工方以保障装修工程安全而接收建设工程施工方为保障施工而聘用的门卫、安保及保洁等，但装修工程施工方未对此安全文明施工费用的负担与装修工程承包方协商而直接请求承包方承担的；第二，在确定当事人双方签订的《施工合同》无效的情况下，合同中仅对付款条件进行了约定。

第八节　农村建房施工合同纠纷

一、导论

近年来，随着我国经济的发展和精准扶贫等制度的推进，新农村建设的热情不断高涨，但由此而带来的农村建房施工合同纠纷也不断增多。为了更好地规范农村建房施工合同关系，本节以因农村建房施工合同产生纠纷的案件裁判文书为研究对象，并将2017年以来人民法院作出的相关裁判文书作为主要范围，归纳、提炼农村建房施工合同裁判的理念和趋势，以期通过对我国案例的研究来指导司法实践。

截至2021年2月，编者在中国裁判文书网中输入"农村建房施工合同"（案由）共检索出民事裁判文书4154篇，其中，由最高人民法院裁判的有2篇，由高级人民法院裁判的有30篇，由中级人民法院裁判的有1074篇。在具体案例的选取上，本节遵循以下"两个优先"原则：第一，优先选择审判层级较高的裁判文书；第二，优先选择审判日期较近的裁判文书。通过形式和内容两个方面的筛选，本节最终选择了6篇裁判文书进行研究，即（2020）闽04民终2241号、（2020）豫16民终5487号、（2020）吉07民终1605号、（2020）云01民终8834号、（2020）鲁06民终2472号、（2019）川05民终277号。以上6篇裁判文书的裁判日期均为2020年。

二、农村建房施工合同的基本理论

（一）农村自建房的定义及认定标准

自建房泛指拥有自有土地的单位和个人，自己组织并通过雇佣他人施工来建造房屋和建筑。一般来说，自建房主要出现在我国农村地区，即农村居民根据自建房的方式来满足个人居住的需要。《建筑法》第 83 条第 3 款规定:"抢险救灾及其他临时性房屋建筑和农民自建低层住宅的建筑活动,不适用本法。"我国对农村自建房建设的规范应当以是否认定为农民自建低层住宅为限而有所不同,因此,在处理农村建房施工合同的纠纷中,对农民自建低层住宅的认定尤为重要。

我国目前对农民自建低层住宅的认定标准并无法律明文规定,但《建设部关于加强村镇建设工程质量安全管理的若干意见》第 3 条第(3)项规定了:"针对村子建设整体规划范畴内的农民自建双层(含双层)下列住宅(以下简称农民自建低层住宅)……",由此可知,当农民自建住宅的住宅层数为两层以上(不含两层)时应当适用《建筑法》的相关规定。

(二)农村建房施工合同概述

1.农村建房施工合同的含义和性质。(1)农村建房施工合同的含义。农村建房施工合同,是指农村建房户与施工方为建设房屋而签订的明确双方权利义务的协议。[①](2)农村建房施工合同的性质。解决农村建房施工合同纠纷的前提是确定农村建房施工合同的性质,然而学界和实务界对该类型合同的性质认定不一:其一,将其认定为建设工程合同,其二,将其认定为承揽合同。建设工程施工合同,是指承包人进行工程建设,发包人支付价款的合同。承揽合同,是指承揽人按照定作人的要求完成工作,交付工作成果,定作人给付报酬的合同。由于建设工程合同系属一种特殊形式的承揽合同,立法将建设工程施工合同从承揽合同中独立出来,并制定了专门的法律规定予以完善规范,以维护建筑市场的秩序和保证建设工程的质量。[②]

因此,将农村建房施工合同认定为建设工程合同一方面能够规范农村建房的标准,维护农村建筑市场的秩序,另一方面根据最高人民法院颁布的《民事案件案由规定》可知,"农村建房施工合同纠纷"隶属于第四部分合同、无因管理、不当得利纠纷中的"建设工程合同纠纷",与建设工程勘察合同纠纷、建设工程设计合同纠纷、建设工程施工合同纠纷、建设工程监理合同纠纷、建

---

① 参见人民法院出版社编:《最高人民法院民事案件案由适用要点与请求权规范指引(第二版)》(下),人民法院出版社 2020 年版,第 313 页。
② 王国聚:《涉农村自建房纠纷案件的裁判思路》,载《人民司法·应用》2015 年第 12 期。

设工程分包合同纠纷、建设工程价款优先受偿权纠纷、装饰装修合同纠纷等并列，因此这也意味着最高人民法院也认定将农村建房合同明确为建设工程合同。

但是，由于我国的农村自建房还包括农民自建低层住宅，如果将此种情况下形成的农村建房施工合同也认定为建设工程施工合同不符合我国农村的实际情况。而且，根据我国司法实践中对此种住宅建设达成的合同认定可知，对于住宅楼楼层为两层以下（含两层）的农民自建低层住宅建设所引发的纠纷，都认定为承揽合同而非建设工程施工合同。因此，根据立法要求和司法实践的具体做法可知，农村建房施工合同为建设工程施工合同，但在所承建住宅为农民自建低层住宅的，双方达成的农村建房施工合同为承揽合同。

2. 农村建房施工合同的效力及合同无效情况下的救济。由于农村建房施工合同为建设工程合同，因此确认其效力应当适用关于确认建设工程合同效力的规定，即在当事人双方具有书面建房协议或合同的情况下，对合同效力的认定既要参考《民法典》合同编对合同效力的规定，也要参考《建筑法》及其相关的法规、司法解释。由于存在对农民自建低层住宅的特殊规定，《建筑法》也明确规定对此类住宅的合同纠纷不能适用《建筑法》及相关司法解释，因此，对于农村建房施工合同效力认定及合同无效后的救济也应当依据不同情况来分别判断：第一，关于施工单位是否需要相应资质的问题。建设楼层为两层以下（含两层）住宅所达成的合同被认定为承揽合同，而根据承揽合同的相关规定不需要施工单位有相应资质的，因此只要合同内容没有违反法律、法规禁止性规定的情况下应当认定合同有效；但在建设楼层为两层以上（不含两层）的，应当依据《建筑法》的相关规定要求施工单位具有相应的资质，否则应认定合同无效。第二，关于工程价款的支付问题。建设楼层为两层以下（含两层）住宅所达成的合同有效的，应当依据承揽合同的相关法律规定进行支付。但如果是建设楼层为两层以上（不含两层）所达成的合同且因施工单位无相应资质而使合同无效的，则工程价款可依据建设工程竣工验收合格与否的不同情况来请求支付工程价款。①

---

① 黄国成：《农村建房施工合同效力研究》，中国政法大学 2018 年硕士学位论文。

三、关于农村建房施工合同纠纷的裁判规则

（一）农村自建房未按规定发包给有资质承包方而使《施工合同》无效的，即使房屋未经验收但发包人已实际占有并使用的，承包人仍可参照无效合同的约定请求支付相应的工程价款

【案例来源】

案例名称：林某霖与林某明、林某潮农村建房施工合同纠纷案

审理法院：福建省三明市中级人民法院

案　　号：（2020）闽04民终2241号

【争议点】

林某霖因与林某明、林某潮之间的农村建房施工合同引发纠纷，该案历经福建省尤溪县人民法院一审、福建省三明市中级人民法院二审两个阶段。在二审中，当事人林某明能否要求林某霖支付建房工资产生争议。

【裁判说理】

在本案中，由于案涉农村自建房的建房层数已达到四层，因此不应认定为属于《建筑法》第83条第3款"抢险救灾及其他临时性房屋建筑和农民自建低层住宅的建筑活动，不适用本法"的规定，而应当属于《建筑法》第26条"承包建筑工程的单位应当持有依法取得的资质证书，并在其资质等级许可的业务范围内承揽工程。禁止建筑施工企业超越本企业资质等级许可的业务范围或者以任何形式用其他建筑施工企业的名义承揽工程。禁止建筑施工企业以任何形式允许其他单位或者个人使用本企业的资质证书、营业执照，以本企业的名义承揽工程"的规定。由于承包人林某明系在未取得建筑施工行业的相关资质的情况下为林某霖的二单元共计四层楼房建房施工的，因此林某明与林某霖签订的《建房承包合同》（以下简称《承包合同》）应属无效合同，但是根据相关司法解释规定，建设工程施工合同无效，但建设工程经竣工验收合格，承包人请求参照合同约定支付工程价款的，人民法院应予支持。虽然《承包合同》无效，但在工程经验收合格的情况下承包人林某明仍然可以参照《承包合同》请求林某霖支付工程价款。在本案中，虽然林某霖与林某明并未就案涉农村自建房进行验收并当面结算，但案涉农村住宅已实际交付给林某霖，林某霖已经实际占有并使用，因此应当认定林某霖接受了案涉楼房，林某明也可参照《承

包合同》的约定请求林某霖支付工程价款。

（二）在农村建房施工合同纠纷中，是否有已达成的书面《施工合同》不影响房屋质量需达到安全使用的标准，由此请求承包方承担一定的房屋质量修复费的，人民法院应予支持

【案例来源】

案例名称：张某、温某永农村建房施工合同纠纷案

审理法院：河南省周口市中级人民法院

案　　号：（2020）豫16民终5487号

【争议点】

张某因与温某永之间的农村建房施工合同引发纠纷，该案历经河南省太康县人民法院一审、河南省周口市中级人民法院二审两个阶段。在二审中，当事人张某就温某永是否对房屋存在质量缺陷所产生的修复费用和鉴定费承担一定的赔偿责任产生纠纷。

【裁判说理】

在本案中，虽然张某因与温某永未就农村自建房的建设工程签订书面的建房协议，但温某永根据其建房经验和技术，张某的建房思路和对所建房屋的口头要求，双方已构成以温某永作为承揽人按照定作人即张某的要求，完成建房并交付房屋，张某支付一定报酬作为对价的承揽关系。由于案涉房屋为农村自建房屋，且目前全国对农民自建住宅的建筑质量标准并没有统一的规定，定作方大多是根据自己的用房需要和一般认知对承建方进行口头要求，因此对该房屋质量标准的要求应以满足通常标准或符合合同目的的特定履行标准即可。因此，在双方对所建房屋质量标准未作明确的规定，只是笼统地约定了工程内容的情况下，对案涉房屋的质量标准应达到能够安全使用居住即可。而作为承建方应当承担保障房屋满足安全居住并在一定期限内对房屋质量问题承担责任的义务。因此，在经法院委托具有鉴定资质的鉴定机构的鉴定结果显示案涉房屋存在质量缺陷而需采取修复加固措施且定作人对此有过失的情况下，承建方温某永仍应当承担一定的因房屋存在质量缺陷所产生的修复费用及鉴定费用。

（三）即使房屋主体质量达到政府标准，农村自建房户以房屋存在质量问题拒绝支付剩余工程价款的，人民法院仍予支持

【案例来源】

案例名称：王某娟与刘某瑞农村建房施工合同纠纷案

审理法院：吉林省松原市中级人民法院

案　　号：（2020）吉07民终1605号

【争议点】

王某娟与刘某瑞因农村建房施工合同产生纠纷，该案历经吉林省松原市宁江区人民法院一审、吉林省松原市中级人民法院二审两个阶段。在二审中，当事人双方就刘某瑞是否应该给付拖欠的工程款产生纠纷。

【裁判说理】

本案中，双方就案涉农村自建房达成的施工协议及补充协议为各自的真实意思表示，且不违反法律法规的强制性规定的，应合法有效。因此，双方应当根据有效的合同约定履行各自的义务，即施工方王某娟依约建设房屋后，刘某瑞应向其支付相应的工程价款。由于案涉农村自建房为地震后农村危房改造项目，因此该区政府对此农村自建房的建造标准和质量均有明确的规定，但是该规定经松原市宁江区住房和城乡建设局明确表示仅为对房屋主体结构安全的规定。由于房屋主体质量合格不等于房屋不存在质量问题，因此，即使有政府部门出具的显示案涉房屋主体质量合格的证明，也不能表明案涉房屋的质量也不存在问题，因此，在王某娟承认房屋存在质量问题的情况下，即使该房屋已达到政府规定的质量标准，刘某瑞仍可以以案涉房屋存在质量问题、施工方王某娟未完全履行合同义务为由拒绝支付剩余的工程价款。

（四）在农村建房施工合同纠纷中，即使工程价款单据上仅有农村自建房户对农村自建房总工程价款计算的内容，但没有签字的，仍应当认定其已对工程价款予以承认

【案例来源】

案例名称：杨某荣、陈某章承揽合同纠纷案

审理法院：云南省昆明市中级人民法院

案　　号：（2020）云01民终8834号

【争议点】

杨某荣与陈某章因承揽合同引发纠纷，该案历经云南省昆明市寻甸回族彝族自治县人民法院一审、云南省昆明市中级人民法院二审两个阶段。在二审中，当事人双方就杨某荣是否应当向陈某章支付工程价款产生纠纷。

【裁判说理】

在本案中，由于案涉农村自建房仅有两层半，不适用《建筑法》中关于建设工程施工合同的相关规定，因此，杨某荣与陈某章构成承揽合同关系，适用承揽合同的相关法律规定。在承揽人陈某章依据双方的合同约定施工完成之后，杨某荣应当向其支付对应的工程价款，由于双方达成的价款单据为手写单据。一般情况下，对价款单据中所确定的工程价款需要有本人签字，但案涉价款单据为手写单据，且在单据上有杨某荣本人对案涉房屋整体工程的价款计算，其手写的价款计算内容可视为其对案涉房屋工程价款的认可。因此，杨某荣应当向陈某章支付其已认可的工程价款。

（五）在农村建房施工合同纠纷中，对农村建房施工合同关系的认定应根据建房图纸、建房资金明细及所建房屋宅基地证明来综合判断

【案例来源】

案例名称：曹某鹏与于某蓝房屋买卖合同纠纷案

审理法院：山东省烟台市中级人民法院

案　　号：（2020）鲁06民终2472号

【争议点】

曹某鹏因与于某蓝房屋买卖合同引发纠纷，该案历经山东省烟台市牟平区人民法院一审、山东省烟台市中级人民法院二审两个阶段。在二审中，当事人曹某鹏、于某蓝就双方究竟构成房屋买卖合同法律关系抑或是农村建房施工合同法律关系产生争议。

【裁判说理】

在本案中，由于双方并未签订任何形式的书面协议或合同，在于某蓝提供的七张收款收据中，七张收据上的签名仅有一张不是曹某鹏本人所签，虽收据上均载明"预收楼定金""收到于某蓝房款"等字样，但根据一般的交易习惯仅能证明曹某鹏和于某蓝双方构成房屋买卖关系。由于曹某鹏在主张其与于某蓝存在农村建房施工合同关系时并未提交关于建房图纸、建房支出资金明晰等能

够证明农村建房施工合同关系存在的证据，且根据曹某鹏所在的张皮村会议记录中也已明确记载"外村不准迁入户口，土地证房产证村统一办，土地证是集体使用证"的内容，因此，在于某蓝没有该村户口并且在该村没有宅基地的情况下，曹某鹏主张其与于某蓝之间为委托建房承揽关系不符合实际情况。因此在认定是否属于农村建房施工合同关系时，应当根据建房图纸、建房资金明细及所建房屋宅基地证明来综合判断。

（六）在农村建房施工合同纠纷中，施工人工资无法确定结算的，人民法院可依职权指定具有长期施工经验和相关资质的人员根据工程量确定

【案例来源】

案例名称：曾某海、许某敏与陈某忠农村建房施工合同纠纷案

审理法院：四川省泸州市中级人民法院

案　　号：（2019）川05民终277号

【争议点】

曾某海、许某敏因与陈某忠农村建房施工合同引发纠纷，该案历经四川省叙永县人民法院一审、四川省泸州市中级人民法院二审两个阶段。在二审中，当事人双方就施工的工人工资如何确定产生争议。

【裁判说理】

在本案中，由于双方已形成合法有效的农村建房施工合同，因此，合同双方均应按照有效的合同约定履行。施工方陈某忠依据合同约定完成房屋建设之后，曾某海及许某敏应当支付对应的价款，即陈某忠和共同施工的人员应当得到合同约定与施工工程量相应的工人工资。但是由于双方并未就此进行结算，因此需要经国家正规鉴定机构依据鉴定结论对施工人工资进行确定。然而，由于案涉房屋的施工工程量被国家正规鉴定机构因其没有正规设计图纸、验收图纸而不进行鉴定。在此情况下，为明确案涉房屋的施工量来确定相关工人工资，解决当事人双方之间的矛盾，法院能够依职权指定具有长期从事农村宅基地房屋建设的有资质人员对案涉房屋的工程量进行计算，在最大限度内实现准确的工程量衡量基础上不仅能保障双方之间的公平，而且也符合当地的民间交易习惯。因此，在农村建房施工合同纠纷中，施工人工资无法确定结算的，人民法院可依职权指定具有长期施工经验及相关资质的人员根据工程量确定。

四、结语

农村建房施工合同,是指农村建房户与施工方为建设房屋而签订的明确双方权利义务的协议,其在性质上属于建设工程合同。建设楼层为两层以下(含两层)的农民自建低层住宅和建设楼层为两层以上(不含两层)的农村自建房屋,依据住宅建设层数的不一致,将农村建房施工合同具体认定为承揽合同或建设工程施工合同两种,因此,在认定合同效力时也应当依据承揽合同或建设工程施工合同的规定具体判断。人民法院在审理农村建房施工合同纠纷案件时,若出现以下几种情况的,人民法院应当予以支持:其一,因定作方过失而使得双方未达成书面的《施工合同》,但房屋质量仍应满足安全使用标准的,承包方仍然承担一定的房屋质量修复费的;其二,虽然房屋主体质量已经达到政府要求的标准,但农村自建房户以房屋存在质量问题为由拒绝支付剩余工程价款的;其三,承包方请求支付工程价款时,其以在农村自建房的建设规模已经达到法律规定的需要有相应资质承包方承建,由于没有发包给有资质承包方而使双方的《施工合同》无效,但是发包人已实际占有并使用,尽管所建房未经双方验收、书面结算的,其仍然可依据因建设工程施工合同无效但工程经竣工验收合格,而请求参照合同约定支付工程价款;其四,承建方以手写的工程价款单据上有农村自建房户对农村自建房总工程价款的计算内容,即使没有农村自建房户的手写签名,仍然应当认定为是对工程价款的承认。同时,还应注意的是,在判断是否属于农村建房施工合同关系时,应当综合建房图纸、建房资金明细及所建房屋宅基地证明来判断。其五,如果出现施工人工资无法依据鉴定工程量来确定结算的情况,为解决纠纷和实现最大限度的公平,人民法院可依职权指定具有长期施工经验和相关资质的人员对工程量进行确定,从而确定施工人的工资。

第九节 建设用地使用权出让合同纠纷

一、导论

《最高人民法院关于审理涉及国有土地使用权合同纠纷案件适用法律问题的解释》统一了国有土地使用权合同纠纷的执法尺度，规范了房地产一、二、三级市场的土地交易行为，确立了国有土地使用权出让、转让以及合作开发房地产的行为规则，对于维护房地产市场秩序、促进房地产业的健康有序发展起到了十分重要的作用。近年来，我国房地产企业购置土地面积和土地购置费用呈螺旋式上升态势，活跃的国有土地交易市场催动了房地产的蓬勃发展，也带来了很多新的问题。基于此，本节以建设用地使用权出让合同产生纠纷的案件裁判文书为研究对象，并将2017年以来人民法院作出的相关裁判文书作为主要范围，归纳、提炼建设用地使用权出让合同的裁判的理念和趋势，以期通过对我国案例的研究来指导司法实践。

截至2021年2月，编者在中国裁判文书网中输入"建设用地使用权出让合同"（案由）共检索出民事裁判文书共3895篇，其中，由最高人民法院裁判的有13篇，由高级人民法院裁判的有136篇，由中级人民法院裁判的有1375篇。在具体案例的选取上，本节遵循以下"两个优先"原则：第一，优先选择审判层级较高的裁判文书；第二，优先选择审判日期较近的裁判文书。通过形式和内容两个方面的筛选，本节最终选择了6篇裁判文书作为本节的研究标的，即（2019）最高法民终2013号、（2020）最高法民再6号、（2019）最高法民再246号、（2019）最高法民终949号、（2019）最高法民终1197号、（2020）川民终439号。其中，最高人民法院审理的有5篇，高级人民法院审理的有1篇，裁判日期为2020年的有3篇。

二、建设用地使用权出让合同的基本理论

（一）建设用地及建设用地使用权出让

1. 建设用地的定义。建设用地，是指建造建筑物、构筑物的土地，包括城乡住宅和公共设施用地、工矿用地、交通水利设施用地、旅游用地、军事设施用地等。[①]

2. 建设用地使用权出让。2019年修正的《城市房地产管理法》第8条规定："土地使用权出让，是指国家将国有土地使用权（以下简称土地使用权）在一定年限内出让给土地使用者，由土地使用者向国家支付土地使用权出让金的行为。"第9条规定："城市规划区内的集体所有的土地，经依法征收转为国有土地后，该幅国有土地的使用权方可有偿出让，但法律另有规定的除外。"由此可知，建设用地使用权出让合同的标的仅限于国有土地。

（二）建设用地使用权转让合同概述

1. 建设用地使用权出让合同的定义。建设用地使用权出让合同，是指国家以土地所有权人的身份（出让人）与土地使用权受让人之间，就土地使用权出让明确双方权利义务的协议。

2. 建设用地使用权出让合同的性质。根据2020年最新修订的《城镇国有土地使用权出让和转让暂行条例》之规定，国有土地使用权出让合同，是指国家以土地所有者的身份将土地使用权在一定年限内让与土地使用者，并由土地使用者向国家交付土地使用权出让金的协议。[②]根据这一定义，大多数民法学者认为，出让合同既然被称为"合同"的一种，那么其应当属于民事合同的范畴，产生的合同纠纷也应当被作为民事争议来处理。但是随着《行政诉讼法》《最高人民法院关于审理行政协议案件若干问题的规定》以及最高人民法院第76号指导案例公布以来，对于国有建设用地使用权出让合同性质究竟属于民事合同还是行政合同的争议再次引发热切关注。

认为属于"行政合同"的学者指出：由于出让合同的签订一方是作为土地

[①] 《土地管理法》第4条第2款。
[②] 《城镇国有土地使用权出让和转让暂行条例》第8条。

管理者的土地行政管理机关,其是行政权力的享有者,承担着对土地开发和利用进行管理和监督的职责。出让合同的另一方则是普通的土地开发商,其地位与土地行政管理机关明显不平等,因此,双方的权利和义务也存在不对等性。具体表现在出让合同中规定土地面积、用途、使用年限以及其他相关限定条件的款项并不是双方协商的结果,而只体现了土地行政管理机关一方的意志,受让方若要改变约定条款需经出让方的同意。同时,还有持此种观点的学者认为:出让合同属于行政协议的主要理由是出让合同具有明显不同于民事合同的特征。有学者认为,出让合同系政府机关对使用土地的批准,土地管理部门与用地者之间是管理与被管理的关系。签订出让合同系为合理开发和利用土地资源的行政目的,最终目的是实现社会公益。行政主体享有特权,即单方解除、变更权。[1] 有学者认为,出让合同作为行政合同是因其以行政许可权为背景。土地出让金并非财产权交易的一种对价。出让合同的缔约和履约存在强制性。[2] 有学者认为,出让合同的目的、主体、程序、内容及履行均具有较强的行政色彩,属于行政许可的转换形式。更有司法案例从签订出让合同的行政目标是合理开发土地资源,政府签订合同后仍然享有监督权、制裁权等方面,认定出让合同关系是管理与被管理的行政关系。

而认为属于"民事合同"的学者则指出:对出让合同性质的认定应当从合同签订的目的以及签订主体之间形成何种法律关系两方面来考虑。其中,在出让合同的签订目的方面,由于出让合同与政府特许经营协议、土地征收补偿协议不同,出让建设用地使用权大多通过招拍挂的方式,且往往是用于房地产开发经营,而非《最高人民法院关于适用〈中华人民共和国行政诉讼法〉若干问题的解释》第11条规定的"实现公共利益的需要",至于其中某些确实含有"公益目的"的条款并不是影响出让合同履行的主要条款,因此,这类虽带有行政管理性质但不属于出让合同必备的条款,当然不能成为整个合同性质的决定条款。同时,虽然行政机关在出让合同履行过程中确有行政管理行为,但这是基于法律规定而必须行使的行政职责,并非合同权利。由于土地出让合同是土地管理部门的一种土地管理方式和行使土地管理权的重要手段,相较于其他

---

[1] 张数义:《行政合同》,中国政法大学出版社2012年版,第32页。
[2] 于立深:《行政协议司法判断的核心标准:公权力的作用》,载《行政法学研究》2017年第2期。

普通的民商事合同而言，其带有更明显的行政性和权力因素，因此，土地管理部门作为对国家土地资源的管理和保护机关，对出让合同履行过程中受让方的违规行为以及对土地资源的使用情况有权进行指导、监督和检查，并且可根据具体情节的轻重，作出警告、罚款甚至无偿收回国有土地使用权等行政处罚。然而，土地管理部门行使行政处罚权等权力时，其并非作为签订合同的一方当事人而作出，其来源于法律法规的授权。

综合以上内容，本书认为建设用地使用权出让合同实质上并非"行政合同"，而应作为"民事合同"。理由主要有：其一，能够避免有关争议被纳入行政诉讼后在实体与程序上面临双重障碍，阻碍纠纷的高效解决。具体在于现行的行政诉讼中行政机关无法作为原告提起诉讼，行为的合理性也不是法院审查的主要对象，并且举证责任主要由行政机关承担，而且裁判上很少有调解的适用空间，这些因素均不利于出让合同纠纷的有效解决。同时，由于目前行政实体法缺乏对行政合同的具体规定，如果将出让合同纳入行政诉讼势必会发生大量参照适用《民法典》合同编的情形，这样一来将出让合同纳入行政诉讼法领域也毫无意义。其二，由于我国立法及司法解释一直将出让合同定性为民事合同，因此，为了保障法律的持续性和稳定性，则需要将建设用地使用权出让合同的性质认定为"民事合同"。其三，能够保障土地使用权的稳定性，确保土地使用者的正当权益不被过多的干涉而限制行政机关行使行政优越权，从而克服行政机关双重身份的弊端。

3.建设用地使用权出让合同的效力。由于2010年《国土资源部、住房和城乡建设部关于进一步加强房地产用地和建设管理调控的通知》明确规定了不得"毛地"出让，但实践中"毛挂净交"的情形依然比较普遍，因此对于该类出让合同的效力，最高人民法院最新发布的裁判规则中也明确了对于国务院、国土资源局出具的文件属于部门规范性文件，虽然有"不得毛地"出让的规定，但不属于法律的强制性及禁止性规定，不影响合同效力。

三、关于建设用地使用权出让合同纠纷的裁判规则

（一）在建设用地使用权出让合同纠纷中，当事人行政机关内部文件作为认定属于建设用地使用权出让合同要约的，人民法院不予支持

【案例来源】

案例名称：乌海市锦邦房地产开发有限责任公司与乌海市自然资源局海勃湾分局建设用地使用权出让合同纠纷案

审理法院：最高人民法院

案　　号：（2019）最高法民终2013号

【争议点】

乌海市锦邦房地产开发有限责任公司（以下简称锦邦公司）因与乌海市自然资源局海勃湾分局（以下简称海勃湾自然资源分局）建设用地使用权出让合同产生纠纷，该案历经内蒙古自治区高级人民法院一审、最高人民法院二审两个阶段。在二审中，当事人双方就锦邦公司反诉请求海勃湾自然资源分局退还其超付的土地出让价款51 637 460元能否得到支持产生争议。

【裁判说理】

合同要约是指希望和他人订立合同的意思表示，且要约到达受要约人时才生效。对于案涉的《乌海市党政联席会议纪要》《粮库土地挂牌意见的请示》《粮库土地挂牌出让方案》三者均属于行政机关制作的文件，并且此类文件均有其相对应的适用主体和范围。其中，对于案涉的《粮库土地挂牌意见的请示》和《乌海市党政联席会议纪要》都属于行政机关的内部文件，因其并未对社会公开发布，因此，这两个文件只能认定为属于行政机关内部的工作意见或工作安排，并不能对外直接产生相关的民事法律关系。而且，《粮库土地挂牌意见的请示》中的"土地挂牌超出底价部分收益按照3∶7的比例由区城投公司与合作开发企业分配"的内容并不符合应认定为要约的情况。因为根据其内容而言，并没有希望与他人订立合同的意思表示，因此也不能被认定为要约。而对于《粮库土地挂牌出让方案》来说，虽然该文件海勃湾自然资源分局在履行出让案涉国有土地使用权职责过程中发布的代表政府向社会公开的文件，但该方案中并没有"土地挂牌超出底价部分收益按照3∶7比例分配"的相关内容，因此，在《乌海市党政联席会议纪要》《粮库土地挂牌意见的请示》不符合要约

成立并生效的条件,《粮库土地挂牌出让方案》对出让的价款没有约定的情况下,锦邦公司不能以上面的三个文件作为海勃湾自然资源分局同意向其支付超付的 51 637 460 元土地出让价款的依据。

(二)在建设用地使用权出让合同纠纷中,因土地状况无法依约出让且受让人订立合同时明知的,人民法院可在公平和诚信原则的基础上减少出让人应支付的违约金

【案例来源】

案例名称:湘西自治州科盛工程开发咨询服务有限责任公司与湖南省吉首市自然资源局建设用地使用权出让合同纠纷案

审理法院:最高人民法院

案　　号:(2020)最高法民再 6 号

【争议点】

湘西自治州科盛工程开发咨询服务有限责任公司(以下简称科盛公司)因与湖南省吉首市自然资源局(以下简称吉首资源局)建设用地使用权出让合同产生纠纷,该案历经湖南省湘西土家族苗族自治州中级人民法院一审、湖南省高级人民法院二审、最高人民法院再审三个阶段。在再审中,当事人双方就二审法院认为案涉合同不能履行并调减违约金是否妥当的问题产生争议。

【裁判说理】

在本案中,由于吉首资源局未能向科盛公司履行合同义务而违约,并且经过二审法院审理认定属于应当向科盛公司支付违约金的情况,因此,在判定吉首资源局支付违约金数额是应当根据《合同法》第 114 条第 1 款、第 2 款[①]:"约定的违约金低于造成的损失的,当事人可以请求人民法院或者仲裁机构予以增加;约定的违约金过分高于造成的损失的,当事人可以请求人民法院或者仲裁机构予以适当减少"以及《最高人民法院关于适用〈中华人民共和国合同法〉若干问题的解释(二)》第 29 条第 1 款[②]:"当事人主张约定的违约金过高请求予以适当减少的,人民法院应当以实际损失为基础,兼顾合同的履行情

---

① 对应《民法典》第 585 条第 2 款,该条款规定:"约定的违约金低于造成的损失的,人民法院或者仲裁机构可以根据当事人的请求予以增加;约定的违约金过分高于造成的损失的,人民法院或者仲裁机构可以根据当事人的请求予以适当减少。"

② 该司法解释已废止。

况、当事人的过错程度以及预期利益等综合因素，根据公平原则和诚实信用原则予以衡量，并作出裁决"的规定来判定。根据案涉合同约定的计收违约金的利率已经达到法律保护的民间借贷最高利率的 4.56 倍，并且吉首资源局在于科盛公司签订建设用地使用权出让合同时没有故意隐瞒案涉土地上存在未拆迁的住宅，科盛公司在签订合同时也知晓，由此案涉土地无法交付而使合同无法履行，在综合以上原因且科盛公司无其他实际损失的情况下，人民法院可不根据合同约定而在公平和诚信原则的基础上减少吉首资源局应支付的违约金。

（三）在建设用地使用权出让合同纠纷中，一方当事人以因国家法律、法规及政策的出台而使合同不能履行且缔约目的不能实现为由请求人民法院解除合同的，人民法院应当予以支持

【案例来源】

案例名称：长春泰恒房屋开发有限公司与长春市规划和自然资源局建设用地使用权纠纷案

审理法院：最高人民法院

案　　号：（2019）最高法民再 246 号

【争议点】

长春泰恒房屋开发有限公司（以下简称泰恒公司）因与长春市规划和自然资源局（以下简称长春自然资源局）国有土地使用权出让合同发生纠纷，该案历经长春市中级人民法院一审、吉林省高级人民法院二审、最高人民法院再审三个阶段。在再审中，当事人双方就签订的《国有建设用地使用权出让合同》是否应当解除产生争议。

【裁判说理】

在本案中，由于双方达成的《国有建设用地使用权出让合同》中约定：由泰恒公司承担 2010 年 12 月 25 日至 2011 年 11 月 25 日对案涉土地上的拆迁整理工作，但是在 2011 年 1 月 21 日，国务院出台的《国有土地上房屋征收与补偿条例》对拆迁制度进行了修改，使得泰恒公司因无法办理拆迁许可证而无法在合同约定的拆迁期限内完成对案涉土地的拆迁整理工作，从而无法实现合同目的。由于对合同目的无法实现并非泰恒公司造成，而是国家法律、法规及政策的出台造成双方所签订合同的缔约目的无法实现，因此，泰恒公司可以此为由请求法院解除合同。

（四）在建设用地使用权出让合同纠纷中，一方当事人以因行政审批未通过而使土地交付义务未履行为由，请求以合同相对方实际损失为限支付违约金的，人民法院予以支持

【案例来源】

案例名称：福建挺虎置业集团有限公司与仙游县自然资源局建设用地使用权出让合同纠纷案

审理法院：最高人民法院

案　　号：（2019）最高法民终949号

【争议点】

福建挺虎置业集团有限公司（以下简称挺虎公司）与仙游县自然资源局（原仙游县国土资源局，以下简称国土局）建设用地使用权出让合同引发纠纷，该案历经福建省高级人民法院一审、最高人民法院二审两个阶段。在二审中，当事人双方就挺虎公司主张国土局支付逾期交地违约金应否予以支持的问题产生纠纷。

【裁判说理】

在本案中，首先，由于案涉土地曾经是仙游县政府机关所在地，根据2018年10月10日颁布的《行政区划管理条例》第8条"县、市、市辖区的部分行政区域界线的变更，县、不设区的市、市辖区人民政府驻地的迁移，国务院授权省、自治区、直辖市人民政府审批；批准变更时，同时报送国务院备案"的内容可知，县政府迁址需要经上级部门审批，且经过审批之后国土局才能依约交付土地。因此，在仙游县政府的迁址手续审批通过之前，不能从案涉土地搬迁出去，因此，国土局无法依约向挺虎公司交付案涉土地。其次，违约金作为弥补守约方因对方违约遭受损失的补偿金，又作为督促当事人诚信履行合同并在违约时的惩罚金，在考虑违约金数额时也应当根据具体案件中所表现出来的违约方的主观违约性。由于国土局对案涉土地交付义务的履行没有主观的违约故意，且国土局一直在能力范围内积极履行案涉合同义务，因此违约金的数额认定应当以弥补挺虎公司的实际损失为主。

（五）最高人民法院行政庭作出的有关建设用地使用权拍卖成交确认性质的《答复》仅具有行政意义，一方以此为由主张双方不构成建设用地使用权出让合同民事法律关系的，人民法院不予支持

【案例来源】

案例名称：赣州市自然资源局与赣州市旺业置业有限公司建设用地使用权出让合同纠纷案

审理法院：最高人民法院

案　　号：（2019）最高法民终1197号

【争议点】

赣州市自然资源局（原赣州市国土资源局）因与赣州市旺业置业有限公司（以下简称旺业公司）建设用地使用权出让合同纠纷发生纠纷，该案历经江西省高级人民法院一审、最高人民法院二审两个阶段。在二审中，当事人双方就该案能否通过民事诉讼程序解决产生争议。

【裁判说理】

在本案中，首先，赣州市自然资源局一方面作为管理国有土地行政主管机关，另一方面是具有民事权利能力和行为能力的民事主体。在拍卖阶段，赣州市自然资源局行使了相应的行政管理职权，并委托赣州市土地交易管理中心与旺业公司签订《成交确认书》，其行为属于在平等主体之间意思自治的民事法律行为，不属于管理与被管理的关系。其次，双方对拍卖的过程并没有争议，并且从拍卖公告、拍卖须知以及《成交确认书》等文件可知，双方对出让案涉土地使用权主要合同条款已经协商一致。最后，赣州市自然资源局以《最高人民法院行政审判庭关于拍卖出让国有建设用地使用权的土地行政主管部门与竞得人签署成交确认书行为的性质问题请示的答复》（〔2010〕行他字第191号）中关于"土地行政主管部门通过拍卖出让国有建设用地使用权，与竞得人签署成交确认书的行为，属于具体行政行为"的意见，而认定对国有建设用地使用权的拍卖属于行政行为是仅从行政法角度作出的，但是并不能就此排斥双方之间已经形成的民事法律关系，并且在《最高人民法院关于审理涉及国有土地使用权合同纠纷案件适用法律问题的解释》的相关规定中明确了涉及国有土地使用权合同纠纷案件应当属于民事案件受理范围。因此，对赣州市自然资源局关于本案案由错误且属于行政诉讼受案范围的主张不予支持。

（六）在建设用地使用权出让合同纠纷中，买受方以其无法仅从土地外观上知晓第三人对部分土地享有权利为由，请求出让方承担瑕疵担保义务的，人民法院予以支持

【案例来源】

案例名称：成都市龙泉驿区规划和自然资源局与成都鸣鸿房地产开发有限公司建设用地使用权出让合同纠纷案

审理法院：四川省高级人民法院

案　　号：（2020）川民终439号

【争议点】

都市龙泉驿区规划和自然资源局（原名成都市龙泉驿区国土资源局，以下简称龙泉驿国土局）因与成都鸣鸿房地产开发有限公司（以下简称鸣鸿公司）就建设用地使用权出让合同产生纠纷，该案历经四川省成都市中级人民法院一审、四川省高级人民法院二审两个阶段。在二审中，当事人双方就龙泉驿国土局是否享有合同解除权产生纠纷。

【裁判说理】

在本案中，都市龙泉驿区规划和自然资源局在各自真实意思表示下签订了合法有效的《出让合同》及《补充协议》，双方应当根据合同约定履行合同义务，因此，一方行使抗辩权请求解除合同的前提应是相对方未依约履行合同义务。根据《闲置土地处置办法》第21条"市、县国土资源主管部门供应土地应当符合下列要求，防止因政府、政府有关部门的行为造成土地闲置：（一）土地权利清晰；（二）安置补偿落实到位；（三）没有法律经济纠纷；（四）地块位置、使用性质、容积率等规划条件明确；（五）具备动工开发所必需的其他基本条件"的规定，国有土地使用权的出让应达到"净地"条件。而经过法院审理查明案涉土地并未达到此标准，且龙泉驿国土局并未在案涉《出让方案》及《出让合同》中对第三人对案涉土地享有权利的情况予以披露，虽然鸣鸿公司确实多次现场勘查案涉土地实际情况，但对于第三人在部分案涉土地享有权利的事实无法通过土地外观知晓，因此，即使鸣鸿公司对土地经过现场勘验，仍然可以向法院请求龙泉驿国土局承担瑕疵担保义务。

四、结语

建设用地使用权出让合同，是指市、县人民政府土地管理部门作为土地所有者将土地使用权在一定期限内让与土地使用者，并由土地使用者支付出让金的合同。妥善处理建设用地使用权纠纷对于规范我国土地流转、实现区域经济发展具有重要作用。因此，人民法院在审理建设用地使用权出让合同纠纷中，当出现以下几种情况，应当予以支持：其一，竞拍人对所拍土地现场勘验不表示能从土地外观上知晓第三人对部分土地享有权利，竞拍人以此为由请求出让方承担瑕疵担保义务的；其二，一方当事人以最高人民法院行政庭对认定以拍卖出让国有建设用地使用权的行政机关与竞拍人之间关系的《答复》作为认定双方不构成建设用地使用权出让合同民事法律关系的理由的；其三，在违约金数额确定的情况下，如果出现一方当事人以由于行政审批未通过缘故而使土地交付义务未履行的理由，请求根据合同相对方的实际损失为限来支付的或者出现由于土地状况使一方当事人不能依约出让，并且受让人在订立合同时也明知该土地情况使人民法院在公平和诚实信用原则的基础上来减少出让人应支付数额的；其四，在请求人民法院解除合同时，以由于国家法律、法规及政策的出台而使双方签订的合同不能履行并使一方当事人的缔约目的不能实现为理由的。除以上四点人民法院予以支持的情况外，在出现一方将行政机关内部文件作为认定属于建设用地使用权出让全国要约的，人民法院不予支持。

第十节　建设用地使用权转让合同纠纷

一、导论

土地市场是我国现代市场经济体系中的重要组成部分。近年来，随着经济的快速发展以及国有建设用地有偿使用制度的落实，我国以政府作为建设用地使用权人与市场主体间的出让关系和市场主体间对建设用地使用权的转让、出租、抵押制度逐渐完善。建设用地使用权转让是实现我国土地资源优化配置的重要方式，为发挥其效用，我国法律、法规及相关司法解释对此也有严格的规定。在此情况下，为更好地发挥建设用地使用权转让在我国市场经济发展过程中的功效，需要进一步探讨建设用地使用权转让合同在履行过程中出现的纠纷。基于此，本节以建设用地使用权转让合同产生纠纷的案件裁判文书为研究对象，并将2017年以来人民法院作出的相关裁判文书作为主要范围，归纳、提炼建设用地使用权出让合同的裁判的理念和趋势，以期通过对我国案例的研究来指导司法实践。

截至2021年2月，编者在中国裁判文书网中输入"建设用地使用权转让合同"（案由）共检索出民事裁判文书共3895篇，其中，由最高人民法院裁判的有13篇，由高级人民法院裁判的有136篇，由中级人民法院裁判的有1375篇。在具体案例的选取上，本节遵循以下"两个优先"原则：第一，优先选择审判层级较高的裁判文书；第二，优先选择审判日期较近的裁判文书。通过形式和内容两个方面的筛选，本节最终选择了6篇裁判文书作为研究标的，即（2018）最高法民申5341号、（2020）云民终235号、（2018）最高法民终1345号、（2020）鲁01民终13295号、（2020）鄂06民终4061号、（2016）湘民终70号。其中，最高人民法院审理的有2篇，高级人民法院审理的有2篇，中级人民法院审理的有2篇，裁判日期为2020年的有3篇。

二、建设用地使用权转让合同的基本理论

（一）建设用地及建设用地使用权转让

1. 建设用地的定义。建设用地，是指建造建筑物、构筑物的土地，包括城乡住宅和公共设施用地、工矿用地、交通水利设施用地、旅游用地、军事设施用地等。[①]

2. 建设用地使用权转让的条件。由于建设用地使用权的设立包括"出让"和"划拨"两种方式，并且大多数情况下以"出让"的方式设立，呈现"出让为常态，划拨为例外"的态势。因此，建设用地使用权的转让是基于对建设用地使用权出让的条件。但是虽然权利人可以自行转让建设用地使用权，此种转让也应当是在法定条件限度之内的转让。

根据 2019 年最新修订的《城市房地产管理法》第 38~39 条之规定可知，以"出让"的方式设立的建设用地使用权在转让时应当满足以下条件：其一，按照出让合同约定已经支付全部土地使用权出让金，并取得土地使用权证书；其二，按照出让合同约定进行投资开发，属于房屋建设工程的，完成开发投资总额的 25% 以上，属于成片开发土地的，形成工业用地或者其他建设用地条件；其三，转让房地产时房屋已经建成的，还应当持有房屋所有权证书。[②]

而以"划拨"形式设立的建设用地使用权，由于其用途仅限于满足公共利益的需要，因此，在转让时也经历了绝对禁止到有条件允许的过程。《城市房地产管理法》第 40 条规定："以划拨方式取得土地使用权的，转让房地产时，应当按照国务院规定，报有批准权的人民政府审批。有批准权的人民政府准予转让的，应当由受让方办理土地使用权出让手续，并依照国家有关规定缴纳土地使用权出让金。以划拨方式取得土地使用权的，转让房地产报批时，有批准权的人民政府按照国务院规定决定可以不办理土地使用权出让手续的，转让方应当按照国务院规定将转让房地产所获收益中的土地收益上缴国家或者作其他处理。"

[①] 参见《土地管理法》第 4 条第 2 款。
[②] 参见《城市房地产管理法》第 39 条。

(二)建设用地使用权转让合同概述

1. 建设用地使用权转让合同的定义。2020年最新修订的《城镇国有土地使用权出让和转让暂行条例》第19条规定:"土地使用权转让是指土地使用者将土地使用权再转移的行为,包括出售、交换和赠与。未按土地使用权出让合同规定的期限和条件投资开发、利用土地的,土地使用权不得转让。"由此可知,建设用地使用权转让是指建设用地使用权人将其权利义务概括转移给他人的行为;建设用地使用权转让合同是指建设用地使用权人将建设用地使用权转让给受让人,受让人支付价款的合同。

2. 建设用地使用权转让合同的要求。根据2020年最新修订的《城镇国有土地使用权出让和转让暂行条例》第20条之规定可知,进行建设用地使用权转让应当签订转让合同,因此,在进行建设用地使用权转让时应当注意以下几点:(1)只有在自然人、法人之间才可以进行转让。与建设用地使用权有偿出让不同,国家不能充当建设用地使用权转让合同的当事人,从而使得转让合同为一纯粹的民事交易行为,不带有任何行政色彩。(2)转让的标的是建设用地使用权人以出让方式取得的建设用地使用权。以出让方式取得的建设用地使用权,权利人有权予以转让。以划拨方式取得的建设用地使用权,建设用地使用权人只有在办理了出让手续并缴纳了出让金后,才可以转让。①(3)建设用地转让时,建设用地出让合同和登记文件中载明的权利义务也随之转移,新受让人的权利义务仍与原建设用地使用权出让合同受让人享有的权利义务相同。(4)建设用地使用权与其地上的建筑物、其他附着物所有权同时转移。(5)当建设用地使用权转让价格明显低于市场价的,市、县人民政府享有优先购买权。(6)如果未按合同约定支付全部土地使用权出让金或未取得土地使用权证书的,不能够转让。②

3. 建设用地使用权转让合同的效力。建设用地使用权转让是基于转让合同而发生的,属于不动产物权变动的范畴,而对其效力的判断应当遵循物权变动的相关规定。但是,转让合同不等于转让建设用地使用权。因此,对建设用地使用权转让合同效力的判断应当在遵循判断一般合同效力的基础上,并结合法

---

① 杨立新:《物权法》(第三版),中国人民大学出版社2009年版,第161页。
② 谭启平、王洪、孙鹏:《中国民法学》(第二版),法律出版社2015年版,第329页。

律对建设用地使用权的转让合同的特殊规定来综合进行，所以，建设用地使用权转让无效并不等于双方达成的建设用地使用权转让合同的无效。

首先，关于"未取得土地使用权证转让的合同效力问题"。在实践中，转让方在取得土地使用权整治前就与受让方签订转让合同的情形时有发生，因此，对于此类情况在2020年修正的《最高人民法院关于审理涉及国有土地使用权合同纠纷案件适用法律问题的解释》第8条明确规定了"土地使用权人作为转让方与受让方订立土地使用权转让合同后，当事人一方以双方之间未办理土地使用权变更登记手续为由，请求确认合同无效的，不予支持"，这规定将这一实践中的问题进行了解决。

其次，关于"未达到投资开发比例条件转让合同的效力"问题。根据《城市房地产管理法》第39条第1款第（1）项、《城镇国有土地使用权出让和转让暂行条例》第19条第2款之规定，出让建设用地使用权转让需达到法定投资开发比例的条件，未达到开发比例的不得转让。该条款设置的原因在于规范转让行为，以免发生囤积土地、炒卖地皮等不法行为，并最终达到土地资源开发合理利用目的。在司法实践中，关于转让合同效力不受开发比例未达标的限制的做法已经没有了争议，法院主要以《城市房地产管理法》第39条第2款之规定并非效力性强制性规定而是管理性强制性规定来认定。同时，《第八次全国法院民事商事审判工作会议（民事部分）纪要》第13条规定："城市房地产管理法第三十九条第一款第二项规定并非效力性强制性规定，当事人仅以转让国有土地使用权未达到该项规定为由，请求确认转让合同无效的，不予支持。"该条进一步明确了对于未达到投资开发比例条件的并不导致转让合同无效。

再次，关于"以划拨土地出租未经批准的转让合同的效力"问题。《城市房地产管理法》第40条第1款规定："以划拨方式取得土地使用权的，转让房地产时，应当按照国务院规定，报有批准权的人民政府审批。有批准权的人民政府准予转让的，应当由受让方办理土地使用权出让手续，并依照国家有关规定缴纳土地使用权出让金。"《最高人民法院关于审理涉及国有土地使用权合同纠纷案件适用法律问题的解释》第11条也规定了以划拨方式取得的建设用地使用权于转让时须经有批准权的人民政府批准。但是对于"划拨土地出租未经批准的转让合同的效力"，有观点认为划拨土地出租系划拨土地使用权转让的一种方式，因此也应当符合《城市房地产管理法》第40条之规定，未经批准的,该土地使用权租赁合同无效。对于司法拍卖拨土地使用权上的房屋的,经完善相应手续后,可以认定划拨土地使用权转让合同的效力。①

最后,关于"以股权转让或合作开发方式转让的合同的效力"问题。在司法实践中,经常有通过合作开发或以有限责任公司股权转让方式进行间接转让土地使用权的做法。尽管我国相关法律对股权转让的情形作出了严格具体的规定,但现行的法律及司法解释对以股权转让方式转让建设用地使用权的行为仍没有具体的规定。2020年最新修正的《最高人民法院关于审理涉及国有土地使用权合同纠纷案件适用法律问题的解释》对合作开发房地产合同纠纷的相关问题进行了规定,并且根据不同情形对合作开发房地产合同的性质进行划分。在该《最高人民法院关于审理涉及国有土地使用权合同纠纷案件适用法律问题的解释》第21条也对认定为属于土地使用权转让合同的情形作出了具体的规定,即"合作开发房地产合同约定提供土地使用权的当事人不承担经营风险,只收取固定利益的,应当认定为土地使用权转让合同"。

至于"名为股权转让,实为土地使用权转让"的合同效力问题,在司法实践中,一般认定为有效,因为该行为并不导致土地使用权权属的转移,形式上并没有涉及土地使用权转让的问题,仅仅是在公司法律制度中的股权主体的变化,土地仍是原公司的资产。至于基于此行为享有一定的税收优惠,系当事人在法律允许的范围内作出的税收优化选择,不违反现行法律规定,故该合同合法有效。此外,由于《城市房地产管理法》第39条对于土地使用权转让的规定仅属于管理性强制性规定而非效力性强制性规定,因此不能作为否定合同效力的理由。但也有观点认为,该行为应属于"以合法形式掩盖非法目的",当事人真实意思表示为转让土地使用权,该行为属于恶意串通,损害国家利益的情形,应当归于无效的法律行为。②

4.建设用地使用权转让合同的履行。司法实践中,在处理建设用地使用权转让合同纠纷时往往会出现"一地数卖"的情况,即就同一建设用地使用权与他人签订数个转让合同的情况。2020年《最高人民法院关于审理涉及国有土地使用权合同纠纷案件适用法律问题的解释》明确规定了在转让合同履行过程中

---

① 江苏省高级人民法院民一庭:《国有土地使用权合同案件审判疑难问题研究》,载《法律适用》2017年第21期。

② 江苏省高级人民法院民一庭:《国有土地使用权合同案件审判疑难问题研究》,载《法律适用》2017年第21期。

出现此种情况的处理措施:"土地使用权人作为转让方就同一出让土地使用权订立数个转让合同,在转让合同有效的情况下,受让方均要求履行合同的,按照以下情形分别处理:(一)已经办理土地使用权变更登记手续的受让方,请求转让方履行交付土地等合同义务的,应予支持;(二)均未办理土地使用权变更登记手续,已先行合法占有投资开发土地的受让方请求转让方履行土地使用权变更登记等合同义务的,应予支持;(三)均未办理土地使用权变更登记手续,又未合法占有投资开发土地,先行支付土地转让款的受让方请求转让方履行交付土地和办理土地使用权变更登记等合同义务的,应予支持;(四)合同均未履行,依法成立在先的合同受让方请求履行合同的,应予支持。未能取得土地使用权的受让方请求解除合同、赔偿损失的,依照民法典的有关规定处理。"

三、关于建设用地使用权转让合同纠纷的裁判规则

(一)即使建设用地使用权转让合同无效,受让方以其对长期履行合同义务的合理信赖为由主张建设用地被征收的补偿款的,人民法院予以支持

【案例来源】

案例名称:中铁十六局集团第三工程有限公司与贵州亨特房地产开发有限公司建设用地使用权转让合同纠纷案

审理法院:最高人民法院

案　　号:(2018)最高法民申5341号

【争议点】

中铁十六局集团第三工程有限公司(以下简称十六局三公司)因与贵州亨特房地产开发有限公司(以下简称亨特公司)及贵州玉庭工贸有限公司(以下简称玉庭公司)建设用地使用权转让合同产生纠纷,该案历经贵州省贵阳市中级人民法院一审、贵州省高级人民法院二审、最高人民法院再审三个阶段。在再审中,当事人双方就亨特公司应否对位于小碧乡甘庄村C150号房屋、土地征收补偿款享有50%的份额产生纠纷。

【裁判说理】

在本案中,当事人双方于2004年7月7日就案涉建设用地使用权签订了《土地使用权租赁合同》,并在协议中对租赁期限和租金进行了约定,并且十六

局三公司在合同签订后将案涉的土地使用权证、宗地红线图、与国土部门和村民的协议等相关文件交给了亨特公司，因此可以认定双方虽然签订的是《租赁合同》，但实际上具有转让案涉建设用地使用权的意思表示。此外，根据2015年8月20日由成都铁路运输中级法院作出的判决：法院判决十六局三公司与亨特公司双方不为租赁合同关系，而应当认定为建设用地使用权转让合同关系，能够进一步证实双方实际上已构成建设用地使用权转让合同关系。除此之外，成都铁路运输中级法院还判定由于案涉《租赁合同》违反了效力性强制性规定，应当认定为无效。因此，对于亨特公司还能否请求获得案涉土地被征收后的补偿款，尽管案涉《租赁合同》为无效合同，但是亨特公司作为合同相对方于2004年《租赁合同》签订至2015年十六局三公司主张解除合同的这11年间，对案涉《租赁合同》的履行一直处于稳定状态，因此可以认定在亨特公司对案涉合同基于长期以来的合理信赖以及本人实际自主占有的现实情况下，其对于获得案涉土地的未来增值利益具有合理的期待，那么在案涉土地被征收后亨特公司对征收补偿款的取得能够认为具有合理的期待，因此为了保护亨特公司长期以来对合同的诚信履行以及对公平原则的实现。其请求获得征收补偿款的请求应当支持，但是鉴于亨特公司和十六局三公司双方在合同履行中均存在过错，以及亨特公司对案涉建设用地使用权并未实际取得的客观情况，酌定亨特公司对案涉土地、房屋征收补偿款享有50%的份额的判定恰当。

（二）在建设用地使用权转让合同纠纷中，未获销售许可的受让方出售案涉土地上房产且销售所得未给予转让方的，转让方不得以此作为因合同目的不能实现并行使解除权的理由

【案例来源】

案例名称：广东中森鸿基置业有限公司与云南东融滇西中药材物流经营有限公司建设用地使用权转让合同纠纷案

审理法院：云南省高级人民法院

案　　号：（2020）云民终235号

【争议点】

广东中森鸿基置业有限公司（以下简称鸿基公司）因与云南东融滇西中药材物流经营有限公司（以下简称东融公司）建设用地使用权转让合同产生纠纷，该案历经云南省大理白族自治州中级人民法院一审、云南省高级人民法院

二审两个阶段。在二审中,当事人双方就案涉《合作协议》的解除条件是否成就产生纠纷。

【裁判说理】

在本案中,根据双方签订的《合作协议》内容可知,东融公司作为提供案涉土地使用权的一方,仅收取固定利益而不承担相应的风险。因此,根据《最高人民法院关于审理涉及国有土地使用权合同纠纷案件适用法律问题的解释》第24条关于"合作开发房地产合同约定提供土地使用权的当事人不承担经营风险,只收取固定利益的,应当认定为土地使用权转让合同"之规定可知,东融公司与鸿基公司双方实质上构成建设用地使用权转让合同关系,因此东融公司作为案涉土地使用权的转让方,根据合同约定应当履行转让案涉土地使用权并获得土地使用权转让价款的合同目的;鸿基公司作为案涉土地使用权受让方,应当根据合同约定履行支付转让价款的义务。所以,对于鸿基公司未取得对案涉土地上房屋销售许可的情况下向外销售房屋,并且销售的款项并未给予东融公司的行为只能作为违反合同约定的违约行为,但并不属于致使东融公司无法取得转让价款的合同目的无法实现的情形。此外,鸿基公司于案涉合同签订后已向东融公司支付了第一笔土地转让款,第二笔转让款因规划许可尚未取得的客观原因而无法转让,但这并不代表鸿基公司不予支付东融公司土地转让款,因此东融公司仅以鸿基公司的违约行为认定为属于致使其合同目的不能实现的行为,并以此行使合同解除权的,有违诚信原则,因此法院不应予支持。

(三)即使合同中明确约定就房地产项目转让签订合同,但同时对转让项目土地使用性质、项目法律手续、项目建设及出售等进行详细约定的,应当认定为项目转让合同而非该公司建设用地使用权转让合同

【案例来源】

案例名称:九玖地产有限公司与烟台市莱山区城市资源开发经营管理中心项目转让合同纠纷案

审理法院:最高人民法院

案　　号:(2018)最高法民终1345号

【争议点】

九玖地产有限公司(以下简称九玖公司)与烟台市莱山区城市资源开发经营管理中心(以下简称莱山区城市开发中心)项目转让合同引发纠纷,该案历

经山东省高级人民法院一审、最高人民法院二审两个阶段。在二审中，九玖公司与莱山区城市开发中心签订的案涉合同的性质问题产生争议。

【裁判说理】

在本案中，由于房地产项目转让合同是指包括土地使用权在内的建设项目的概括性转让合同。因此，对于九玖公司与莱山区城市开发中心签订的案涉合同来看，首先，由于双方对合同转让标的的约定包括项目名称、项目土地使用性质等具体条件，并且对项目开发建设的主要条件作出了明确的要求。其次，案涉合同对受让方对项目开发的建设资质和能力条件也作出了明确的要求。最后，双方在合同内容中的主要条款也都是围绕项目转让进行的，因此不管是从合同约定的标的、受让方条件亦或主要条款都是以项目转让而非土地使用权转让展开的，因此对案涉合同的性质应当认定为房地产项目转让合同而非土地使用权转让合同。

（四）在建设用地使用权转让合同纠纷中，转让方以出让的方式取得建设用地使用权后一直将其处于闲置状态的，受让方受让时明知的不得要求转让方赔偿其合同目的未达成的损失

【案例来源】

案例名称：莱芜钢铁集团有限公司与刘某华建设用地使用权转让合同纠纷案
审理法院：山东省济南市中级人民法院
案　　号：（2020）鲁01民终13295号

【争议点】

莱芜钢铁集团有限公司（以下简称莱钢集团公司）因与刘某华建设用地使用权转让合同发生纠纷，该案历经济南市钢城区人民法院一审、山东省济南市中级人民法院二审两个阶段。在二审中，当事人双方就刘某华能否要求莱钢集团公司为其办理建设用地使用权的转让登记手续，以及不能办理登记手续时能否要求支付合同违约金作为经济损失的赔偿产生纠纷。

【裁判说理】

在本案中，莱钢集团公司通过与原莱芜市国土资源局签订《国有建设用地使用权出让合同》取得案涉建设用地使用权，由于根据《城市房地产管理法》第39条第1款规定，"以出让方式取得土地使用权的，转让房地产时，应当符合下列条件：（一）按照出让合同约定已经支付全部土地使用权出让金，并取

得土地使用权证书；（二）按照出让合同约定进行投资开发，属于房屋建设工程的，完成开发投资总额的百分之二十五以上，属于成片开发土地的，形成工业用地或者其他建设用地条件"，因此，在莱钢集团向刘某华转让案涉建设用地使用权的应当符合以上法律规定的条件。尽管济南市自然资源和规划局于2019年6月19日出具了相关建设用地使用权转让的《试点实施方案》，但该方案中的"净地交易"应当理解为是具备宗地交易条件下的包括在建工程、土地及地上建筑物和附着物等在内的整体交易。而案涉建设用地于出让后一直处于闲置状态，显然也达不到此处对"净地交易"的规定，因此可以认定案涉建设用地使用权由于不符合转让的法定条件而无法转让。此外，国务院和济南市人民政府办公厅分别于2019年7月6日和2020年8月15日制定的《指导意见》和《管理办法（试行）》中均明确规定"对于不符合有关法律法规或合同约定的不予办理相关手续。并且经双方当事人向相关登记机关核实，对于不符合相关政策规定的土地不予办理过户登记"。因此，刘某华不得要求莱钢集团为其登记手续。至于刘某华能否要求莱钢公司承担损害赔偿的问题，经本案查明，李某华对莱钢公司转让案涉建设用地使用权条件不满足的情况是知晓的，那么应当认定刘某华对于转让标的上的一切瑕疵是接受的，同时在刘某华接受该瑕疵存在的情况下也可以认定其本人是愿意承担在受让案涉建设用地使用权后的风险与后果的，因此，对于刘某华要求莱钢集团公司支付其合同违约金、赔偿经济损失的诉讼请求不能得到支持。

（五）在建设用地使用权转让合同纠纷中，一方以合同相对方在签订合同时的签名与起诉时的姓名不一致作为否认合同相对方身份理由的，人民法院不予支持

【案例来源】
案例名称：中国农业银行股份有限公司枣阳市支行与李某林建设用地使用权转让合同纠纷案
审理法院：湖北省襄阳市中级人民法院
案　　号：（2020）鄂06民终4061号

【争议点】
中国农业银行股份有限公司枣阳市支行（以下简称农行枣阳支行）因与李某林之间的建设用地使用权转让合同产生纠纷，该案历经湖北省枣阳市人民法

院一审、湖北省襄阳市中级人民法院二审两个阶段。在二审中，当事人双方就李某林是否具有作为上诉人的主体身份产生纠纷。

【裁判说理】

在本案中，由于案涉土地转让协议是在双方真实意思表示的基础上达成的，并不违反法律、法规的强制规定，因此应当认定为案涉协议合法有效。那么，在作为合同一方的李某林依据协议内容履行了相应的合同义务的情况下，作为合同相对方的农行枣阳支行也应当依据案涉协议履行合同义务。因此，在农行枣阳支行未以协议约定来履行其相应的义务的情况下，李某林当然可以要求解除合同、返还土地转让款并赔偿损失。虽然李某林在签订协议时的签名与起诉时不一致，仅有一字之差，但李某林所在的村民委员会也已出具证明证实签订协议时的姓名为李某林的曾用名，因此，可以认定为两者为同一人，李某林能够作为适格的上诉人。因此，对于农行枣阳支行提出的李某林不具有上诉人的主体身份的请求不能予以支持。

（六）在建设用地使用权转让合同纠纷中，价款支付凭证的形式不代表所支付价款的性质，一方当事人以价款支付凭证为借条作为否认属于合同价款理由的，人民法院不予支持

【案例来源】

案例名称：湖南中一房地产开发有限公司与湖南润和塑胶实业有限公司、湖南中和制药有限公司建设用地使用权转让合同纠纷案

审理法院：湖南省高级人民法院

案　　号：（2016）湘民终70号

【争议点】

湖南中一房地产开发有限公司（以下简称中一公司）与湖南润和塑胶实业有限公司（以下简称润和公司）、湖南中和制药有限公司（以下简称中和公司）因建设用地使用权转让合同产生纠纷，该案历经湖南省长沙市中级人民法院一审、湖南省高级人民法院二审两个阶段。在二审中，当事人双方就中一公司是否构成违约产生争议。

【裁判说理】

在本案中，由于润和公司、中和公司并未在合同约定的时限内完成相关的合同义务，并且在2010年6月，两公司为保障案涉《土地使用权出让合同书》

的继续履行，承诺于 2010 年 7 月 10 日前完成解除土地及地上建筑物的司法保全或抵押、冻结，以达到相应的过户条件，以上情形均可证明润和公司和中和公司构成了违约。因此，对于中一公司暂缓支付款项的行为属于其对先履行抗辩权的行使，至于润和公司与中和公司所称的中一公司向其两公司借款的原因在于润和公司、中和公司为保障其与中一公司之间《土地使用权转让合同书》的继续履行，因此，与中一公司约定由两公司向中一公司借款人民币 1500 万元，来用于土地解冻及解除抵押。由此可得出，中一公司的出借款项是在润和公司、中和公司承诺继续履行合同的情况下才支付的，并且中和公司也认可中一公司另行按合同约定支付的 2500 万元为股权结构改造款，其向中一公司出具的 2500 万元借据也载明了借款，因此，可以证明在双方往来款中，存在即使为支付合同价款但仍以借款为外在表现形式的情况。基于此，能够认定该借条名为借款实为合同价款，所以，润和公司、中和公司以案涉款项的支付凭证体现形式作为认定款项性质并否认上述案涉款项为合同价款的理由不应予以支持。

四、结语

人民法院在审理建设用地使用权转让合同纠纷时，若出现以下几种情况的，人民法院不予支持：其一，当未经销售许可的受让方向外出售案涉土地上房产但其销售所得并未给予转让方的，转让方认为受让方未经许可向外销售的行为致使合同目的不能实现并以此作为理由行使解除权的；其二，在转让方以出让的方式取得建设用地使用权后使该建设用地一直处于未建设的闲置状态的，受让方在知晓转让条件不成就仍请求转让方赔偿因合同目的未达成的损失的；其三，在合同一方以相对方在签订合同时的签名与起诉时的姓名不一致作为否认合同相对方身份理由的；其四，一方当事人以价款支付凭证的外在形式作为认定价款支付凭证的性质，从而将价款支付凭证作为借条否认属于合同价款的。除此之外，对建设用地使用权转让合同进行认定时，若合同中对转让项目土地的使用性质、项目法律手续、项目建设及出售等进行详细约定的，不能将其确定为建设用地使用权转让合同而是房地产项目转让合同，同时还应注意的是，即使建设用地使用权转让合同无效，但受让方以其对合同长期履行所形成的合理信赖作为请求建设用地被征收补偿款的，人民法院予以支持。

第十一节 建设工程勘察合同纠纷

一、导论

建设工程勘察作为建设工程的重要组成部分,是建设工程施工的前置程序和关键环节。建设工程勘察主要通过对建设工程场地的地形、地质及水文等要素进行测绘、勘察、测试和综合评定,实现对建设工程建设的规划、设计、施工、运营和综合治理,并根据勘察内容提供可行性评价和建设所需的勘查成果。虽然相较于建设工程施工合同与建设工程设计合同而言,因建设工程勘察合同引发的纠纷较少,争议点也比较集中于对工程款计算、合同效力的认定、管辖法院的确定方面,但由于其专业性较高的特点,建设工程勘察合同引发的纠纷需要更加明晰、详细的规范。基于此,本节以因建设工程勘察合同纠纷产生的案件裁判文书为研究对象,并将2016年以来人民法院作出的相关裁判文书作为主要范围,归纳、提炼建设工程勘察合同纠纷裁判的理念和趋势,以期通过对我国案例的研究来指导司法实践。

截至2021年2月,编者在中国裁判文书网中输入"建设工程勘察合同纠纷"(案由)共检索出民事裁判文书2202篇,其中,由最高人民法院裁判的有5篇,由高级人民法院判的有53篇,由中级人民法院判的有503篇。在具体案例的选取上,本节遵循以下"两个优先"原则:第一,优先选择审判层级较高的裁判文书;第二,优先选择审判日期较近的裁判文书。通过形式和内容两个方面的筛选,本节最终选择了6篇裁判文书作为本节的研究标的,即(2018)最高法民申2844号、(2018)辽01民终11585号、(2020)粤18民终2312号、(2020)闽03民终974号、(2020)宁03民终202号、(2016)豫民再556号。其中,由最高人民法院裁判的有1篇,由高级人民法院裁判的有1篇,由中级人民法院裁判的有4篇,裁判日期为2020年的案例有3篇。

二、建设工程勘察合同纠纷的基本理论

(一) 建设工程勘察概述

1. 建设工程勘察的定义。[①] 建设工程勘察,是指根据建设工程的要求,查明、分析、评价建设场地的地质、地理环境特征和岩土工程条件,编制建设工程勘察文件的活动。建设工程勘察包括建设工程项目的工程测量、岩土工程、水文地质勘察、环境地质勘察等工作。建设工程勘察的目的是根据建设工程建设的规划、设计、施工、运营和综合治理的需要,对地形、地质及水文等要素进行测绘、勘察、测试和综合评定,并提供可行性评价和建设所需的勘查成果。

2. 建设工程勘察的标准。[②] 根据《基本建设勘察工作管理暂行办法》第32条"勘察技术标准(包括规范、规程)是工程建设标准化工作的组成部分,是各项勘察工作的技术依据。各类建设工程的勘察都必须制定相应的技术标准,并逐步建立统一的工程勘察技术标准体系,同时要在一定时间内完成配套工作。制定或修订技术标准,都必须贯彻执行国家的有关技术经济政策,要紧紧围绕提高经济效益,做到技术先进、经济合理、安全适用、确保质量"的规定可知,工程勘察标准是强制性标准,属于技术法规。而勘查技术标准又分为国家、部、省市自治区和单位四级。其中国家勘查技术标准,是指在全国范围内需要同一的标准,应由主编单位提出并报国家设计委员会审批;部勘察技术标准是指在全国各专业范围内需要统一的标准,应由主编单位提出并报主管部门审批、颁发,同时报全国计划委员会备案;省、自治区、直辖市勘察技术标准是指在本地区范围内需要统一的标准,应由主编单位提出并报省、自治区、直辖市主管基建的综合部门审批、颁发同时报国家计划委员会备案;勘察单位可根据本单位工作特点和需要制作本单位内部使用的勘查技术细则、勘查技术规定,勘察单位自行颁发,并报上一级主管部门备案。

(二) 建设工程勘察合同概述

1. 建设工程勘察合同的定义。建设工程勘察合同,是指承包人接受发包人

[①] 李恒、马凤玲:《建设工程法:法律制度与实务技能》,法律出版社2013年版,第112页。
[②] 李恒、马凤玲:《建设工程法:法律制度与实务技能》,法律出版社2013年版,第118~119页。

的委托，完成建设工程地理、地质等情况的调查研究工作，发包人支付相应价款的合同。①

2. 建设工程勘察合同的内容。由于勘察工作是专业性很强的工作，对此我国现行法律也对建设工程勘察进行了严格的限制，无论是《建筑法》还是《建设工程质量管理条例》都规定勘察单位应当具备相应的资质，没有资质的勘察单位不得从事相关勘察工作。因此，建设工程勘察合同一般应当包括以下条款：（1）当事人姓名或名称和住所，即合同主体；（2）标的，即勘察工程量；（3）数量，即勘察工程量；（4）价款或报酬，即勘察费；（5）质量，即勘察成果的质量要求；（6）履行，即承包人与发包人的义务范围，以及履行的期限、地点方式等，若当事人对以上约定不明的，则依照《民法典》合同编对合同的相关规定。②

3. 建设工程勘察合同的工程款支付。建设工程勘察合同纠纷中，最主要的纠纷便是对工程款支付的相关问题，主要包括工程款未支付、未按照合同约定支付工程进度款、工程款结算依据等方面。而对于建设工程勘察费的收费标准，2002年原国家计委和建设部发布的《工程勘察设计收费管理标准》已经废止。在司法实践中大多数情况下仍然支持了工程款支付的请求，并以承包方按约完成勘察工作并得到发包方认可或是发包方以勘查成果不合格为由拒绝的请求不成立、勘查合同无效但相关工程已竣工验收合格作为理由。不支持的情况大多是由于勘察义务存在瑕疵，达不到质量标准额情形。

因此，对于勘察价款支付的确定应当在签订合同时就明确结算方式以及支付时间，并且勘察方在进行勘查工作时务必要保质保量地完成勘察工作，并在发生质量问题时积极维修。

4. 建设工程勘察合同纠纷的管辖。由于《民事诉讼法》和《最高人民法院关于适用〈中华人民共和国民事诉讼法〉的解释》明确建设工程施工合同适用不动产所在地的专属管辖。但是建设工程勘察合同作为与建设工程施工合同共同构成的建设工程合同的一部分是否也适用不动产所在地的专属管辖法律、法规并未明确规定。对于建设工程勘察合同纠纷而言，承包人的工作主要是提供勘察方案及勘察文件，且承包人的主要工作系在勘察单位内完成的，因此，建

---

① 潘福仁、周赞华：《建设工程合同纠纷》（第4版），法律出版社2015年版，第3页。
② 潘福仁、周赞华：《建设工程合同纠纷》（第4版），法律出版社2015年版，第4页。

设工程勘察合同纠纷案件不适用专属管辖。① 根据一般合同纠纷来确定管辖法院更为适宜。

三、关于建设工程勘察合同纠纷的裁判规则

（一）在建设工程勘察合同纠纷中，一方当事人以要约中要求的履行行为属于对其承诺方式的约定，并以此请求其实际施工且交付勘探成果的行为构成合同成立的，人民法院应予支持

【案例来源】

案例名称：周口市发展和改革委员会与河南省煤田地质局物探测量队建设工程勘察合同纠纷案

审理法院：最高人民法院

案　　号：（2018）最高法民申2844号

【争议点】

周口市发展和改革委员会（以下简称周口发改委）因与河南省煤田地质局物探测量队（以下简称物探队）建设工程勘察合同产生纠纷，该案历经河南省周口市中级人民法院一审、河南省高级人民法院二审、最高人民法院再审三个阶段。在再审中，当事人双方就物周口发改委应否向物探队支付工程款110.5万元及利息产生纠纷。

【裁判说理】

根据《合同法》第13条② 规定："当事人订立合同，采取要约、承诺方式"；第14条③ 规定："要约是希望和他人订立合同的意思表示，该意思表示应当符合下列规定：（一）内容具体确定；（二）表明经受要约人承诺，要约人即

---

① 周利明：《解构与重塑——建设工程合同纠纷审判思维与方法》，法律出版社2021年版，第42页。

② 对应《民法典》第471条，该条规定："当事人订立合同，可以采取要约、承诺方式或者其他方式。"

③ 对应《民法典》第472条，该条规定："要约是希望与他人订立合同的意思表示，该意思表示应当符合下列条件：（一）内容具体确定；（二）表明经受要约人承诺，要约人即受该意思表示约束。"

受该意思表示约束"；第 16 条第 1 款①规定："要约到达受要约人时生效"。由此可知，订立合同的意思表示采取要约形式的，内容须具体确定，经要约人作出并到达受要约人，要约即为生效。由于周口市能源办公室（以下简称能源办）于 2005 年先后向物探队发送的两份案涉《函件》内容明确具体具有，与物探队订立合同的意思表示，除此之外，案涉两份《函件》中分别载明"请你单位接通知后，迅速组织施工，……"的字样，由于《合同法》第 22②条规定："承诺应当以通知的方式作出，但根据交易习惯或者要约表明可以通过行为作出承诺的除外"；第 25 条③规定："承诺生效时合同成立"；第 26 条第 1 款④规定："承诺通知到达要约人时生效。承诺不需要通知的，根据交易习惯或者要约的要求作出承诺的行为时生效"；第 36 条⑤规定："法律、行政法规规定或者当事人约定采用书面形式订立合同，当事人未采用书面形式但一方已经履行主要义务，对方接受的，该合同成立。"表明承诺的作出需以通知要约人为要求，但要约中明确约定可以行为作出承诺的方式除外。因此，在案涉《函件》中"接到通知，迅速组织施工"的内容属于在邀请中明确约定承诺可以履行行为的方式作出，故在判断物探队是否已履行合同义务的应当以物探队是否根据案涉《函件》的内容进行相应的施工工作并将勘探的施工成果交付给能源办为限。而根据案件的查明情况可知物探队确已完成了案涉《函件》中的勘探工作，并且有能源办发送给物探队的传真作为证明物探队已向能源办交付勘探成果的证据。由此可以证明物探队已经根据履行行为作出承诺，并完成双方所达成的合同义务。因此在周口发改委机构调整并承继源能源办职责的时候应当向物探队支付相应的工程价款。

---

① 对应《民法典》第 474 条，该条规定："要约生效的时间适用本法第一百三十七条的规定。"

② 对应《民法典》第 480 条，该条规定："承诺应当以通知的方式作出；但是，根据交易习惯或者要约表明可以通过行为作出承诺的除外。"

③ 对应《民法典》第 483 条，该条规定："承诺生效时合同成立，但是法律另有规定或者当事人另有约定的除外。"

④ 对应《民法典》第 484 条，该条规定："以通知方式作出的承诺，生效的时间适用本法第 137 条的规定。"

⑤ 对应《民法典》第 490 条，该条规定："当事人采用合同书形式订立合同的，自当事人均签名、盖章或者按指印时合同成立。在签名、盖章或者按指印之前，当事人一方已经履行主要义务，对方接受时，该合同成立。法律、行政法规规定或者当事人约定合同应当采用书面形式订立，当事人未采用书面形式但是一方已经履行主要义务，对方接受时，该合同成立。"

(二)在建设工程勘察合同纠纷中,建筑企业的资质和施工能力是保证建设工程质量的前提条件,一方当事人以法律对此并未明确规定并否认勘察合同无效的,人民法院不予支持

【案例来源】

案例名称:天津辽源科技有限公司与沈阳腾浩房地产开发有限公司建设工程勘察合同纠纷案

审理法院:辽宁省沈阳市中级人民法院

案　　号:(2018)辽01民终11585号

【争议点】

天津辽源科技有限公司因与沈阳腾浩房地产开发有限公司建设工程勘察合同产生纠纷,该案历经新民市人民法院一审、辽宁省沈阳市中级人民法院二审两个阶段。在二审中,当事人双方就达成的《物探合同》的效力问题产生纠纷。

【裁判说理】

首先,根据《建筑法》第13条规定的:"从事建筑活动的建筑施工企业、勘察单位、设计单位和工程监理单位,按照其拥有的注册资本、专业技术人员、技术装备和已完成的建筑工程业绩等资质条件,划分为不同的资质等级,经资质审查合格,取得相应等级的资质证书后,方可在其资质等级许可的范围内从事建筑活动。"由此可知,我国对勘察单位有需要相关勘查资质的要求,并且由于建筑领域的严格要求,建筑领域的勘察工程也应当在具备一定资质的情况下才能进行。其次,根据《建筑法》的立法目的来看,建设工程的质量是建设工程的重中之重,而建筑企业的资质和施工能力是保证建设工程质量的前提条件,故勘察工作作为建设工程施工过程中必不可少的环节,勘察单位需要具备一定资质。最后,虽然我国《合同法》规定了违反法律、行政法规强制性规定的合同无效,但是在我国的相关法律条文中并未明确规定与无勘查资质的勘察方签订的勘查合同无效,并且根据前文对勘察活动在建设工程施工过程中的重要性可知,即使在法律没有明文规定的情况下,为实现《建筑法》的立法目的和对保证工程质量的基础上,对于和没有勘察资质的相关方签订的《勘察合同》应属无效。

（三）在建设工程勘察合同纠纷中，对勘察工作约定"初勘"和"详勘"两个步骤但发包方于详勘报告出具前就审批并投入施工的，即使施工后确因勘察不当出现瑕疵，不能拒绝支付勘察工程款

【案例来源】

案例名称：清远市人民医院与广东省东莞地质工程勘察院建设工程勘察合同纠纷案

审理法院：广东省清远市中级人民法院

案　　号：（2020）粤18民终2312号

【争议点】

清远市人民医院因与广东省东莞地质工程勘察院（以下简称东莞地质勘察院）建设工程勘察合同产生纠纷，该案历经广东省清远市清城区人民法院一审、广东省清远市中级人民法院二审两个阶段。在二审中，当事人双方就清远市人民医院应否向东莞地质勘察院支付第三期工程款产生纠纷。

【裁判说理】

在本案中，由于双方在签订的案涉合同中明确约定："在勘察人提供完整的工程勘察报告并经清远市投资审核中心的审核，以及甲方或甲方委托的第三方审查后，不存在扣减勘察费的情形的于接到勘察人申请后并在相关材料齐备的情况下进行支付"。因此可知，在勘察人东莞地质勘察院交付完整勘察报告并经清远市投资审核中心的审核后可以向清远市人民医院请求支付勘察款，除非发生因勘察方违约而扣减勘察款的情形。同时双方在涉案合同中还明确约定了勘察工程分为"初勘"和"详勘"两个步骤，并在甲方清远市人民医院对详勘方案审批合格后才算完成。东莞地质勘察院确实给出了初勘报告，但是在详勘报告出具之前，清远市人民医院已经根据初勘报告进行了施工，因此可以认定其是对东莞地质勘察院勘察报告的认可，而后在施工中又以勘察报告存在瑕疵影响施工为由拒绝支付勘察款的于理不合，故不应予以支持。

（四）在建设工程勘察合同纠纷中，对其中一项测量费用的计算标准未明确约定的，可根据体系解释方式同其他测量项目的计算标准作同一标准的解释

【案例来源】

案例名称：福建岩土工程勘察研究院有限公司与上海市政工程设计研究总院（集团）有限公司建设工程勘察合同纠纷案

审理法院：福建省莆田市中级人民法院

案　　号：（2020）闽03民终974号

【争议点】

上海市政工程设计研究总院（集团）有限公司（以下简称市政研究院）因与福建岩土工程勘察研究院有限公司（以下简称岩土勘察公司）买卖合同产生纠纷，该案历经福建省莆田市秀屿区人民法院一审、福建省莆田市中级人民法院二审两个阶段。在二审中，当事人双方就合同下的结算条款如何理解与适用产生纠纷。

【裁判说理】

在本案中，由于双方均同意岩土勘察公司的勘察分包项目涉及《建设工程勘察合同》中的勘查项目，并且均同意勘察项目不包括工程测量项目，因此在结算工程勘察费用时需要剔除其中的工程勘测项目。但是，由于双方在合同中对该部分工程测量费的计算标准并未明确按照原费计算抑或原费用下浮10%计算，因此可以根据体系解释的方法将该部分测量费的计算标准与同一合同中其他项目的测量标准作同一解释，并且该部分测量费为勘察总合同的费用项目下，属于勘察总合同费用项下的子项目，所以对该部分测量费的计算标准也应当与勘察总合同计算标准一致，即原费用下浮10%。除此之外，当事人双方对合同中结算条款的约定也按照原费用下浮10%处理，因此基于对权利义务平衡的考量以及对当事人意思自治的保护，也应当按照原费用下浮10%处理。故对于岩土勘察公司请求的基于原费用下浮10%处理的标准进行计算的应当予以支持。

（五）在建设工程勘察合同纠纷中，勘察方以双方的实践合同为补签合同且相对方不予否认为由能够认定相对方在其发出的企业询证函上的盖章属于对勘查工程的验收，能够以此索要勘察费

【案例来源】

案例名称：北京华烨金泉石油能源技术开发有限公司与中石化石油工程地球物理有限公司胜利分公司、北京华烨金泉石油能源技术开发有限公司盐池分公司建设工程勘察合同纠纷案

审理法院：宁夏回族自治区吴忠市中级人民法院

案　　号：（2020）宁03民终202号

【争议点】

北京华烨金泉石油能源技术开发有限公司（以下简称北京华烨公司）因与中石化石油工程地球物理有限公司胜利分公司（以下简称中石化胜利分公司）、北京华烨金泉石油能源技术开发有限公司盐池分公司（以下简称华烨盐池分公司）建设工程勘察合同产生纠纷，该案历经宁夏回族自治区盐池县人民法院一审、宁夏回族自治区吴忠市中级人民法院二审两个阶段。在二审中，当事人双方就石化胜利分公司是否按照合同约定履行交付技术成果义务并要求北京华烨公司及华烨盐池分公司支付涉案工程款是否已过诉讼时效产生纠纷。

【裁判说理】

在本案中，根据查明的案件事实表明华烨盐池分公司为北京华烨公司的分支机构，不具有独立的法人资格。但是北京华烨公司与中石化胜利分公司双方签订的案涉《惠安堡地区二维地震资料采集合同》为其真实意思表示，并且不违反法律禁止性规定，因此双方应当根据合同约定履行合同义务，并且也确实存在华烨盐池分公司与中石化胜利分公司签订合同在后，对工期的约定以及工程发票的开具在先的事实，对此中石化胜利分公司也承认案涉合同为双方补签的实践合同，因此能进一步印证中石化胜利分公司已交付其技术成果的主张，同时对于中石化胜利分公司在2015年至2019年六次向华烨盐池分公司发出企业询证函，且华烨盐池分公司在该询证函上的盖章也能表明双方之间存在债权债务的事实，至于华烨盐池分公司对该询证函上债务确认的盖章，也表明其知晓中石化胜利分公司有向其追索勘察费的意思，且其对勘察费追索也持确认的态度，并且案涉询证函上也注明有"若款项在上述日期之后已经付清，仍请及

时函复为盼"的内容，因此能进一步说明中石化胜利分公司有要求华烨盐池分公司支付勘察费之意。询证函能够被认定为属于中石化胜利分公司向华烨盐池分公司主张勘察费之意思表示，故不能认定已过追诉时效，而应当认定属于追诉时效的中断，北京华烨公司及华烨盐池分公司应当向石化胜利分公司支付案涉工程勘察款。

（六）在建设工程勘察合同纠纷中，对当事人双方之间合同关系的判断应结合合同的订立形式以及是否有实际履行的事实综合判断

【案例来源】

案例名称：山东正元建设工程有限责任公司与新密市天通城市建设开发有限公司建设工程勘察合同纠纷案

审理法院：河南省高级人民法院

案　　号：（2016）豫民再556号

【争议点】

山东正元建设工程有限责任公司（以下简称正元公司）因与新密市天通城市建设开发有限公司（以下简称天通公司）建设工程勘察合同产生纠纷，该案历经河南省新密市人民法院一审、郑州市中级人民法院二审、河南省高级人民法院再审三个阶段。在再审中，当事人双方就达成的建设工程勘察合同是否生效产生争议。

【裁判说理】

《合同法》第10条第1款[①]规定："当事人订立合同，有书面形式、口头形式和其他形式。"由此可知，合同的订立形式不仅限于书面或口头。同时根据司法实践和相关法律、司法解释可知，能够确定合同双方当事人名称或者姓名、标的和数量的，合同一般成立。除此之外，在合同双方未签订书面合同或进行口头协议，以双方从事的民事行为能够推断出具有订立合同意愿的，一般也认为合同成立。因此，对合同关系是否成就的判定不能单纯依靠所订立的合同的形式，还应该结合是否有实际履行的事实来认定。因此对于本案中，尽管正元公司对所提供的合同形式要件不完备，但不能仅以此作为否认双方合同关

---

① 对应《民法典》第469条第1款，该条款规定："当事人订立合同，可以采用书面形式、口头形式或者其他形式。"

系的理由，还应当对其是否以实际履行的实际情况来认定。

四、结语

建设工程勘察作为建设工程的重要组成部分，是建设工程施工的前置程序和关键环节。建设工程勘察合同，是指承包人接受发包人的委托，完成建设工程地理、地质等情况的调查研究工作，发包人支付相应价款的合同。因此，人民法院在审理建设工程勘察合同纠纷时，如果发生以下几种情况，人民法院应当予以支持：其一，当勘察方以其与合同相对方对勘察工程的工期约定及所开具的发票在双方实际签订合同之前作为认定合同相对方向其发出的企业询证函上的盖章是对其勘查工程的验收，并以此索要勘察费的理由的；其二，一方当事人以对方要约中有"接到通知，迅速组织施工"为内容，来认定对方已作出承诺并以此请求其实际施工并、付勘探成果的行为已构成勘察合同成立的。但是当出现双方对勘察工作约定了"初勘"和"详勘"两个步骤但发包方于"详勘报告"出具之前就审批并投入施工的，如果以施工后因勘察不当出现瑕疵为由拒绝支付勘察工程款，人民法院不予支持。同时，由于建筑企业的资质和施工能力是保证建设工程质量的前提条件，如果一方当事人以法律并未明确规定勘察方的勘察资质与合同效力有直接关联，因此作为认定合同不因无资质勘察方勘察而无效的理由的，人民法院也不予支持。除此之外，如果双方对其中一项测量费用的计算标准未明确约定的，可以根据体系解释方式与其他测量项目的计算标准作同一标准的解释。还应注意的是，对双方是否具有建设工程勘察合同成立与否的关系的认定标准不能仅依据合同订立的形式，还应结合合同是否实际履行的事实来综合判断。

第十二节　建设工程设计合同纠纷

一、导论

建设工程设计作为建设工程的前置环节和重要组成部分需要有明确的规范，以保证其顺利进行。相对于建设工程施工合同而言，建设工程设计引发的合同纠纷案件数量较少、标的较小、争议点也相对固定，但其中有关工程设计的专业程度也较高，因此，司法实践中的工程设计认定也较为困难。但是，我国尚无直接的法律、法规和司法解释对建设工程设计进行明确的规范。基于此，本节以因建设工程设计合同纠纷产生纠纷的案件裁判文书为研究对象，以2017年以来人民法院作出的相关裁判文书为主要范围，归纳、提炼建设工程设计合同纠纷裁判的理念和趋势，以期通过对我国案例的研究来指导司法实践。

截至2021年2月，编者在中国裁判文书网中输入"建设工程设计合同纠纷"（案由）共检索出民事裁判文书10 390篇，其中，由最高人民法院裁判的有28篇，由高级人民法院裁判的有325篇，由中级人民法院裁判的有2671篇。在具体案例的选取上，本节遵循以下"两个优先"原则：第一，优先选择审判层级较高的裁判文书；第二，优先选择审判日期较近的裁判文书。通过形式和内容两个方面的筛选，本节最终选择了6篇裁判文书进行研究，即（2020）赣民再211号、（2020）冀民申2332号、（2020）赣民终164号、（2020）辽民申176号、（2019）最高法民申1083号、（2017）浙民再199号。其中，由最高人民法院裁判的有1篇，由高级人民法院裁判的有5篇，裁判日期为2020年的有4篇。

二、建设工程设计合同纠纷的基本理论

（一）建设工程设计概述[①]

建设工程设计，是指根据建设工程的要求，对建设工程所需的技术、经济、资源、环境等条件进行综合分析、论证、编制建设工程设计文件的工程。建设工程设计运用工程技术理论及技术经济方法，按照现行技术标准，对新建、扩建、改建项目的工艺、土建、公用工程、环境工程等进行综合型设计，包括必需的非标准设备设计及经济技术分析，并提供作为工程建设依据的文件和图纸。

（二）建设工程设计合同概述

1. 建设工程设计合同的定义。建设工程设计合同，是指承包人接受发包人的委托，完成建设工程设计工作，发包人支付相应对价的合同。

2. 建设工程设计合同的效力。在司法实践中，影响建设工程设计合同效力的原因主要包括：是否违反《招标投标法》的效力性强制性规定、设计单位资质是否符合规定、是否存在分包转包这三种情况。

首先，关于违反《招标投标法》导致合同无效的问题。根据《招标投标法》第3条第1款之规定："在中华人民共和国境内进行下列工程建设项目包括项目的勘察、设计、施工、监理以及与工程建设有关的重要设备、材料等的采购，必须进行招标：（一）大型基础设施、公用事业等关系社会公共利益、公众安全的项目；（二）全部或者部分使用国有资金投资或者国家融资的项目；（三）使用国际组织或者外国政府贷款、援助资金的项目。"由此可知，对于工程建设的设计而言，需要对重要的材料设备通过招标的方式进行，并且由于该条为效力性强制性规定，因此对于符合上述规定的工程应当招标而未招标直接订立的设计合同应属无效。

其次，关于设计单位资质导致合同无效的问题。《建筑法》第12条规定："从事建筑活动的建筑施工企业、勘察单位、设计单位和工程监理单位，应当具备下列条件：（一）有符合国家规定的注册资本；（二）有与其从事的建筑活

[①] 李恒、马凤玲：《建设工程法：法律制度与实务技能》，法律出版社2013年版，第112页。

动相适应的具有法定执业资格的专业技术人员；（三）有从事相关建筑活动所应有的技术装备；（四）法律、行政法规规定的其他条件。"由此可知，设计单位进行建设工程设计时需要具有一定的资质。同时《建设工程质量管理条例》第 18 条规定："从事建设工程勘察、设计的单位应当依法取得相应等级的资质证书，并在其资质等级许可的范围内承揽工程。禁止勘察、设计单位超越其资质等级许可的范围或者以其他勘察、设计单位的名义承揽工程。禁止勘察、设计单位允许其他单位或者个人以本单位的名义承揽工程。勘察、设计单位不得转包或者违法分包所承揽的工程。"由此可知，承接建设工程设计的设计单位应当在其资质范围内承接设计工程。由于超越资质与缺乏资质不同，我国《建筑业企业资质标准》中对承包人资质进行了明确的划分，超越资质的设计单位其自身的资质无法达到其所承接的工程所需的资质标准，包括就承接工程的性质、面积、投资规模、复杂程度等。建设工程关系社会公共利益，就需要对建设工程承包方的资质进行严格要求，因此对于"越级"承接建设工程设计并签订的相关设计合同也当然无效。

最后，关于违法分包转包导致合同无效的问题。由于转包和违法分包会对建设工程质量造成严重损害，因此该行为属于《建筑法》和《建设工程质量管理条例》明文禁止的行为。所以，对于此类转包和违法分包订立的合同也当然无效。此外，在司法实践中还会出现发包人为设计单位而非建设单位的情况，对于此种情况法院不仅要审查设计单位的设计资质，还应当审查是否有转包和违法分包的情形。

3. 建设工程设计合同的设计费用。由于在建设工程设计合同中，设计单位的义务是完成工程设计，提交设计方案。设计费用的纠纷主要包括：设计费用的支付、设计费用的结算依据等。

在司法实践中，如果因设计方过错导致合同无效，设计方在无资质的情况下请求支付设计费用的，法院一般会根据双方的过错责任大小来进行判定。只要设计方不是故意隐瞒无资质的情况，法院通常也会认定双方均存在过错，但设计单位的过错程度仍要高于发包方。此外，过错责任的大小会影响设计费用。

此外，关于设计成果的使用情况。一般的建设工程施工活动经工程验收合格就意味着施工方已完成了合同义务，发包方应当据此支付相应的工程价款，但对于建设工程设计而言，设计图纸是否验收合格与设计成果是否产生实际价值并不相同,设计图纸需要满足设计规范,不存在设计瑕疵。设计成果则以其实际使用作为认定的标准。故在司法实践中,一旦当事人以设计成果存在瑕疵来拒绝支付设计费的,法院一般会选择采取司法鉴定的方式进行解决。而在出现由于设计图纸存在瑕疵导致设计成果无法实现,达不到相关部门的审核标准的,不能认定设计单位完全履行了合同义务,此时法院会认定设计单位因设计成果有瑕疵无法产生实际成果为由来拒绝其设计价款的请求。

4. 建设工程设计合同纠纷的管辖。《民事诉讼法》和《最高人民法院关于适用〈中华人民共和国民事诉讼法〉的解释》明确规定了建设工程施工合同适用不动产所在地的专属管辖,但是建设工程设计合同作为与建设工程施工合同共同构成的建设工程合同的一部分是否也适用不动产所在地的专属管辖并未明确规定。对于建设工程设计合同纠纷而言,承包人的工作主要是提供设计方案及设计文件,且承包人的主要工作系在设计单位内完成的,因此建设工程设计合同纠纷案件不适用专属管辖,① 应当根据一般合同纠纷来确定管辖法院更为适宜。

三、关于建设工程设计合同纠纷的裁判规则

(一)在建设工程设计合同纠纷中,约定概念计划方案须经政府审批才属于合同约定的智力成果范畴的,一方以方案虽未被认可但确已付出劳动力为由请求工程价款的,人民法院不予支持

【案例来源】
案例名称:九江市中雅企业管理有限公司与深圳迈思建筑设计有限公司建设工程设计合同纠纷案
审理法院:江西省高级人民法院
案　　号:(2020)赣民再211号
【争议点】
九江市中雅企业管理有限公司(以下简称中雅公司)因与深圳迈思建筑设

---

① 周利明:《解构与重塑——建设工程合同纠纷审判思维与方法》,法律出版社2019年版,第42页。

计有限公司（以下简称迈思公司）就建设工程设计合同产生纠纷，该案历经江西省九江市浔阳区人民法一审、江西省九江市中级人民法院二审、江西省高级人民法院再审三个阶段。在再审中，当事人双方就合同约定的设计费用是否应当支付产生纠纷。

【裁判说理】

在本案中，中雅公司与迈思公司于案涉《华侨大厦项目建筑方案设计合同》中确已约定由迈思公司进行的概念规划设计方案须经政府审批，明确了迈思公司的设计方案须得到当地政府部门的审批。就案件情况来看，迈思公司提交的概念规划设计方案经政府审核未经批准，且中雅公司在迈思公司向其发出设计款催款函后也已函告迈思公司修改设计规划方案，并告知迈思公司案涉项目建筑方案需八里湖新区管委会审核同意后，向（九江）市人民政府、市规划审批部门及主要领导进行汇报和上会，方能通过批复。但是管委会规划部门及主要领导对迈思公司提交的概念规划方案不满意，并要求调整总体规划、建筑体量、外观等。由此可知，即使迈思公司确已付出了劳动形成了相关的概念规划设计方案，但未经认可，因此不能转化成为其与中亚公司在合同中约定的能够给付工程款的智力成果，也就不能认定迈思公司完成了合同中约定的由其进行的概念规划设计方案的合同义务。因此，对于迈思公司要求中雅公司按《华侨大厦项目建筑方案设计合同》约定概念规划设计费用支付，该请求不符合《华侨大厦项目建筑方案设计合同》约定，不能得到支持。

（二）在建设工程设计合同中，设计方未对设计工程进行专业考量致使工程不达标的，无权请求支付工程价款

【案例来源】

案例名称：江西金达莱环保股份有限公司与张家口永盛毛皮硝染有限公司建设工程设计合同纠纷案

审理法院：河北省高级人民法院

案　　号：（2020）冀民申 2332 号

【争议点】

江西金达莱环保股份有限公司（以下简称金达莱公司）因与张家口永盛毛皮硝染有限公司（以下简称永盛公司）、北京建伟业建材经销部就建设工程设计合同产生纠纷，该案历经河北省阳原县人民法院一审、河北省张家口市中级

人民法院二审、河北省高级人民法院再审三个阶段。在再审中，当事人双方就是否应当解除设计合同并返还设计费产生争议。

【裁判说理】

在本案中，根据鉴定机构的鉴定意见可知，金达莱公司提供的废水中去除率表格表明了，必须在"厂方自建过滤池"中过滤掉90%的情况下，含铬废水及综合废水中的悬浮物才能达到支除率表格中的数值。然而，金达莱公司与永盛公司签订的设计合同中并未明确表示其是在"厂方自建过滤池"过滤掉悬浮物90%的进水水质基础上进行的设计。金达莱公司作为专业设计污水处理的设计单位，就其专业能力而言应当知晓案涉"厂方自建过滤池"在本案污水处理过程中的重要性，然而金达莱公司在设计时并没有将其中的自建过滤池提出要求，导致案涉污水处理系统工程竣工后，金达莱公司于调试时未能达到环保要求。因此，在设计单位金达莱公司未对设计工程进行专业考量而使工程不达标的情况下，其不能请求相应的工程价款。

（三）在建设工程设计合同中，承建方向设计方出具的确认其设计服务工作的《询证函》仅属于其欠付设计费的证据，设计方不得以此认定属于承建方应付设计款结算的依据

【案例来源】

案例名称：南昌茵梦湖置业有限公司与重庆凡策房地产顾问有限公司建设工程设计合同纠纷案

审理法院：江西省高级人民法院

案 号：（2020）赣民终164号

【争议点】

南昌茵梦湖置业有限公司（以下简称茵梦湖公司）因与重庆凡策房地产顾问有限公司（以下简称凡策公司）就建设工程设计合同产生纠纷该案历经江西省南昌市中级人民法院一审、江西省高级人民法院二审两个阶段。在二审中，当事人双方就茵梦湖公司向凡策公司出具的《询证函》能否作为茵梦湖公司与凡策公司设计费结算的依据产生争议。

【裁判说理】

在本案中，茵梦湖公司与凡策公司在2014年2月签订的案涉《南昌县茵梦湖项目规划建筑方案设计与咨询合同》对工程总价款的暂定款项和各阶段的

付款数额作了明确的约定。2017年,茵梦湖公司向凡策公司出具了案涉《工作量确认的函》,确认了凡策公司设计工作成果,但是其最终并未使用凡策公司的设计成果且双方也并未就设计费用进行结算。此后,茵梦湖公司通过第三方审计机构瑞华会计师事务所因股权变动而审计公司负债,向凡策公司出具了《询证函》询问双方之间设计工程的工程款数额。但是对《询证函》能否作为确定案涉设计款数额依据的性质认定应当以表意人的真实意思表示为限。首先,表意人茵梦湖公司出具此《询证函》的目的是核实本公司的负债,以准确估价股东所持有公司股份的股权价值,从而确定第三方对其股权收购的价格合理性,并非为了与凡策公司就设计费用进行结算。其次,《询证函》上也并没有表明"此函作为复核账目,催款结算之用"的字样,这也能说明该《询证函》不是作为合同结算的目的发出的。最后,根据双方签订的《设计合同》可知,设计费用的结算需综合方案批复面积、体验区施工图预算投资额等因素来认定,因此仅依据《询证函》就确定设计工程款的也不符合其合同原意,故综合以上三点能够认定《询证函》仅属于茵梦湖公司欠付凡策公司设计费的证据,而不能作为认定设计工程款数额的证据。

(四)在建设工程设计合同中,招标内部会议中出具的设计方案仅属于为达成合同合意及投标成功的准备工作,设计方不得以此认定已达成了设计合同合意并请求支付相应的设计费用

【案例来源】

案例名称:泛华建设集团有限公司沈阳分公司与辽宁联航通用航空工程院有限公司建设工程设计合同纠纷案

审理法院:辽宁省高级人民法院

案　　号:(2020)辽民申176号

【争议点】

泛华建设集团有限公司沈阳分公司(以下简称泛华沈阳分公司)因与辽宁联航通用航空工程院有限公司(以下简称联航公司)就建设工程设计合同产生纠纷,该案历经沈阳市沈北新区人民法院一审、辽宁省沈阳市中级人民法院二审、辽宁省高级人民法院再审三个阶段。在再审中,当事人双方就联航公司是否应当承担效果图制作费和设计人员劳务费产生争议。

【裁判说理】

在本案中，泛华沈阳分公司应邀参加的内部招标会议，是为了达成合同合意和完成招标，因此泛华沈阳分公司出具的设计图纸属于为实现合同磋商及投标所发生的必要准备工作。此外，泛华沈阳公司与联航公司并未签订建设工程设计合同，也不能出具证据证明双方就案涉设计图纸的设计费用已达成了合意，所以，在此情况下泛华沈阳分公司要求联航公司承担该部分图纸制作费及设计人员劳务费的，法院不应当支持。

（五）在涉外建设工程设计合同纠纷中，外方工程设计单位未与有资质的中方设计单位合作的，不能认定工程设计合同属于违反效力性强制性规定的情形而无效

【案例来源】

案例名称：大连中科北部湾中开集团有限公司建设工程设计合同纠纷案

审理法院：最高人民法院

案　　号：（2019）最高法民申1083号

【争议点】

大连中科北部湾中开集团有限公司（以下简称北部湾公司）因与银标新世纪（上海）商贸有限公司（以下简称银标新世纪公司）、GREENPROJECT有限责任公司（以下简称西班牙设计公司）就建设工程设计合同产生纠纷，该案历经辽宁省大连市中级人民法院一审、辽宁省高级人民法院二审、最高人民法院再审三个阶段。在再审中，当事人双方就案涉设计合同是否有效产生争议。

【裁判说理】

在本案中，银标新世纪公司与西班牙设计公司进行案涉高尔夫球场的设计工程，由于高尔夫球场的设计属于建设工程设计的范畴，因此其与北部湾公司签订的设计合同应当受《建筑法》及相关法律规范的约束。由于西班牙设计公司为外国设计公司，因此适用《建设部关于外国企业在中华人民共和国境内从事建筑工程设计活动的管理暂行规定》第4条规定，即："外国企业承担中华人民共和国境内建设工程设计，必须选择至少一家持有建设行政主管部门颁发的建设工程设计资质的中方设计企业进行中外合作设计，且在所选择的中方设计企业资质许可的范围内承接设计业务"。该规定属于管理性规定而非效力性的强制性规定，并不影响合同的效力，因此，即使银标新世纪公司确实并不具

备相关工程设计资质，不属于违反效力性强制性规定的情形，并且三方签订的设计合同是其真实意思表示，合同合法有效，故北部湾公司不能以银标新世纪公司不具备工程设计资质且违反《建设部关于外国企业在中华人民共和国境内从事建筑工程设计活动的管理暂行规定》来拒绝支付设计工程款。

（六）在建设工程设计合同纠纷中，设计方案文本是以取得待建土地开发权为目的的，相对方不得以待建土地未摘牌且设计方案未经其通知而拒绝支付设计费

【案例来源】

案例名称：兰溪市嘉泰置业有限公司与浙江佳境规划建筑设计研究院有限公司建设工程设计合同纠纷案

审理法院：浙江省高级人民法院

案　　号：（2017）浙民再199号

【争议点】

兰溪市嘉泰置业有限公司（以下简称嘉泰置业公司）因与浙江佳境规划建筑设计研究院有限公司（以下简称佳境设计公司）就建设工程设计合同产生纠纷，该案历经杭州市下城区人民法院一审、杭州市中级人民法院二审、浙江省高级人民法院再审三个阶段。在再审中，当事人双方就佳境设计公司要求嘉泰公司支付方案阶段的设计费有无依据产生争议。

【裁判说理】

在本案中，根据双方签订的设计合同可知，佳境设计公司的建筑方案文本是作为嘉泰置业公司顺利取得案涉土地开发权的有利条件而进行的，因此对于嘉泰置业公司辩称的需以取得《项目用地规划及建筑红线图电子文件》作为设计方案完成前提的不符合案涉合同的原意，即嘉泰公司是否取得《项目用地规划及建筑红线图电子文件》，并非佳境设计公司开始设计的必要条件。因此，对于佳境设计公司根据嘉泰置业公司给予其《项目设计任务书》及《项目用地范围现状地形图及电子文件》这两项材料，并根据上述材料按双方合同约定作出的嘉泰公司取得土地开发权需要的设计方案文本应当认定佳境设计公司完成了合同义务。而嘉泰公司也应当根据合同约定支付相应的进度款。但是嘉泰置业公司并未支付任何款项，故佳境设计公司能够请求嘉泰公司按照合同约定支付费用并解除合同。

四、结语

建设工程设计合同，是指承包人接受发包人的委托，完成建设工程设计工作，发包人支付相应对价的合同。属于建设工程合同的一种，虽然在司法实践中因工程设计合同引发的纠纷与建设工程施工合同纠纷相比复杂程度低且标的额较小，但仍有其自身的独特性。人民法院在审理建设工程设计合同纠纷时，如果出现以下几种情况的，人民法院不予支持：其一，当约定概念计划设计方案须经认可才能转化为合同约定的给付工程费的智力成果范畴的，设计方以未经认可的概念计划设计方案请求一定报酬的；其二，当设计方因己方未进行专业考量而致使工程未达标仍请求给付设计工程款的；其三，承建方为确认设计单位的设计服务工作而向其出具《询证函》，设计单位以《询证函》上的设计费用作为承建方欠付其设计费依据的；其四，设计方以招标内部会议中出具的设计方案作为请求承建方承担该部分图纸制作费及设计人员劳务费依据，而否认该设计方案仅属于为达成合同合意及投标成功的准备工作的；其五，当双方在工程设计合同中约定以设计方提交的建筑设计方案文本作为取得待建土地开发权的有利条件的，承建方于设计方提交设计方案文本后仍以待建土地于诉讼前仍未摘牌且设计方案的做出须以其通知为前提不予支付设计费的。除此之外，当出现涉外建设工程设计合同纠纷的，即使外方工程设计单位未与有资质的中方设计单位合作设计建设工程，也不属于因违反效力性强制性规定而导致工程设计合同无效。

第十三节　建筑设备租赁合同纠纷

一、导论

建筑设备租赁在房地产开发建设中较为常见，在实践中也存在不少关于建筑设备租赁合同的纠纷。当前，国内对建筑设备租赁的研究多是从设备管理或风险规避的角度进行的，从法律方面进行的专门研究则比较少。此外，建筑设备租赁合同并非我国规定的有名合同，司法机关对建筑设备租赁合同问题的认识和处理尚缺乏统一的标准，司法实务中对具体问题的适用还处于进一步探索研究中。本节以因建筑设备租赁合同产生纠纷的案件裁判文书为研究对象，并将2016年以来人民法院作出的相关裁判文书作为主要范围，归纳、提炼建筑设备租赁合同裁判的理念和趋势，以期通过对我国案例的研究来指导司法实践。

截至2021年2月，编者在中国裁判文书网中输入"建筑设备租赁合同纠纷"（案由）共检索出民事裁判文书127 384篇。其中，由最高人民法裁判的有18篇，由高级人民法院裁判的有1388篇，在具体案例的选取上，本节遵循以下"两个优先"原则：第一，优先选择审判层级较高的裁判文书；第二，优先选择审判日期较近的裁判文书。通过形式和内容两个方面的筛选，本节最终选择了5篇裁判文书进行研究，即（2018）最高法民申5605号、（2016）最高法民再293号、（2020）渝民申2213号、（2021）新民申82号、（2021）陕民申63号。其中，由最高人民法院裁判的有2篇，由高级人民法院裁判的有3篇，裁判日期为2018年（含）之后的有4篇。

二、建筑设备租赁合同的基本理论

（一）建筑设备租赁合同概述

1. 建筑设备租赁合同的定义。建筑设备租赁合同，是指出租人和承租人的租赁物为建筑设备，建筑设备的出租人将相关设备租赁给承租人，并收取一定的租金，承租人在租赁期间享有对相关设备的使用权，但并不能变更相关设备的所有权的协议。

2. 建筑设备租赁合同的性质。《民法典》中并没有对建筑设备租赁合同进行专门规定。就中国裁判文书网中案由分类情况来看，建筑设备租赁合同纠纷属于租赁合同纠纷项下，建筑设备租赁合同在性质上属于《民法典》规定的租赁合同。相较于租赁合同而言，建筑设备租赁合同的特殊性在于租赁物为建筑设备。

（二）建筑设备租赁合同的法律要点

参考《民法典》中对租赁合同的规定，本书认为，建筑设备租赁合同具有如下法律要点：

1. 在建筑设备租赁合同关系中，出租人是负有将建筑设备交付对方使用、收益的当事人，承租人是凭建筑设备租赁合同可以取得建筑设备的使用、收益并向承租人交付租金的当事人。建筑设备租赁合同的标的物即租赁物，是指出租人于合同生效后应交付承租人使用、收益的物，租赁物应为建筑设备。

2. 建筑设备租赁合同有以下特征：建筑设备租赁合同为双务、有偿、诺成性合同；建筑设备租赁合同是转移建筑设备使用、收益权的合同；建筑设备租赁合同是承租人须交付租金的合同；建筑设备租赁合同具有临时性；建筑设备租赁合同终止后承租人须返还租赁建筑设备，返还的租赁建筑设备应符合约定或根据租赁建筑设备的性质使用后的状态。

3. 建筑设备租赁合同的租赁期限不得超过20年，超过20年的，超过部分无效。租赁期限届满，当事人可以续订建筑设备租赁合同，但是约定的租赁期限自续订之日起不得超过20年。

4. 当事人未依照法律、行政法规规定办理建筑设备租赁合同登记备案手续的，不影响合同的效力。如果当事人在租赁合同中约定备案登记才生效的，应当进行登记备案，否则租赁合同无效，但是如果约定了备案登记生效，没有备案登记当事人就交付了租赁物，并且实际使用、收取租金的，该租赁合同仍然有效。[①]

5.建筑设备租赁合同租赁期限6个月以上的，应当采用书面形式。当事人未采用书面形式，无法确定租赁期限的，视为不定期租赁。租赁期限届满，承租人继续使用租赁建筑设备，出租人没有提出异议的，原租赁合同继续有效，租赁期限为不定期，此为租赁合同的默示更新[②]。在不定期租赁的情况下，当事人可以随时解除合同，但应在合理期限之前通知对方。

6.出租人应保持租赁的建筑设备在租赁关系存续期限内适合于约定的使用、收益的状态。当承租人的使用、收益因毁损以外的原因，受有妨害或有受妨害的危险时，出租人负有除去或防止的义务。第三人侵夺租赁物或为其他妨害时，承租人得基于自己对租赁物的占有权，直接对第三人主张占有返还或请求排除妨害，也可代位行使出租人的物上请求权。[③]

7.承租人按照约定的方法或根据租赁建筑设备的性质使用租赁建筑设备，租赁建筑设备受到损耗的，无须承担赔偿责任。承租人没有按照约定的方法或没有根据租赁建筑设备的性质使用租赁建筑设备，使租赁建筑设备受到损失的，出租人可以解除合同并请求赔偿损失。

8.除当事人另有约定的，出租人应负责租赁建筑设备的维修义务，但若因为承租人的过错使租赁物需要维修的，出租人无须承担该维修义务。

9.承租人经过出租人同意，可以对租赁建筑设备进行改善或增设他物。承租人若没有经过出租人同意而对租赁建筑设备进行改善或者增设他物的，出租人可以请求承租人恢复原状或赔偿损失。

10.承租人经过出租人同意，可以将租赁建筑设备转租给第三人，第三人造成租赁建筑设备损失的，承租人应当赔偿损失；承租人没有经过出租人同意而转租的，出租人可以解除合同；出租人知道或应当知道承租人转租，但在6个月内没有提出异议的，视为出租人同意转租。

11.因为第三人主张权利，导致承租人不能对租赁建筑设备使用、收益的，

---

① 杨立新主编：《〈中华人民共和国民法典〉条文精解与实案全析》，中国人民大学出版社2020年版。
② 租赁合同的默示更新是指租赁合同期限届满后，当事人双方以行为表明租赁关系的继续。
③ 杨立新主编：《〈中华人民共和国民法典〉条文精解与实案全析》，中国人民大学出版社2020年版。

承租人可以请求减少租金或不支付租金。

12. 若租赁建筑设备被司法机关或行政机关依法查封、扣押，租赁建筑设备权属有争议，或者租赁建筑设备有违反法律、行政法规关于使用条件的强制性规定情形，承租人享有法定解除权，在非因承租人原因导致租赁建筑设备无法使用的情况下，承租人可以解除合同。

13. 租赁建筑设备在承租人按照租赁合同占有期限内发生所有权变动的，不影响租赁合同的效力。

14. 因不可归责于承租人的事由，使租赁建筑设备部分或全部毁损、灭失的，承租人可以请求减少租金或不支付租金；因租赁建筑设备部分或全部损毁、灭失的，致使不能实现合同目的的，承租人可以解除合同。

15. 租赁建筑设备危及承租人的安全或健康的，即使承租人订立合同时明知该租赁建筑设备质量不合格，承租人仍然可以随时解除合同。

三、关于建筑设备租赁合同纠纷的裁判规则

（一）发包人将项目发包给承包人，承包人租赁出租人的建筑设备用于项目建设，出租人要求发包人承担租赁费的，人民法院不予支持

【案例来源】

案例名称：亳州市永安起重设备租赁有限公司与江苏中昊建设工程有限公司建筑设备租赁合同纠纷案

审理法院：最高人民法院

案　　号：（2018）最高法民申 5605 号

【争议点】

亳州市永安起重设备租赁有限公司（以下简称永安租赁公司）与江苏中昊建设工程有限公司（以下简称中昊公司）、薛某琦、亳州市润峰置业有限公司（以下简称润峰公司）因建筑设备租赁合同纠纷引发诉讼，该案历经安徽省亳州市中级人民法院一审、安徽省高级人民法院二审、最高人民法院再审三个阶段。在再审中，当事人就润峰公司应否承担责任的问题产生争议。

【裁判说理】

关于润峰公司应否承担责任的问题。发包人润峰公司将案涉润峰财富广场

项目发包给承包人中昊公司承建，承包人中昊公司租赁出租人永安租赁公司的塔机用于润峰财富广场项目施工建设。因发包人润峰公司并非案涉塔机租赁合同的当事人，故出租人永安租赁公司要求发包人润峰公司承担给付塔机租赁费等费用的诉讼请求没有事实和法律依据，人民法院不予支持。

（二）若承租人与出租人未签订书面建筑设备租赁合同，形成事实上的建筑设备租赁关系，出租人因承租人拖欠租赁费而主张逾期利息的，人民法院予以支持；出租要求承租人承担违约金的，人民法院不予支持

【案例来源】

案例名称：刘某全与宁夏石元建筑工程有限公司建筑设备租赁合同纠纷案

审理法院：最高人民法院

案　　　号：（2016）最高法民再293号

【争议点】

刘某全与宁夏石元建筑工程有限公司（以下简称石元公司）、宁夏石元建筑工程有限公司第三分公司（以下简称三分公司）因建筑设备租赁合同纠纷引发诉讼，该案历经宁夏回族自治区石嘴山市中级人民法院一审、宁夏回族自治区高级人民法院二审、最高人民法院再审三个阶段。在再审中，当事人就三分公司是否应承担拖欠租赁费期间的逾期利息和违约金问题产生争议。

【裁判说理】

三分公司员工马某等人于2012年5月至7月出具的退货单可以证明，在彭某退出施工后，三分公司仍继续使用了一部分租赁物。三分公司在一审庭审时对其明知彭某已于2011年11月25日退出施工予以了认可，但却并未提出修改或重新签订《建筑设备租赁合同》，而是在2011年11月25日至2012年6月由其施工并继续使用诉争租赁建筑设备。在案涉（2012）石民初字第122号民事判决作出后，石元公司在上诉状中也承认"未拆除的钢架由第三分公司负责拆除和运输给刘某全处"。因此，虽然三分公司未与刘某全签订书面建筑设备租赁合同，但双方已形成事实上的租赁关系，应当支付设备租赁费。2011年11月25日三分公司将彭某清出施工现场，未拆下的建筑设备由三分公司继续使用，在不能确定丢失租赁物的时间是否系在三分公司继续使用租赁物期间的情况下，由于三分公司就租赁物并未与彭某或刘某全进行交接清算，故刘某全要求三分公司赔偿丢失租赁物损失，人民法院应予支持。由于三分公司与刘

某全之间成立的是事实上的租赁关系,故对于刘某全关于违约金的诉请不予支持,但三分公司应承担拖欠租赁费期间的逾期利息,自三分公司最后一次退货的次日即2012年8月17日起算。

(三)自然人与建筑工程项目承包人签订分包合同,成为项目实际施工人,尽管该自然人的安全员证挂靠在承包人公司,并以承包人公司员工名义办理养老保险,但在无其他证据证明该自然人与承包人建立劳动关系的情况下,不能仅以此认定该自然人系承包人员工并有权代表承包人签订建筑设备租赁合同

【案例来源】

案例名称:重庆市万州区北山建筑设备租赁有限公司与重庆伟亮实业有限公司等建筑设备租赁合同纠纷案

审理法院:重庆市高级人民法院

案　　号:(2020)渝民申2213号

【争议点】

重庆市万州区北山建筑设备租赁有限公司(以下简称北山租赁公司)与重庆伟亮实业有限公司(以下简称伟亮实业公司)、卢某燃因建筑设备租赁合同纠纷引发诉讼,该案历经重庆市万州区人民法院一审、重庆市第二中级人民法院二审、重庆市高级人民法院再审三个阶段。在再审中,当事人就如何认定案涉《建筑器材租赁合同》相对方问题产生争议。

【裁判说理】

本案主要焦点为如何认定案涉《建筑器材租赁合同》相对方问题。首先,卢某燃因与伟亮实业公司签订建筑工程分包合同,成为项目实际施工人,卢某燃的安全员证虽挂靠在伟亮实业公司,并以该公司员工的名义办理了养老保险,但在无其他证据证明双方建立劳动关系的情况下,不能就此认定卢某燃系伟亮实业公司员工并有权代表伟亮实业公司签订合同。其次,根据伟亮实业公司对外签订租赁合同的交易习惯来看,在2017年10月1日,伟亮实业公司与北山租赁公司的关联企业重庆市万州区帆洋建筑设备租赁有限公司(以下简称帆洋公司)曾签订《建筑器材租赁合同》,该合同中既盖有伟亮实业公司印章,又有其法定代表人易某亮的签名,并且也对项目负责人、合同经办人进行了指定,说明双方在对外签订建筑设备租赁合同时是严谨的;同时,在涉案租赁合同签订之前,卢某燃并没有代理伟亮实业公司与北山租赁公司及其关联企业帆

洋公司等签订过类似合同,北山租赁公司没有理由相信卢某燃有权代理伟亮实业公司。最后,对于诉争的 70 万元租金,伟亮实业公司主张系用于支付其作为与帆洋公司订立合同的相对方,支付给帆洋公司的租金,并提供了相应会计凭证,其中 40 万元款项的《付款审批单》右上方备注"易某明班组已扣 5 万,何某中班组已扣 10 万,卢某国(又叫卢某燃)应扣 25 万",该批注与北山租赁公司代理人黄某年在一审审理过程中陈述一致,虽黄某年辩称该陈述是转述易某亮的话,但黄某年对伟亮实业公司就 40 万元付款如何分配知晓且并未提出异议;另外,30 万元在《记账凭证》会计科目栏下载明的是"……万州区钟鼓楼黄杨柳建筑设备租赁站钢管租赁(帆洋合同)",即伟亮实业公司在 2019 年 2 月 14 日付款是支付其与帆洋公司之间租赁合同所应支付的租金。北山租赁公司称上述会计凭证系伟亮实业公司事后伪造,但无相应证据证明,且与查明事实不符,故其主张案涉 70 万元均是伟亮实业公司支付给北山租赁公司的租金不能成立,从而不能证明伟亮实业公司对卢某燃代表其签订涉案租赁合同进行了认可的事实。据此,二审判决认定涉案租赁合同相对方为卢某燃而非伟亮实业公司并无不当。

(四)自然人以某公司名义取得建造师资格,系该公司在册建造师,并且该公司为该自然人缴纳社会保险费,通过合同明确该自然人系该公司所设立工程项目部及涉案工程的项目经理的。若该自然人租赁出租人建筑设备用于该涉案工程,法院应认定为该自然人系该公司员工,该自然人向出租人租赁建筑设备的行为系履行职务的行为,该公司应当就该自然人履行职务的行为承担责任

【案例来源】

案例名称:浙江恒越建设工程有限公司与仁某林、赵某建筑设备租赁合同纠纷案

审理法院:新疆维吾尔自治区高级人民法院

案　　号:(2021)新民申 82 号

【争议点】

浙江恒越建设工程有限公司(以下简称浙江恒越公司)与仁某林、赵某因建筑设备租赁合同纠纷引发诉讼,该案历经新疆维吾尔自治区伊宁市人民法院一审、新疆维吾尔自治区高级人民法院伊犁哈萨克自治州分院二审、新疆维吾尔自治区高级人民法院再审三个阶段。在再审中,当事人就浙江恒越公司是否

应向仁某林承担付款责任问题产生争议。

【裁判说理】

在本案中，浙江恒越公司对以下事实予以了认可：赵某以浙江恒越公司的名义取得建造师资格，并且是该公司的在册一级注册建造师。浙江恒越公司为赵某缴纳社会保险费，伊犁新天煤化工有限责任公司与浙江恒越公司签订《伊犁新天煤化工有限责任公司年产 20 亿 Nm/a 煤制天然气项目末端事故水池工程施工合同》，浙江恒越公司与赵某签订《建设工程项目承包合同》，赵某系浙江恒越公司所设立工程项目部及涉案工程的项目经理，赵某所租赁仁松林涉案工程机械设备用于浙江恒越公司承包的末端事故水池工程施工。原审法院根据上述事实认定赵某系浙江恒越公司的在册员工，赵某向仁某林租赁工程机械设备用于涉案末端事故水池工程的行为系履行职务的行为，浙江恒越公司应当对赵某就涉案履行职务行为所产生的民事法律后果承担责任，有事实依据，并无不当。赵某与浙江恒越公司就涉案末端事故水池工程自负盈亏的约定，不影响赵某代表浙江恒越公司向仁某林租赁工程机械设备用于涉案末端事故水池工程，也不影响仁某林向浙江恒越公司主张承担付款责任。浙江恒越公司的再审申请依法不能成立。

（五）工程项目的承包人借用发包人资质租赁出租人的建筑设备，发包人作为租赁建筑设备的使用人，构成借用资质，就承包人向建筑设备出租人支付的建筑设备租金，发包人和承包人应共同承担支付责任

【案例来源】

案例名称：西安秦大建设有限公司与西安联华工程机械有限公司等建筑设备租赁合同纠纷案

审理法院：陕西省高级人民法院

案　　号：（2021）陕民申 63 号

【争议点】

西安秦大建设有限公司（以下简称秦大公司）与西安联华工程机械有限公司（以下简称联华公司）、陕西鼎胜建筑劳务有限公司（以下简称鼎胜公司）、西安雅荷名城房地产开发有限公司、尹某柏、秦某要因建筑设备租赁合同纠纷引发诉讼，该案历经西安市未央区人民法院一审、陕西省西安市中级人民法院二审、陕西省高级人民法院再审三个阶段。在再审中，当事人就秦大公司是否应与鼎胜公司共同承担塔吊的租赁费用问题产生争议。

【裁判说理】

租赁合同，是指出租人将租赁物交付承租人使用、收益，承租人支付租金的合同。在本案中，出租方联华公司与承租方鼎胜公司虽未订立书面租赁合同，但从双方的民事行为能够推定当事人有订立合同的意愿，此外，从租赁标的物的交付、使用及部分租金的支付情况来看，也可以认定双方已经形成事实上的租赁合同关系。鼎胜公司作为发包方秦大公司的承包人，对承建工程机械负责，且鼎胜公司的工作人员在《塔吊启用单》上签字，并认可其向出租方支付了部分租金。故原审认定双方的租赁关系正确，人民法院应予支持。鼎胜公司的劳务承包范围不包括经营塔吊资质，鼎胜公司借用秦大公司的资质租赁联华公司的塔吊，在双方签订的《西安雅荷名城房地产开发公司盛世名城（草一村）项目施工合同》第6.6款明确约定管理费用和税金的交纳，且在塔吊的维修监督检验结论报告中显示秦大公司为使用单位，符合借用资质的法律特征。二审结合已查明的事实，依法改判秦大公司与鼎胜公司共同向联华公司支付塔吊租金，并无不当。

四、结语

建筑设备租赁合同，是指出租人和承租人的租赁物为建筑设备，建筑设备的出租人将相关设备租赁给承租人，并收取一定的租金，承租人在租赁期间享有对相关设备的使用权，但并不能变更相关设备的所有权的协议。建筑设备租赁合同在法律性质上属于租赁合同，因此合同当事人的权利义务设定不能违反租赁合同相关法律法规的规定，违反法律和行政法规的强制性规定的合同无效。人民法院在审理建筑设备租赁合同纠纷案件时，若出现以下几种情况的，人民法院不予支持：其一，承包人接受发包人的项目发包，并且租赁出租人的建筑设备用于发包项目建设，出租人直接要求发包人承担租赁费的；其二，承租人与出租人没有签订书面的建筑设备租赁合同，形成了事实上的建筑设备租赁关系，出租人因承租人拖欠租赁费而要求承租人承担违约金的。此外，工程项目的承包人借用发包人资质租赁建筑设备出租人的建筑设备，发包人作为租赁建筑设备的使用人，构成借用资质，发包人和承包人应就承包人向建筑设备出租人支付的建筑设备租赁租金共同承担支付责任。另外，要结合以上规则三和规则四中的具体情况对自然人租赁建筑设备的行为是否属于职务行为进行具体判断。

第三章
业主、物业纠纷

序 论

随着经济的不断发展和城市人口的不断增长，建筑面积的增长需求和土地面积的有限性之间的矛盾不断增加，这使得建筑物不断向多层高空发展。一栋住宅高楼常常被分割为不同部分，并为众多的住户所有，与之相随的业主、物业纠纷也日益凸显。2021年最高人民法院颁布的《民事案件案由规定》将业主、物业相关的案由分为7种。我国《民法典》《物业管理条例》等法律文件对业主、物业的相关问题作出了具体规定，包括物业服务合同、业主专有权、业主知情权等。随着城镇化进程的不断加快，实践中遇到的问题纷繁多样，《民法典》将物业服务合同由无名合同蜕变为典型合同，使得物业服务合同地位提高，双方当事人的权利义务关系得到定型化，进一步推动了物业的现代化管理。但由于物业服务合同为《民法典》新增内容且无配套的司法解释内容，在司法实践中人民法院在处理物业服务合同纠纷时可能出现标准不一的情形。因此，本节以人民法院作出的相关裁判文书为基础，归纳、提炼与业主、物业纠纷有关的裁判规则具有重要的现实意义。

在体例上，本章共七节，每一节包括导论、基本理论、裁判规则、结语四部分；在素材上，本节以人民法院作出的裁判文书为主，辅以与此相关的理论；在内容上，不仅选取了司法实务中较为典型的业主、物业纠纷作为研究对象，还涉及诸多业主、物业纠纷过程中的共性问题。具体来说，包括物业服务合同纠纷、物业管理纠纷、业主专有权纠纷、业主共有权纠纷、车位纠纷、车库纠纷、业主撤销权纠纷、业主知情权纠纷七部分。每一部分皆以有关理论为基础，对裁判文书进行筛选、梳理与分析，精准归纳、提炼出相应的裁判规则。本章紧扣实务热点，立足实践、指导实践，相信定会对理论研究与司法实务界的人士起到参考指导作用。

第一节 物业服务合同纠纷

一、导论

物业服务合同是《民法典》合同编新设立的有名合同。物业服务合同具有集体合同的特征,在处理物业服务合同效力时需要在维护交易安全与保护业主利益之间寻求平衡。本节以因物业服务合同、物业管理产生纠纷的案件裁判文书为研究对象,并将2017年以来人民法院作出的相关裁判文书作为主要范围,归纳、提炼物业服务合同、纠纷裁判的理念和趋势,以期通过对我国案例的研究来指导司法实践。

截至2021年2月,编者在中国裁判文书网中输入"物业服务合同纠纷"(案由)共检索出民事裁判文书2 878 079篇,其中,由最高人民法院裁判的有11篇,由高级人民法院裁判的有5318篇。在具体案例的选取上,本节遵循以下"两个优先"原则:第一,优先选择审判层级较高的裁判文书;第二,优先选择审判日期较近的裁判文书。通过形式和内容两个方面的筛选,本节最终选择了6篇裁判文书进行研究,即(2020)桂民申6146号、(2020)晋民申2788号、(2021)辽03民终208号、(2021)新01民终410号、(2020)鄂民申3714号、(2020)渝民申1703号。其中,由高级人民法院审判的有4篇,由中级人民法院裁判的有2篇,裁判日期均为2020年(含)之后。

二、物业服务合同的基本理论

(一)物业服务合同的概念和特征

《合同法》中并未有物业服务合同的规定,《民法典》将物业服务合同由无名合同变为有名合同,并且按照有名合同的要求设置了14个条文进行规范,这对保护建筑物区分所有权人即业主的权利、平衡业主与物业服务人之间的利益关系,具有重要意义。[①]《民法典》将物业服务合同的概念定义为物业服务人在物业服务区内,为业主提供建筑物及其附属设施的维修养护、环境卫生和相关秩序的管理维护等物业服务,业主支付物业费的合同。

物业服务合同的主体是享有建筑物区分所有权的业主和物业服务人,双方互为权利义务主体。其中,业主的合同主体地位是由业主委员会行使的,业主的意思表示集中在业主大会上,业主委员会是业主大会的执行机构,因而业主委员会有权代表全体业主与物业服务人签订物业服务合同。《民法典》合同编将物业服务企业和其他管理人概括为"物业服务人",使得物业服务人的两种类型都可以作为物业服务合同的一方当事人。物业服务人是通过物业服务合同承担区分所有建筑物管理服务的民事主体,既包括具有专业资质和法人资格的物业服务企业,也包括单个的具有专业物业管理技能的非法人组织或者自然人等其他管理人。业主和物业服务人是物业服务合同的双方当事人,相互之间通过合同约定和法定,互享权利、互负义务。

物业服务合同的主要内容是物业服务人在物业服务区域内提供管理和服务。其中包括:一是为业主持续提供建筑物及其附属设施的维修养护;二是在物业服务区域内维护环境卫生;三是对物业服务区域内的相关秩序提供管理服务;四是其他物业方面的服务。

物业服务合同是双务、有偿、诺成性合同。业主和物业服务人在物业服务合同中,都享有权利、负有义务。物业服务人提供物业服务是经营活动,应当获得报酬,业主负有支付物业费等报酬的义务。物业服务合同也是诺成性合同,双方一旦达成合意,合同即发生效力,对双方当事人发生拘束力。

(二)物业服务合同的类型及与相关合同的区别

1.物业服务合同的类型。在理论和实务中,物业服务合同类型常常以选聘物业服务的主体进行划分。具体来说,包括两类:一是由建设单位选聘物业服务公司而签订的物业服务合同,称为前期物业服务合同;二是业主大会与业主委员会依法选聘物业服务公司而签订的物业服务合同,属于典型的物业服务合同。这两种物业服务合同在实践中面临着一个很重要的问题,即效力

---

① 杨立新:《物业服务合同:从无名合同到典型合同的蜕变》,载《现代法学》2020年第4期。

交替问题。因为在实践中经常会出现一种现象，就是建设单位在出售完房屋之后因为业主的入住时间会不统一，进而造成无法选聘物业服务人又不能进行物业管理的现象。基于这样的现实情况，这样的情况下，前期物业服务合同就应运而生了。前期物业服务合同是建设单位与其所选聘的物业服务公司签订的合同，并不一定符合业主的期待，因此在实践中因为前期物业合同产生的纠纷比较多，业主大会和业主委员会成立之后选聘新的物业公司与业主委员会、业主大会签订的物业服务合同就会替代前期的物业服务合同，出现效力交替的问题。

2. 前期物业服务合同与普通物业服务合同的区别。具体包括以下三个方面：

（1）主体不同。前期服务合同是区分所有建筑物的建设单位选聘的物业服务人作为合同主体，普通的服务合同是业主委员会与业主大会依法选聘的物业服务人作为合同的主体。由于前期物业服务合同并非业主为主体签订，因而存在业主否认前期物业服务合同效力的问题。对此，《民法典》第939条特别规定："建设单位依法与物业服务人订立的前期物业服务合同，以及业主委员会与业主大会依法选聘的物业服务人订立的物业服务合同，对业主具有法律约束力。"简言之，前期物业服务合同的这种效力，就是涉他合同的效力。①

（2）是否体现业主的意志不同。从物业服务合同的形式来看，因为前期物业服务合同并没有业主以合同主体的身份参加到合同的签订中，而普通服务合同则根据全体业主的意志选聘出物业服务人来订立物业服务合同。尽管业主并没有参与前期物业服务合同的签订，但是两个服务合同对全体业主都有拘束力。

（3）合同的期限不同。前期物业服务合同与普通服务合同的生效时间都可以约定，但是两者的失效时间存在不同。前期物业服务合同即使履行期限未到，只要业主大会、业主委员会与选聘的物业公司签订的物业服务合同生效，前期物业服务合同的效力即终止。

3. 物业服务合同与委托合同的区别。物业服务合同的性质属于委托合同，是业主通过业主大会或者业主委员会委托物业服务人进行物业管理，业主是委托人，物业服务人是受托人。物业服务合同与委托合同都属于双务合同，而且

---

① 汪利民、王惠玲：《债务承担与涉他合同的法律效果》，载《人民司法》2017年第12期。

物业服务企业也受业主的委托提供一定的服务。[①] 但是两者具有以下不同：

（1）合同目的不同。虽然两者都为提供劳务的合同，但是在一般的委托合同中，被委托人应当按照委托人的意愿从事委托行为，严格遵守委托人的指示。然而，在物业服务合同中，内容则是与物业管理和服务相关的内容，由于物业服务合同的内容具有较强的专业性，业主在很多方面并不了解，无法按照业主的意愿行事。因此，物业服务企业在进行物业服务活动时具有较强的自主性。只要物业服务公司提供的物业管理服务符合合同约定的标准和要求，就无须每件事都按照业主的指示。

（2）受托人行为时的名义不同。对于一般的委托合同，受托人既可以以自己的名义从事委托活动，也可以以委托人的名义从事活动。例如甲委托乙购买一定的数量的书籍，乙作为受托人既可以以自己的名义购买书籍也可以以委托人甲的名义购买书籍，以自己名义购买的书籍可以基于委托合同将书籍转移给甲。而在物业服务合同中，物业公司是以自己的名义提供物业服务。对于一般的委托合同，受托人通常是与第三人发生民事关系，而在物业合同中，物业服务公司提供物业服务的行为主要是全体业主，对小区设施进行管理和养护，如对电梯的维修和管理、对车库的管理等。

（3）受托人处理事务的性质不同。对于一般的委托合同而言，受托人处理的事务与委托人通常具有一定的利害关系，受托人实施的是委托人委托的事务，按照委托人指定的事务范围行使行为。而物业服务合同的标的并不是处理特定的事务，而是由物业服务企业为了全体业主的利益而采取的具有专业化和技术化的服务。物业服务企业相比于一般的受托人具有一定的专业知识和技能，在处理事务上更为专业。

（4）是否具有有偿性不同。一般的委托合同既可以是有偿的也可以是无偿的，当事人之间可以约定。而对于物业服务合同来说，物业服务企业的营利性特质决定了物业服务合同的性质为有偿合同。

---

① 法律出版社法规中心编：《物权法文书范本（注解版）》，法律出版社2011年版，第105页。

三、关于物业服务合同纠纷的裁判规则

（一）前期服务合同中的原物业服务公司在不具备物业管理资质的情况下，建设单位与另行选聘的新的具有管理资质的物业公司签订的物业服务合同有效，对业主具有约束力

【案例来源】

案例名称：苏某春、黄某华与深圳市新洲城物业管理有限公司南宁分公司物业服务合同纠纷案

审理法院：广西壮族自治区高级人民法院

案　　号：（2020）桂民申6146号

【争议点】

苏某春、黄某华与深圳市新洲城物业管理有限公司南宁分公司（以下简称新洲城物业南宁分公司）因物业服务合同纠纷引发诉讼，该案历经广西壮族自治区南宁市兴宁区人民法院一审、广西壮族自治区南宁市中级人民法院二审、广西壮族自治区高级人民法院再审三个阶段。在再审中，当事人就建设单位与另行选聘的物业公司签订的物业服务合同对业主的效力问题产生争议。

【裁判说理】

在本案中，黄某华、苏某春与广西鑫利华房地产开发有限公司（以下简称鑫利华公司）签订了《南宁市经济适用住房买卖合同》一份。同日，双方还签订《前期物业服务合同》和《临时管理规约》《鑫利华花城（一期）前期物业服务委托合同》等。黄某华、苏某春于2013年5月7日办理入伙手续。2011年6月24日，鑫利华公司与南宁鑫利华花城物业服务有限公司（以下简称鑫利华物业公司）签订了《鑫利华花城（一期）前期物业服务委托合同》。2014年7月25日，因鑫利华物业公司的三级物业管理资质不符合继续承担鑫利华花城小区物业管理的规定，鑫利华公司遂与具有一级物业管理资质的新洲城物业南宁分公司签订了《鑫利华花城前期物业服务委托合同》，合同主要内容与《鑫利华花城（一期）前期物业服务委托合同》基本一致。根据《最高人民法院关于审理物业服务纠纷案件具体应用法律若干问题的解释》

第 1 条①的规定,建设单位依法与物业服务企业签订的前期物业服务合同,以及业主委员会与业主大会依法选聘的物业服务企业签订的物业服务合同,对业主具有约束力。鑫利华公司在物业公司物业管理资质已不符合规定的情况下,另行选聘符合物业管理资质要求的新洲城物业南宁分公司承担小区的物业管理工作,并不违反法律规定。因此,鑫利华公司与新洲城物业南宁分公司签订的《鑫利华花城小区(鑫利华花城)前期物业服务合同》合法有效,对苏某春、黄某华具有约束力。

(二)业主以建设单位与物业服务管理公司系母子公司关系请求法院确认两者之间签订的《前期物业管理服务委托合同》无效的,人民法院不予支持

【案例来源】

案例名称:山西迎来幸福置业有限责任公司与庞大云冈物业管理有限公司物业服务合同纠纷案

审理法院:山西省高级人民法院

案　　号:(2020)晋民申 2788 号

【争议点】

山西迎来幸福置业有限责任公司(以下简称迎来置业公司)与庞大云冈物业管理有限公司(以下简称庞大物业公司)因物业服务合同纠纷引发诉讼,该案历经山西省大同市云冈区人民法院一审、山西省大同市中级人民法院二审、山西省高级人民法院再审三个阶段。在再审中,当事人就建设单位作为物业服务单位的控股股东而签订的物业服务合同效力问题产生争议。

【裁判说理】

在本案中,迎来置业公司认为《前期物业管理服务委托合同》系庞大云冈物业管理有限公司与庞大投资公司签订。根据企业公示信息,庞大投资公司系庞大云冈物业管理有限公司的控股股东,持股高达 90%,为母子公司关系,二者具有绝对的利害关系,即该《前期物业管理服务委托合同》实为庞大投资公司的左右手出具。法院认为,庞大投资公司与庞大物业公司均系经工商注册登

---

① 对应《民法典》第 939 条,该条规定:"建设单位依法与物业服务人订立的前期物业服务合同,以及业主委员会与业主大会依法选聘的物业服务人订立的物业服务合同,对业主具有法律效力。"

记的独立法人，根据《民法总则》第60条①"法人以其全部财产独立承担民事责任"之规定，即使庞大投资公司为庞大物业公司控股股东，但亦不因此否认两者为独立的法人。迎来置业公司以庞大投资公司系庞大物业公司控股股东，二者系母子公司而否认二者间签订的《前期物业管理服务委托合同》的效力，法律依据不足。《最高人民法院关于民事诉讼证据的若干规定》第92条规定："私文书证的真实性，由主张以私文书证证明案件事实的当事人承担举证责任。私文书证由制作者或者其代理人签名、盖章或捺印的，推定为真实……"庞大物业公司主张迎来置业公司应支付其物业服务费，提交了其与庞大投资公司间的《前期物业管理服务委托合同》，该合同有庞大投资公司和庞大物业公司签章，应推定为真实。《最高人民法院关于审理物业服务纠纷案件具体法律若干问题的解释》第1条②规定："建设单位依法与物业服务企业签订的前期物业服务合同，以及业主委员会与业主大会依法选聘的物业服务企业签订的物业服务合同，对业主具有约束力。业主以其并非合同当事人为由提出抗辩的，人民法院不予支持。"在本案中，庞大投资公司系建设单位，庞大物业公司系物业服务企业，案涉《前期物业管理服务委托合同》系庞大投资公司与庞大物业公司签订的前期物业服务合同，《前期物业管理服务委托合同》对作为业主的迎来置业公司具有约束力。因此，对于迎来置业公司的诉讼请求不予支持。

（三）前期物业管理委托合同有效，实际建设单位有证据证明其与名义上的建设单位存在挂靠关系，业主不能以该实际建设单位不是建设单位为由主张物业服务合同对全体业主不发生效力

【案例来源】

案例名称：于某升与辽宁军仁物业管理有限公司物业服务合同纠纷案

审理法院：辽宁省鞍山市中级人民法院

案　　号：（2021）辽03民终208号

【争议点】

于某升与辽宁军仁物业管理有限公司（以下简称军仁物业）因物业服务合同

---

① 对应《民法典》第60条，该条规定："法人以其全部财产独立承担民事责任。"

② 对应《民法典》第939条，该条规定："建设单位依法与物业服务人订立的前期物业服务合同，以及业主委员会与业主大会依法选聘的物业服务人订立的物业服务合同，对业主具有法律效力。"

纠纷引发诉讼，该案历经辽宁省鞍山市立山区人民法院一审、辽宁省鞍山市中级人民法院二审两个阶段。在二审中，当事人就物业服务合同的效力问题产生争议。

【裁判说理】

在本案中，于某升以山水家园小区的权属归东大公司所有，无论郝某森个人还是远大公司与东大公司挂靠都是违法的，并以此为由向人民法院主张远大公司与军仁物业签订的《前期物业管理委托合同》对东升及全体业主不具有效力。本案经再审审理认为本案为物业服务合同纠纷，远大公司或郝某森是否挂靠东大公司，以该种形式建设开发是否违法，不属于本案审理范围。一审中，东大公司与远大公司出具的情况说明显示，东大公司认可远大公司系挂靠在其名下开发案涉小区，远大公司是实际开发山水家园小区的建设单位，在远大公司成立后，于2006年远大公司与军仁物业签订《前期物业管理委托合同》。因此，军仁物业提供的《前期物业管理委托合同》并非虚假的，在东大公司认可实际开发建设单位为远大公司的情况下，远大公司与军仁物业签订的《前期物业管理委托合同》约定的内容，并未损害山水家园小区全体业主的利益，对小区全体业主具有约束力，当然对于某升也有约束力。因此，对于于某升的远大公司与军仁物业签订的《前期物业管理委托合同》对于某升及山水家园小区的全体业主不具有约束力的诉讼请求不予支持。

（四）业主委员会与物业公司签订的物业服务合同不属于业主撤销权的对象，同时业主也不是合同的一方当事人，不能基于合同法规定的欺诈等事由主张撤销物业合同

【案例来源】

案例名称：华某云等与新疆新金坤物业服务有限公司等物业服务合同纠纷案

审理法院：新疆维吾尔自治区乌鲁木齐市中级人民法院

案　　号：（2021）新01民终410号

【争议点】

华某云、薛某年、冯某春、朱某元与高新区（新市区）天悦龙庭业主委员会（以下简称天悦龙庭业委会）、新疆新金坤物业服务有限公司（以下简称新金坤物业公司）、原审第三人乌鲁木齐华兴物业服务有限责任公司（以下简称华兴物业公司）因物业合同纠纷引发诉讼，该案历经新疆维吾尔自治区乌鲁木齐市新市区人民法院一审、新疆维吾尔自治区乌鲁木齐市中级人民法院二审两个阶

段。在二审中，当事人就业主能否对物业服务合同行使权利问题产生争议。

【裁判说理】

根据《物权法》第78条第2款①规定，"业主大会或者业主委员会作出的决定侵害业主合法权益的，受侵害的业主可以请求人民法院予以撤销"。由此可知，业主撤销权适用的对象是业主大会或业主委员会作出的决定。而在本案中冯某春、华某云、薛某年、朱某元四名业主要求撤销的对象为天悦龙庭业委会与新金坤物业公司签订的《物业服务合同》，《物业服务合同》不能认定为业主大会或者业主委员会的决定内容，不属于业主撤销权的范围之内，因此冯某春、华某云、薛某年、朱某元四名业主不能基于上述法条依据行使撤销权。庭审中冯某春、华某云、薛某年、朱某元陈述其是依据《合同法》第54条第2款②规定，一方以欺诈、胁迫的手段或者乘人之危，使对方在违背真实意思的情况下实施的民事法律行为，受损害方有权请求人民法院或者仲裁机构变更或者撤销的规定请求撤销上述《物业服务合同》。对于此本院认为，依据《合同法》第54条第2款而享有撤销权的主体应当是：一方以欺诈、胁迫的手段或乘人之危的手段使对方在违背真实意思的情形下订立合同的受欺诈人、受胁迫人和被乘危人。而在本案中，一是《物业服务合同》的双方当事人为天悦龙庭业委会与新金坤物业公司，而不是冯某春、华某云、薛某年、朱某元四名业主；其次冯某春、华某云、薛某年、朱某元四名业主并未提供证据证明在《物业服务合同》签订过程中，作为业主大会的执行机构天悦龙庭业委会受到了新金坤物业公司的欺诈，从而签订了《物业服务合同》。二是天悦龙庭业委会系为全体业主服务的组织，其在签订《物业服务合同》时系代表全体业主，如果天悦龙庭业委会存在欺诈行为，则签订《物业服务合同》的受欺诈人应为新金坤物业公司，而不是冯某春、华某云、薛某年、朱某元四名业主。因此对于冯某春、华某云、薛某年、朱某元四名业主要求撤销《物业服务合同》不符合

---

① 对应《民法典》第280条第2款，该条款规定："业主大会或者业主委员会作出的决定侵害业主合法权益的，受侵害的业主可以请求人民法院予以撤销。"

② 对应《民法典》第148条、第150条、第151条。第148条规定："一方以欺诈手段，使对方在违背真实意思的情况下实施的民事法律行为，受欺诈方有权请求人民法院或者仲裁机构予以撤销。"第150条规定："一方或者第三人以胁迫手段，使对方在违背真实意思的情况下实施的民事法律行为，受胁迫方有权请求人民法院或者仲裁机构予以撤销。"第151条规定："一方利用对方处于危困状态、缺乏判断能力等情形，致使民事法律行为成立时显失公平的，受损害方有权请求人民法院或者仲裁机构予以撤销。"

《合同法》第 54 条第 2 款的规定，故本院对冯某春、华某云、薛某年、朱某元要求撤销天悦龙庭业委会与新金坤物业公司签订的《物业服务合同》的上诉主张不予支持。

（五）在物业服务合同纠纷中，应将物业服务合同中约定的服务范围作扩大解释，业主以聘请专人对其所有的建筑物进行日常维护为由拒绝缴纳物业服务费的，人民法院不予支持

【案例来源】

案例名称：襄阳华雨贸易有限公司与湖北枫林物业服务有限公司物业服务合同纠纷案

审理法院：湖北省高级人民法院

案　　号：（2020）鄂民申 3714 号

【争议点】

襄阳华雨贸易有限公司（以下简称华雨贸易公司）与湖北枫林物业服务有限公司（以下简称枫林物业公司）因物业服务合同纠纷引发诉讼，该案历经襄阳市樊城区人民法院一审、湖北省襄阳市中级人民法院二审、湖北省高级人民法院再审三个阶段。在再审中，当事人就物业服务合同中物业费用缴纳问题产生争议。

【裁判说理】

在本案中，华雨贸易公司与物业服务单位枫林物业公司之间为物业服务合同关系，双方当事人因物业服务费的缴纳问题产生争议。根据本案调查的事实可以得知，华美贸易公司是拉美步行街小区某房屋产权的所有权人，其所有的地下停车场作为小区建筑物不可分割的一部分，在枫林物业公司的物业服务范围内。与此同时，华雨贸易公司主张其接管涉案地下停车场后，聘请专人对该停车场进行日常维护，枫林物业公司未参与任何管理和维护为由来作为免除自己缴纳物业管理费的义务。但根据生活常识，物业服务并非仅限于建筑室内，华雨贸易公司亦接受了诸如对共用设施设备进行日常管理、巡查和维修养护、垃圾收集、清运、共用雨、污水管道疏通、小区巡查、公共秩序维护等公共区域的物业服务。因此，华雨贸易公司以枫林物业公司未对其所有的地下停车场进行日常维护管理而拒付物业费的理由不能成立，其应当向枫林物业公司支付物业服务费。由此认定华雨贸易公司的再审申请不符合《民事诉讼法》第 200

条规定的情形，对华美贸易公司的再审申请不予支持。

（六）买受人在购得被执行房屋后，物业公司基于与被执行人的物业服务合同请求买受人支付被执行人所欠的一定期限的物业费的，应认定为物业服务合同纠纷，不属于执行纠纷

【案例来源】
案例名称：徐某与重庆大帝花园物业管理有限公司物业服务合同纠纷案
审理法院：重庆市高级人民法院
案　　号：（2020）渝民申1703号

【争议点】
徐某与重庆大帝花园物业管理有限公司（以下简称大帝公司）因物业服务合同纠纷引发诉讼，该案历经重庆市渝北区人民法院一审、重庆市第一中级人民法院二审、重庆市高级人民法院再审三个阶段。在再审中，当事人就物业服务合同的认定以及基于物业服务合同的费用承担问题产生争议。

【裁判说理】
在本案中，重庆市渝中区人民法院在执行许某华的财产时，于2018年5月11日发出《竞拍公告》，在公告中就房屋截至2018年5月10日的欠费情况作出说明。并特别说明：标的物所涉及的欠费均由买受人自行承担。2018年7月17日，重庆市渝中区人民法院作出（2018）渝0103执恢111号执行裁定书，裁定上述房屋归徐某所有，并注明房屋的所有权至裁定送达买受人时起转移。2018年8月7日，涉案房屋所有权变更登记至徐某名下。之后大帝公司向人民法院提起诉讼，主张徐某应当承担许某华在2017年10月1日至2018年7月31日的物业服务费5047.2元。大帝公司提出上述主张所依据的事实是其向许某华提供物业服务，但许某华拖欠物业服务费，该费用属于涉案《竞拍公告》载明的应当由买受人徐某向大帝公司支付的款项。因此，大帝公司的上述主张系基于其与许某华之间的物业服务合同关系提出的主张，因此应认定为物业服务合同纠纷，对于徐某提出的执行纠纷的诉讼请求不予支持。此外《竞拍公告》中载明的"特别说明：标的物所涉及的欠费均由买受人自行承担"，属于对涉案房屋存在的权利瑕疵所作出的说明，并非人民法院对竞买人设定的负担，包括徐某在内的竞买人在知晓涉案房屋的上述权利瑕疵的情况下参加竞买，表明认可涉案房屋的权利瑕疵并愿意承担该房屋所涉欠费，故徐某作为涉

案房屋买受人应当承担向大帝公司支付许某华欠付的涉案房屋物业服务费的义务，因此徐某以涉案房屋的拍卖公告中违法增加买受人的义务，大帝公司没有权利直接向徐某主张涉案房屋的欠费为由拒绝承担的，人民法院不予支持。

四、结语

随着我国住宅商品化改革的推进，物业服务合同的重要性日益凸显，成为最重要的物业管理方式之一。《民法典》将物业服务合同由无名合同变为有名合同，使得物业服务合同的地位显著提高，对物业服务合同的准确定性以及了解合同双方当事人之间的权利义务关系对于解决物业管理纠纷尤为重要。人民法院在审理物业服务合同纠纷案件时，若出现以下几种情况的，人民法院不予支持：其一，建设单位为物业服务公司的控股股东并不影响公司独立法人资格，业主以建设单位与物业服务管理公司系母子公司关系为由请求法院确认两者之间签订的《前期物业管理服务委托合同》无效的；其二，与物业公司签订前期物业管理委托合同的对方当事人不为名义上的建设单位，但是有证据证明其与名义上的建设单位存在挂靠关系并且是实际上的建设单位，在满足合同成立的各项要件时，业主以该对方当事人不是建设单位为由主张物业服务合同对全体业主不发生效力的；其三，业主以业委会与物业公司签订的物业服务合同存在欺诈为由主张撤销物业服务合同的；其四，在物业服务合同纠纷中，业主以聘请专人对其所有的建筑物进行日常维护为由进而主张免除其向物业服务公司的缴纳物业服务费义务的。此外，买受人在购得被执行房屋后，物业公司请求买受人支付被执行人所欠的一定期限的物业费的主张系基于与被执行人的物业服务合同关系提出的，应认定为物业服务合同纠纷，不属于执行纠纷。《竞拍广告》所涉及的"标的物所涉及的欠费均由买受人自行承担"的特别说明，不属于人民法院对竞买人设定的负担而属于瑕疵说明，买受人知晓上述瑕疵予以竞买的，对于被执行人因物业服务关系所欠的物业管理费应予以承担。同时，前期服务合同的物业服务公司在不具备物业管理资质的情况下，建设单位可以另行选聘其他具有管理资质的物业公司承担物业管理工作，建设单位与另行选聘的具有管理资质的物业公司签订的物业服务合同有效，对业主具有约束力。

第二节 业主专有权纠纷

一、导论

"业主的建筑物区分所有权"在《物权法》以及2021年1月1日起生效实施的《民法典》中都以专章的形式进行了规定。这样的构造方式使得"业主的建筑物区分所有权"独立于所有权的一般规则和共有部分规定中建筑物区分所有权的规定，表明了"业主的建筑物区分所有权"是一种特殊类型的物权。建筑物区分所有权制度最早起源于《法国民法典》，并被大陆法系所确立，关于建筑物区分所有权的概念有三种学说：一元论说、二元论说、三元论说。一元论说有专有说和共有说之分，这种学说的缺陷在于，把专有所有权和共有所有权对立起来，没有充分说明专有所有权和共有所有权共同组成了建筑物区分所有权制度的主要内容。法国学者在一元论说的基础上提出了二元论说，指出建筑物区分所有权为复合物权，但是二元论说的不足之处在于忽略了建筑物区分所有权人之间因团体关系而产生的成员权。三元论说的提出全面阐述了建筑物区分所有权的有机构成，克服了一元论说和二元论说的缺陷，反映了建筑物区分所有权的本质特征，建筑物区分所有权就是由专有部分的所有权、共有权和共同管理权所构成的一种不动产物权。[①] 建筑物区分所有权问题一直是近几年司法实践中的热点和难点问题，住宅型业主权属纠纷和商用型业主权属纠纷是其主要内容，表面上看是住宅业主之间的纠纷和商铺之间的纠纷，但本质上仍是业主之间区分所有权问题，尤其是关于区分所有的专有权界定已。因此，对于业主专有权属的界定已成为当前解决纠纷问题的重中之重。本节以业主因专有权纠纷案件裁判文书作为研究对象，并将2017年以来人民法院作出的相关裁判文书作为主要范围，归纳、提炼第二节业主专有权纠纷裁判的理念和趋

[①] 郑云瑞：《民法物权论》，北京大学出版社2006年版，第155页。

势,以期通过对我国案例的研究来指导司法实践。

截至2021年1月,编者在中国裁判文书网中输入"业主专有权纠纷"(案由)共检索出民事裁判文书449篇。其中,由高级人民法院裁判的有20篇,中级人民法院裁判的有64篇。在具体案例的选取上,本节遵循以下"两个优先"原则:第一,优先选择审判层级较高的裁判文书。第二,优先选择审判日期较近的裁判文书。通过形式和内容两个方面的筛选,本节最终选择了6篇裁判文书进行研究,即(2020)浙03民终1492号、(2020)沪0113民初14047号、(2019)粤20民终7281号、(2019)苏09民终4389号、(2019)陕民申1684号、(2020)吉24民终1410号。其中,由高级人民法院裁判的有1篇,由中级人民法院审判的有4篇,裁判日期为2018年(含)之后的案例。

二、业主专有权纠纷的基本理论

(一)业主专有权概述

1. 建筑物区分所有权之专有权的定义。我国《民法典》第272条规定:"业主对其建筑物专有部分享有占有、使用、收益和处分的权利。业主行使权利不得危及建筑物的安全,不得损害其他业主的合法权益。"从本规定可以看出,专有所有权是指建筑物的区分所有权人对建筑物的专有部分所享有的权利。业主专有权是一种物权,专有权人基于居住和营业等目的可以对其专有部分进行占有、使用、收益、处分,不难看出专有所有权是建筑物区分所有权成立的核心和基础。①

2. 建筑物区分所有权之专有权性质。关乎建筑物区分所有权的性质,学术界存在两种不同的观点:第一种观点认为,在建筑物的所有权上,权利人所要利用、享有的不是建筑物的这个物质构成,而是享有、利用这个物质构成所形成的建筑空间,故专有权的具体性质为空间所有权。支持此种观点的有我国台湾地区学者黄越钦,他认为专有权是由建筑材料所组成的空间加以管领支配的权利。第二种观点对第一种观点持否认的态度,肯定了空间理论的存在意义,但是也指出以单纯的空间为区分所有的客体却是不妥当的,在法理上有不合逻

---

① 谷素华:《论建筑物区分所有权之专有权》,中国政法大学2009年硕士学位论文。

辑之处，同时也与人类的生活观念相违背。该观点认为其客体不可能指"空间"新旧的变化，其客体仍为房屋，只不过在物理构造上作为建筑物区分所有的"房屋"区别于单独所有权的房屋。①

（二）业主专有权的法律地位

根据我国《民法典》第271条规定，建筑物区分所有权是一种复合性的权利。一方面，建筑物区分所有权人对于特定的专有部分享有所有权，这种所有权与一般意义上的所有权并无差异；另一方面，建筑物区分所有权人对于专有部分以外的共有部分例如走廊、屋顶等享有共有权，而建筑物区分所有权人对于因共同管理而生的成员权则是第三部分权利。建筑物区分所有是整个建筑物的按份共有、共同使用部分的共同共有以及专有部分的专有，因此不是指单独的某一个权利，而是三者的混合。研究建筑物区分所有权中之专有权，有必要对建筑物区分所有中专有的形式与纠纷发生的因素进行考察，并在此基础上厘清专有权与共有权、成员权之间的关系，以便确定专有权的法律地位。

1.建筑物区分所有中专有的形式。建筑物区分所有中专有的形式主要有三种，分别为纵切型区分所有、横切型区分所有与混合型区分所有。纵切型区分所有形成于纵切型区分所有的建筑物上，是指一般连栋式的建筑物。这种形态的区分所有建筑物，除共用的境界壁及柱子外，其余部分均各自独立。在这种建筑物中共用部分按一定标准划分后，即分属于各个所有人，他们之间并无其他共有部分，不会发生管理团体的成员权问题。区分所有人间的共用部分的内容较为单纯，因此在实践中发生纠纷的情形较少。在此种情况下发生纠纷可以按照普通所有权的处理纠纷的方式和方法加以解决。横切型区分所有是横切于共同所有建筑物上而形成的，是指将一栋建筑物横向水平分割从而使各层分别归由不同区分所有者所有，如楼层一层、二层等划分。此种形态的区分所有建筑物的共用部分除共同壁、顶外，还有共同的楼梯、走廊等，这种区分在实践中发生的法律问题较多。混合型区分所有成立于混合式区分所有的建筑物上，是指上下横切、左右纵割区分所有的建筑物，如楼房的单元。混合型区分所有建筑物囊括了横割和纵割这两种区分所有建筑物的特征，使得区分所有权人的权利范围确定更加复杂。混合式区分所有建筑物在现代城市生活中处处可见。

---

① 陈鑫：《建筑物区分所有权》，中国法制出版社2007年版，第30页。

在实践中，这种建筑物区分所有权的类型是最典型的、争议较多的区分所有模式。在横切型和混合型区分所有建筑物上，各区分所有权人对共用部分享有持分共有权，因为共有部分为共同所有权人生活所必需，基于维护区分所有权人权益的必要，

对建筑物的共用部分不得分割。并且，基于对建筑物的管理、维护与修缮，他们之间发生管理团体的成员权问题。因此，在实践中对于这一部分的争议最多，从我国的立法现状来看，横切型和混合型区分所有权仍然将是立法和法律适用的重点。①

2.建筑物区分所有权之专有权与共有权、成员权的关系。建筑物区分所有权是一种复合型权利，专有权的行使是区分所有权人权利实现的主要途径，共有权和成员权的产生源于对专有部分的取得。但只有专有部分所有权，显然不能实现区分所有权的目的。换句话说，如果没有共有权和成员权，无法保障专有部分所有权的实现。因此，这三项权利具有相互独立但又不可分离的关系。

在复合性的区分所有权中，专有权处于核心地位，共有权和成员权处于从属地位。《民法典》第273条第2款规定："业主转让建筑物内的住宅、经营性用房，其对共有部分享有的共有和共同管理的权利一并转让。"转让专有权的同时，共有权和管理权也随之转移，共有权和成员权随专有权的取得而取得、消灭而消灭。由此可以看出专有权居于核心和主导地位，共有部分相对于专有部分而言，具有从属性。

共用部分与专有部分具有不可分割性、整体性与权利身份的多重性。整体性是各区分所有权人对建筑物专有部分享有专有所有权及对建筑物共有部分享有共有所有权的结合。整体性另外还体现在建筑物区分所有权是在整体的建筑物上区分所有的所有权形式。区分所有人取得专有权的同时，也自然取得了共有所有权和成员权；当其处分专有所有权时，也自然将共有所有权和成员权一并转让。

成员权，是指建筑物区分所有人基于一栋建筑物的构造，权利归属以及使用上密切关系而形成的作为建筑物管理团体成员之一而享有的权利和承担的义务。② 成员权是基于区分所有权人之间的因共同管理关系而产生的权利。

---

① 段启武：《建筑物区分所有权之研究》，中南政法学院1993年硕士学位论文，第19~20页。
② 陈华彬：《建筑物区分所有权研究》，法律出版社2007年版，第235~237页。

专有权、共有权与成员权一起完整地构成了建筑物区分所有权。成员权的核心是管理权，成员权的存在不仅体现了建筑物的存在，而且从侧面反映出所有权人的生活秩序，进而体现出各区分所有权人对区分建筑物共有部分的共有关系。

（三）业主专有权的限制

专有权限制条款的存在源于实践的需要。在当前司法实践中，由于我国对业主团体在自治协议中设置专有权限制条款的效力，以及专有权限制条款的边界规定得比较模糊等原因，致使关于业主自治协议能否对业主专有权施加限制的纠纷不断涌现。尽管对其效力存有争议，但我国房地产实践中存在大量专有权限制条款。其原因主要有以下几点：第一，为了规制业主的不正当行为。《民法典》第272条和第七章关于相邻关系的规定，都有规定业主行使权利时不得损害他人利益，体现了业主专有权要受到限制的思想。第二，实现区分所有建筑个性化的要求。在实践中，对于"不当行为"的认定缺乏统一而明确的标准，这就导致在司法审判实践中，法院都会以这种限制条款侵害了业主财产权而认定其无效。与其他国家相比，我国面临着住房资源稀缺的现状，在实现小区的个性化需求和满足业主的基本生存利益之间，无疑应当倾向支持后者，但这不意味就要完全无视区分所有建筑个性化的需求。我们需要借鉴其他立法国家的做法，通过确立特定规则来确保限制条款符合小区业主的意愿，并防止其对业主专有权的不当侵害。第三，有助于商用型区分所有建筑的保值增值。商用型区分所有建筑自身所具有的特点吸引着众多的消费者，只有各专有部分协调经营管理，才能促进其他专有部分的经营，并提高整个区分所有建筑的市场价值。绝大多数业主面对高营业利润的吸引，都能就经营管理的统筹协调达成一致，但由于某些原因个别业主可能持不同意见。在实践中，许多商用型区分所有建筑通过管理规约或业主大会决议的方式，对业主就专有部分的经营事项加以限制，以实现经济利益最大化和统一经营管理区分所有建筑各专有部分的目的。

三、关于业主专有权纠纷的裁判规则

（一）业主的私有车库属于业主的专有权范围，业主委员会以业主违反其对共有区域行使管理职能为由拒绝为业主进行车辆登记并收取停车费用的，人民法院不予支持

【案例来源】

案例名称：诸某清与温州市鹿城区南汇街道龙沈花园金谷园业主委员会业主专有权纠纷案

审理法院：浙江省温州市中级人民法院

案　　号：（2020）浙03民终1492号

【争议点】

诸某清与温州市鹿城区南汇街道龙沈花园金谷园业主委员会因业主专有权纠纷引发诉讼，该案历经浙江省温州市鹿城区人民法院一审、浙江省温州市中级人民法院二审两个阶段。在二审中，当事人就案涉《公告》的效力确认以及车辆登记和费用收取问题产生争议。

【裁判说理】

在本案中，金谷园业委会为解决停车难题缓解小区停车困难的实际，根据《业主管理规约》的授权发布了《公告》，无论是《业主管理规约》还是《公告》都是对公共部分管理职能的规定，不能以小区资源紧张为由而侵犯业主的个人权利，亦不能突破其对小区建筑区划内共有部分管理的职权范围。在本案中，诸某清根据《公告》要求登记2部车辆，其本质属于诸某清作为该小区386户业主之一遵照《业主管理规约》《公告》规定平等行使对共有部分的共有权。但诸某清对其私家车库所享有的业主专有权不受《公告》约束，金谷园业委会根据《公告》以诸某清已登记两部车辆为由拒绝为诸某清登记第三部车辆并收取停车费，属于超越业委会管理职权而侵害业主对其专有车位的使用权，属于对小区业主专有权的侵犯。业主对其建筑物专有部分享有占有、使用、收益和处分的权利，不应受到业委会对共有部分管理的侵犯，因此应责令金谷园业委会限期为诸某清登记第三部车辆并免收停车费。同时，考虑到私权利的行使亦应最大限度遵守和维护小区停车秩序，诸某清登记的第三部车辆应限于其私家车位停放，而不宜变相扩大其对共有部分的权利。

（二）在业主专有权纠纷中，法院能够推定是因业主对其专有部分管理不当造成他人损失的，不要求受害一方尽充分举证责任即可判定业主承担相应损失

【案例来源】

案例名称：赵某与陈某业主专有权纠纷案

审理法院：上海市宝山区人民法院

案　　号：（2020）沪0113民初14047号

【争议点】

赵某和陈某因业主专有权管理不当造成的侵权纠纷引发诉讼，该案经过上海市宝山区人民法院一审。在一审中，当事人就是否因陈某对其阳台管理不当造成赵某损失并承担损害赔偿问题产生争议。

【裁判说理】

业主对其建筑物专有部分享有占有、使用、收益和处分的权利。业主行使权利不得危及建筑物的安全，不得损害其他业主的合法权益。根据赵某提供的证据可基本查明，在赵某居住的房屋阳台发生漏水后，赵某多次报修并由物业公司上门进行检测，但均未发现漏水点。在物业公司到陈某房屋内查看后发现阳台已经装修、地漏也移位，要求业主陈某将阳台管道撬开封闭部位及地漏部位进一步检查时遇阻。在诉讼后陈某自行委托装修公司对其阳台地面予以撬开，重新铺设水泥并进行漏水实验，目前赵某的阳台不再发现明显滴水、漏水的情况。鉴于本案中赵某放弃对于导致阳台漏水原因及修复方案申请司法鉴定，但陈某自行对其阳台地面修复后的确再无赵某房屋阳台漏水的现象。故本院认为，尽管赵某未尽充分的举证义务证明陈某的侵权事实，但陈某是否存在对赵某阳台漏水构成成因，本院认为该可能性无法绝对地予以排除。故赵某要求陈某对于赵某的实际损失承担一定比例的责任，于法不悖，本院可予采信。

（三）业主购房时未与开发商约定建筑区划内具有营利性质的会所（游泳池、健身房）属性的，该设施既不为全体业主共有也不为个别业主专有

【案例来源】

案例名称：中山市火炬开发区丽港城小区业主委员会与中山市丽港城置业发展有限公司业主专有权纠纷案

审理法院：广东省中山市中级人民法院

案　　　号：（2019）粤 20 民终 7281 号

【争议点】

中山市火炬开发区丽港城小区业主委员会与中山市丽港城置业发展有限公司因业主专有权纠纷引发诉讼，该案历经广东省中山市第一人民法院一审、广东省中山市中级人民法院二审两个阶段。在二审中，当事人就丽港城小区游泳池及配套设施的归属问题产生争议。

【裁判说理】

《物权法》第 73 条规定[①]："建筑区划内的道路，属于业主共有，但属于城镇公共道路的除外。建筑区划内的绿地，属于业主共有，但属于城镇公共绿地或者明示属于个人的除外。建筑区划内的其他公共场所、公用设施和物业服务用房，属于业主共有"；《最高人民法院关于审理建筑物区分所有权纠纷案件具体应用法律若干问题的解释》[②]第 3 条规定："除法律、行政法规规定的共有部分外，建筑区划内的以下部分，也应当认定为《物权法》第六章所称的共有部分：（一）建筑物的基础、承重结构、外墙、屋顶等基本结构部分，通道、楼梯、大堂等公共通行部分，消防、公共照明等附属设施、设备、避难层、设备层或者设备间等结构部分；（二）其他不属于业主专有部分，也不属于市政公用部分或者其他权利人所有的场所及设施等。建筑区划内的土地，依法由业主共同享有建设用地使用权，但属于业主专有的整栋建筑物的规划占地或者城镇公共道路、绿地占地除外。"上述法律、司法解释对于建筑区划内属于业主共有的公共场所、公用设施进行了规定，但对于以所在物业业主为主要服务对象的综合性高级康体娱乐服务设施，如游泳池、健身房等（统称为会所），是否

---

① 对应《民法典》第 274 条，该条规定："建筑区划内的道路，属于业主共有，但是属于城镇公共道路的除外。建筑区划内的绿地，属于业主共有，但是属于城镇公共绿地或者明示属于个人的除外。建筑区划内的其他公共场所、公用设施和物业服务用房，属于业主共有。"

② 对应《最高人民法院关于审理建筑物区分所有权纠纷案件适用法律若干问题的解释》第 3 条，该条规定："除法律、行政法规规定的共有部分外，建筑区划内的以下部分，也应当认定为民法典第二编第六章所称的共有部分：（一）建筑物的基础、承重结构、外墙、屋顶等基本结构部分，通道、楼梯、大堂等公共通行部分，消防、公共照明等附属设施、设备、避难层、设备层或者设备间等结构部分；（二）其他不属于业主专有部分，也不属于市政公用部分或者其他权利人所有的场所及设施等。建筑区划内的土地，依法由业主共同享有建设用地使用权，但属于业主专有的整栋建筑物的规划占地或者城镇公共道路、绿地占地除外。"

属于业主共有的公共场所、公用设施并未明确加以规定。从功能价值来看，建筑区划内属于业主共有的公共场所、公用设施是为了满足小区业主共同利益的场所和设施，从而区别于用于营利性的、面向社会开放的各种场所和设施。而综观现实情况，建筑区划内的会所往往不仅服务于小区业主，而且还面向社会开放，服务于多数不特定的人，具有一定的营利性。因此，建筑区划内的会所往往不是一个仅服务于小区业主的场所设施，不能够直接理解为业主共有的公共场所或公用设施。建筑区划内会所的归属宜根据业主在购房时与开发商之间的具体约定来判断。就本案而言，没有证据证明丽港城小区业主在购房时与丽港城公司约定小区游泳池及配套设施归小区业主共有，也没有证据证明小区游泳池及配套设施已计入业主公用分摊面积，因此丽港城业委会主张小区游泳池及配套设施归全体业主共有没有依据，本院不予支持。

（四）业主基于联建协议主张对专有部分行使区分所有权的，联建户的委托人不能以该业主未能付清相关费用为由拒绝办理过户手续

【案例来源】

案例名称：周某伟因与刘某平业主专有权纠纷案

审理法院：江苏省盐城市中级人民法院

案　　号：（2018）苏09民终4389号

【争议点】

周某伟因业主专有权纠纷与刘某平引发诉讼，该案历经江苏省滨海县人民法院一审、江苏省盐城市中级人民法院二审两个阶段。在二审中，当事人就周某伟是否有权对房屋专有部分行使过户问题产生争议。

【裁判说理】

在本案中，案涉17号楼由周某伟、刘某平等户联建，刘某平作为联建人之一，其基于联建协议的约定以及共同建设行为而取得案涉17号楼的共同所有权。周某伟系联建户的具体牵头人，亦为其他联建户的受托人，相关工程建设手续均以其名义办理，其亦是共同产权登记申请的经办人。关于周某伟以刘某平未能付清相关费用为由拒绝协助办理过户手续的问题，对此，本院认为，周某伟已就此相关费用的给付问题向一审法院提起诉讼，且经一审、二审、再审以及检察机关监督程序处理，均未获支持。再者，即使周某伟在前诉中未能主张上述费用，那么其也已经另行起诉予以主张，不能作为拒绝协助办理过户

手续的抗辩理由。因此周某伟有义务协助刘某平就其专有部分的区分所有权办理分户登记手续。

（五）在仅以地钉标记来区分但未形成独立密闭空间的商铺中，业主委员会经合法程序已经将商铺的经营权、管理权委托给受托方，业主不能对其购买的商铺主张自主管理经营权

【案例来源】

案例名称：邓某军与延安秦基工贸有限公司业主专有权纠纷案

审理法院：陕西省高级人民法院

案　　号：（2019）陕民申 1684 号

【争议点】

邓某军与延安秦基工贸有限公司（以下简称秦基公司）因业主专有权纠纷引发诉讼，该案历经陕西省延安市宝塔区人民法院一审、陕西省延安市中级人民法院二审、陕西省高级人民法院再审三个阶段。在再审中，当事人就业主对商铺的专有权行使问题产生争议。

【裁判说理】

与传统的住宅和用内墙分割的独立商铺不同，仅以地钉标记来区分的商铺并未形成独立密闭的空间，因此业主在购买时并不具备构造上和利用上的独立性。这种仅以地钉标记加以明确区分的商铺在构造上因与其他业主的商铺相连相邻，从而与其他业主的商铺形成统一的商厦整体。因此，业主对所购买的商铺享有的所有权权能的行使必然要受到一定的限制，即不得损害其他业主的合法权益。邓某军购买的案涉丽融大厦商铺虽然取得了政府房管部门颁发的房产证书，享有对所购买商铺的所有权，但是在行使所有权时受到一定的限制。在政府的指导下，通过间接选举方式成立了丽融大厦业委会，该业委会占业主总数的88%。在所购买商铺面积占丽融大厦商铺面积总数的90%业主同意下，业委会与秦基公司签订了《丽融大厦经营管理委托合同书》，丽融大厦382位业主中，共有335户业主与秦基公司签订了《委托经营管理合同》，委托秦基公司统一经营、统一管理，邓某军虽然未与秦基公司签订相关合同，但接受了秦基公司给业主的委托经营收益款。因此，丽融大厦业委会与秦基公司签订的合同对邓某军有约束力。需要理解的是，虽然统一经营管理与商铺业主的所有权之间的冲突在所难免，但是这种统一商厦的经营模式与一般的独立商铺经营模

式有很大的区别,这种统一商铺经营模式更加注重聚合效应,注重商业定位等软实力,统筹规划更能发挥品牌效应和利益最大化。同样地,丽融大厦业主与原丽融大厦物业管理企业合同到期后,大厦关门停业,造成业主经济损失,邓某军的利益也必然受损。这一事实就很好地反证了统一经营管理的优势。现绝大多数业主选择采取的统一经营模式,在维护绝大多数业主利益的同时,也并未必然损害邓某军的经济利益。因此,对于邓某军对其所有的商铺自主经营的主张不予支持。

(六)"门脸"应为建筑物的外墙,属于全体业主共有,单个业主起诉主张对"门脸"专有权的,人民法院不予支持

【案例来源】

案例名称:时某、王某1与延边商业集团有限公司、延边商业集团有限公司小商品市场业主专有权纠纷案

审理法院:吉林省延边朝鲜族自治州中级人民法院

案　　号:(2020)吉24民终1410号

【争议点】

时某、王某1与延边商业集团有限公司、延边商业集团有限公司小商品市场因业主专有权纠纷引发诉讼,该案历经吉林省延吉市人民法院一审、吉林省延边朝鲜族自治州中级人民法院二审两个阶段。在二审中,当事人就涉案建筑物的属性问题产生争议。

【裁判说理】

根据《最高人民法院关于审理建筑物区分所有权纠纷案件具体应用法律若干问题的解释》第3条第1款[①]"除法律、行政法规规定的共有部分外,建筑区划内的以下部分,也应当认定为物权法第六章所称的共有部分:(一)建筑物的基础、承重结构、外墙、屋顶等基本结构部分,通道、楼梯、大堂等公共通

[①] 对应《最高人民法院关于审理建筑物区分所有权纠纷案件适用法律若干问题的解释》第3条第1款,该条款规定:"除法律、行政法规规定的共有部分外,建筑区划内的以下部分,也应当认定为民法典第二编第六章所称的共有部分:(一)建筑物的基础、承重结构、外墙、屋顶等基本结构部分,通道、楼梯、大堂等公共通行部分,消防、公共照明等附属设施、设备,避难层、设备层或者设备间等结构部分;(二)其他不属于业主专有部分,也不属于市政公用部分或者其他权利人所有的场所及设施等。"

行部分，消防、公共照明等附属设施、设备，避难层、设备层或者设备间等结构部分；（二）其他不属于业主专有部分，也不属于市政公用部分或者其他权利人所有的场所及设施等"的规定。本案中时某、王某1与延边商业集团有限公司、延边商业集团有限公司诉争的"门脸"应属于建筑物的外墙，尽管时某和王某主张涉案的建筑物已经登记在其名下，但是不能因此认定为属于时某和王某所有，应认定为全体业主共有。因此，时某、王某1作为涉案建筑物的业主之一，无权单独就侵害业主共有权的行为提起诉讼。对于时某和王某的诉讼请求，本院不予支持。

四、结语

专有所有权，是指建筑物的区分所有权人对建筑物的专有部分所享有的占有、收益、使用和处分的权利。建筑物的专有部分在构造和使用上都应当具有独立性，对独立性的理解应按照社会一般观念来确定。由于专有权是一种所有权，如果建筑物的区分所有权人滥用其对专有部分的权利，必将会对其他业主的合法权益造成损害，因此需要对业主专有权进行限制。人民法院在审理业主专有权纠纷案件时，若出现以下几种情况的，人民法院不予支持：其一，业主的私有车库属于业主专有权的范围，不受业主委员会对共有部分管理职能的约束，业主委员会以业主违反其对共有区域行使管理职能为由，拒绝为业主进行车辆登记并收取停车费用的。其二，在业主专有权纠纷中，法院能够推定是因业主对其专有部分管理不当造成他人损失但业主拒绝赔偿的。其三，业主购房时未与开发商约定建筑区划内具有营利性质的会所（游泳池、健身房）属性的，该设施既不为全体业主共有也不为个别业主专有。其四，业主基于联建协议主张对专有部分行使区分所有权的，联建户的委托人以该业主未能付清相关费用为由拒绝办理过户手续的。其五，在仅有以地钉标记加以明确区分但未形成独立密闭空间的商铺中，业主委员会经合法程序将商铺的经营权、管理权委托给受托方，业主仍对其购买商铺主张自主管理经营权的。其六，"门脸"应为建筑物的外墙，属于全体业主共有，单个业主起诉主张对"门脸"专有权的。

第三节 业主共有权纠纷

一、导论

《民法典》在《物权法》关于建筑物区分所有权共有部分规定的基础上作了进一步完善,更好地维护了业主的合法权益。业主共有权是业主所享有的一项重要权利,这项权利的行使,常常涉及"个体自由"和"团体效率"两个内容。具体来说,共有部分使得业主在行使权利时形成了事实上的团体关系,此时需要从团体的角度来设计业主的权利义务,就团体主义立法而言,效率是其最终目标。区分所有建筑中的共有部分具有"区域性公共物品"的特征,该特征的双重属性决定了在区域内外部的治理关系中需要确立不同的规则以实现效率目标。[①] 本节以业主共有权纠纷案件裁判文书为研究对象,并将2017年以来人民法院作出的相关裁判文书作为主要范围,归纳、提炼业主共有权纠纷裁判的理念和趋势,以期通过对我国案例的研究来指导司法实践。

截至2021年1月,在中国裁判文书网中输入"业主共有权纠纷"(案由)检索出民事裁判文书4385篇,其中,由高级人民法院裁判的有179篇,由中级人民法院裁判的有2110篇。在具体案例的选取上,本节遵循以下"两个优先"原则:第一,优先选择审判层级较高的裁判文书;第二,优先选择审判日期较近的裁判文书。通过形式和内容两个方面的筛选,本节最终选择了6篇裁判文书进行研究,即(2020)湘民申882号、(2019)京民申543号、(2019)皖民申1327号、(2017)川民申1427号、(2020)陕09民终572号、(2020)赣07民终1542号。其中,由高级人民法院裁判的有4篇,由中级人民法院裁判的有2篇,裁判日期则均为2017年(含)之后。

[①] 尤佳:《业主共有权行使主体研究——一种团体主义视角下的法经济学分析进路》,载《法商研究》2013年第2期。

二、建筑物业主共有权的基本理论

（一）建筑物业主共有权概述

1. 业主共有权的定性。关于建筑物区分共有权的定性，学界观点不一，主要观点有按份共有说、共同共有说、根据不同情况区别对待说和新型共有说。

以我国台湾地区学者王泽鉴为代表的按份共有说主张者认为，业主对建筑物区分共有部分的共有权随建筑物所有权的转移而转移，专有部分和共有部分应被视为一体。在区分所有建筑物中，共有权人的权利和义务大小随区分所有权人的专有部分的面积占整幢建筑物面积比例的变化而变化。[1]

以日本学者我妻荣为代表的共同共有说主张者认为，建筑物区分所有的共有部分是全体区分所有权人共同共有。生活在一栋区分所有建筑物上的区分所有人通过制定规章制度和设置执行该规章制度的管理人，从而更好地利用共有部分和维护共同生活的安定、和谐，于是在这管理过程中形成了合伙关系。[2]

以我国学者陈华彬为代表的根据不同情形区别对待说主张者认为，区分所有权人对共有部分行使权利的自由程度不能采用"一刀切"的定论。由于区分所有建筑物因形态不同导致共有部分的结合状态和团体性不同，对共有部分在行使占有、使用权等的自由程度也不一，需要根据区分所有建筑物的不同分割形态分别予以确定，或为共同共有，或为按份共有。[3]

以我国学者孙宪忠为代表的新型共有说主张者，认为建筑物区分所有中的共有权与传统共有中的按份共有或者共同共有完全不同，应为独立于按份共有和共同共有之外的第三种共有即新型共有。

本文赞同第四种观点，如前所述区分所有之共有具有按份共有和共同共有的某些特征，但因其自身所具有的独特特征，使其与传统的按份共有和共同共有存在较大区别。如果仅仅以区分所有权具有按份共有和共同共有的一部分特性，就判定为属于按份共有和共同共有则有偏颇之嫌。首先，从命名上来看，即是"区分共有"而不是按份共有或者共同共有。其次，建筑物区分所有已经

---

[1] 杨立新：《共有权理论与适用》，中国法制出版社2007年版，第189页。
[2] 陈华彬：《建筑物区分所有权》，中国法制出版社2011年版，第122页。
[3] 陈华彬：《建筑物区分所有权》，中国法制出版社2011年版，第125页。

成为城市居民的主要生活形态，传统的理论已经不足以对其进行准确定性，在传统的共有理论不能为其提供有说服力的解释下，还是勉强地将区分共有解释为按份共有或者共同共有，在实践中可能会引发矛盾，而且也会阻碍新理论的发展。因此，我们要用发展的眼光来看待建筑物区分所有权的独特性，在旧的理论不能准确为其定性时，应当认定其为新型共有。[①]

2. 业主共有权的特点。

（1）主体上的身份复合性。业主共有权所有人的身份具有复合性，既其是共有权所有人，又是专有使用权及区分所有人管理团体中的成员之一。而一般的共有所有权人的身份是单一的，其只是标的物的共有所有权人而已。

（2）客体上的广泛性。业主共有权的客体范围较为广泛，包括住宅小区中除了业主专有部分的所有部分。即，不但包括法定共有部分，而且包括双方当事人约定的共有部分。一般的共有权的客体仅限于一项财产，业主共有权的共有部分则常常表现为多项财产。

（3）权利义务上的广泛性。业主共有权的权利义务较为广泛。首先表现为全体区分所有人对建筑物整体共同享有的权利和承担的义务，其次表现为区分所有权人共同对建筑物及附属设施某一部分共同享有的权利；再次表现为一部分区分所有人在共用部分上设定专有使用权而产生的权利义务；最后表现为对建筑物基地的利用而发生的区分所有人与土地所有人间的权利义务。而在一般共有所有权中，权利义务关系较为简单，即仅指各共有人因共有同一财产而发生的权利义务。

（4）权利变动具有从属性。业主共有权随专有部分所有权的变动而变动，即业主共有权在权利变动上具有从属性，专有部分处于主导地位，业主共有权从属于业主专有权而存在。而在一般共有权的变动中则表现为各共有人独立的实行行为，行为之间具有独立性，并没有上述的主从关系。另外，区分共有所有权随着专有所有权之转让而转让时，其他区分所有人一般没有优先购买权。而在一般共有权中（按份共有），其他共有权人则往往有优先购买权。

（5）标的物具有不可分割性。业主共有权所及的区分所有的所有标的物都不得请求分割；而一般共有权的标的物，共有权人得请求其应有部分之量的分割。

[①] 刘国庆：《论建筑物区分所有权中业主共有权的保护》，华东政法大学2012年硕士学位论文。

（6）划分方法具有多样性。区分共有所有权可依不同标准而作出不同的分类。第一，按照是否为法律规定，分为法定共有权和约定共有权。第二，按照某一共有区域业主对其享有共有权的人数范围，分为全体共有权和部分共有权。第三，按照共有权的行使对象为建筑物还是附属物，分为对建筑物之共有权和对附属建筑物之共有权。第四，按照共有权人对共有部分是否有权利负担，分为无负担的共有权和有负担的共有权等。其中较为常见的分类是法定共有和约定共有。法定共有，是指对在性质上属于维持建筑物本身牢固安全与完整的部分（如地基、外墙、楼顶、梁柱等建筑部分）和性质上属于区分所有权人共同使用的部分（如大门、楼梯、走廊、电梯、供水供电供气供暖系统等）所当然设定的共有权。约定共有，则是指区分所有权人之间通过意思自治达成合意，约定某一专有部分为共有部分，或者将共有部分的某一部分约定为专有部分。对于将共有部分设定为专有部分的这一区域是指区分所有权人设定专有使用权给特定人使用，以充分发挥共有部分的经济效用。例如，可把建筑物的屋顶平台设定专有使用权，由楼顶的区分所有权人享有专有使用的权利。

（二）建筑物区分共有部分

1.共有部分的界定。根据各国关于建筑物区分所有之共有部分的界定，共有部分范围大体分为两种：第一，专有部分以外的其他部分，如门厅、电梯、走廊、屋顶、地下室。第二，不属于专有部分的附属建筑物：如给水排水设备、供电设备、空调设备、各种配备线等；建筑物的附属设备，如天井、水塔、游泳池、停车场、建筑物外的照明设备等。我国《民法典》及《最高人民法院关于审理建筑物区分所有权纠纷案件适用法律若干问题的解释》对共有部分的界定采取排除、列举、推定相结合的方式，将专有部分之外、不属于市政公用部分的场所、设施规定为业主共有，这种划分模式优势在于能明确共有部分的范围，有利于在实践中保障共有权。但是，其不足之处在于过于笼统和宽泛，不能适用所有情况，但这是由建筑物区分共有的客体复杂性和多样性造成的，立法技术再先进也不能穷尽，只能逐步完善。共有部分是共有权的客体，由于区分共有本身具有的复杂性及客体的广泛性，对于建筑物区分所有的共有范围，学界存在两种不同的观点：其一，共有部分为全体或一部分区分所有权人共同所有与使用，即全部共有和部分共有。其二，共有部分可由法律直接规定，也可以由区分所有权人共同约定，即法定共有和约定共有。

2. 几类特殊共有部分的归属问题。在物业管理小区内，关于绿地、屋顶和停车位的归属问题是近年来争议较为突出的问题。小区中的绿地、屋顶和停车位（单独修建的有独立产权的停车楼除外）有着一些相似之处：第一，三者都是属于建筑物的附属物；第二，三者都是属于共有部分；第三，三者都可以设定专用使用权，但在没有规约约定的情况下应为全体业主共有。因此，以上共有部分常常引发争议，这类争的特点是：从主体上看有开发商（或物管公司）与业主之间，业主与业主之间的争议；从争议性质上看有开发商（或物管公司）和业主之间发生的因共有部分所有权、使用权、收益归属之争发生的争议，业主之间涉及使用权或相邻权的争议。就绿地问题而言，根据《民法典》的规定，建筑区划内的绿地，属于业主共有，但是属于城镇公共绿地或者明示属于个人的除外。由此，可以看出，建筑区划内的绿地权属不能由开发商与个别区分所有权人约定，而是应由全体业主共有。就屋顶而言，我国现行的《公有住宅售后维修养护管理暂行办法》将屋顶明确为共有部分，其权属应当由全体区分所有权人共有。开发商与个别区分所有人约定的专用使用权如前所述不发生法律效力。对于停车位的归属问题，《民法典》第275条规定："建筑区划内，规划用于停放汽车的车位、车库的归属，由当事人通过出售、附赠或者出租等方式约定。占用业主共有的道路或者其他场地用于停放汽车的车位，属于业主共有。"

三、关于业主共有权纠纷的裁判规则

（一）同一行政区划范围内楼房即使分属不同地块，但事实上形成了一个物业关联区域关系的，应当认定楼房前绿化广场和停车位的使用权和管理权归全体业主共同享有

【案例来源】

案例名称：湘电集团置业投资有限公司等与湘潭市友谊一号业主委员会业主共有权纠纷案

审理法院：湖南省高级人民法院

案　　号：（2020）湘民申882号

【争议点】

湘电集团置业投资有限公司(以下简称湘电置业公司)、珠海市二城物业管理有限公司湖南湘潭分公司(以下简称珠海二城物业湘潭公司)与被申请人湘潭市友谊一号业主委员会(以下简称友谊一号业委会)因业主共有权纠纷引发诉讼。该案历经湖南省湘潭市岳塘区人民法院一审、湖南省湘潭市中级人民法院二审、湖南省高级人民法院再审三个阶段。在再审中,当事人就涉案广场和停车位权属问题产生争议。

【裁判说理】

《物权法》第73条[①]规定:"建筑区划内的道路,属于业主共有,但是属于城镇公共道路的除外。建筑区划内的绿地,属于业主共有,但是属于城镇公共绿地或者明示属于个人的除外。建筑区划内的其他公共场所、公用设施和物业服务用房,属于业主共有。"《最高人民法院关于审理建筑物区分所有权纠纷案件具体应用法律若干问题的解释》第2条第1款[②]的规定:"建筑区划内符合下列条件的房屋,以及车位、摊位等特定空间,应当认定为物权法第六章所称的专有部分:(一)具有构造上的独立性,能够明确区分;(二)具有利用上的独立性,可以排他使用;(三)能够登记成为特定业主所有权的客体。"由此可知,共有部分的权利属于全体业主,由全体业主共同管理、收益和决策。虽然综合楼与住宅楼分属不同地块,但规划在同一红线范围内,统称为湘电友谊一号小区,且共同享用物业用房、社区用房、小区主出入口、消防、地面停车场公共设施设备等小区配套设备不能分割,综合楼也没有单独规划物业用房,公用道路面积共同分摊无法分割,因此小区综合楼与住宅区为一个物业关联区域。综上所述,湘电置业公司与珠海二城物业湘潭公司诉讼请求请求不能成立。

---

① 对应《民法典》第274条,该条规定:"建筑区划内的道路,属于业主共有,但是属于城镇公共道路的除外。建筑区划内的绿地,属于业主共有,但是属于城镇公共绿地或者明示属于个人的除外。建筑区划内的其他公共场所、公用设施和物业服务用房,属于业主共有。"

② 对应《最高人民法院关于审理建筑物区分所有权纠纷案件适用法律若干问题的解释》(2020年12月29日修正)第2条,该条款规定:"建筑区划内符合下列条件的房屋,以及车位、摊位等特定空间,应当认定为民法典第二编第六章所称的专有部分:(一)具有构造上的独立性,能够明确区分;(二)具有利用上的独立性,可以排他使用;(三)能够登记成为特定业主所有权的客体。"

（二）业主在建筑物的通道安装防盗门以及在通道墙体上设置开关和电线的行为，并未改变其他业主对通道及共用墙体的共有关系，不能认为侵犯了其他业主的共有权

【案例来源】

案例名称：樊某初与孙某彬业主共有权纠纷案

审理法院：北京市高级人民法院

案　　号：（2019）京民申543号

【争议点】

樊某初与孙某彬业主共有权纠纷引发诉讼，该案历经北京市东城区人民法院一审、北京市第二中级人民法院二审、北京市高级人民法院再审三个阶段。在再审中，当事人就共有部分安装的防盗门、开关和电路的拆除问题产生争议。

【裁判说理】

在本案中，孙某彬所安装的防盗门、开关位于其与樊某初所居住楼层的公共楼道内，其虽占用了公共楼道及共用墙体，但并未严重妨碍到其他业主，故孙某彬并未过度使用其所享有的专有使用权。结合涉案房屋所在楼栋现状及同层住户情况，难以认定孙某彬的行为对该楼栋的公共秩序造成损害。且建筑物的共有部分归业主共有，不因业主的占用而使所有权关系发生变化，孙某彬安装防盗门及开关的行为并未改变通道共用墙体的共有关系，不应视为对其他业主建筑物共有权的侵犯。因此，对于樊某初要求孙某彬拆除通道内安装的防盗门，拆除被占用的通道墙上安装的电路、开关，恢复通道原状的诉讼请求的行为不予支持。

（三）房屋交付时，法律没有直接规定权属且相关管理不规范的，应当结合房屋现状、实际履行情况、相关证据以及当时的政策规定综合判断是否为业主共有

【案例来源】

案例名称：白鹭苑小区业主委员会与安徽饭店物业发展有限责任公司业主共有权纠纷案

审理法院：安徽省高级人民法院

案　　号：（2019）皖民申1327号

【争议点】

白鹭苑小区业主委员会（以下简称白鹭苑业委会）与安徽饭店物业发展有限责任公司（以下简称安徽饭店）因业主共有权纠纷引发诉讼，该案历经安徽省合肥市蜀山区人民法院一审、安徽省合肥市中级人民法院二审、安徽省高级人民法院再审三个阶段。在再审中，当事人就案涉地下室的归属问题产生争议。

【裁判说理】

在本案中，安徽饭店举证的落款日期为2002年8月22日的《合肥市房地产产权监理处测绘队房屋面积复审报告》载明：B座地下室管理用房套内建面299.14平方米、公摊建面6.95平方米，合计306.09平方米，而B栋面积表的表头载明：B座住宅用房（住宅用房四个字系手写）总建筑面积9739.12平方米，在该数字之上载明手写数字306.09平方米及对应的性质为地下室。白鹭苑业委会申请再审认为其提供的缴纳物业费面积统计表、预售许可证申请审批书等相关证据，足以证明B座住宅用房总建筑面积9739.12平方米，包括《合肥市房地产产权监理处测绘队房屋面积复审报告》所载明的地下室306.09平方米，主张该306.09平方米已经计入公摊面积，应属于该小区全体共有。经本院向出具该报告的相关行政部门核实，B座总建筑面积合计为10 045.45平方米而非9739.12平方米。B栋面积表载明的建筑面积9739.12平方米，不包含B座地下室的面积306.09平方米，该306.09平方米未计入公摊面积。小区业主对共有部分的共有权，是指建筑物区分所有人（业主）依照法律或管理规约的规定，对区分所有建筑物之共用部分所享有的占有、使用和收益的权利。案涉工程竣工交付时间是2004年，应当适用当时的相关法律规定，白鹭苑业委会再审申请所依据的《城乡规划法》《最高人民法院关于审理建筑物区分所有权纠纷案件具体应用法律若干问题的解释》等法律、司法解释系在此之后颁布实施，不应适用于本案。案涉房屋交付时，因我国没有直接规定小区内除业主专有部分之外的建筑设施归属的法律、法规，且相关管理及规定不规范，故应当结合房屋现状、实际履行情况、相关证据以及当时的政策规定作出综合判断。本案中《合肥市房地产产权监理处测绘队房屋面积复审报告》的落款日期虽为2002年8月22日，早于B楼建设工程规划许可证取得的时间2002年11月19日，但因案涉工程发生于2002年，相关行业规范及管理规定并不完善，且白鹭苑业委会未提供充分证据否认该复审报告的真实性，故不应当排除《合肥市房地产产权监理处测绘队房屋面积复审报告》作为地下室确权依据。据此，对白鹭苑业委会将 306.09 平方米在内的全部地下室均计入公摊面积、归其所有的主张不予支持。

（四）房屋交付时，当事人在明知其购房行为构成对部分共有部分放弃的，之后又依据相关法律规定，主张对该共有部分享有共有权的，人民法院不予支持

【案例来源】
案例名称：余某川、刘某书业主共有权纠纷案
审理法院：四川省高级人民法院
案　　号：（2017）川民申 1427 号

【争议点】
余某川、刘某书、王某才、张某群、罗某德与程某业主因业主共有权纠纷引发诉讼，该案历经四川省都江堰市人民法院一审、四川省成都市中级人民法院二审、四川省高级人民法院再审三个阶段。在再审中，当事人就案涉房屋屋面的归属问题产生争议。

【裁判说理】
依照《最高人民法院〈关于审理建筑物区分所有权纠纷案件具体应用法律若干问题〉的解释》第 3 条第 1 款第（1）项①的规定，也应当认定为共有部分，而不属于业主专有部分，也不属于市政公用部分或者其他权利人所有的场所及设施等均属于业主共有部分。在本案中，余某川、刘某书、王某才、张某群、罗某德所诉的 4 层 2 号房屋屋面未在单个业主的房屋所有权证之内，同时现有证据也未显示其属于市政公用部分，应首先推定为业主共有。但是本案所涉房屋系黑水林业局在 1999 年 11 月为解决其职工住房问题而组织职工集资修建的，就该住房如何分配，黑水林业局为此专门下发了黑林发〔2001〕第 45 号文件，并予以了公示，本案争议的案涉屋面的使用权的归属亦在该文件中予

---

① 对应《最高人民法院关于审理建筑物区分所有权纠纷案件适用法律若干问题的解释》（2020年12月29日修正）第 3 条第 1 款第（1）项，该条款规定："除法律、行政法规规定的共有部分外，建筑区划内的以下部分，也应当认定为民法典第二编第六章所称的共有部分：（一）建筑物的基础、承重结构、外墙、屋顶等基本结构部分，通道、楼梯、大堂等公共通行部分，消防、公共照明等附属设施、设备、避难层、设备层或者设备间等结构部分。"

以了明确,即"错层式168.38平方米上楼右侧四楼屋顶,由五楼购房户享用,其他购房户不得占用"。黑水林业局职工的选房、缴费都是按照该文件在执行,余某川、刘某书、王某才、张某群、罗某德均系黑水林业局职工,在明知该文件存在的情况下选择了房屋并缴纳了相关费用,应视为对本属于业主共有的屋面的权利的一种放弃。因此,对于四人在放弃之后又依据相关的法律主张对案涉房屋屋面所有权的行为,人民法院不予支持。

(五)当事人之间无特别约定,购房人取得房屋所有权时也取得对共有部分相应的权利,购房人不能以未向原房主主张共有部分权利而放弃对共有部分的权利义务

【案例来源】

案例名称:郑某松与甘某宁业主共有权纠纷案

审理法院:陕西省安康市中级人民法院

案　　号:(2020)陕09民终572号

【争议点】

郑某松与甘某宁因业主共有权纠纷引发诉讼,该案历经陕西省宁陕县人民法院一审、陕西省安康市中级人民法院二审两个阶段。在二审中,当事人就楼顶修缮费用及如何承担的问题产生争议。

【裁判说理】

本案楼房系宁陕县农业银行房改时职工集资修建,共10套房屋,大套5户,小套5户。因年久失修,楼顶漏雨,小套5楼住户甘某宁通过社区组织协调会,协商维修事宜,小套5户均派代表参加。甘某宁为维修楼顶实际花费了10874元。本单元其他3户已分摊维修费用。郑某松抗辩因楼顶储藏间一直由原房主霍某某占有使用,故应由霍某某分摊维修费用。经查,案涉楼房的楼顶呈中间高、两面低的两面斜形状,在5楼住户屋顶平台与两面斜楼顶之间形成了中间高两边低的相对独立空间,即本案当事人所称储藏间。当事人陈述,争议的储藏间系农行分给住户使用,对应每户一间。由于没有产权,所以未记载于房屋产权证上。此类附属用房一般属于从财产所有权派生出来的他物权,符合"与财产所有权有关的财产权"法律属性,取得房屋所有权的同时有权取得相应权利,但当事人另有约定的除外。本案中当事人并无特别约定,因此郑某松在从原房主霍某某处购得房屋取得房屋所有权是即取得相对应共有部分的共

有权。根据我国《物权法》第72条规定①，业主对建筑物专有部分以外的共有部分，享有权利，承担义务；不得以放弃权利为由而不履行义务。业主转让建筑物内的住宅、经营性用房，其对共有部分享有的共有和共同管理的权利一并转让。因此，郑某松以未向霍某某主张该共有部分的权利为由拒绝承担共有部分的维修义务的，人民法院不予支持。

（六）对于具有特定功能的会所的共有权归属问题，可依据"谁投资、谁收益"原则、业主是否公摊诉争房屋的面积、当事人之间的约定、诉争房屋的构造和用途来认定

【案例来源】

案例名称：刘某根、定南县城公园华庭住宅小区业主委员会业主共有权纠纷案

审理法院：江西省赣州市中级人民法院

案　　号：（2020）赣07民终1542号

【争议点】

刘某根与定南县城公园华庭住宅小区业主委员会因业主共有权纠纷引发诉讼，该案历经江西省定南县人民法院一审、江西省赣州市中级人民法院二审两个阶段。在二审中，当事人就涉案房屋产权归属问题产生争议。

【裁判说理】

在本案中，案涉房屋属于特定功能使用，即会所或泛会所，其不同于建筑区划内的其他公共场所、公用设施和物业服务用房等，会所仅需保证不改变使用用途，并不能当然认定为归小区业主共有。案涉房屋属共有还是专有，应依据法律和事实作出认定。本案诉争房屋不属于公园华庭全体业主共有，理由如下：第一，按照"谁投资、谁收益"的法律原则，开发商定南县康安达房地产开发有限公司花费成本投资建设小区，该小区的初始所有权应归属于定南县康安达房地产开发有限公司。其中所规划的会所如是专有部分，其所有权亦属定南县康安达房地产开发有限公司。第二，诉争房屋要认定为全体业主共有，主

---

① 对应《民法典》第273条，该条规定："业主对建筑物专有部分以外的共有部分，享有权利，承担义务；不得以放弃权利为由不履行义务。业主转让建筑物内的住宅、经营性用房，其对共有部分享有的共有和共同管理的权利一并转让。"

要看业主是否公摊了诉争房屋的面积，业主未公摊诉争房屋的面积，则不属于业主共有，而属于专有部分。现有证据不能证明定南县康安达房地产开发有限公司已将会所计入小区的公摊面积，即不能证明业主对会所支付了相应的购房款。而测绘部门对住宅楼面积测算时，诉争房屋反而分摊了公摊面积，由此可推测出业主未公摊诉争房屋面积。因此，诉争房屋应属专有部分，且其初始所有权应属定南县康安达房地产开发有限公司，但是不能改变会所的使用用途。第三，从规划确定的诉争房屋的使用用途能够确认，诉争房屋在构造上和利用上均具有独立性，与其他建筑物能够明确区分，可以排他使用，如上所述，亦能够登记成为特定业主所有权的客体。故案涉会所符合专有部分的所有构成要件，虽然会所没有登记产权人，但并非不能登记产权人。第四，定南县康安达房地产开发有限公司在销售合同中并未约定将会所作为小区的共有部分，反而在与部分业主签订的商品房买卖合同中约定会所归开发商所有。且定南县康安达房地产开发有限公司亦未向业主移交的诉争房屋作为公共用房，仅将会所原属于物业部分用房交付给了小区业主。对于剩下未向业主移交的其他部分，应认定定南县康安达房地产开发有限公司的意思表示为对该部分保留所有权。因此，刘某根的上诉请求成立，予以支持。

四、结语

《民法典》规定了业主就专有部分以外的共有部分享有共有权，然而在实践中业主共有权的行使存在诸多问题，相应的配套管理制度也并不完善。例如，业主消极履行对公共部分的义务，在生活中常遇到的有物业费被拖欠现象，尽管物业公司可以分别起诉拖欠物业费的业主，但这种方法成本高、效率低。另外，业主对共有部分的权利在实践中时常变为一纸空文，如有的开发商以及物业公司侵占共有部分，共有部分名义上属于全体业主，但实际上业主并没有享有。人民法院在审理业主共有权纠纷案件时，若出现以下几种情况的，人民法院不予支持：其一，对于分属不同地块但事实上形成了一个物业关联区域关系的，当事人一方主张全体业主对商业小区楼房综合楼前坪绿化广场和停车位不享有共有权的；其二，业主在建筑物的通道安装防盗门以及在通道墙体上设置开关和电线的行为，并未改变其他业主对通道及共用墙体的共有关系，当事人一方主张侵犯其他业主共有权的；其三，案涉房屋交付时，当事人在明知其购房行为构成对部分共有部分放弃的,之后又依据相关法律规定,主张对该共有部分共有权的;其四,未在房屋产权证上登记的建筑物的共有部分,属于从财产所有权派生出来的其他物权,在当事人无特别约定的情况下,购房人取得房屋所有权时也取得对共有部分相应的权利,购房人以未向原房主主张共有部分权利而放弃对共有部分的权利义务的;其五,当事人对建筑区划内具有特定功能的会所主张为全体业主共有的。此外,案涉房屋交付时,我国没有直接规定小区内除业主专有部分之外的建筑设施归属的法律、法规,且相关管理不规范的,应当结合房屋现状、实际履行情况、相关证据以及当时的政策规定综合判断是否为业主共有。人民法院在审理对于具有特定功能的会所的案件时,可依据"谁投资、谁收益"原则、业主未公摊诉争房屋的面积、当事人双方在签订房屋买卖合同未约定业主共有、诉争房屋在构造和利用上具有独立性来认定业主对会所不能主张共有权。

第四节 车位纠纷

一、导论

2007年《物权法》及2009年《最高人民法院关于审理建筑物区分所有权纠纷案件具体应用法律若干问题的解释》等法律规范为实践中解决车位纠纷提供了法律依据,《民法典》在此基础上,对这一法律问题作出了更加完善的规定。《民法典》第275条(原《物权法》第74条第2款)规定了建筑区划内规划用于停放汽车的车位、车库可以由当事人通过出售、附赠或者出租等方式约定归属,但是并没有规定在当事人没有约定的情况下,遇到车位、车库归属不明时的处理方法。住宅小区车位主要有地下车位、楼房首层架空车位和地上车位三种形式,其中地下车位分为规划内的地下车位和利用人防工程改造成的地下车位两种。① 实践中存在争议的主要是地下车位的归属问题。本节以车位纠纷的案件裁判文书为研究对象,并将2017年以来人民法院作出的相关裁判文书作为主要范围,归纳、提炼车位纠纷的裁判的理念和趋势,以期通过对我国案例的研究来指导司法实践。

截至2021年1月,编者在中国裁判文书网中输入"车位纠纷"(案由)共检索出民事裁判文书4315篇,其中,由最高人民法院裁判的有1篇,由高级人民法院裁判的有57篇,由中级人民法院裁判的有712篇。在具体案例的选取上,本节遵循以下"两个优先"原则:第一,优先选择审判层级较高的裁判文书;第二,优先选择审判日期较近的裁判文书。通过形式和内容两个方面的筛选,本节最终选择了6篇裁判文书进行研究,即(2020)闽民申2021号、(2020)闽01民终7120号、(2020)闽01民终6404号、(2019)冀01民

---

① 沈明磊、张龑:《地下车位、车库归属之判定与不动产登记之完善——基于住宅小区地下车位、车库归属纠纷的类型化分析》,载《法律适用》2018年第1期。

终 12398 号、（2019）粤 03 民终 28871 号、（2020）浙 01 民终 4422 号。其中，由高级人民法院裁判的有 1 篇，由中级人民法院裁判的有 5 篇，裁判日期均为 2019 年（含）之后的案例。

二、车位权属的基本理论

（一）地下车位的类型

1. 专有部分型的地下车位。开发商取得土地后，除按照规定必须配套建设一定数量的车位外，还需要在建筑物地下一层、二层或者更深的地下非结建人防工程区域，自行增加投资建设一部分车位，并且可以通过行使处分权获得一定的收益，进而提高对土地的开发利用效益。因此，可以将该类地下停车位作为建筑物区分所有权的专有部分。在国外立法中也有先例，例如根据法国《都市计划法》规定，新建公寓式住宅的建造者，必须在建筑物基地内，为每一户房屋的购买者设计建造一处停车空间。① 这意味着，在法国，地下车位与住宅房屋都被视为独立的不动产，能够成为区分所有建筑物的专有部分。也就是说，业主购买住宅房屋后，并不当然就取得地下车位的所有权，地下车位也不被认为是共用部分，当然也不属于业主共有，而是由建造者取得所有权。

2. 共有部分型的地下停车位。根据《民法典》第 275 条第 2 款规定，占用业主共有的道路或者其他场地用于停放汽车的车位，属于业主共有。停车问题与公共利益密切相关，业主作为共有所有权人，享有对共有部分的使用权和收益权。同时，这部分车位也是开发商按照政府行政管制的要求必须配建的，具有法律强制性。政府的行政管制正是为维护和达到特定的公共利益所进行的管理和制约，这也就决定了该类地下车位是为保障公共利益而建设的。我国台湾地区将地下停车位划分为法定车位、自行增设车位和奖励增设停车位三种。其中的法定车位，是指法律强制要求开发商必须设置的停车位，但该区域一般并不作为建筑物的法定共有部分来认定，开发商也不得将该类停车位设定为专有部分。② 业主在购买房屋时并不当然取得对该类停车位的共有权，但可以通过

---

① 陈华彬：《现代建筑物区分所有权研究》，法律出版社 2007 年版，第 210 页。
② 崔建远：《小区车库的归属论》，载《人民法院报》2006 年 2 月 15 日，第 B01 版。

购买的方式获得停车位的共有持分权。奖励增设车位，是以提供给公共使用为目的设置的车位，如消防车、救护车等，目的是在出现紧急情况或日常生活需要时预留出一定的停车位置，方便这类车辆开展相应的工作。由此可见，我国台湾地区的立法是可以将地下停车位视为建筑物的共用设施，实际上也就是将其视为建筑物的共有部分。

3. 人防工程型地下车位。根据我国法律规定，允许对地下人防工程的空间在和平时期加以合理利用。开发商利用属于地下人防工程的空间修建可用于业主停放车辆的地下停车位，是我国特有的一种地下车位类型。人防工程具有国家利益国防安全的特殊性，对于结建人防工程的权利归属，法律并没有明确规定。

（二）地下车位的归属

本书通过对中国裁判文书网的有关地下车位纠纷案例进行比照分析得出，有约定并根据约定确定归属的案件占大多数。而在实践中，对于没有约定的情况如何确定地下车位的归属存在争议，各地法院对此类案件作出的裁判依据也各不相同。

1. 以是否纳入公摊面积确定车位归属。这类案件讼争的车库不是法律和行政法规规定的或建设单位与业主约定的属全体业主共有的产权，业主委员会并无证据证明讼争房产的建筑面积已被多幢建筑分摊或业主购买房产时已负担讼争房产的价格。因此，公摊面积是作为确定地下车位归属的依据，业主在不能证明地下车位已经被纳入公摊面积的情况下，主张对地下停车位享有共有权的，人民法院不予支持。

2. 以建设规划确定归属。这类案件是以建设规划作为确定地下车位归属的依据，建设规划内的地下车位如果没有占用公共通道、消防通道及公共场所用地，亦未分摊给业主，则归建设单位所有。在此类案件中，建筑区划内在规划用于停放汽车的车位之外，占用业主共有道路或者其他场地增设的车位，归业主共有。

3. 根据登记确定归属。这类案件是以登记作为确定地下车位归属的依据。在业主委员会与建设单位或者其他权利人就停车位的权属问题发生纠纷时，业主委员会未能举证证明涉案车库已经登记在小区全体业主名下，也无法证明该案符合法律规定的不动产登记的例外情形。因此，在此种情况下业主委员会主张其对车库享有所有权没有事实和法律依据。

4. 根据地方性法规确定归国家所有。这类案件主要是以地方性法规规定作为确定地下车位归属的依据，在实践中较为少见。主要是发生在2007年《物权法》颁布实施之前，一些地方性法规就认定地下车库归国家所有的案件，在《物权法》颁布之后这类地下车库的所有权归属发生变化，业主委员会依据新法规定请求法院判决业主对地下车库的共有权。但是根据法无溯及力原则，并不能根据新法判定地下车库归业主共有。

5. 人防车位归属。根据《人民防空法》第2条规定和《民法典》第254条（原《物权法》第52条规定），作为国防资产组成部分的人防工程，其产权归属于国家，居民小区修建的人防工程产权亦归属国家。在实践中，一些法院对地下工程本着"谁投资、谁所有、谁受益、谁维护"的原则，由建设单位对其投资开发建设的地下工程自营或依法进行转让、租赁。在柏某海、汪某玲与盐城市力拓房地产开发有限公司车位纠纷一案中，法院认为，《人民防空法》的相关规定是对人防工程"平时"与"战时"的使用问题所作的规定，不是对归属问题的专门界定，相反，该条规定恰恰也说明民用建筑的人防工程应为"投资者"所有。① 人防车位属于地下车位中比较特殊的类型，司法实践中，主要有归属于国家、归属于投资者和只明确使用收益权这三种处理方式。

（三）不同类型地下车位归属的处理

1. 关于规划范围内未约定归属的地下车位。根据《民法典》第275条第1款（原《物权法》第74条）规定，建筑区划内车位的归属可以由当事人约定，但是并没有进一步规定在当事人未作约定时车位的归属问题。从《民法典》关于该条的字面意义来看，出售、附赠或者出租等方式都是以车位的所有权归建设单位为前提的，所以解释上似应当认为，建筑区划内规划用于停放汽车的车位，没有约定归属的，归建设单位所有。但是无论是之前的《物权法》还是现在的《民法典》都没有规定在没有约定情形时车位的权属问题，结合实践中法院对此类案件的处理结果来看，本书认为，在法律没有规定的情况下，应认定建筑区划内未作约定的车位归建筑单位所有。

---

① 沈明磊、张龑：《地下车位、车库归属之判定与不动产登记之完善——基于住宅小区地下车位、车库归属纠纷的类型化分析》，载《法律适用》2018年第1期。

2. 关于人防车位的归属问题。《民法典》并没有在《物权法》的基础上对人防车位的归属和使用问题作出进一步的明确规定。理论上，关于人防车位的归属主要有三种学说，分别为国家所有说、建设单位所有说、业主共有说。从司法实践来看，基于人防车位的公共功能属性，应将人防车位认定为属于国家所有，不宜认定为属于建设单位或者全体业主所有。最高人民法院在相关司法案例[①]中指出，根据《人民防空法》以及国家关于人防工程的有关规定，属于人民防空工程的地下停车场的产权归国所有，客观上不能分割，合作开发房地产合同当事人无权要求对该地下停车场面积进行分割。此外，一些地方的管理办法和条例对人防车位也有相关的规定，明确建设单位基于对人防车位的投资行为，可以依法享有对人防车位进行使用、管理与收益的权利。综上可以得知，人防车位的所有权应归属国家，建设单位对此享有的是使用、管理和收益的权利。

三、关于车位纠纷的裁判规则

（一）在地下车位纠纷中，当事人一方在原车位后空余处新增车位使得新增车位与原车位形成母子关系的，仍适用当事人关于车位归属的约定

【案例来源】

案例名称：泉州市丰泽区御文阁二号小区业主委员会与泉州东海开发有限公司车位纠纷案

审理法院：福建省高级人民法院

案　　号：（2020）闽民申 2021 号

【争议点】

泉州市丰泽区御文阁二号小区业主委员会（以下简称御文阁业委会）与泉州东海开发有限公司（以下简称东海公司）因车位纠纷引发诉讼，该案历经福建省泉州市丰泽区人民法院一审、福建省泉州市中级人民法院二审、福建省高级人民法院再审三个阶段。在再审中，当事人就地下新增车位归属问题产生

---

① 详见大连宝玉集团有限公司、大连隆丰房地产开发有限公司与大连金世纪房屋开发有限公司合资、合作开发房地产纠纷申请再审民事裁定书〔最高人民法院（2013）民申字第 1997 号〕。

争议。

【裁判说理】

根据《物权法》第 74 条[①]规定：建筑区划内，规划用于停放汽车的车位、车库应当首先满足业主的需要。建筑区划内，规划用于停放汽车的车位、车库的归属，由当事人通过出售、附赠或者出租等方式约定。占用业主共有的道路或者其他场地用于停放汽车的车位，属于业主共有。该条款确定了建筑区划内，规划用于停放汽车的车位、车库的权属适用特别的确权规则，由当事人根据法定的方式，依自由约定确定其归属。本案中，经规划部门审核批准，御文阁二号小区内规划用于停放汽车的地面停车位有 64 个（实际 57 个），《商品房买卖合同》附件六《合同补充协议》第 6 条第 4 款约定"小区内规划用于停放车辆的车位、车库归出卖人所有"，同时，根据诉争小区总平面图、合同附件二《公共部位共有分摊建筑面积构成说明》及《泉州市建设工程规划竣工测量报告》，诉争地面停车位并不作为公共部位，因此，御文阁二号小区内地面 64 个（实际 57 个）停车位使用权并非小区全体业主共有。同时，小区地下一层超出规划新增设有 10 个停车位，是在原车位后空余连接位置划线，与原车位形成的子母车位，新增设的 10 个子车位脱离原母车位，不能自由出入，不具备独立使用的功能，且《商品房买卖合同》附件五《临时管理规约》明确约定了地下车位所有权归东海公司所有，亦无法确认给小区业主共有。因此，对于御文阁业委会关于地下新增车位的归属请求，人民法院不予支持。

（二）车位使用权附属于相对应的房产，在无法律规定禁止转让的情形下，当事人一方从原权利人处因购得房屋而取得的车位使用权继续有效

【案例来源】

案例名称：陈某与福州海晨建设发展有限公司车位纠纷案

审理法院：福建省福州市中级人民法院

案　　号：（2020）闽 01 民终 7120 号

[①] 对应《民法典》第 275 条、第 276 条。第 275 条规定："建筑区划内，规划用于停放汽车的车位、车库的归属，由当事人通过出售、附赠或者出租等方式约定。占用业主共有的道路或者其他场地用于停放汽车的车位，属于业主共有。"第 276 条规定："建筑区划内，规划用于停放汽车的车位、车库应当首先满足业主的需要。"

【争议点】

陈某与福州海晨建设发展有限公司（以下简称海晨公司）因车位纠纷引发诉讼，该案历经福建省福州市仓山区人民法院一审、福建省福州市中级人民法院二审两个阶段。在二审中，当事人就车位使用权的独立性及车位使用权的归属问题产生争议。

【裁判说理】

本案在一审法院认定陈某系福州市仓山区××路××号金山湾B地块53#楼205复式单元的房屋所有权人，该房屋系陈某从案外人处购买取得并于2010年12月23日办理了权属登记事实的情况下讨论陈某是否继续享有车位使用权。本案围绕陈某的上诉请求，进行了证据交换和质证。本院认为，陈某提交的《房地产经纪合同》与本案基本事实无关。关于陈某是否继续享有车位使用权。综合在案证据可以认定，陈某自上一权利人处取得的案涉车位使用权系因购房行为引起，可与相应的商品房配套使用，应当认定该车位使用权附属于相应商品房，且本案中并不存在禁止转让车位使用权的情形。综上，陈某有权继续享有其房产附属之车位的使用权。关于陈某主张的配套私家车位的具体位置。陈某提交的"停车秩序费"发票上记载"公园道一号53#205陈某"与其所有的案涉房产的单元号一致，可以推定53#楼地下室区域中标识为205的车位即系陈某的诉讼请求所主张的配套私家车位。因此，支持陈某关于案涉车位应当与相应房产视为一个整体并继续享有使用权的请求。

（三）当事人按照优惠协议使用合法有效的车位优惠券购买车位的行为，视为已经支付车位款项并取得车位的使用权

【案例来源】

案例名称：平潭长福文化地产有限公司与林某艳车位纠纷案

审理法院：福建省福州市中级人民法院

案　　号：（2020）闽01民终6404号

【争议点】

平潭长福文化地产有限公司（以下简称长福公司）与林某艳因车位纠纷引发诉讼，该案历经福建省平潭县人民法院一审、福建省福州市中级人民法院二审两个阶段。在二审中，当事人就车位使用权的归属问题产生争议。

【裁判说理】

本案中双方当事人签订的《优惠补充协议书》内容中多次出现"销售""受让"等词语，均未提及赠与事项，可以看出案涉车位使用权转让方式是同案涉房屋一起出售，故《优惠补充协议书》无论在形式上还是内容上均不符合赠与合同的要件。因此，对于长福公司主张《优惠补充协议书》中的优惠系附条件的赠与，车位优惠券条件未成就，不具有法律效力，不予交付车位使用权的抗辩理由，没有事实和法律依据，本院不予支持。此外林某艳与长福公司签订的《优惠补充协议书》《长福麒麟海湾车位使用权转让协议书》是双方当事人的真实意思表示，合法有效，双方均应依约履行义务。关于车位使用权的问题，林某艳使用57 000元面值的优惠券购买涉案车位，即使长福公司在二审提交的通知函及通知函跟踪查询能够证明长福公司有向林某艳发过通知函，但无法证明车位优惠券不具有法律效力，因此应视为已履行了支付涉案车位款项的义务，长福公司应按约向林某艳交付涉案车位的使用权。对于长福公司不交付车位使用权的行为，人民法院不予支持。

（四）当事人购买的带有数字标识的车位，数字标识本身并不是标的物的特征，数字标识所代表的具体位置才是标的物的特征，对方当事人不能通过变更数字交付车位予以抗辩

【案例来源】

案例名称：河北联邦伟业房地产开发集团有限公司、王某峰与张某车位纠纷案

审理法院：河北省石家庄市中级人民法院

案　　号：（2019）冀01民终12398号

【争议点】

河北联邦伟业房地产开发集团有限公司（以下简称联邦房地产公司）、王某峰与张某因车位纠纷引发诉讼，该案历经河北省石家庄市桥西区人民法院一审、河北省石家庄市中级人民法院二审两个阶段。在二审中，当事人就约定的车位具体位置的权属问题产生争议。

【裁判说理】

在本案中，张某提交的位置图是在2013年和2015年分别拍摄的，且位置图内容一致，均显示祥云国际地下车库负一层西一区西一段车位自西向东编号

依次为"098、099、100"。联邦房地产公司提供的西一区停车位位置图,不能确定制作时间,且车位编号自西向东依次为"099、099A、100",缺失了 098 号车位,联邦房地产公司对该数字的缺失及车位编号的变更无法作出合理解释。在依数字排序的车位号中,无故缺失的 098 号车位和突兀出现的 099A 号车位,最符合一般人理解的原因就是房地产公司在原有位置图中将 098、099 更改为 099、099A,这样才不会因某个数字的变化导致地下车位整体位置的变化。因此,认定房地产公司将原有位置图中的"098、099"依次更改为"099、099A",更符合一般人的理解,也更能解释导致车位整体位置变化的原因。张某实际购买的 099 号车位位置,就是变更后的 099A 号车位位置,"099 号"本身不是标的物的特征,099 号车位在地下车库中所代表的具体位置才是标的物的特征,故联邦房地产公司向张某交付的 099 车位,不是双方合同约定的车位,张某请求联邦房地产公司交付 099A 号车位应予支持。

(五)在购房合同中,对于约定不明的合同双方当事人可以协议补充,未协议补充但是以其行为能够推定车位权属的,视为已经达成补充协议,当事人一方据此可以主张对车位的权属

【案例来源】

案例名称:深圳市闽泰房地产开发有限公司与深圳市南山区滨海之窗花园第五届业主委员会等车位纠纷案

审理法院:广东省深圳市中级人民法院

案　　号:(2019)粤 03 民终 28871 号

【争议点】

深圳市闽泰房地产开发有限公司(以下简称闽泰公司)与深圳市南山区滨海之窗花园第五届业主委员会(以下简称滨海之窗第五届业委会)、深圳市金地物业管理有限公司(以下简称金地物业公司)、深圳市金地物业管理有限公司滨海之窗花园管理处(以下简称金地物业滨海之窗管理处)因车位纠纷引发诉讼,该案历经深圳市南山区人民法院一审、广东省深圳市中级人民法院二审两个阶段。在二审中,当事人就小区停车位的归属问题产生争议。

【裁判说理】

在本案中,闽泰公司与业主签订的购房合同中存在一部分小区停车位约定

不明的情形。根据《合同法》第 61 条①"合同生效后，当事人就质量、价款或者报酬、履行地点等内容没有约定或者约定不明确的，可以协议补充；不能达成补充协议的，按照合同有关条款或者交易习惯确定"的规定，应首先看双方有无达成补充协议。根据闽泰公司提交的《前期物业管理服务协议》、三份《停车场委托经营管理协议书》以及支票存根、结算表等证明闽泰公司就涉案停车位一直有收益，而滨海之窗小区业委会在长达近十年的时间未对涉案停车位的收益提出异议，甚至分别于 2007 年 12 月 31 日、2010 年 12 月 31 日连续与滨海物业公司签订了《"滨海之窗"物业服务委托合同》。《最高人民法院关于适用〈中华人民共和国合同法〉若干问题的解释（二）》第 2 条规定："当事人未以书面形式或者口头形式订立合同，但从双方从事的民事行为能够推定双方有订立合同意愿的，人民法院可以认定是以合同法第十条第一款②中的'其他形式'订立的合同。但法律另有规定的除外。"滨海之窗小区业委会不可能不知道涉案停车位收取费用且该费用并未支付给业主，业主在购买房屋时就应该知道涉案停车位未纳入公摊面积以及其未就涉案停车位支付相应对价。因此，根据民事证据规则，从双方近十年的民事行为可以认定双方就停车位归属已经达成协议，即双方约定涉案停车位权属归闽泰公司。因此，闽泰公司的上诉请求部分成立。

（六）建设单位利用小区地下空间建设的车位，没有法律规定或约定归业主共有或者所有的，可以参照部门规章的规定，认定车位的归属

【案例来源】

案例名称：陆某林与杭州华元沃德企业管理有限公司车位纠纷案

审理法院：浙江省杭州市中级人民法院

案号：（2020）浙 01 民终 4422 号

【争议点】

陆某林与杭州华元沃德企业管理有限公司（以下简称华元公司）因车位纠

---

① 对应《民法典》第 510 条，该条规定："合同生效后，当事人就质量、价款或者报酬、履行地点等内容没有约定或者约定不明确的，可以协议补充；不能达成补充协议的，按照合同相关条款或者交易习惯确定。"

② 对应《民法典》第 135 条，该条规定："民事法律行为可以采用书面形式、口头形式或者其他形式；法律、行政法规规定或者当事人约定采用特定形式的，应当采用特定形式。"

纷引发诉讼，该案历经浙江省杭州市余杭区人民法院一审、浙江省杭州市中级人民法院二审两个阶段。在二审中，当事人就小区地下空间建设车位的归属问题产生争议。

【裁判说理】

《人民防空法》第5条第2款规定："国家鼓励、支持企业事业组织、社会团体和个人，通过多种途径，投资进行人民防空工程建设；人民防空工程平时由投资者使用管理，收益归投资者所有。"《物权法》第74条第2~3款规定[①]："建筑区划内，规划用于停放汽车的车位、车库的归属，由当事人通过出售、附赠或者出租等方式约定。占用业主共有的道路或者其他场地用于停放汽车的车位，属于业主共有。"本案争议车位系利用案涉小区地下空间建设的车位，建设单位为华元公司，在案无证据证明案涉车位占用了业主共有的道路或者其他场地，也无证据证明华元公司将案涉车位的建设费用摊入了小区业主专有部分或共有部分的建筑成本中。按照原建设部《城市地下空间开发利用管理规定》第25条的规定。地下工程应本着"谁投资、谁所有、谁受益、谁维护"的原则，允许建设单位对其投资开发建设的地下工程自营或依法进行转让、租赁。本案中故华元公司通过与陆某林签订案涉《地下车位转让协议书》，对案涉车位进行出售，符合法律规定。因此，对陆某林提出的华元公司无权处分案涉车位的主张，人民法院不予支持。

四、结语

近年来，随着汽车数量的快速增加，停车位的需求不断增多，由此导致很多城市人口集中区域存在"停车难"的问题。由于城市土地资源日趋紧缺，土地价格不断上涨，开发商大多选择利用建筑物所在土地的地下空间建设停车位。由于停车位供需矛盾的问题，导致地下停车位的纠纷不断增多。人民法院在审理车位纠纷案件时，若出现以下几种情况的，人民法院不予支持：其一，当事人一方在原车位后空余处新增车位使得新增车位与原车位形成母子关系

[①] 对应《民法典》第275条，该条规定："建筑区划内，规划用于停放汽车的车位、车库的归属，由当事人通过出售、附赠或者出租等方式约定。占用业主共有的道路或者其他场地用于停放汽车的车位，属于业主共有。"

的，对方当事人请求突破原当事人之间的约定，重新划分新增车位归属的；其二，车位使用权附属于相对应的房产，在无法律规定禁止转让的情形下，当事人一方因购房行为取得车位使用权的继续有效，对方当事人请求车位使用权不能因购房行为继续有效的；其三，当事人一方按照双方当事人签订的合法有效的优惠协议用约定的车位优惠券购买车位的行为，视为已经支付车位款项并取得车位的使用权，对方当事人主张对车位的使用权不成立的；其四，在约定的买卖标的为车位使用权纠纷中，购买一方当事人购买的带有数字标识的车位，数字标识本身并不是标的物的特征，数字标识所代表的具体位置才是标的物的特征，对方当事人通过变更数字交付车位并予以作为抗辩事由的；其五，双方当事人在购房合同中部分合同明确约定车位归属，部分合同未作约定的，对于约定不明的，合同双方当事人可以协议补充的，双方当事人未协议补充的，但是以其行为能够推定有明确车位产权归属意愿的，视为已经达成补充协议，当事人一方主张据此不认定车位产权归属的。此外，对于建设单位利用小区地下空间建设车位，在不符合法律规定或合同约定的业主共有或者所有的情形时，可以按照原建设部《城市地下空间开发利用管理规定》第 25 条的规定，认定建设单位对车位具有所有权。

第五节 车库纠纷

一、导论

关于建筑区划内的车库归属问题,《民法典》与《物权法》都采用了约定归属说,即建筑区划内车库的归属应由当事人约定。约定归属说充分体现了当事人之间的意思自治,同时也符合市场的内在要求,当事人通过约定解决归属问题,实质上是通过市场机制来解决纠纷,从而在车库的归属上实现各方利益的最大化。但是,关于约定的方式并没有作明确的规定,这可以从两方面加以认识:一是在合同中已经明确约定车库归属,这种情形下只需要按照约定来确定车库的归属;二是没有约定车库的归属。在实践中,后者通常存在两种问题:一种是开发商在销售房屋时与全体业主均未就房屋的归属问题进行约定,此时,实践中的处理更多的是采取"物的从属性"原则来判定车库的所有权归全体业主共有;如果开发商和全体业主就车库的归属进行了约定,一部分业主同意开发商保留所有权,另一部分业主不同意开发商保留车库所有权,[①]此时车库的归属该如何确定?这一点我国《民法典》没有作出明确的规定。为更好地处理车库纠纷问题,本节以因车库纠纷的案件裁判文书为研究对象,并将2016年以来人民法院作出的相关裁判文书作为主要范围,归纳、提炼车库纠纷裁判的理念和趋势,以期通过对我国案例的研究来指导司法实践。

截至2021年1月,编者在中国裁判文书网中输入"车库纠纷"(案由)共检索出民事裁判文书654篇,其中,由高级人民法院裁判的有10篇,由中级人民法院审判的有138篇,本节选取其中6例典型案例梳理其裁判规则。在具体案例的选取上,本节遵循以下"两个优先"原则:第一,优先选择审判层级较高的裁判文书;第二,优先选择审判日期较近的裁判文书。通过形式和内容

---

① 董学立:《论物权法上车库权属的判断标准》,载《法学》2008年第3期。

两个方面的筛选，本节最终选择（2020）粤17民终1670号、（2020）苏05民终4400号、（2017）皖01民终7536号、（2016）沪01民终12348号、（2018）黔03民终4132号、（2019）苏0591民初3188号这6篇裁判文书作为本节研究标的。其中，由中级人民法院裁判的有5篇，基层法院裁判的有1篇。裁判日期为2018年（含）之后的案例有4篇。

二、车库的基本理论

（一）车库权属概述

1. 目前学术界关于车库权属的学说主要有四种，即业主所有说、开发商所有说、国家所有说和约定归属说。

（1）业主所有说可以分为两种观点：一种观点认为，车库应归业主共有。即业主在购买房屋时即取得对车库的共有权，不需要另行支付价金购买或者使用车库，开发商如果将车库作为专有部分单独出售或出租是对小区业主权利的侵犯。因此，只有将车库作为共有部分的共同财产才能促进车库的使用者更好地遵守小区关于车库使用的约束和规定，而不会因随意处置车库影响其他业主的合法权益。但是，如果业主通过购买使得车库成为自己独立的财产，那么将会出现部分业主改变车库用途的现象，将不利于小区的和谐稳定。在实践中，开发商更多地是将车库纳入公摊面积中，将修建车库的成本计算在购房的费用中，因此在车库已经计入所有购房者的成本的情况下，不能因为个别业主支出了一些费用而取得车库的所有权。另一种观点认为，车库是业主的建筑物区分所有权的内容，附属于整个业主的专用部分的所有权而存在，开发商销售房屋应当为业主提供停车场所。因此，不能通过约定或者法定的形式来确定车库的归属。

（2）开发商所有说。该学说认为，小区业主分摊的是国有土地使用权，分摊面积仅仅限于地表的使用权，而地下车库是利用该土地的地下空间建造的，且是开发商投资建造的，理所当然应当归开发商所有。

（3）国家所有说。该学说认为，地下车库属于地下人防工程，根据《人民防空法》有关规定的精神，应当推定为归国家所有。北京市房屋土地管理局、北京市人民防空办公室1998年颁布的《关于加强居住小区内人防工程使用管理的补充通知》第 2 条指出:"人防国有资产是国防资产的组成部分,未开发使用的不交纳物业管理费。开发使用的人防工程,由使用人交纳物业管理费。使用人须承担产权人应交的物业管理费,并在人防工程使用协议和物业管理委托合同中注明。"

(4)约定归属说。该学说是目前法律规定所采纳的观点。无论是《民法典》还是之前的《物权法》都采用的是约定归属说,即在建筑区划内,规划用于停放汽车的车位、车库的归属,由当事人通过出售、附赠或者出租等方式约定。该规定有其合理之处,充分体现了私法自治原则。但其不足之处是两部法律都没有明确当事人在无约定情况下的车库的权利归属。

2. 学界关于车库权属的两种判断。学界关于确定车库权属的纷争,按照思维方式的不同可以划分为"经济学思维"判断标准和"法律学思维"判断标准两种。

(1)经济学思维判断标准是根据投资状况来确定车库归属的,司法实务中一般表现为运用"谁投资,谁受益"的原则来解决纠纷。开发商往往会将其建造车库的费用摊入销售成本中,从经济学的观点来看就是,车库的建筑投资者实质上就成了业主,那么,业主当然享有车库的所有权。同理,如果开发商未将修建车库的费用纳入公摊面积,而是自己出资修建,那么车库归属于开发商所有。也有一种经济学思维观点以业主付出金钱购买土地使用权为分析基础,从房屋与土地使用权的关系入手,认为无论是地下车库还是地上车库,都与土地使用权具有当然的联系,可以通过土地使用权的权属状况来判定车库的权属。尽管开发商对地下车库的建造进行了投资,但地下车库与土地使用权、地上空间隔离开来,必须利用地下空间才能修建车库,从这个意义上说,地下车库权利不是开发商单独投资决定产权的问题。据此,土地使用权在订立房屋买卖合同时就已经被确定了下来,一旦业主购买了区分所有建筑物的专有部分,按照"地随房走"的原则,房屋所占用的土地使用权就已经相应地移转给了业主。①

(2)法律学思维判断标准从法律主体利益保护和车库具有民法上"物"的法律属性的角度,对车库的归属作出判断。从法律主体利益保护的角度来看,车库的归属涉及开发商和业主双方的利益,以哪一方的法律利益保护作为制度

---

① 金风:《略论住宅小区车库的权属》,载《贵州师范大学学报》2004 年第 4 期。

设计之重心,将直接影响车库的归属。从车库作为"物"的法律属性的角度看,车库依其法律属性是否为建筑物区分所有权中的共用部分,业主是否对小区车库享有共有所有权,是这一分析路径的开端。据此,有人认为,车库的建立是依附于建筑物的,其作为"物"的法律属性就如同小区的会所、绿地、道路、楼梯等一样,是区分建筑物之共有部分,是供业主共用的。因此,车库作为"物"之共有物属性,决定了其当属业主之"共用物"无疑。① 但这一法律学思维的车库归属判断标准,又因其"利益保护"和"物之成分"切入点的失当而得出了错误的结论。

(二)依据车库物的"从物性"和"规划性"确定其权属

1.作为"从物"的车库的归属。所谓车库,是指隶属于整个小区,具有独立的空间、以存放车辆为目的附属建筑物。② 车库在性质上不属于区分所有建筑物的成分,具有独立性,与建筑区划内的道路、绿地以及会所不同,不属于区分建筑物的专有或者共有部分。因其与区分所有建筑物在经济适用性上的关系,车库可谓是区分所有建筑物的"从物"。而楼梯等则只能是区分所有建筑物的成分。也就是说,正常情况下,区分所有建筑物必然会有楼梯、道路等,但是却可以没有车库,车库的存在是人们在购房时的一项参考,能在一定程度上提高区分所有建筑物的经济价值没有车库的存在,并不影响区分所有建筑物的正常使用的功能,但是区分所有建筑物不可能没有楼梯、道路、绿地以及会所等。为了更好地理解车库的"从物"属性,可以从汽车的轮胎角度对其进行阐述,作为公共部分的道路、绿地就如汽车的轮胎,车库就如备用轮胎,汽车不能没有轮胎(作为"物"的汽车之成分),但却可以没有备用轮胎(汽车之从物)一样。区分所有建筑物也是一样,其不可能是一个没有楼梯、道路、绿地和会所等,但其可以是一个没有车库的物。在区分所有建筑物中,将其客体按照其为全体业主共有和所有分为专有所有权客体和共有所有权客体,但是他们从法律的角度来看都是区分所有权客体,专有部分和共有部分共同构成了区分所有建筑物。

---

① 董学立:《论物权法上车库权属的判断标准》,载《法学》2008年第3期。
② 王利明:《论物权法中车库的归属及相关法律问题》,载《现代法学》2006年第5期。

2. 作为须经规划的车库的归属。根据《民法典》第 275 条（原《物权法》第 74 条第 2~3 款）的规定，可以将现存的车库区分为"规划内"和"规划外"两种情形。（1）"规划内"车库，是指根据建设部关于居住区车库要求规定居住区内必须配套设置居民汽车（含通勤车）停车场、停车库，并对车库（位）有最低数量限额。如果这些经"规划内"安排建设的车库在房地产初始登记中予以记载，或者在房屋预售沙盘、宣传广告中预先明示告知，则这些车库就属于"规划内"车库。规划内车库具有强制性，开发商必须建设并且必须按照批准的规划方案建设。按照"规划内"方案建设的车库，其所有权先属于开发商，其处分将按照上述关于"从物"的处分规则办理。（2）"规划外"车库，是指占用业主共有的道路或者其他场地建设的车库。有的学者认为，城市住宅小区内增加任何建筑都是须经城市建设规划部门许可后方可进行的，就这一点而言，没有所谓的规划内和规划外之别，也就是说所有的车库建设都是规划内的。所以，"规划内"和"规划外"不是恰当的概念，更为准确的说法似乎应是"售前规划"和"售后规划"。经售前规划的车库，其权属主体限于开发商，开发商依据建设行为获得车库的所有权，业主获得车库所有权的途径一般须经交易。又因车库居于"从物"地位，这就决定了其移转的规则是"从物"规则。在销售后，规划的车库的权属主体是全体业主（包括开发商在内），业主之间是共同共有关系。

三、关于车库纠纷的裁判规则

（一）业主未经许可在建筑区划内的架空层公共车库处加建墙面、加装卷闸门围蔽独立空间用于停放自家车辆的行为，属于明显改变公共车库用途的行为，侵犯了其他业主的共有权

【案例来源】
　　案例名称：谭某沙、梁某卷与曾某想车库纠纷案
　　审理法院：广东省阳江市中级人民法院
　　案　　号：（2020）粤 17 民终 1670 号
【争议点】
　　谭某沙、梁某卷与曾某想因车库纠纷引发诉讼，该案历经广东省阳西县人

民法院一审、广东省阳江市中级人民法院二审两个阶段。在二审中，当事人就架空层公共车库加建墙面、加装卷闸门的拆除问题产生争议。

【裁判说理】

根据《物权法》第 74 条①规定，建筑区划内，规划用于停放汽车的车位、车库应当首先满足业主的需要。上述车位、车库的归属由当事人通过出售、附赠或者出租等方式约定，占用业主共有的道路或者其他场地用于停放汽车的车位，属于业主共有。在本案中，谭某沙、梁某卷加建墙面、加装卷闸门围蔽独立车库所占用的架空层位置恰为小区建筑区划内的公共车库，属于全体业主的共有部分。谭某沙、梁某卷未经许可在该处加建墙面、加装卷闸门围蔽独立空间用于停放自家车辆，明显改变了该共有车库部分的用途，系擅自占用、处分共有部分的行为。《物权法》第 96 条②规定："共有人按照约定管理共有的不动产或者动产；没有约定或者约定不明确的，各共有人都有管理的权利和义务。"在本案中，谭某沙、梁某卷经小区物业公司通知相关行为违反管理规约后未予拆除加建物，应认定谭某沙、梁某卷侵害了包括曾某想在内的其他业主的合法权益，妨碍了他人对公共车库的使用。曾某想起诉请求拆除谭某沙、梁某卷在本栋建筑物架空层建造的墙面及卷闸门，系为防止共有物权利丧失或受限而行使的保存行为，该行为系主张对共有物进行保护和排除妨害，其他共有人的利益不会因此而受损。因此，对于曾某想的诉讼请求本院予以支持。

（二）在合用车库使用权纠纷中，一方当事人以独自使用案涉车库多年已成立新的稳固的占有状态、车库数量与房屋数量相对应、车库的电表从自家接入为由请求人民法院认定其为车库使用权人的，人民法院不予支持

【案例来源】

案例名称：周某与吴某车库纠纷案

---

① 对应《民法典》第 275 条、第 276 条，该条规定："建筑区划内，规划用于停放汽车的车位、车库的归属，由当事人通过出售、附赠或者出租等方式约定。占用业主共有的道路或者其他场地用于停放汽车的车位，属于业主共有。"第 276 条规定："建筑区划内，规划用于停放汽车的车位、车库应当首先满足业主的需要。"

② 对应《民法典》第 300 条，该条规定："共有人按照约定管理共有的不动产或者动产；没有约定或者约定不明确的，各共有人都有管理的权利和义务。"

审理法院：江苏省苏州市中级人民法院

案　　号：（2020）苏05民终4400号

【争议点】

周某与吴某因车库纠纷引发诉讼，该案历经苏州工业园区人民法院一审、江苏省苏州市中级人民法院二审两个阶段。在二审中，当事人就车库使用权问题产生争议。

【裁判说理】

在本案中，吴某户于2002年从原房屋所有权人和车库使用权人张某清处继受取得302房屋的所有权以及车库的使用权。并且302室张志清户与402室周某龙户与拆迁方签订的《房屋拆迁产权调换协议书》中均未约定安置独用车库，张某清户领取诉争车库钥匙在先，402室周某龙户领取诉争车库钥匙在后，当时双方对共同使用诉争车库一间并无异议，在吴某户取得诉争车库的使用权后将继续与周某龙户共同使用诉争车库。2007年周某龙户擅自更换诉争车库门锁，导致双方发生纠纷。对此，本院认为，诉争车库钥匙由拆迁方交付302室、402室两户，证明诉争车库安置时为合用车库；302室、402室两户多年来共同使用诉争车库相安无事，证明两户认可诉争车库为共同使用。周某龙户认为诉争车库应为其单独使用，并无有效证据予以证明。车库数量与房屋数量是否对应、车库电表从何处接入，并非判断车库使用权人的依据。周某龙户数次擅自更换诉争车库门锁，拒绝给付吴某户钥匙，已构成对吴某户车库使用权的侵害。因此，不能认定周某户对诉争车库具有单独使用权，吴某作为302室房屋所有权人有权要求402室房屋所有权人周某恢复其对诉争车库的使用权。

（三）在车库权属纠纷中，当事人提供的《收款收据》和《证明》能够证明其已支付车库购买款且对方当事人已经交付的，其为车库所有权人，对方当事人提出的《收款收据》形式瑕疵等理由不能成为有效之抗辩

【案例来源】

案例名称：安徽锦天置业投资有限公司与彭某梅、倪某娟车库纠纷案

审理法院：安徽省合肥市中级人民法院

案　　号：（2017）皖01民终7536号

【争议点】

安徽锦天置业投资有限公司（以下简称锦天置业公司）因与彭某梅、倪某

娟因车库纠纷引发诉讼，该案历经安徽省肥西县人民法院一审、安徽省合肥市中级人民法院二审两个阶段。在二审中，当事人就车库的权属问题产生争议。

【裁判说理】

在本案中，彭某梅虽未能提供与锦天置业公司就安徽省肥西县上派镇的宝地家园小区 6 号楼车库 105 室买卖事宜签订的书面合同，但彭某梅提供的锦天置业公司财务职员倪某娟出具的两张《收款收据》及合肥市皖坤物业管理有限公司出具的《证明》可证明彭某梅向锦天置业公司给付了车库购买款 7 万元，锦天置业公司向彭某梅交付了车库，彭某梅自 2009 年 8 月起占有使用车库，即双方就车库买卖事宜达成了口头协议，且双方各自履行了买、卖方义务。锦天置业公司上诉称彭某梅提交的《收款收据》未载公司印章，其不知晓、未收到 7 万元款项，本院认为收款收据形式虽有瑕疵，但内容具有明确指向性，倪某娟出具收据系履行职务行为，倪某娟收款的法律后果仍应由锦天置业公司承担，彭某梅诉请锦天置业公司协助办理车库所有权转移登记，有合同及法律依据。因此对锦天置业公司诉讼请求，人民法院不予支持。

（四）当事人对车库的归属没有约定或者约定不明且法律没有明确规定的，依据事实能够认定车库的面积并不在总建筑面积或者分摊面积范围之内的，业主委员会不能请求业主对车库共有

【案例来源】

案例名称：仁怀市酒都新时代小区业主委员会、贵州省仁怀市盛义物业管理有限公司车库纠纷案

审理法院：贵州省遵义市中级人民法院

案　　号：（2018）黔 03 民终 4132 号

【争议点】

仁怀市酒都新时代小区业主委员会（以下简称酒都新时代业委会）与贵州省仁怀市盛义物业管理有限公司（以下简称仁怀盛义物业公司）、贵州省仁怀市宏鑫房地产开发有限公司（以下简称仁怀宏鑫房地产公司）因车库纠纷引发诉讼，该案历经贵州省仁怀市人民法院一审、贵州省遵义市中级人民法院二审两个阶段。在二审中，当事人就车库权属问题产生争议。

【裁判说理】

在本案中，酒都新时代业委会主张，仁怀宏鑫房地产公司承诺车库属业

共有并无偿使用,而仁怀宏鑫房地产公司辩称与酒都新时代业委会对案涉车库有具体约定。根据《物权法》第74条[①]关于"建筑区划内,规划用于停放汽车的车位、车库应当首先满足业主的需要。建筑区划内,规划用于停放汽车的车位、车库的归属,由当事人通过出售、附赠或者出租等方式约定。占用业主共有的道路或者其他场地用于停放汽车的车位,属于业主共有。"《最高人民法院关于审理建筑物区分所有权纠纷案件具体应用法律若干问题的解释》第6条[②]关于"建筑区划内在规划用于停放汽车的车位之外,占用业主共有道路或者其他场地增设的车位,应当认定为物权法第七十四条第三款所称的车位"之规定,争议车库系仁怀宏鑫房地产公司按照原仁怀市建设局审批的《建设工程规划申报表》中的规划要求建设的地下停车场,并未占用业主共有的道路或其他场地,不属于全体业主共有的车位,其权属应当通过当事人之间的约定进行明确。对此,虽酒都新时代业委会不认同《合同补充协议》系《商品房买卖合同》的附件以及效力,但酒都新时代业委会并未证明该车库系商品房的组成部分或附属设施抑或公摊面积而与商品房一并出售。相反,仁怀市城市房地产测绘所对案涉建筑出具的测绘报告显示,车库面积并不在房屋总建筑面积及分摊面积中,故上诉人称该车库为全体业主共有而要求仁怀宏鑫房地产公司返还车库以及仁怀盛义物业公司撤离小区的诉讼主张均不能成立。

(五)业主对车库享有的权利(共有权、专有权)并不影响物业管理企业对车库除经营收益权之外的物业管理权

【案例来源】

案例名称:上海仁方停车管理有限公司等与上海市徐汇区天和苑业主委员会车库纠纷案

审理法院:上海市第一中级人民法院

[①] 对应《民法典》第275条、276条。第275条规定:"建筑区划内,规划用于停放汽车的车位、车库的归属,由当事人通过出售、附赠或者出租等方式约定。占用业主共有的道路或者其他场地用于停放汽车的车位,属于业主共有。"第276条规定:"建筑区划内,规划用于停放汽车的车位、车库应当首先满足业主的需要。"

[②] 对应《最高人民法院关于审理建筑物区分所有权纠纷案件适用法律若干问题的解释》第6条,法条规定:"建筑区划内在规划用于停放汽车的车位,占用业主共有道路或者其他场地增设的车位,应当认定为民法典第二百七十五条第二款所称的车位。"

案　　　号：（2016）沪01民终12348号

【争议点】

上海仁方停车管理有限公司、上海市徐汇区民防办公室因与上海市徐汇区天和苑业主委员会因车库纠纷引发诉讼，该案历经上海市徐汇区人民法院一审、上海市第一中级人民法院二审两个阶段。在二审中，当事人就车库管理权的归属问题产生争议。

【裁判说理】

在本案中，当事人就车库在管理权的归属问题产生争议。一审法院确认涉案地下车库应由天和苑业委会委托的物业公司进行统一管理，主要原因有二：第一，《物业管理条例》关于一个物业管理区域由一个物业服务企业实施物业管理的相关规定；第二，徐汇民防办与A公司曾签订协议明确涉案车库平时为本物业管理区域内的办公单位及居民提供停车服务及涉案车库曾由小区前期物业管理单位实际进行统一管理，故由业委会委托的物业公司对涉案车库进行统一管理具有现实可操作性。本院认为，物业小区内的地下车库不论属于业主共有部分，还是业主专有部分，都属于该小区物业区划的一部分，应接受该小区物业管理企业统一实施的物业管理。该管理仅限于物业管理而并不包括对地下车库的经营性管理并获取相应收益的权利，故天和苑业委会主张小区物业公司应享有对涉案车库包括经营管理权在内的全方位的管理权，缺乏依据，本院不予支持。

（六）车库数量与房屋数量是否对应、电表从何处接往何处等不足以改变判断车库使用权人的标准

【案例来源】

案例名称：吴某与周某车库纠纷案

审理法院：苏州工业园区人民法院

案号：（2019）苏0591民初3188号

【争议点】

吴某与周某因车库纠纷引发纠纷，该案历经苏州工业园区人民法院一审一个阶段，在一审中当事人车库使用权问题产生争议。

【裁判说理】

本案中，张某清户与周某龙户共同获得安置的诉争车库一间。张某清户领

取诉争车库钥匙并使用诉争车库在先，周某龙户领取诉争车库钥匙在后，双方当时对共同安置诉争车库 间并无异议，两户与拆迁方的《房屋拆迁产权调换协议书》亦均未约定可安置独用车库。两户共用诉争车库至2002年，后张某清将其房屋卖与吴竞、吴某，且一并交付诉争车库使用部分，由吴某户继续与周某龙户共同使用诉争车库。因此，诉争车库由302室、402室两户享有共同使用的权利，既有拆迁方的交付为据，亦有被拆迁两户多年共用、相安无事的事实状态所确认，本无争议。因而，两户共同使用诉争车库的权利均应受到法律的保护，任何人不得加以侵害。车库使用权人应以拆迁方的交付对象加以判断，至于车库数量与房屋数量是否对应、电表从何处接往何处等，均不足以改变判断车库使用权人的标准。周某龙户基于错误认识，数次擅自更换诉争车库门锁，拒绝给付吴某户钥匙，显然造成对吴某户使用诉争车库的妨害，构成侵权。现302室房屋所有权人为吴某，402室房屋所有权人为周某，二人为诉争车库当然的共同使用权利人，周某拒不交付共用车库钥匙给吴某，理应承担侵权责任。因此，对吴某诉请周某恢复其对302室、402室共用车库的使用权本院予以支持。

四、结语

近年来，关于车库权属的纠纷越来越成为人们关注的热点问题，较为突出的问题主要有：当事人对车库的权属无约定或者约定不明的情况下，如何确定车库权属的问题；是否要在法律上引入法定的停车位问题；关于停车位转让所涉及的权利以务转移问题；关于车库的价格问题。人民法院在审理车库纠纷案件时，出现以下几种情况的，人民法院不予支持：其一，在合用车库使用权纠纷中，一方当事人以独自使用案涉车库多年已经成立新的稳固的占有状态、车库数量与房屋数量相对应以及车库的电表为从自家电表接入为由，请求人民法院认定其为车库使用权人的；其二，在车库权属纠纷中，当事人提供的《收款收据》和《证明》能够证明其已支付车库购买款且对方当事人已经交付的，其为车库所有权人，对方当事人提出的《收款收据》形式瑕疵等理由抗辩的；其三，业主以其对车库享有专有权或者共有权对抗物业管理企业对车库除经营收益权之外的管理权的；其四，双方当事人在签订购房合同时对车库的归属未作约定或者约定不明时，在不符合法律规定的业主共有的情形下，依据事实能够认定车库的面积并不在总建筑面积或者分摊面积范围之内的，业主委员会请求业主对车库共有的；其五，当事人一方以车库数量与房屋数量对应程度和电表接入方式等理由主张改变判断车库使用权人的。此外，在公共车库纠纷中，部分业主未经许可在建筑区划内的架空层公共车库处加建墙面、加装卷闸门围蔽独立空间用于停放自家车辆的行为，属于明显改变公共车库用途的行为，其他业主以该行为侵犯其合法权益请求人民法院判令侵权业主限期拆除、恢复原状的，人民法院应予支持。

第六节　业主撤销权纠纷

一、导论

《民法典》第 280 条第 2 款赋予了建筑物区分所有权人一项权利，鉴于这项权利是法律赋予建筑物区分所有权人享有，因此一般称其为"业主撤销权"。业主撤销权为形成诉权，业主主张撤销业主大会或者业主委员会的决定都要通过诉讼的方式行使。业主大会和业主委员会不仅是我国住房制改革后的产物，而且是推动物业管理机制运行的基本载体。尽管《民法典》等法律文件对业主大会的运行作出了细致的规定，但有时也难避免会出现少数人利益受到损害的现象。由此可知，业主撤销权的设立是非常有必要的。业主大会或业委会决定对全体业主产生法律效力，并以该决定有效为前提形成后续法律关系，牵涉诸多利害关系人。决定的撤销可能破坏多方面的法律关系，尤其会对信赖决定的善意第三人的利益造成损害，破坏第三人的对决定效力的合理信赖，危害交易安全和法律秩序稳定，因此撤销权主体的设定和撤销权的行使需要考虑诸多问题。[①] 本节以因业主撤销权产生纠纷的案件裁判文书为研究对象，并将 2017 年以来人民法院作出的相关裁判文书作为主要范围，归纳、提炼业主撤销权裁判的理念和趋势，以期通过对我国案例的研究来指导司法实践。

截至 2021 年 2 月，编者在中国裁判文书网中输入"业主撤销权"（案由）共检索出民事裁判文书 5286 篇，其中，由高级人民法院裁判的有 205 篇，由中级人民法院裁判的有 1725 篇。在具体案例的选取上，本节遵循以下"两个优先"原则：第一，优先选择审判层级较高的裁判文书；第二，优先选择审判日期较近的裁判文书。通过形式和内容两个方面的筛选，本节最终选择了 6 篇

---

① 蔡立东、田尧、严佳维：《论业主撤销权的行使——以上海法院的司法实践为参照》，载《山东社会科学》2012 年第 5 期。

裁判文书进行研究，即（2020）湘10民终2867号、（2019）粤民申12061号、（2020）川民申3985号、（2020）沪01民终11488号、（2020）闽07民终1560号、（2019）吉民申1653号。其中，由高级人民法院裁判的有3篇，由中级人民法院裁判的有3篇，裁判日期均为2018年（含）之后的。

二、业主撤销权的基本理论

（一）业主撤销权概述

1.业主撤销权的概念。我国相继出台的《公有住宅售后维护暂行办法》《城市异产毗邻房屋管理规定》等法律文件，初步规定了关于建筑物区分所有权中专有权、共有权和成员权等内容，但这些内容缺乏体系性。直到2007年《物权法》颁布后，建筑物区分所有权的制度才被立法正式确立，业主撤销制度也由此产生。我国对业主撤销权的规定始于《物权法》第78条第2款的规定："业主大会或者业主委员会作出的决定侵害业主合法权益的，受侵害的业主可以请求人民法院予以撤销"。区分建筑物所有权人作为建筑物管理团体的组成部分，对于管理团体经过多数决所作出的决定自然有容忍的义务，但若决定本身存在瑕疵，甚至是违反法律的规定，或是决定导致业主的不利益已超出了不合理的限度，那么该业主得主张该撤销权。由于行使该权利的主体为业主，所以实务中多谓之为"业主撤销权"。[①]

2.业主撤销权的性质。关于撤销权的性质学界一直存在争论，目前主要有两种主流观点：形成权说和折中说。

形成权说认为，业主撤销权属于形成权。形成权指的是依照权利人的单方意思表示即可使已经成立的民事法律关系发生、变更或者消灭。形成权具有如下的特征：第一，形成权的实现是单方意思表示，不需要对方当事人表示同意或者不同意，也不需要当事人为或者不为特定行为。第二，形成权具有不可侵害性，在形成权未行使前，对原法律关系不产生任何影响，他人不具有侵犯的可能性，但一经行使即可使权利义务关系发生、变更、消灭。第三，依附于实体权利而存在且不可转让。因此，持有该学说的学者认为，业主撤销权指的是

---

① 许肇鹏：《业主撤销权行使的法律分析》，天津师范大学2020年硕士学位论文。

业主大会或者业主委员会作出的决定侵害业主合法权益的,受侵害的业主可以请求人民法院予以撤销,表明业主可以依据单方的意思表示要求撤销侵犯其合法权益的决定,不需要其他辅助和载体,具有不可转让性的特点,属于形成权的一种。

折中说认为,业主撤销权拥有双重性质,既具有形成权的特点也具有请求权的特征。请求权指的是权利人要求他人为特定行为(作为、不作为)的权利,请求权的特征在于作为权利的内容必须要义务人的配合才能实现。目前法律规定的范围比较有限,仅仅是对业主撤销权的"撤销",而对于之后业主是否有权请求损害赔偿、返还财产、恢复名誉等,并没有规定。按照此种学说,有学者指出业主显然无须在决定被撤销后再提起请求权之诉要求返还财产或赔偿损失,否则将违背法律设置撤销权的初衷,也将增加业主的诉讼负担不利于业主利益的保护。[①] 从这个角度讲,业主就有权请求业主大会或业主委员会赔偿损失,或要求其返还因其决定行为取得的财产,认为业主撤销权具有请求权性质。

3. 我国法律上的业主撤销权。《民法典》第 218 条第 2 款(原《物权法》第 78 条第 2 款)规定了业主的撤销权,即"业主大会或者业主委员会作出的决定侵害业主合法权益的,受侵害的业主可以请求人民法院予以撤销"。《最高人民法院关于审理建筑物区分所有权纠纷案件适用法律若干问题的解释》第 12 条规定:"业主以业主大会或者业主委员会作出的决定侵害其合法权益或者违反了法律规定的程序为由,依据民法典第二百八十条第二款的规定请求人民法院撤销该决定的,应当在知道或者应当知道业主大会或者业主委员会作出决定之日起一年内行使。"由此可以看出,业主行使撤销权需要满足以下条件:一是业主提起撤销权的客体是业主大会或者业主委员会作出的决定;二是有侵权即业主大会或者业主委员会作出的决定侵害业主合法权益或者违背法定程序;三是业主行使撤销权必须在法律规定的时间内以诉讼的方式向法院提起。业主撤销权所撤销的,是业主大会或业主委员会决定。因此,业主撤销权行使的范围应该取决于业主大会或业主委员会有权对哪些事项作出决定。根据《民法典》278 条的规定,必须经由业主大会作出决定的事项包括:(1)制定和修改业主大会议事规则;(2)制定和修改管理规约;(3)选举业主委员会或更换业

---

① 张朝阳:《业主撤销权纠纷审理中的若干法律问题》,载《人民司法》2011 年第 1 期。

主委员会成员;(4)选聘和解聘物业服务企业或者其他管理人;(5)使用建筑物及其附属设施的维修资金;(6)筹集建筑物及其附属设施的维修资金;(7)改建、重建建筑物及其附属设施;(8)改变共有部分的用途或者利用共有部分从事经营活动;(9)有关共有和共同管理权利的其他重大事项。而关于业主委员会的职责,根据《物业管理条例》第15条规定,主要有以下内容:(1)召集业主大会会议,报告物业管理的实施情况;(2)代表业主与业主大会选聘的物业管理企业签订物业服务合同;(3)及时了解业主、物业使用人的意见和建议,监督和协助物业管理企业履行物业服务合同;(4)监督管理规约的实施;(5)业主大会赋予的其他职责。从这一系列规定来看,除了业主大会所授权的职责之外,业主委员会无权作出对业主权益具有现实影响的决定。另外,如上所述,根据上述法律文件的立法精神,业主撤销权的行使,不仅包括侵害业主的实体权利的情形,也包括作出决定的程序违反法律规定的情形。①

(二)业主撤销权行使的法律分解

1. 业主撤销权的行使主体。《民法典》第280条第2款规定:"业主大会或者业主委员会作出的决定侵害业主合法权益的,受侵害的业主可以请求人民法院予以撤销。"由此可以看出,业主大会或业主委员会均为业主撤销权的主体,立法并没有从限制业主的权利主体资格的角度来防范撤销权的滥用,对此本文持认同的观点。业主作为撤销权的主体,是否具备有效行使权利的资格,能否提起撤销权诉讼,应根据业主在业主大会或业委会决定过程中的实际参与情况进行判断。业主撤销权以业主大会和业主委员会的决定为撤销对象,且须以诉讼的形式行使,则业主大会和业主委员会就成为业主撤销权行使的被诉主体。但是,在我国的法律体系下,业主大会和业主委员会的被告资格尚没有明确的规定。由于理论界关于被告资格存有争议,使得在实践中出现了被告不一致的现象,所以在理论上明确界定业主大会和业主委员会的主体资格,对于业主撤销权纠纷的解决至关重要。

2. 业主撤销权的行使对象。业主撤销权的对象指的是业主大会和业主委员会的决定,但在实践中什么样的决定属于业主大会和业主委员会作出的决定,什么样的决定不属于业主行使撤销权的对象,业主委员会和业主大会作出的决

---

① 姚辉:《〈物权法〉上的业主撤销权及其适用》,载《法学论坛》2009年第6期。

定需要满足什么样的标准才可以纳入撤销权的行使对象,以及是否有必要对该决定的成立与生效、何种效力瑕疵类型予以区分等,都是值得进一步探讨的问题。同时,对于什么样的决定才能予以撤销也需要一个标准,即达到何种程度才属于严重侵害业主的合法权益。

3. 业主撤销权的行使方式。《民法典》第 280 条第 2 款规定了业主需以诉讼的方式行使业主撤销权。具体而言,对于可撤销的决定,根据业主撤销权形成诉权的性质,业主可以向法院提起撤销权之诉,经审查若决定存在程序违法或者内容违法而侵犯了业主的合法利益,法院就可以作出撤销决定的判决,以保护业主的合法权益。对于这种撤销权的行使方式,我国学者持反对观点,认为这种权利行使模式过于依赖司法权,会加重法院的负担,同时也会给当事人带来不便。建议采取"形式宣告模式",即业主通过向业主管理团体作出撤销的意思表示,在业主管理团体没有异议的情况下即可实现撤销决定的目的。如果业主管理团体有异议,再寻求司法程序予以解决,从而减轻法院的审理负担。

4. 业主撤销权的行使期间。根据《最高人民法院关于审理建筑物区分所有权纠纷案件适用法律若干问题的注释》第 12 条规定,业主应当在知道或者应当知道业主大会或者业主委员会作出决定之日起 1 年内行使撤销权。"1 年除斥期间"是参照《民法典》合同编有关债权人撤销权的规定设定的,目的是督促受侵害的业主及时行使权利,从而维护业主共同生活秩序的稳定。

三、关于业主撤销权纠纷的裁判规则

(一)业主以投给物业公司的部分选票电话号码与业主基础信息不一致为由,主张业委会擅自变更业主信息侵犯业主合法权益向人民法院主张撤销权的,人民法院不予支持

【案例来源】
案例名称:王某来等与郴州市五岭国际金桂园小区业主委员会业主撤销权纠纷案
审理法院:湖南省郴州市中级人民法院
案 号:(2020)湘 10 民终 2867 号

【争议点】

王某来、乐某、黄某、谭某、黄某与郴州市五岭国际金桂园小区业主委员会（以下简称金桂园业委会）因业主撤销权纠纷引发诉讼，该案历经湖南省郴州市北湖区人民法院一审、湖南省郴州市中级人民法院二审两个阶段。在二审中，当事人就行使撤销权问题产生争议。

【裁判说理】

在本案中，王某来、乐某、黄某、谭某、黄某主张金桂园业委会擅自变更业主信息，且扣除该部分选票后光大物业公司的人数票和面积票均未过半。在二审中，经双方核对有41张投给光大物业公司的选票电话号码与业主基础信息不一致且业主未作出说明。根据以上事实，本院认为：首先，业主拥有一到两个号码并不罕见，号码有所变化亦属正常，且除了这41张选票外，其他的几百张选票并未出现不一致的情形。因此，仅凭41张选票的电话号码与业主基础信息不一致不能说明金桂园业委会擅自变更业主信息，更不能因此否定其余选票的真实性和有效性。其次，即使该41张人数票和面积票视为无效票被扣除，参加投票的人数及相应专有部分建筑面积仍然超过了总人数和总面积的一半，符合《物业管理条例》第12条第1款关于参加人数和面积的规定。因此，对于王某来、乐某、黄某、谭某、黄某的主张本院不予支持。

（二）在业主撤销权纠纷中，业主理应从公示之日知悉本小区业主大会的投票决议，业主不能以知道或者应当知道之日为由主张未超过除斥期间，进而主张行使撤销权

【案例来源】

案例名称：谢某丽等与中山市三乡镇富和名都花园业主委员会业主撤销权纠纷案

审理法院：广东省高级人民法院

案　　号：（2019）粤民申12061号

【争议点】

谢某丽、杨某玲、郑某铭、刘某玲、覃某华、郑某城、郑某武、郑某青与中山市三乡镇富和名都花园业主委员会（以下简称名都花园业委会）因业主撤销权纠纷引发诉讼，该案历经广东省中山市第一人民法院一审、广东省中山市中级人民法院二审、广东省高级人民法院再审三个阶段。在再审中，当事人就

业主撤销权是否超过除斥期间的问题产生争议。

【裁判说理】

根据《物权法》第 78 条第 2 款[①]"业主大会或者业主委员会作出的决定侵害业主合法权益的，受侵害的业主可以请求人民法院予以撤销"以及《最高人民法院关于审理建筑物区分所有权纠纷案件具体应用法律若干问题的解释》第 12 条[②]"业主以业主大会或者业主委员会作出的决定侵害其合法权益或者违反了法律规定的程序为由，依据物权法第七十八条第二款的规定请求人民法院撤销该决定的，应当在知道或者应当知道业主大会或者业主委员会作出决定之日起一年内行使"的规定，相关利害关系业主可以向人民法院起诉行使业主撤销权。业主行使撤销权应受一年除斥期间的限制，即应当在知道或者应当知道业主大会或业主委员会作出决定之日起一年内行使，否则撤销权实体上消灭。从目的解释的维度来看，该除斥期间是司法机关基于"既可以督促受侵害的业主及时行使权利，又有利于尽量维护业主共同生活秩序的稳定"的功能期待而对业主行使撤销权所作的限制。本案富和名都小区首次业主大会的投票行为已于 2017 年 11 月 18 日结束，并且业主大会筹备组在当日对投票决议也予以公示，因此应推定作为小区业主的被上诉人理应知悉此次业主大会的投票决议。被上诉人于 2018 年 12 月 13 日才起诉行使业主撤销权，已超过法定期间，其撤销权已经消灭，为此本院对被上诉人的诉讼请求不予支持。

（三）业主委员会实施的临时代管行为不属于应由小区业主共同决定的事项，在该临时代管行为符合全体业主共同利益且不侵害业主个人合法权益的情况下，业主不能行使撤销权

【案例来源】

案例名称：唐某富与威远荣威·云岭小区等业主撤销权纠纷案

审理法院：四川省高级人民法院

[①] 对应《民法典》第 280 条第 2 款，该款规定："业主大会或者业主委员会作出的决定侵害业主合法权益的，受侵害的业主可以请求人民法院予以撤销。"

[②] 对应《最高人民法院关于审理建筑物区分所有权纠纷案件适用法律若干问题的解释》第 12 条，该条规定："业主以业主大会或者业主委员会作出的决定侵害其合法权益或者违反了法律规定的程序为由，依据民法典第二百八十条第二款的规定请求人民法院撤销该决定的，应当在知道或者应当知道业主大会或者业主委员会作出决定之日起一年内行使。"

案　　号：（2020）川民申 3985 号

【争议点】

唐某富与威远荣威·云岭小区业主委员会（以下简称云岭小区业委会）及一审第三人四川汇巨吉物业管理有限公司威远分公司（以下简称汇巨吉公司）、成都金房物业集团有限责任公司（以下简称金房公司）因业主撤销权纠纷引发诉讼，该案历经四川省威远县人民法院一审、四川省内江市中级人民法院二审、四川省高级人民法院再审三个阶段。在再审中，当事人就业委会决定的合法性以及业主撤销权问题产生争议。

【裁判说理】

根据《物权法》第 78 条[①]及《最高人民法院关于审理建筑物区分所有权纠纷案件具体应用法律若干问题的解释》第 12 条[②]规定，业主大会或者业委会的决定侵害业主合法权益或者违反法定程序的，业主可以行使撤销权。在本案中，由于汇巨吉公司在服务期届满后并没有退出服务区域，云岭小区业委会合法选聘的物业服务公司无法及时进场开展业务，进而导致选聘的物业服务公司放弃履行合同。在此情形下，云岭小区业委会决定暂时临聘金房公司对小区实施代管，由业主委员会在三个月后，组织业主大会投票通过后再行签订正式物业服务合同，并于 2019 年 6 月 11 日对上述决定予以了公示。由此可见，云岭小区业委会所作出的该决定并不是解聘原物业服务公司和选聘新的物业服务公司，仅仅系在原物业服务公司不退场、新物业服务公司不能进场前时的一个临时代管决定，而是否聘请新的物业服务公司仍要由三个月后召开的小区业主大会投票决定。因此，云岭小区业委会于 2019 年 6 月 11 日的决定，实质上不属于《物业管理条例》第 11 条规定的应由小区业主共同决定的事项。因汇巨吉公司于物业服务期届满后拒不退场而致使云岭小区业委会选聘的物业服务公司无法进场，选聘的物业服务公司已经放弃执行合同。此举，实际上造成了小区

[①] 对应《民法典》第 280 条，该条规定："业主大会或者业主委员会的决定，对业主具有法律约束力。业主大会或者业主委员会作出的决定侵害业主合法权益的，受侵害的业主可以请求人民法院予以撤销。"

[②] 对应《最高人民法院关于审理建筑物区分所有权纠纷案件适用法律若干问题的解释》（2020 年 12 月 29 日修正）第 12 条，该条规定："业主以业主大会或者业主委员会作出的决定侵害其合法权益或者违反了法律规定的程序为由，依据民法典第二百八十条第二款的规定请求人民法院撤销该决定的，应当在知道或者应当知道业主大会或者业主委员会作出决定之日起一年内行使。"

无物业管理服务。有鉴于此，云岭小区业委会决定临时聘用金房公司对小区物业实施代管，应当是维护全体小区业主合法利益之行为，也未损害到唐某富的合法权益，并无不当。因此，唐某富的诉讼请求不能成立。

（四）业主大会中表决票未向全体业主送达、表决票送达时间违反议事规则等应认定为程序上的严重瑕疵，业主有权行使撤销权

【案例来源】

案例名称：罗某某等与上海市浦东新区大华锦绣华城14街区业主委员会业主撤销权纠纷案

审理法院：上海市第一中级人民法院

案　　号：（2020）沪01民终11488号

【争议点】

罗某某、章某华、张某飞、苏某木、郭某笙、陈某与上海市浦东新区大华锦绣华城14街区业主委员会（以下简称大华锦绣华城业委会）、原审原告吴翠云、堵晓敏因业主撤销权纠纷引发诉讼，该案历经上海市浦东新区人民法院一审、上海市第一中级人民法院二审两个阶段。在二审中，当事人就合法权益是否受到侵害行使撤销权问题产生争议。

【裁判说理】

在本案中，上诉人作为本小区的业主，依照法律规定及小区规约享有实体上的权益及程序上的权益。经本院审查在案证据，特别是表决票是否向全体业主送达，非当面送达的表决票是否按照规定时间有效送达等事实，本院认为被上诉人2019年第一次全体业主大会决议过程存在以下程序违法：首先，涉案业主大会表决票未向全体业主送达。根据涉案小区议事规则第11条"若业主未提供联系方式，则投入物业所在地的该户业主信报箱或者房屋内，并由物业管理区域内两人以上的业主或者居民委员会证明，在物业管理区域内公告送达情况"，因此非当面送达的表决票必须履行相应的送达程序才能被视为有效送达：（1）有证明的投入业主的信报箱或者房屋内；（2）公告非当面送达的选票情况。被上诉人的表决票发放行为违反了涉案小区议事规则第11条的规定，不能视为该156户表决票已经有效送达。其次，涉案业主大会表决票送达时间违反议事规则。现根据被上诉人确定的投票时间为2019年12月6日至8日及前述非当面送达选票视为有效送达的条件，被上诉人应当于投票日7日前即

2019年11月28日之前将全部选票送达完毕，包括非当面送达的选票完成公告手续。但被上诉人对非当面领取的表决票送达情况进行公告的时间为2019年12月3日，故被上诉人并未按照议事规则规定的时间将全体选票送达完毕。再次，关于《大华锦绣华城十四街区关于重新补选业主委员会委员的公告》业主委员会候选人应当符合"业主年龄在70周岁以下"的条件，上诉人提出该禁止性规定损害了涉案业主苏某木的合法的被选举权。综上所述，该业委会在召开业主大会程序上的严重瑕疵，本院认定被上诉人2019年第一次全体业主大会决议程序违反了法律规定及小区议事规则，足以侵害上诉人的合法权益，应当予以撤销。

（五）业主委员会作出的上调物业收费标准的决定经书面征求过半数业主同意，为大多数业主实际接受，而且在有类似收费标准且并非畸高的情况下，业主不能提起撤销权之诉

【案例来源】

案例名称：葵某宏、孙某与邵武市尚都国际业主委员会业主撤销权纠纷案
审理法院：福建省南平市中级人民法院
案　　号：（2020）闽07民终1560号

【争议点】

葵某宏、孙某与邵武市尚都国际业主委员会（以下简称尚都业委会）因业主撤销权纠纷引发诉讼，该案历经邵武市人民法院一审、福建省南平市中级人民法院二审两个阶段。在二审中，当事人就尚都业委会关于调整物业费标准的决定是否存在侵害业主利益而应予撤销的情形产生争议。

【裁判说理】

根据《物权法》第78条第2款[①]及《最高人民法院关于审理建筑物区分所有权纠纷案件具体应用法律若干问题的解释》第12条[②]的规定，业主的合法

---

① 对应《民法典》第280条第2款，该条款规定："业主大会或者业主委员会作出的决定侵害业主合法权益的，受侵害的业主可以请求人民法院予以撤销。"

② 对应《最高人民法院关于审理建筑物区分所有权纠纷案件适用法律若干问题的解释》第12条，该条规定："业主以业主大会或者业主委员会作出的决定侵害其合法权益或者违反了法律规定的程序为由，依据民法典第二百八十条第二款的规定请求人民法院撤销该决定的，应当在知道或者应当知道业主大会或者业主委员会作出决定之日起一年内行使。"

权益应理解为业主在实体上享有的合法权利和在程序上的享有的合法权利两部分。从实体角度来看，本案尚都业委会作出的调整物业费收费标准的决定，葵某宏、孙某认为侵害其合法权利，可以提起业主撤销权之诉。在实践中，一个物业管理区域内的业主往往人数众多，业主委员会的决定往往系以少数服从多数而不是全体一致通过方式作出的。因此，业主委员会的决定在一定程度上可能会违背少数业主的需求和利益。这就决定了少数业主应对业主委员会作出的决定负有必要限度内的容忍义务。只有在业主委员会的决定关系少数业主的人身安全或重大财产损失等优位价值时，才可认定其达到可撤销的程度。具体到本案，尚都业委会的决定虽提高了物业服务费的收费标准，但该决定书面征求过半数以上业主的同意，且相对于周边相似情况的小区，调整后的物业服务费并非畸高而不合理，结合上调物业服务费后的缴纳情况看，上调结果亦为大多数业主实际接受。故应认定尚都业委会的决定并未侵害葵某宏、孙某的合法权益。因此，葵某宏、孙某不能主张该物业收费主张侵犯自己的合法权益主张撤销权。

（六）业主选举过程中产生的"决定"不是业主行使撤销权的范围，业主不能以该类"决定"侵害其合法权益为由提起撤销权之诉

【案例来源】

案例名称：王某刚等53名业主与阳光城物业天玺小区业主委员会业主撤销权纠纷案

审理法院：吉林省高级人民法院

案　　号：（2019）吉民申1653号

【争议点】

王某刚等53名业主因与阳光城物业天玺小区业主委员会（以下简称业主委员会）业主撤销权纠纷引发诉讼，该案历经吉林省敦化市人民法院一审、吉林省延边朝鲜族自治州中级人民法院二审、吉林省高级人民法院再审三个阶段。在再审中，当事人就撤销权问题产生争议。

【裁判说理】

根据《物权法》第 78 条第 2 款规定[①]，业主大会或者业主委员会作出的决定侵害业主合法权益的，受侵害的业主可以请求人民法院予以撤销。本院认为，上述法律中所明确的"决定"，系业主大会或者业主委员会成立后所作出的侵害业主合法权益或者违法法定程序所作出的决定，而业主大会和业主委员会选举中所产生的纠纷，不属于民事案件受案范围。在本案中，案涉小区业主大会筹备组组成成员不合法，业主大会的召开也没有履行正常程序通知业主属于业主大会和业主委员会选举过程产生的纠纷，因此不属于法定的侵害业主合法权益的"决定"。基于此，一、二审判决确认王某刚等 54 名业主请求撤销案涉小区首次业主大会作出的选举第一届业主委员会的决定及撤销选出案涉小区业主委员会成员决定的诉讼请求不属于民事案件受案范围，并无不当，本院予以维持。

四、结语

业主撤销权的行使会对其他业主的利益产生一定的影响，因此在赋予业主撤销权的同时对业主行使权利的行为必须予以规范。人民法院在审理业主撤销权纠纷案件时，若出现以下几种情况的，人民法院不予支持：其一，业主以部分投给物业公司的选票电话号码与业主基础信息不一致而否定选票的真实性和有效性，并以此为由认定业委会擅自变更业主信息侵犯业主合法权益向人民法院主张撤销权的；其二，业主理应从公示之日知悉本小区业主大会的投票决议，但业主以知道或者应当知道之日起为由主张未超过除斥期间，进而主张行使撤销权的；其三，业主委员会在小区无物业管理小区的情形下实施的临时代管的行为不属于应有小区业主共同决定的事项，该临时代管行为符合全体业主共同利益且不侵害业主个人合法权益的情况下，业主以该临时代管行为违法请求人民法院撤销的；其四，业委会作出的上调物业收费标准的决定经书面征求过半数业主同意，为大多数业主实际接受，并且有类似调整收费标准的小区，

---

① 对应《民法典》第 280 条，该条规定："业主大会或者业主委员会的决定，对业主具有法律约束力。业主大会或者业主委员会作出的决定侵害业主合法权益的，受侵害的业主可以请求人民法院予以撤销。"

且物业收费标准价格并非畸高请求人民法院撤销的；其五，业主以业主选举过程中产生的"决定"侵害自己会说权益为由提起撤销权之诉的。此外，业主大会中表决票未向全体业主送达、表决票送达时间违反议事规则等应认定为程序上的严重瑕疵，足以侵害上诉人的合法权益，业主主张行使撤销权的人民法院应予以支持。

第七节 业主知情权纠纷

一、导论

业主知情权作为建筑物区分所有权的重要部分，是业主对公共部分行使管理权的基础。根据《民法典》第281条规定，建筑物及其附属设施的维修资金的筹集、使用情况应当定期公布。根据该法第285条规定，物业服务企业或者其他管理人根据业主的委托，依照《民法典》第三编有关物业服务合同的规定管理建筑区划内的建筑物及其附属设施，接受业主的监督。《最高人民法院关于审理建筑物区分所有权纠纷案件适用法律若干问题的解释》对业主的知情权也作出了具有可操作性的规定，但是对于业主知情权的规定并不全面。在实践中，经常会遇到业主行使知情权不能、知情权范围受限以及部分业主知情权滥用等问题，因此，只有真正解决这些问题，业主知情权才能更好地得到保障。本节以业主知情权产生纠纷的案件裁判文书为研究对象，并将2017年以来人民法院作出的相关裁判文书作为主要范围，归纳、提炼业主知情权裁判的理念和趋势，以期通过对我国案例的研究来指导司法实践。

截至2021年1月，编者在中国裁判文书网中输入"业主知情权"（案由）共检索出民事裁判文书2305篇，其中，由高级人民法院裁判的有36篇，由中级人民法院裁判的有596篇并。在具体案例的选取上，本节遵循以下"两个优先"原则：第一，优先选择审判层级较高的裁判文书；第二，优先选择审判日期较近的裁判文书。通过形式和内容两个方面的筛选，本节最终选择了6篇裁判文书进行研究，即（2020）川民申804号、（2019）苏民申2556号、（2020）粤01民终23486号、（2020）沪02民终9317号、（2020）川01民终15631号、（2020）琼96民终2050号。其中，由高级人民法院裁判的有2篇，由中级人民法院裁判的有4篇，裁判日期则均为2019年（含）之后。

二、业主知情权的基本理论

（一）业主知情权的本质

1. 知情权的界定。"知情权"一词最早源于英文"right to know"，后来我国学者则将其表述为"知悉权或了解权""获取信息权""得知权"等。知情权的范围最开始仅限于公法领域，是指自然人享有知悉和参与政治事务的权利，因此知情权是实现个人自由和权利的前提。但随着经济的发展以及人类通讯工具的不断变化，人们的权利意识不断增强，知情权的内涵也被不断地丰富。总体而言，知情权的基本含义是指有关主体有权享有知悉、获得与该主体的权利相关的各种信息的自由和权利。知情权按照内容可以分为三类：一是知政权，即自然人有权知悉国家的政策方针；二是社会知情权，即自然人有权了解社会现象和信息；三是个人信息权，即自然人有权了解与其有关的个人信息。按照上述分类，可以把业主知情权归于社会知情权的范畴。[①]

我国在公法和私法领域都有知情权的相关规定。其中，公法领域主要体现在《政府信息公开条例》《最高人民法院关于审理政府信息公开行政案件若干问题的规定》等法律规范中。《政府信息公开条例》就权利的行使原则，政府信息的公开范围、方式、程序以及政府信息的内涵，公开的主体、场所、期限以及程序等作了比较详细的规定。《最高人民法院关于审理政府信息公开行政案件若干问题的规定》则主要规定了，对于行政机关不履行政府信息公开职责的行为，行政相对人如何通过行政诉讼实现权利救济等内容。私法领域主要体现在《民法典》《公司法》和《产品质量法》等法律中，另外，《医疗事故处理条例》《工伤保险条例》《物业管理条例》等也有该权利的表述，虽然大多数是以告知的形式出现，没有对该权利直接进行规定，但是都可以体现出对知情权内容的最早窥探。

2. 业主知情权的权利属性。实践中，在法律规定不明晰的情况下，权利属性是司法机关作出裁判的主要依据。此外，法律就权利范围、权利救济、法律责任等方面进行明确规定的主要依据就是权利的性质。因此，分析研究知情权的性质，对于全面了解、把握知情权的属性至关重要。

[①] 毕蕾：《业主知情权研究》，郑州大学 2017 年硕士学位论文。

学界对于业主知情权的属性并没有形成一致意见。知情权作为权利体系下的一种，理论界和实务界对业主知情权的私权性质并无异议，但是对于私权性质如何界定问题则出现了较大分歧，至今并没有形成定论。目前关于业主知情权性质的界定，主要有五种意见：第一种意见认为，知情权并非独立的人格权，是附属于隐私权而存在的权利。第二种意见认为，知情权是独立的人格权，是具体人格权的一种。第三种意见认为，知情权是法律允许人们获取一定信息的权利，属于法律上的一种免责事由。第四种意见认为，知情权属于相对权，有相对应的义务履行主体，其履行与否直接关系权利义务主体权利的实现。第五种意见认为，知情权不应被具体地规定为某种权利，为一般人格权。[①]我们认为，上述观点有偏颇之嫌，在人与人之间形成的社会关系中，对于权利主体而言有权了解其自身的情况和材料，不能将其简单地界定为一种抽象的权利，或者是依附于其他权利的权利。从实证角度看，权利类型包括：物权、债权、知识产权、继承权、亲属权和社员权等。在社员权中知情权体现为社员属性，在债权方面则体现出相对权的属性，因此，业主知情权具有多项权利复合的特性，属于复合性权利。

（二）业主知情权的范围界定

业主知情权范围的界定主要集中在业主知情权范围的深度、广度和时间维度三个方面。业主知情权的深度，是指业主可以根据相关法律和司法解释向法院主张对哪些情况和材料享有知情权；业主知情权的广度，是指对司法解释兜底条款"其他应当向业主公开的情况和资料"进行界定；业主知情权的时间维度，是指业主可以要求公布和查阅何种时间的文件和材料。

1.业主知情权的深度问题。主要表现为两种：一种是资金的公开问题。例如，建筑物区分所有制共有部分的使用和收益情况、建筑物及其附属设施的维修资金的筹集和使用情况、业主是否有权查阅会计账簿等。另一种是业主大会的议事规则和业主大会及业主委员会的决定和会议记录，业主是否可以要求公开业主投票表决通过管理规约、业主大会议事规则以及业主大会或者业主委员会决定的原始选票资料。对于第一种情况，我们认为应允许业主查阅与资金相

---

① 杨立新：《制定民法典人格权法编需要解决的若干问题——"中国民法典制定研讨会"讨论问题辑要及评论（一）》，载《河南省政法管理干部学院学报》2004年第6期。

关的报表、会计账簿和原始会计凭证。如果业主请求公开资金的使用和收益情况，只需要物业公司或者业主委员会提供情况说明而不允许业主查阅与资金相关的报表、会计账簿和原始会计凭证，无疑会架空业主的知情权，使得业主的知情权得不到保证，业主知情权的监督和制约作用也就无法得到发挥。对于第二种情况，如果有业主在小区业主为业主大会议事规则等事项投票表决多年后要求公开原始选票资料，而业主委员会并未保存原始选票资料，对该业主要求公开原始选票资料的请求系客观不能，因而法院不支持该业主的请求。在这种情况下，业主委员会以客观上无法提供查阅资料对抗业主的知情权未免欠缺有说服力，我们认为，业主在合理时间内行使知情权都应该受到保障，业主委员会都有义务为其提供，而且从长远的眼光来看，这样更有利于保障业主投票表决的真实有效以及表决票的统计准确。

2. 业主知情权的广度问题。《最高人民法院关于审理政府信息公开行政案件若干问题的规定》第 13 条第 1 款第（5）项中规定了"其他应当向业主公开的情况和资料"。在司法实践中，为了更好地落实兜底条款，人民法院除了对法律、法规和司法解释中明确规定应当向业主公开的情况和资料外，其他合法有效的规范性文件也可资参考。[1] 对于部门规章和地方性规章对业主公开情况和资料作出的更加详细的规定，法院也应予支持。

3. 业主知情权的时间维度问题。主要分为两个方面的内容：其一，业主是否有权查阅其成为业主之前应向业主公开的情况和资料；其二，在业主将建筑物区分所有权转让后丧失业主身份的，是否有权查阅其作为业主期间应向业主公开的情况和资料。[2] 对于第一种情形应作区别对待，即对于在成为业主后仍然有效的并且与业主所享有的公共管理权益密切相关的，业主可以对其主张知情权；对于其成为业主之前的建筑物及其附属设施的维修资金的筹集和使用情况。根据相关法律规定，开发建设单位就未售出的商品住宅不缴纳维修资金的情况则不属于业主查阅的范围。同时《民法典》物权编规定了业主转让区分所有建筑物专有部分，其对共有部分享有的共有和共同管理的权利一并转让，可以用权利义务概括转移的观点进行理解，业主在替代原业主成为业主后，原业

---

[1] 根据《最高人民法院关于裁判文书引用法律、法规等规范性法律文件的规定》的相关规定，法律、法律解释或者司法解释、行政法规、地方性法规或者自治条例和单行条例之外的规范性文件，根据审理案件的需要，经审查认定为合法有效的，可以作为裁判说理的依据。

[2] 薛源：《业主知情权存在问题探讨》，载《南京社会科学》2014 年第 8 期。

主的权利和义务则发生转移。因此，原业主享有的权利和义务都由现业主承担，凡是前业主可以查阅的情况和资料，现业主也可以查阅。对于第二种情形，可以利用民法上的诚实信用原则进行理解。基于诚实信用原则，如果原业主在丧失业主身份后怀疑其在作为业主期间的利益遭受侵害，应允许原业主在合理期限内查询就其作为业主期间的应向业主公开的情况和资料，否则原业主就无从获取证据，以保护其利益。对业主知情权设置合理的时间维度，有利于充分保护业主的共有权，并督促负有履行业主知情权义务的主体诚信行事。

三、关于业主知情权纠纷的裁判规则

（一）实施代表大会制形式的业主大会，部分业主因未能亲自参与大会而对表决票存有质疑，并对业主大会的表决票主张业主知情权的，人民法院不予支持

【案例来源】

案例名称：陈某宗等与绵阳市涪城区花园小区第八届业主委员会业主知情权纠纷案

审理法院：四川省高级人民法院

案　　号：（2020）川民申804号

【争议点】

陈某宗、陈某义、申某和、肖某兵、张某荣与绵阳市涪城区花园小区第八届业主委员会（以下简称花园小区第八届业委会）因业主知情权纠纷引发诉讼，该案历经绵阳市涪城区人民法院一审、四川省绵阳市中级人民法院二审、四川省高级人民法院再审三个阶段。在再审中，当事人就业主大会表决票的真实性问题产生争议。

【裁判说理】

依据《最高人民法院关于审理建筑物区分所有权纠纷案件具体应用法律若

干问题的解释》第 13 条第 2 款[①]的规定："业主请求公布、查阅下列应当向业主公开的情况和资料的，人民法院应予支持：（一）建筑物及其附属设施的维修资金的筹集、使用情况；（二）管理规约、业主大会议事规则，以及业主大会或者业主委员会的决定及会议记录……"在本案中，陈某宗、陈某义、申某和、肖某兵、张某荣因未参与绵阳市涪城区花园小区第七届业主委员会所签订的由成都金房物业集团有限责任公司绵阳分公司为花园小区服务的合同是否继续履行问题的投票，故对续任的花园小区第八届业委会的工作提出质疑，要求查阅、复印、抄录、拍照《花园小区业主大会表决票》。因 2018 年 11 月 18 日花园小区第八届业委会组织召开的花园小区业主大会采取的是代表大会制，具有代表证的业主在征求所在单元或楼栋业主意见后到会人员代表自己和被自己征求了意见的业主进行投票。参与投票的业主有些系自己填写，有些系受委托代他人填写。故陈某宗、陈某义、申某和、肖某兵、张某荣欲通过查阅、复印、抄录、拍照《花园小区业主大会表决票》，从而质疑表决票的真实性已无实际意义。因此，陈某宗、陈某义、申某和、肖某兵、张某荣提出的查阅、复印、抄录、拍照花园小区业主大会表决票的不能成立，人民法院裁定驳回。

（二）业主以交接之后的业主委员会为被诉主体，请求交接后的业主委员会公布建筑物所有共有部分的收支明细和相关资料的，人民法院不予支持

【案例来源】

案例名称：薛某伟与水岸人家业主委员会业主知情权纠纷案

审理法院：江苏省高级人民法院

案　　号：（2019）苏民申 2556 号

【争议点】

薛某伟与水岸人家业主委员会（以下简称业委会）、徐某因业主知情权纠纷引发诉讼，该案历经常州市天宁区人民法院一审、江苏省常州市中级人民法

[①] 对应《最高人民法院关于审理建筑物区分所有权纠纷案件适用法律若干问题的解释》（2020 年 12 月 29 日修正）第 13 条，该条规定："业主请求公布、查阅下列应当向业主公开的情况和资料的，人民法院应予支持：（一）建筑物及其附属设施的维修资金的筹集、使用情况；（二）管理规约、业主大会议事规则，以及业主大会或者业委员会的决定及会议记录；（三）物业服务合同、共有部分的使用和收益情况；（四）建筑区划内规划用于停放汽车的车位、车库的处分情况；（五）其他应当向业主公开的情况和资料。"

院二审、江苏省高级人民法院再审三个阶段。在再审中,当事人就业主能否向业主委员会主张电梯费及相关资料问题产生争议。

【裁判说理】

2013年1月1日,水岸人家花园业主大会与常州市宸纬物业管理有限公司(以下简称宸纬物业公司)签订了物业服务合同,根据合同约定,该小区内物业共用设施设备运行费用由业主按实际发生的成本测算均摊交纳;该物业服务合同的补充协议还约定,由宸纬物业公司实际负责小区电梯维护,电梯费用采取专款专用的方式等。此外,根据州市物价局、常州市房产管理局出台的《常州市市区住宅电梯运行维护收费管理办法》(2009年10月1日起施行)规定,住宅电梯运行维护费由物业服务企业向电梯受益业主按月收取,也可按物业服务协议或买卖(租赁)合同约定分期预收,物业服务企业应当定期(每年至少一次)向业主公布电梯运行维护费的收支账目,接受业主或业主委员会的监督等。综上可知,薛某伟要求公布的电梯费收支账目明细本应由宸纬物业公司制作和保管,业委会仅有监督之责,且水岸人家花园物业中心、宸纬物业公司亦分别出具书面材料对此予以确认。因此,无论业委会之间如何交接,均不能改变有关电梯费账目事项的责任主体。因此,对于薛某伟要求业委会公布2013年至2015年电梯费收支明细及发票、合同原件、收支凭证的诉讼请求不予支持。

(三)业主委员会以相关信息已经公布且主张知情权的业主已经知情、业主行使知情权会加重业委会的工作负担为由拒绝向业主提供相关信息的,人民法院不予支持

【案例来源】

案例名称:侨爱苑小区第六届业主委员会与冯某环等业主知情权纠纷案
审理法院:广东省广州市中级人民法院
案　　号:(2020)粤01民终23486号

【争议点】

侨爱苑小区第六届业主委员会(以下简称侨爱苑业委会)与冯某环、范某辉、曲某、梁某伟、曾某南、刘某燕、彭某、广东华信物业发展有限公司(以下简称华信公司)因业主知情权纠纷引发诉讼,该案历经广东省广州市白云区人民法院一审、广东省广州市中级人民法院二审两个阶段。在二审中,当事人就业主委员会是否应向业主提供相关资料问题产生争议。

【裁判说理】

本案的争议焦点是，侨爱苑业委会是否应向被上诉人提供涉案小区业主大会和业主委员会的决定、会议记录以及涉及小区共有部分的各项资料用于查阅和拍照。《最高人民法院关于审理建筑物区分所有权纠纷案件具体应用法律若干问题的解释》第13条①对业主享有请求公布、查阅相关资料的权利有明确规定。根据本案查明的事实可知，侨爱苑业委会已经公示相关信息，且冯某环、范某辉、曲某、梁某伟、曾某南、刘某燕、彭某也已经知晓相关事实，因此侨爱苑小区第六届业主委员会主张的无权查阅的上诉理由并不成立，侨爱苑业委会应向被上诉人提供涉案小区业主大会和业主委员会的决定、会议记录以及涉及小区共有部分的各项资料。至于被上诉人查阅材料是否给侨爱苑业委会造成工作上的负担，亦不是侨爱苑业委会拒绝被上诉人查阅的合法理由，但各被上诉人应确定统一的时间一次性查阅相关材料。综上所述，侨爱苑业委会的上诉请求不能成立。

（四）业主在取得房屋所有权之后，有权对与其利益息息相关的共有部分的相关资料主张知情权，业主委员会以其取得业主身份前的资料应无查阅权为由拒绝提供的，人民法院不予支持

【案例来源】

案例名称：上海市杨浦区五角场300街坊三湘世纪花城业主委员会、上海同涞物业管理有限公司与陈某、於某等业主知情权纠纷案

审理法院：上海市第二中级人民法院

案　　号：（2020）沪02民终9317号

【争议点】

上海市杨浦区五角场300街坊三湘世纪花城业主委员会（以下简称"三湘世纪业委会"）、上海同涞物业管理有限公司（以下简称同涞物业）与陈某、於

---

① 对应《最高人民法院关于审理建筑物区分所有权纠纷案件适用法律若干问题的解释》（2020年12月29日修正）第13条，该条规定："业主请求公布、查阅下列应当向业主公开的情况和资料的，人民法院应予支持：（一）建筑物及其附属设施的维修资金的筹集、使用情况；（二）管理规约、业主大会议事规则，以及业主大会或者业主委员会的决定及会议记录；（三）物业服务合同、共有部分的使用和收益情况；（四）建筑区划内规划用于停放汽车的车位、车库的处分情况；（五）其他应当向业主公开的情况和资料。"

某、杨某英因业主知情权纠纷引发诉讼，该案历经上海市杨浦区人民法院一审、上海市第二中级人民法院二审两个阶段。在二审中，当事人就业主知情权的时间限制问题产生争议。

【裁判说理】

在本案中，三湘世纪业委会、同涞物业共同主张陈某、於某分别于 2013 年 7 月和 2010 年 7 月取得业主身份，同涞物业 2012 年 1 月 1 日起为小区提供物业服务。现三湘世纪业委会、同涞物业提起上诉针对陈某、於某可以查阅资料的时间节点提出异议，但如陈某、於某在二审中抗辩所指出的，司法解释规定的系业主身份的认定标准，并未明确规定业主可以查询资料的时间限制。业主取得所有权之后，在此之前的诸如维修基金使用情况、管理规约、物业合同的约定等问题显然也与其利益息息相关，根据公平原则，如果限制业主查询其获得业主身份之前的相关信息，不仅对业主造成不公平的对待，侵犯业主的合法权益，同时亦有悖于相关信息应当予以公开的本意。对于一审法院判决业主对于其取得业主身份前的资料应无查阅权的做法不予支持。

（五）表决票既不属于法律明文规定的业主应当知晓的情形，也不属于法律及相关司法解释规定的兜底条款内容，业主不能对其行使知情权

【案例来源】

案例名称：陈某群与武侯区满园春首届业主委员会业主知情权纠纷案

审理法院：四川省成都市中级人民法院

案　　号：（2020）川 01 民终 15631 号

【争议点】

陈某群与武侯区满园春首届业主委员会（以下简称满园春业委会）因业主知情权纠纷引发诉讼，该案历经成都市武侯区人民法院一审、四川省成都市中级人民法院二审两个阶段。在二审中，当事人就业主能否对业主委员会成立初期相关规约的原始依据进行查阅问题产生争议。

【裁判说理】

根据《最高人民法院关于审理建筑物区分所有权纠纷案件具体应用法律若

干问题的解释》第 13 条第 1 款①规定，对业主请求公布、查阅物业服务合同共有部分的使用和收益情况等应当向业主公开的情况和资料的，人民法院应予支持。本案的争议焦点为：上诉人陈某群是否有权请求被上诉人查阅业主委员会成立初期相关规约的原始依据。针对上述焦点，评议如下：根据上诉人及被上诉人意思表示，明确该原始依据为业主委员会成立初期的相关规约表决票原始资料。依据《最高人民法院关于审理建筑物区分所有权纠纷案件具体应用法律若干问题的解释》第 13 条的规定，表决票并非法律明文规定应向业主公开的情况和资料，业主知情权本质上是业主基于建筑物区分所有权衍生出来的社区共同管理权的权利组成内容，其具体范围应为结果性而非过程性的内容。根据现有证据，上诉人陈某群对表决过程并无异议，仅对表决结果有异议。另，《最高人民法院关于审理建筑物区分所有权纠纷案件具体应用法律若干问题的解释》第 13 条第（5）项兜底条款所能扩张的公开情况及资料范围应与前四项属于同一范畴，故表决票的具体内容不属于业主知情权的范围。上诉人陈某群请求查阅相关原始凭证没有法律依据，因此，对于陈某群的诉讼请求不予支持。

（六）酬金制经营模式下的物业经营总收入减去管理者佣金后的剩余部分应属于应当向业主公开的情况和资料，业主有权对此主张知情权

【案例来源】

案例名称：陵水方圆物业服务有限公司与曲某业主知情权纠纷案

审理法院：海南省第一中级人民法院

案　　号：（2020）琼 96 民终 2050 号

【争议点】

陵水方圆物业服务有限公司（以下简称方圆物业）与曲某因业主知情权纠纷引发诉讼，该案历经海南省陵水县人民法院一审、海南省第一中级人民法院

---

① 对应《最高人民法院关于审理建筑物区分所有权纠纷案件适用法律若干问题的解释》（2020 年 12 月 29 日修正）第 13 条，该条规定："业主请求公布、查阅下列应当向业主公开的情况和资料的，人民法院应予支持：（一）建筑物及其附属设施的维修资金的筹集、使用情况；（二）管理规约、业主大会议事规则，以及业主大会或者业主委员会的决定及会议记录；（三）物业服务合同、共有部分的使用和收益情况；（四）建筑区划内规划用于停放汽车的车位、车库的处分情况；（五）其他应当向业主公开的情况和资料。"

二审两个阶段。在二审中，当事人就业主知情权范围是否扩大问题产生争议。

【裁判说理】

在本案中，方圆物业认为自己与曲某仅是物业服务法律关系，只对小区物业进行管理与提供服务，曲某主张知情权的范围只能依据物业服务协议约定和法律明确规定，不能无限扩大解释，因此一审法院扩大业主知情权范围，没有法律依据。本案的争议焦点是一审判决确定的被上诉人曲某所享有的业主知情权范围及所做的处理是否适当。双方当事人之间签订的《规约》《协议》系双方真实、自愿的意思表示，内容不违反法律强制性规定，合法有效。被上诉人曲某作为小区业主，在物业管理活动中按照相关规定享有知情权等权利。依照《规约》《协议》约定，物业公司应定期公布物业服务费收支账目，每年公布物业管理费用的年度收支情况，但是对于"账目""收支情况"具体包括哪些内容并未具体规定。按照《最高人民法院关于审理建筑物区分所有权纠纷案件具体应用法律若干问题的解释》第13条①规定，业主有权要求物业公司公布上述情况和资料。又因上诉人方圆物业采取酬金制经营模式，每月按照物业经营总收入的10%提取管理者酬金，物业服务支出年度结算后结余部分转入下一年度继续使用，物业服务费支出年度结算后不足部分，由全体业主承担，故对于物业经营总收入剩余的90%部分，业主有权知晓其具体收入和使用情况。物业服务费总收费面积，各类建筑户数、面积、收费标准，物业费收入、支出明细，物业经营费用收入、支出明细，物业共有部分经营收入、支出明细，业主累计欠费明细，物业经营年度收支结余，这些情况与业主的合法权益和责任承担息息相关，亦属于上诉人方圆物业所掌握的内容，在本案中应属于"其他应当向业主公开的情况和资料"。对于将上述情况通过报告形式予以公示，主要是要求将上述情况进行说明，并无不妥。因此，方圆物业的诉讼请求不能成立。

---

① 对应《最高人民法院关于审理建筑物区分所有权纠纷案件适用法律若干问题的解释》（2020年12月29日修正）第13条，该条规定："业主请求公布、查阅下列应当向业主公开的情况和资料的，人民法院应予支持：（一）建筑物及其附属设施的维修资金的筹集、使用情况；（二）管理规约、业主大会议事规则，以及业主大会或者业委员会的决定及会议记录；（三）物业服务合同、共有部分的使用和收益情况；（四）建筑区划内规划用于停放汽车的车位、车库的处分情况；（五）其他应当向业主公开的情况和资料。"

四、结语

对业主知情权进行深入研究不仅有利于业主知悉自己权利的具体内容,了解共有财产的状况对共有部分进行自主管理,而且可以要更好地对物业服务企业,有利于及时发现和阻止侵害业主共有权的行为。人民法院在审理业主知情权案件时,若出现以下几种情况的从而不予支持:其一,实施代表大会制形式的业主大会,部分业主以未能亲自参与大会对相关问题进行投票表决,对表决票存在质疑并对业主大会的表决票主张业主知情权的;其二,业主委员会之间的交接并不会改变建筑物所有共有部分的责任主体,业主以交接之后的业主委员会为被诉主体,请求交接后的业主委员会公布建筑物所有共有部分的收支明细和相关资料的;其三,业主委员会以相关信息已经公布且主张知情权的业主已经知情、业主行使知情权会加重业主委员会的工作负担为由拒绝向业主提供相关信息的;其四,业主在取得所有权之后,有权对与其利益息息相关的共有部分的相关资料主张知情权,业委会以其取得业主身份前的资料应无查阅权为由拒绝提供的;其五,业主委员会成立初期相关规约的原始依据不是法律明文规定的应向业主公开的情况和资料,同时也不属于法律及相关司法解释规定的兜底条款情形,业主主张对该原始依据行使知情权的。此外,酬金制经营模式下的物业经营总收入减去管理者佣金后的剩余部分应属于《最高人民法院关于审理建筑物区分所有权纠纷案件适用法律若干问题的解释》第13条规定的其他应当向业主公开的情况和资料,业主有权对此主张知情权。

第四章
相邻权纠纷

序 论

随着我国经济社会的不断发展，因相邻权纠纷引发的诉讼种类不断增加，司法实践中也出现了诸多新型、复杂的相邻权纠纷案件。例如，在本章第一节讨论的相邻用水、排水纠纷中，被申请人因正常排污之需埋设排污管道，未对申请人造成影响，且未损害其合法权益的，申请人认为被申请人利用其门前空地铺设排污管道并非唯一途径，请求排除妨碍的，人民法院应当如何对案件作出裁判；在本章第五节讨论的相邻采光、日照纠纷中，对于申请人不认可鉴定结论请求重新鉴定，但是不能提交其他证据来证明鉴定结论存在无效或应当重新鉴定的情形的，遇到这种情况时人民法院又该如何处理。因此，本章以人民法院作出的相关裁判文书为基础，归纳、提炼与相邻权纠纷有关的裁判规则具有非常重要的现实意义。

在体例上，本章共七节，每一节均包括导论、基本理论、裁判规则、结语四部分；在素材上，本节以人民法院作出的裁判文书为主，辅以与此相关的理论；在内容上，不仅选取了司法实务中较为典型的相邻权纠纷作为研究标的，还涉及诸多相邻权的共性问题以探究有关相邻权纠纷的独特之处，共包括相邻用水、排水纠纷，相邻通行纠纷，相邻土地建筑物利用关系纠纷，相邻通风纠纷，相邻采光日照纠纷，相邻污染侵害纠纷和相邻损害防免关系纠纷七部分，每一部分皆以有关理论为基础，对裁判文书进行筛选、梳理与分析，精准归纳、提炼出相应的裁判规则。本章紧扣实务热点，立足实践、指导实践，相信定会为理论研究与司法实务界的人士提供有益的指导和帮助。

第一节 相邻用水、排水纠纷

一、导论

"相邻用水、排水权"在《民法通则》以及2021年1月1日起生效实施的《民法典》中都有相关的规定。《民法典》第290条规定:"不动产权利人应当为相邻权利人用水、排水提供必要的便利。对自然流水的利用,应当在不动产的相邻权利人之间合理分配。对自然流水的排放,应当尊重自然流向。"第296条规定:"不动产权利人因用水、排水、通行、铺设管线等利用相邻不动产的,应当尽量避免对相邻的不动产权利人造成损害。"自古以来,我国围绕着农业灌溉中的用水、排水,以及井水取用、屋檐滴水等问题,形成了一系列水相邻关系规范。其规范性内容与核心理念内蕴于国家立法、民事习惯以及相关司法裁判之中。本节以因相邻用水、排水纠纷的案件裁判文书为研究对象,将2017年以来人民法院作出的相关裁判文书作为主要范围,归纳、提炼相邻用水、排水纠纷裁判的理念和趋势,以期通过对我国案例的研究来指导司法实践。

截至2021年1月,编者在中国裁判文书网中输入"相邻用水、排水纠纷"(案由)共检索出民事裁判文书2142篇,其中,由最高人民法院裁判的有2篇,由高级人民法院裁判的有38篇,本节选取了其中6例典型案例,并对其裁判规则进行了梳理研究。在具体案例的选取上,本节遵循以下"两个优先"原则:第一,优先选择审判层级较高的裁判文书;第二,优先选择审判日期较近的裁判文书。通过形式和内容两个方面的筛选,本节最终选择了6篇裁判文书进行研究,即(2019)桂民申82号、(2019)浙民申4353号、(2018)桂09民终1980号、(2018)闽民申2625号、(2020)鲁01民终13688号。其中,由高级人民法院裁判的有5篇,由中级人民法院裁判的有1篇,裁判日期均为2018年(含)之后的案例。

二、相邻用水权、排水权的基本理论

(一)相邻用水权、排水权的概念和特征

相邻用水、排水关系,是指包括土地、房屋等相邻不动产的所有人和使用人之间因用水、排水(包括流水、截水)发生的权利义务关系。相邻用水关系,是指在相邻用水过程中,无论是地表水还是地下水,水源所有人或使用人均有权按照习惯(习惯应该是不违背公序良俗,能够被大多数人认同的约定俗成的办法)合理使用水源,或按照法律规定自由使用水源,任何一方不得垄断对水的使用及由此产生的权利义务。[1]

相邻排水关系,是指在相邻自然排水和人工排水过程中产生的权利义务。多方共临一处水源时,各方均可以自由使用水源,但不得因此影响邻地的用水。相邻用水、排水关系,是指相邻不动产权利人之间在用水和排水上相互给予必要便利的关系。相邻人应当尊重水的自然流向,在需要改变流向并且影响相邻他方用水时,应征得他方的同意,并对由此造成的损失给予适当补偿。为了灌溉土地,需要提高上游的水位、建筑水坝,必须附着于对岸时,对岸的土地所有人或者使用人应当允许;如果对岸的土地所有人或者使用人也使用水坝或者其他设施时,应当按照收益的大小,分担费用。自然水流经过地的所有人或者使用人都可以使用流水,但应当共同协商,合理分配使用。如果来自高地段的自然流水,常为低地段的所有人或者使用人使用,即使高地段所有人或者使用人也需要此水,也不得全部截堵、断绝低地段的用水,以免给低地段的所有人或者使用人造成损失。低地段的所有人或者使用人应当允许高地段的自然流水流经其地,不得擅自筑坝堵截,影响高地段的排水。相邻一方在为房屋设置管、槽或者其他装置时,不得使房屋雨水直接注泄于邻人建筑物上或者土地上。[2]

---

[1] 蔡晓荣、马传科:《中国固有法中的水相邻关系及其近代衍变》,载《厦门大学学报》2020年第6期。
[2] 贾嘉、雷昆:《农村相邻因用水、排水引发的纠纷分析及对策》,载《安徽农学通报》2011年第10期。

(二)相邻用水权、排水权的类型

1. 家庭用水。我国部分农村地区基础设施并不完善,存在几户共用水源的情况,因此会产生相邻权利人之间关于家庭用水方面的纠纷。但近年来,随着社会主义新农村建设的不断推进,农村地区的家庭水利基础设施得到了逐步完善。农户本身生活用水量较少,除自然原因外不会发生因严重缺少生活用水而引起与邻居的争水纠纷。因此,司法实践中也鲜有农村地区因生活用水而引发的纠纷案件。

2. 灌溉用水。理论界的探讨多集中于不动产权利人之间通过何种方式分配水源才能达到我国《民法典》中规定的"合理分配"的程度。我们了解到,因灌溉用水问题引发的纠纷在当今的农村地区呈现出多样化、复杂化的特点。首先,尽管农村地区普遍修有水渠或堰,基本能够满足农村地区的灌溉用水需要,但仍会发生邻里之间因水渠兴修问题引发的争端。其次,随着改革开放的深入,农村生产经营方式日益多样化,特别是农村养殖业发展迅速,带来了一系列的用水问题。

3. 家庭生活污水排放方面。农村地区由于排水沟排污引起的相邻权纠纷也比较多。究其原因在于农村地区住户较分散,排污水主要通过排水沟,由于生活污水本身较少,污水流入排水沟后会自动渗入地下或自然蒸发,不会发生堵塞现象。而排水沟通常是自然形成的或邻里之间一起修建的,成本极低。而住在河边的农户则主要通过排水沟直接排到河里,也不会直接因排水而造成对于邻居的妨害。例如,根据《湖北省农村饮用水与环境卫生现状调查》,在湖北农村农户的污水排放方式选择上,采取随意排放的占31.34%;明沟排放的占45.52%;暗沟排放的占6.61%;管道排放的占12.51%。数据中值得探讨的是,选择随意排放的用户达到了3成以上,虽然农村地区污水较少,且住房间隔较大,但仍有可能会因为长期向一个地方倒污水而逐渐形成一个"小泥洼",因而会给邻人造成生活的不便。但应当说明的是,理论界关于如何界定我国《民法典》中规定的不动产权利人应当为相邻权利人排水提供便利的问题的探讨,至少在农村生活污水排放方面是鲜有发生的。①

4. 农村生产过程中的水排放。调查过程中发现,农村生产过程中水排放纠

---

① 王旭玲:《我国相邻关系的法律发展》,载《发展》2010年第9期。

纷主要表现在以下几个方面：首先，由于高地农户在农作物生长季节因害怕化肥流失而阻止水流流向低洼地，造成低洼地农户引水灌溉的成本增高，所以在水稻收获季节，有些农户可能会采取一定的措施阻止高地农户将水田里的水经过低洼地排出，从而影响高低地农户的农作物收割工作，进而引发邻里纠纷。其次，住在河边的农户通常会修建暗沟直接将污水通向水塘或河流，以及养殖户因养殖而造成的水污染问题严重，这虽然不会直接对其他农户造成损害，但也不可避免地影响农业生产用水的质量，同时更是对于农村环境的破坏。这种现象在农村地区虽然非常普遍，却没有得到足够的重视，甚至在某种程度上达成了一种约定俗成的默许。最后，也是农村地区因排水问题而引发纠纷的一种最普遍的现象，在农作物收获季节，由于收获农作物需要将田垄内的水排空，农田与农田之间的距离较近，而排水量又较大。因此，这一过程中可能会将水排放到其他农户的水田中，影响其他农户的收割进程，从而引发双方的冲突。

三、关于相邻用水、排水纠纷的裁判规则

（一）不动产权利人利用相邻不动产，对相邻不动产权利人造成损害，同时相邻不动产权利人也存在一定过错的，相邻不动产权利人也应适当承担部分责任

【案例来源】
案例名称：蓝某、黄某明与黄某权相邻用水、排水纠纷案
审理法院：广西壮族自治区高级人民法院
案　　号：（2019）桂民申82号

【争议点】
蓝某、黄某明与黄某权因相邻用水、排水纠纷引发诉讼，该案历经广西壮族自治区忻城县人民法院一审、广西壮族自治区来宾市中级人民法院二审、广西壮族自治区高级人民法院再审三个阶段。在再审中，当事人蓝某、黄某明与黄某权之间就开挖排水沟是否损害了黄某权的权利问题产生争议。

【裁判说理】

《物权法》第92条①规定："不动产权利人因用水、排水、通行、铺设管线等利用相邻不动产的，应当尽量避免对相邻的不动产权利人造成损害；造成损害的，应当给予补偿。"不动产的相邻各方，应当按照有利生产、方便生活、团结互助、公平合理的精神，正确处理排水、通行等方面的相邻关系。蓝某、黄某明与黄某权均是忻城县思练镇厂上村厂一屯的村民，两户人的承包地相邻近，应当妥善协商解决排水事宜。2011年，该屯进行水泥道路硬化过程中，路面被垫高，造成黄某权的承包地内积水无法正常排放，施工队在黄某权承包地砌筑路基并在路基边开挖排水沟以便集中排水。黄某明、蓝某填平该排水沟使黄某权的承包地排水不通畅，侵犯了黄某权相邻排水权利，故黄某权要求黄某明、蓝某开挖被其填平的排水沟以方便排水的理由充分。鉴于在此之前该处没有排水沟，该排水沟是由于施工队在修路时抬高路面造成无法排水而开挖，黄某权的承包地因此得以排水，但又造成黄某明、蓝某通行上的困难。一、二审法院经勘查现场及综合双方当事人的意见，黄某明、蓝某开挖该排水明渠改成暗渠时所产生的费用，应由黄某权适当承担部分费用，判决由蓝某、黄某明在黄某权的承包地边开挖长13.7米、宽0.5米、深0.5米的排水渠，对于蓝某、黄某明申请再审案件理由不成立，人民法院予以驳回。

（二）相邻权人之间未对涉案现存房屋排污管道的安装作出约定，但根据墙体与房屋之间的距离及房屋使用情况，主张将排污管道安装在其房屋墙体外的地下的，人民法院予以支持

【案例来源】

案例名称：张某远、郑某迪与张某荣相邻用水、排水纠纷案

审理法院：浙江省高级人民法院

案　　号：（2019）浙民申4353号

【争议点】

张某远、郑某迪与张某荣因相邻用水、排水纠纷引发诉讼，该案历经乐清市人民法院一审、温州市中级人民法院二审、浙江省高级人民法院再审三个阶

---

① 对应《民法典》第296条，该条规定："不动产权利人因用水、排水、通行、铺设管线等利用相邻不动产的，应当尽量避免对相邻的不动产权利人造成损害。"

段。在再审中，当事人张某远、郑某迪与张某荣之间就张某荣安装排污管道是否妨碍案涉房屋所有人权利的认定问题产生争议。

【裁判说理】

根据《物权法》第86条①规定："不动产权利人应当为相邻权利人用水、排水提供必要的便利。对自然流水的利用，应当在不动产的相邻权利人之间合理分配。对自然流水的排放，应当尊重自然流向。"不动产权利人应当为相邻权利人用水、排水提供必要的便利。二审法院根据张某荣房屋的建造情况，结合该房屋东首墙体与张某远房屋之间的距离，以及双方实际居住及使用情况，从安装排污管道的便利、经济等角度出发，认定张某荣主张将排污管道安装在其房屋东首墙体外的地下系合理，判决支持张某荣的诉讼请求，由张某远户为相邻人张某荣提供更为便利的排水条件，有利于相邻各方的生产生活、团结互助，本院认为尚无不妥。张某远、郑某迪再审申请认为二审判决错误的理由不能成立。

（三）当事人主张另一方当事人应改建其屋后排水沟，但其未能提供证据证实该水沟对其改建的房屋权利造成影响的，人民法院不予支持

【案例来源】

案例名称：陆某强、陆某茂与陆某强相邻用水、排水纠纷案

审理法院：广西壮族自治区玉林市中级人民法院

案　　号：（2018）桂09民终1980号

【争议点】

陆某茂、陈某与陆某强因相邻用水、排水纠纷引发诉讼，该案历经北流市人民法院一审玉林市中级人民法院二审、广西壮族自治区高级人民法院再审三个阶段。在再审中，当事人陆某茂、陈某与陆某强之间就陆某强改建排水沟是否妨碍案涉房屋所有人权利的认定问题产生争议。

【裁判说理】

《民法通则》第83条②规定："不动产的相邻各方，应当按照有利生产、方

---

① 对应《民法典》第290条，该条规定："不动产权利人应当为相邻权利人用水、排水提供必要的便利。"

② 对应《民法典》第296条，该条规定："不动产的相邻权利人应当按照有利生产、方便生活、团结互助、公平合理的原则，正确处理相邻关系。"

便生活、团结互助、公平合理的精神，正确处理截水、排水、通行、通风、采光等方面的相邻关系。给相邻方造成妨碍或者损失的，应当停止侵害，排除妨碍，赔偿损失。"在本案中，上诉人与被上诉人为不动产的相邻方，被上诉人的房屋地势低于上诉人房屋，上诉人房屋与被上诉人房屋之间已铺设水泥路面，根据水往低处流的自然规律，上诉人房屋的排水均从水泥路面流向被上诉人房屋边，影响被上诉人的生产和生活。一审判决由上诉人对其排水沟出口进行改造，沿着被上诉人通行的水泥道路内侧安装一条内径不小于20厘米的排水管，并接到被上诉人的房屋旁的排水沟进行排水并无不当，对此本院依法予以维持。上诉人上诉提出造成排水问题是由于被上诉人没有预留出水口位置造成的，是被上诉人的过错，但其主张并不能否认本案侵权的事实，另，上诉人还主张本案的纠纷已有生效判决解决，本案属重复诉讼但与查明事实不符，法院依法不予采信及支持。

（四）被申请人因正常排污之需埋设排污管道，未对申请人合法权益造成损害的，申请人认为利用其门前空地铺设排污管道并非唯一途径主张拆除排污管道的，人民法院不予支持

【案例来源】

案例名称：尹某山与尹某烟、尹某才相邻用水、排水纠纷案

审理法院：福建省高级人民法院

案　　号：（2018）闽民申2625号

【争议点】

尹某山与尹某烟、尹某才因相邻用水、排水纠纷引发诉讼，该案历经福建省仙游县人民法院一审、福建省莆田市中级人民法院二审、福建省高级人民法院再审三个阶段。在再审中，当事人之间的争议点是：（1）尹某才与尹某烟安装的门是否影响尹某山房屋的通风、采光和通行。（2）尹某才家安装的门是否会使尹某山的出入存在交通安全隐患。

【裁判说理】

不动产的相邻权利人，应当按照有利生产、方便生活、团结互助、公平合理的原则，正确处理相邻关系，为相邻权利人的用水、排水提供必要的便利。被申请人因正常排污之需，所埋设的排污管道，虽经过申请人家门前空地，但该排污管系埋设于地下，且经多家门前空地并使用多年，并未对申请人造成影

响,未损害其合法权益。申请人认为被申请人利用其门前空地铺设排污管道并非唯一途径,事实依据不足。一审法院根据案件情况到现场勘查,在程序及实体上并无不当。综上,一、二审法院根据本案现有证据,作出的相关判决,并不不当,应予维持。

(五)一方当事人私自截断公共管道侵犯他人权利的,另一方当事人要求其停止侵害的,人民法院予以支持

【案例来源】

案例名称:孔某曦与赵某相邻用水、排水纠纷案

审理法院:山东省济南市中级人民法院

案　　号:(2020)鲁01民终13688号

【争议点】

孔某曦与赵某因相邻用水、排水纠纷引发诉讼,该案历经济南市市中区人民法院一审、山东省济南市中级人民法院二审两个阶段。在二审中,当事人孔某曦与赵某之间就赵某改建房屋内下水道;是否妨碍案涉房屋所有人权利的认定问题产生争议。

【裁判说理】

根据《民法典》第288条规定,不动产的相邻权利人应当按照有利生产、方便生活、团结互助、公平合理的原则,正确处理相邻关系。根据该法第290条规定,不动产权利人应当为相邻权利人用水、排水提供必要的便利。在本案中,孔某曦擅自截断厨房公共下水管道,虽阻止了其家中厨房下水管道污水回灌的现象,但却严重影响了楼上相邻权利人的排水权利,孔某曦的处理方式不符合上述法律规定,其上诉理由不能成立,人民法院不予支持。

四、结语

我国《民法典》对相邻人之间的用水和排水关系作出了详细规定。相邻排水关系,是指在相邻自然排水和人工排水过程中产生的权利义务。多方共临一处水源时,各方均可以自由使用水源,但不得因此影响邻地的用水。相邻人之间在处理用水和排水关系时,应当秉持相互尊重和理解的原则,不得对他人的合法权益造成损害,对因此给他人造成的损害要承担相应的法律责任。人民法

院在审理相邻用水、排水权案件时,若出现以下三种情况的,人民法院不予支持:其一,主张被告应改建其屋后排水沟,但原告未能提供证据证实该水沟对其改建的房屋权利造成影响的;其二,私自截断公共管道,侵犯他人权利的;其三,因正常排污之需埋设排污管道,未对他人造成影响,且未损害其合法权益的,申请人认为被申请人利用其门前空地铺设排污管道并非唯一途径请求拆除的。此外,不动产权利人利用相邻不动产,对相邻不动产权利人造成损害,同时相邻不动产权利人也存在一定过错的,相邻不动产权利人也应适当承担部分责任。

第二节　相邻通行纠纷

一、导论

《物权法》《民法通则》以及 2021 年 1 月 1 日起生效实施的《民法典》中对"相邻通行权"都作出了详细规定。根据《民法典》第 291 条规定，不动产权利人对相邻权利人因通行等必须利用其土地的，应当提供必要的便利。本节以因相邻通行纠纷的案件裁判文书为研究对象，并将 2017 年以来人民法院作出的相关裁判文书作为主要范围，归纳、提炼相邻通行纠纷裁判的理念和趋势，以期通过对我国案例的研究来指导司法实践。

截至 2021 年 1 月，编者在中国裁判文书网中输入"相邻通行纠纷"（案由）共检索出民事裁判文书 14 581 篇，其中，由最高人民法院裁判的有 2 篇，由高级人民法院裁判的有 337 篇。在具体案例的选取上，本节遵循以下"两个优先"原则：第一，优先选择审判层级较高的裁判文书；第二，优先选择审判日期较近的裁判文书。通过形式和内容两个方面的筛选，本节最终选择了 6 篇裁判文书进行研究，即（2020）桂民申 3341 号、（2020）闽民申 2831 号、（2020）云民申 876 号、（2020）宁民申 417 号、（2019）桂民申 4749 号、（2020）桂民申 55 号，均为由高级人民法院裁判的案件。其中，裁判日期为 2020 年（含）之后的有 5 篇。

二、相邻通行权的基本理论

（一）相邻通行权概述

1.相邻通行权的概念。相邻通行权，又称"必要通行权""领地通行权""袋地通行权"（我国台湾地区"民法典"第 787 条）、"围绕地通行权"（《日本民法典》第210条)、"必要通路权"(《德国民法典》第917条),该权利是指由于地理条件的限制,一方必须利用相邻一方所有或者使用的土地,取得通行等权利。例如,土地与公共道路无适宜通路,致使土地不能正常使用时,土地所有人或使用人有权通过周围他人土地,该周围土地的所有人或使用人则负有忍受通行的义务。此类通行权系法律对相邻通行关系最低限度的调节,为相邻权的一种。①

2.相邻通行关系的含义。相邻通行关系是最常见的一种相邻关系,其设立目的是调节相邻不动产所有人或使用人相互间因涉及相邻方交通出行而发生的权利义务关系。相邻一方的建筑物或土地由于自然条件或其他原因而处于相邻他方土地的包围之中的,必须通过相邻他方的土地才能通行时,相邻不动产一方应当提供必要的便利。对于相邻通行关系的理解需把握以下三点:(1)"必须",是指一方权利的行使以利用相邻一方的土地为条件,若不利用,就无法行使自己的民事权利,影响自己正常的生产和生活。(2)"土地",是指开发、使用的土地和未开发、使用的土地,包括城镇用地、农田、农村宅基地、林地、草地、山岭及其他土地。(3)"提供必要的便利",是指不动产权利人为相邻权利人从自己的土地通行创造条件,使其相邻权能够得以实现。譬如,留出能够使其正常出入的通道,不得在通道上设置障碍或者进行封堵,造成相邻权利人通行困难,甚至无路可走。②

(二)相邻通行权与通行地役权

相邻通行权与通行地役权的区别在于:通行地役权为地役权的一种,属于他物权,其成立以登记为必要条件;相邻通行权为相邻权,而不是独立的他物权,无需登记。通行地役权可单独抛弃,并可因时效消灭;相邻通行权与土地所有权(使用权)相始终,不得抛弃,也不因时效消灭。通行地役权是为增加需役地的利用价值而通行于供役地的权利;相邻通行权则限于为土地通常使用所必须的通行。相邻通行权是基于法律规定产生的,取得为无偿;通行地役权主要通过约定而产生,取得有偿无偿均可。

---

① 钱昕、杨朝程:《论一般通行权及其法律保护——土地变更登记个案的启示》,载《山东审判》2015年第1期。

② 王勇:《邻地通行与相邻关系的经验实证研究》,载《西部法学评论》2009年第4期。

根据不同国家和地区民法的相关规定，无论相邻通行权或通行地役权，通行人都应选择对邻地无损害或损害最小的途径通行。如因通行造成邻地的损害，通行人应给予适当的补偿。对通行地役权，当事人于设定时还可以约定对供役地的补偿额及补偿方式。民法上的相邻权是指相邻各方对各自所有的或使用的不动产行使所有权或使用权时，基于法律规定而派生的享有在他人不动产上的权利，如相邻的权利人享有他人不动产上必要的通行权、管线铺设权、给排水权等。

相邻权纠纷在现实生活中经常发生，比较多见的是宅基地使用权人对相邻人因通行等必须通过其土地时强行阻断，不让通行。因此，司法机关在处理相邻权纠纷时，要积极向广大群众宣传和解释相邻权制度，妥善处理好相邻权纠纷，这对当前农村经济社会稳定和群众的生产生活尤为重要。[①]

（三）处理相邻权纠纷的原则

处理相邻权纠纷要掌握两个原则：一是应明确共同使用的空地、道路、院墙等，相邻一方不得擅自独占或擅自处理。二是对历史上形成的穿行通道，一般无需支付补偿金；对要求在他人土地上另开通必经通道的，应当支付补偿金。这两条原则结合案件的具体情况来执行。为此，法官在处理相邻权纠纷时，必须正确把握法律制度所预设的价值追求，即民法上的相邻权制度的目的是解决土地相邻一方因土地与公共道路不相通，而必须穿行相邻土地另一方的权利。它通过对所有权的"私"的必要限制，旨在缓和与协调人对自然资源的利用关系，从而实现资源和财富的最大化利用。因此，司法机关在处理相邻权纠纷时，要多做当事人的思想工作，让人们了解相邻权利，明确相邻义务，以减少和避免不必要的矛盾发生。

---

① 王洪伟：《建筑物区分所有权、相邻权之通行权及其他——从一起相邻关系通行权诉讼案谈起》，载《当代法学》2003 年第 4 期。

三、关于相邻通行纠纷的裁判规则

（一）当事人用水泥硬化修建小斜坡虽有不当，但另一当事人的通行权利仍能得到保障的，另一当事人主张排除妨害的，人民法院不予支持

【案例来源】

案例名称：张某宽与张某泽相邻通行纠纷案

审理法院：广西壮族自治区高级人民法院

案　　号：（2020）桂民申3341号

【争议点】

张某宽与张某泽因相邻通行纠纷引发诉讼，该案历经广西壮族自治区来宾市兴宾区人民法院一审、广西壮族自治区来宾市中级人民法院二审、广西壮族自治区高级人民法院再审。在再审中，当事人张某宽与张某泽就张某泽是否损害到张某宽的相邻通行权利的问题产生争议。

【裁判说理】

根据《民法典》第291条规定，不动产权利人对相邻权利人因通行等必须利用其土地的，应当提供必要的便利。不动产的相邻各方，应当按照有利生产、方便生活、团结互助、公平合理的精神，正确处理截水、排水、通行、通风、采光等方面的相邻关系。不动产权利人因相邻关系而在行使其权利时受到某些限制，应负一定的容忍义务。二审法院通过现场勘查查明，张某泽填高用水泥硬化修建小斜坡虽有不当，但张某宽的通行权利仍能得到保障。二审法院综合考虑道路的通行情况，驳回张某宽的诉请，并无不当。张某宽主张硬化小斜坡影响其通行，但不能提供充分证据证明，对该主张法院予以驳回。

（二）在公共通道上堆放杂物妨碍了他人的日常通行，当事人主张排除妨碍的，人民法院予以支持

【案例来源】

案例名称：黄某明与林某富相邻通行纠纷案

审理法院：福建省高级人民法院

案　　号：（2020）闽民申2831号

【争议点】

黄某明与林某富因相邻通行纠纷引发诉讼，该案历经福建省连江县人民法院一审、福建省福州市中级人民法院二审、福建省高级人民法院再审。在再审中，当事人黄某明、林某富就黄某明是否损害到林某富的相邻通行权利的问题产生争议。

【裁判说理】

本院经审查认为，首先，黄某明的土地使用权范围应以其土地使用证书上载明的四至为准，根据其持有的房屋所有权证载明的房屋四至，其房屋南面邻路，黄某明主张其房屋南面空地属于其土地使用权范围内的土地，但未提供任何有效证据证明；其次，林某富、林某、林某1、林某2、林某3五户于1984年购房案涉房屋所在土地建设房屋之时，即已共同约定林某富、林某1、林某三户从各自南向墙体往南留出1.4米土地作为东西走向的公共通道。黄某明从林某1处受让案涉房屋后，在该通道上建造铁门、平台，并在该通道上堆放花盆等杂物，既妨碍了林某富及其他人的日常通行，也违反了上述约定。因此，一、二审法院黄某明拆除其房屋南面公共通道上的铁门和平台，并清除该通道上的杂物，保持通道畅通，有充分的事实和法律依据。法院依法驳回上诉人的上诉申请。

（三）对于一方所有的或使用的建筑物范围内历史形成的必经通道，所有权或使用权人不得堵塞。因堵塞影响他人生产、生活，他人要求排除妨碍或者恢复原状的，人民法院予以支持

【案例来源】

案例名称：余某华等与王某红等相邻通行纠纷案

审理法院：云南省高级人民法院

案　　号：（2020）云民申876号

【争议点】

余某华、余某林、赵某江、张某高与王某红、王某琼因相邻通行纠纷引发诉讼，该案历经砚山县人民法院一审、云南省文山壮族苗族自治州中级人民法院二审、云南省高级人民法院再审。在再审中，当事人余某华、余某林、赵某江、张某高与王某红、王某琼就王某红、王某琼是否损害到余某华、余某林等的相邻通行权利的问题产生争议。

【裁判说理】

在本案中，余某华等四户和王某红户均在争议通道上出入，通行多年双方并无异议，已形成历史通道。在王某红家拆旧建新前，余某华、余某林、赵某江、张某高对争议通道进行了硬化，从余某华等四申请人提交的图片可以看出，四申请人家在通道的最里面，王某红家在通道的最外面。根据原审现场勘查，争议通道最窄处有3.9米，最宽处有5.5米。因此，硬化的通道应当够人、畜力车、车辆的进出。且王某红家已将大门改成内开，道路上的沙石、土渣等障碍物已清除，四申请人家能够正常通行。余某华等四申请人认为王某红家建盖的围墙侵占了公共通道2.5米，构成侵权，要求王某红家拆除占用通道部分。经审查，原历史形成的通道有多宽，由于双方当事人各说不一，王某红家无房屋产权证和土地使用证，且余某华、余某林、赵某江、张某高硬化通道在前，王某红家建盖房屋在后，现无证据证实王某红家建盖的围墙用了公共通道，故原判决对余某华等四申请人该主张不予支持，并无不当。申请人余某华、余某林、赵某江、张某高认为原审遗漏排水纠纷诉讼请求的问题，由于申请人一审并没有提出该诉讼主张和请求，根据民事案件不告不理的审理原则，原判并不存在遗漏诉讼请求的问题。因此，本案当事人应本着互谅互让、团结友好、相互容忍的原则，正确处理邻里关系。余某华、余某林、赵某江、张某高的再请求不能成立，法院予以驳回。

（四）对于在承包地上建房阻碍相邻方正常通行，相邻方主张排除妨碍的，人民法院予以支持

【案例来源】

案例名称：余某与辛某、王某相邻通行纠纷案
审理法院：宁夏回族自治区高级人民法院
案　　号：（2020）宁民申417号

【争议点】

余某与辛某、王某因相邻通行纠纷引发诉讼，该案历经砚山县人民法院一审、云南省文山壮族苗族自治州中级人民法院二审、云南省高级人民法院再审。在再审中，当事人余某与辛某、王某就余某是否损害到辛某的相邻通行权利的问题产生争议。

【裁判说理】

依据《物权法》第 84 条①"不动产的相邻权利人应当按照有利生产、方便生活、团结互助、公平合理的原则，正确处理相邻关系"的规定，余某与辛某系前后近邻，余某在自己的承包地上建房也要按照上述原则，正确处理通行等方面的相邻关系，不能给相邻方造成妨碍。原审法院认定辛某是 2008 年建房后居住至今，在涉案通道上通行多年，且该涉案道路是辛某的唯一通道，余某建房妨碍了辛某的正常通行，有在案的农村土地承包经营权证、集体土地使用证、证人证言等证据能够证实，原审判决余某排除妨碍留出通行道路，保证辛某正常通行并无不当。余某提出其与辛某承包地之间原来就不存在通行的可能性，也没有一审认定的可以通行的道路存在的主张依据不足。余某关于辛某为了在其承包地上走捷径通行，将自己原来通行的道路损毁，制造"无路可走"的假象的主张亦缺乏证据证明，不予采纳。故余某的申请再审理由不能成立。综上，法院裁定驳回余某的再审申请。

（五）修建花圃和铁棚给他人的通行带来不便，当事人主张拆除部分花圃、留出通道供他人通行的，人民法院予以支持

【案例来源】

案例名称：廖某达、廖某雁相邻通行纠纷案

审理法院：广西壮族自治区高级人民法院

案　　号：（2019）桂民申 4749 号

【争议点】

廖某达与廖某雁因相邻通行纠纷引发诉讼，该案历经广西壮族自治区田东县人民法院一审、广西壮族自治区百色市中级人民法院二审、广西壮族自治区高级人民法院再审。在再审中，当事人廖某达与廖某雁就廖某雁是否损害到廖某达的相邻通行权利的问题产生争议。

【裁判说理】

廖某达与廖某雁的房屋东西相邻，廖某雁在屋前修建花圃和铁棚确实给廖某达的通行带来不便，一、二审法院经实地勘察，从有利生产、方便生活出

---

① 对应《民法典》第 288 条，该条规定："不动产的相邻权利人应当按照有利生产、方便生活、团结互助、公平合理的原则，正确处理相邻关系。"

发，判决廖某雁拆除部分花圃、留出 2 米宽的通道供廖某达通行，并无不当，本院予以维持。现廖某达的通行需要已得到满足，其要求廖某雁拆除全部花圃和铁棚没有事实和法律依据。综上，法院裁定驳回廖某达的再审申请。

（六）诉争通道距公路直线距离最短，但并非通行前往公路的唯一道路的，不存在通行不便问题，当事人主张排除妨碍的，人民法院不予支持

【案例来源】

案例名称：胡某伟与唐某威相邻通行纠纷案

审理法院：广西壮族自治区高级人民法院

案　　号：（2020）桂民申 55 号

【争议点】

胡某伟与唐某威因相邻通行纠纷引发诉讼，该案历经广西壮族自治区扶绥县人民法院一审、广西壮族自治区崇左市中级人民法院二审、广西壮族自治区高级人民法院再审。在再审中，当事人胡某伟、唐某威就唐某家是否损害到胡某伟、唐某威的相邻通行权利的问题产生争议。

【裁判说理】

在本案中，一审法院依法组织双方实地进行勘验并制作现场勘验图，当事人双方均对现场勘验情况予以确认，经一审法院实地勘验确认了胡某伟等四人房屋、唐某家房屋的位置，以及胡某伟等四人、唐某家房屋左右存在两条村道的事实，同时确认本案讼争通道上唐某家房屋旁搭建一间卫生间、通道地面上种植蔬菜、通道上砌有围墙的事实。胡某伟等四人认为唐某家的上述行为造成其相邻通行不便的问题，但根据一审法院查明的事实，本案讼争通道虽然与公路的直线距离最短，但并非通行前往公路的唯一道路，且宽度不如唐某伍与唐某威户之间的通道，结合胡某伟等四人申请再审时提交的照片，本案讼争通道路面不平整并不利于车辆通行，表明该通道并非村庄主干道，而是农村房屋前后左右预留的空间地面，胡某伟等四人完全可以从唐某伍和唐某威户之间的通道通行，并不存在通行不便的问题。胡某伟等四人主张唐某家妨害其相邻通行便利的申请再审理由无事实和法律依据，本院不予支持。至于唐某家所建设的卫生间、围墙是否属于违法建筑、是否应当拆除，均属于政府相关部门的职责和管理范围，不属于民事案件受理范围，一、二审法院对此不予审理并无不当。综上，法院裁定驳回再审申请。

四、结语

邻地通行关系是最常见的一种相邻关系，其设立的目的是调节相邻不动产所有人或使用人相互间对土地的利用，而对相邻不动产的权利的行使加以某种程度的限制，从而使邻地所有人或使用人充分发挥其对土地的利用效用。相邻人之间应当秉持相互尊重和理解的原则，通行权人应当正确行使相邻通行权，土地使用权人应当为他人提供必要的便利。人民法院在审理相邻通行纠纷案件时，若出现以下几种情况，当事人主张排除妨碍的，人民法院不予支持：其一，用水泥硬化修建小斜坡，但通行权利仍能得到保障的；其二，对于通道距公路直线距离最短，但并非通行前往公路的唯一道路，不存在通行不便的问题的；其三，对于一方所有或者使用的建筑物范围内因历史原因形成的必经通道，所有权或者使用权人不得堵塞，因堵塞影响他人生产、生活的；其四，在公共通道上堆放杂物妨碍他人日常通行的。此外，司法实践中若出现，修建花圃和铁棚给他人的通行带来不便，当事人主张拆除部分花圃、留出通道供他人通行的，人民法院应当予以支持。

第三节 相邻土地、建筑物利用关系纠纷

一、导论

根据《民法典》第292条规定,不动产权利人因建造、修缮建筑物以及铺设电线、电缆、水管、暖气和燃气管线等必须利用相邻土地、建筑物的,该土地、建筑物的权利人应当提供必要的便利。该法第293条也规定了,建造建筑物,不得违反国家有关工程建设标准,不得妨碍相邻建筑物的通风、采光和日照。相邻一方因修建施工临时占用他方使用的土地,占用的一方如未按照双方约定的范围、用途和期限使用的,应当责令其及时清理现场,排除妨碍,恢复原状,赔偿损失。此外,在邻地上安设管线时,需满足下述条件:非经过邻人的土地而不能安设电线、水管、煤气管等管线,而此等管线又为土地权利人所必需,该土地权利人有权通过邻人土地的上下安设,但应选择损害最小的处所及方法安设,仍有损害的,应支付补偿金。本节以因相邻通行纠纷的案件裁判文书为研究对象,并将2017年以来人民法院作出的相关裁判文书作为主要范围,归纳、提炼相邻通行纠纷裁判的理念和趋势,以期通过对我国案例的研究来指导司法实践。

截至2021年1月,编者在中国裁判文书网中输入"相邻土地、建筑物利用关系纠纷"(案由)共检索出民事裁判文书1139篇,其中,由高级人民法院裁判的有27篇。在具体案例的选取上,本节遵循以下"两个优先"原则:第一,优先选择审判层级较高的裁判文书;第二,优先选择审判日期较近的裁判文书。通过形式和内容两个方面的筛选,本节最终选择了6篇裁判文书进行研究,即(2019)粤民申5658号、(2019)吉民申616号、(2020)陕04民终2230号、(2020)内07民终1524号、(2017)鄂10民终405号、(2020)闽05民终1618号。其中,由高级人民法院裁判的案件2件,由中级人民法院裁判的案件4件,裁判日期为2018年(含)之后的有5篇。

二、相邻土地、建筑物利用关系的基本理论

（一）相邻土地、建筑物利用关系的概念

相邻土地利用关系是相邻关系的一种，是相邻方使用相邻土地而发生的权利义务关系。相邻一方在其土地疆界或疆界近旁营造、修缮建筑物必须使用相邻他方土地时，相邻他方应允许其使用土地。邻地因使用而受损害的，相邻方有权请求使用方补偿。[1]

（二）对于《民法典》中相邻土地、建筑物利用关系的理解

虽然《民法典》物权编对《物权法》有一定的继承性，但在土地相邻关系的一些表述上，仍有"四个变化"。主要表现为：第一，表述上更加契合科学精神。《物权法》第90条规定："不动产权利人不得违反国家规定弃置固体废物，排放大气污染物、水污染物、噪声、光、电磁波辐射等有害物质。"而在《民法典》第294条中，"光"被具体表述为"光辐射"，因为"光"不能定性为"有害"，而光辐射则确定有害，因而此种表述更加符合科学规律。第二，内容更加准确丰富。尤其是在相邻土地利用时，《民法典》中增加了"土壤污染"这一污染类型，即相邻土地的利用不得造成土壤污染。第三，禁用方式发生变化。相邻土地的利用应当遵循相关规则，不得侵犯他人合法权益。[2] 换言之，在《物权法》中对相邻土地的利用方式规定了一些禁止性的限制。在这些限制下，相邻关系的土地使用人不得以法律禁止的方式使用土地。这就保证了相邻土地在最大限度发挥其使用价值的同时，不会危及相邻土地权利人合法利用土地的权利。而在《民法典》中，对相邻土地的禁用方式给予了不同程度的修改，除了上面提及的禁止排放土壤污染物之外，还相应地规定了光辐射和电磁辐射等禁用方式。这说明《民法典》对于相邻土地禁用方式的规定更加细致合理，更加符合当代民事生活的客观需求。第四，处理方式发生变化。《物权法》对土地相邻关系纠纷的处理方式采用了"总分式"立法模式，即规定了"有利于生产、方便生活、团结互助、公平合理"这四项基本原则，同时还规

---

[1] 张鹏：《论我国相邻空间利用关系约定制度的构建》，载《法商研究》2013年第1期。
[2] 王利明：《论相邻关系中的容忍义务》，载《社会科学研究》2020年第4期。

定了造成损害要给予经济赔偿的具体规则。《民法典》吸纳了《物权法》的部分规定，保留了土地相邻关系纠纷处理的原则性规定，但在具体操作部分却删除了遭受损害的权利人可以要求"经济赔偿"的内容。纠纷处理方式的变化，对于今后民事生活中处理土地相邻关系纠纷会产生重大影响，这种影响不仅反映在审判环节，更为重要的是会促进民事生活方式的变化。①

三、关于相邻土地、建筑物利用关系纠纷的裁判规则

（一）当事人之间在先约定，一方将其屋前土地提供给他人只作为通道使用且不得改变性质，另一方仅是将原有通道加固成水泥路的，不属于改变通道的使用性质

【案例来源】
案例名称：卢某辉与卢某杰相邻关系纠纷案
审理法院：广东省高级人民法院
案　　号：（2019）粤民申 5658 号

【争议点】
卢某辉与卢某杰因相邻土地、建筑物利用关系纠纷引发诉讼，该案历经广东省信宜市人民法院一审、广东省茂名市中级人民法院二审、广东省高级人民法院再审。在再审中，双方就卢某杰是否损害到卢某辉的相邻土地、建筑物利用关系的问题产生争议。

【裁判说理】
卢某杰与卢某辉系同胞兄弟。卢某辉以卢某杰在涉案土地上浇筑水泥道路侵害了卢某辉的承包经营权为由，请求法院判令卢某杰停止侵权、排除妨害、恢复原状、赔偿损失。根据查明事实，卢某辉夫妇与卢某杰夫妇等人曾于 2013 年 3 月 15 日签订《协议书》，约定将涉案土地中位于卢某辉屋前 2.6 米宽的部分土地给予卢某杰作为通道使用，并注明"不得改变性质，只作通道使用。如违约，卢某辉有权收回"。上述约定系双方当事人真实意思表示，未违反法律、行政法规效力性强制性规定，合法有效，卢某辉申请再审时主张上述

---

① 黄丽芳：《民法典中的相邻关系立法体系研究》，载《法制博览》2020 年第 1 期。

约定无效，缺乏事实与法律依据，法院不予采纳。从本案现有证据来看，卢某杰仅是将原有通道加固成水泥路，并未改变通道的使用性质。因此，一审判决对卢某辉的诉请不予支持，二审予以维持，并无不当。综上，法院裁定驳回再审申请。

（二）在相邻建筑物利用的相邻关系中，一方修复及添附不动产的目的系满足其能够继续利用该不动产的，该修复及添附不动产的行为不构成无因管理

【案例来源】

案例名称：孙某城与吉林黄栀花药业有限公司（以下简称黄栀花药业）相邻土地、建筑物利用关系纠纷案

审理法院：吉林省高级人民法院

案　　号：（2019）吉民申616号

【争议点】

孙某城与黄栀花药业因相邻土地、建筑物利用关系纠纷引发诉讼，该案历经吉林省通榆县人民法院一审、吉林省白城市中级人民法院二审、吉林省高级人民法院再审。在再审中，当事人孙某城与黄栀花药业就孙某城是否损害到黄栀花药业的相邻土地、建筑物利用关系的问题产生争议。

【裁判说理】

《物权法》第84条[①]规定："不动产的相邻权利人应当按照有利生产、方便生活、团结互助、公平合理的原则，正确处理相邻关系。"在本案中，孙某城与黄栀花药业因案涉北墙的使用形成了关于相邻建筑物利用的相邻关系。为妥善处理上述相邻关系，孙某城与原通榆县制药厂于2004年5月21日签订了协议，内容为："为友好相处，双方协商如下：一、乙方保证不往甲方院内扔各种脏物；二、乙方占用甲方北院墙，甲方随时使用，乙方随时给倒出，不得向甲方索要赔偿。三、上述约定，乙方必须遵守；否则，甲方可凭此协议通过法律解决"。对于上述协议，孙某城和黄栀花药业在本案诉讼过程中均表示认同，因此可以认定该协议系基于双方真实意思表示而签订，且该协议内容符合法律

---

① 对应《民法典》第288条，该条规定："不动产的相邻权利人应当按照有利生产、方便生活、团结互助、公平合理的原则，正确处理相邻关系。"

规定，合法有效。该协议作为当事双方关于北墙利用的约定，对双方均具有法律约束力。相邻关系依附于不动产，但不因不动产所有人或占有人的变更而变更。原通榆县制药厂经企业改制、资产并购、股权转让等一系列合法方式，现变更为黄栀花药业，且黄栀花药业已合法取得了包括案涉北墙在内的原属通榆县制药厂的全部建筑物所有权和相关土地使用权。因此，孙某城与原通榆县制药厂签订的协议对于黄栀花药业继续有效，黄栀花药业继受原通榆县制药厂基于该协议享有的全部权利和义务。黄栀花药业基于合理利用，并按照双方协议约定，要求孙某城排除妨害的请求，符合法律规定和双方约定，应当支持。在本案再审审查程序中，孙某城主张王道君未向其告知通榆县制药厂转让的情况，给其造成了财产损失。本院认为，黄栀花药业（或其法定代表人王道君）并无法定义务向孙某城告知相关企业改制及股权变更等情况，黄栀花药业的上述情况也并不对孙某城的相关权益造成影响，且孙某城并未明确其受到何种财产损失，故该项再审申请理由不成立。此外，孙某城还主张其对案涉北墙的修复及添附行为属于无因管理，要求黄栀花药业赔偿其损失。《民法总则》第121条①规定："没有法定的或者约定的义务，为避免他人利益受损失而进行管理的人，有权请求受益人偿还由此支出的必要费用。"无因管理行为的必要法律构成要件之一是"无因管理必须是为了他人的利益"，也就是说，管理人必须有为他人谋取利益的目的。如果管理人管理他人事务是为了管理人自己的利益或本人以外的第三人的利益，则不构成无因管理。在本案中，孙某城修复及添附北墙的行为，目的系其自己能够继续利用北墙，故其行为不构成无因管理；况且，本案系黄栀花药业作为原告提起的相邻土地、建筑物利用关系纠纷案件，孙某城在本案中的诉讼地位为一审被告、二审上诉人及再审申请人，孙某城在本案一审程序中并未提出反诉或另行提起其他诉讼，故本院对孙某城的此项请求及理由不予支持。综上，法院依法驳回上诉人的上诉申请。

---

① 对应《民法典》第979条，该条规定："管理人没有法定的或者约定的义务，为避免他人利益受损失而管理他人事务的，可以请求受益人偿还因管理事务而支出的必要费用；管理人因管理事务受到损失的，可以请求受益人给予适当补偿。"

(三)一方在自己和他人后院的界墙上放置旧瓦妨碍他人对后院伙墙的利用且存在安全隐患的,应该对该部分旧瓦予以移除

【案例来源】

案例名称:杜某兰与黄某义侵权责任纠纷案

审理法院:陕西省咸阳市中级人民法院

案　　号:(2020)陕04民终2230号

【争议点】

杜某兰与黄某义因相邻土地、建筑物利用关系纠纷引发诉讼,该案历经咸阳市秦都区人民法院一审、咸阳市中级人民法院二审。在二审中,当事人杜某兰与黄某义就黄某是否损害到杜某的相邻土地、建筑物利用关系的问题产生争议。

【裁判说理】

民事案件案由应当依据当事人主张的民事法律关系的性质来确定。根据本案上诉人的诉讼请求、事实与理由等,本案案由应为相邻土地、建筑物利用关系纠纷。上诉人该上诉理由成立,予以支持。原判确定本案案由为侵权责任纠纷不当,予以纠正。

不动产的相邻权利人应当按照有利于生产、方便生活、团结互助、公平合理的原则,正确处理相邻关系。在本案中,上诉人提出损失20 000元事实,证据不足。原判对上诉人该诉请予以驳回,适用法律并无不当。上诉人该上诉理由不能支持,予以驳回。被上诉人在自己和上诉人后院界墙上堆放旧瓦约长三米长、高一米。上诉人上诉提出原判认定后院界墙系被上诉人用旧瓦所建的事实错误等上诉理由成立,予以支持。被上诉人在界墙上放置旧瓦妨碍上诉人对后院伙墙的利用,且存在安全隐患。被上诉人应对该部分旧瓦予以移除。关于上诉人所提被上诉人在伙墙前院及中院二层墙体贴瓷片一节,虽有一定的美化作用,但在上诉人需要使用属于自己的12公分伙墙时,被上诉人应予拆除该部分瓷片。上诉人该上诉理由成立,予以支持。

(四)排除妨害请求属于民事案件范畴,对于认为排除妨害请求不属于法院受理范围的主张,人民法院不予采纳

【案例来源】

案例名称:郑某生与张某华相邻土地、建筑物利用关系纠纷案

审理法院:内蒙古自治区呼伦贝尔市中级人民法院

案　　号:(2020)内 07 民终 1524 号

【争议点】

郑某生与张某华因相邻土地、建筑物利用关系纠纷引发诉讼,该案历经内蒙古自治区莫力达瓦达斡尔族自治旗人民法院一审、内蒙古自治区呼伦贝尔市中级人民法院二审。在二审中,当事人郑某生与张某华就张某是否损害到郑某相邻土地、建筑物利用关系的问题产生争议。

【裁判说理】

该案系相邻土地、建筑物利用关系纠纷。依据《物权法》第 35 条[①] 关于"妨害物权或者可能妨害物权的,权利人可以请求排除妨害或者消除危险"之规定,权利人对涉及物权的妨害有向相对人提出排除妨碍请求的权利。排除妨害请求的目的是消除对物权的障碍或侵害,使物权恢复圆满状态,要求相对人积极采取措施排除现实已经发生的妨害,属于民事案件范畴,故本院对郑某生认为本案不属于法院受理范围的主张不予采纳。

在本案中,张某华自购买房屋以来一直居住并使用,合法取得了该房屋的占有、使用权。本案经内蒙古灵信房地产评估有限公司进行司法鉴定,结论为郑某生占用张某华院落的部分,面积为 203.04 平方米,鉴定机构系司法鉴定在册单位,具有司法鉴定资质及人员资质,清楚明确。郑某生上诉主张当年房照(土地使用证)测量的面积不准确,没有占用张某华家的使用面积,以及本案的鉴定结论不科学、不合法,鉴定机构无司法鉴定资质、人员资质,请求重新鉴定的上诉主张,未提交相关证据予以证明,且与事实不符,人民法院不予支持。

---

① 对应《民法典》第 236 条,该条规定:"妨害物权或者可能妨害物权的,权利人可以请求排除妨害或者消除危险。"

（五）利用相邻关系人土地的理由必须客观存在并且充分。若这种利用不是必须，且不动产权利人经过努力可以自己解决的，相邻关系人可以拒绝向其提供便利

【案例来源】

案例名称：唐某春等与赵某剑相邻关系纠纷上诉案

审理法院：湖北省荆州市中级人民法院

案　　号：（2017）鄂10民终405号

【争议点】

唐某春、陈某龙与赵某剑因相邻关系纠纷引发诉讼，该案历经公安县人民法院一审、湖北省荆州市中级人民法院二审。在二审中，当事人就唐某春与赵某剑是否形成因邻地通行引起的相邻关系问题产生争议。

【裁判说理】

本案的争议焦点在于上诉人唐某春与被上诉人赵某剑是否形成因邻地通行引起的相邻关系。《物权法》第87条①规定："不动产权利人对相邻权利人因通行等必须利用其土地的，应当提供必要的便利。"该相邻关系指的是，由于地理条件的限制，一方必须利用相邻一方所有或者使用的土地，取得通行等便利。所谓"必须利用"，是指这种利用具有必要性与合法性，利用相邻关系人土地的理由客观存在并且充分，相反，如果这种利用不是必须的，不动产权利人经过努力可以自己解决，相邻关系人可以拒绝向其提供便利。在本案中，上诉人唐某春与被上诉人赵某剑的土地在地理位置上不连接，属于相邻近的土地。被上诉人赵某剑经营的久隆家电超市门店前门是建设北路，其提交的南平镇人民政府《南平镇街道整治行动告知书》表明，2016年12月26日前该道路允许货车通行，被上诉人赵某剑可以通过门店前道路上下货物。目前该道路限制通行即晚7点至次日早7点货车可以通行。从现场查看情况来看，诉争通道仍然在使用。另外一楼生活超市上下货物使用的是毗邻的华荣舫小区道路，一楼房屋所有权人系上诉人赵某剑，是其租赁给他人使用，赵某剑亦可通过协商一楼租户及华荣舫小区，通过一楼搬运货物到二、三、四楼。综上，被上诉人

---

① 对应《民法典》第291条，该条规定："不动产权利人对相邻权利人因通行等必须利用其土地的，应当提供必要的便利"。

称该通道是其生产经营的唯一通道不符合客观事实，实际上是被上诉人经过该通道搬运货物相较于其他方式而言更为便利和成本更低。因此，被上诉人赵某剑主张的邻地通行权不具备必要性，上诉人唐某春可以拒绝。

（六）若无法认定对其他主体在相邻权方面达到足以影响正常使用的程度的，相邻关系人请求拆除部分房屋、责令其停止侵害、排除妨害、恢复原状的诉讼请求，人民法院不予支持

【案例来源】

案例名称：林某里、林某桥物权保护纠纷案

审理法院：福建省泉州市中级人民法院

案　　号：（2020）闽05民终1618号

【争议点】

林某里、林某桥因相邻土地、建筑物利用关系纠纷引发诉讼，该案历经福建省永春县人民法院一审、福建省泉州市中级人民法院二审。在二审中，当事林某里、林某桥就林某桥是否损害到林某里的相邻土地、建筑物利用关系的问题产生争议。

【裁判说理】

林某里主张一审法院对本案案由确定错误，但一审法院在庭审中已将该问题归纳为争议焦点进行审理，故本案二审可根据林某里一审明确的诉讼请求进行审查处理。根据本案现有证据，无法认定林某桥所建房屋侵占了林某里的《集体土地使用证》项下土地使用权，且从两屋现状看，林某桥所建房屋在相邻通行、通风、采光、排水等方面亦未达到足以影响林某里对其房屋正常使用的程度，故林某里在本案中有关判令林某桥将其房屋用地退出林某里房屋用地红线范围，责令林某桥拆除侵害林某里用地的部分房屋，并责令其停止侵害、排除妨害、恢复原状的诉讼请求，一审法院未予支持并无不当。至于林某桥所建房屋与林某里房屋间距是否符合住宅建设规范，以及是否影响林某里房屋的翻建申请审批等问题，均属行政主管部门的职权范围，且鉴于生效行政判决作出后，永春县自然资源局已告知林某桥拟撤销相应建设工程规划许可证，故上述问题均应由行政主管部门综合考虑并依法妥善处理，林某里亦可另循程序向相关行政主管部门表达意见和主张权利。

四、结语

按照《民法典》等相关法律文件的规定,土地相邻权纠纷需要按照以下程序解决:首先,依法律规定。土地相邻关系纠纷如果有法律明确规定的,应当直接适用法律规定,如土地权利人排放污水造成相邻土地环境损害的,虽然《民法典》没有规定如何处理,但是在《环境保护法》中却有明确的规定,此时可以依据《环境保护法》进行处理。其次,依当地习惯。如果找不到法律规定,则要根据当地的风俗习惯来处理纠纷,这样就可以保证当事人双方都能够接受处理结果。最后,依基本原则。如果按照地方的风俗习惯尚不足以解决土地相邻关系纠纷的,则可以根据《民法典》中关于土地相邻关系纠纷处理的四项基本原则来处理。人民法院在审理相邻土地、建筑物利用关系纠纷案件时,若出现以下几种情况的,人民法院不予支持:其一,排除妨害请求属于民事案件范畴,对于认为排除妨害请求不属于法院受理范围的主张的;其二,若无法认定其他主体所建房屋侵占到一方的土地使用权,且该其他主体所建房屋在相邻通行、通风、采光、排水等方面亦未达到足以影响该方对其房屋正常使用的程度,对于责令该其他主体拆除侵害该方用地的部分房屋、责令其停止侵害、排除妨害、恢复原状的诉讼请求的。此外,还应注意以下四点:其一,当事人之间在先约定,一方将其屋前土地提供给他人只作为通道使用且不得改变性质,被告仅是将原有通道加固成水泥路的,不属于改变通道的使用性质;其二,在相邻建筑物利用的相邻关系中,对于一方修复及添附不动产的行为,若其目的系其自己能够继续利用该不动产的,其修复及添附不动产的行为不构成无因管理;其三,一方在自己和他人后院的界墙上放置旧瓦妨碍他人对后院伙墙的利用且存在安全隐患的,应对该部分旧瓦予以移除;其四,《民法典》第291条中规定的"不动产权利人对相邻权利人因通行等必须利用其土地的,应当提供必要的便利"中,"必须利用"是指这种利用具有必要性与合法性,利用相邻关系人土地的理由客观存在并且充分。若这种利用不是必须的,不动产权利人经过努力可以自己解决,相邻关系人可以拒绝向其提供便利。

第四节　相邻通风纠纷

一、导论

根据《民法典》第 293 条规定，建造建筑物，不得违反国家有关工程建设标准，不得妨碍相邻建筑物的通风、采光和日照。本节以因相邻通行纠纷的案件裁判文书为研究对象，并将 2017 年以来人民法院作出的相关裁判文书作为主要范围，归纳、提炼相邻通风纠纷裁判的理念和趋势，以期对我国案例的研究来指导司法实践。

截至 2021 年 1 月，编者在中国裁判文书网中输入"相邻通风纠纷"（案由）共检索出民事裁判文书 58 篇，其中，由中级人民法院裁判的有 14 篇。在具体案例的选取上，本节遵循以下"两个优先"原则：第一，优先选择审判层级较高的裁判文书；第二，优先选择审判日期较近的裁判文书。通过形式和内容两个方面的筛选，本节最终选择了 6 篇裁判文书，即（2021）苏 03 民终 330 号、（2017）晋 04 民终 2025 号、（2020）桂 1226 民初 1235 号、（2020）桂 0124 民初 1494 号、（2017）浙 0702 民初 8827 号、（2017）豫 0422 民初 3681 号。其中，由高级人民法院裁判的有 2 件，由中级人民法院裁判的有 4 件，裁判日期则均为 2017 年（含）之后。

二、相邻通风权的基本理论

（一）相邻通风权的概念

相邻通风权，是指房屋的所有人或使用人所享有的通过门窗或其他通风设施，保证其室内、室外空气流通和变换的权利。

（二）关于相邻通风权的理解

1. 判断妨碍通风、采光、日照，应以国家有关工程建设标准的内容为基本标准。建造建筑物违反国家有关工程建设标准的，应当视为超出了社会一般人的容忍限度，受害人可以主张排除妨碍和损害赔偿。反之，符合国家建设标准的，即使对邻近建筑的通风、采光和日照造成一定程度的妨碍，也应当视为未超出容忍限度，相邻建筑物的所有人或利用人负有容忍义务。[①]

2. 国家相关建筑规范、建筑物所在地的地方性规范，可以作为办案参考。比较有代表性的如建设部发布的《中华人民共和国国家标准：城市居住区规划设计规范》对城市居住区建筑物的间距、采光、日照等方面提出了基本要求，应当作为判断通风、采光、日照妨碍是否超出容忍限度的重要依据。此外，一些地方政府也制定了本地区的相关规范，在不与国家规范相冲突的情况下，也可以作为判断是否构成通风、采光、日照妨碍的参考。[②]

3. 相邻通风、采光、日照关系适用"保护在先权原则"。相邻建筑物之间，因后建的建筑物修建时未能留出足够间距等原因，导致后建的建筑物通风、采光、日照未能达到《城市居住区规划设计规范》规定的，先前已经存在的建筑物对后建的建筑物并不构成妨碍。[③]

三、关于相邻通风纠纷的裁判规则

（一）对于擅自在居民楼的消防连廊上建造构筑物，给他人通风、采光造成影响的，当事人主张排除妨害的，人民法院予以支持

【案例来源】

案例名称：王某与李某晖、赵某正相邻通风纠纷案

审理法院：江苏省徐州市中级人民法院

案　　号：（2021）苏03民终330号

---

① 贾茵：《保护规范理论在公法相邻权行政案件中的域外案例与适用指引》，载《法律适用》2020年第8期。
② 刘俊：《农村相邻权纠纷案件的审理要点》，载《人民司法》2020年第2期。
③ 孙磊：《论公私法比较视角下环境相邻权与相关权利》，载《黑龙江教育》2019年第12期。

【争议点】

王某与李某晖、赵某正因相邻通风纠纷引发诉讼,该案历经江苏省徐州市经济技术开发区人民法院一审、江苏省徐州市中级人民法院二审两个阶段。在再审中,当事人王某与李某晖、赵某就王某安装铝合金门窗是否损害到王某与李某晖相邻通风权利的问题产生争议。

【裁判说理】

王某与李某晖、赵某正两家作为相邻各方,应当和睦相处,遇有矛盾,双方应当充分沟通,相互体谅,并负适度的容忍义务,按照有利生产、方便生活、团结互助、公平合理的原则,正确处理相邻关系。但王某擅自在居民楼的消防连廊上建造构筑物的行为,不仅违背邻里间和睦相处、互谅互让的公序良俗,给李某晖、赵某正室内的通风、采光造成了影响,甚至已被确定为新增违法建设。据此一审判决王某清除消防连廊上构筑物,恢复至上房时原状,并无不当。因此,法院对于上诉请求不予支持。

(二)要求他人修建自家的围墙并留足通道,该请求不属于排除妨害纠纷处理范围,人民法院不予支持

【案例来源】

案例名称:郭某堂、郭某明与李某吃排除妨害纠纷案

审理法院:山西省长治市中级人民法院

案　　号:(2017)晋04民终2025号

【争议点】

郭某堂、郭某明与李某吃因相邻通风纠纷引发诉讼,该案历经山西省长治县人民法院一审、山西省长治市中级人民法院二审两个阶段。在二审中,当事人郭某堂、郭某明和李某吃就三原告要求被告留足风道(2×0.71米)有无事实依据的问题产生争议。

【裁判说理】

郭某堂、郭某明与李某吃东西相邻,应当本着睦邻友好,方便生活的原则处理相邻纠纷。双方争议的实质是相邻通风、通行问题,郭某堂、郭某明的诉讼请求为要求被上诉人修建自家的西围墙并留足风山通道(2×0.71米),该请求并非排除妨害纠纷处理的范围,缺乏相应法律依据支持,原审未予支持并无不当。关于上诉人所提要求被上诉人赔偿交通费、误工费的诉讼请求,在侵权

之诉中可以主张，本案实质为相邻纠纷，且上诉人的请求与侵权纠纷无关，故其该项主张，法院不予支持。

（三）当事人不享有集体土地建设用地房屋所有权和土地使用权的，其提起以通行、通风、采光和土地使用权为标的的民事诉讼，人民法院不予受理

【案例来源】
案例名称：韦某兰与玉某佳相邻关系纠纷案
审理法院：广西壮族自治区环江毛南族自治县人民法院
案　　号：（2020）桂1226民初1235号

【争议点】
韦某兰与玉某佳因相邻通风纠纷引发诉讼，该案经广西壮族自治区环江毛南族自治县人民法院审理。在案件审理过程中，双方就玉某佳是否损害了韦某兰相邻通风权利的问题产生争议。

【裁判说理】
相邻关系，是指相互毗邻的两个以上不动产所有人、用益物权人或者占有人在用水、排水、通行、通风、采光等方面根据法律规定而产生的权利义务关系。首先，原告主张其通行、通风、采光受到影响，就本案而言，其前提是享有物权并且物权受到妨碍。原告在法庭上接受询问时，称危房已经拆除。根据法律规定，原告因拆除危房而使集体土地建设用地使用证上房屋所有权归于消灭。其次，根据《土地管理法》第9条第2款①规定，农村和城市郊区的土地，除由法律规定属于国家所有的以外，属于农民集体所有；宅基地和自留地、自留山，属于农民集体所有。因此，原告因拆除房屋引起房屋所有权消灭，但是剩下的宅基地仍属于集体所有。由于原告不再享有集体土地建设用地使用证上的房屋所有权，也未享有诉讼请求所指向土地的使用权，故其与原宅基上的通行、通风、采光以及被告在该地地上建造厕所和化粪池等纠纷并没有直接利害关系，原告提起以通行、通风、采光和土地使用权为标的的民事诉讼并不符合起诉条件。鉴于在立案后发现原告不符合民事诉讼起诉条件的情形，法院依法

---

① 对应《民法典》第261条，该条规定："农民集体所有的不动产和动产，属于本集体成员集体所有。"

裁定驳回起诉。

(四)紧贴他人房屋修建杂物房,严重影响他人正常的通风、采光和日照,当事人主张恢复原状的,人民法院予以支持

【案例来源】

案例名称:马某金、黄某兰等与王某宝等相邻采光、日照纠纷案

审理法院:广西壮族自治区马山县人民法院

案　　号:(2020)桂0124民初1494号

【争议点】

马某金、黄某兰等与王某宝等因相邻通风纠纷引发诉讼,该案经广西壮族自治区马山县人民法院一审审理。在案件审理过程中,双方就王某宝是否损害到马某金、黄某兰等的相邻通风权利的问题产生争议。

【裁判说理】

《民法通则》第83条[①]的规定:"不动产的相邻各方,应当按照有利生产、方便生活、团结互助、公平合理的精神,正确处理截水、排水、通行、通风、采光等相邻关系。给相邻方造成妨碍或者损失的,应当停止侵害,排除妨碍,赔偿损失。"因此,不动产的相邻各方,应当按照有利生产、方便生活、团结互助、公平合理的精神,正确处理相邻关系。原告马某金、黄某兰与被告王某宝、蓝某云系同屯相邻居民,双方应遵照有利生产、方便生活、团结互助、公平合理的精神,正确处理通行等方面的相邻关系。建造建筑物,不得违反国家有关工程建设标准,妨碍相邻建筑物的通风、采光和日照。2019年8月,被告王某宝、蓝某云在原告住房西北方向紧贴原告的房屋修建杂物房,杂物房上的彩钢瓦伸进原告房子西北面屋檐下,遮挡住了原告位于西北面一楼的窗口,经现场勘查已严重影响原告正常的通风、采光和日照,对原告要求拆除封堵一楼窗户的建筑物、恢复原状,事实理由充分,符合法律规定,法院予以支持。被告提出原告建造房屋时,其屋檐已经侵占了公共用地,而被告建造的杂物房系在其自留地上建造,是合法建造的主张,因没有提供证据证实,法院不予采纳。

---

① 对应《民法典》第288条,该条规定:"不动产的相邻权利人应当按照有利生产、方便生活、团结互助、公平合理的原则,正确处理相邻关系。"

（五）当事人为解决房屋的通风问题要求另一方当事人在房屋内开窗，但其并不能解决房屋通风问题的，人民法院不予支持

【案例来源】

案例名称：朱某裕与朱某启、朱某军相邻通风纠纷案

审理法院：浙江省金华市婺城区人民法院

案　　号：（2017）浙0702民初8827号

【争议点】

朱某裕与朱某启、朱某军因相邻通风纠纷引发诉讼，该案经浙江省金华市婺城区人民法院一审审理。在案件审理过程中，当事人朱某裕与朱某启、朱某军就朱某启是否损害到朱某裕的相邻通风权问题产生争议。

【裁判说理】

原告朱某裕与被告朱某启系同胞兄弟，被告朱某军系朱某启儿子。原告朱某裕的房屋南墙与被告朱某启共用。2000年4月初，被告在靠墙处的自家天井内建造了约四平方米的批屋，该公用墙的窗户被批屋盖在里面，致使原告的通风、采光受到影响。2000年10月18日，原告曾向原金华县人民法院起诉，后于2000年11月30日达成调解协议，协议约定：（1）由被告朱某启在原、被告公用墙上，原告屋檐水滴下来到被告的批屋交接处，从批屋至上粉刷60公分的水泥，并用水管将原告的屋檐水在交接处接出，至不影响原告的墙壁为止，今后水管如有毁损，随时更换。（2）由被告朱某启将靠在公用墙上的批屋上方的瓦片全部换成明瓦盖好。（3）由被告朱某启在批屋南边的墙上，在公用墙窗户的正对面，开一个与公用墙上的窗户高度一样，长一米的窗户。后经本院强制执行，被告朱某启履行了调解书确定的义务。2005年至2006年期间，朱某启多次将批屋上的明瓦改换成红瓦，影响了原告的采光。2006年4月，批屋上的接水管倒塌，其60公分的水泥护墙也有部分脱落，但被告未能维护，又在批屋内堆放了马桶、尿桶，影响了原告的居住环境。2007年7月20日，原告朱某裕再次向浙江省金华市婺城区人民法院起诉，要求由被告朱某启重新安装接水管，批屋上方的60公分护墙重新粉刷，批屋上的红瓦全部换成明瓦并将批屋内的尿桶、马桶永远搬出。金华市婺城区人民法院作出（2007）婺民一初字第3263号民事判决书，判决如下：（1）由被告朱某启在原、被告公用墙上，从批屋上方至屋檐粉刷60公分的水泥，并用水管将原告的屋檐水接出，

至不影响原告的墙壁为止,今后水管如有毁损,由被告随时更换,并于本判决生效后十日内履行完毕。(2)由被告朱某启将靠在公用墙上的批屋上方瓦片全部换成明瓦盖好,并于本判决生效后十日内履行完毕。(3)由被告朱某启将堆放于批屋内的马桶、尿桶搬出,并于本判决生效后十日内履行完毕。(4)驳回原告的其他诉讼请求。判决生效后,被告履行了判决书上的内容。2015年,朱某军、朱某启将批屋南面的窗封闭,2017年6月26日,原告朱某裕再次向浙江省金华市婺城区人民法院起诉,要求被告重新开启批屋南边墙上的窗户,恢复原状。

不动产相邻各方应当按照有利于生产、方便生活、团结互助、公平合理的精神,正确处理截水、排水、通行、通风、采光等方面的相邻关系。在本案中,原、被告系相邻关系,又系同胞兄弟,本应通过平等协商的方式,正确处理相邻关系。原告要求被告把批屋上方瓦片全部换成明瓦后,已经不影响采光,且靠近原告墙边的部分明瓦已经被原告捅破,原告房屋的通风已不受影响。由于被告南边墙面对的是客厅,厅堂不是一个开放的空间,原告要求被告批屋南边墙上开窗,并不能解决原告的通风问题。故原告要求被告开窗的请求,没有充分的事实与法律依据,法院依法不予支持。

(六)对于小区尚未建设完毕的光伏设备,当事人主张因其影响采光而造成房屋贬值主张赔偿损失,但损失的范围处于不确定状态的,人民法院不予支持

【案例来源】

案例名称:孙某贵与平顶山市广诚房地产开发有限公司相邻采光、日照、通风纠纷案

审理法院:叶县人民法院

案　　号:(2017)豫0422民初3681号

【争议点】

孙某贵与平顶山市广诚房地产开发有限公司(以下简称广诚公司)因相邻通风纠纷引发诉讼,该案经叶县人民法院一审审理。在案件审理过程中,当事人孙某贵与广诚公司就广诚公司是否损害了孙某贵相邻通风权利的问题产生争议。

【裁判说理】

关于原告要求被告支付房屋贬值损失的问题，不动产的相邻权利人应当按照有利生产、方便生活、团结互助、公平合理的原则正确处理相邻关系。本案被告虽然持有叶县住房和城乡规划建设局颁发的建筑工程施工许可证，但不能因此妨碍原告建筑物的采光和日照。但被告被批准建设的广诚美林湖住宅小区27号楼尚未建设完毕，因采光等因素造成的原告房屋贬值损失也处于不确定状态，现原告要求被告按照房屋市场价值20%的标准赔偿房屋贬值损失，理由不足，法院不予支持。关于原告要求被告赔偿光伏设备损失及预期收益损失的问题，本院认为，购买光伏设备、支付款项及与国网河南省电力公司叶县供电公司签订低压发用电合同的均为孙某军，而向被告主张权益的为孙某贵，孙某贵并不享有光伏设备的所有权，亦无权请求被告赔偿其设备损失及预期收益损失。综上，依照《物权法》第84条[①]、《民事诉讼法》第64条的规定，判决驳回原告的诉讼请求。

四、结语

根据《民法典》的规定，建造建筑物，不得违反国家有关工程建设标准，不得妨碍相邻建筑物的通风、采光和日照。人民法院在审理相邻通风纠纷案件时，若出现以下几种情况，人民法院不予支持：其一，要求他人修建自家的围墙并留足通道，该请求不属于排除妨害纠纷处理的范围的；其二，对于不享有房屋所有权和土地使用权的，其提起以通行、通风、采光和土地使用权为标的的民事诉讼；其三，对于要求被告在房屋内开窗，但不能解决原告的通风问题的；其四，对于小区尚未建设完毕的，因采光等因素造成的原告房屋贬值损失处于不确定状态，对于原告要求被告赔偿房屋贬值损失的。

---

① 对应《民法典》第288条，该条规定："不动产的相邻权利人应当按照有利生产、方便生活、团结互助、公平合理的原则，正确处理相邻关系。"

第五节 相邻采光、日照纠纷

一、导论

根据《民法典》第293条规定，建造建筑物不得违反国家有关工程建设标准，不得妨碍相邻建筑物的通风、采光和日照。本节以因相邻采光、日照纠纷的案件裁判文书为研究对象，并将2017年以来人民法院作出的相关裁判文书作为主要范围，归纳、提炼相邻采光、日照纠纷裁判的理念和趋势，以期通过对我国案例的研究来指导司法实践。

截至2021年1月，编者在中国裁判文书网中输入"相邻采光、日照纠纷"（案由）共检索出民事裁判文书4104篇，其中，由高级人民法院裁判的有95篇。在具体案例的选取上，本节遵循以下"两个优先"原则：第一，优先选择审判层级较高的裁判文书；第二，优先选择审判日期较近的裁判文书。通过形式和内容两个方面的筛选，本节最终选择了5篇裁判文书进行研究，即（2020）豫民申381号、（2020）辽民申2503号、（2019）苏民申4801号、（2019）内民申3755号、（2019）鄂民申641号。以上均由高级人民法院裁判，裁判日期也均为2019年（含）之后。

二、相邻采光、日照权的基本理论

（一）相邻采光、日照权的概念

相邻采光、日照权，是指房屋的所有人或使用人享有从室外取得适度光源的权利。

（二）对于侵犯相邻采光、日照权的维权

就维权主体而言，房屋出售前的房屋开发商、房屋所有权人或虽未取得房产证但已经完成付款的购房人、房屋的承租人均可以作为采光权的维权主体。[①]

这里需要注意的是，造成侵权的建筑物是否获得行政部门的审批不是决定该建筑物所处位置及高度构成对业主侵犯采光权的法律要件。业主采光受到实质影响才是业主被侵犯采光权的关键。采光权侵犯的认定往往由于专业知识问题需要实施专业鉴定。

两栋房屋建筑是否属于同一项目不是决定是否构成侵权的依据。但是，对于同时开工建设的两栋建筑物或业主在购买涉案建筑物时已经有产生遮挡效果的建筑物的，因业主在入住时知道或应当知道该情形的存在，不能构成对采光权的侵害。[②]

（三）相邻采光、日照权中的开发商责任

1.开发商采光权违约的实务认定。如果开发商所给予的房屋采光权低于国家规定标准，无论开发商是否明确承诺均属于违反法律规定，除业主明确认可外，开发商均应当承担违约责任。但是对于开发商承诺给予高于国家标准的采光权而实际未达到约定要求的，开发商应承担违约责任。实务中为规避法律责任，房地产开发商一般不会在合同中就房产采光问题作特别详细的约定，但是其为了吸引客户购买有时会在广告中就此类事项做大量宣传。

《最高人民法院关于审理商品房买卖合同纠纷案件适用法律若干问题的解释》（2020年12月29日修正）第3条规定："商品房的销售广告和宣传资料为要约邀请，但是出卖人就商品房开发规划范围内的房屋及相关设施所作的说明和允诺具体确定，并对商品房买卖合同的订立以及房屋价格的确定有重大影响的，应当视为要约。该说明和允诺即使未载入商品房买卖合同，亦应当视为合同内容，当事人违反的，应当承担违约责任。"

2.开发商欺诈问题的实务认定。开发商故意隐瞒房屋所处位置的规划或虚

[①] 陈群、刘晗、陈周熠：《相邻关系技术标准的应用——以相邻日照采光权纠纷为例》，载《人民司法》2015年第19期。

[②] 赵晓舒：《采光、日照妨害的民事救济方式》，载《法律适用》2013年第4期。

构了某些影响房屋购买的重要因素以骗取购买者签署房屋买卖合同的属于因欺诈而订立的合同，在合同法上属于可变更可撤销的合同。但是应当注意，具有撤销权的业主自知道或者应当知道撤销事由之日起一年内没有行使撤销权的，合同撤销权自动消灭。业主如果要证明开发商存在采光权欺诈，应当就开发商明知所处规划区的涉案房屋采光会受到影响而故意隐瞒这一事实或虚构采光权无影响的事实。①

三、关于相邻采光、日照纠纷的裁判规则

（一）人民法院在判断是否存在日照、采光和通风的妨害行为时，以国家有关工程建设标准为基本判断标准

【案例来源】

案例名称：王某云与驻马店市佳恒置业有限公司相邻采光、日照纠纷案

审理法院：河南省高级人民法院

案　　号：（2020）豫民申381号

【争议点】

王某云与驻马店市佳恒置业有限公司（以下简称佳恒公司）因相邻采光、日照纠纷引发诉讼，该案历经驻马店市驿城区人民法院一审、驻马店市中级人民法院二审、河南省高级人民法院再审三个阶段。在再审中，当事人王某云与佳恒公司之间就建设的城中雅居项目是否对原告的生活居住环境造成了重大影响、降低了居住舒适度、房屋价值被大大减损等问题产生争议。

【裁判说理】

《物权法》第89条②规定："建造建筑物，不得违反国家有关工程建设标准，妨害相邻建筑物的通风、采光和日照。"基于相邻关系制度的固有功能，相邻建筑物的所有人或利用人之间必须负有一定的容忍义务，只有在日照妨害、采光妨害和通风妨害超出必要的容忍限度，受害人主张排除妨害和损害赔

---

① 丁瑞祥：《相邻权纠纷裁判规则研究——以相邻采光、日照纠纷为视角》，载《法制博览》2019年第6期。

② 对应《民法典》第293条，该条规定："建造建筑物，不得违反国家有关工程建设标准，不得妨碍相邻建筑物的通风、采光和日照。"

偿才能够获得支持。根据该法律规定，我国建筑物相邻关系制度中，有关日照、采光和通风妨害行为的判断，系以国家有关工程建设标准为基本判断标准。本案中，恒佳公司在王某云涉案楼房南面开发商住楼，王某云以恒佳公司开发楼房影响其采光为由诉至法院请求赔偿经济损失。诉讼中，王某云申请对其房屋被遮挡日照造成的价值减损进行评估，经一审法院委托，河南宏基房地产评估测绘有限公司做出评估报告。该评估报告认为，王某云房屋受南侧建筑影响，平均标准日日照遮挡率为45.205%，但并未明确涉案房屋日照情况是否达到国家有关工程建设标准，二审法院仅以对相邻建筑采光构成影响为由判决支持损害赔偿，适用法律不当。故恒佳公司的再审申请符合规定，法院依法裁定下级法院再审。

（二）在相邻采光、日照纠纷引发诉讼的案件中，当事人因不认可鉴定意见请求重新鉴定且未能提交其他证据证明鉴定意见存在无效或应当重新鉴定情形的，人民法院不予支持

【案例来源】

案例名称：姜某与丹东万达广场有限公司相邻采光、日照纠纷案

审理法院：辽宁省高级人民法院

案　　号：（2020）辽民申2503号

【争议点】

姜某与丹东万达广场有限公司（以下简称丹东万达）因相邻采光、日照纠纷引发诉讼，该案历经辽宁省丹东市振兴区人民法院一审、辽宁省丹东市中级人民法院二审、辽宁省高级人民法院再审三个阶段。在再审中，当事人姜某与丹东万达之间就丹东万达广场的建筑是否对原告的房屋采光造成了重大影响的问题产生争议。

【裁判说理】

在本案中，经相关部门组织，双方按照法定程序共同选取鉴定机构对双方的争议事项进行鉴定。鉴定机构机械工业勘察设计研究院经实际测光后，出具了《日照测量分析报告书》，该报告显示挡光户共计238户，而再审申请人的案涉房屋不在此列，故一、二审法院据此驳回了再审申请人的诉讼请求。再审申请人主张被申请人给付挡光赔偿款的前提是经鉴定后被确认为被挡光户，故其向本院申请再审，请求法院按程序再次组织测光。《最高人民法院关于适用

《中华人民共和国民事诉讼法》的解释》第 399 条规定："审查再审申请期间，再审申请人申请人民法院委托鉴定、勘验的，人民法院不予准许。"再审申请人虽不认可该鉴定意见，亦未能提交其他证据证明鉴定意见存在无效或应当重新鉴定的情形，故一、二审法院未支持再审申请人请求重新鉴定的主张及诉讼请求的判决并无不当。根据前述规定，法院对其申请再次组织测光不予准许，对其主张被申请人给付挡光赔偿款的请求亦不予支持。

（三）涉案房屋对他人的房屋构成采光、日照妨碍，但能够基本满足采光需求。若部分拆除会对房屋的整体安全造成隐患的，当事人主张拆除涉案房屋的，人民法院不予支持

【案例来源】

案例名称：陈某根与江阴市新桥镇人民政府相邻采光、日照纠纷案

审理法院：江苏省高级人民法院

案　　号：（2019）苏民申 4801 号

【争议点】

陈某根与江阴市新桥镇人民政府因相邻采光、日照纠纷引发诉讼，该案历经江苏省江阴市人民法院一审、江苏省无锡市中级人民法院二审、江苏省高级人民法院再审三个阶段。在再审中，当事人陈某根与江阴市新桥镇人民政府之间就新桥镇政府所盖建筑是否对原告的房屋采光造成了重大影响且是否应当拆除的问题产生争议。

【裁判说理】

陈某根主张新桥镇政府所建的涉案房屋对其房屋采光、日照构成妨碍。经一审法院委托鉴定，鉴定机构出具《司法鉴定报告》认定陈某根的房屋与涉案房屋的距离不符合《江苏省城市规划管理技术规定（2011 版）》住宅建筑的建筑间距计算规范要求最小值，构成采光、日照妨碍。新桥镇政府对鉴定报告提出异议，认为日照时间才是认定日照是否受影响的客观标准。鉴定机构遂出具《司法鉴定意见回复单》称"陈某根房屋的日照时间 ≥ 3 小时，满足相关规范要求"，但鉴定机构明确"即使日照时间满足规范要求，由于建筑间距不满足规范要求就是构成妨碍"。而一、二审判决中也明确认定"尽管陈某根房屋日照时间满足规范要求，但涉案房屋与陈某根房屋建筑间距不满足规范要求，对陈某根房屋构成妨碍"。故《司法鉴定意见回复单》并不影响一、二审判决所

作出的构成采光、日照妨碍的认定。关于陈某根主张因采光侵权需拆除部分涉案房屋的诉讼请求应否支持的问题。虽因建筑间距的规范要求，认定涉案房屋对陈某根的房屋构成采光、日照妨碍，但陈某根房屋在大寒日的日照时间≥3小时，能够基本满足陈某根的采光需求。涉案房屋为农民安置房项目，若部分拆除会对房屋的整体安全造成隐患，且不利于资源的有效利用。一、二审法院整体衡量法益大小之后认定涉案房屋不宜拆除，由新桥镇政府以经济赔偿方式弥补陈某根的损失较为妥当。但经法院释明后，陈某根坚持不变更诉讼请求，故一、二审法院遂判决驳回陈某根关于拆除涉案房屋超过12.124米部分的诉讼请求，并无不当。

（四）当事人在购买案涉房屋时对该房屋的相邻采光被妨碍的状态未尽到谨慎义务的，当事人主张另一当事人赔偿因房屋采光不足等造成房屋价值损失的，人民法院不予支持

【案例来源】

案例名称：张某奎与中国工商银行股份有限责任公司巴林右旗支行相邻采光、日照纠纷案

审理法院：内蒙古自治区高级人民法院

案　　号：（2019）内民申3755号

【争议点】

张某奎与中国工商银行股份有限责任公司巴林右旗支行（以下简称右旗工商银行）因相邻采光、日照纠纷引发诉讼，该案历经内蒙古自治区巴林右旗人民法院一审、内蒙古自治区赤峰市中级人民法院二审、内蒙古自治区高级人民法院再审三个阶段。在再审中，当事人张某奎与右旗工商银行之间就右旗工商银行所盖建筑是否对原告的房屋采光造成了重大影响的问题产生争议。

【裁判说理】

根据《民法通则》第83条[①]规定："不动产的相邻各方，应当按照有利生产、方便生活、团结互助、公平合理的精神，正确处理截水、排水、通行、通风、采光等相邻关系。给相邻方造成妨碍或者损失的，应当停止侵害，排除妨

[①] 对应《民法典》第288条，该条规定："不动产的相邻权利人应当按照有利生产、方便生活、团结互助、公平合理的原则，正确处理相邻关系。"

碍，赔偿损失。"原审查明，工商银行综合楼系 2002 年所建，张某奎于 2014 年从案外人李某购买案涉楼房。张某奎虽请求工商银行停止对案涉住宅楼采光权的侵犯，拆除遮光的高楼层或每年向其赔偿相应损失，但从以上事实及在案证据来看，张某奎在购买案涉房屋时该房屋的相邻采光状态已客观存在。作为购房人，张某奎应对所购房屋是否存在相邻采光问题尽到谨慎注意义务，其自愿购买该房屋，应已然考虑到该房屋的相邻采光和日照情况，并认可该房屋的价值已经包含了相邻采光和日照不足等现实因素。且根据合同相对性原则，因房屋采光不足等造成房屋价值折损的损失，张某奎应向合同相对方主张，原审驳回其诉讼请求并无不当。

（五）被告房屋降低了原告采光时间，且部分房屋建设超出了规划范围，但原告日照标准仍符合国家强制性标准的，被告超出规划部分的建设属于行政机关管理范围，不属于民事调整范围

【案例来源】

案例名称：鲁某珍与襄阳弘基房地产开发有限公司相邻采光、日照纠纷案

审理法院：湖北省高级人民法院

案　　号：（2019）鄂民申 641 号

【争议点】

鲁某珍与襄阳弘基房地产开发有限公司（以下简称弘基公司）因相邻采光、日照纠纷引发诉讼，该案历经湖北省南漳县人民法院一审、湖北省襄阳市中级人民法院二审、湖北省高级人民法院再审三个阶段。在再审中，当事人鲁某珍与就弘基公司所开发小区是否对原告的房屋采光造成了重大影响的问题产生争议。

【裁判说理】

本案系鲁某珍因相邻不动产影响其采光、日照等环境权益而引发的纠纷。《物权法》第 89 条[①]规定："建造建筑物，不得违反国家有关工程建设标准，妨碍相邻建筑物的通风、采光和日照。"据此，判断弘基公司是否违反物权法的相关规定、应否对鲁某珍所诉的相关环境权益予以赔偿的标准是其建造建筑物

---

① 对应《民法典》第 293 条，该条规定："建造建筑物，不得违反国家有关工程建设标准，不得妨碍相邻建筑物的通风、采光和日照。"

是否违反国家有关工程建设标准。《城市居住区规划设计规范》GB 50180-93（2002年版）对于住宅日照标准的规定："Ⅰ、Ⅱ、Ⅲ、Ⅶ气候区中小城市大寒日日照时数≥3h（小时）；对于特定情况还应符合下列规定：……（2）在原设计建筑外增加任何设施不应使相邻住宅原有日照标准降低；（3）旧区改建的项目内新建住宅日照标准可酌情降低，但不应低于大寒日日照1小时的标准。"在本案中，鲁某珍与弘基公司新建楼房均属于Ⅲ气候区，按照上述规范的规定，其住宅日照时间应不少于3小时。鲁某珍在诉讼中称弘基公司的房屋建成后，其住宅日照时间由原来的8小时降为4小时10分钟，由此可见，虽然弘基公司的楼房建成后对鲁某珍住宅的日照时间造成了影响，但其日照时间仍符合设计规范规定的标准；且根据相关规定，不动产的相邻各方在处理相邻关系时应该兼顾各方的利益，互谅互让，相互给予一定的方便或接受一定的限制。弘基公司新建楼房虽缩短了鲁某珍住宅的日照时间，但并未违反国家有关工程建设标准，原审法院未支持鲁某珍要求弘基公司赔偿损失的诉讼请求，具有事实和法律依据，鲁某珍的该项再审申请理由不能成立。

四、结语

通风权和采光权对相邻关系的影响是十分重要的，因为通风和采光是直接涉及相邻权利人的生活质量及影响身体健康的重要因素和必要权利。根据《民法典》第293条规定，建造建筑物，不得违反国家有关工程建设标准，不得妨碍相邻建筑物的通风、采光和日照。关于通风权和采光权的具体规定，不同地区有不同标准。通风权容易解决，只要相邻建筑物没有堵塞相邻权利人房产的空气流通，一般不视为妨碍相邻权利。但是，具体标准没有严格的规定。习惯的适用标准，只要能够保证两个建筑物之间有正常的消防通道，就视为符合要求。在实际应用中，只要相邻建筑物达到了采光限制的距离，一般也就达到了通风要求。人民法院在审理相邻采光、日照纠纷案件时，若出现以下几种情况，人民法院不予支持：其一，申请人不认可鉴定意见请求重新鉴定，亦未能提交其他证据证明鉴定意见存在无效或应当重新鉴定的情形的。其二，建设项目依法取得建设工程规划许可证，属于符合规划的合法建筑房屋，且原告也未举证证明被告开发的商住楼违反国家有关建筑物之间的高度、间距标准要求的规定的。其三，涉案房屋对他人的房屋构成采光、日照妨碍，但能够基本满足采光需求。且涉案房屋为安置房项目，若部分拆除会对房屋的整体安全造成隐患的；其四，在购买案涉房屋时，该房屋的相邻采光状态已客观存在，且未尽到谨慎注意义务的。

第六节 相邻污染侵害纠纷

一、导论

根据《民法典》第294条规定，不动产权利人不得违反国家规定弃置固体废物，排放大气污染物、水污染物、土壤污染物、噪声、光辐射、电磁辐射等有害物质。本节以相邻污染侵害纠纷的裁判文书为研究对象，并将2018年以来人民法院作出的相关裁判文书作为主要范围，归纳、提炼相邻污染侵害纠纷裁判的理念和趋势，以期通过对我国案例的研究来指导司法实践。

截至2021年1月，编者在中国裁判文书网中输入"相邻污染侵害纠纷"（案由）共检索出民事裁判文书1040篇，其中，由高级人民法院裁判的有49篇。在具体案例的选取上，本节遵循以下"两个优先"原则：第一，优先选择审判层级较高的裁判文书；第二，优先选择审判日期较近的裁判文书。通过形式和内容两个方面的筛选，本节最终选择了6篇裁判文书进行研究，即（2020）辽民申1602号、（2019）陕民申273号、（2019）冀民申475号、（2018）桂民申2975号、（2018）皖民申956号、（2018）苏民申430号，均由高级人民法院裁判。

二、相邻污染侵害纠纷的基本理论

（一）相邻污染侵害的概念

相邻污染侵害，是指相邻不动产权利人违反国家规定弃置固体废物，排放大气污染物、水污染物、噪声、光、电磁波辐射等有害物质，以侵害相邻人之生命安全、身体健康和生活环境。①

（二）关于相邻污染侵害纠纷容忍限度判断标准的理解

《民法典》第294条没有明确相邻不动产权利人之间排放有害物质的容忍义务。但根据《民法典》第288条关于相邻关系处理原则的规定可知，该条文隐含了相邻方之间的容忍义务，但容忍是有限度的，以国家规定的标准为判断依据，即只有在国家规定的标准范围内才予以容忍，否则受害的不动产权利人有权寻求法律救济。由此可见，容忍义务是处理相邻关系的核心要素已是毋庸置疑的，为审理相邻污染侵害案件时适用容忍义务进行裁判提供了法律支撑。②

（三）相邻污染侵害纠纷中容忍限度判断标准的类型化分析

1.判断标准之一：国家规定。随着城市化和工业化的快速发展，人与人之间的聚居程度越来越密集，人们对生活环境安宁、舒适的要求也越来越高，但是日常生活中相邻污染侵害纠纷难以避免且近些年呈增长趋势，由此导致大量的纠纷进入司法程序。在审理此类案件时，部分法官明确把"国家规定"作为判断容忍限度的唯一标准，如黄某玲与陈某梅相邻污染侵害纠纷、刘某与阳光一百置业（辽宁）有限公司相邻污染侵害纠纷、沈阳市沈河区吉祥如家宾馆与沈阳市沈河区华兴隆服装加工厂相邻污染侵害纠纷。在这些案件中，法院根据相关证据证明，认为被告产生的噪声符合排放限值的要求，原告对此负有一定的容忍义务。噪声值超过国家规定标准并干扰了原告的正常生活和工作，被告应立即采取措施排除噪声妨碍。

2.判断标准之二：日常生活经验法则或其他相关因素。在司法中，适用日常生活经验法则作为裁判理由的法律依据来源于《最高人民法院关于民事诉讼证据的若干规定》的相关规定，即根据已知事实和日常生活经验法则，能推出另一事实的，当事人无须举证证明。其他相关因素主要包括地域性、当地习惯、土地利用先后关系、损害的程度、持续时间等。相邻污染侵害纠纷主要是

---

① 区树添、高利红：《相邻污染侵害的救济模式探析》，载《中州学刊》2019年第4期。
② 曾小萍：《相邻污染侵害纠纷中容忍限度判断标准的适用》，载《哈尔滨师范大学社会科学学报》2019年第1期。

由排放生活性污染物引发的，实践中部分法官将日常生活经验法则或其他相关因素作为判断容忍限度的标准予以适用，如以下的几则案例：陈某会、何某贤与姜某军相邻污染侵害纠纷，方某明与帅某华相邻污染侵害纠纷，黄某才、陈某平与毛某德相邻污染侵害纠纷，崔某华与黄某理、王某兰相邻污染侵害纠纷，茅某军与慈溪市庵东镇环境卫生管理站相邻污染侵害纠纷，王某生与孙某英相邻污染侵害纠纷。在这些案例中，有的法官认为，形成一定的环境污染是生活常识，会影响原告及其家人的正常生活，然后直接作出判决。有的法官则直接考量以下因素：一是双方的居住地是否为乡镇地区；二是是否符合当地居民的普遍生产、生活习惯；三是土地利用的先后；四是影响的次数、周期、范围等因素。

3. 判断标准之三：综合判断。综合判断，是指运用国家规定标准和日常生活经验法则或其他相关因素相结合的方式来确定受损害的不动产权利人是否承担容忍义务，也即否认了上述两类判断标准的一元化适用。违反国家规定的标准值或极限值排放有害物质，对此违法行为应持零容忍态度，可不用考虑其他判断标准即可断定超过受害人的容忍限度。当符合国家规定时，是否负有容忍义务还需要通过日常生活经验或其他因素的介入来判断，综合衡量后认定超过限度的应承担相应的民事责任，否则予以容忍。以下几则案例运用了综合判断的标准来进行判决，如李某金与彭某夫相邻污染侵害纠纷、谭某骏与天津三元热力有限公司相邻污染侵害纠纷、庞某匀与俞某才相邻污染侵害纠纷。法官根据原告是否提供证据证明被告排放的污染物超出国家规定的排放标准，如果无法证明则进一步考量被告行为是否属于当地习惯、是否有利于社会公共利益以及污染物的排放量等相关影响因素。通过综合衡量判断被告的排污行为是否对原告的日常生活造成明显不利影响，超出原告正常合理的容忍度。[①]

[①] 晋海、赵思静：《相邻污染侵害案件实证研究》，载《河海大学学报》2016年第5期。

三、关于相邻污染纠纷的裁判规则

（一）当事人所提供的证据不足以证明对方在生产经营中存在违规超标行为及因此受到损害事实的，人民法院对其诉讼请求不予支持

【案例来源】
案例名称：柳某林与凌源钢铁集团有限责任公司相邻污染侵害纠纷案
审理法院：辽宁省高级人民法院
案　　号：（2020）辽民申1602号

【争议点】
柳某林与凌源钢铁集团有限责任公司因相邻污染侵害纠纷引发诉讼，该案历经一审、辽宁省朝阳市中级人民法院二审、辽宁省高级人民法院再审三个阶段。在再审中，当事人柳某林、凌源钢铁集团有限责任公司之间就凌源钢铁集团有限责任公司是否对柳某林产生相邻污染侵害问题产生争议。

【裁判说理】
再审申请人柳某林系被申请人凌源钢铁集团有限责任公司退休工人，曾居住在凌钢0号楼308室，该楼已于2015年由凌源市人民政府因进行旧城区改建及棚户区改造予以征收。柳某林以凌源钢铁集团有限责任公司新建5号高炉项目及配套生产线违反法律规定，产生有害气体、噪声、粉尘等污染物，对其身体及精神造成损害为由向一审法院提起诉讼，请求凌源钢铁集团有限责任公司赔偿柳某林及其配偶、孙女的损失共计34 492.50元（3.5元保健费×3次/日×3人×365天×3年），精神损害抚慰金6000元，因柳某林原审中所提供的证据不足以证明凌源钢铁集团有限责任公司新建5号高炉项目在生产经营中存在违规超标行为及柳某林因此受到损害的事实，一、二审法院依据双方当事人的诉辩质证意见，对柳某林的诉讼请求不予支持，认定事实及法律适用并无不当。再审审查期间，柳某林亦未提供有效证据证明其主张，其提出"原审认定案由错误、认定事实不清"等申请再审理由缺乏事实和法律依据，法院不予支持。柳某林的再审申请不属于《民事诉讼法》第200条规定的再审事由。人民法院依法裁定驳回上诉人的再审申请。

（二）生产噪音已构成环境噪音污染侵权且侵权行为长期存在的，噪音污染对申请人人身权利的侵害不应仅以病理性特征为标准，人民法院应当支持其精神赔偿请求

【案例来源】

案例名称：沈某顺、赵某莲与宝鸡市鲲鹏工贸有限公司相邻污染侵害纠纷案

审理法院：陕西省高级人民法院

案　　号：（2019）陕民申273号

【争议点】

沈某顺、赵某莲与宝鸡市鲲鹏工贸有限公司（鲲鹏工贸公司）因相邻污染侵害纠纷引发诉讼，该案历经陕西省宝鸡市金台区人民法院一审、陕西省宝鸡市中级人民法院二审、陕西省高级人民法院再审三个阶段。在再审中，当事人沈某顺、赵某莲与鲲鹏工贸公司之间就鲲鹏工贸公司是否对沈某顺、赵某莲产生相邻污染侵害问题产生争议。

【裁判说理】

《环境噪声污染防治法》第22条规定："本法所称工业噪声，是指在工业生产活动中使用固定的设备时产生的干扰周围生活环境的声音。"第23条规定："在城市范围内向周围生活环境排放工业噪声的，应当符合国家规定的工业企业厂界环境噪声排放标准。厂界噪声标准是根据厂界区域声环境功能区进行分类并确定环境噪声限值。"本案中，鲲鹏工贸公司厂界周围是村民宅基，依照我国现行的《声环境质量标准》（GB3096-2008），乡村居住环境噪声标准要参照或严于同类城市标准执行。依照上述环保行政机关作出的行政处罚行为，可以认定鲲鹏工贸公司确已超标排放噪音，厂区生产噪音已超过周围居住村民容忍限度，已构成环境噪音污染侵权，且侵权行为长期存在。噪音污染对申请人人身权利的侵害不应仅以病理性特征为标准，申请人提出的噪音污染精神赔偿的主张成立。与此同时，鲲鹏工贸公司实施的未经防护直接向大气排放喷漆产生的有毒有害气体的行为，被环保行政机关分别于2015年、2018年进行行政处罚，在本案针对振动影响的司法鉴定中，鉴定书确认鲲鹏工贸公司砖围墙与申请人院落相距7.6米，申请人院落中厨房位置距离厂区最近，申请人将厨房新建至院落西侧，可以视为其躲避、降低有毒有害气体致损的必要合理支出。

（三）施工噪音引起原奶牛不安、产奶量和质量下降，当事人请求损害赔偿的，人民法院应当支持

【案例来源】

案例名称：成安县兴东养殖场与邯郸市交通局公路项目办公室相邻污染侵害纠纷案

审理法院：河北省高级人民法院

案　　号：（2019）冀民申475号

【争议点】

成安县兴东养殖场与邯郸市交通局公路项目办公室因相邻污染侵害纠纷引发诉讼，该案历经河北省成安县人民法院一审、河北省邯郸市中级人民法院二审、河北省高级人民法院再审三个阶段。在再审中，当事人成安县兴东养殖场、邯郸市交通局公路项目办公室之间就邯郸市交通局公路项目办公室是否对成安县兴东养殖场产生相邻污染侵害问题产生争议。

【裁判说理】

施工噪音引起原奶牛不安、产奶量和质量下降、部分怀孕母牛早产和流产，形成了侵权事实，造成了侵权后果。成安县邯大高速指挥部组织省内有关专家组对生产性能影响所作的估测报告显示，奶牛因产奶量下降影响、因怀孕母牛流产、早产影响、因产奶质量下降影响等合计597 042元。根据2010年1月21日原农业部令第7号文件《动物防疫条件审查办法》第5条的规定，奶牛养殖小区选址应当离公路主干线不小于500米，而成安县兴东养殖场建厂时即距邯大公路不足500米。原审依照《侵权责任法》的相关规定，结合本案案情，判决被申请人邯郸市交通局公路项目办公室赔偿因施工产生的噪音给原告成安县兴东养殖场造成的经济损失597 042元并无不当。依据《民事诉讼法》第169条的规定，二审可以不开庭审理，原审程序并无不当之处。再审申请人申请再审的理据不足，人民法院不予采信。

（四）当事人提交没有制作日期和制作人的厂房污染及受损原材料照片的，人民法院对该证据不予采纳

【案例来源】

案例名称：莫某威与中铁一局集团有限公司相邻污染侵害纠纷案

审理法院：广西壮族自治区高级人民法院

案　　号：（2018）桂民申 2975 号

【争议点】

莫某威中铁一局集团有限公司因相邻污染侵害纠纷引发诉讼，该案历经广西壮族自治区百色市右江区人民法院一审、广西壮族自治区百色市中级人民法院二审、广西壮族自治区高级人民法院再审三个阶段。在再审中，当事人莫某威、中铁一局集团有限公司之间就中铁一局集团有限公司是否对莫某威产生相邻污染侵害问题产生争议。

【裁判说理】

莫某威以提交的被污染厂房及原材料损失视频资料，与其在一审提交的其他材料能够相互印证，证明中铁一局公司在生产过程中产生了一定的粉尘和噪音，并以此为据认定莫某威开办的莫记竹制燃香厂的工人因无法忍受中铁一局公司在施工产生的粉尘污染和噪声而辞职，致使该厂停产，而造成经济损失。中铁一局公司在施工中产生的污染行为与莫某威的经济损失存在因果关系。中铁一局公司 2016 年 4 月正式投产，莫某威的工厂于同年 4 月停工。莫某威在工厂停产后，未采取有效措施处理工厂资产，导致经济损失扩大，对于扩大损失部分莫某威应承担相应的民事责任。依照《侵权责任法》第 65 条"因污染环境造成损害的，污染者应当承担侵权责任"①的规定，根据莫某威提供的证据，原审法院判决中铁一局公司赔偿莫某威可得利润、守厂工人工资及租金等各项经济损失 42 500 元，判决并无不当。至于莫某威在原审提交的厂房污染及受损原材料的照片，因没有制作日期、制作人，不符合《最高人民法院关于民事诉讼证据的若干规定》第 65 条的规定，对该证据原审不予采纳正确。

（五）农村环境治理配套设施未到位的，邻里之间应保持合理的容忍度，双方应相互沟通、理解，相互减少对他人的影响与妨害

【案例来源】

案例名称：李某金与彭某夫相邻污染侵害纠纷案

审理法院：安徽省高级人民法院

---

① 对应《民法典》第 1229 条，该条规定："因污染环境、破坏生态造成他人损害的，侵权人应当承担侵权责任。"

案　　号：（2018）皖民申 956 号

【争议点】

李某金与彭某夫因相邻污染侵害纠纷引发诉讼，该案历经安徽省临泉县人民法院一审、安徽省阜阳市中级人民法院二审、安徽省高级人民法院再审三个阶段。在再审中，当事人李某金、彭某夫之间就彭某夫是否对李某金产生相邻污染侵害问题产生争议。

【裁判说理】

彭某夫排放生活废水的现状已多年，周围邻居也一直向该池塘排水，已成习惯。一、二审法院考虑到农村环境治理配套设施未到位等实际情况，认为邻里之间应保持合理的容忍度，双方应相互沟通、理解，相互减少对他人的影响与妨害，并无不当。李某金未提交充分证据证明其石斛、薏米等损失，一、二审法院不予支持，亦无不当。李某金的再审申请缺乏依据，不符合《民事诉讼法》第 200 条第（2）项、第（6）项规定的情形。

（六）案涉电力线路产生的工频电场、工频磁场均符合标准，未对房屋周边环境造成电磁波辐射污染，不影响案涉房屋的使用价值和居住功能的，人民法院不予支持当事人的赔偿请求

【案例来源】

案例名称：秦某高、秦某与国网江苏省电力有限公司盐城供电分公司相邻污染侵害纠纷案

审理法院：江苏省高级人民法院

案　　号：（2018）苏民申 430 号

【争议点】

秦某高、秦某与国网江苏省电力有限公司盐城供电分公司（以下简称盐城供电公司）因相邻污染侵害纠纷引发诉讼，该案历经江苏省盐城市亭湖区人民法院一审、江苏省盐城市中级人民法院二审、江苏省高级人民法院再审三个阶段。在再审中，当事人秦某高、秦某与盐城供电公司之间就盐城供电公司是否对秦某高、秦某产生相邻污染侵害问题产生争议。

【裁判说理】

秦某高、秦某以盐城电力公司架设的高压线跨越了其房屋，该电力线路存在电磁波辐射，侵害了房屋周围的生活环境，造成了其房屋的租金损失为由遂

要求赔偿。其诉请能否成立，首先要认定的是盐城电力公司架设高压线的行为是否合法，有无影响房屋环境的电磁波辐射。根据原审查明的事实，盐城电力公司在1992年架设电力线时与秦某高签订了协议书，征得了秦某高的书面同意，案涉电力线路与房屋间的跨越距离，也符合《电力设施保护条例》有关电力线路保护区范围的规定，自架设以来至2015年秦某高父子起诉的二十余年间均无争议，故盐城电力公司架设电力线的行为合法。关于电磁波辐射污染问题，盐城电力公司在本案诉讼过程中委托江苏省苏核辐射科技有限公司出具了（2015）苏核辐射（综）字第（882）检测报告，结论为案涉电力线路产生的工频电场、工频磁场均符合标准，未对房屋周边环境造成电磁波辐射污染，不影响案涉房屋的使用价值和居住功能。综上，盐城电力公司并不存在侵权行为，秦某高、秦某起诉要求赔偿缺乏事实和法律依据，原审法院判决驳回诉请并无不当。

四、结语

相邻污染侵害是不动产权利人在行使物权时因弃置废物或排放有害物质而对邻人的财产或者健康造成损害。相邻污染侵害纠纷是最高人民法院发布的《民事案件案由规定》中的案由之一，属于相邻关系纠纷。对于此类纠纷，我国现行立法中存在二元救济模式，即物权救济和侵权救济。人民法院在审理相邻污染侵害纠纷案件时形成了诸多可供参考的裁判规则：其一，当事人所提供证据不足以证明对方在生产经营中存在违规超标行为及因此受到损害事实的，人民法院对其诉讼请求不予支持；其二，生产噪音已构成环境噪音污染侵权且侵权行为长期存在的，噪音污染对申请人人身权利的侵害不应仅以病理性特征为标准，人民法院应当支持其精神赔偿请求；其三，因施工产生的噪音引起原奶牛不安、产奶量和质量下降等侵权后果的，人民法院应当支持当事人的赔偿请求；其四，当事人提交没有制作日期、制作人的厂房污染及受损原材料照片的，人民法院对该证据不予采纳；其五，农村环境治理配套设施未到位的，邻里之间应保持合理的容忍度，双方应相互沟通、理解，相互减少对他人的影响与妨害；其六，案涉电力线路产生的工频电场、工频磁场均符合标准，未对房屋周边环境造成电磁波辐射污染，不影响案涉房屋的使用价值和居住功能的，人民法院不予支持当事人的赔偿请求。

第七节 相邻损害防免关系纠纷

一、导论

《民法典》对"相邻损害防免关系"作出了相关规定。例如,根据《民法典》第 295 条规定,不动产权利人挖掘土地、建造建筑物、铺设管线以及安装设备等,不得危及相邻不动产的安全。根据《民法典》第 296 条规定,不动产权利人因用水、排水、通行、铺设管线等利用相邻不动产的,应当尽量避免对相邻不动产权利人造成损害。本节以因相邻损害防免关系纠纷的案件裁判文书为研究对象,并将 2017 年以来人民法院作出的相关裁判文书作为主要范围,归纳、提炼相邻损害防免关系纠纷裁判的理念和趋势,以期通过对我国案例的研究来指导司法实践,并希望对此进行一些有益的探讨。

截至 2021 年 1 月,在中国裁判文书网中输入"相邻损害防免关系纠纷"(案由)检索出民事裁判文书 5676 篇,其中,由最高人民法院裁判的有 4 篇,由高级人民法院裁判的有 100 篇。在具体案例的选取上,本节遵循以下"两个优先"原则:第一,优先选择审判层级较高的裁判文书;第二,优先选择审判日期较近的裁判文书。通过形式和内容两个方面的筛选,本节最终选择了 6 篇裁判文书进行研究,即(2017)最高法民申 2610 号、(2020)晋民再 245 号、(2018)晋民申 87 号、(2020)苏 04 民终 3922 号、(2020)川 01 民终 13768 号、(2020)苏 02 民申 50 号。其中,由最高级人民法院裁判的有 1 篇,由高级人民法院裁判的有 2 篇,由中级人民法院裁判的 3 篇,裁判日期为 2018 年(含)之后的有 5 篇。

二、相邻损害防免关系的基本理论

（一）相邻损害防免关系的概念

损害防免关系也称相邻防险关系，包括因基地相邻产生的防险关系、不可量物侵害防免关系和因建筑物装修产生的相邻防盗安全关系。处理不好相邻防险关系极易发生纠纷。[1]

（二）相邻损害防免关系的种类和纠纷特点

1.相邻损害防免关系的种类：（1）基地相邻一方挖掘基础或建造房屋时，不得使另一方基地及其地上建筑物受到损害，或构成损害危险。如发生上述情况，相邻一方可以请求停止施工、消除危险或采取其他必要的措施；造成损害的，可请求损害赔偿。[2]（2）建筑物有倾倒而致相邻基地及其建筑物受损害的危险时，相邻基地的所有人或使用人可以请求采取必要的预防措施。

不可量物侵害防免关系，是指相邻一方，在相邻另一方的煤气、蒸气、臭气、烟气、热气、灰屑、噪音、无线电波、光、振动及其他相类似物质侵入时，有权要求禁止。但侵入轻微或按当地习惯认为应予以容忍的除外。因建筑物装修产生的相邻防盗安全关系，是指建筑物所有者或使用者进行装修，如安装防盗网、遮阳篷或空调时，应注意邻人防盗方面的需求，不能因自己的装修使邻人在防盗方面处于更加不利的处境。

2.相邻损害防免关系纠纷的特点。该类关系引起的纠纷涉及邻人人身和财产安全、生活的舒适，因此该类纠纷关系的处理历来为相邻人所重视。在该类纠纷中，是否构成侵权需依据具体的自然条件（如地质条件）、社会条件（如治安条件）及建筑物自身的条件（如建筑物高度、相互距离）具体确定，很难有统一的标准；有些损害或危险比较容易确定，有些则需要专门机构来鉴定。侵权的成立也不以造成现实的结果为前提，只要构成危险即可。纠纷涉及的证据有直观性，有的证据不易固定。纠纷的解决上有很强的时限性，有些危险需

---

[1] 张法能：《相邻损害防免关系纠纷执行异议案》，载《法治论坛》2018年第3期。
[2] 高富平、晏夏：《论相邻不动产损害纠纷的法律适用——以请求权为视角》，载《中国不动产法研究》2018年第1期。

要立即排除。①

三、关于相邻损害防免关系纠纷的裁判规则

（一）在相邻损害防免关系纠纷中，案涉不动产上设立权利的先后顺序不影响具有相邻关系的双方保障相对方公平生产义务的履行

【案例来源】

案例名称：甘肃厂坝有色金属有限责任公司与成县茨坝须弥山实业有限公司相邻损害防免关系纠纷案

审理法院：最高人民法院

案　　号：（2017）最高法民申2610号

【争议点】

甘肃厂坝有色金属有限责任公司（以下简称厂坝公司）因与成县茨坝须弥山实业有限公司（以下简称须弥山公司）相邻损害防免关系产生纠纷，该案历经甘肃省陇南市中级人民法院一审、甘肃省高级人民法院二审、最高人民法院再审三个阶段。在再审中，当事人双方就相邻关系中后权利的行使是否有义务容忍在先权利的合法使用产生纠纷。

【裁判说理】

在本案中，虽然厂坝公司尾矿库土地使用权设立在先，须弥山公司的采矿权取得在后，但根据法律规定，不动产的相邻权利人应当按照有利生产、方便生活、团结互助、公平合理的原则，正确处理相邻关系。由此可知，即使厂坝公司于案涉土地上的权利设定在先也不能过分强调其对尾矿库的充分使用权并损害相邻方须弥山公司依法享有的采矿权。并且在2014年成县国土资源局召集双方就案涉矿区的重叠问题举行了相应的座谈会并达成了协议，因此在厂坝公司与须弥山公司各自物权权能依法应受限时，双方应当根据达成的协议解决纠纷。而对于在不动产上设定权利的先后顺序也不属于对相邻关系处理基本原则的严重违反，因此在案涉不动产上设定权利的先后顺序不能成为损害具有相邻关系的相对方公平生产义务的履行。

---

① 蔡养军：《论相邻关系纠纷的法律适用》，载《北方法学》2016年第2期。

（二）在相邻损害防免关系纠纷中，案涉不动产房屋所有权的状态不影响因相邻损害达成的赔偿协议的效力

【案例来源】

案例名称：王某与杨某相邻损害防免关系纠纷案

审理法院：山西省高级人民法院

案　　号：（2020）晋民再245号

【争议点】

王某因与杨某就相邻损害防免关系产生纠纷，该案历经山西省偏关县人民法院一审、山西省忻州市中级人民法院二审、山西省高级人民法院再审三个阶段。在再审中，当事人双方就杨某是否为适格被告产生纠纷。

【裁判说理】

在本案中，由于王某和杨某双方作为具有相邻关系的双方就案涉房屋的损害赔偿已达成了《房屋损害赔偿协议》，该协议是双方真实意思表示，且不违反法律、法规的禁止性规定，理应合法有效。即使在房屋建筑部门登记的案涉房屋为偏关县振新（兴）房地产公司所建，但是该房屋的所有权法律状态并不影响该赔偿协议的效力，并且杨某作为协议项下的义务人即使不为该协议项下的房屋所有权人也仅能产生杨某要承担违约责任的法律后果。但是，该违约责任的承担并不产生否认王某为该赔偿协议项下权利人法律地位的效力，继而亦不影响其享有的请求杨某履行赔偿协议项下义务的法定权利。因此，杨某应当为该案的适格被告。

（三）在相邻损害防免关系纠纷中，对铁路安全保护区内既有房屋的拆除需以该既有房屋已采取了安全防护措施仍无法保证安全为前提

【案例来源】

案例名称：邸某只与中铁十二局集团第三工程有限公司、山西太兴铁路有限责任公司等相邻损害防免关系纠纷案

审理法院：山西省高级人民法院

案　　号：（2018）晋民申87号

【争议点】

邸某只与中铁十二局集团第三工程有限公司（以下简称中铁十二局）、山

西太兴铁路有限责任公司、中铁十二局集团有限公司太兴铁路 TXJX-1 标项目经理部就相邻损害防免关系产生纠纷，该案历经山西省岚县人民法院一审、山西省吕梁市中级人民法院二审、山西省高级人民法院再审三个阶段。在再审中，当事人双方就中铁十二局是否应当给邸某只进行新房选址重建产生纠纷。

【裁判说理】

在本案中，由于经具有鉴定资质的鉴定机构的鉴定评估能够表明案涉邸某只的房屋确系中铁十二局在建设施工中造成的相关损害，中铁十二局对此应当依法承担相应的赔偿责任，尽管邸某只对此鉴定评估不认可，但其在一审中并未提交相应的重新鉴定申请，在二审中虽提交申请但未缴纳相应的鉴定费用，因此，其行为可以认定为属于对重新鉴定的放弃，因此对于法院根据已有的鉴定评估来认定房屋受损情况及房屋修复费用的，并无不妥。而对于邸某只主张的根据《铁路安全管理条例》的相关规定要求拆除其受损的旧房并为其新房选址重建的请求，虽然《铁路安全管理条例》第 31 条规定，铁路线路安全保护区内既有的建筑物、构筑物危及铁路运输安全的，应当采取必要的安全防护措施。当采取安全防护措施后仍不能保证安全的，依照有关法律的规定拆除。但是既有房屋在采取安全防护措施后仍不能保证安全才是房屋得以拆除的前提，而非铁路安全保护区内的既有房屋必须拆除。因此，邸某只在未能提供证据证明其房屋符合上述前提条件的情形下，法院不予支持对其旧房拆除，新房选址重建的请求。

（四）在相邻损害防免关系纠纷中，即使案涉标的为一方专有，但因物业维修不利而造成相邻方损失的，人民法院仍可根据实际情况由物业方承担较大比例赔偿责任

【案例来源】

案例名称：西藏新城悦物业服务股份有限公司常州分公司与陈某明、徐某笠等财产损害赔偿纠纷案

审理法院：江苏省常州市中级人民法院

案　　号：（2020）苏 04 民终 3922 号

【争议点】

西藏新城悦物业服务股份有限公司常州分公司（以下简称新城物业常州分公司）因与陈某明、徐某笠、徐某新、徐某就财产损害赔偿产生纠纷，该案历

经江苏省常州市武进区人民法院一审、江苏省常州市中级人民法院二审两个阶段。在二审中，当事人双方就新城物业常州分公司承担徐某笠、徐某新、徐某因房屋漏水造成的损失 80% 的责任是否适当产生纠纷。

【裁判说理】

在本案中，由于案涉 1602 室的厨房下水处至主管道之间的排污无管道大部分位于 1502 室的厨房吊顶上，因此该排污管道作为 1602 室业主陈某明的专用管道应当由其妥善使用。而在 2019 年 4 月该排污管道截断处松动、滑落并造成徐某笠、徐某新、徐某的 1502 室受损的，应当承担其赔偿责任。由于案涉管道早在陈某明于 2017 年时就向其所在物业新城物业常州分公司报修过，之后该物业也进行了相应的维修工作，并在维修时改变了管道结构。因此，2019 年案涉管道再次受损并造成 1502 室损害时，新城物业常州分公司作为案涉管道维修方，理应对徐某笠、徐某新、徐某的财产损失承担相应的赔偿责任，并且由于案涉管道是在经维修过后再次损坏并造成 1502 室损失的，那么该物业方应当承担 80% 这一较大比例的赔偿责任。

（五）在相邻损害防免关系纠纷中，法律对争议解决规定了行政救济途径的，当事人不得再次提起民事诉讼

【案例来源】

案例名称：颜某、程某熙相邻损害防免关系纠纷案

审理法院：四川省成都市中级人民法院

案　　号：（2020）川 01 民终 13768 号

【争议点】

颜某因与程某熙就相邻损害防免关系产生纠纷，该案历经四川省成都市青羊区人民法院一审，四川省成都市中级人民法院二审两个阶段。在二审中，当事人双方就本案是否属于民事诉讼受理范围产生纠纷。

【裁判说理】

在本案中，颜某和程某熙为楼上楼下具有相邻关系的当事人，由于颜某在程某熙房屋的阳台上方外墙面上搭建了槽钢结构的楼板，使给该楼板一角悬空，造成了相关的安全隐患，理应拆除。《行政强制法》第 44 条规定："对违法的建筑物、构筑物、设施等需要强制拆除的，应当由行政机关予以公告，限期当事人自行拆除。当事人在法定期限内不申请行政复议或者提起行政诉讼，

又不拆除的，行政机关可以依法强制拆除。"因此可知，对于此种违法搭建的建筑物我国行政强制法已作出了相应的规定，而本案中程某熙也提交了城管执法中队对颜某作出的限期自行拆除违法建设决定书。因此，由于生效的行政决定具有确定力、拘束力和执行力，那么其应当与生效的裁判一样同为解决民事纠纷的途径，并且经过对生效行政决定即可实现拆除搭建、恢复原状的民事诉讼目的，如果再次允许当事人提起民事诉讼则会导致分工混乱，且没有实际意义，因此对于法律对解决因相邻损害防免关系产生的纠纷有行政处理途径的，不得允许当事人再次提起民事诉讼。

（六）在相邻损害防免关系纠纷中，受损价值无法确定时，法院应当从便于纠纷解决和减轻当事人负担角度判断是否选择评估鉴定

案例名称：朱某明、张某与吴某望相邻损害防免关系纠纷案
审理法院：江苏省无锡市中级人民法院
案　　号：（2020）苏02民申50号

【争议点】

朱某明、张某因与吴某望相邻损害防免关系产生纠纷，该案历经江苏省无锡市梁溪区人民法院一审、江苏省无锡市中级人民法院二审、江苏省无锡市中级人民法院审查再审三个阶段。在再审中，当事人双方就一、二审法院均未对现场评估鉴定是否构成程序违法产生纠纷。

【裁判说理】

在本案中，朱某明、张某和吴某因忘房屋漏水的损失赔偿问题产生纠纷。经法院审理查明可知双方前后经过两次损害赔偿交涉：第一次为2014年，因吴某忘房屋漏水造成的朱某明及张某房屋的损失，根据朱某明及张某提交的相关证据能够证明双方确实发生过相应的因相邻损害造成的赔偿的事实；第二次则是发生在2018年由于吴某忘家中水管爆裂造成的朱某明和张某的房屋的损失，在对受损财物价值无法确定的情况下，法院并非应当一律采用鉴定评估的方式对受损财物进行鉴定，而应当从受损房屋的面积、受损财物的价值、对当事人之间费用是否加重和是否有利于案件矛盾解决的角度来选择适用评估鉴定的方式，而非必须适用。

四、结语

根据《民法典》第 296 条规定，不动产权利人因用水、排水、通行、铺设管线等利用相邻不动产的，应当尽量避免对相邻的不动产权利人造成损害。据此，相邻人在自己所有土地上建筑施工、铺设管线、安装设备等，应当采用必要的防范措施，不得危及他人人身、财产安全。如相邻人土地上的建筑物有倒塌危险或施工中架设管线、挖沟等危及一方人身财产安全时，相邻一方有权要求施工的不动产权利人消除危险，造成损害的，则得向相邻不动产权利人请求支付赔偿金。相邻人之间应当相互尊重和理解，不得对他人的合法权益造成损害，给他人造成损害的要承担相应的法律后果。因此，人民法院在审理相邻损害防免关系纠纷案件时，如果出现以下几种情况，人民法院不予支持：其一，当一方当事人以受损价值无法确定时，法院必须一律采取评估鉴定的方式作为抗辩法院程序违法理由的；其二，一方当事人以其在案涉不动产上权利设立在先为由扩大其权利行使并主张后设定权利的具有相邻关系的相对方容忍的。同时，还应注意的是：首先，当法律对争议的解决已有相应的行政途径的，不能允许当事人再次提起民事诉讼；其次，在案涉标的为一方专有的情况下，由于物业维修不利造成相邻方损失的，人民法院仍可根据实际情况由物业方承担较大比例赔偿责任；再次，当一方以铁路安全保护区内既有房屋危及铁路安全为由请求拆除且要求选址新建的，应当注意需以该既有房屋已采取了安全防护措施仍无法保证安全为前提；最后，案涉不动产房屋所有权的状态并不会对双方已达成的赔偿协议的效力产生影响。

第五章
房地产纠纷疑难法律问题

序 论

我国改革开放以来，房地产纠纷引发的诉讼激增，由于我国历史、国情以及房地产个性差异等因素，社会实践中出现单位集资房和已参加房改的公有住房的出售纠纷、农村房屋买卖合同纠纷、合资或合作开发房地产合同纠纷等疑难法律问题，本章即围绕房地产纠纷疑难法律问题展开研究。以本章第三节讨论的农村房屋买卖合同纠纷为例，近些年来农村房屋买卖的情况较多，但目前我国并没有法律法规对农村房屋买卖合同进行专门规定，尤其在农村房屋买卖合同的效力问题上，理论学界和司法实践中有不同的观点。例如，在对非本集体成员（尤其是城镇居民）购买宅基地上房屋的合同效力问题上，便存在有效与无效的不同认识，即使是在无效理据上，也存在赞同"损害社会公共利益"与否定"损害社会公共利益"等论争。因此，本章以人民法院作出的相关裁判文书为基础，归纳、提炼与房地产纠纷疑难法律问题有关的裁判规则具有重大的现实意义。

在体例上，本章共十二节，每一节均包括导论、基本理论、裁判规则、结语四部分；在素材上，本章以最高人民法院、高级人民法院或其下级人民法院作出的裁判文书为主，辅以与此相关的理论；在内容上，选取了司法实务中较为典型的宅基地使用权纠纷等房地产纠纷中的疑难法律问题作为研究标的，包括单位集资房和已参加房改的公有住房的出售纠纷、宅基地使用权纠纷、农村房屋买卖合同纠纷、合资或合作开发房地产合同纠纷、房屋虚假宣传的纠纷、房屋租赁合同纠纷、房屋质量纠纷、房屋拆迁安置补偿合同纠纷、房地产价格评估合同纠纷、建筑物和其他土地附着物抵押权纠纷、在建建筑物抵押权纠纷、建设用地使用权抵押权纠纷十二部分，每一部分皆以有关理论为基础，对裁判文书进行筛选、梳理与分析，精准归纳、提炼出相应的裁判规则。本章紧扣实务热点，立足实践、指导实践，相信定会对理论研究与司法实务界的人士起到参考指导作用。

第一节　单位集资房和已参加房改的公有住房的出售纠纷

一、导论

相较于普通商品房而言，单位集资房和已参加房改的公有住房是我国国情下产生的具有特殊性的住房形式，在一定期限和范围内有利于我国房地产发展和保障我国民众的住房需求。然而，目前国内对单位集资房和已参加房改的公有住房的理论研究尚待进一步完善，关于单位集资房和已参加房改的公有住房的具体适用问题，实务上也还处于进一步探索的阶段。本节以因单位集资房和已参加房改的公有住房产生纠纷的案件裁判文书为研究对象，以2019年以来人民法院作出的相关裁判文书为主要范围，归纳、提炼单位集资房和已参加房改的公有住房的出售纠纷裁判的理念和趋势，以期通过对我国案例的研究来指导司法实践。

截至2021年3月，编者在中国裁判文书网中输入"房屋买卖合同纠纷"（案由）及"单位集资房"（关键词）共检索出民事裁判文书6484篇，其中，由最高人民法院裁判的有1篇，由高级人民法院裁判的有231篇，本节选取了其中6例典型案例，并对其裁判规则进行了梳理研究。在具体案例的选取上，本节遵循以下"两个优先"原则：第一，优先选择审判层级较高的裁判文书；第二，优先选择审判日期较近的裁判文书。通过形式和内容两个方面的筛选，本节最终选择了6篇裁判文书进行研究，即（2021）新民申226号、（2020）湘民申3852号、（2019）陕民申1609号、（2019）鄂01民终5512号、（2019）沪民申1923号、（2020）冀民申8249号。其中，由高级人民法院裁判的有5篇，裁判日期均为2018年（含）之后。

二、单位集资房和已参加房改的公有住房的基本理论

（一）单位集资房概述

1. 单位集资房的定义。单位集资房由个人、单位和政府三方共筹资金建房，符合条件的单位职工选择按房价全额或部分出资，房屋验收竣工后，依据内部集资建房政策由单位销售给职工，且政府在信贷、用地等相关方面给予政策优惠。单位集资房在我国住房领域中可谓独有现象，它是特定历史阶段某些行业依据相关规定经过审批，在单位自有的、因国家划拨得来的闲置土地上建设房屋，从而解决单位职工住房困难问题的特殊产物。

单位集资房的建设方式有两种：一种是单位以所持有的国有土地使用权出资，并向本单位职工集资，而后另外再筹集一部分资金进行建设；另一种是单位利用自有土地集资建房，并按政策规定出售给本单位职工。[①]

2. 单位集资房的特征。

（1）单位集资房只能在划拨土地上建设。建设单位集资房的土地，采取划拨方式获得，主要为单位向政府申请的划拨土地中的自用存量用地。通过划拨方式取得的单位集资房土地使用权，没有明确的使用期限，无须支付土地使用权出让金，这在一定程度上体现出单位集资建房的公益性与福利性。

（2）购房者必须是本单位职工。单位集资房要求购房者是本单位职工，以双方存在劳动关系为前提。单位集资房购买指标是单位对职工常年工作的一种补偿，是单位对职工发放的福利，以职工的工作年限和住房状况来确定购房资格。

（3）职工依照集资建房协议，只需缴纳房屋建设的成本价，但是不能取得全部房屋产权，只能按照出资比例取得有限产权。单位集资房建设完成后，应由单位出面，向房产局申请统一的房产证，房产证上需注明"经济适用房、划拨土地"等字样。职工若想取得完全产权，需要向有关部门缴纳规定的土地出让金，办理房屋产权变更手续。

（4）单位集资房的交易规则适用经济适用房的交易规则。建设单位集资房的土地是行政划拨土地，国有土地使用权属于建设单位，职工只有在缴纳土地出让金并办理房屋产权变更手续后，才能取得房屋所有权。但依照规定，转

[①] 薛亚楠：《单位集资房交易流转中的法律问题研究》，上海师范大学2018年硕士学位论文。

让、买卖该房屋需要经过一定期限。①

3. 集资房和商品房的主要区别。

（1）性质不同。集资建房由单位职工享受国家住房政策取得住房，非市场行为，而商品房是房地产开发商为获取利益而开发交易的商品，是市场行为。

（2）建房手续不同。集资房的建设用地主要包括单位自用地和政府划拨用地，手续办理简单，而商品房的建设用地主要通过招标等市场转让方式取得，审批手续相对复杂。

（3）销售对象限制不同。集资房销售对象一般限于单位内部满足一定资格的职工，而商品房的销售对象除"限购"等特殊情形外，一般并无限制。

（4）销售价格差距较大。在相同条件下，集资房一般比商品房售价便宜。

（5）产权归属不同。集资房共有形式较为多样，存在单位和职工共有、职工单独享有等形式，对于商品房，买受人支付全部房款后，一般能单独拥有房产所有权。

（二）房改房概述

1. 房改房的定义。房改房又称为已购公有住房，是指享受国家房改优惠政策的住宅，即居民将现住公房以标准价或成本价扣除折算后购买的公房。

2. 房改房的特点。

（1）房改房是国家对职工工资中没有包含住房消费资金的一种补偿，是住房制度向住房商品化过渡的形式，它的价格不由市场供求关系决定，而是由政府根据实现住房简单再生产和建立具有社会保障性的住房供给体系的原则决定，以标准价或成本价出售。

（2）房改房的销售对象是有限制的，不是任何人都可以享受房改的优惠政策，购买房改出售住房的人只能是承住独用成套公有住房的居民和符合分配住房条件的职工。

（3）在房改售房中对购房的面积有所控制，规定人均可购房的建筑面积的控制指标，以防止一些人大量低价购买公有住房，造成国有资产的流失。

（4）购买房改出售的公有住房有一定的优惠政策，公有住房的价格在标准价或成本价的基础上还有工龄、职务或职称方面的优惠折扣。

---

① 吴贤钦：《单位集资房转让协议的效力分析》，载《学理论》2018年第6期。

（5）购买房改公有住房，在进入市场方面是有限制的。出售给职工的公有住房，一般要在住用若干年以后才可出售。①

3. 参加房改买断取得公有住房所有权与商品房买受取得不动产物权不同。

（1）买卖合同关系建立的法律依据不同。房改买断产权是附条件的特殊买卖合同关系，买卖合同关系建立的依据是政府的行政法规，买卖行为要在行政法规或相关文件规定的范围内进行。而商品房具有商品的完全属性，商品房买卖合同是平等主体的自然人、法人之间依据我国《民法典》及相关司法解释等建立的房屋买卖关系，买卖行为人之间具有完全的自主权。

（2）买卖主体、买卖标的物不同。公房买断的买卖主体、买卖标的物法定。公有住房的所有权和使用权是分离的，所有权归国家或集体，使用权归公房承租人和共同居住人，即公房的所有权在"公"，而使用权在"私"，其不同于完整的民法意义上的"私人"使用权。公有住房卖方主体为公有住房所有权人，买方主体为公有住房承租人，出卖的标的物为承租人承租居住的公有住房，买卖双方对买卖标的物无选择余地。而商品房买卖主体、买卖标的物是完整的民法意义上的自由主体，自由处分。

（3）买卖标的物的价格不同。房改买断价格法定，系成本价出售，价格没有浮动，没有利润空间，但有法定优惠条件，国家让利给承租居住人购买。公房出售不是一种市场行为，不体现商品的交换特征，出售的公房也不具有商品的价值属性，而是我国住房福利政策的延续，属于非商业行为。而商品房买卖是纯商业行为，卖方以营利为目的而出售房屋，商品房出售价格是成本加利润，价格随着供求关系变化而浮动，优惠条件由买卖双方协商约定，体现的是商品的价值属性。

（4）产权登记的形式不同、意义不同。公有住房买断一般只登记买受人为房屋所有权人，但在房屋所有权证附记栏内登记参加房改、公房买断等内容。而商品房买卖房屋所有权登记为买受人独有，或在共有人栏内填写其他共有人姓名及各自所有份额，附记栏内不加任何备注。②

---

① 陈赛娟：《浅谈房改房特点及交易方式》，载《门窗》2012年第9期。
② 刘晓巍：《公房产权归属法律纠纷问题研究》，载《法学论丛》2013年第12期。

三、关于单位集资房和已参加房改的公有住房出售纠纷的裁判规则

（一）单位集资房的认购资格不属于法定物权，不属于夫妻共同财产的范围

【案例来源】

案例名称：高某松与费某红、费某凤确认合同无效纠纷案

审理法院：新疆维吾尔自治区高级人民法院

案　　号：（2021）新民申226号

【争议点】

高某松与费某红、费某凤因确认合同无效纠纷引发诉讼，该案历经新疆维吾尔自治区乌鲁木齐市沙依巴克区人民法院一审、新疆维吾尔自治区乌鲁木齐市中级人民法院二审、新疆维吾尔自治区高级人民法院再审三个阶段。在再审中，当事人就案涉《协议书》效力问题产生争议。

【裁判说理】

高某松申请调取证据，并未明确调取证据与案件事实的关联性，且与案件审理需要无关，原审人民法院未予准许并无不当。《新疆维吾尔自治区行政事业单位资金往来结算票据》载明，2014年8月19日，乌鲁木齐市天山区机关事务管理中心收到费某凤缴纳的集资建房现金15万元，在高某松并未提交证据证明费某凤向乌鲁木齐市天山区机关事务管理中心转账15万元系费某红向其还款的情况下，应承担举证不能的不利后果。案涉《协议书》约定："费某红出资购买费某凤单位分给费迎凤的位于乌鲁木齐市种牛场二分校集资建房一套，实际地址以单位实际分给费某凤的房屋地址为准，费某凤所收取费某红的购房款均按单位缴纳的数额，不另收取任何费用。"从上述约定可知，费某凤作为单位职工申请单位集资房时，该集资的房屋尚未进行建设，具体楼层、位置亦未确定，故费某凤取得的是单位集资房屋的认购资格，并非该集资房屋的所有权，该认购资格不属于法定物权，不属于夫妻共同财产的范围，亦不符合《最高人民法院关于适用〈中华人民共和国婚姻法〉若干问题的解释（三）》第

11 条①的适用条件。高某松并未提供有效证据证明费某凤与费某红在签订《协议书》时存在恶意串通,损害其合法权益的情形,不符合《合同法》第 52 条②规定的合同无效的情形,原审人民法院并未支持其诉讼请求并无不当。综上,高某松的再审申请不符合《民事诉讼法》第 200 条规定的情形,法院对其再审申请不予支持。

（二）当事人将单位集资合作建房出售给非经济适用住房供应对象的,案涉单位集资房买卖合同无效

【案例来源】

案例名称：龙某艳、湖南祥辉科工贸有限公司房屋买卖合同纠纷案

审理法院：湖南省高级人民法院

案　　号：（2020）湘民申 3852 号

【争议点】

龙某艳与湖南祥辉科工贸有限公司（以下简称祥辉公司）因房屋买卖合同纠纷引发诉讼,该案历经湖南省长沙市天心区人民法院一审、湖南省长沙市中级人民法院二审、湖南省高级人民法院再审三个阶段。在再审中,当事人就案涉《单位集资房买卖合同书》效力问题产生争议。

【裁判说理】

祥辉公司虽以单位集资房名义出卖案涉房产,但祥辉公司建设的长沙市天心区西文庙坪 45 号祥辉商贸楼房屋规划用途为商业,亦未进行集资房相关审批手续,故双方签订的《单位集资房买卖合同书》实为商品房预售（买卖）合同。现并无证据证明祥辉公司具有房地产开发企业资质,且祥辉公司出售给龙某艳的 219A、219B、220A 房屋系其在未经规划许可的情况下擅自加建并划分所得,亦无法进行产权登记,双方签订的《单位集资房买卖合同书》明显违反我国关于商品房预售（买卖）行为的强制性规定,根据《合同法》第 52 条

---

① 对应《最高人民法院关于适用〈中华人民共和国民法典〉婚姻家庭编的解释（一）》第 28 条,该条规定:"一方未经另一方同意出售夫妻共同所有的房屋,第三人善意购买、支付合理对价并已办理不动产登记,另一方主张追回该房屋的,人民法院不予支持。夫妻一方擅自处分共同所有的房屋造成另一方损失,离婚时另一方请求赔偿损失的,人民法院应予支持。"

② 对应《民法典》第一编第六章。

第（5）项①之规定，双方签订的《单位集资房买卖合同书》应为无效。即使案涉房屋确为单位集资房，因单位集资合作建房属于《经济适用住房管理办法》及《国务院关于解决城市低收入家庭住房困难的若干意见》所明确禁止对外公开出售的房产，将单位集资合作建房出售给非经济适用住房供应对象，违反国家关于经济适用住房管理的有关政策性规定，破坏社会管理秩序，损害社会公共利益，根据《合同法》第52条第（4）项、第（5）项②之规定，案涉《单位集资房买卖合同书》应为无效。综上，原审法院认定案涉《单位集资房买卖合同书》无效正确。关于双方合同无效后的事宜，龙某艳可另行主张权利。

（三）因单位内部就单位集资房的分房、建房、占房、腾房所产生的纠纷，不属于人民法院民事诉讼的受理范围，当事人就此提起民事诉讼的，人民法院应驳回起诉

【案例来源】

案例名称：黄某进与西安市胸科医院、陕西志源建筑工程有限公司财产损害赔偿纠纷案

审理法院：陕西省高级人民法院

案　　号：（2019）陕民申1609号

【争议点】

黄某进与西安市胸科医院、陕西志源建筑工程有限公司因财产损害赔偿纠纷引发诉讼，该案历经陕西省西安市长安区人民法院一审、陕西省西安市中级人民法院二审、陕西省高级人民法院再审三个阶段。在再审中，当事人就本案是否属于人民法院民事诉讼的受理范围问题产生争议。

【裁判说理】

黄某进系西安市胸科医院的退休职工，案涉房屋属于西安市胸科医院的房改房，被国家依法征用，现被分配的房屋属于单位集资房，黄某进请求的170多万元指的是房屋被拆迁的损失，本案属于单位内部分房、建房、占房、腾房

---

① 对应《民法典》第153条，该条规定："违反法律、行政法规的强制性规定的民事法律行为无效。但是，该强制性规定不导致该民事法律行为无效的除外。违背公序良俗的民事法律行为无效。"

② 对应《民法典》第153条，内容同上。

所产生的纠纷，不属于法院的受案范围。一、二审裁定驳回黄某进的起诉并无不当。黄某进的再审申请理由不能成立，本院不予支持。

（四）对于依照地方政府规定可以办理权属证书但尚未取得权属证书、尚需房屋建造单位审核报批的单位集资房，该单位集资房共有人主张其他共有人配合办理该单位集资房的不动产登记手续，若其他共有人不配合则由其全权办理登记手续的，不属于人民法院民事诉讼的受理范围，当事人就此提起民事诉讼的，人民法院应驳回起诉

【案例来源】
案例名称：陈某芳、姚某峰物权确认纠纷案
审理法院：湖北省武汉市中级人民法院
案　　号：（2019）鄂01民终5512号

【争议点】
陈某芳与姚某峰因物权确认纠纷引发诉讼，该案历经湖北省武汉市洪山区人民法院一审、湖北省武汉市中级人民法院二审两个阶段。在二审中，当事人就陈某芳诉讼请求是否属于人民法院民事诉讼的受理范围问题产生争议。

【裁判说理】
陈某芳、姚某峰于1997年12月登记结婚。2003年，姚某峰所在单位湖北省安全厅集资分配了坐落于武汉市武昌区八一路风光苑×栋×单元×室，该房屋为福利分房。2013年1月，武汉市中级人民法院终审判决陈某芳、姚某峰离婚，因未办理房产证，判决该房屋靠南面带卫生间的主卧由陈某芳使用，靠北面的次卧、书房及另一卫生间由姚某峰使用，厨房、客厅由陈某芳、姚某峰共同使用。2017年7月10日，湖北省省直机关住房制度改革办公室下达鄂直房改办发（2017）5号文件，要求省直各单位将已按省直房改文件批准出售尚未办理售房办证手续的政策性住房，于2017年10月31日前以单位正式公函形式，并将填写的《省直单位政策性住房出售备案申报表》送湖北省直机关房改办交易办证窗口集中受理，经核准后办理售房办证手续。陈某芳得知上述消息后，要求姚某峰配合办理共同署名的房产证，姚某峰因不愿与陈某芳办理共有的产权证而拒绝。根据查明的事实，案涉房屋系单位集资房，现该房依照地方政府相关规定可以办理权属证书但尚未办理权属证书，需经房屋建造单位审核报批。陈某芳上诉主张姚某峰故意阻却取得案涉房屋权属证书，其行为侵

害了陈某芳的合法权益，径行主张"判令姚某峰配合办理洪山区风光苑 × 栋 × 单元 × 室房屋的不动产产权登记手续；如果姚某峰不配合，请求判决由陈某芳全权办理售房办证手续"，故陈某芳的诉讼主张不属于人民法院民事案件受理范围，一审裁定驳回其起诉正确。陈某芳的上诉理由不能成立，其上诉请求法院不予支持。

（五）在家庭成员之间因购买公有住房而产生的诉讼中，售后公房买卖不同于一般市场上的商品房交易，应从生活常理、日常经验角度出发，综合判断各方当事人的真实意思

【案例来源】

案例名称：吴某恩、刘某与上海西部企业（集团）有限公司、上海沪太物业管理有限公司等房屋买卖合同纠纷案

审理法院：上海市高级人民法院

案　　号：（2019）沪民申1923号

【争议点】

吴某恩、刘某及杨某、上海西部企业（集团）有限公司（以下简称西部集团公司）、上海沪太物业管理有限公司、吴某琪因房屋买卖合同纠纷引发诉讼，该案历经上海市普陀区人民法院一审、上海市第二中级人民法院二审、上海市高级人民法院再审三个阶段。在再审中，当事人就原审判决推定吴某恩、刘某知道或应当知道系争房屋为产权房的事实是否有误的问题产生争议。

【裁判说理】

本案系家庭成员之间因购买公有住房产生的诉讼，原审法院认为售后公房买卖不同于一般市场上的商品房交易，应从生活常理、日常经验角度出发，综合判断各方当事人的真实意思的观点，再审法院予以认可。本案中，西部集团公司与杨某于2000年签订《公有住房出售合同》购买系争房屋，相关手续由吴某某、俞某某（即吴某恩的父母）、杨某的外祖父母代为办理。俞某某（该房原承租人）于2010年8月死亡后，各方未对房屋产生争议，吴某某于2017年1月死亡，吴某恩、刘某在2018年7月提出诉讼。故原审法院根据房屋来源、家庭成员间关系、当时及之后各人状况等认定吴某恩、刘某所称直到2017年才得知房屋产权情况有悖常理，并对其要求确认购房合同无效的诉请不予支持，并无不当。综上，吴某恩、刘某的再审申请不符合《民事诉讼法》第200

条第（2）项规定的情形。

（六）公有住房单价的确定若属于政策调整范畴，则不属于人民法院民事诉讼的受理范围，当事人就此提起民事诉讼的，人民法院应驳回起诉

【案例来源】

案例名称：张某霞、中国耀华玻璃集团有限公司房屋买卖合同纠纷案

审理法院：河北省高级人民法院

案　　号：（2020）冀民申8249号

【争议点】

张某霞与中国耀华玻璃集团有限公司因房屋买卖合同纠纷引发诉讼，该案历经一审、河北省秦皇岛市中级人民法院二审、河北省高级人民法院再审三个阶段。在再审中，当事人就公有住房房屋单价的确定若涉及政策适用问题，是否属于人民法院民事诉讼的受理范围问题产生争议。

【裁判说理】

案涉房屋系公有住房，并非商品房。案涉房屋单价的确定涉及秦皇岛市人民政府出台的秦政〔2006〕83号文件中适用房改房政策及如何适用该政策的问题，属于政策调整范畴，不属于民事权益纠纷，故原审法院裁定驳回申请人的起诉并无不当。综上，张某霞的再审申请不符合《民事诉讼法》第200条规定的情形。

四、结语

单位集资房由个人、单位和政府三方共筹资金建房，符合条件的单位职工选择按房价全额或部分出资，房屋验收竣工后，依据内部集资建房政策由单位销售给职工，且政府在信贷、用地等相关方面给予政策优惠。房改房又称已购公有住房，是指享受国家房改优惠政策的住宅，即居民将现住公房以标准价或成本价扣除折算后购买的公房。人民法院在处理单位集资房纠纷时，应注意以下几点：其一，单位集资房的认购资格不属于法定物权，不属于夫妻共同财产的范围；其二，当事人将单位集资合作建房出售给非经济适用住房供应对象的，单位集资房买卖合同无效；其三，单位内部因单位集资房的分房、建房、占房、腾房所产生的纠纷，不属于人民法院民事诉讼的受理范围；其四，对于

依照地方政府规定可以办理权属证书但尚未取得权属证书、尚需房屋建造单位审核报批的单位集资房，该单位集资房共有人主张其他共有人配合办理该单位集资房的不动产登记手续，若其他共有人不配合则由其全权办理登记手续的，不属于人民法院民事诉讼的受理范围。人民法院在处理已购公有住房纠纷时，应注意的是，在家庭成员之间因购买公有住房而产生的诉讼中，售后公房买卖不同于一般市场上的商品房交易，应从生活常理、日常经验角度出发，综合判断各方当事人的真实意思。此外，公有住房房屋单价的确定若属于政策调整范畴，则不属于人民法院民事诉讼的受理范围。

第二节 宅基地使用权纠纷

一、导论

2018年1月2日，中共中央、国务院发布的《中共中央国务院关于实施乡村振兴战略的意见》指出，扎实推进房地一体的农村集体建设用地和宅基地使用权确权登记颁证。完善农民闲置宅基地和闲置农房政策，探索宅基地所有权、资格权、使用权"三权分置"，落实宅基地集体所有权，保障宅基地农户资格权和农民房屋财产权，适度放活宅基地和农民房屋使用权，不得违规违法买卖宅基地，严格实行土地用途管制，严格禁止下乡利用农村宅基地建设别墅大院和私人会馆。据此，宅基地"三权分置"的构想得以明确提出，我国长期以来宅基地使用权和所有权两权并存的二元结构被打破。然而，目前国内对宅基地使用权的理论研究尚待进一步完善，关于宅基地使用权具体适用的问题，实务上还处于进一步探索的阶段。本节以因宅基地使用权产生纠纷的案件裁判文书为研究对象，以2020年以来人民法院作出的相关裁判文书为主要范围，归纳、提炼宅基地使用权纠纷裁判的理念和趋势，以期通过对我国案例的研究来指导司法实践。

截至2021年2月，编者在中国裁判文书网中输入"宅基地使用权纠纷"（案由）检索出民事裁判文书14 727篇，其中，由最高人民法院裁判的有2篇，由高级人民法院裁判的有411篇，本节选取了其中6例典型案例，并对其裁判规则进行了梳理研究。在具体案例的选取上，本节遵循以下"两个优先"原则：第一，优先选择审判层级较高的裁判文书；第二，优先选择审判日期较近的裁判文书。通过形式和内容两个方面的筛选，本节最终选择了6篇裁判文书进行研究，即（2020）京民申5435号、（2020）鄂民申3501号、（2020）吉民申1432号、（2020）晋民申143号、（2020）浙民申2438号、（2020）晋民申630号，以上均由高级人民法院裁判，裁判日期也均为2018（含）年之后。

二、宅基地使用权的基本理论

（一）宅基地使用权概述

1. 宅基地使用权的定义和特征。宅基地使用权，是指以建造住宅及附属设施为目的，对集体所有的土地进行占有和使用的权利。[①]《民法典》第362条规定："宅基地使用权人依法对集体所有的土地享有占有和使用的权利，有权依法利用该土地建造住宅及其附属设施。"宅基地使用权属于用益物权的一种，具有以下特征：第一，原始取得主体限于农村集体经济组织成员；第二，客体仅限于集体所有的土地；第三，农村集体组织的成员可以无偿取得宅基地使用权；第四，用途仅限于依法建造个人住宅及其附属设施；第五，宅基地使用权可以长久存在，没有期限限制；第六，流转受到严格限制。

2. 宅基地使用权的取得。村民取得宅基地无须支付对价，而是基于作为农村集体经济组织成员的成员权，可以经过行政审批而设立。农村村民一户只能拥有一处宅基地，其面积不得超过省、自治区、直辖市规定的标准。"一户只能拥有一处宅基地"的限制性规定，是基于宅基地的福利性及其所承载的社会保障功能而对其使用权初始取得的限制，不是对宅基地使用权继受取得的限制。由于继承关系的存在以及宅基地使用权在本集体经济组织之内流转的可能，客观上有可能存在一户多宅。[②]

3. 宅基地使用权的登记。根据《民法典》第365条规定，已经登记的宅基地使用权转让或者消灭的，应当及时办理变更登记或者注销登记。该条规定考虑了我国广大农村对宅基地使用权登记的现状，目前仅对已经登记的宅基地使用权转让或者消灭作了登记的要求，而对尚未登记的宅基地使用权并未进行强制性的登记要求。

4. 宅基地使用权的内容。宅基地使用权人的权利主要包括：在宅基地上建造住宅及附属设施；对宅基地进行占有和使用；按照法律规定对宅基地使用权进行流转。宅基地一般需用于建造住宅及附属设施，故宅基地使用权人的义务主要是不得随意挪作他用。

[①] 王利明主编：《民法学》，高等教育出版社2019年版，第203页。
[②] 王利明主编：《民法学》，高等教育出版社2019年版，第205页。

5. 宅基地使用权的流转。宅基地使用权人有权依法对宅基地使用权进行流转。目前，宅基地使用权流转方式主要包括农民自发流转和政府主导置换两种，宅基地使用权自发流转方式上，主要包括租赁、买卖、入股和抵押四种模式。① 宅基地使用权有一定的流转限制：不允许将宅基地使用权进行单独处分，但是可以将宅基地使用权和宅基地上的房屋一并处分；农村村民将宅基地上的住宅出卖、出租或赠与后，再申请宅基地的，不予批准；宅基地使用权一般只能转让给本集体经济组织内的村民。为了更合理地利用宅基地，我国允许进城落户的农村村民依法自愿有偿退出宅基地。需要注意的是，农村宅基地可以流转的客体只为宅基地使用权，宅基地所有权和资格权不能流转。②

6. 宅基地使用权的消灭。宅基地使用权可能因以下原因而消灭：自然灾害导致宅基地永久灭失；国家为了公共利益的需要，对集体所有的宅基地进行征收；土地所有权人根据发展规划，必要时可以对宅基地使用权进行收回或调整；宅基地使用权人抛弃权利、宅基地使用权人去世、无人继承等。

（二）宅基地使用权与其他权利的区别

1. 宅基地使用权与土地承包经营权。宅基地使用权和土地承包经营权都属于物权中的用益物权，但主要有如下区别：第一，内容不同。宅基地使用权主要是在集体所有的土地上建造住宅及附属设施，而土地承包经营权主要是在集体土地上从事种植业、林业、畜牧业等农业生产。第二，存续期限不同。宅基地使用权可以长久使用，没有期限限制，土地承包经营权则有期限限制。

2. 宅基地使用权与建设用地使用权。宅基地使用权与建设用地使用权同样都属于物权中的用益物权，两者主要有如下区别：第一，内容不同。如上所述，宅基地使用权主要是在集体所有的土地上建造住宅及附属设施，而建设用地使用权主要是在国有土地上建造建筑物、构筑物及其附属设施。第二，存续期限不同。宅基地使用权可以长久使用，没有期限限制，建设用地使用权则有期限限制。第三，主体限制不同。宅基地使用权主体只限于集体经济组织的成员，而建设用地使用权主体基本上没有限制，可以是自然人、法人或其他组织。第四，取得方式不同。宅基地使用权取得方式为行政审批、流转等，而建

---

① 吴迪、陈耀东：《宅基地使用权信托制度构建》，载《河北法学》2021年第3期。
② 何静：《"三权分置"下看农村宅基地流转》，载《当代县域经济》2021年第2期。

设用地使用权取得方式主要为出让和划拨。第五，是否有偿不同。宅基地使用权可无偿取得，而建设用地使用权除划拨之外，一般需缴纳土地出让金。第六，登记要求不同。目前法律仅对已登记的宅基地规定了登记要求，而建设用地使用权的设立和转让，均将登记作为权利产生或变动的条件。

三、关于宅基地使用权纠纷的裁判规则

（一）宅基地的使用方案不属于人民法院民事诉讼的受理范围，当事人就此提起民事诉讼的，人民法院应驳回起诉

【案例来源】

案例名称：于某海与北京市延庆区延庆镇小营村经济合作社等宅基地使用权纠纷案

审理法院：北京市高级人民法院

案　　号：（2020）京民申5435号

【争议点】

于某海与宁夏龙海贸易有限公司、北京市延庆区延庆镇小营村民委员会、北京市延庆区延庆镇小营村经济合作社因宅基地使用权纠纷引发诉讼，该案历经北京市延庆区人民法院一审、北京市第一中级人民法院二审、北京市高级人民法院再审三个阶段。在再审中，当事人就涉及宅基地的使用方案的诉讼请求是否属于人民法院民事诉讼的受理范围问题产生争议。

【裁判说理】

《村民委员会组织法》第24条规定："涉及村民利益的下列事项，经村民会议讨论决定方可办理：……（六）宅基地的使用方案……村民会议可以授权村民代表会议讨论决定前款规定的事项。法律对讨论决定村集体经济组织财产和成员权益的事项另有规定的，依照其规定。"第27条规定："村民会议可以制定和修改村民自治章程、村规民约，并报乡、民族乡、镇的人民政府备案。村民自治章程、村规民约以及村民会议或者村民代表会议的决定不得与宪法、法律、法规和国家的政策相抵触，不得有侵犯村民的人身权利、民主权利和合法财产权利的内容。村民自治章程、村规民约以及村民会议或者村民代表会议的决定违反前款规定的，由乡、民族乡、镇的人民政府责令改正。"本案中，

于某海的诉讼请求涉及宅基地的使用方案，因该事项属于村民自治范畴，不属于人民法院民事诉讼的受理范围，故一、二审法院裁定驳回于某海的起诉，适用法律正确，并无不当。于某海提交的行政判决书不能达到其证明目的，法院不予采信。综上所述，于某海申请再审的理由不能成立。

（二）当事人对所持有的土地权属证书所载明的地址、土地四至范围及面积产生的争议，不属于人民法院民事诉讼的受理范围，当事人就此提起民事诉讼的，人民法院应驳回起诉

【案例来源】

案例名称：袁某国、陈某英宅基地使用权纠纷案

审理法院：湖北省高级人民法院

案　　号：（2020）鄂民申3501号

【争议点】

袁某国、陈某英与袁某村、袁某喜因宅基地使用权纠纷引发诉讼，该案历经湖北省通山县人民法院一审、湖北省咸宁市中级人民法院二审、湖北省高级人民法院再审三个阶段。在再审中，当事人就所持有的土地权属证书所载明的地址、土地四至范围及面积产生的争议是否属于人民法院民事诉讼的受理范围问题产生争议。

【裁判说理】

袁某国、陈某英以其持有的通山县人民政府于1986年12月颁发的036919号《土地使用证》为依据，提起本案民事诉讼，主张袁某村、袁某喜侵犯其合法享有的宅基地使用权，因此，本案为宅基地使用权纠纷。原裁定已查明，袁某国持有两份土地使用权权属证明，分别为：1986年12月颁发的036919号《土地使用证》，载明宅基地地址位于通山县黄沙××镇××家××村竹根咀，面积为135㎡，房屋建筑面积为135㎡，土地所有权性质为集体，但该证右上角证号附近注明"清理"二字；1994年10月5日颁发的《土地使用证》，土地坐落于竹根咀，宅基地面积为81.40㎡，土地用途为住宅，权属来源于集体内部划拨。而袁某村及袁某喜持有的《建设用地使用证》载明，土地地址位于阮××组，地号025、010、009，土地类别为宅基地，建筑面积为101.45㎡。袁某村、袁某喜在该证项下土地上修建房屋，袁某国认为二人侵犯其持有的036919号《土地使用证》项下宅基地的使用权，双方当事人

系对两份各自所持有的土地权属证书所载明的地址、土地四至范围及面积存在争议。根据《土地管理法》第14条规定，土地所有权和使用权争议，由当事人协商解决；协商不成的，由人民政府处理。个人之间、个人与单位之间的争议，由乡级人民政府或者县级以上人民政府处理，原裁定认定本案不属于民事诉讼范围，具有事实和法律依据。袁某国、陈某英的再审申请不符合《民事诉讼法》第200条规定的情形，其申请再审的理由不成立，法院不予支持。

（三）关于村委会决定的宅基地补偿款的分配方案及数额的争议，不属于人民法院民事诉讼的受理范围，当事人就此提起民事诉讼的，人民法院应驳回起诉

【案例来源】

案例名称：张某美、杨某臣、杨某良、杨某华、杨某胜、杨某苓与长春市宏伟农工商公司宅基地使用权纠纷案

审理法院：吉林省高级人民法院

案　　号：（2020）吉民申1432号

【争议点】

张某美、杨某臣、杨某良、杨某华、杨某胜、杨某苓与长春市宏伟农工商公司（原长春市二道区东站街道宏伟村民委员会，以下简称宏伟村委会）因宅基地使用权纠纷引发诉讼，该案历经吉林省长春市二道区人民法院一审、吉林省长春市中级人民法院二审、吉林省高级人民法院再审三个阶段。在再审中，当事人就村委会决定的宅基地补偿款的分配方案及数额是否属于人民法院民事诉讼的受理范围问题产生争议。

【裁判说理】

《土地管理法》第9条规定："城市市区的土地属于国家所有。农村和城市郊区的土地，除由法律规定属于国家所有的以外，属于农民集体所有；宅基地和自留地、自留山，属于农民集体所有。"《土地管理法实施条例》第26条第1款规定："土地补偿费归农村集体经济组织所有；地上附着物及青苗补偿费归地上附着物及青苗的所有者所有。"《最高人民法院关于审理涉及农村土地承包纠纷案件适用法律问题的解释》第24条[①]规定："农村集体经济组织或者村

[①] 2020年修正后为第22条。

民委员会、村民小组，可以依照法律规定的民主议定程序，决定在本集体经济组织内部分配已经收到的土地补偿费。征地补偿安置方案确定时已经具有本集体经济组织成员资格的人，请求支付相应份额的，应予支持。但已报全国人大常委会、国务院备案的地方性法规、自治条例和单行条例、地方政府规章对土地补偿费在农村集体经济组织内部的分配办法另有规定的除外。"本案中，张某美、杨某臣、杨某良、杨某华、杨某胜、杨某苓在二审庭审中自认要求补偿150万元的根据是案涉土地是其事实上的宅基地，但依照上述法律规定宅基地属于农民集体所有，案涉的宅基地已经被征收，征收的土地补偿费亦应归农村集体经济组织所有，即宏伟村委会所有。宏伟村委会可以依照法律规定的民主议定程序，决定在本集体经济组织内部分配已经收到的土地补偿费，即宏伟村委会有权决定宅基地补偿款的分配方案及数额，该内容属于村民自治范畴，不属于人民法院受理民事诉讼的范围。张某美、杨某臣、杨某良、杨某华、杨某胜、杨某苓对宏伟村委会行使村民委员会的职权并未提出异议，二审法院裁定驳回张某美、杨某臣、杨某良、杨某华、杨某胜、杨某苓的起诉，有事实及法律依据，并无不当。

（四）村委会作为宅基地所有人按照经村民代表会议通过的方案诉请当事人交回所涉宅基地及相关证件的，属于人民法院受案范围

【案例来源】

案例名称：岳某与榆次区郭家堡乡小东关村民委员会宅基地使用权纠纷案

审理法院：山西省高级人民法院

案　　号：（2020）晋民申143号

【争议点】

岳某与榆次区郭家堡乡小东关村民委员会（以下简称小东关村委会）因宅基地使用权纠纷引发诉讼，该案历经一审法院、山西省晋中市中级人民法院二审、山西省高级人民法院再审三个阶段。在再审中，当事人就小东关村委会对诉争宅基地的诉求应否得到支持问题产生争议。

【裁判说理】

本案系宅基地使用权纠纷。争议焦点问题为，小东关村委会对诉争宅基地的诉求应否得到支持。（1）关于小东关村委会的诉讼主体地位。村民委员会是村民自我管理、自我教育、自我服务的基层群众性自治组织，管理本村属于村

民集体所有的土地和其他财产，执行村民会议、村民代表会议的决定、决议。小东关村委会有权依照法律规定管理属于该村村民集体所有的土地，办理本村的公共事务和公益事业，亦具有诉讼主体资格参与诉讼，故小东关村委会作为案涉土地的所有者和管理者有权对岳某向人民法院提起诉讼。（2）关于是否属于人民法院受案范围。小东关村委会按照榆次区建设总体规划，为改善村民生活居住条件实施城中村旧村改造，经该村村民代表会议法定程序表决，通过了《小东关村城中村改造拆迁补偿与安置方案》(以下简称《方案》)，晋中市榆次区人民政府以书面形式予以批准，该决议合法有效。岳某作为本村村民，理应按照《方案》履行作为村集体经济组织成员的义务，依法向小东关村委会交回所涉宅基地及相关证件，但其却以拆迁补偿价格为由未与小东关村委会签订相关的拆迁安置补偿协议又不腾空房屋交回宅基地。《土地管理法》第14条规定，土地所有权和使用权争议，由当事人协商解决；协商不成的，由人民政府处理。小东关村委会与岳某对案涉宅基地的所有权与使用权并无争议，但小东关村委会作为宅基地所有人按照经村民代表会议通过的方案诉请岳某交回所涉宅基地及相关证件，应属于人民法院受案范围。岳某提交的相关政府文件不足以证实其应继续占用本案所涉宅基地，岳某其余再审理由亦缺少事实和法律依据，不能成立。原审判决认定岳某应交回案涉宅基地及相关证件，认定事实清楚，适用法律正确。

（五）同一村集体经济组织成员之间通过买卖的方式获得除建房审批之外的宅基地，并不因违反《土地管理法》第62条中"农村村民一户只能拥有一处宅基地"的规定而导致买卖合同无效

【案例来源】

案例名称：富某、张某良、董某明宅基地使用权纠纷案

审理法院：浙江省高级人民法院

案　　号：（2020）浙民申2438号

【争议点】

富某与张某良、董某明因宅基地使用权纠纷引发诉讼，该案历经浙江省平湖市人民法院一审、浙江省嘉兴市中级人民法院二审、浙江省高级人民法院再审三个阶段。在再审中，当事人就案涉协议的效力问题产生争议。

【裁判说理】

关于富某与董某明签订案涉协议的效力问题。富某与董某明于 2010 年 8 月 12 日签订了《宅基地转让协议》，约定富某将坐落于浙江省平湖市钟埭街道钟溪南村 × 号登记面积为 100 平方米的宅基地转让给董某明，转让价格为 18 万元。董某明与富某属同一村集体经济组织成员，虽然《土地管理法》第 62 条规定，农村村民一户只能拥有一处宅基地，但该规定是针对农村村民建房审批所作的规定而非针对宅基地买卖行为，属于管理性强制规定。目前我国现行的法律、行政法规并没有禁止同一村集体经济组织成员之间通过买卖的方式获得除建房审批以外的宅基地进行流转，且该宅基地也已实际交付，故二审判决认定富某与董某明签订的《宅基地转让协议》有效并无不当。富某认为其被迫签订了一份空白的《宅基地转让协议》，后该空白协议在其不知情的情况下被填写，但富某并未提供证据证明该主张，即便是如富某所称存在胁迫，根据《合同法》第 54 条第 2 款^①的规定，申请人只能主张撤销该协议，只有在损害国家利益的情形下才可以提出无效的主张，故富某的该再审申请理由不能成立。富某提出宅基地转让须经村委会同意，但其并没有提交相关法律、法规依据。综上，案涉《宅基地转让协议》应认定有效。

（六）在连环买卖农村房屋的情形下，若房屋的原始权利人系房屋所在宅基地的户主，处分不违反法律强制性规定，尽管买卖的中间环节买受人系城镇居民，但若最后一手买受人系房屋所在地集体经济组织的成员且实际占有、使用该宅基地，该连环买卖房屋并未使集体经济组织权益受到损害的，人民法院不宜对案涉售房协议作无效处理

【案例来源】

案例名称：王某1、王某2等与潘某、问某宅基地使用权纠纷案

---

① 对应《民法典》第 148 条至第 151 条。第 148 条规定："一方以欺诈手段，使对方在违背真实意思的情况下实施的民事法律行为，受欺诈方有权请求人民法院或者仲裁机构予以撤销。"第 149 条规定："第三人实施欺诈行为，使一方在违背真实意思的情况下实施的民事法律行为，对方知道或者应当知道该欺诈行为的，受欺诈方有权请求人民法院或者仲裁机构予以撤销。"第 150 条规定："一方或者第三人以胁迫手段，使对方在违背真实意思的情况下实施的民事法律行为，受胁迫方有权请求人民法院或者仲裁机构予以撤销。"第 151 条规定："一方利用对方处于危困状态、缺乏判断能力等情形，致使民事法律行为成立时显失公平的，受损害方有权请求人民法院或者仲裁机构予以撤销。"

审理法院：山西省高级人民法院

案　　　号：（2020）晋民申 630 号

【争议点】

王某 2、王某 3、王某 1 与潘某、问某及第三人李某 2 因宅基地使用权纠纷引发诉讼，该案历经山西省太原市小店区人民法院一审、山西省太原市中级人民法院二审、山西省高级人民法院再审三个阶段。在再审中，当事人就案涉售房协议效力问题产生争议。

【裁判说理】

本案当事人连环买卖农村房屋，最后一手受让人问某系案涉农村房屋所在地集体经济组织成员。再审申请人母亲刘某梅系案涉宅基地的户主，其将其所有的财产进行处分，并不违反法律强制性规定。虽然刘某梅与潘某所签订的售房协议、潘某与李某 2 签订的售房协议中的买受人系城镇居民，售房协议不受法律保护，但最后一手受让人问某系案涉农村房屋所在地集体经济组织成员，刘某梅出售房屋的行为并没有使该集体经济组织的权益受到损害。现案涉宅基地由问某实际占有、使用，对案涉的售房协议不宜作无效处理。关于返还房屋，由于再审申请人父母所建房屋在出售后起诉前已被李某 2 拆除，李某 2 在支付对价的情况下拆除房屋并无过错，再审申请人诉请返还房屋客观上无法实现，一、二审驳回该诉求并无不当。关于李某 2 与问某之间售房协议是否履行问题，李某 2 与问某签订房屋买卖协议，李某 2 给问某出具收款收据，双方对房屋买卖及付款均予以认可，现问某占有房屋，再审申请人认为李某 2 与问某之间的房屋买卖协议虚假未实际履行无证据支持，应认定李某 2 与问某之间售房协议履行。

四、结语

宅基地使用权，是指以建造住宅及附属设施为目的，对集体所有的土地进行占有和使用的权利，其在法律性质上属于物权中的用益物权。人民法院在审理宅基地使用权纠纷案件时，若诉争内容为以下几种，则不属于人民法院民事诉讼的受理范围，当事人就此提起民事诉讼的，人民法院应驳回起诉：其一，诉争内容为宅基地的使用方案；其二，诉争内容为当事人对所持有的土地权属证书所载明的地址、土地四至范围及面积；其三，诉争内容为村委会决定的宅基地补偿款的分配方案及数额。但应注意的是，尽管宅基地使用权和所有权不属于人民法院民事诉讼的受理范围，但若村委会作为宅基地所有人按照经村民代表会议通过的方案诉请当事人交回所涉宅基地及相关证件的，属于人民法院民事诉讼的受理范围。此外，《土地管理法》第62条中"农村村民一户只能拥有一处宅基地"的规定，并不适用于同一村集体经济组织成员之间通过买卖的方式获得除建房审批以外的宅基地。最后应注意的是，在连环买卖农村房屋情形中，尽管中间环节买受人并非房屋所在地集体经济组织成员，但若房屋的原始权利人系房屋所在宅基地的户主，处分不违反法律强制性规定，最后一手买受人系房屋所在地集体经济组织的成员且实际占有、使用该宅基地，该连环买卖房屋行为并未使集体经济组织权益受到损害的，仍不宜对涉案售房协议作无效处理。

第三节 农村房屋买卖合同纠纷

一、导论

2017年10月18日,党的十九大报告明确提出"实施乡村振兴战略",并指出农业农村农民问题是关系国计民生的根本性问题,必须始终把解决好"三农"问题作为全党工作重中之重,巩固和完善农村基本经营制度,深化农村土地制度改革,完善承包地"三权"分置制度。[①]2018年1月2日,中共中央、国务院发布的《中共中央国务院关于实施乡村振兴战略的意见》指出,扎实推进房地一体的农村集体建设用地和宅基地使用权确权登记颁证。完善农民闲置宅基地和闲置农房政策,探索宅基地所有权、资格权、使用权"三权分置",落实宅基地集体所有权,保障宅基地农户资格权和农民房屋财产权,适度放活宅基地和农民房屋使用权,不得违规违法买卖宅基地,严格实行土地用途管制,严格禁止下乡利用农村宅基地建设别墅大院和私人会馆。近些年来,农村房屋买卖的情况较多,但目前我国并没有法律法规对农村房屋买卖合同进行专门规定,尤其在农村房屋买卖合同的效力问题上,理论上尚且存在争议,司法实践中也出现过不同的判决理由和结论。本节以因农村房屋买卖合同产生纠纷的案件裁判文书为研究对象,以2019年以来人民法院作出的相关裁判文书为主要范围,归纳、提炼农村房屋买卖合同裁判的理念和趋势,以期通过对我国案例的研究来指导司法实践。

截至2021年2月,编者在中国裁判文书网中输入"农村房屋买卖合同纠纷"(案由)共检索出民事裁判文书18 073篇,其中,由高级人民法院裁判的有371篇,本节选取了其中5例典型案例,并对其裁判规则进行了梳理研究。在

---

① 习近平:《决胜全面建成小康社会夺取新时代中国特色社会主义伟大胜利——在中国共产党第十九次全国代表大会上的报告》,载《人民日报》2017年10月28日,第1版。

具体案例的选取上，本节遵循以下"两个优先"原则：第一，优先选择审判层级较高的裁判文书；第二，优先选择审判日期较近的裁判文书。通过形式和内容两个方面的筛选，本节最终选择了5篇裁判文书进行研究，即（2020）京民申2418号、（2020）京民申605号、（2021）新民申230号、（2020）京民申381号、（2020）新民申1715号，以上均由高级人民法院裁判，裁判日期均为2018年（含）之后。

二、农村房屋买卖合同的基本理论

（一）农村房屋买卖合同概述

1.农村房屋的内涵和特征。广义上的农村房屋，是指在农村集体经济组织的土地上建造的建筑物。广义上的农村房屋不仅包括农民的房屋，而且包括农村集体经济组织的房屋，也就是公房。而狭义上的农村房屋在范围上比广义上的农村房屋小，仅指那些农村集体经济组织成员在自家宅基地之上建造的自己用来居住的房屋和与自家生活相关的一些附属设施。[1] 农村房屋有如下特征：农村房屋和其所在的宅基地使用权在处分时遵守"房地一体"的原则，不得单独转让；农村房屋作为房屋所有权人的财产，房屋所有权人可以对农村房屋进行占有、使用、收益、处分；尽管房屋所有权人可以对农村房屋进行收益和处分，但因为农村房屋的特殊性及"房地一体"原则的存在，房屋所有权人在对农村房屋进行收益和处分时会受到一定程度的限制。

2.农村房屋买卖合同的内涵。农村房屋买卖合同性质上属于买卖合同，特殊性在于买卖的标的物为农村房屋。从字面上来看，可以将农村房屋买卖合同理解为买受人向出卖人支付价款，出卖人将农村房屋所有权转移给买受人的协议。农村房屋买卖合同中的出卖人一般是特定的农村集体经济组织的成员，而实践中的买受人既有农村集体经济组织的成员，又有农村集体经济组织成员之外的主体。

3.农村房屋买卖合同的特点。第一，如上所述，农村房屋买卖合同的出卖人一般为农村集体经济组织的成员，而买受人则包括了本村村民、其他村村

---

[1] 邹梦娟：《论农村房屋买卖合同的法律效力》，东北农业大学2019年硕士学位论文。

民、城镇居民等。第二,因"房地一体"原则的存在,农村房屋买卖合同往往会引起房屋所在宅基地使用权人的变更,农村房屋买卖合同成立生效后,买受人也将取得房屋所在的宅基地使用权。第三,实践中,农村房屋买卖合同签订后,出卖人和买受人很多并没有办理登记手续。

4.农村集体经济组织成员。在研究农村房屋买卖合同问题时,需要对农村集体经济组织成员有所了解。农村集体经济组织成员身份可以通过两种方式取得:一种方式是原始取得,也就是在本集体出生的人,这部分人从出生开始就具有该村集体经济组织成员身份;另一种方式是加入取得,包括结婚、收养或将户口迁入本村等。①

(二)农村房屋买卖合同效力

农村房屋买卖合同效力,指买卖农村房屋时签订的协议是否有效。学界对非本集体成员(尤其是城镇居民)购买宅基地上房屋的合同效力,存在有效与无效的不同认识;在无效理据上,亦存在赞同"损害社会公共利益"与否定"损害社会公共利益"等论争。②

司法案例认定宅基地上房屋买卖合同无效的理由为:农村房屋买卖必然涉及农村宅基地使用权的转让,而宅基地使用权取得与本集体成员身份密切联系,不能由非本集体成员取得;将农村宅基地使用权转让给非本集体成员,违反法律强制性规定。司法案例认定无效有两个共同的关键点:一是除极个别视出卖房屋为放弃宅基地使用权的案例外,几乎都基于"房地一体"原则,认为买卖农村房屋必然涉及宅基地使用权的转让;二是均以宅基地使用权转让违反法律、行政法规的强制性规定而非损害社会公共利益为由认定合同无效。不同于认定无效理由的单一性,认定有效的理由多达以下八种情形:(1)房屋买卖行为发生在"国办发〔1999〕39号通知"颁发之前;(2)宅基地必将或已经由集体所有转变为国有;(3)买受人一方有本集体成员居住于诉争房屋;(4)买受人购买房屋后成为本集体成员;(5)诉争房屋最终转让给本集体成员;(6)买受人为非本集体经济组织农民;(7)非本集体经济组织农民之间买卖;(8)转

---

① 邹梦娟:《论农村房屋买卖合同的法律效力》,东北农业大学2019年硕士学位论文。
② 高海:《农村宅基地上房屋买卖司法实证研究》,载《法律科学》2017年第4期。

让人为非本集体成员或后转为非本集体成员。①

(三)《第八次全国法院民事商事审判工作会议(民事部分)纪要》关于农村房屋买卖问题的规定

《第八次全国法院民事商事审判工作会议(民事部分)纪要》第19条和第20条就农村房屋买卖的问题作了规定：在国家确定的宅基地制度改革试点地区，可以按照国家政策及相关指导意见处理宅基地使用权因抵押担保、转让而产生的纠纷。在非试点地区，农民将其宅基地上的房屋出售给本集体经济组织以外的个人，该房屋买卖合同认定为无效。合同无效后，买受人请求返还购房款及其利息，以及请求赔偿翻建或者改建成本的，应当综合考虑当事人过错等因素予以确定。在涉及农村宅基地或农村集体经营性建设用地的民事纠纷案件中，当事人主张利润分配等合同权利的，应提供政府部门关于土地利用规划、建设用地计划及优先满足集体建设用地等要求的审批文件或者证明。未提供上述手续或者虽提供了上述手续，但在一审法庭辩论终结前土地性质仍未变更为国有土地的，所涉及的相关合同应按无效处理。结合以上规定，在涉及农村房屋买卖合同纠纷时，国家确定的宅基地制度改革试点地区和非试点地区处理规则略有不同。

三、关于农村房屋买卖合同纠纷的裁判规则

(一)虽双方当事人就农村房屋签订的协议没有明确写明是房屋买卖合同，但若双方当事人交易的标的物是案涉农村房屋，一方当事人取得的是案涉农村房屋的占有、使用、收益、处分权等权益，则人民法院可以将协议认定为农村房屋买卖合同

【案例来源】
案例名称：蒋某四等与张某如农村房屋买卖合同纠纷案
审理法院：北京市高级人民法院
案　　号：(2020)京民申2418号

---

① 高海：《农村宅基地上房屋买卖司法实证研究》，载《法律科学》2017年第4期。

【争议点】

张某、蒋某四与张某如因农村房屋买卖合同纠纷引发诉讼，该案历经北京市怀柔区人民法院一审、北京市第三中级人民法院二审、北京市高级人民法院再审三个阶段。在再审中，当事人就朱某香、张某顺、张某如与张某签订的《协议书》效力问题产生争议。

【裁判说理】

案涉《协议书》虽没有明确写明是房屋买卖合同，但双方交易的标的物是案涉房屋及院落，申请人张某取得的是案涉房屋及院落的占有、使用、收益、处分权等权益，而不仅是取得使用权。原审法院认定《协议书》为房屋买卖合同并无不当。按照我国目前的土地管理法规，宅基地使用权是集体经济组织成员享有的权利，非本集体经济组织成员无权取得或变相取得宅基地使用权。在"房地一体"的格局下，宅基地上房屋的买卖同时也导致宅基地使用权的转让。本案中，张某及蒋某四自购买案涉房屋及院落至今系非农业户口，亦非杨家东庄村集体经济组织成员，损害了集体经济组织的利益，原审法院认定朱某香、张某顺、张某如与张某签订的《协议书》无效亦无不当。

（二）农村房屋所有权人将登记在自己名下的房屋出售给本村集体经济组织成员，若双方当事人意思表示真实，不违反法律、行政法规强制性规定，且无其他导致合同无效的情形，则该农村房屋买卖合同有效

【案例来源】

案例名称：李某强与李某梅等农村房屋买卖合同纠纷案

审理法院：北京市高级人民法院

案　　号：（2020）京民申605号

【争议点】

李某强与李某梅、李某雪、韩某伶因农村房屋买卖合同纠纷引发诉讼，该案历经北京市通州区人民法院一审、北京市第三中级人民法院二审、北京市高级人民法院再审三个阶段。在再审中，当事人就案涉房屋买卖协议书的效力问题产生争议。

【裁判说理】

本案再审审查主要涉及案涉房屋买卖协议书的效力问题。《合同法》第52

条[①]规定:"有下列情形之一的,合同无效:(一)一方以欺诈、胁迫的手段订立合同,损害国家利益;(二)恶意串通,损害国家、集体或者第三人利益;(三)以合法形式掩盖非法目的;(四)损害社会公共利益;(五)违反法律、行政法规的强制性规定。"人民法院确认合同无效,应当以全国人大及其常委会制定的法律和国务院制定的行政法规为依据,不得以地方性法规、行政规章为依据。导致民事法律行为无效情形中的违反法律、行政法规的强制性规定,是指违反法律、行政法规的效力性强制性规定。根据本案查明的事实,李某强将登记在其名下的房屋出售给本村集体经济组织成员李某梅,系双方当事人的真实意思表示,并不违反全国人大及其常委会制定的法律和国务院制定的行政法规的效力性强制性规定,应属有效。李某强主张协议无效的依据是《北京市农村建房用地管理暂行办法》第 10 条、第 11 条以及〔1991〕国土函字第 53 号答复第 1 条的规定,而上述规定并不属于全国人大及其常委会制定的法律和国务院制定的行政法规的效力性强制性规定,故李某强以此主张案涉房屋买卖协议书无效,缺乏法律依据。综上,两审法院根据查明的事实依法对本案所作认定和判决正确。李某强申请再审的理由缺乏事实和法律依据,其再审申请不符合《民事诉讼法》第 200 条的规定,法院不予支持。

(三)非农村房屋所在地集体经济组织成员购买该农村房屋的,农村房屋买卖合同无效

【案例来源】

案例名称:妥某杰、马某荣与尹某强等农村房屋买卖合同纠纷案

审理法院:新疆维吾尔自治区高级人民法院

案　　号:(2021)新民申 230 号

【争议点】

妥某杰、马某荣与袁某村、尹某强、妥某峰、妥某强因农村房屋买卖合同纠纷引发诉讼,该案历经新疆维吾尔自治区乌鲁木齐市米东区人民法院一审、

[①] 对应《民法典》第 146 条、第 153 条、第 154 条。第 146 条规定:"行为人与相对人以虚假的意思表示实施的民事法律行为无效。以虚假的意思表示隐藏的民事法律行为的效力,依照有关法律规定处理。"第 153 条规定:"违反法律、行政法规的强制性规定的民事法律行为无效。但是,该强制性规定不导致该民事法律行为无效的除外。违背公序良俗的民事法律行为无效。"第 154 条规定:"行为人与相对人恶意串通,损害他人合法权益的民事法律行为无效。"

新疆维吾尔自治区乌鲁木齐市中级人民法院二审、新疆维吾尔自治区高级人民法院再审三个阶段。在再审中，当事人就案涉房屋买卖协议书的效力问题产生争议。

【裁判说理】

2018年3月15日，妥某杰、马某荣与尹某强签订案涉《房地产买卖合同》，后因案涉房屋被拆除，双方对合同款项及改扩建费用协商未果，尹某强向法院起诉要求判令案涉合同无效、返还合同款项、支付违约金等，是对合同效力以及相应法律后果提起的诉讼，并不是对拆除房屋行为提起的诉讼，本案围绕案涉合同效力的认定及其后果进行审理，属于人民法院受理范围。从合同签订及履行情况来看，尹某强在了解情况后自愿与妥某杰、马某荣签订案涉合同，是当事人真实意思表示且已履行完毕。法院认为，案涉房屋系在农村宅基地上建设，农村房屋买卖系房屋与宅基地一并转让，并不存在房屋与宅基地分开交易的情形。而宅基地使用权是一种集体经济组织成员享有的权利，非案涉房屋所在地集体经济组织成员的尹某强购买案涉房屋的行为目前为我国法律所禁止，故尽管案涉合同系双方真实意思表示，且已履行完毕，但因违反法律强制性规定而无效。综上，妥某杰、马某荣的再审理由不符合《民事诉讼法》第200条规定的应予再审的情形。

（四）人民法院在认定因农村房屋买卖合同无效产生的责任时，要综合权衡买卖双方的利益，全面考虑合同无效对双方当事人的利益影响；对于买受人已经翻建、扩建房屋的情况，应对其添附价值进行补偿；判决返还、腾退房屋同时应注意妥善安置房屋买受人，为其留出合理的腾退时间

【案例来源】

案例名称：赵某等与张某江等农村房屋买卖合同纠纷案
审理法院：北京市高级人民法院
案　　号：（2020）京民申381号

【争议点】

汪某春、赵某强、赵某与张某、费某平、张某江因农村房屋买卖合同纠纷引发诉讼，该案历经北京市海淀区人民法院一审、北京市第一中级人民法院二审、北京市高级人民法院再审三个阶段。在再审中，当事人就农村房屋买卖合同无效产生的责任问题产生争议。

【裁判说理】

根据本案查明的事实，案涉农村房屋买卖合同已被生效判决确定无效。合同无效或者被撤销后，因该合同取得的财产，应当予以返还；不能返还或者没有必要返还的，应当折价补偿。有过错的一方应当赔偿对方因此所受到的损失，双方都有过错的，应当各自承担相应的责任。法院在处理此类案件中，要综合权衡买卖双方的利益。首先，要全面考虑合同无效对双方当事人的利益影响，尤其是出卖人因土地升值或拆迁、补偿所获利益，以及买受人因房屋现值和原买卖价格的差异造成的损失；其次，对于买受人已经翻建、扩建房屋的情况，应对其添附价值进行补偿；最后，判决返还、腾退房屋同时应注意妥善安置房屋买受人，为其留出合理的腾退时间，避免单纯判决腾退房屋给当事人带来的消极影响。本案中，因案涉房屋土地将来的利用情况及相应政策尚未明确，一审中的两个评估结果均不能准确反映出卖人所获利益和买受人的损失，不符合客观实际，故现阶段按照评估结果处理无法合理确定补偿数额。在此情况下，单纯判决腾退房屋可能造成买卖双方利益失衡。因此，两审法院认为返还房屋问题与补偿问题应待相关政策明确后一并处理为宜，暂时尚不具备条件，故对双方所提诉讼请求在本案中作出均不予支持的处理，并无不当。汪某春、赵某强、赵某申请再审所提交的证据均不足以推翻原判决，其再审理由均缺乏事实和法律依据。综上，汪某春、赵某强、赵某的再审申请不符合《民事诉讼法》第200条第（1）项、第（2）项、第（3）项、第（4）项、第（6）项、第（7）项、第（13）项的规定，法院不予支持。

（五）合同被确认无效后产生的返还指因合同取得的财产的返还，在农村房屋买卖合同无效中指案涉宅基地及转让费的返还，非案涉征收与补偿协议中财产的返还

【案例来源】

案例名称：陈某玲与申某生、申某飞等农村房屋买卖合同纠纷案

审理法院：新疆维吾尔自治区高级人民法院

案　　号：（2020）新民申1715号

【争议点】

陈某玲与申某生、申某飞、王某平因农村房屋买卖合同纠纷引发诉讼，该案历经新疆维吾尔自治区乌鲁木齐市沙依巴克区人民法院一审、新疆维吾尔自

治区乌鲁木齐市中级人民法院二审、新疆维吾尔自治区高级人民法院再审三个阶段。在再审中，当事人就农村房屋买卖合同无效后的财产返还问题产生争议。

【裁判说理】

合同被确认无效后产生的返还指因合同取得的财产的返还，在本案中即案涉宅基地及转让费的返还，非案涉征收与补偿协议中财产的返还。而案涉宅基地已无法返还，只能折价补偿，并请求损失赔偿。且根据原审查明的事实，征收与补偿协议中的补偿款并未包含宅基地的土地价值，陈某玲因合同无效所受到的损失仅是其原房屋的征迁利益，故其主张申某生房屋被征迁所得补偿款项应由其取得缺乏事实及法律依据。

四、结语

农村房屋买卖合同指买受人向出卖人支付价款，出卖人将农村房屋所有权转移给买受人的协议。农村房屋买卖合同在法律性质上属于买卖合同，因此，合同当事人的权利义务设定不能违反买卖合同相关法律法规的规定，违反法律和行政法规的强制性规定的合同无效。在农村房屋买卖合同的认定上，即使双方当事人就农村房屋签订的协议没有明确写明是房屋买卖合同，但若双方当事人交易的标的物是案涉农村房屋，且一方当事人取得的是案涉农村房屋的占有、使用、收益、处分权等权益，则人民法院可以将协议认定为农村房屋买卖合同。人民法院在审理农村房屋买卖合同的效力问题时，应注意以下几点：其一，农村房屋所有权人将登记在自己名下的房屋出售给本村集体经济组织成员，并不会因此导致农村房屋买卖合同无效；其二，农村房屋所有权人将农村房屋出售给非农村房屋所在地集体经济组织成员的，农村房屋买卖合同无效；其三，人民法院在认定因农村房屋买卖合同无效产生的责任时，要综合权衡买卖双方的利益；其四，农村房屋买卖合同无效导致的责任中，因合同取得的财产的返还指案涉宅基地及转让费的返还，非案涉征收与补偿协议中财产的返还。

第四节 合资、合作开发房地产合同纠纷

一、导论

近些年来，我国房地产产业得到了快速发展，与此同时众多合资、合作开发房地产合同纠纷也随之出现。2020年《民事案件案由规定》修正后，仍将合资、合作开发房地产合同纠纷作为四级案由。但是，目前我国法律法规中对合资、合作开发房地产合同规定较少，司法机关对合资、合作开发房地产合同纠纷的认识和处理尚缺乏统一的标准，对其具体适用实务上还处于进一步探索的阶段。本节以因合资、合作开发房地产合同产生纠纷的案件裁判文书为研究对象，以2016年以来人民法院作出的相关裁判文书为主要范围，归纳、提炼合资、合作开发房地产合同裁判的理念和趋势，以期通过对我国案例的研究来指导司法实践。

截至2021年3月，编者在中国裁判文书网中输入"合资、合作开发房地产合同纠纷"（案由）共检索出民事裁判文书12 351篇，其中，由最高人民法院裁判的有659篇，由高级人民法院裁判的有1792篇，本节选取了其中6例典型案例，并对其裁判规则进行了梳理研究。在具体案例的选取上，本节遵循以下"两个优先"原则：第一，优先选择审判层级较高的裁判文书；第二，优先选择审判日期较近的裁判文书。通过形式和内容两个方面的筛选，本节最终选择了6篇裁判文书进行研究，即（2016）最高法民再250号、（2016）最高法民申3653号、（2020）鲁0991民初1039号、（2020）最高法民申3282号、（2019）最高法民终454号、（2016）最高法民申2871号。其中，由最高人民法院裁判的有5篇，裁判日期为2019年（含）之后的案例有3篇。

二、合资、合作开发房地产合同的基本理论

（一）合作开发房地产合同概述

1.房地产合作开发内涵。狭义的房地产合作开发，是指当事人以土地（国有性质）使用权、资金等出资，共同开发土地、建设基础设施与房屋，并按照约定分享收益、承担风险的一种合作经营模式，其中当事人至少有一方具备房地产开发经营资质。[①] 广义的房地产合作开发不限于在国家所有土地上的开发，也包含在集体所有土地上的开发；开发模式不要求共享收益、共担风险；开发对象不限于经营性房屋，也可以是自用性房屋；开发主体也不要求具备房地产开发经营资质。总之，此类开发的各项条件都十分宽泛，任意两个及两个以上主体共同开发土地、建设基础设施与房屋的合作行为，都称为房地产合作开发。[②]

2.合作开发房地产合同的内涵。根据《最高人民法院关于审理涉及国有土地使用权合同纠纷案件适用法律问题的解释》（以下简称《国有土地使用权合同纠纷司法解释》）第12条的规定，合作开发房地产合同，是指当事人订立的以提供出让土地使用权、资金等作为共同投资，共享利润、共担风险合作开发房地产为基本内容的合同。

3.合作开发房地产合同的特点。第一，主体限制严格。根据我国法律法规规定，从事房地产开发经营活动须具备房地产开发经营资质。第二，出资内容限制。合作开发房地产须具资金和土地使用权。常见的出资方式是一方出地、一方出钱，集体土地使用权和以划拨土地出资的土地使用权不得作为合作开发房地产合同的出资内容。第三，共同出资、共享利润、共担风险。合作开发房地产合同当事人在合作中共同出资参与房地产开发，共同享受产生的利润，共同承担存在的风险。

（二）合作开发房地产合同与其他合同的区别

1.合作开发房地产合同与土地使用权转让合同。根据《国有土地使用权合

---

① 胡迎春：《合作开发房地产合同的法律探讨》，西南政法大学2009年硕士学位论文。
② 张起：《合作开发商品房的法律性质及对外责任的承担》，西南科技大学2015年硕士学位论文。

同纠纷司法解释》第 21 条规定，合作开发房地产合同约定提供土地使用权的当事人不承担经营风险，只收取固定利益的，应当认定为土地使用权转让合同。因此，合作开发房地产合同与土地使用权转让合同的界限主要在于，提供土地使用权的当事人是否只是收取固定利益而不承担经营风险。

2. 合作开发房地产合同与房屋买卖合同。根据《国有土地使用权合同纠纷司法解释》第 22 条规定，合作开发房地产合同约定提供资金的当事人不承担经营风险，只分配固定数量房屋的，应当认定为房屋买卖合同。因此，合作开发房地产合同与房屋买卖合同的界限主要在于，提供资金的当事人是否仅分配固定数量房屋而不承担经营风险。

3. 合作开发房地产合同与借款合同。根据《国有土地使用权合同纠纷司法解释》第 23 条规定，合作开发房地产合同约定提供资金的当事人不承担经营风险，只收取固定数额货币的，应当认定为借款合同。因此，合作开发房地产合同与借款合同的界限主要在于，提供资金的当事人是否仅收取固定数额货币而不承担经营风险。

4. 合作开发房地产合同与房屋租赁合同。根据《国有土地使用权合同纠纷司法解释》第 24 条规定，合作开发房地产合同约定提供资金的当事人不承担经营风险，只以租赁或者其他形式使用房屋的，应当认定为房屋租赁合同。因此，合作开发房地产合同与房屋租赁合同的界限主要在于，提供资金的当事人是否仅以租赁或者其他形式使用房屋而不承担经营风险。

（三）《国有土地使用权合同纠纷司法解释》关于合作开发房地产合同的其他重要规定

《国有土地使用权合同司法解释》针对合作开发房地产合同进行了详细的规定，根据其内容，在合作开发房地产合同问题上，要注意以下几点：

1. 合作开发房地产合同的当事人一方具备房地产开发经营资质的，应当认定合同有效。当事人双方均不具备房地产开发经营资质的，应当认定合同无效。但起诉前当事人一方已经取得房地产开发经营资质或者已依法合作成立具有房地产开发经营资质的房地产开发企业的，应当认定合同有效。

2. 投资数额超出合作开发房地产合同的约定，对增加的投资数额的承担比例，当事人协商不成的，按照当事人的违约情况确定；因不可归责于当事人的事由或者当事人的违约情况无法确定的，按照约定的投资比例确定；没有约定投资比例的，按照约定的利润分配比例确定。

3. 房屋实际建筑面积少于合作开发房地产合同的约定，对房屋实际建筑面积的分配比例，当事人协商不成的，按照当事人的违约情况确定；因不可归责于当事人的事由或者当事人违约情况无法确定的，按照约定的利润分配比例确定。

4. 在下列情形下，合作开发房地产合同的当事人请求分配房地产项目利益的，不予受理；已经受理的，驳回起诉：依法需经批准的房地产建设项目未经有批准权的人民政府主管部门批准；房地产建设项目未取得建设工程规划许可证；擅自变更建设工程规划。另外，因当事人隐瞒建设工程规划变更的事实所造成的损失，由当事人按照过错承担。

5. 房屋实际建筑面积超出规划建筑面积，经有批准权的人民政府主管部门批准后，当事人对超出部分的房屋分配比例协商不成的，按照约定的利润分配比例确定。对增加的投资数额的承担比例，当事人协商不成的，按照约定的投资比例确定；没有约定投资比例的，按照约定的利润分配比例确定。

6. 当事人违反规划开发建设的房屋，被有批准权的人民政府主管部门认定为违法建筑责令拆除，当事人对损失承担协商不成的，按照当事人过错确定责任；过错无法确定的，按照约定的投资比例确定责任；没有约定投资比例的，按照约定的利润分配比例确定责任。

7. 合作开发房地产合同约定仅以投资数额确定利润分配比例，当事人未足额交纳出资的，按照当事人的实际投资比例分配利润。

8. 合作开发房地产合同的当事人要求将房屋预售款充抵投资参与利润分配的，不予支持。

三、关于合资、合作开发房地产合同纠纷的裁判规则

（一）合作双方不具备房地产开发经营资质，但第三方主体具备房地产开发经营资质，并以实际行为加入合作建房中，合作开发房地产合同有效

【案例来源】

案例名称：王某红与西安悦欣感光复印纸有限责任公司、陕西永安房地产开发有限公司等合资、合作开发房地产合同纠纷案

审理法院：最高人民法院

案　　号：（2016）最高法民再 250 号

【争议点】

王某红与西安悦欣感光复印纸有限责任公司（以下简称西安悦欣公司）、陕西永安房地产开发有限公司（以下简称陕西永安公司）、廖某明因合资、合作开发房地产纠纷引发诉讼，该案历经陕西省西安市中级人民法院一审、陕西省高级人民法院二审、最高人民法院再审三个阶段。在再审中，当事人就王某红是否有权依据《联合建设房地产合同书》要求对案涉项目进行结算并根据结算情况分配利润问题产生争议。

【裁判说理】

一审、二审判决认定《联合建设房地产合同书》无效有误。虽然在签订《联合建设房地产合同书》时，王某红与西安悦欣公司均不具备房地产开发经营资质，双方对此亦明知，但是 2004 年 3 月 9 日，西安悦欣公司将案涉"时代家园"项目转让给具有房地产开发经营资质的陕西永安公司，并在相关部门办理了转让手续。陕西永安公司和西安悦欣公司的时任法定代表人均为廖某明。西安悦欣公司与陕西永安公司签订《联合建房协议书》转让案涉项目时，案涉项目已经在建，却未评估作价。陕西永安公司接手案涉项目后，王某红主张仍由其根据《联合建设房地产合同书》约定继续负责办理项目规划许可证、施工许可证、预售许可证以及进行项目施工管理等，西安悦欣公司与陕西永安公司并没有提交相反证据予以反驳；项目的后续开发建设和销售工作均以陕西永安公司的名义进行，且陕西永安公司已将项目房屋全部出售完毕。陕西永安公司虽然未与王某红重新签订合同，但已以其行为表示其同意加入西安悦欣公司与王某红之间的合作建房法律关系中。基于本案的事实，《联合建房协议书》可以认定是对《联合建设房地产合同书》的延续，两份协议的效力应一并分析认定，合作建房三方当事人其中一方陕西永安公司具备房地产开发经营资质，在无其他法定无效情形下，应当认定两份协议均合法有效。一审、二审法院以王某红、西安悦欣公司不具备房地产开发经营资质为由认定《联合建设房地产合同书》无效不当，再审法院予以纠正。西安悦欣公司、陕西永安公司与廖某明在案涉合作项目已经完毕、所建房屋也已全部出售的情况下，以《联合建设房地产合同书》无效来抗辩王某红对项目进行结算的诉求，有违诚实信用原则。

（二）政府许可一方主体与其他主体合作开发房地产，若政府批复同意该主体将占有划拨土地依法变性用于房地产开发，不因此影响合作开发房地产合同的有效性

【案例来源】

案例名称：山西省长子县鑫华房地产开发有限公司与长子县淀粉厂合资、合作开发房地产合同纠纷案

审理法院：最高人民法院

案　　号：（2016）最高法民申 3653 号

【争议点】

山西省长子县淀粉厂（以下简称淀粉厂）与长子县鑫华房地产开发有限公司（以下简称鑫华公司）、长治市今成房地产开发有限公司因合作开发房地产合同纠纷引发诉讼，该案历经山西省高级人民法院一审、最高人民法院二审、最高人民法院再审三个阶段。在再审中，当事人就签订的《协议书》性质以及淀粉厂主张合同无效的理由是否成立的问题产生争议。

【裁判说理】

本案《协议书》开头部分明确阐明签约目的，即淀粉厂提供土地，鑫华公司出资共同组建新的公司，合作开发房地产。《协议书》约定了合同双方的权利义务，鑫华公司全权负责办理淀粉厂前期的各种手续并垫付全部费用；同时约定鑫华公司成为新公司股东，鑫华公司的垫支款作为成立新公司的入股资金，淀粉厂以其 70 余亩土地作价入股。如果鑫华公司不能成为新公司股东，淀粉厂应返还前期费用、同期银行利息的 4 倍，并支付违约金。双方签订的《补充协议书》及《确认书》亦重申上述目的。二审据此认定，鑫华公司投入资金是以合作开发房地产为目的，双方签订的协议性质应为合作开发房地产合同，而非借款协议。该认定有充足的事实予以证明。申请人主张二审判决书错误认定双方签订的《协议书》为合作开发房地产合同的理由不能成立。根据本案查明的事实，长子县工商企业改制领导组对《长子县淀粉厂企业改制方案》的批复（长企改字〔2007〕2 号）及长子县人民政府关于淀粉厂改制有关事宜的会议纪要（长政纪字〔2007〕6 号），均证明政府许可淀粉厂与他人合作开发房地产，并非淀粉厂管理层自行对国有资产进行处置。在政府批复同意淀粉厂改制并将占用划拨土地依法变性用于房地产开发的情形下，淀粉厂有权自主选

定合作伙伴共同开发房地产项目。双方签订的合作开发房地产合同明确约定土地变性、合作开发等应履行法定程序，约定内容合法，鑫华公司已依约支付大部分出资，合同成立并生效，且已部分实际履行。淀粉厂主张合同无效的理由不能成立。

（三）以农民集体所有的土地合作开发房地产，若未经过当地政府规划审批，也未对所涉土地依法办理征收、出让等相关手续，该合作开发房地产合同无效

【案例来源】

案例名称：泰安市岱岳区北集坡街道办事处季家庄村村民委员会与泰安市振华房地产开发有限公司合资、合作开发房地产合同纠纷案

审理法院：山东省泰安市高新技术产业开发区人民法院

案　　号：（2020）鲁0991民初1039号

【争议点】

泰安市岱岳区北集坡街道办事处季家庄村村民委员会（以下简称季家庄村委会）与泰安市振华房地产开发有限公司（以下简称振华公司）因合资、合作开发房地产合同纠纷引发诉讼，该案经山东省泰安市高新技术产业开发区人民法院一审。在一审中，当事人就季家庄村委会主张的由振华公司支付合同约定利润并承担相关费用的诉讼请求是否予以支持的问题产生争议。

【裁判说理】

季家庄村委会与振华公司签订《合作开发合同书》，案涉开发的小区没有经过当地政府规划审批，也没有对开发和销售楼房所涉土地依法办理征收、出让等相关手续，性质仍为农民集体所有，季家庄村委会将集体土地交由振华公司进行房地产开发与合作，违反了法律禁止性规定，故该合同系无效合同；房产交付后，季家庄村委会与振华公司未经清算，无法确定盈利，且双方也没有按正常结算方式交予有关部门审核，季家庄村委会按合作开发合同约定的利润计算应得的利润，于法无据，法院不予支持。

(四)在合作开发房地产合同纠纷中,案涉土地成本大幅度上涨应属于商业风险,不属于不可预见风险,不构成情势变更

【案例来源】

案例名称:海南三和实业投资有限公司与杨某明等合资、合作开发房地产合同纠纷案

审理法院:最高人民法院

案　　号:(2020)最高法民申 3282 号

【争议点】

海南三和实业投资有限公司(以下简称三和公司)与华尔顿(福建)集团有限责任公司、杨某明因合作开发房地产合同纠纷引发诉讼,该案历经海南省高级人民法院一审、最高人民法院二审、最高人民法院再审三个阶段。在再审中,当事人就案涉《合作协议》是否存在情势变更情形的问题产生争议。

【裁判说理】

关于案涉《合作协议》是否存在情势变更的情形。本案中,双方当事人签订《合作协议》属于正常市场交易行为,各方都有可能预见到市场行为存在的诸多变数和不确定性。三和公司主张的案涉土地成本大幅度增加、案涉《合作协议》不具有可行性,应属于商事主体从事商事行为的风险,不属于与协议约定有关的不可预见风险。故三和公司该项再审申请事由不能成立。

(五)合资、合作开发房地产合同的双方并不完全具有双务合同履行上的牵连性,即使一方未履行自己的合同义务,也未必构成对方的履行抗辩权,除非合同明确约定或者根据合同具体内容可以判断构成了履行上的牵连关系

【案例来源】

案例名称:重庆金唐房地产开发有限公司与重庆能投置业有限公司合资、合作开发房地产合同纠纷案

审理法院:最高人民法院

案　　号:(2019)最高法民终 454 号

【争议点】

重庆金唐房地产开发有限公司(以下简称金唐地产公司)与重庆能投置业

有限公司（以下简称能投置业公司）因合资、合作开发房地产合同纠纷引发诉讼，该案历经重庆市高级人民法院一审、最高人民法院二审两个阶段。在二审中，当事人就双方之间的《联建合同》及《补充协议》是否解除问题产生争议。

【裁判说理】

本案双方当事人之间属于合资、合作开发房地产法律关系，该种法律关系决定了合资合作各方的履行并不完全具有双务合同履行上的牵连性。除非根据双方在合同中的明确约定或者根据合同的具体内容可以判断构成了履行上的牵连关系，一方当事人所负的履行义务与对方当事人所负的履行义务并非当然地互为前提，各方的履行并非处于互为对待给付关系，即使一方未履行自己的合同义务，也未必构成对方的履行抗辩权。该种合资、合作法律关系更多地体现出履行上的同向性，即合作各方应各自履行相应的合同义务以共同促成合资合作目的的实现。如果一方当事人没有履行自己的合同义务，合同对方可以请求其承担相应的违约责任。根据双方合同约定，能投置业公司提供案涉项目的部分土地使用权交予金唐地产公司用于合资、合作开发以及项目融资，但项目融资应以金唐地产公司提供足额的反担保为前提；金唐地产公司主要负责项目开发建设资金的筹措以及组织工程的开发建设。从上述各方合同义务分析，能投置业公司配合办理项目融资与金唐地产公司的资金筹措并非互为对待给付关系，且金唐地产公司并未举示证据证明其已经提供了足额的反担保，亦未举示证据证明能投置业公司拒绝提供部分土地使用权用于项目融资。因此，金唐地产公司提出的其拒绝继续投入资金的本意是行使同时履行抗辩权的上诉理由，缺乏事实以及法律依据，法院不予支持。至于金唐地产公司提出能投置业公司的公司股权转让理由，由于该股权转让与否与本案并非同一法律关系，且金唐地产公司未能举证证明公司股权转让与案涉项目合作开发建设前景的确定性之间存在必然联系。故法院对其该项主张亦不予支持。

（六）合作开发房地产合同虽然约定各半投资、各半分配，但合作双方实际投资数额并不相同的，应按实际投资比例进行利润分配

【案例来源】

案例名称：刘某与赣州市海新房地产开发有限公司合资、合作开发房地产合同纠纷案

审理法院：最高人民法院

案　　号：（2016）最高法民申 2871 号

【争议点】

刘某与赣州市海新房地产开发有限公司（以下简称海新公司）因合作开发房地产合同纠纷引发诉讼，该案历经江西省赣州市中级人民法院一审、江西省高级人民法院二审、最高人民法院再审三个阶段。在再审中，当事人就原审判决未按合作协议关于权益责任分配的约定，依职权改为按实际投资比例分享利润，是否属于适用法律错误问题产生争议。

【裁判说理】

关于原审判决未按合作协议关于权益责任分配的约定，依职权改为按实际投资比例分享利润，是否属于适用法律错误问题。法院认为，诉争合作协议虽然约定双方各半投资，各半享受盈利分配，各半承担风险，但原审已查明的事实证明，双方实际均未将约定的投资款项打入双方单独开立的银行账户封闭运行，而是采取以双方各自为项目垫付资金的形式进行出资。根据审计报告以及原审查明的事实，双方实际为项目垫付资金的款项数额并不相同，且在开发过程中均已退回，而诉争项目对外是以海新公司名义开发的，也是以海新公司名义进行的贷款，在项目部退场以后，海新公司接手并完成了遗留的后续事务，基于海新公司为诉争项目履行了大部分义务，原审酌情按双方对项目的实际投资比例进行利润分配，符合本案的实际情况，也符合公平正义的原则，适用法律并无不当。

四、结语

合作开发房地产合同，是指当事人订立的以提供出让土地使用权、资金等作为共同投资，共享利润、共担风险合作开发房地产为基本内容的合同。人民法院在审理合作开发房地产合同效力问题时，应注意以下三点：其一，合作双方不具备房地产开发经营资质，但第三方主体具备房地产开发经营资质，并以实际行为加入合作建房中，合作开发房地产合同有效；其二，政府许可一方主体与其他主体合作开发房地产，若政府批复同意该主体将占有划拨土地依法变性用于房地产开发，不因此影响合作开发房地产合同的有效性；其三，以农民集体所有的土地合作开发房地产，若未经过当地政府规划审批，也未对所涉土地依法办理征收、出让等相关手续，该合作开发房地产合同无效。人民法院在处理合作开发房地产合同其他问题上，应注意以下三点：其一，在合作开发房地产合同纠纷中，案涉土地成本大幅度上涨应属于商业风险，不属于不可预见风险，不构成情势变更；其二，合资、合作开发房地产合同的双方并不完全具有双务合同履行上的牵连性；其三，合作开发房地产合同虽然约定各半投资、各半分配，但合作双方实际投资数额并不相同的，应按实际投资比例进行利润分配。

第五节　房屋虚假宣传纠纷

一、导论

广告宣传作为房屋开发商和销售商出卖房屋的重要手段，在促进房屋买卖、推动房地产行业发展方面起到了至关重要的作用。随着我国房地产行业快速发展，社会中也出现一些不良商家通过对房屋进行虚假宣传来获利的情况，严重损害了相关利益主体的合法权益。然而目前我国并没有专门针对有关房屋虚假宣传的法律法规，关于房屋虚假宣传的具体适用问题，实务上也还处于进一步探索的阶段。本节以因有关房屋的虚假宣传产生纠纷的案件裁判文书为研究对象，以2017年以来人民法院作出的相关裁判文书为主要范围，归纳、提炼有关房屋虚假宣传裁判的理念和趋势，以期通过对我国案例的研究来指导司法实践。

截至2021年3月，编者在中国裁判文书网中输入"房屋"和"虚假宣传"（关键词）共检索出民事裁判文书31 367篇，其中，由最高人民法院裁判的有8篇，由高级人民法院裁判的有795篇；在中国裁判文书网中输入"商品房"和"虚假宣传"（关键词）检索出民事裁判文书26 243篇，其中，由最高人民法院裁判的有4篇，由高级人民法院裁判的有684篇，本节选取了其中6例典型案例，并对其裁判规则进行了梳理研究。在具体案例的选取上，本节遵循以下"两个优先"原则：第一，优先选择审判层级较高的裁判文书；第二，优先选择审判日期较近的裁判文书。通过形式和内容两个方面的筛选，本节最终选择了5篇裁判文书进行研究，即（2017）最高法民申3886号、（2020）粤民申4217号、（2020）皖民申3582号、（2018）川民申2033号、（2020）苏01行终655号。其中，由最高人民法院裁判的有1篇，由高级人民法院裁判的有3篇，裁判日期为2018年（含）之后的有4篇。

二、房屋虚假宣传的基本理论

(一)房屋虚假宣传概述

1.虚假宣传的概念。虚假宣传本质为误导,该行为并非侧重言语表述在客观上真实性或者虚假性的判断,而在于该言语表述对消费者主观认知的影响。[①]因此,只有以下两种行为会受到规制:一是宣传信息本身虚假,且使消费者误解,做出错误选择的行为。二是宣传信息本身真实,只是宣传方式不恰当,引起消费者误解的行为。对虚假宣传行为进行概念上的解析如下:第一,针对社会群体的讯息表达行为;第二,以一般消费者注意力为标准;第三,产生误解或者足以误解的可能;第四,不以故意和实害结果为构成要件。虚假宣传实质是引起消费者误解的行为,无关乎表述信息客观上的正确性和虚假性。[②]

2.开发商虚假宣传的概念。开发商虚假宣传主要是指房地产开发企业或其代理商,在销售房屋过程中以不真实或者引人误解的宣传内容欺骗、误导受众的行为。广告作为开发商虚假宣传的主要手段,本质上可以分为实质性广告和非实质性广告两大类。实质性广告涉及房屋或楼盘的具体事物、具体数量等,而非实质性广告并不对宣传对象进行具体描述,仅进行笼统、模糊的表述,如环境优美、高端宅邸等。非实质性广告对有正常判断能力的人来说不具有干扰性,将非实质性广告纳入虚假宣传范畴讨论缺乏事实认定基础且毫无必要。应正确对待虚假宣传与适度夸张宣传的区别。虚假宣传纯粹是无中生有或者扭曲事实,适度夸张宣传是将客观存在的事物、效果通过一些表现手法进行适度修饰或轻微夸大,宣传内容不构成实质性差异,本质上不具有欺骗的故意,亦不足以误导受众,故不宜将其定性为虚假宣传。[③]

3.商品房销售虚假广告的概念和特征。我国现有法律法规并未对商品房销售虚假广告的定义进行明确界定,参照《广告法》中虚假广告的定义,凡是开发商为了获取利益,自己制作或委托制作,并通过各类媒体媒介发布的不符合真实情况的各种形式的有关商品房销售的宣传广告都可以认为是商品房销售虚

[①] 谢晓尧:《在经验与制度之间:不正当竞争司法案例类型化研究》,法律出版社2010年版,第314页。

[②] 蒋照明:《消费者保护下的虚假宣传法律规制研究》,兰州大学2020年硕士学位论文。

[③] 唐国峰:《对追究开发商虚假宣传民事责任的检视与修正》,载《人民司法》2019年第28期。

假广告。

商品房销售虚假广告具有以下基本特征：一是行为主体复杂性。商品房销售虚假广告的原始行为主体是开发商，但其往往委托销售方或广告经营公司等代理机构具体实施广告行为，形成多方主体交错局面。二是目的明确性。商品房销售广告是为开发商或销售商的利益服务，最大限度吸引购房者眼球，获取最大利润回报是开发商或销售商虚假宣传的唯一终极目标。三是广告内容的不真实性。这是判断一则商品房销售广告是否为虚假广告的本质和关键。四是依赖性。商品房销售虚假广告作为一种广告必须依赖于媒体媒介存在，否则无法实现信息传递。①

（二）我国关于房屋虚假宣传的法律规制

在审理关于房屋的虚假宣传案件时，法院经常适用《最高人民法院关于审理商品房买卖合同纠纷案件适用法律若干问题的解释》（以下简称《商品房买卖合同司法解释》）第3条的规定，商品房的销售广告和宣传资料为要约邀请，但是出卖人就商品房开发规划范围内的房屋及相关设施所作的说明和允诺具体确定，并对商品房买卖合同的订立以及房屋价格的确定有重大影响的，构成要约，该说明和允诺即使未载入商品房买卖合同，亦应当为合同内容，当事人违反的应承担违约责任。

此外，关于房屋的虚假宣传也适用于《广告法》《消费者权益保护法》《反不正当竞争法》，根据这些法律规定，房屋开发商和销售商在对房屋进行宣传时应注意以下事项：

1.广告内容应真实，不得含有虚假或者引人误解的内容，不得欺骗、误导消费者，不能进行虚假广告的宣传。虚假广告，是指以虚假或者引人误解的内容欺骗、误导消费者的广告。广告有下列情形之一的，为虚假广告：商品或者服务不存在的；商品的性能、功能、产地、用途、质量、规格、成分、价格、生产者、有效期限、销售状况、曾获荣誉等信息，或者服务的内容、提供者、形式、质量、价格、销售状况、曾获荣誉等信息，以及与商品或者服务有关的允诺等信息与实际情况不符，对购买行为有实质性影响的；使用虚构、伪造或者无法验证的科研成果、统计资料、调查结果、文摘、引用语等信息作证明材

---

① 雷波：《商品房销售虚假广告的常见表现与危害分析》，载《产业与科技论坛》2016年第5期。

料的；虚构使用商品或者接受服务的效果的；以虚假或者引人误解的内容欺骗、误导消费者的其他情形。

2.不得通过组织虚假交易等方式，帮助其他主体进行虚假或者引人误解的商业宣传。

3.应当真实全面地向房屋买受人提供有关房屋或者服务的质量、性能、用途、有效期限等信息，对买受人就房屋或者服务的质量和使用方法等问题提出的询问，应当作出真实、明确的答复。

此外，《刑法》第222条就虚假宣传规定了虚假广告罪，若广告主、广告经营者、广告发布者违反国家规定，利用广告对商品或服务作虚假宣传，情节严重的，需要承担刑事责任。

三、关于房屋虚假宣传纠纷的裁判规则

（一）出卖人和买受人在商品房买卖合同中明确约定，出卖人的广告不作为合同的组成部分，买受人对此明知，又以广告中的内容未实现主张出卖人违约的，人民法院不予支持

【案例来源】

案例名称：陈某商品房销售合同纠纷案

审理法院：最高人民法院

案　　号：（2017）最高法民申3886号

【争议点】

陈某与莆田市华友房地产开发有限公司（以下简称华友公司）因商品房买卖合同纠纷引发诉讼，该案历经福建省莆田市中级人民法院一审、福建省高级人民法院二审、最高人民法院再审三个阶段。在再审中，当事人就永辉超市未入驻是否构成华友公司违约问题产生争议。

【裁判说理】

关于永辉超市未入驻是否构成华友公司违约的问题。本案诉争补充协议第10条第（5）项约定："出卖人的展示模型、样板房、楼书、广告和宣传资料等均不作为交房标准及商品房买卖合同的组成部分，双方之间的权利义务均以《商品房买卖合同》及其附件和本补充协议所约定的内容为准。"根据上述约

定，双方明确广告并不能作为合同的组成部分，陈某对此明知，现其以广告中的内容未实现主张华友公司违约，并无合同依据。另据本案查明的事实，永辉超市未入驻系因永辉超市单方违约造成，华友公司并不存在虚假宣传或过错，不应对此承担违约责任。此外，购买商铺本属于商业投资行为，本身具有一定的风险，陈某作为投资人应当具备相应的风险承受能力。且华友公司在二审中已举证证明有其他超市入驻，并不必然导致陈某投资商铺的失败。综上，永辉超市未入驻并不构成华友公司违约，陈某无权以此要求解除诉争商品房买卖合同及补充协议。

（二）房屋买卖合同的出卖人在与买受人签订房屋买卖合同之后存在虚假广告宣传行为，该买受人以出卖人存在该虚假广告宣传行为为由诉请解除合同、赔偿损失的，人民法院不予支持

【案例来源】

案例名称：何某与周某杰等房屋买卖合同纠纷案

审理法院：广东省高级人民法院

案　　号：（2020）粤民申 4217 号

【争议点】

何某与周某杰、深圳福达恒业企业管理有限公司（以下简称福达恒业公司）因房屋买卖合同纠纷引发诉讼，该案历经一审、广东省深圳市中级人民法院二审、广东省高级人民法院再审三个阶段。在再审中，当事人就何某以周某杰、福达恒业公司在商铺销售过程中存在虚假广告宣传已构成根本违约为由，诉请解除合同、赔偿损失是否予以支持的问题产生争议。

【裁判说理】

本案系房屋买卖合同纠纷。何某以周某杰、福达恒业公司在商铺销售过程中存在虚假广告宣传，已构成根本违约为由，诉请解除合同、赔偿损失。根据一、二审法院查明的事实，周某杰、福达恒业公司所作的虚假广告宣传发生于 2014 年 2 月 27 日之后，晚于案涉合同的签订时间。即使周某杰、福达恒业公司作出的案涉广告宣传属于《商品房买卖合同司法解释》第 3 条规定的要约内容，但要约系行为人以缔约目的而发出的受拘束的意思表示，周某杰、福达恒业公司所作的上述广告宣传显然是针对潜在的购房意向群体，并不溯及已签约的买受人。何某主张周某杰、福达恒业公司在案涉合同签订后的广告宣传行

为，应视为对何某发出的新的要约，没有法律依据。关于何某申请再审提出的关于不安抗辩权行使的问题。本案中，何某与周某杰、福达恒业公司签订的商铺买卖合同并无关于确保相关品牌进驻商场的约定，周某杰作为出卖人并未负担案涉商铺统一经营的合同义务。何某以周某杰、福达恒业公司存在虚假宣传以及案涉商铺并未实际经营为由主张行使不安抗辩权，没有事实和法律依据。至于何某申请再审提交的腾讯网、搜狐焦点网、东北商业网、搜铺网网页等资料，华信行商业经营管理有限公司在我国香港特别行政区的注册资料以及我国香港特别行政区李某斌律师的调查报告，深圳市规划和国土资源委员会第一直属分局网页公告，周某杰取得案涉商场部分面积的产权证书等材料，不属于再审新证据，亦不足以推翻已经生效的二审判决认定的事实。

（三）尽管出卖人可能存在夸大宣传的行为，客观上增强了买受人购买案涉商铺的欲望，但买受人与出卖人就商铺签订买卖合同后，仅因该夸大宣传行为请求出卖人承担侵权责任的，人民法院不予支持

【案例来源】

案例名称：廖某、刘某莉侵权责任纠纷案

审理法院：安徽省高级人民法院

案　　号：（2020）皖民申3582号

【争议点】

廖某、刘某莉与合肥万达城投资有限公司（以下简称合肥万达城公司）因侵权责任纠纷引发诉讼，该案历经安徽省合肥市包河区人民法院一审、安徽省合肥市中级人民法院二审、安徽省高级人民法院再审三个阶段。在再审中，当事人就合肥万达城公司是否承担侵权责任的问题产生争议。

【裁判说理】

廖某、刘某莉与合肥万达城公司签订商品房买卖合同及协议书，双方形成了合同关系，现廖某、刘某莉以合肥万达城公司进行虚假宣传、未如实告知案涉商铺真实信息，该行为侵犯消费者知情权为由，主张合肥万达城公司承担侵权责任，原审法院将本案定为侵权责任纠纷并无不当。廖某、刘某莉认为合肥万达城公司实施了误导、诱导行为，使其陷入错误认识而签订商品房买卖合同并遭受财产损失。再审法院对此分析如下：首先，廖某、刘某莉虽以侵权纠纷主张合肥万达城公司承担赔偿责任，但双方存在的基础法律关系是合法有效

的房屋买卖合同关系。其次，合肥万达城公司的销售广告及宣传资料可能存在夸大宣传，客观增强了廖某、刘某莉购买案涉商铺的欲望，但理性投资者决定是否以开发商确定的价格购买商铺，不能完全取决于广告宣传，而要综合考虑开发商品牌、周边环境、所处位置及同期市场供需关系等因素，同时对宣传广告中所包含的不确定性及所带来的投资风险应有理性的判断和合理的预期。况且，合肥万达城公司在宣传资料中均注明"以上图文、数据仅供参考，不作为合同要约，买卖双方权利义务请以国家相关法律及签订的合同文件为准"或"以上面积为建筑面积，图文、数据仅供参考，不作为合同要约，买卖双方权利义务请以国家相关法律及签订的合同文件为准"等文字进行了提示；在双方签订的商品房买卖合同及补充协议中，合肥万达城公司也明确了其使用报纸、电视、广播、户外路牌、楼书、海报、宣传品及网络媒体或其他方式发布的广告、宣传资料以及展示样板间、沙盘所示内容的性质仅为要约邀请，而非要约或承诺，不作为合同的组成部分。合肥万达城公司在宣传过程中虽因使用绝对化用语被行政处罚，但该事实发生在廖某、刘某莉关注、了解案涉商铺之前的数月，对其是否决定购买商铺无实质影响。再次，商铺的销售价格是由开发商根据其项目品牌、成本、周边环境、所处位置及同期市场的供需关系等因素自行确定，廖某、刘某莉决定与合肥万达城公司签约并购买案涉商铺是建立在接受合肥万达城公司定价基础上而作出的选择，其自由缔约的权利并未受到损害。最后，廖某、刘某莉在购买商铺后一定时间内没有达到投资预期，主要是其投资判断失误所致，是一种正常的投资风险，与合肥万达城公司各项宣传出售案涉商铺行为并无必然因果关系。综上，廖某、刘某莉以合肥万达城公司侵犯消费者知情权为由请求其承担侵权赔偿责任，依据不足，原判驳回其诉讼请求并无不当。廖某、刘某莉的再审申请不符合《民事诉讼法》第200条第（2）项、第（6）项规定的情形。

（四）商品房出卖人因虚假宣传受到行政处罚，并不必然对买受人构成合同欺诈

【案例来源】

案例名称：裴某爱与四川京瑞房地产集团有限责任公司商品房销售合同纠纷案

审理法院：四川省高级人民法院

案　　号：（2018）川民申 2033 号

【争议点】

裴某爱与四川京瑞房地产集团有限责任公司（以下简称京瑞房地产公司）因商品房销售合同纠纷引发诉讼，该案历经四川省什邡市人民法院一审、四川省德阳市中级人民法院二审、四川省高级人民法院再审三个阶段。在再审中，当事人就京瑞房地产公司在与裴某爱签订《商品房买卖合同》的过程中是否存在欺诈行为、合同应否撤销的问题产生争议。

【裁判说理】

本案争议的焦点是被申请人京瑞房地产公司在与裴某爱签订《商品房买卖合同》的过程中，是否存在欺诈行为、合同应否撤销的问题。经查，京瑞房地产公司在楼书宣传过程中使用了绝对化的用语及实际未取得的荣誉进行宣传，与客观事实存在一定的不符，该行为确属不当，违反了《广告法》的相关规定，行政机关已对京瑞房地产公司的该行为进行了处罚。根据《商品房买卖合同司法解释》第 3 条的规定，京瑞房地产公司该宣传内容应为要约邀请，宣传内容不能视为合同条款。在签订《商品房买卖合同》时，京瑞房地产公司与义乌行业协会达成《战略合作协议》，交付商品房名称的变更系市场原因，裴某爱购买该商品房是为了将案涉房屋出租获得收益，商品房名称的变更并不影响申请人的实际权益。同时，案涉房屋的购房价格是裴某爱作为购房人根据双方约定的房屋及附属设施的状况和条件所承诺的对价。本案无证据证明裴某爱在签订合同时有违背其真实意思表示的情形，亦不能证明双方约定的商品房买卖要以义乌国际商贸城为条件，故不能认定裴某爱是基于宣传内容而购买的案涉商铺。且本案中裴某爱并没有证据证明京瑞房地产公司在与裴某爱签订合同时存在故意隐瞒案涉房屋真实情况和误导申请人签订合同的欺诈行为。裴某爱的诉讼请求不符合《合同法》第 54 条第 2 款[①]的规定，故原判决驳回裴某爱的诉

---

① 对应《民法典》第 148 条至第 151 条。第 148 条规定："一方以欺诈手段，使对方在违背真实意思的情况下实施的民事法律行为，受欺诈方有权请求人民法院或者仲裁机构予以撤销。"第 149 条规定："第三人实施欺诈行为，使一方在违背真实意思的情况下实施的民事法律行为，对方知道或者应当知道该欺诈行为的，受欺诈方有权请求人民法院或者仲裁机构予以撤销。"第 150 条规定："一方或者第三人以胁迫手段，使对方在违背真实意思的情况下实施的民事法律行为，受胁迫方有权请求人民法院或者仲裁机构予以撤销。"第 151 条规定："一方利用对方处于危困状态、缺乏判断能力等情形，致使民事法律行为成立时显失公平的，受损害方有权请求人民法院或者仲裁机构予以撤销。"

讼请求并无不当。裴某爱的再审申请理由不能成立。

（五）商品房销售方将楼盘由开发商开发宣传为开发商的大股东开发，若该大股东明确参与楼盘的开发建设，商品房买受方没有证据证明销售方作出案涉楼盘系该大股东独家开发宣传的，人民法院不足以认定销售方存在虚假宣传

【案例来源】
案例名称：樊某娴与南京市江宁区市场监督管理局等行政处罚纠纷案
审理法院：江苏省南京市中级人民法院
案　　号：（2020）苏01行终655号

【争议点】
樊某娴与南京市江宁区市场监督管理局（以下简称江宁市场监管局）、南京荟合置业有限公司（以下简称荟合公司）因投诉举报行政处理引发诉讼，该案历经江苏省南京市江北新区人民法院一审、江苏省南京市中级人民法院二审两个阶段。在二审中，当事人就荟合公司的行为是否构成虚假宣传问题产生争议。

【裁判说理】
本案中，樊某娴购买了荟合公司开发的都荟天地城项目的房屋，后认为荟合公司在该项目销售中将项目宣传为万科旗下、万科都荟天地城等存在虚假宣传，向江宁市场监管局提出投诉。经江宁市场监管局对投诉事项的调查，荟合公司系都荟天地城项目的开发公司，南京万科企业有限公司为荟合公司持股比例最高的股东，该公司与荟合公司均书面明确该项目由万科参与开发建设，负责售后管理工作，物业服务由万科物业提供，项目交付时小区标识系统可以体现万科品牌。据此，江宁市场监管局向樊某娴作出答复，告知其就目前证据无法证明荟合公司存在虚假宣传及欺诈消费者的违法行为。江宁市场监管局的答复处理行为并无不当。对于樊某娴主张荟合公司在销售中将案涉楼盘由荟合公司开发宣传为万科开发，导致其误解是万科独立开发而购买，构成虚假宣传，一审判决适用法律错误的理由，二审法院认为，荟合公司的工商登记资料可以通过公开方式直接查询了解，对于购房这样的重大消费，樊某娴在签订购房合同前可以对实际售房人进行适当了解，商品房预售许可证上已经标明销售单位是荟合公司，樊某娴在参加摇号报名、签订预售合同时均已明知预售人是荟合

公司。况且,南京万科企业有限公司确系荟合公司的股东,没有证据证明荟合公司在销售时向消费者宣传案涉项目系万科独家开发,故一审判决依据《消费者权益保护法》第 56 条第(6)项和《广告法》第 28 条的规定,认为现有证据不足以认定荟合公司的行为符合虚假宣传的构成要件,驳回樊某娴的诉讼请求,适用法律并无不当。

四、结语

虚假宣传本质为误导,该行为并非侧重言语表述在客观上真实性或者虚假性的判断,而在于该言语表述对消费者主观认知的影响。人民法院在审理有关房屋的虚假宣传案件时,若出现以下几种情况的,人民法院不予支持:其一,出卖人和买受人在商品房买卖合同中明确约定,出卖人的广告不作为合同的组成部分,买受人对此明知,又以广告中的内容未实现主张出卖人违约的;其二,房屋买卖合同的出卖人在与买受人签订房屋买卖合同之后存在虚假广告宣传行为,该买受人以出卖人存在该虚假广告宣传行为为由诉请解除合同、赔偿损失的;其三,尽管出卖人可能存在夸大宣传的行为,客观上增强了买受人购买案涉商铺的欲望,但买受人与出卖人就商铺签订买卖合同后,仅因该夸大宣传行为请求出卖人承担侵权责任的。此外,还应注意以下两点:其一,商品房出卖人因虚假宣传受到行政处罚,并不必然对买受人构成合同欺诈;其二,商品房销售方将楼盘由开发商开发宣传为开发商的大股东开发,若该大股东明确参与楼盘的开发建设,商品房买受方没有证据证明销售方作出案涉楼盘系该大股东独家开发宣传的,不足以认定销售方存在虚假宣传。

第六节　房屋租赁合同纠纷

一、导论

房屋租赁合同是租赁合同中的一种,我国《民法典》对房屋租赁合同的相关问题进行了规定。同时,为正确审理城镇房屋租赁合同纠纷案件,依法保护当事人的合法权益,我国还制定了《最高人民法院关于审理城镇房屋租赁合同纠纷案件具体应用法律若干问题的解释》(以下简称《城镇房屋租赁合同司法解释》)对房屋租赁合同的法律问题进行详细规定。本节以因房屋租赁合同产生纠纷的案件裁判文书为研究对象,以2020年以来人民法院作出的相关裁判文书为主要范围,归纳、提炼房屋租赁合同纠纷裁判的理念和趋势,以期通过对我国案例的研究来指导司法实践。

截至2021年2月,在中国裁判文书网中输入"房屋租赁合同纠纷"(案由)检索出民事裁判文书915 103篇,其中,由最高人民法院裁判的有387篇,本节选取了其中6例典型案例,并对其裁判规则进行了梳理研究。在具体案例的选取上,本节遵循以下"两个优先"原则:第一,优先选择审判层级较高的裁判文书;第二,优先选择审判日期较近的裁判文书。通过形式和内容两个方面的筛选,本节最终选择了6篇裁判文书进行研究,即(2020)最高法民申5371号、(2020)最高法民终838号、(2020)最高法民申6019号、(2020)最高法民申3936号、(2020)最高法民申3299号、(2020)最高法民申1741号,以上均由2020年最高人民法院裁判。

二、房屋租赁合同的基本理论

（一）房屋租赁合同概述

1.房屋租赁合同的定义。房屋租赁合同，是指房屋出租人将房屋提供给承租人使用，承租人定期给付约定租金，并于合同终止时将房屋完好地归还出租人的协议。房屋租赁合同遵守一般的合同格式，合同内容应包含房屋租赁双方当事人的个人信息、所租赁房屋的情况以及租赁双方的权利义务等，即主要包括房屋地址、居室间数、使用面积、房屋家具电器、层次布局、装饰设施、月租金额、租金缴纳日期和方法、租赁双方的权利义务、租约等。[①]

2.房屋租赁合同的特征。

（1）房屋租赁合同是不动产租赁合同。以租赁物的种类为标准，租赁合同可以分为动产租赁合同和不动产租赁合同。房屋租赁合同是以房屋为标的物的合同，属于不动产租赁合同。

（2）合同的相对性会受到法律的一定限制。具体表现为：第一，"买卖不破租赁"原则对房屋受让人的限制。为保护承租人的利益，法律确立了"买卖不破租赁"原则。根据该原则，在租赁期限内，租赁房屋的所有权发生变动的，原租赁合同对承租人和房屋受让人继续有效。第二，承租人的优先购买权。《商品房屋租赁管理办法》第13条规定："房屋租赁期间出租人出售租赁房屋的，应当在出售前合理期限内通知承租人，承租人在同等条件下有优先购买权。"

（3）期限最长不得超过二十年。《民法典》第705条规定："租赁期限不得超过二十年。超过二十年的，超过部分无效。租赁期限届满，当事人可以续订租赁合同；但是，约定的租赁期限自续订之日起不得超过二十年。"

3.房屋租赁合同的内容。房屋租赁合同应包括以下内容：（1）房屋租赁当事人的姓名（名称）和住所；（2）房屋的坐落、面积、结构、附属设施、家具和家电等室内设施状况；（3）租金和押金数额、支付方式；（4）租赁用途和房屋使用要求；（5）房屋和室内设施的安全性能；（6）租赁期限；（7）房屋维修责任；（8）物业服务、水、电、燃气等相关费用的缴纳；（9）争议解决办法和

[①] 汪洋：《民法典意定居住权与居住权合同解释论》，载《比较法研究》2020年第6期。

违约责任；(10) 其他约定。

(二) 房屋租赁合同的相关问题

1. 房屋不得出租的情形。有下列情形之一的，房屋不得出租：(1) 属于违法建筑的；(2) 不符合安全、防灾等工程建设强制性标准的；(3) 违反规定改变房屋使用性质的；(4) 法律、法规规定禁止出租的其他情形。

2. 房屋租赁合同被法院确定为无效的情形。[①] (1) 未经竣工验收的房屋出租，房屋租赁合同无效。(2) 属于违章建筑的房屋出租，房屋租赁合同无效。(3) 被确定拆迁的房屋出租，房屋租赁合同无效。(4) 出租人就未取得建设工程规划许可证或者未按照建设工程规划许可证的规定建设的房屋，与承租人订立的租赁合同无效。(5) 出租人就未经批准或者未按照批准内容建设的临时建筑，与承租人订立的租赁合同无效。(6) 租赁期限超过临时建筑的使用期限，超过部分无效。(7) 租赁期限超过20年的，超过部分无效。(8) 承租人经出租人同意将租赁房屋转租给第三人时，转租期限超过承租人剩余租赁期限的，人民法院应当认定超过部分的约定无效，但出租人与承租人另有约定的除外。

3. 房屋租赁合同履行过程中常见的违约情形。(1) 出租人不按合同规定的时间交付租赁房屋，或者交付的房屋有瑕疵。实践中往往表现为迟延履行或者履行有瑕疵，损害承租人的利益（停水断电、道路不畅、场地不清，等等）。(2) 出租人不履行合同规定的维修和保养义务。(3) 承租人不按合同约定支付租金，主要是迟延交付。(4) 承租人擅自改变租赁房屋的现状。(5) 承租人擅自将租赁房屋变相转租、转让、变相合租等。(6) 承租人逾期不返还租赁房屋或拒不腾房。(7) 出租人利用租赁房屋套取押金、保证金、转让费。

4. 房屋租赁合同纠纷中的"违约金"问题。在房屋租赁合同纠纷案件中，当事人主张违约金的，双方应当在合同中有明确的约定，否则当事人只能要求违约方赔偿违约损失，而不能主张违约金。根据司法实践，在承租方违约的情况下，法院应充分考虑出租方的损失和承租方为违约所支付的成本，租赁保证金作为已经事先支付的款项，应当考虑纳入守约方违约损失的计算之中，酌情减免承租人应承担的违约金数额。当然如果租赁保证金数额过高，守约方违约损失已经弥补，且出租方对合同解除也有过错的，法院会酌情判令出租人退还

[①] 参见楚仑：《房屋租赁合同纠纷案中房屋交付的认定》，载《人民法院报》2020年8月20日。

部分租赁保证金。[①]

三、关于房屋租赁合同纠纷的裁判规则

（一）双方签订房屋租赁合同后，与第三方签订转让承租人全部权利义务且由承租人承担连带保证责任协议，该协议并未解除双方租赁合同，一方起诉要求解除其与第三方房屋租赁关系的，不属于起诉法律关系错误

【案例来源】

案例名称：吴某贤与泉州市胤胤酒店管理有限公司房屋租赁合同纠纷案

审理法院：最高人民法院

案　　号：（2020）最高法民申5371号

【争议点】

吴某贤与泉州市胤胤酒店管理有限公司（以下简称泉州胤胤酒店）因房屋租赁合同纠纷引发诉讼，该案历经福建省泉州市中级人民法院一审、福建省高级人民法院二审、最高人民法院再审三个阶段。在再审中，当事人就案涉《房屋租赁合同》是否属于起诉法律关系错误产生争议。

【裁判说理】

关于赖某云诉请解除与吴某贤签订的案涉《房屋租赁合同》是否属于起诉法律关系错误的问题。本案中，赖某云与吴某贤于2017年3月1日签订《房屋租赁合同》，后双方与泉州胤胤酒店签订《协议书》，约定由泉州胤胤酒店承继吴某贤在《房屋租赁合同》中的全部权利义务，吴某贤承担连带保证责任，案涉合同法律关系变更为赖某云与泉州胤胤酒店的房屋租赁合同关系。但案涉《协议书》并未解除赖某云与吴某贤签订的《房屋租赁合同》，而是约定该合同中全部权利义务转让给泉州胤胤酒店，因此，赖某云与泉州胤胤酒店的房屋租赁合同法律关系基础仍为《房屋租赁合同》。赖某云起诉要求解除其与吴某贤之间签订的《房屋租赁合同》，且以泉州胤胤酒店作为共同被告要求其支付房屋占用费及腾退案涉房屋，实质上系要求解除其与泉州胤胤酒店之间的房屋租赁合同关系，并未违反法律规定，故本案并不存在起诉法律关系错误的情形。

[①] 任明勇：《长租公寓模式下承租人权益法律保障研究》，载《住宅与房地产》2020年第32期。

（二）租赁合同中规定"双方无特别异议"但并未对此作出约定的，应结合上述条款的字面含义、行业交易习惯等综合判断

【案例来源】

案例名称：新疆友好（集团）股份有限公司与新疆泰美商业管理有限公司房屋租赁合同纠纷案

审理法院：最高人民法院

案　　号：（2020）最高法民终838号

【争议点】

新疆友好（集团）股份有限公司（以下简称友好集团）与新疆泰美商业管理有限公司（以下简称泰美公司）因房屋租赁合同纠纷引发诉讼，该案历经新疆维吾尔自治区高级人民法院一审、最高人民法院二审两个阶段。在二审中，当事人就案涉《租赁合同》租赁期限应否自动顺延产生争议。

【裁判说理】

案涉《租赁合同》第3条约定："租赁期限为10年＋5年，自2009年1月1日起计算，10年期满后，如双方无特别异议，本合同自动顺延5年……"根据上述约定，案涉《租赁合同》的租期分为10年和5年两个阶段，第一个租期期满后合同是否顺延取决于双方是否提出"特别异议"。因案涉《租赁合同》并未对"双方无特别异议"作出约定，应结合上述条款的字面含义、行业交易习惯等综合判断。从条款的字面意思分析，"双方无特别异议"系指双方对继续第二个租期均无拒绝的意思表示，若一方拒绝顺延则合同在第一个租期期满后即应终止。从行业交易习惯考察，租赁双方在签订《租赁合同》时基于对未来租金价格变动、房屋空置等不确定因素的考虑，采用分段租期方式，在满足双方对租赁关系相对稳定性需求的同时，又赋予合同双方于阶段性租期期满后是否继续《租赁合同》的自主选择权，这种灵活的租期方式符合租赁市场的一般交易习惯。

（三）租赁合同中，享有法定或者约定解除权的当事人才能行使以通知方式解除合同的权利，违约方并不享有上述单方通知解除权

【案例来源】

案例名称：北京居然之家投资控股集团有限公司与马鞍山市煜凯丰房地产

开发有限公司房屋租赁合同纠纷案

审理法院：最高人民法院

案　　号：（2020）最高法民申 6019 号

【争议点】

北京居然之家投资控股集团有限公司（以下简称居然之家公司）与马鞍山市煜凯丰房地产开发有限公司（以下简称煜凯丰公司）因房屋租赁合同纠纷引发诉讼，该案历经安徽省马鞍山市中级人民法院一审、安徽省高级人民法院二审、最高人民法院再审三个阶段。在再审中，当事人就案涉《房屋租赁合同》是否业已终止产生争议。

【裁判说理】

关于案涉租赁合同是否已终止的问题。《合同法》第 91 条[①]规定："有下列情形之一的，合同的权利义务终止：（一）债务已经按照约定履行；（二）合同解除；（三）债务相互抵销；（四）债务人依法将标的物提存；（五）债权人免除债务；（六）债权债务同归于一人；（七）法律规定或者当事人约定终止的其他情形。"本案中，居然之家公司以经营不善为由向煜凯丰公司发函，要求解除租赁合同，但使用通知方式解除合同是享有法定或者约定解除权的当事人才能行使的权利，而居然之家公司作为违约方，并不享有上述单方通知解除权。如居然之家公司认为租赁合同继续履行下去将给其自身造成重大损害而对其显失公平，应当通过起诉的方式向法院提出解除案涉租赁合同的诉讼请求，故居然之家公司向煜凯丰公司发送解除合同的通知，不能产生解除双方之间租赁合同的法律后果。

（四）租赁合同补充协议虽由公司经办人签字，但该协议签订后双方在诉讼前一直未就该签字的效力提出异议，且双方就案涉房屋订立的租赁合同处于持续履行中，人民法院可以认定当事人对经办人的签字予以追认有效

【案例来源】

案例名称：北京鸿兆置业有限公司与北京兴盛文化产业投资有限公司房屋

[①] 对应《民法典》第 557 条，该条规定："有下列情形之一的，债权债务终止：（一）债务已经履行；（二）债务相互抵销；（三）债务人依法将标的物提存；（四）债权人免除债务；（五）债权债务同归于一人；（六）法律规定或者当事人约定终止的其他情形。合同解除的，该合同的权利义务关系终止。"

租赁合同纠纷案

审理法院：最高人民法院

案　　号：（2020）最高法民申3936号

【争议点】

北京鸿兆置业有限公司（以下简称鸿兆置业公司）与北京兴盛合文化产业投资有限公司（以下简称兴盛合公司）因房屋租赁合同纠纷引发诉讼，该案历经中级人民法院一审、北京市高级人民法院二审、最高人民法院再审三个阶段。在再审中，当事人就案涉《房屋租赁合同之补充协议一》的追认效力问题产生争议。

【裁判说理】

关于《房屋租赁合同之补充协议一》的追认效力问题。原审法院综合考虑《房屋租赁合同之补充协议一》于2013年12月16日签订时兴盛合公司虽由公司经办人签字，但该协议签订后至本案诉讼前双方一直未就该签字的效力提出异议，且鸿兆置业公司与兴盛合公司就案涉房屋订立的租赁合同处于持续履行中等因素，认定兴盛合公司对协议中经办人的签字予以追认有效，并无不妥。鸿兆置业公司关于兴盛合公司追认已过时效的主张，于法无据，不能成立。至于鸿兆置业公司提出的闫某庆在出具确认函追认经办人丁某的签字效力时已非兴盛合公司法定代表人，不能产生追认效力的理由，因兴盛合公司对闫某庆的追认行为并无异议且已认可《房屋租赁合同之补充协议一》的效力，故鸿兆置业公司的此点再审申请理由亦不能成立，其新提交的兴盛合公司工商登记材料不属于《民事诉讼法》第200条第（1）项规定的足以推翻原判决的新的证据。

（五）房屋租赁合同为继续性合同，不因租金支付方式的改变而将一份租赁合同分割为数份租赁合同

【案例来源】

案例名称：王某琼与深圳市金凯进光电仪器有限公司房屋租赁合同纠纷案

审理法院：最高人民法院

案　　号：（2020）最高法民申3299号

【争议点】

王某琼与深圳市金凯进光电仪器有限公司（以下简称金凯进公司）因房屋租赁合同纠纷引发诉讼，该案历经广东省深圳市中级人民法院一审、广东省高

级人民法院二审、最高人民法院再审三个阶段。在再审中,当事人就金凯进公司管理人是否有权解除案涉房屋租赁合同产生争议。

【裁判说理】

根据原审查明的事实,王某琼与金凯进公司之间仅签订一份《房屋租赁合同》,该份租赁合同约定租赁期限为 180 个月,于 2028 年 12 月 8 日届满。房屋租赁合同为继续性合同,不能因租金支付方式的改变将一份租赁合同分割为数份租赁合同。在租赁期限届满前,金凯进公司交付房屋的义务未履行完毕,而王某琼仅支付了 96 个月的租金,其支付租金的义务亦未履行完毕,且租赁期内,王某琼作为承租人的义务不仅包括支付租金,还包括保管租赁物、返还租赁物等义务。原审法院认定案涉房屋租赁合同为双方均未履行完毕的合同,理据充足,并无不当。王某琼提出其已支付了 96 个月租金即合同前 8 年租期属于双方均已履行完毕的合同的主张,无事实及法律依据,法院不予支持。

(六)当事人签订《租赁合同》时已知晓案涉房屋没有建设工程规划许可手续,人民法院可以据此认定当事人对《租赁合同》的无效均有过错,并且综合考虑案涉房屋配备的临时水电设施、建设工程消防验收情况等因素,酌情认定房屋占有使用费

【案例来源】

案例名称:高某良与陕西毓兴物业发展有限公司房屋租赁合同纠纷案

审理法院:最高人民法院

案　　号:(2020)最高法民申 1741 号

【争议点】

高某良与陕西毓兴物业发展有限公司(以下简称毓兴公司)因房屋租赁合同纠纷引发诉讼,该案历经陕西省西安市中级人民法院一审、陕西省高级人民法院二审、最高人民法院再审三个阶段。在再审中,当事人就房屋占有使用费的计算和认定标准产生争议。

【裁判说理】

原审中,毓兴公司主张其已交付全部案涉房屋,并提交了交接单、陕西省西安市中级人民法院(2017)陕 01 民终 14649 号民事判决书等证据,合伙人王某英、冯某岭对案涉房屋已全部交付的事实始终表示认可。原审法院综合考虑王某英、冯某岭的陈述,以及另案生效判决确认的合伙人高某良、王某英、

冯某岭将包括争议部分在内的房屋相关工程发包给案外人进行施工，高某良作为合伙人在施工现场的代表和负责人确认工程已施工完毕等事实，并结合案涉房屋的现场勘验情况，认定毓兴公司已交付全部案涉房屋，依据充分。高某良主张王某英、冯某岭与毓兴公司存在恶意串通的情形，但其并未提供充分的证据予以证明。高某良与王某英、冯某岭均认可在签订《租赁合同》时已知晓案涉房屋没有建设工程规划许可手续，原审判决据此认定毓兴公司与高某良、王某英、冯某岭对《租赁合同》的无效均有过错，并无不当。原审判决在《租赁合同》无效的情形下，参照《租赁合同》的约定，行使自由裁量权，酌情认定自2014年9月1日起计算房屋占有使用费至房屋实际腾交之日，并参照《租赁合同》约定的租金标准，综合考虑案涉房屋配备的临时水电设施、建设工程消防验收情况等因素，酌情认定按照《租赁合同》约定租金的80%计算房屋占有使用费，亦无不当。

四、结语

房屋租赁合同是承租人与出租人就房屋租赁的相关权利义务达成一致合意，从而签订的协议。人民法院在审理房屋租赁合同纠纷案件时，形成了诸多可供参考的裁判规则：第一，双方签订房屋租赁合同后，与第三方签订转让承租人全部权利义务且由承租人承担连带保证责任的协议，该协议并未解除双方租赁合同，一方起诉要求解除其与第三方房屋租赁关系的，不属于起诉法律关系错误。第二，租赁合同中规定"双方无特别异议"但并未对此作出约定的，应结合上述条款的字面含义、行业交易习惯等综合判断。第三，租赁合同中，享有法定或者约定解除权的当事人才能行使以通知方式解除合同的权利，违约方并不享有上述单方通知解除权。第四，租赁合同补充协议虽由公司经办人签字，但该协议签订后双方在诉讼前一直未就该签字的效力提出异议，且双方就案涉房屋订立的租赁合同处于持续履行中，人民法院可以认定当事人对经办人的签字予以追认有效。第五，房屋租赁合同为继续性合同，不因租金支付方式的改变而将一份租赁合同分割为数份租赁合同。第六，当事人签订《租赁合同》时已知晓案涉房屋没有建设工程规划许可手续，人民法院可以据此认定当事人对《租赁合同》的无效均有过错，并且综合考虑案涉房屋配备的临时水电设施、建设工程消防验收情况等因素，酌情认定房屋占有使用费。

第七节　房屋质量纠纷

一、导论

房屋质量问题是房地产交易中的核心问题，也是引发众多纠纷的焦点问题。人们通常说的房屋存在质量问题，指房屋达不到法定或约定的质量标准，存在质量缺陷。从总体上分，房屋质量问题大致有三类：违规质量问题、违约质量问题、使用质量问题。商品房质量对消费者来说尤为重要，它不仅关系着居住安全，而且关系其居住的舒适程度。然而有些开发商修建的商品房却存在不同程度的质量缺陷，严重侵害了消费者的合法权益。对此，国家规定房地产开发企业对其开发建设的房地产开发项目的质量承担责任。本节以因房屋质量产生纠纷的案件裁判文书为研究对象，以2017年以来人民法院作出的相关裁判文书为主要范围，归纳、提炼房屋质量纠纷裁判的理念和趋势，以期通过对我国案例的研究来指导司法实践。

截至2021年1月，编者在中国裁判文书网中输入"房屋质量纠纷"（案由）共检索出民事裁判文书712篇，其中，由最高人民法院裁判的有1篇，由高级人民法院裁判的有84篇，本节选取了其中6例典型案例，并对其裁判规则进行了梳理研究。在具体案例的选取上，本节遵循以下"两个优先"原则：第一，优先选择审判层级较高的裁判文书；第二，优先选择审判日期较近的裁判文书。通过形式和内容两个方面的筛选，本节最终选择了6篇裁判文书进行研究，即（2018）鄂民申913号、（2020）赣07民终3548号、（2020）鄂12民终621号、（2017）苏民申562号、（2017）粤民申2718号、（2020）闽01民终6013号。其中，由高级人民法院裁判的有3篇，裁判日期为2018年（含）之后的有4篇。

二、房屋质量纠纷的基本理论

（一）房屋质量问题的种类

根据《最高人民法院关于审理商品房买卖合同纠纷案件适用法律若干问题的解释》相关规定，可以将房屋的质量问题分为以下几种：

1. 房屋主体结构质量不合格。所谓"不合格"，应指房屋未能通过验收或经核验被认定为不符合质量要求，如地基、承重墙等，这些部位出现结构性迸裂、倾斜、坍塌等问题，应当视为主体结构存在问题。

2. 严重影响正常居住使用的质量问题。这是指由于房屋质量问题，严重影响买受人享用房屋的正常使用功能和用途的情形。如不能正常供水、供电等。

3. 其他质量问题。如房屋渗水、地面空鼓、墙皮脱落等。

（二）能否因房屋质量问题不交物业费

1. 物业费包括垃圾清运费、保洁费、保安费、绿化费等，大部分是为全体业主公共服务部分的管理、公共设施的维修维护而收取，物业服务并非专门针对某个业主的服务。房屋质量有问题不是业主拒绝向物业公司交纳物业费的理由。

2. 如果业主与物业公司在《物业服务合同》中约定了物业公司有对房屋维护和修缮的义务，物业公司未尽到该义务的，业主可以要求减少部分物业费。物业服务公司已按照合同约定履行相关义务的，业主以没有居住为由拒交物业费，法院不予支持。

3. 房屋质量问题属于开发商的问题，与物业无关。物业可以要求业主支付物业费，同时也可以向开发商反映情况并要求解决房屋的质量问题。物业管理与房屋买卖是两种法律关系，物业管理公司与开发商是两个不同的企业法人，业主不应该因为开发商的问题而拒绝向物业管理公司交付物业管理费。

（三）物业公司在房屋质量纠纷中的作用

物业公司和业主之间是物业合同关系，开发商和业主之间是商品房买卖合同关系，开发商和物业公司之间没有互为承担责任的依据。因此，房屋出现质量问题不能盲目地只找物业公司。另外需要注意，开发商将房屋交付给业主后，会与物业公司签订一个合同，业主应该留心，《物业服务合同》中有无关于房屋维护和修缮的约定，如有约定，业主可找物业公司进行维护和修缮；若无约定，可以要求物业公司协助业主找开发商解决问题。①

（四）如何处理房屋质量纠纷

一般来说，房屋交付前比较明显的或者已知的质量问题，购房人应在房屋交付时要求出卖人予以修复。因为购房人在接受房屋时，一般要对房屋进行必要的验收，这也是购房人应该履行的注意义务，经验收后确信没有质量问题再办理入住手续。如果发现房屋有质量问题，应立即找开发商，要求其对有质量问题的地方予以书面确认并加盖公章，在对方解决好该问题后再办理入住手续。如果在短时间内解决不了，应要求开发商承担延期交房的责任，并索要书面凭证。房屋交付使用后在保修期内出现的一般质量问题，在未严重影响正常居住使用的情况下，购房人有权要求出卖人修复，因此增加的费用应当由出卖人承担。出卖人拒绝修复或者在合理期限内拖延修复的，购房人可自行或者委托他人修复，修复费用及修复期间造成的其他损失应由出卖人承担。②

（五）请求解除合同和赔偿损失时应注意的问题

1. 对比较明显的或者已知的质量瑕疵的处理，应注意买受人是否履行了其注意义务。因为买受人在接受房屋时，一般对其质量会进行必要的检验，这也是买受人应该履行的注意义务，对于一般验收能够发现的显而易见的瑕疵，买受人应在接受时提出。在取得房屋后，买受人发现明显的房屋质量瑕疵的，若无其他特别规定，出卖人可不负责任，应由买受人负责维修。出卖人在订立合同时已明确告知买受人房屋存有质量瑕疵的，出卖人对此也不再负有任何责任，但有特别规定的除外。

2. 对隐蔽质量瑕疵的处理。对采取通常方式一时难以察觉，须经过专门鉴定或在房屋使用过程中才能发现的质量瑕疵，买受人及时向出卖人提出的，出卖人应当承担责任。对于质量瑕疵程度较轻的，出卖人应负责维修或者适当减少房屋价款。对于房屋质量问题较重，甚至不能使用的，买受人可解除合同，

---

① 陈冬琴、王赢瀞：《物业纠纷频发生业主维权有途径》，载《人民法院报》2014年3月31日。
② 王栋：《房屋质量瑕疵如何维权》，载《检察风云》2014年第20期。

因此给买受人造成的额外财产及人身损失，出卖人应予赔偿。

3. 对隐瞒质量瑕疵的处理。出卖人已知而故意隐瞒较严重的房屋质量瑕疵，出卖人对此应承担相应的民事责任。在标的物存在瑕疵时，出卖人负有瑕疵担保义务，买受人享有瑕疵担保请求权。

4. 房屋交付后，出现质量问题的，在未严重影响正常居住使用的情况下，出卖人应承担修复责任。出卖人拒绝修复或在合理期限内拖延修复的，买受人可自行或者委托他人修复。修复费用及修复期间造成的其他损失，则应由出卖人承担。

5. 因房屋质量严重影响正常居住使用的，买受人可请求解除合同和赔偿损失。在确保安全的情况下，可采取加固补强的方式来完成对工程质量缺陷的修复，这有利于保持社会的稳定，更能公平合理地保护双方当事人的合法权益。若经有关方面鉴定，房屋主体结构确实存在质量问题，购房者可向工程质量监督单位申请重新核验。经核验，确属主体结构质量不合格的，购买人有权退房；给购买人造成损失的，开发商要承担赔偿责任。①

三、关于房屋质量纠纷的裁判规则

（一）双方当事人在确认书中作出了终局性解决相关房屋质量纠纷的意思表示且已履行完毕，一方又起诉要求对方赔偿的，人民法院不予支持

【案例来源】
案例名称：吴某辉与武汉广电房地产开发有限公司房屋买卖合同纠纷案
审理法院：湖北省高级人民法院
案　　号：（2018）鄂民申913号

【争议点】
吴某辉与武汉广电房地产开发有限公司（以下简称武汉广电公司）因房屋质量纠纷引发诉讼，该案历经湖北省武汉市汉阳区人民法院一审、湖北省武汉市中级人民法院二审、湖北省高级人民法院再审三个阶段。在再审中，当事人就武汉广电公司应如何承担违约责任产生争议。

---

① 尹志君、薛广文：《把脉物业欠费症结 妥处物业合同纠纷》，载《人民法院报》2013年7月18日。

【裁判说理】

本案中，诉争房屋出现墙面裂纹及渗水等问题后，吴某辉与武汉广电公司就相关质量问题签订了《工程质量问题补偿处理支付确认书》。该确认书约定了武汉广电公司因房屋质量问题向吴某辉进行补偿，并约定"业主接受此补偿视同业主认可此质量问题的处理方式，业主不再追究该质量问题，并承诺不再另行追讨，另承诺不得向第三方透露此处理方式及内容"。随后，武汉广电公司依约向吴某辉给付了现金补偿。法院认为，诚信原则是民法基本原则和"帝王条款"，其要求民事主体在从事民事活动、行使民事权利和履行民事义务时应诚实守信。案涉确认书系双方当事人的真实意思表示，未违反法律、行政法规的强制性规定，对双方当事人均具有拘束力，故吴某辉及武汉广电公司均应恪守约定，诚信履约。因双方当事人已经在上述确认书中作出了终局性解决相关房屋质量纠纷的意思表示，且已履行完毕，现吴某辉起诉要求武汉广电公司赔偿墙面返工重做赔偿款、租房费、搬家费，违反了上述确认书的约定，有违诚信原则，其相关诉请不应予以支持，原审判决驳回其诉讼请求有事实和法律依据，故吴某辉的再审申请事由不成立。

（二）一方当事人在接收房屋时并未对房屋屋面防水防漏工程提出异议，也未举证证实案涉房屋漏水系对方当事人未做好屋面防水防漏工程所致，该当事人在支付部分购房款后又主张因未做屋面防水防漏工程而不符合付款条件的，人民法院不予支持

【案例来源】

案例名称：李某坤、胡某花、李某香房屋买卖合同纠纷案

审理法院：江西省赣州市中级人民法院

案　　号：（2020）赣07民终3548号

【争议点】

李某坤、胡某花、李某香因房屋买卖合同纠纷引发诉讼，该案历经江西省赣州市定南县人民法院一审、江西省赣州市中级人民法院二审两个阶段。在二审中，当事人就上诉人李某坤要求支付剩余购房款的付款条件是否成就产生争议。

【裁判说理】

关于上诉人李某坤要求支付剩余购房款的付款条件是否成就的问题。根据

双方合同约定，李某坤须负责做好屋面防水防漏工程及将变压器产权过户给胡某花、李某香，过户后3日内，胡某花、李某香付清剩余房款30万元。本案中，上诉人胡某花、李某香认为李某坤未按照合同约定做好屋面防水防漏工程，案涉房屋存在漏水情况。对此，法院认为，双方并未在合同中明确约定在何时应完成屋面防水防漏工程，本案案涉房屋已交付，且上诉人胡某花、李某香已经装修，二人在接收案涉房屋后，也向李某坤支付了剩余房款30万元中的15万元，由此可见，上诉人胡某花、李某香在接收房屋时并未对房屋屋面防水防漏工程提出异议，也未举证证实案涉房屋漏水形成的原因系李某坤未做好屋面防水防漏工程，上诉人胡某花、李某香在支付剩余购房款30万元中的15万元之后，又提出案涉房屋因李某坤未做屋面防水防漏工程，不符合付款条件，该上诉理由不成立，上诉人胡某花、李某香认为上诉人李某坤存在违约行为理据不充分。

（三）负有举证证明责任的当事人未能按照司法鉴定机构的要求提供进行司法鉴定所必需的完整的相关材料，并且没有按照要求向司法鉴定机构明确其所要求的具体司法鉴定事项范围，致使案涉商品房是否存在质量问题的待证事实不能通过司法鉴定予以确定的，其诉讼请求缺乏相应的证据予以证明，人民法院不予支持

【案例来源】

案例名称：骆某洲与湖北预信置业有限公司买卖合同纠纷案

审理法院：湖北省咸宁市中级人民法院

案　　号：（2020）鄂12民终621号

【争议点】

骆某洲与湖北预信置业有限公司（以下简称预信公司）因买卖合同纠纷引发诉讼，该案历经湖北省赤壁市人民法院一审、湖北省咸宁市中级人民法院二审两个阶段。在二审中，当事人就骆某洲是否尽到举证责任产生争议。

【裁判说理】

《民事诉讼法》第64条第1款规定："当事人对自己提出的主张，有责任提供证据。"《最高人民法院关于适用〈中华人民共和国民事诉讼法〉的解释》第90条第2款规定："在作出判决前，当事人未能提供证据或者证据不足以证明其事实主张的，由负有举证证明责任的当事人承担不利的后果。"本案中，

骆某洲认为其所购预信公司开发的商品房存在质量安全隐患，起诉请求判令预信公司赔偿损失 60 000 元。对骆某洲所称其所购商品房存在质量安全隐患的主张，预信公司答辩予以否认。对于本案所涉商品房是否存在质量问题的待证事实，骆某洲和预信公司均同意通过司法鉴定予以确定。骆某洲作为负有举证证明责任的原告，未能按照司法鉴定机构的要求提供进行司法鉴定所必需的完整的相关材料，以及没有按照司法鉴定机构的要求向司法鉴定机构明确其所要求的具体的司法鉴定事项范围，致使本案所涉商品房是否存在质量问题的待证事实不能通过司法鉴定予以确定。因而本案骆某洲的诉讼请求缺乏相应的证据予以证明。在这种情况下，一审判决驳回骆某洲的诉讼请求符合上述法律规定，并无不当。骆某洲的上诉请求缺乏事实和法律依据，法院不予支持。

（四）商品房虽存在质量瑕疵但不影响该房屋的基本功能，并未导致商品房买卖合同目的不能实现的，不构成严重影响正常居住的根本违约，不得以房屋存在质量瑕疵为由拒绝收房

【案例来源】

案例名称：徐某凯与徐州中茵置业有限公司商品房销售合同纠纷案

审理法院：江苏省高级人民法院

案　　号：（2017）苏民申 562 号

【争议点】

徐某凯与徐州中茵置业有限公司（以下简称中茵置业公司）因房屋质量纠纷引发诉讼，该案历经江苏省徐州市云龙区人民法院一审、江苏省徐州市中级人民法院二审、江苏省高级人民法院再审三个阶段。在再审中，当事人就中茵置业公司是否能以质量瑕疵为由拒绝收房、是否应向徐某凯支付逾期上房违约金产生争议。

【裁判说理】

涉案房屋于 2011 年 12 月 14 日竣工验收，中茵置业公司于 2012 年 1 月 1 日取得徐州市建设局下发的案涉住宅工程的交付使用通知书，并具备案涉房屋办理上房所需的《住宅质量保证书》《住宅使用说明书》。本案所涉房屋在验房过程中发现厨房下水管道安装的质量瑕疵，双方未能按约完成房屋交付手续。根据《最高人民法院关于审理商品房买卖合同纠纷案件适用法律若干问题的解

释》第 13 条第 1 款①的规定，因房屋质量问题严重影响正常居住使用，买受人请求解除合同和赔偿损失的诉讼请求，法院应予支持。本案中，中茵置业公司交付的商品房存在质量瑕疵，但不影响该房屋的基本功能，并未导致商品房买卖合同目的不能实现，不构成严重影响正常居住的根本违约，因此，徐某凯以房屋存在质量瑕疵为由拒绝收房没有法律依据。关于涉案房屋质量纠纷，法院已作出中茵置业公司支付徐某凯房屋损失 10 000 元的生效判决并已执行完毕。同时，徐某凯主张案涉房屋所在小区未按约由市政集中供暖，根据双方合同约定应按出卖人逾期交房处理。徐某凯陈述市政集中供暖系口头约定，但未能提供任何证据予以证明。因此，原审法院判决驳回徐某凯要求中茵置业公司支付逾期上房违约金的诉讼请求，有事实和法律依据，并无不当。

（五）当事人主张案涉房屋存在质量问题，但不能证明其属于《前期物业服务管理协议》约定的可以拒绝收楼并可不支付物业服务费情形的，不得拒绝收楼及交纳物业管理费

【案例来源】

案例名称：杨某英、广州市时代物业管理有限公司珠海市分公司物业服务合同纠纷案

审理法院：广东省高级人民法院

案　　号：（2017）粤民申 2718 号

【争议点】

杨某英、广州市时代物业管理有限公司珠海市分公司（以下简称时代物业公司）因房屋质量纠纷引发诉讼，该案历经广东省珠海市金湾区人民法院一审、广东省珠海市中级人民法院二审、广东省高级人民法院再审三个阶段。在再审中，当事人就杨某英以房屋质量问题为由拒绝交纳 2012 年 12 月 1 日至 2016 年 2 月 29 日物业管理费的主张是否应予支持产生争议。

【裁判说理】

本案系物业服务合同纠纷，杨某英与时代物业公司、珠海市时代丰卓投资

---

① 对应《最高人民法院关于审理商品房买卖合同纠纷案件适用法律若干问题的解释》（2020 年 12 月 29 日修正）第 10 条第 1 款，该条款规定："因房屋质量问题严重影响正常居住使用，买受人请求解除合同和赔偿损失的，应予支持。"

有限公司签订的《前期物业服务管理协议》系各方真实意思表示，没有违反法律和行政法规的强制性规定，为有效合同，对各方均有约束力，故按照《前期物业服务管理协议》的约定，杨某英应在以商品房合同约定的交楼日期为准的当日起，首次交纳物业管理服务费，除非因开发商原因未能按时交付，物业管理服务费由开发商交纳。杨某英认为系因开发商原因未能按时收楼，称案涉房屋阳台栏杆高度不符合国家强制性规定，质量存在问题，杨某英为证明主张，提交了证据证明其于 2011 年 12 月 8 日、2012 年 10 月 3 日、2013 年 2 月 3 日、2016 年 1 月 20 日分别向珠海市时代丰卓投资有限公司反映房屋质量情况，要求解决。虽然杨某英提交了收楼记录、金湾区质监站、建设局的函及阳台栏杆整改前、后照片等证据材料，但根据二审期间时代物业公司提交的《竣工验收备案表》，该案涉房屋已在 2011 年 10 月 31 日通过竣工验收，案涉房屋已具备交楼条件，而且已经通知杨某英收楼。杨某英主张案涉房屋存在质量问题，其系因房屋质量问题而拒绝收楼，但不能证明这属于《前期物业服务管理协议》约定的可以拒绝收楼并可不支付物业服务费的情形。杨某英主张系因开发商原因可以拒绝收楼故不应交纳物业管理费的理由不充分。

（六）案涉房屋因质量问题所产生的维修义务由开发商承担，物业公司多次组织人员对案涉房屋进行修补，未能解决渗漏水问题，但不能因此而认定物业公司未尽到物业服务义务，当事人不得以此为由拒交物业服务费

【案例来源】

案例名称：福州融侨物业管理有限公司与王某红物业服务合同纠纷案

审理法院：福建省福州市中级人民法院

案 号：（2020）闽 01 民终 6013 号

【争议点】

福州融侨物业管理有限公司（以下简称融侨物业公司）与王某红因物业服务合同纠纷引发诉讼，该案历经福建省福清市人民法院一审、福建省福州市中级人民法院二审两个阶段。在二审中，当事人就王某红是否有权拒交物业服务费产生争议。

【裁判说理】

法院认为，王某红与融侨物业公司签订了《前期物业管理服务协议》，约定由融侨物业公司提供物业服务。虽然合同约定的 2 年有效期已届满，但该小

区至今未成立业主大会和选举产生业主委员会，亦未选聘新的物业服务企业；而融侨物业公司一直按前期物业管理合同继续为小区提供物业服务，故可以认为双方形成事实上的物业服务合同关系。而王某红作为小区业主，应当履行交纳物业服务费的义务。另案生效判决已经认定案涉房屋存在渗水漏水的质量问题，开发商融侨新城（福清）房地产有限公司负有解决该质量问题的义务，并判令融侨新城（福清）房地产有限公司修缮案涉房屋。虽然融侨物业公司与开发商系关联企业，但二者分别属于独立的法人，案涉房屋因质量问题所产生的维修义务应由开发商承担；融侨物业公司曾多次组织人员对案涉房屋进行修补，未能解决渗漏水问题，但不能因此而认定融侨物业公司未尽到物业服务义务。且物业服务企业提供的服务具有公共性、整体性的特点，包括对小区的各个方面如房屋共用部位、共用设施的维护和管理、公共秩序的管理、公共环境卫生等提供物业服务。故王某红以融侨物业公司未尽物业管理责任、其未享受到物业服务为由拒交物业服务费的抗辩不能成立，不予采纳。

四、结语

房屋质量问题种类繁多，如主体结构损坏、墙体裂缝、层高不足、房屋倾斜、门窗损坏、房屋漏水、房屋噪音、房屋设备不符合同约定等。为了避免出现质量问题，建议消费者在买房时选择资信良好的开发商，并且对开发商已建楼盘质量以及承建商资质进行全面了解，将风险控制在前期。人民法院在审理房地产委托代建合同案件时，若出现以下几种情况的，人民法院不予支持：其一，双方当事人在确认书中作出了终局性解决相关房屋质量纠纷的意思表示且已履行完毕，一方又起诉要求对方赔偿的；其二，一方当事人在接收房屋时并未对房屋屋面防水防漏工程提出异议，也未举证证实案涉房屋漏水系对方当事人未做好屋面防水防漏工程所致，该当事人在支付部分购房款后又主张因未做屋面防水防漏工程而不符合付款条件的；其三，负有举证证明责任的当事人未能按照司法鉴定机构的要求提供进行司法鉴定所必需的完整的相关材料，并且没有按照要求向司法鉴定机构明确其所要求的具体司法鉴定事项范围，致使案涉商品房是否存在质量问题的待证事实不能通过司法鉴定予以确定的。此外，商品房虽存在质量瑕疵但不影响该房屋的基本功能，并未导致商品房买卖合同目的不能实现的，不构成严重影响正常居住的根本违约，不得以房屋存在质量瑕疵为由拒绝收房。当事人主张案涉房屋存在质量问题，但不能证明其属于《前期物业服务管理协议》约定的可以拒绝收楼并可不支付物业服务费情形的，不得拒绝收楼以及不交纳物业管理费。案涉房屋因质量问题所产生的维修义务应由开发商承担，物业公司多次组织人员对案涉房屋进行修补，虽未能解决渗漏水问题，但不能因此而认定物业公司未尽到物业服务义务，当事人不得以此为由拒交物业服务费。

第八节　房屋拆迁安置补偿合同纠纷

一、导论

根据 2014 年 11 月 1 日修正的《行政诉讼法》第 12 条第（11）项的规定，房屋拆迁安置补偿协议属于人民法院行政诉讼受案范围。在此之前，该类案件一直属于民事诉讼受案范围，这就涉及法律溯及力的问题，即新法对其生效以前所发生的事件或者行为可否加以适用的效力。根据"实体从旧，程序从新"原则，当事人对 2015 年 5 月 1 日之前签订的房屋拆迁安置补偿协议不服，应提起民事诉讼。本节以房屋拆迁安置补偿合同纠纷案件的裁判文书为研究对象，以 2019 年以来人民法院作出的相关裁判文书为主要范围，归纳、提炼房屋拆迁安置补偿合同裁判的理念和趋势，以期通过对我国案例的研究来指导司法实践。

截至 2021 年 2 月，在中国裁判文书网中输入"房屋拆迁安置补偿合同纠纷"（案由）检索出民事裁判文书 114 938 篇，其中，由最高人民法院裁判的有 186 篇，本节选取了其中 6 例典型案例，并对其裁判规则进行了梳理研究。在具体案例的选取上，本节遵循以下"两个优先"原则：第一，优先选择审判层级较高的裁判文书；第二，优先选择审判日期较近的裁判文书。通过形式和内容两个方面的筛选，本节最终选择了 6 篇裁判文书进行研究，即（2020）最高法民申 4987 号、（2020）最高法民申 5632 号、（2020）最高法民申 4683 号、（2020）最高法民申 5055 号、（2020）最高法民申 4252 号、（2019）最高法民终 1966 号，以上均为 2019 年（含）之后由最高人民法院裁判。

二、房屋拆迁安置补偿合同的基本理论

（一）房屋拆迁安置补偿合同概述

1.房屋拆迁安置补偿合同的定义。房屋拆迁安置补偿合同，是指拆迁人与被拆迁人、房屋承租人为明确房屋拆迁安置补偿中的权利义务关系而订立的协议，是约定拆迁当事人之间民事权利义务的合同。

2.房屋拆迁安置补偿合同的法律特征。（1）属于法律行为。房屋拆迁安置补偿协议是房屋拆迁双方的法律行为。协议关系的成立需要有房屋拆迁双方当事人参加，仅有一方当事人，协议关系便不能成立。（2）平等性。房屋拆迁当事人之间的法律地位平等。无论当事人双方的经济实力、政治地位如何，不允许任何一方将自己的意志强加给另一方。（3）合法性。订立协议必须是房屋拆迁双方的合法行为。所谓合法行为，是指按照房屋拆迁法规规定的要求而实施的行为。凡违反法规规定，采取欺诈手段等所订立的协议都是无效协议。（4）具有法律效力。房屋拆迁安置补偿协议是具有法律效力的文件。依法订立的协议必须认真恪守，当事人任何一方均无权擅自变更或解除。在履行协议中发生纠纷的，以协议条款作为解决纠纷的主要依据。（5）双务有偿性。房屋拆迁安置补偿协议是一种双务有偿协议，协议的当事人依据协议享有一定的权利，同时又要承担相应的义务。（6）书面性。房屋拆迁安置补偿协议必须采用书面的形式。

（二）房屋拆迁安置补偿合同的主要内容

房屋拆迁安置补偿合同主要包括以下内容：（1）拆迁补偿方式、货币补偿金额及其支付期限；（2）安置用房面积、标准和地点；（3）产权调换房屋的差价支付方式和期限；（4）搬迁期限、搬迁过渡方式和过渡期限；（5）搬迁补助费和临时安置补助费或停产、停业损失费发放标准和支付方式；（6）违约责任和争议解决的方式；（7）当事人约定的其他条款。

拆迁补偿安置协议具体包括哪些内容，还应视拆迁补偿方式不同而不同。对于实行货币补偿的，协议中应主要载明补偿金额、搬迁期限；对于实行产权调换的，协议主要载明安置用房的结构、面积和地点、搬迁期限、过渡方式和

过渡期限。①

（三）房屋拆迁安置补偿合同无效的情形②

1. 签订合同的拆迁人不具备征收资格。对于国有土地而言，根据《国有土地上房屋征收与补偿条例》规定，市、县级人民政府确定的房屋征收部门组织实施本行政区域的房屋征收与补偿工作。房屋征收部门可以是当地的建委，也可以是当地的房管部门，还可以是为了征收而专门成立的行政机关。

2. 被拆迁人为无民事行为能力人或者限制行为能力人。根据我国《民法典》规定，自然人的民事行为能力分为完全民事行为能力、限制民事行为能力、无民事行为能力三种。完全民事行为能力人可以独立实施民事法律行为。限制行为能力人，是指八周岁以上，不满十八周岁的未成年人，或者不能完全辨认自己行为的成年人，限制行为能力人独立签订的协议属于效力待定协议。无民事行为能力人，是指不满八周岁的未成年人以及不能辨认自己行为的成年人，无民事行为能力人签订的协议属于无效协议。

3. 代理人超过代理权限并且没有得到被拆迁人的追认。根据《民法典》规定，行为人没有代理权限、超越代理权限或者代理权终止后，仍然实施代理行为，未经被代理人追认的，对被代理人不发生效力。

4. 拆迁安置协议违反法律的强制性规定。拆迁活动没有获得拆迁许可，或者拆迁人与被拆迁人达成的拆迁安置补偿协议关于拆迁补偿的方式、拆迁期限、过渡措施的约定等违背了拆迁相关法律的规定，或者以欺诈、胁迫等违背当事人真实意思的手段逼迫被拆迁人签订拆迁安置补偿合同的情况，都是认定合同无效的情形。

（四）房屋拆迁安置补偿协议履行中的纠纷解决③

拆迁人在安置房建设过程中，擅自改变安置房的结构、面积、朝向等，致使拆迁安置合同无法履行，被拆迁人坚持要求依照协议补偿或安置的，应判令拆迁人按合同约定的标准履行给付补偿或安置的房屋，拆迁人拒绝执行的，可

---

① 黄斯琴：《付某霞诉宝塔组房屋拆迁安置补偿纠纷等案评析》，湖南大学 2010 年硕士学位论文。
② 张榆：《搬迁补偿协议不属于不予公开的商业秘密》，载《人民法院报》2020 年 4 月 16 日。
③ 龙璐：《房屋拆迁安置补偿合同纠纷案件研究报告》，中央民族大学 2013 年硕士学位论文。

采取划拨拆迁人款项、在房地产交易市场按协议约定的内容购置商品房交付给被拆迁人的方法,予以强制执行。对于拆迁人将同一房屋安置给数个被拆迁人的,应作为房屋确权纠纷案件审理,未取得争议房屋所有权或使用权的被拆迁人,可另行起诉拆迁人,拆迁人应负另行安置或补偿责任。

三、关于房屋拆迁安置补偿合同纠纷的裁判规则

(一)搬迁补偿协议仅有一方签字,对方并未签字盖章,签字一方当事人亦未能提供其他证据证明其与对方达成了搬迁补偿协议的,不足以证明双方就案涉搬迁补偿事项已达成了一致

【案例来源】
案例名称:高某男与北京城市副中心投资建设集团有限公司房屋拆迁安置补偿合同纠纷案
审理法院:最高人民法院
案　　号:(2020)最高法民申 4987 号

【争议点】
高某男与北京城市副中心投资建设集团有限公司(以下简称城投公司)因房屋拆迁安置补偿合同纠纷引发诉讼,该案历经北京市第三中级人民法院一审、北京市高级人民法院二审、最高人民法院再审三个阶段。在再审中,当事人就案涉补偿安置协议是否达成产生争议。

【裁判说理】
本案原审法院综合考虑高某男提供的新奥通分(合)拆管征字〔2016〕非孙 D-01-005-1《非住宅房屋、青苗及其他土地附着物搬迁补偿协议》中,仅有高某男一方签字,城投公司并未签字盖章,高某男亦未能提供其他证据证明其与城投公司达成了搬迁补偿协议等情况,认定高某男与城投公司之间未达成补偿安置协议,依法裁定驳回高某男的起诉,并无不当。案涉房屋虽然已交由城投公司拆除,但并不足以证明双方就本案搬迁补偿事项已达成了

一致，故本案不符合《合同法》第36条①规定的"法律、行政法规规定或者当事人约定采用书面形式订立合同，当事人未采用书面形式但一方已经履行主要义务，对方接受的，该合同成立"的情形。高某男关于其已于2016年9月与城投公司之间就腾退补偿事宜协商一致，签订腾退补偿协议的主张，缺乏事实依据。

（二）因案涉土地被国土部门征收而导致案涉征地协议无法履行的，双方当事人对取得的财产应当相互返还或折价补偿

【案例来源】

案例名称：银川市兴庆区丽景街街道办事处八里桥村村民委员会、宁夏贺兰功达建业有限责任公司房屋拆迁安置补偿合同纠纷案

审理法院：最高人民法院

案　　号：（2020）最高法民申5632号

【争议点】

银川市兴庆区丽景街街道办事处八里桥村村民委员会（以下简称八里桥村委会）、宁夏贺兰功达建业有限责任公司（以下简称功达公司）、银川市兴庆区丽景街街道办事处（以下简称丽景街街办）、银川市兴庆区人民政府（以下简称兴庆区政府）因房屋拆迁安置补偿合同纠纷引发诉讼，该案历经宁夏回族自治区银川市中级人民法院一审、宁夏回族自治区高级人民法院二审、最高人民法院再审三个阶段。在再审中，当事人就八里桥村委会向功达公司返还征地款511.56万元并支付利息是否有事实和法律依据产生争议。

【裁判说理】

关于返还款项及支付利息的问题。经审查，2000年5月20日，功达公司与八里桥村委会签订《征地协议》，约定功达公司征用八里桥村的耕地66亩（实际征用面积为63.945亩）。后功达公司于2002年4月2日支付完毕511.56万元征地费用。由于案涉63.945亩土地在2003年被银川市兴庆区国土部门征收，导致案涉《征地协议》无法履行，故八里桥村委会与功达公司对取得的财产应当相互返还或折价补偿。原判决据此判令八里桥村委会向功达公司返还征

---

① 对应《民法典》第490条第2款，该条款规定："法律、行政法规规定或者当事人约定合同应当采用书面形式订立，当事人未采用书面形式但是一方已经履行主要义务，对方接受时，该合同成立。"

地补偿款 511.56 万元，并支付相应利息并无不当。八里桥村委会关于其已实际履行《征地协议》，不应向功达公司返还征地款并支付利息的再审申请理由依法不能成立。八里桥村委会主张丽景街街办截留案涉征地款 51.156 万元与本案并非同一法律关系，对此法院不予审查。八里桥村委会申请再审称，原判决认定的 2002 年 4 月 3 日为利息起算时间错误，并提交了有关案涉征地补偿款的支付凭证。经审查，上述凭证与在案其他客观证据相矛盾，不足以推翻原判决所认定的事实。

（三）拆迁房屋的单位未取得房屋拆迁许可证实施拆迁行为不会导致拆迁合同无效

【案例来源】

案例名称：北京光华五洲纺织集团公司与北京市大兴区瀛海镇人民政府房屋拆迁安置补偿合同纠纷案

审理法院：最高人民法院

案　　号：（2020）最高法民申 4683 号

【争议点】

北京光华五洲纺织集团公司（以下简称光华公司）与北京市大兴区瀛海镇人民政府（以下简称瀛海镇政府）因房屋拆迁安置补偿合同纠纷引发诉讼，该案历经中级人民法院一审、北京市高级人民法院二审、最高人民法院再审三个阶段。在再审中，当事人就案涉拆迁合同是否有效产生争议。

【裁判说理】

本案光华公司申请再审提出的三个方面的理由，其在二审上诉时均已提出，主要诉讼主张仍然是在原审中提出的案涉《非住宅拆迁补偿协议》无效。二审法院综合考虑没有法律规定拆迁房屋的单位未取得房屋拆迁许可证实施拆迁行为将导致拆迁合同无效的法律后果，案涉《非住宅拆迁补偿协议》不违背现行法律、法规规定，继续使该合同有效并不会损害国家利益和社会公共利益，该合同系瀛海镇政府与光华公司在自愿平等的基础上签订，系双方真实意思表示，对光华公司关于案涉合同无效的主张未予支持，并无不当。光华公司关于案涉《非住宅拆迁补偿协议》无效的主张，于法无据。

（四）土地及房屋的所有权人在其他共有人均出具证明表示不主张权利的情况下在补偿安置协议书上签字的，足以产生法律效力

【案例来源】

案例名称：喻某晏与阿克苏天力房地产开发有限责任公司建设用地使用权转让合同纠纷案

审理法院：最高人民法院

案　　号：（2020）最高法民申 5055 号

【争议点】

喻某晏与阿克苏天力房地产开发有限责任公司（以下简称天力公司）、朱某旺因建设用地使用权转让合同纠纷引发诉讼，该案历经新疆维吾尔自治区阿克苏地区中级人民法院一审、新疆维吾尔自治区高级人民法院二审、最高人民法院再审三个阶段。在再审中，当事人就补偿安置协议书上的签字是否有效产生争议。

【裁判说理】

关于喻某晏、天力公司认为《城市房屋拆迁补偿安置协议书》应由共有人一起签字，才具有法律效力的再审主张是否成立的问题。经审查，政府土地管理部门的档案登记中，其他共有人均出具证明表示不主张权利。朱某旺个人作为土地及房屋的所有权人进行签字，足以产生法律效力，故朱某旺在《城市房屋拆迁补偿安置协议书》中签字的行为，并不违反法律规定，原审法院未追加其他共有人参加诉讼，亦未违反法定程序。据此，喻某晏、天力公司该再审申请理由不能成立。

（五）一方当事人将案涉房屋另行处置导致对方未能实现取得安置房屋的合同目的的，其赔偿数额的确定应当以能够使对方在当前市场上取得与约定交付的安置房屋相类似的房屋价格为依据

【案例来源】

案例名称：太原化学工业集团房地产开发有限公司、太原市义井菜市场房屋拆迁安置补偿合同纠纷案

审理法院：最高人民法院

案　　号：（2020）最高法民申 4252 号

【争议点】

太原化学工业集团房地产开发有限公司（以下简称太化房地产公司）、太原市义井菜市场（以下简称义井菜市场）因房屋拆迁安置补偿合同纠纷引发诉讼，该案历经山西省太原市中级人民法院一审、山西省高级人民法院二审、最高人民法院再审三个阶段。在再审中，当事人就赔偿数额的认定产生争议。

【裁判说理】

关于太化房地产公司应当赔偿的数额认定问题。《合同法》第113条第1款[①]规定："当事人一方不履行合同义务或者履行合同义务不符合约定，给对方造成损失的，损失赔偿额应当相当于因违约所造成的损失，包括合同履行后可以获得的利益，但不得超过违反合同一方订立合同时预见到或者应当预见到的因违反合同可能造成的损失。"本案中，太化房地产公司将案涉房屋另行处置，导致义井菜市场未能实现取得安置房屋的合同目的，系根本违约，故太化房地产公司赔偿数额的确定应当以能够使义井菜市场在当前市场上取得与约定交付的安置房屋相类似的房屋价格为依据。原审法院以2019年2月18日作为评估基准日评估出的案涉房屋市场价格作为太化房地产公司应当赔偿的数额，并无不当。

（六）一方当事人与变更后的拆迁主体达成补偿协议且收取了部分拆迁补偿款的，应视为对拆迁主体变更的默许，拆迁主体变更后，此前已经确定的补偿范围以及达成的补偿协议应认定继续有效

【案例来源】

案例名称：遵义万盛钢铁有限公司与遵义市新区开发投资有限责任公司房屋拆迁安置补偿合同纠纷案

审理法院：最高人民法院

案　　号：（2019）最高法民终1966号

【争议点】

遵义万盛钢铁有限公司（以下简称万盛公司）与遵义市新区开发投资有限

[①] 对应《民法典》第584条，该条规定："当事人一方不履行合同义务或者履行合同义务不符合约定，造成对方损失的，损失赔偿额应当相当于因违约所造成的损失，包括合同履行后可以获得的利益；但是，不得超过违约一方订立合同时预见到或者应当预见到的因违约可能造成的损失。"

责任公司（以下简称新开投公司）因房屋拆迁安置补偿合同纠纷引发诉讼，该案历经贵州省遵义市中级人民法院一审、贵州省高级人民法院二审、最高人民法院再审三个阶段。在再审中，当事人就案涉补偿协议书约定的补偿范围产生争议。

【裁判说理】

关于《企业搬迁补偿协议书》约定的补偿范围是否包括土地使用权及10KV线路架设损失。首先，万盛公司对于《企业搬迁补偿协议书》的效力并未提出异议，协议明确约定对万盛公司位于拆迁范围内的所有资产一次性补偿5100万元。其次，根据遵义市渝黔铁路建设协调指挥部作出的《关于渝黔铁路建设对遵义市红花岗区万盛公司征收有关问题的会议纪要》《关于万盛钢铁厂征收明确的有关事项》，结合《关于请求扣除红花岗区渝黔铁路指挥部预付给遵义市万盛钢铁有限公司搬迁款的函》《红花岗区渝黔铁路建设协调指挥部关于向万盛钢铁厂支付款项的情况说明》，可以证实对万盛公司实施拆迁的主体由渝黔铁路指挥部变更为新开投公司。万盛公司与变更后的拆迁主体新开投公司达成补偿协议，万盛公司收取了部分拆迁补偿款，应视为对拆迁主体变更的默许。拆迁主体变更后，此前已经确定的补偿范围以及达成的补偿协议应认定继续有效。渝黔铁路指挥部与万盛公司共同委托评估机构确认的补偿范围包括了70 788平方米的土地使用权及10KV线路架设损失，万盛公司提交的证据未证实对拆迁范围内的所有资产的一次性补偿款不包括70 788平方米土地使用权及10KV线路架设损失，万盛公司应当承担举证不能的法律后果。

四、结语

征收拆迁是一个持续的过程，其中还包含了征收决定的前置程序问题、征收补偿协议的履行、补偿标准的合理性等问题。针对这些问题，最高人民法院也陆续出台了相关司法解释。人民法院在审理房屋拆迁安置补偿合同纠纷案件时，形成了诸多可供参考的裁判规则：第一，搬迁补偿协议仅有一方签字，对方并未签字盖章，签字一方当事人亦未能提供其他证据证明其与对方达成了搬迁补偿协议的，不足以证明双方就案涉搬迁补偿事项已达成了一致。第二，因案涉土地被国土部门征收而导致案涉征地协议无法履行的，双方当事人对取得的财产应当相互返还或折价补偿。第三，拆迁房屋的单位未取得房屋拆迁许可证实施拆迁行为不会导致拆迁合同无效。第四，土地及房屋的所有权人在其他共有人均出具证明表示不主张权利的情况下在补偿安置协议书上签字的，足以产生法律效力。第五，一方当事人将案涉房屋另行处置导致对方未能实现取得安置房屋的合同目的的，其赔偿数额的确定应当以能够使对方在当前市场上取得与约定交付的安置房屋相类似的房屋价格为依据。第六，一方当事人与变更后的拆迁主体达成补偿协议且收取了部分拆迁补偿款的，应视为对拆迁主体变更的默许，拆迁主体变更后，此前已经确定的补偿范围以及达成的补偿协议应认定继续有效。

第九节　房地产价格评估合同纠纷

一、导论

房产价格是房屋建筑价格与房基地价的总和。房屋建筑价格是房屋建筑商品价值的货币表现。房基地价格是土地地租的资本化。房产价格可分为市场价格、评估价格、租赁价格、抵押价格和课税价格等。房地产价格评估是对争议房地产的价值、交易价格、造价、成本、租金、补偿金额、赔偿金额、估价结果等进行科学的鉴定，提出客观、公正、合理的意见，为通过协议、调解、仲裁、诉讼等方式解决纠纷提供参考依据。房地产价格评估以房地产的价值为基础，考虑各种影响价格的因素的综合情况，从而使房地产的实物形态得以用货币形式表现。本节以因房地产价格评估合同产生纠纷的案件裁判文书为研究对象，以2017年以来人民法院作出的相关裁判文书为主要范围，归纳、提炼房地产价格评估合同纠纷裁判的理念和趋势，以期通过对我国案例的研究来指导司法实践。

截至2021年2月，在中国裁判文书网中输入"房地产价格评估合同纠纷"（案由）检索出民事裁判文书319篇，其中，高级人民法院裁判的有9篇，本节选取了其中6例典型案例，并对其裁判规则进行了梳理研究。在具体案例的选取上，本节遵循以下"两个优先"原则：第一，优先选择审判层级较高的裁判文书；第二，优先选择审判日期较近的裁判文书。通过形式和内容两个方面的筛选，本节最终选择了6篇裁判文书进行研究，即（2020）桂民申3310号、（2017）川民再324号、（2020）吉02民终2724号、（2020）浙04民终1152号、（2019）宁01民终2527号、（2019）甘01民终4586号。其中，由高级人民法院裁判的有2篇，裁判日期为2020年（含）之后的有3篇。

二、房地产价格评估合同纠纷的基本理论

（一）房地产价格评估概述

房地产价格评估，是指由持有《房地产估价人员岗位合格证书》或《房地产估价师注册证》的专业人员，根据估价目的，遵循估价原则，按照估价程序，运用估价方法，在综合分析影响房地产价格因素的基础上，结合估价经验及对影响房地产价格因素的分析，对房地产的特定权益，在特定时间最可能实现的合理价格所作出的估计、推测与判断。[①]

（二）房地产价格评估的类型

1.一般评估。这类评估一般是在交易双方发生意见分歧或有争议时，求助于评估机构，以解决分歧和争议，使之趋于一致的手段，一般不具备法律效力，是参考性评估，它反映的是某一地域、某一时间点、某一特定物业一般的价值水平。

2.房地产抵押贷款评估。这类评估是购房者寻求金融支持时，对自己所抵押的房屋的价值进行的评估，评估必须由金融部门指定或委派的评估机构进行，评估一经确定，具备法律效力、形成法律文件、对双方有约束力。这种评估值一般较低。

3.特定评估。这类评估是房地产交易管理部门因买卖双方交易价格明显低于市场价格水平而做的评估，为了保证公正合理，须采用两种以上的评估方法进行评估，评估结果一经确定，具有法律效力，交易双方须按确定后的评估值计算缴纳税费。

（三）房地产价格评估的基本原则

《城市房地产管理法》第34条规定："国家实行房地产价格评估制度。房地产价格评估，应当遵循公正、公平、公开的原则，按照国家规定的技术标准和评估程序，以基准地价、标定地价和各类房屋的重置价格为基础，参照当地

---

① 杨天一：《基于房产税的沈阳商品房价格评估的理论与实证研究》，东北大学2015年硕士学位论文。

的市场价格进行评估。"《国有土地上房屋征收与补偿条例》第 20 条第 2 款规定:"房地产价格评估机构应当独立、客观、公正地开展房屋征收评估工作,任何单位和个人不得干预。"

(四)房地产价格评估机构的确定方法

1. 由被征收人协商选定。协商选定是基础,在确定房地产价格评估机构时,若没有经过被征收人的协商而采取其他征收办法,被征收人可以予以拒绝。

2. 当被征收人在规定时间内协商不成的,另有两种方法可供选择。(1)多数决定,即可以由房屋征收部门组织被征收人按照少数服从多数的原则投票决定。(2)随机选定,即采取摇号、抽签等随机方式确定。即使采取多数决定、抽签、摇号的方式来确定评估机构,也是要有被征收人参与的,房屋征收部门或其他政府部门均无权擅自指定评估机构。

(五)房地产价格评估的现状分析[①]

中国的房地产评估行业属于一个年轻的行业,各方面体制还不够完善。为进一步防范房地产信贷风险,国务院、中国人民银行及银监会等部门于 2003 年先后出台了《中国人民银行关于进一步加强房地产信贷业务管理的通知》《国务院关于促进房地产市场持续健康发展的通知》《商业银行房地产贷款风险管理指引》等一系列文件来规范房地产贷款市场。这些规定对于规范抵押评估行为、指导房地产估价师的抵押评估工作,产生了深远的影响。

(六)房屋估价纠纷的解决方式

委托人、被拆迁人和承租人(以下简称当事人)对评估结果有争议的,可以在收到评估报告或分户评估报告之日起 5 日内,向原估价机构书面申请复估。原估价机构应当在收到复估申请的 3 日内向申请人出具书面复估结论。原估价机构调整评估结果的,还应向原委托人出具调整后的评估报告并注明调整原因。

当事人对评估结果有争议的,一方当事人可以在收到评估报告或分户评

---

① 何玲:《论房地产评估法律制度》,南京工业大学 2014 年硕士学位论文。

估报告之日起 15 日内,向房地产估价师协会组织的房屋拆迁估价专家委员会(以下简称专家委员会)申请鉴定。原估价机构应当及时向专家委员会提供评估报告、评估技术报告及其他有关资料。专家委员会受理鉴定申请后,应当对评估报告的合法性、规范性、合理性进行鉴定,并在收到申请后的 10 日内出具鉴定意见。①

经专家委员会鉴定,评估报告合法、规范、合理的,专家委员会应当出具维持原评估结果的鉴定意见。经专家委员会鉴定,评估报告不合法、不规范或不合理的,拆迁人应在收到专家委员会意见的 3 日内要求原估价机构重新评估或者委托具有房屋拆迁估价资格的另一家估价机构重新评估。受托机构应在 7 日内出具重新评估报告。当事人对重新评估的结果无争议的,重新评估结果作为拆迁补偿的依据;当事人对重新评估结果仍有争议的,拆迁人应重新向专家委员会申请鉴定。专家委员会应在收到申请后的 5 个工作日内出具鉴定意见。

三、关于房地产价格评估合同纠纷的裁判规则

(一)关于评估费的内部请示文件,不能作为认定评估单位已完成价格评估服务工作的<u>直接证据</u>

【案例来源】

案例名称:百色新天地房地产评估事务所与百色市右江区财政局房地产价格评估合同纠纷案

审理法院:广西壮族自治区高级人民法院

案　　号:(2020)桂民申 3310 号

【争议点】

百色新天地房地产评估事务所(以下简称新天地评估所)与百色市右江区财政局(以下简称右江区财政局)因房地产价格评估合同纠纷引发诉讼,该案历经广西壮族自治区百色市右江区人民法院一审、广西壮族自治区百色市中级人民法院二审、广西壮族自治区高级人民法院再审三个阶段。在再审中,当事人就评估报告是否具有法律效力产生争议。

---

① 任浩:《我国国有土地上房屋征收价格评估法律问题之思考》,苏州大学 2011 年硕士学位论文。

【裁判说理】

新天地评估所提起本案诉讼，要求右江区财政局按照双方补充签订的《资产评估业务约定书》支付评估费用，应当就其已完成合同约定的评估工作并出具评估报告书承担举证责任。新天地评估所就其所评估的五个项目向法院提交了五份评估报告，并提交了百右财国资〔2017〕18号、百右财国资〔2017〕35号文件，拟证明其已按要求完成项目评估。但五份评估报告中，仅百色市塑料厂和百色市水电设备修配厂两个项目的评估报告加盖有该所和评估人员的印章，其余三份报告均未加盖印章，不具有法律效力；而百右财国资〔2017〕18号、百右财国资〔2017〕35号文件为右江区财政局向右江区人民政府呈交的关于评估费的内部请示文件，不能作为认定新天地评估所已完成价格评估服务工作的直接证据。新天地评估所在一、二审诉讼过程中未能提供充分证据证明其已全部完成合同约定的评估工作并向右江区财政局提交合法有效的评估报告，一、二审判决对其诉请的百色市恒健视频公司、百色市中兴公司及民生街升平巷2号住户三个项目的评估费用不予支持并无不当。

（二）当事人作为评估公司提供评估服务的直接受益人，其主张与评估公司之间不存在评估合同关系的，人民法院不予支持

【案例来源】

案例名称：四川诚信资产评估有限公司与四川省纺织品进出口公司房地产价格评估合同纠纷案

审理法院：四川省高级人民法院

案　　号：（2017）川民再324号

【争议点】

四川诚信资产评估有限公司（以下简称诚信公司）与四川省纺织品进出口公司（以下简称纺织品公司）因房地产价格评估合同纠纷引发诉讼，该案历经四川省成都市青羊区人民法院一审、四川省成都市中级人民法院二审、四川省高级人民法院再审三个阶段。在再审中，当事人就纺织品公司是否应当向诚信公司支付评估费及利息产生争议。

【裁判说理】

在纺织品公司申请强制执行三立公司一案中，为对三立公司所有的位于四川省都江堰市龙池镇的国营林场土地使用权〔都国用（2001）字第0990号面

积 24846.80 ㎡〕进行评估,四川省成都市中级人民法院基于纺织品公司的强制执行申请启动评估程序,并委托诚信公司对该宗土地的使用权进行评估。嗣后,诚信公司接受四川省成都市中级人民法院的委托开展了评估活动并出具了《资产评估报告书》,诚信公司的评估活动也得到了纺织品公司的认可,三次拍卖均以《资产评估报告书》确定的评估价值来确定保留价,且最终纺织品公司以三拍保留价获得抵偿。显然纺织品公司是诚信公司提供评估服务的直接受益人,故法院对纺织品公司关于与诚信公司之间不存在评估合同关系的辩称理由不予支持。

(三)签订评估委托合同后,该项目又划转给其他部门,该其他部门不同意承担案涉评估费用且债权人评估公司亦不同意债务人变更的,案涉评估费用由原部门承担

【案例来源】

案例名称:吉林市房屋征收经办中心与吉林市鸿诚房地产评估有限公司等房地产价格评估合同纠纷案

审理法院:吉林省吉林市中级人民法院

案　　号:(2020)吉 02 民终 2724 号

【争议点】

吉林市房屋征收经办中心(以下简称市征收办)、吉林市鸿诚房地产评估有限公司(以下简称鸿诚评估公司)、吉林市船营区房屋征收经办中心(以下简称船营征收办)因房地产价格评估合同纠纷引发诉讼,该案历经吉林省吉林市船营区人民法院一审、吉林省吉林市中级人民法院二审两个阶段。在二审中,当事人就案涉评估费用由谁承担产生争议。

【裁判说理】

本案中,鸿诚评估公司与市征收办签订了《房屋征收评估委托合同》,虽然项目已划转给船营征收办,但船营征收办不同意承担案涉评估费用,鸿诚评估公司作为债权人亦不同意债务人变更为船营征收办,三方亦没有签订相关协议,故一审判决案涉评估费用由市征收办承担,并无不当。市征收办与鸿诚评估公司签订的《房屋征收评估委托合同》中未约定评估费用的给付时间,市征收办于 2018 年 5 月 11 日出具《长春路 24 号楼征收相关费用情况说明》,确认了案涉评估费的总额、已支付数额、尚欠数额。因此,一审判决鸿诚评估公司

(四)当事人对评估公司出具的结算审核报告予以盖章确认,且在一审判决其支付酬金后未提起上诉的,应视为其认可评估公司所完成的工作

【案例来源】

案例名称:宝厦集团有限公司与嘉兴市银建工程咨询评估有限公司等房地产价格评估合同纠纷案

审理法院:浙江省嘉兴市中级人民法院

案　　号:(2020)浙04民终1152号

【争议点】

宝厦集团有限公司(以下简称宝厦公司)、嘉兴市银建工程咨询评估有限公司(以下简称银建公司)、浙江瀚豪实业有限公司(以下简称瀚豪公司)因房地产价格评估合同纠纷引发诉讼,该案历经浙江省嘉兴市南湖区人民法院一审、浙江省嘉兴市中级人民法院二审两个阶段。在二审中,当事人就结算审核报告是否具有约束力产生争议。

【裁判说理】

工程造价结算审核性质上属于工程咨询服务,故相关《建设工程造价咨询合同》应属于技术服务合同。根据《合同法》第360条至第362条①之规定,技术服务合同的委托人应当按照约定提供工作条件,完成配合事项,接受工作成果并支付报酬。受托人则应当按照约定完成服务项目,解决技术问题,保证工作质量。如委托人不履行合同义务或履行合同义务不符合约定,影响工作进度和质量,不接受或者逾期接受工作成果的,支付的报酬不得追回,未支付的报酬应当支付。受托人未按照合同约定完成服务工作的,则应当承担免收报酬等违约责任。由此可见,委托人接受报酬、受托人支付报酬的前提是委托人完成工作任务。本案中,瀚豪公司对银建公司出具的结算审核报告予以盖章确

---

① 对应《民法典》第882条至第884条。第882条规定:"技术服务合同的委托人应当按照约定提供工作条件,完成配合事项,接受工作成果并支付报酬。"第883条规定:"技术服务合同的受托人应当按照约定完成服务项目,解决技术问题,保证工作质量,并传授解决技术问题的知识。"第884条规定:"技术服务合同的委托人不履行合同义务或者履行合同义务不符合约定,影响工作进度和质量,不接受或者逾期接受工作成果的,支付的报酬不得追回,未支付的报酬应当支付。技术服务合同的受托人未按照约定完成服务工作的,应当承担免收报酬等违约责任。"

认，且在一审判决其支付酬金后未提起上诉，应视为其认可银建公司所完成的工作，二审应予确认。现宝厦公司上诉请求驳回银建公司的诉讼请求属于对瀚豪公司诉讼权利的不当主张，法院不予支持。但需要说明的是，由于宝厦公司对银建公司出具的结算审核报告不予认可，且事后其与瀚豪公司之间有关建设工程施工合同纠纷的诉讼结果亦表明该结算审核报告存在重大的错、漏算，故该结算审核报告对其不具约束力，基于该结算审核报告所产生的相关费用不能如瀚豪公司所抗辩的那样应全额由宝厦公司承担。

（五）当事人以评估公司提交的初审稿不符合合同约定为由拒绝支付咨询服务费，亦没有提交证据证实其在收到审核初稿后对初审稿提出异议的，人民法院不予支持

【案例来源】

案例名称：宁夏檀溪房地产开发有限公司与宁夏惠建建设工程咨询有限公司房地产价格评估合同纠纷案

审理法院：宁夏回族自治区银川市中级人民法院

案　　号：（2019）宁01民终2527号

【争议点】

宁夏檀溪房地产开发有限公司（以下简称檀溪公司）、宁夏惠建建设工程咨询有限公司（以下简称惠建公司）因房地产价格评估合同纠纷引发诉讼，该案历经宁夏回族自治区银川市兴庆区人民法院一审、宁夏回族自治区银川市中级人民法院二审两个阶段。在二审中，当事人就是否应支付咨询服务费产生争议。

【裁判说理】

檀溪公司与惠建公司签订的《建设工程造价咨询合同》系双方当事人的真实意思表示，合同真实有效。惠建公司向檀溪公司提交了《审核报告书（初审稿）》后，檀溪公司未组织惠建公司与施工单位进行工程造价审核，也未向惠建公司支付剩余咨询服务费，一审结合惠建公司作为服务提供者，客观上无法组织檀溪公司和施工单位共同审核工程造价的实际判决檀溪公司向惠建公司支付咨询服务费，并无不妥。虽然檀溪公司辩称其不向惠建公司支付咨询服务费系因惠建公司提交的初审稿不符合合同约定，但檀溪公司亦没有提交证据证实其在收到审核初稿后对惠建公司提交的初审稿提出异议，故对檀溪公司的该意

见，法院不予采纳。

（六）房屋评估合同的签订双方为街道办事处与评估公司的，该评估合同产生的权利义务由街道办事处与评估公司承担，房屋征收与补偿的对象并非该评估合同的权利义务相对人

【案例来源】

案例名称：钟某某与兰州中瑞房地产咨询估价有限公司房地产价格评估合同纠纷案

审理法院：甘肃省兰州市中级人民法院

案　　号：（2019）甘01民终4586号

【争议点】

钟某某与兰州中瑞房地产咨询估价有限公司因房地产价格评估合同纠纷引发诉讼，该案历经甘肃省兰州市城关区人民法院一审、甘肃省兰州市中级人民法院二审两个阶段。在二审中，当事人就诉讼主体是否适格产生争议。

【裁判说理】

合同是平等主体的自然人、法人、其他组织之间设立、变更、终止民事权利义务关系的协议。本案诉争的《房屋评估合同》系兰州市西固区陈坪街道办事处与被上诉人兰州中瑞房地产咨询估价有限公司签订，该房地产价格评估合同产生的权利义务由兰州市西固区陈坪街道办事处与被上诉人兰州中瑞房地产咨询估价有限公司承担。上诉人钟某某作为房屋征收与补偿的对象，并非该合同的权利义务相对人。故其起诉要求变更因该合同而产生的《房屋征收价格评估分户表（初始）》不适格，其起诉不符合《民事诉讼法》第119条规定的起诉条件。一审法院驳回其起诉，并无不当。

四、结语

房地产价格评估中往往涉及复杂的法律问题，这不仅包括争取自己的合法权益，也包括规避法律技术风险。针对这些问题，人民法院在审理案件过程中形成了诸多可供参考的裁判规则：第一，关于评估费的内部请示文件，不能作为认定评估单位已完成价格评估服务工作的直接证据。第二，当事人作为评估公司提供评估服务的直接受益人，其主张与评估公司之间不存在评估合同关

系的，人民法院不予支持。第三，签订评估委托合同后，该项目又划转给其他部门，该其他部门不同意承担案涉评估费用且债权人评估公司亦不同意债务人变更的，案涉评估费用由原部门承担。第四，当事人对评估公司出具的结算审核报告予以盖章确认，且在一审判决其支付酬金后未提起上诉的，应视为其认可评估公司所完成的工作。第五，当事人以评估公司提交的初审稿不符合合同约定为由拒绝支付咨询服务费，亦没有提交证据证实其在收到审核初稿后对初审稿提出异议的，人民法院不予支持。第六，房屋评估合同的签订双方为街道办事处与评估公司的，该评估合同产生的权利义务由街道办事处与评估公司承担，房屋征收与补偿的对象并非该评估合同的权利义务相对人。

第十节 建筑物和其他土地附着物抵押权纠纷

一、导论

《民法典》颁布之前，处理抵押权纠纷的法律依据主要有《民法通则》第89条，《物权法》第179~207条，《担保法》第33条、第34条、第36~40条、第42~56条、第58~62条，《城市房地产管理法》第47~52条，《海商法》第13条，《民用航空法》第16条，《最高人民法院关于适用〈中华人民共和国担保法〉若干问题的解释》第47~83条等相关规定。本节以建筑物和其他土地附着物抵押权纠纷案件的裁判文书为研究对象，以2013年以来人民法院作出的相关裁判文书为主要范围，归纳、提炼建筑物和其他土地附着物抵押权纠纷裁判的理念和趋势，以期通过对我国案例的研究来指导司法实践。

截至2021年2月，编者在中国裁判文书网中输入"建筑物和其他土地附着物抵押权纠纷"（案由）共检索出民事裁判文书317篇，其中，由高级人民法院裁判的有6篇，本节选取了其中6例典型案例，并对其裁判规则进行了梳理研究。在具体案例的选取上，本节遵循以下"两个优先"原则：第一，优先选择审判层级较高的裁判文书；第二，优先选择审判日期较近的裁判文书。通过形式和内容两个方面的筛选，本节最终选择了6篇裁判文书进行研究，即（2019）京民申1703号、（2019）冀民申2503号、（2019）湘民申705号、（2019）鲁01民终9885号、（2020）闽09民终735号、（2020）豫16民终4762号。其中，由高级人民法院裁判的有3篇，裁判日期均为2019年（含）之后。

二、建筑物和其他土地附着物抵押权纠纷的基本理论

（一）建筑物和其他土地附着物抵押权概述

1. 建筑物和其他土地附着物抵押权的定义。建筑物和其他土地附着物抵押权，是指以建筑物和其他土地附着物设定的抵押权。建筑物，是指定着于土地上或地面以下，具有顶盖、梁柱、墙壁，供人居住或使用的构造物，房屋、仓库、地下室、空中走廊、立体停车场等均包括在内。其他土地附着物，是指抵押人依法享有所有权或处分权的附着于土地之上的除建筑物和构筑物以外的不动产。通常包括：（1）林木。（2）地上构筑物。如集体所有的砖瓦窑、石灰窑，工艺流程生产线，单位所有的烟囱、水塔、游泳池、雕像等。（3）与不动产尚未分离的出产物或不动产的出产物。主要包括农作物及有机沙石等无机物。以建筑物抵押的，该建筑物占用范围内的建设用地使用权一并抵押。①

2. 建筑物和其他土地附着物抵押权的设立时间。《民法典》第402条规定："以本法第三百九十五条第一款第一项至第三项规定的财产或者第五项规定的正在建造的建筑物抵押的，应当办理抵押登记。抵押权自登记时设立。"

（二）土地使用权及其建筑物未一并抵押的处理

《民法典》第397条规定："以建筑物抵押的，该建筑物占用范围内的建设用地使用权一并抵押。以建设用地使用权抵押的，该土地上的建筑物一并抵押。抵押人未依据前款规定一并抵押的，未抵押的财产视为一并抵押。"

（三）设定抵押权的土地建造建筑物后，抵押权如何实现

《民法典》第417条规定："建设用地使用权抵押后，该土地上新增的建筑物不属于抵押财产。该建设用地使用权实现抵押权时，应当将该土地上新增的建筑物与建设用地使用权一并处分。但是，新增建筑物所得的价款，抵押权人无权优先受偿。"根据该规定，当抵押权实现时，土地上建筑物随土地一同拍卖，抵押权人仅就拍卖土地使用权所得的价款部分享有优先受偿权，对于新增

---

① 丁淼、王明霄、寇星明：《建筑物和其他土地附着物抵押权纠纷管辖权之辨》，载《晟典律师评论》2018年第1期。

房屋拍卖所得价款部分不享有优先受偿权。

（四）建筑物抵押权人是否可以针对工程价款优先受偿之判决提出第三人撤销之诉

《民事诉讼法》第56条所规定的"民事权益"应当包括抵押权。在建设工程价款优先受偿权与抵押权指向同一标的物，且该标的物拍卖、变卖所得价款不足以清偿工程欠款和抵押权所担保的主债权时，抵押权人的权益必然会因为建设工程价款优先受偿权的有无以及范围大小而受到影响，因此，抵押权人与关于建设工程价款优先受偿权的处理结果具有法律上的利害关系，抵押权人具备提起第三人撤销之诉的主体资格。

三、关于建筑物和其他土地附着物抵押权纠纷的裁判规则

（一）双方未签订书面借款协议，一方亦未举证证明其要求对方及时履行出借义务，未要求对方办理注销房屋抵押登记手续，仅在强制执行过程中对抵押权提出异议的，人民法院不予支持

【案例来源】
案例名称：徐某明等与赵某勇建筑物和其他土地附着物抵押权纠纷案
审理法院：北京市高级人民法院
案　　号：（2019）京民申1703号

【争议点】
李某荣、徐某明与赵某勇因建筑物和其他土地附着物抵押权纠纷引发诉讼，该案历经北京市平谷区人民法院一审、北京市第三中级人民法院二审、北京市高级人民法院再审三个阶段。在再审中，当事人就是否存在口头借款协议产生争议。

【裁判说理】
赵某勇主张案涉房屋系李某荣为尚未偿还的650万元本金及利息提供的抵押担保，而李某荣、徐某明主张案涉房屋系为其与赵某勇另行达成的口头协议借款700万元提供的抵押担保。关于是否存在口头借款协议的问题，经查双方当事人此前的交易方式、交易习惯，双方历次借贷关系中均签订书面借款协

议，且赵某勇均于签订借款协议2日内即实际支付了出借款项。而李某荣、徐某明所主张的本次交易中，双方未签订书面借款协议，李某荣、徐某明亦未举证证明其要求赵某勇及时履行700万元的出借义务，亦在长达三年时间内，未要求赵某勇办理注销房屋抵押登记手续，仅在赵某勇向法院提出强制执行过程中，才对抵押权提出异议。以上种种情形，与双方的交易方式及交易习惯相悖，亦明显与常理不符，故李某荣、徐某明主张案涉房屋系为其与赵某勇另行达成的口头协议借款700万元提供的抵押担保，不具有高度可能性。反观本案事实，李某荣欠款本息数额与《借款担保协议》中约定的700万元数额相近，李某荣、徐某明为赵某勇办理了房屋抵押登记手续，赵某勇在对未偿还欠款本息申请强制执行中及时提出了实现抵押权的要求，故赵某勇主张案涉房屋系李某荣为尚未偿还的650万元本金及利息提供的抵押担保，具有高度可能性。据此，两审法院认为李某荣在尚欠赵某勇借款本息的情况下，要求赵某勇协助其办理注销房屋抵押登记手续没有事实根据和法律依据，并判决驳回李某荣、徐某明的诉讼请求，并无不当。

（二）建筑物和其他土地附着物抵押权纠纷中，抵押权人无法与抵押人取得联系，因而在抵押物处张贴贷款催收通知单进行债务催收的，应视为诉讼时效的中断

【案例来源】

案例名称：王某明与河北高碑店农村商业银行股份有限公司张八屯支行建筑物和其他土地附着物抵押权纠纷案

审理法院：河北省高级人民法院

案　　号：（2019）冀民申2503号

【争议点】

王某明与河北高碑店农村商业银行股份有限公司张八屯支行（以下简称农商银行）因建筑物和其他土地附着物抵押权纠纷引发诉讼，该案历经河北省高碑店市人民法院一审、河北省保定市中级人民法院二审、河北省高级人民法院再审三个阶段。在再审中，当事人就本案所涉抵押权是否已超过诉讼时效产生争议。

【裁判说理】

申请人称本案所涉抵押权已超过诉讼时效。农商银行因无法与王某明取得

联系，在王某明抵押物处张贴贷款催收通知单进行债务催收，结合催收人员出庭作证，应视为诉讼时效的中断。一审判决驳回王某明的诉讼请求、二审判决维持原判，并无不当。

（三）为使抵押担保更符合形式上的要求而签订的借款合同，因双方没有发生真实的借贷关系而无效，但并不影响双方签订的一般抵押权合同的效力

【案例来源】

案例名称：周某华与李某明建筑物和其他土地附着物抵押权纠纷案

审理法院：湖南省高级人民法院

案　　号：（2019）湘民申705号

【争议点】

周某华与李某明因建筑物和其他土地附着物抵押权纠纷引发诉讼，该案历经湖南省宁乡市人民法院一审、湖南省长沙市中级人民法院二审、湖南省高级人民法院再审三个阶段。在再审中，当事人就周某华和李某明之间是否发生真实的借贷关系产生争议。

【裁判说理】

综合各方当事人在一审中递交的证据，可以确认各方当事人的真实意思是冯某香欲向李某明借款，李某明为了保障借款能够收回，要求冯某香提供担保，否则不予借款。冯某香便找周某华帮忙，以周某华的房屋做抵押。周某华夫妇作为冯某香和李某明的朋友，愿意为案涉的借款提供房屋抵押担保。为了使抵押担保更符合形式上的要求，周某华与李某明签订《借款合同》和《一般抵押权合同》，约定该笔款项由周某华以案涉房产作担保并办理他项权证。因此，尽管案涉的37万元实际借款人是冯某香，周某华和李某明之间没有发生真实的借贷关系，但是李某明愿意为冯某香和周某华之间的借款提供担保是其真实意思表示。综合本案案情，认定《借款合同》和《一般抵押权合同》是两个相互独立的合同更符合当事人的真实意思表示，有利于促进社会诚信。综上，周某华和李某明签订的《借款合同》无效，并不导致《一般抵押权合同》无效。

（四）建筑物和其他土地附着物抵押权纠纷中，抵押权强制执行力从属于担保的主债权的强制执行力，受主债权强制执行申请期限的限制，主债权因超过强制执行申请期限而丧失强制执行力的保护及于该抵押权

【案例来源】

案例名称：刘某宝与济南农村商业银行股份有限公司历城支行抵押权纠纷案

审理法院：山东省济南市中级人民法院

案　　号：（2019）鲁01民终9885号

【争议点】

刘某宝与济南农村商业银行股份有限公司历城支行（以下简称农商行历城支行）因建筑物和其他土地附着物抵押权纠纷引发诉讼，该案历经山东省济南市历城区人民法院一审、山东省济南市中级人民法院二审两个阶段。在二审中，当事人就案涉房屋抵押登记是否应当解除产生争议。

【裁判说理】

民事调解书中未予申请执行的本金和其他利息的债务对于刘某宝依法丧失强制执行力的保护，济南市历下区佛山苑×区×号房屋抵押担保的债务，亦因执行完毕消灭和超过执行申请期限而丧失强制执行力的保护。因抵押权从属于主债权，其与担保的主债权同时存在，抵押权的设立、移转和消灭从属于主债权的发生、移转和消灭。现行法律并未赋予抵押权独立的强制执行申请权，其强制执行力从属于担保的主债权的强制执行力，受主债权强制执行申请期限的限制。主债权因超过强制执行申请期限而丧失强制执行力的保护及于抵押权。

（五）建筑物和其他土地附着物抵押权纠纷中，已生效判决仅涉及借款本金及相应利息、罚息，当事人又诉请办理案涉房屋的相关初始登记及抵押登记的，不构成重复起诉

【案例来源】

案例名称：赖某英、钱某与中国银行股份有限公司福鼎支行建筑物和其他土地附着物抵押权纠纷案

审理法院：福建省宁德市中级人民法院

案　　号：（2020）闽09民终735号

【争议点】

赖某英、钱某、中国银行股份有限公司福鼎支行因建筑物和其他土地附着物抵押权纠纷引发诉讼，该案历经福建省福鼎市人民法院一审、福建省宁德市中级人民法院二审两个阶段。在二审中，当事人就案涉房屋抵押登记是否构成重复起诉产生争议。

【裁判说理】

二审中，当事人未提交新证据。各方当事人对一审查明的其他事实没有异议，二审法院对无争议的事实予以确认。关于是否构成重复起诉的问题。经查，（2018）闽0982民初2416号民事案件中，中国银行股份有限公司福鼎支行的诉讼请求为赖某英、钱某偿还借款本金及相应利息、罚息，并未包含办理房屋抵押权登记的诉讼请求。而本案的诉讼请求为要求赖某英、钱某根据双方合同约定办理案涉房屋的相关初始登记及抵押登记。因此，本案的诉讼请求并不构成重复起诉。

（六）建筑物和其他土地附着物抵押权纠纷中，抵押权人在主债权诉讼时效届满前未行使抵押权，抵押人在主债权诉讼时效届满后请求涂销抵押权登记的，人民法院依法予以支持

【案例来源】

案例名称：杨某云与河南扶沟农村商业银行股份有限公司建筑物和其他土地附着物抵押权纠纷案

审理法院：河南省周口市中级人民法院

案　　号：（2020）豫16民终4762号

【争议点】

杨某云与河南扶沟农村商业银行股份有限公司因建筑物和其他土地附着物抵押权纠纷引发诉讼，该案历经河南省扶沟县人民法院一审、河南省周口市中级人民法院二审两个阶段。在二审中，当事人就案涉房屋房地产抵押监证书的效力产生争议。

【裁判说理】

本案上诉人杨某云与被上诉人河南扶沟农村商业银行股份有限公司签订的借款合同、抵押合同不违反法律的强制性规定，均合法有效，扶沟县房地产管

理所作为抵押登记机关，出具的《扶沟县房地产抵押监证书》也合法有效。本案借款于 1998 年 2 月 7 日到期，1998 年 5 月 4 日上诉人曾偿还利息，其称该款已超过诉讼时效，被上诉人并不能证明此后向上诉人主张过权利，案涉借款已超过诉讼时效。但根据法律规定，超过诉讼时效，债权并不消灭，债权人丧失的只是胜诉权。抵押权不因债权超过诉讼时效而变成无效。《最高人民法院关于适用〈中华人民共和国担保法〉若干问题的解释》第 12 条①规定，担保物权所担保的债权的诉讼时效结束后，担保权人在诉讼时效结束后的二年内行使担保物权的，人民法院应当予以支持。《物权法》第 202 条②规定，抵押权人应当在主债权诉讼时效期间行使抵押权，未行使的，人民法院不予保护。根据相关会议精神，抵押权人在主债权诉讼时效届满前未行使抵押权，抵押人在主债权诉讼时效届满后请求涂销抵押权登记的，人民法院依法予以支持。如本案被上诉人未在主债权诉讼时效期间内主张抵押权，上诉人应主张符合法律规定的权利。同时现有证据不能证明上诉人的房屋所有权证由被上诉人持有，本案上诉人请求确认其与被上诉人双方办理的房地产抵押监证书无效，被上诉人退还房屋所有权证的诉讼请求，并不符合法律的规定，一审法院在本案中驳回其诉讼请求并无不当。

四、结语

建筑物和其他土地附着物抵押权纠纷在房地产相关诉讼中较为常见。人民法院在审理建筑物和其他土地附着物抵押权纠纷案件时，若双方未签订书面借款协议，一方亦未举证证明其要求对方及时履行出借义务，未要求对方办理注销房屋抵押登记手续，仅在强制执行过程中对抵押权提出异议的，人民法院不予支持。此外，建筑物和其他土地附着物抵押权纠纷中，抵押权人无法与抵押

---

① 对应《最高人民法院关于适用〈中华人民共和国民法典〉有关担保制度的解释》第 44 条第 1 款，该条款规定："主债权诉讼时效期间届满后，抵押权人主张行使抵押权的，人民法院不予支持；抵押人以主债权诉讼时效期间届满为由，主张不承担担保责任的，人民法院应予支持。主债权诉讼时效期间届满前，债权人仅对债务人提起诉讼，经人民法院判决或者调解后未在民事诉讼法规定的申请执行时效期间内对债务人申请强制执行，其向抵押人主张行使抵押权的，人民法院不予支持。"

② 对应《民法典》第 419 条，该条规定："抵押权人应当在主债权诉讼时效期间行使抵押权；未行使的，人民法院不予保护。"

人取得联系，因而在抵押物处张贴贷款催收通知单进行债务催收的，应视为诉讼时效的中断。为使抵押担保更符合形式上的要求而签订的借款合同，因双方没有发生真实的借贷关系而无效，但并不影响双方签订的一般抵押权合同的效力。抵押权人在主债权诉讼时效届满前未行使抵押权，抵押人在主债权诉讼时效届满后请求涂销抵押权登记的，人民法院依法予以支持。

第十一节　在建建筑物抵押权纠纷

一、导论

党的十八大以来,随着我国经济结构的调整和经济增长方式的转变,房地产行业发展也面临新形势。在建工程抵押最早规定在《城市房地产抵押管理办法》,不过条文将主债权限制在银行融资贷款中,抵押权人也只能是银行。之后的《最高人民法院关于适用〈中华人民共和国担保法〉若干问题的解释》第47条在对建工程抵押作出完整表述:以依法获准尚未建造的或者正在建造中的房屋或者其他建筑物抵押的,当事人办理了抵押物登记,人民法院可以认定抵押有效。《物权法》第180条规定的抵押财产范围再次对在建工程抵押进行确认,第187条规定在建建筑物抵押权自登记时设立。《物权法》颁布后,"在建工程"表述变为"正在建造的建筑物",实务中某些地方的不动产登记机构也随之将"在建工程抵押登记"调整为"在建建筑物抵押登记"。本节以在建建筑物抵押权纠纷的案件裁判文书为研究对象,以2017年以来人民法院作出的相关裁判文书为主要范围,归纳、提炼在建建筑物抵押权纠纷裁判的理念和趋势,以期通过对我国案例的研究来指导司法实践。

截至2021年2月,编者在中国裁判文书网中输入"在建建筑物抵押权纠纷"(案由)共检索出民事裁判文书62篇,其中,中级人民法院裁判的有6篇,本节选取了其中6例典型案例,并对其裁判规则进行了梳理研究。在具体案例的选取上,本节遵循以下"两个优先"原则:第一,优先选择审判层级较高的裁判文书;第二,优先选择审判日期较近的裁判文书。通过形式和内容两个方面的筛选,本节最终选择了6篇裁判文书进行研究,即(2017)陕0902民初2054号、(2016)兵1202民初914号、(2017)鄂01民初4318号、(2018)粤01民辖终362号、(2019)鲁0602民初8482号、(2018)川0802民初6897号。以上案例均由中、基层人民法院裁判,其中裁判日期为2018年(含)之后的有 3 篇。

二、在建建筑物抵押权纠纷的基本理论

（一）在建建筑物抵押概述

1. 在建建筑物抵押的定义。在建工程（建筑物）抵押，是指抵押人为取得工程继续建造资金的贷款，将其以合法方式取得的土地使用权及在建工程的投入资产，以不转移占有的方式抵押给银行作为偿还贷款履行担保的行为。

2. 在建建筑物抵押的条件。在建工程符合抵押物条件的就可以作为抵押物，在建工程作抵押必须符合以下三个条件：第一，抵押设立的目的是取得在建工程继续建造的资金；第二，抵押人取得合法的在建工程土地使用权，并且将土地使用权和在建工程的投入资产一并抵押；第三，在建工程作抵押必须办理抵押登记，登记是在建工程抵押权设立的必备条件，不登记抵押权就没有设立，债权人就不能取得抵押权。①

3. 在建工程（建筑物）的抵押范围。因法律法规并未明确在建工程的抵押范围，故可能会造成不同法院对同一问题作出不一致的裁判结果。结合最高人民法院裁判案例，在建工程抵押权作为一种单独的抵押权类型，除当事人在抵押合同中另有约定之外，其抵押物范围不仅包括国有建设用地使用权，还包括规划许可范围内已经建造的和尚未建造的建筑物。②

（二）在建建筑物抵押相关问题

1. 在建建筑物抵押权登记的抵押权人是否可以是非银行的其他主体。虽然《城市房地产抵押管理办法》规定在建工程抵押的抵押权人为贷款银行，但《担保法》及其司法解释并未对抵押权人进行限制，《物权法》明确规定了在建工程可以抵押，但也未对抵押权人的范围进行限制。

2012年11月28日，《最高人民法院关于〈城市房地产抵押管理办法〉在建工程抵押规定与上位法是否冲突问题的答复》（〔2012〕行他字第8号）明确：

---

① 胡扬：《论预购商品房抵押登记的办理及其效力》，西南政法大学2018年硕士学位论文。
② 易静：《论建设工程优先受偿权与抵押权冲突的再平衡》，华东政法大学2017年硕士学位论文。

"在建工程属于《担保法》规定的可以抵押的财产范围。法律对在建工程抵押权人的范围没有作出限制性规定，《城市房地产抵押管理办法》第三条第五款有关在建工程抵押的规定，是针对贷款银行作为抵押权人时的特别规定，但并不限制贷款银行以外的主体成为在建工程的抵押权人。"《最高人民法院关于审理民间借贷案件适用法律若干问题的规定》规定："本规定所称的民间借贷，是指自然人、法人和非法人组织之间进行资金融通的行为。"据此，若抵押权人具备相应的主体资格且主债权合同不违反国家禁止性的法律规定，非银行金融机构和企业甚至自然人也可成为在建工程抵押权人。

2. 未领预售许可证的项目或自建房项目可否办理此类登记。现有法律、法规和规章均未要求把预售许可证作为办理在建建筑物抵押登记的受理要件。在建建筑物抵押登记是依当事人约定设定的债权担保登记，预售许可是国家的行政许可审批制度，二者是两个完全不同的概念。而开发商要进行商品房预售，则必须符合法律、法规和规章的相应要求，已缴纳了全部土地使用权出让金，取得土地使用权证书、建设规划许可证，按提供预售的商品房计算，投入开发建设资金达到工程建设总投资的25%以上，并取得预售许可证后才可以预售。

实际操作中，对已领预售许可证的项目，办理在建建筑物抵押时，登记机构应事先与住建部门沟通衔接。设定在建建筑物抵押之前，须经住建部门确认抵押物清单以下事项：未预售；未被预查封；已被住建部门限制预售；设定在建建筑物抵押后，未销售部分在办理预售备案时，必须先解除抵押限制或者抵押权人出具证明同意抵押人对外销售的证明材料后，住建部门方可办理商品房备案。对非预售在建建筑物项目（俗称单位自建房），则无须进行此操作。

3. 主体工程已完工的项目能否办理此类登记。根据《不动产登记暂行条例实施细则》第75条第3款明确规定，在建建筑物，是指正在建造、尚未办理所有权首次登记的房屋等建筑物。因此笔者认为，即使主体工程已经完工或者已经交付使用，但只要尚未办理所有权首次登记的，在理论上都属于在建建筑物。若本着从严把关的登记原则，登记部门在办理此类在建建筑物抵押登记时要更加审慎，对借款合同中约定的资金用途进行分析，贷款是否是后续工程建造所必需的资金。如果申请办理在建建筑物抵押的是商品房开发项目，按照国家法律、法规对商品房项目进行预售资金监管要求，若该项目已预售所得商品房价款总额已经明显高于工程实际投入款总额，或者贷款金额明显超过继续建造的资金需要（以上两者可参考立项备案书总投资额），则贷款用途明显不符合"为取得在建工程继续建造资金的贷款"的规定。[1]

三、关于在建建筑物抵押权纠纷的裁判规则

（一）抵押担保合同以借款合同的存在为前提，主合同已成立但未生效，从合同担保的债务亦未实际发生，当事人因此要求解除在建工程抵押登记的，人民法院依法应予支持

【案例来源】

案例名称：陕西安康安建房地产开发有限责任公司与安康农村商业银行股份有限公司在建工程抵押权纠纷案

审理法院：陕西省安康市汉滨区人民法院

案　　号：（2017）陕0902民初2054号

【争议点】

陕西安康安建房地产开发有限责任公司（以下简称安建房产公司）、安康农村商业银行股份有限公司（以下简称安康农商银行）因在建建筑物抵押权纠纷引发诉讼，该案经陕西省安康市汉滨区人民法院一审。在一审中，当事人就案涉在建工程抵押登记是否应当解除产生争议。

【裁判说理】

本案中，安康秦巴鑫通物流有限公司与被告订立的固定期限借款合同（陕农信汉滨借字2016第0047号）是独立的合同，为主合同，原告与被告签订的抵押担保合同是为担保主合同债权实现的合同，为从合同。抵押担保合同以借款合同的存在为前提，因被告未向安康秦巴鑫通物流有限公司发放借款，主合同已成立但未生效，从合同担保的债务亦未实际发生，抵押担保合同的继续存在失去意义，亦不能实现合同目的，故对原告要求解除在建工程抵押登记的诉讼请求依法应予支持，对反诉原告要求继续履行借款担保义务的诉讼请求不能予以支持。

---

[1] 段静强：《在建工程抵押权与其他优先权冲突问题研究》，西南政法大学2013年硕士学位论文。

(二）一方诉请对方支付欠款，有双方签订的《在建工程抵押合同》、房屋他项权证、申请书等予以证实且对方无异议的，人民法院依法应予支持

【案例来源】

案例名称：新疆生产建设兵团第十三师房产管理办公室（局）与哈密春天房地产开发有限公司在建建筑物抵押权纠纷案

审理法院：新疆生产建设兵团哈密垦区人民法院

案　　号：（2016）兵1202民初914号

【争议点】

新疆生产建设兵团第十三师房产管理办公室（局）（以下简称房产局）与哈密春天房地产开发有限公司（以下简称春天公司）因在建建筑物抵押权纠纷引发诉讼，该案经新疆生产建设兵团哈密垦区人民法院一审。在一审中，当事人就支付欠款及逾期利息产生争议。

【裁判说理】

原、被告双方签订的协议是双方当事人真实意思的表示，其内容不违反相关的法律法规，合法有效，法院予以确认。原告诉被告欠其货款4 397 599元，有原被告双方签订的《在建工程抵押合同》、房屋他项权证、申请书等予以证实，且被告方无异议，对原告该请求法院予以支持。对原告要求被告支付律师代理费70 000元的诉讼请求，因双方当事人有约定，且有原告提交的收取办法通知、收据等证据证实，法院予以支持。对原告要求被告支付逾期还款利息（2016年6月14日起至判决确定给付之日止）的诉讼请求，因原、被告双方对于利息没有约定，故对原告该诉讼请求，法院不予支持。

（三）当事人之间签订的《最高额抵押合同》约定的担保范围包括借款本金、利息、罚息、复利的，有权要求在最高余额内就期房抵押证明所载抵押物折价或者拍卖、变卖所得价款优先受偿

【案例来源】

案例名称：湖北盘古市政工程有限公司与湖北升辉房地产有限责任公司在建建筑物抵押权纠纷案

审理法院：湖北省武汉市中级人民法院

案　　号：（2017）鄂01民初4318号

【争议点】

湖北盘古市政工程有限公司（以下简称盘古公司）、湖北升辉房地产有限责任公司（以下简称升辉公司）、第三人中国农业银行股份有限公司武汉洪山支行（以下简称农行洪山支行）、武汉新创建设集团有限公司（以下简称新创公司）因在建建筑物抵押权纠纷引发诉讼，该案经湖北省武汉市中级人民法院一审。在一审中，当事人就原告是否对案涉房屋享有抵押权产生争议。

【裁判说理】

农行洪山支行与升辉公司签订《最高额抵押合同》，升辉公司以其部分在建工程为农行洪山支行与新创公司自 2012 年 11 月 29 日起至 2015 年 11 月 28 日止办理约定的各类业务所形成的债权在最高额内提供抵押担保，并办理了期房抵押登记，农行洪山支行的抵押权有效成立。根据《物权法》第 192 条①之规定，除法律另有规定或者当事人另有约定外，债权转让的，担保该债权的抵押权一并转让。故农行洪山支行的抵押权随债权本金一并转让给了原告。因《最高额抵押合同》约定的担保范围包括借款本金、利息、罚息、复利等，因此原告有权要求在最高余额内就武房期新字第 2012003707 号武汉市期房抵押证明所载抵押物折价或者拍卖、变卖所得价款优先偿还其债权转让本金 3000 万元及转让之后的利息。

（四）抵押权属于担保物权，因抵押权设立、变更、转让和消灭引起的纠纷，实质是对担保物抵押权的确认引起的纠纷

【案例来源】

案例名称：广州市汽车贸易有限公司、符某动产抵押权纠纷案

审理法院：广东省广州市中级人民法院

案　　号：（2018）粤 01 民辖终 362 号

【争议点】

广州市汽车贸易有限公司、符某、钟某燕因在建建筑物抵押权纠纷引发诉讼，该案历经广东省广州市黄埔区人民法院一审、广东省广州市中级人民法院二审两个阶段。在二审中，当事人就建筑物抵押权纠纷是否专属管辖产生

---

① 对应《民法典》第 407 条，该条规定："抵押权不得与债权分离而单独转让或者作为其他债权的担保。债权转让的，担保该债权的抵押权一并转让，但是法律另有规定或者当事人另有约定的除外。"

争议。

【裁判说理】

因抵押权设立、变更、转让和消灭引起的纠纷，实际上是对担保物抵押权的确认引起的纠纷，《物权法》规定了抵押权属于担保物权，本案是因建筑物抵押权纠纷提起的诉讼，故本案纠纷属因不动产的权利确认引起的物权纠纷。根据《最高人民法院关于适用〈中华人民共和国民事诉讼法〉的解释》第28条第1款的规定："民事诉讼法第三十二条第一项规定的不动产纠纷是指因不动产的权利确认、分割、相邻关系等引起的物权纠纷。"本案按照不动产纠纷确定管辖，由不动产所在地人民法院专属管辖。案涉抵押建筑物位于原审法院辖区内，原审法院是不动产所在地人民法院，对本案有专属管辖权。原审裁定正确，二审法院予以维持。上诉人的上诉理由不成立，二审法院不予采纳。

（五）当事人一方因请求否定对方的抵押物权而提起的诉讼，依法属于不动产纠纷，适用不动产专属管辖原则

【案例来源】

案例名称：王某岩与烟台市一路顺置业有限责任公司、中国农业银行股份有限公司烟台分行在建建筑物抵押权纠纷、商品房预售合同纠纷案

审理法院：山东省烟台市芝罘区人民法院

案　　号：（2019）鲁0602民初8482号

【争议点】

王某岩与烟台市一路顺置业有限责任公司（以下简称一路顺置业公司）、中国农业银行股份有限公司烟台分行（以下简称农行烟台分行）因在建建筑物抵押权纠纷引发诉讼，该案经山东省烟台市芝罘区人民法院一审。在一审中，当事人就案件管辖权产生争议。

【裁判说理】

原告在本案中提出两项诉讼请求，第一项为请求协助解除两被告之间关于涉及原告购买房屋的在建工程抵押登记，该项请求的目的是否定被告农行烟台分行对案涉房屋在内的在建建筑物的抵押权，该抵押权依法属于抵押物权的范畴，并非依合同产生的债权法律关系。《最高人民法院关于适用〈中华人民共和国民事诉讼法〉的解释》第28条第1款规定："民事诉讼法第三十三条第一项规定的不动产纠纷是指因不动产的权利确认、分割、相邻关系等引起的物

权纠纷。"而抵押物权属于物权的范畴,对于因物权设立、权属、效力、使用、收益等物权关系产生的纠纷,属于物权纠纷。原告因请求否定被告农行烟台分行的抵押物权而提起诉讼,依法属于不动产纠纷,适用不动产专属管辖原则。原告的第二项请求则系基于第一项请求来实现,故本案不应以原告的第二项请求确定管辖权。因涉案不动产即抵押在建建筑物位于烟台市牟平区,故本案应由烟台市牟平区人民法院专属管辖,被告一路顺置业提出的管辖权异议成立。

（六）当事人提出诉请判决案涉建筑物抵押登记自始无效后上诉,又因相同事由诉至法院的,人民法院不予支持

【案例来源】

案例名称：韩某琼与广元市新程实业有限公司、四川亚泰建设有限公司在建建筑物抵押权纠纷案

审理法院：四川省广元市利州区人民法院

案　　号：（2018）川0802民初6897号

【争议点】

韩某琼、广元市新程实业有限公司、四川亚泰建设有限公司因在建建筑物抵押权纠纷引发诉讼,该案经四川省广元市利州区人民法院一审。在一审中,当事人就案涉房屋抵押权登记是否有效产生争议。

【裁判说理】

原告韩某琼提出诉请,请求判决被告广元市新程实业有限公司与被告四川亚泰建设有限公司对江南星城A栋一层×号商铺的抵押登记自始无效,法院作出判决后,原告不服上诉,该案在二审审理时,原告又诉至法院,诉请判决被告广元市新程实业有限公司与被告四川亚泰建设有限公司对江南星城A栋一层×号商铺的抵押登记自始无效,形成本案纠纷,故原告本案诉讼请求与前案再审诉讼形成重复诉讼,法院不予支持。

四、结语

人民法院在审理在建建筑物抵押权纠纷案件时,若出现以下几种情况的,人民法院应予支持：其一,抵押担保合同以借款合同的存在为前提,主合同已成立但未生效,从合同担保的债务亦未实际发生,当事人因此要求解除在建工

程抵押登记的；其二，一方诉请对方支付欠款，有双方签订的《在建工程抵押合同》、房屋他项权证、申请书等予以证实且对方无异议的。此外，当事人之间签订的《最高额抵押合同》约定的担保范围包括借款本金、利息、罚息、复利的，有权要求在最高余额内就期房抵押证明所载抵押物折价或者拍卖、变卖所得价款优先受偿。抵押权属于担保物权，因抵押权设立、变更、转让和消灭引起的纠纷，实质是对担保物抵押权的确认引起的纠纷。当事人一方因请求否定对方的抵押物权而提起的诉讼，依法属于不动产纠纷，适用不动产专属管辖原则。最后，当事人提出诉请判决案涉建筑物抵押登记自始无效后上诉，又因相同事由诉至法院的，人民法院不予支持。

第十二节 建设用地使用权抵押权纠纷

一、导论

2019年7月,国务院办公厅印发《关于完善建设用地使用权转让、出租、抵押二级市场的指导意见》,对全面开展完善建设用地使用权转让、出租、抵押二级市场作出部署。明确建设用地使用权转让形式,明晰不同权能建设用地使用权转让的必要条件,完善土地分割、合并转让政策,实施差别化的税费政策。规范以有偿方式或以划拨方式取得的建设用地使用权出租管理,简化审批程序,营造良好的出租环境。明确不同权能建设用地使用权抵押的条件,规定自然人、企业均可作为抵押权人。探索养老、教育等社会领域企业以有偿取得的建设用地使用权、设施等财产进行抵押融资。本节以建设用地使用权抵押权纠纷的案件裁判文书为研究对象,以2014年以来人民法院作出的相关裁判文书为主要范围,归纳、提炼建设用地使用权抵押权纠纷裁判的理念和趋势,以期通过对我国案例的研究来指导司法实践。

截至2021年2月,编者在中国裁判文书网中输入"建设用地使用权纠纷"(案由)检索出民事裁判文书46篇,其中,中级人民法院裁判的有12篇,本节选取了其中6例典型案例,并对其裁判规则进行了梳理研究。在具体案例的选取上,本节遵循以下"两个优先"原则:第一,优先选择审判层级较高的裁判文书;第二,优先选择审判日期较近的裁判文书。通过形式和内容两个方面的筛选,本节最终选择了6篇裁判文书进行研究,即(2019)苏12民终2979号、(2017)川13民终1020号、(2020)川06民终559号、(2018)湘04民辖终237号、(2017)川04民辖终71号、(2014)江中法立民终字第275号。以上案例均由中级人民法院裁判,裁判日期为2018年(含)之后的有3篇。

二、建设用地使用权抵押权纠纷的基本理论

（一）建设用地使用权抵押权概述

1. 建设用地使用权抵押权的定义。建设用地使用权抵押，是指抵押人将其依法取得的国有建设用地使用权以不转移占有的方式向抵押权人提供债务履行担保的行为；当债务人到期不履行债务时，抵押权人有权以处理该建设用地使用权所得的价款优先受偿。①

2. 建设用地使用权抵押权的设立时间。以建筑物和其他土地附着物，建设用地使用权，以招标、拍卖、公开协商等方式取得的荒地等土地承包经营权，正在建造的建筑物抵押的，应当办理抵押登记。抵押权自登记时设立。

（二）建设用地使用权抵押权相关问题

1. 主债务已过诉讼时效，建设用地使用权抵押权是否消灭。《民法典》第419条规定："抵押权人应当在主债权诉讼时效期间行使抵押权；未行使的，人民法院不予保护。"虽然主债务已过诉讼时效，抵押权人丧失的是抵押权受人民法院保护的权利（即胜诉权），而抵押权本身并没有消灭，如果抵押人自愿履行担保义务的，抵押权人仍可以行使抵押权。②

2. 主债务诉讼时效中断，建设用地使用权抵押权是否有效。主债务诉讼时效中断时抵押权有效。抵押权人行使时抵押权不是固定期间，而是可变期间，随着主债权诉讼时效中断而发生变化。只要在主债权诉讼时效期间内，抵押权人就仍可行使抵押权。

3. 对建设用地使用权抵押后新增的建筑物在实现抵押权时如何处理。③《民法典》第417条规定："建设用地使用权抵押后，该土地上新增的建筑物不属于抵押财产……"这是因为抵押权设定之时，该建筑物并不存在，因此，其抵押权效力不及于该新添建筑物。但由于无法将新添的建筑物与土地剥离，所以在抵押权实现的时候，即需要拍卖该建设用地使用权的时候，应当将该土地上

---

① 高巍：《集体经营性建设用地使用权抵押贷款机制研究》，郑州大学2017年硕士学位论文。
② 高兴兵、李劼：《抵押权不因注销登记而消灭》，载《人民司法》2019年第20期。
③ 冯阳照：《违约行使国有建设用地使用权的私法后果研究》，西南政法大学2015年硕士学位论文。

新增的建筑物与建设用地使用权一并处分，但处分新增建筑物所得的价款，抵押权人无权优先受偿，对此《民法典》第417条规定："……该建设用地使用权实现抵押权时，应当将该土地上新增的建筑物与建设用地使用权一并处分，但是新增建筑物所得的价款，抵押权人无权优先受偿。"因此，对于拍卖的价款，首先应当先扣除新增建筑物之价款归抵押人所有，其剩余部分抵押权人可以享有优先受偿权。

（三）国有建设用地使用权及房屋所有权一般抵押权首次登记所需提交的材料

1. 不动产登记申请书。

2. 申请人身份证明。

（1）法人或其他组织：企业须提供营业执照或组织机构代码证或其他身份证明（原件及复印件）；事业单位须提供事业单位证明及组织机构代码证（原件及复印件）；社会团体须提供社会团体登记证书及组织机构代码证（原件及复印件）；法定代表人或负责人身份证明（原件及复印件）、授权委托书（原件及复印件）、代理人身份证明（原件及复印件或加盖公章）；

（2）个人：申请人身份证明（原件及复印件）、授权委托书（原件）、代理人身份证明（原件及复印件），限制民事行为能力人和无民事行为能力人必须由其监护人代理申请。

3. 不动产权属证书（或土地使用证和房屋所有权证）(原件)。

4. 主债权合同（原件及复印件）。最高额抵押的，应当提交一定期间内将要连续发生债权的合同或者其他登记原因文件等必要材料。

5. 抵押合同（原件及复印件）。主债权合同中包含抵押条款的，可以不提交单独的抵押合同书。最高额抵押的，应当提交最高额抵押合同。

6. 下列情形还应当提交以下材料：

（1）同意将最高额抵押权设立前已经存在的债权转入最高额抵押担保的债权范围的，应当提交已存在债权的合同以及当事人同意将该债权纳入最高额抵押权担保范围的书面材料；

（2）在建建筑物抵押的，应当提交建设工程规划许可证。

三、关于建设用地使用权抵押权纠纷的裁判规则

（一）案涉主合同并没有实际履行到位，他项权证书登记的抵押权人并非上诉人，该上诉人据此主张对抵押物拍卖款项享有优先受偿权的，人民法院不予支持

【案例来源】

案例名称：翟某前与泰州市姜堰区多马克金属制品有限公司、徐某鸣等建设用地使用权抵押权纠纷案

审理法院：江苏省泰州市中级人民法院

案　　号：（2019）苏12民终2979号

【争议点】

翟某前、徐某鸣、吴某、泰州市姜堰区多马克金属制品有限公司（以下简称多马克公司）、泰州市阳光投资担保有限公司（以下简称阳光公司）因建设用地使用权抵押权纠纷引发诉讼，该案历经四川省绵竹市人民法院一审、四川省德阳市中级人民法院二审两个阶段。在二审中，当事人就案涉抵押权是否已经消灭产生争议。

【裁判说理】

本案所涉基于建设用地使用权所产生的抵押权，是债务人或者第三人向债权人提供建设用地使用权作为清偿债务的担保。从主从合同效力关系上看，担保合同是主合同的从合同。根据阳光公司在一审庭审中的陈述，该抵押担保是多马克公司为泰州市展业节能有限公司在中信银行泰州分行的贷款作反担保用的，后来中信银行的贷款没有批下来，抵押权也没有解除。从其陈述中可以看出，本案所涉主合同并没有实际履行到位。上诉人翟某前称，本案所涉抵押系委托阳光公司代为办理，实际抵押权应该由翟某前享有。但从本案有效证据来看，他项权证书登记的抵押权人并非上诉人翟某前，翟某前据此主张对抵押物拍卖款项享有优先受偿权，缺乏事实和法律依据。其起诉不具备基本要件，人民法院依法应驳回其起诉。

（二）当事人可依据人民法院作出的最终裁决单方向有关权属登记机关申请物权的权利归属处理。当事人要求对方履行注销土地抵押登记的申请及协助义务的，人民法院不予支持

【案例来源】

案例名称：四川天诚贸易有限责任公司、中国农业银行股份有限公司阆中市支行建设用地使用权抵押权纠纷案

审理法院：四川省南充市中级人民法院

案　　号：（2017）川13民终1020号

【争议点】

四川天诚贸易有限责任公司（以下简称四川天诚公司）、中国农业银行股份有限公司阆中市支行（以下简称农行阆中支行）因建设用地使用权抵押权纠纷引发诉讼，该案历经四川省阆中市人民法院一审、四川省南充市中级人民法院二审两个阶段。在二审中，当事人就农行阆中支行是否应当履行注销土地抵押登记的申请及协助义务产生争议。

【裁判说理】

农行阆中支行与四川天诚公司、重庆怡和物资（集团）有限公司借款担保合同纠纷一案，四川省高级人民法院作出（2016）川民终731号民事判决后，农行阆中支行不服该判决，向最高人民法院申请再审，2017年6月29日，最高人民法院作出（2017）最高法民申2044号民事裁定，裁定对该案进行提审，本案审理时该案正处于再审审理中。人民法院作出的最终裁决系本案所涉抵押权是否归于消灭的认定依据，根据《物权法》相关规定，[①] 因人民法院作出的裁决导致物权设立、变更、转让或者消灭的，自裁决文书生效时发生效力。关于物权设立、变更、转让、消灭的行使程序问题，根据国务院《不动产登记暂行条例》规定，人民法院生效法律文书设立、变更、转让、消灭不动产权利的，可以由当事人单方申请。本案中，四川天诚公司可依据人民法院作出的最终裁决，单方向有关权属登记机关申请物权的权利归属处理。四川天诚公司要求农行阆中支行履行注销土地抵押登记的申请及协助义务，不具有可诉性，原审裁

---

① 对应《民法典》第229条，该条规定："因人民法院、仲裁机构的法律文书或者人民政府的征收决定等，导致物权设立、变更、转让或者消灭的，自法律文书或者征收决定等生效时发生效力。"

定驳回四川天诚公司的起诉并无不当。

（三）案涉抵押权所依附的主债权已经被一审法院以超过诉讼时效而驳回，抵押权人在主债权诉讼时效期间届满前未行使抵押权，抵押人在主债权诉讼时效届满后请求涂销抵押权登记的，人民法院依法予以支持

【案例来源】

案例名称：中国农业银行股份有限公司绵竹市支行、四川省绵竹市恒源土特产品有限责任公司抵押合同纠纷案

审理法院：四川省德阳市中级人民法院

案　　号：（2020）川06民终559号

【争议点】

中国农业银行股份有限公司绵竹市支行（以下简称农行绵竹支行）、四川省绵竹市恒源土特产品有限责任公司（以下简称恒源公司）因建设用地使用权抵押权纠纷引发诉讼，该案历经四川省绵竹市人民法院一审、四川省德阳市中级人民法院二审两个阶段。在二审中，当事人就案涉抵押权是否已经消灭产生争议。

【裁判说理】

上诉人提出，上诉人虽未在主债权诉讼时效期间行使抵押权，但并不意味着案涉抵押权消灭，上诉人仅仅丧失的是对主债权的胜诉权而已，上诉人至今依然是被上诉人的自然债权人，其抵押权是另外一层法律关系，其本身并不因主债权丧失而消灭，其仍然是基于该债权存在的。法院认为，抵押权人应当在主债权诉讼时效期间内行使抵押权。本案中，案涉抵押权所依附的主债权已经被一审法院以超过诉讼时效而驳回，抵押权人在主债权诉讼时效期间届满前未行使抵押权，抵押人在主债权诉讼时效届满后请求涂销抵押权登记的，人民法院依法予以支持。故上诉人的该上诉理由不能成立。

（四）仅涉及担保效力问题而不涉及当事人的土地权属的建设用地使用权抵押权纠纷案件，不适用不动产专属管辖

【案例来源】

案例名称：上诉人李某与被上诉人衡阳富邦升辉房地产开发有限公司建设用地使用权抵押权纠纷案

审理法院：湖南省衡阳市中级人民法院

案　　号：（2018）湘04民辖终237号

【争议点】

李某、衡阳富邦升辉房地产开发有限公司因建设用地使用权抵押权纠纷引发诉讼，该案历经湖南省衡阳市珠晖区人民法院一审、湖南省衡阳市中级人民法院二审两个阶段。在二审中，当事人就是否适用不动产专属管辖产生争议。

【裁判说理】

本案系确认合同无效纠纷。被上诉人衡阳富邦升辉房地产开发有限公司以上诉人李某与原审被告肖某玉未经被上诉人同意，私自签订担保协议，用被上诉人公司的土地使用权为上诉人借款进行担保，被上诉人不应承担担保责任为由，向原审法院提起诉讼。本案不涉及被上诉人的土地权属，仅涉及担保效力问题，原审法院以不动产确定管辖，属适用法律不当，应予纠正。依照《民事诉讼法》第23条规定，因合同纠纷提起的诉讼，由被告住所地或者合同履行地人民法院管辖的规定，上诉人住所地在湖南省常宁市，常宁市人民法院具有管辖权。

（五）双方当事人在建设用地使用权抵押合同中明确约定解决争议的方式是向抵押权人所在地人民法院起诉的，该约定符合法律规定

【案例来源】

案例名称：攀枝花市瀛鼎房地产开发有限公司与成都农村商业银行股份有限公司高新支行建设用地使用权抵押权纠纷案

审理法院：四川省攀枝花市中级人民法院

案　　号：（2017）川04民辖终71号

【争议点】

攀枝花市瀛鼎房地产开发有限公司（以下简称瀛鼎公司）、成都农村商业银行股份有限公司高新支行（以下简称成都农商行高新支行）因建设用地使用权抵押权纠纷引发诉讼，该案历经四川省攀枝花市东区人民法院一审、四川省攀枝花市中级人民法院二审两个阶段。在二审中，当事人就双方约定是否违反专属管辖产生争议。

【裁判说理】

本案系建设用地使用权抵押权纠纷，产生该纠纷是源于抵押合同，而非案

涉的建设用地。双方当事人在抵押合同中明确约定解决争议的方式是向抵押权人所在地人民法院即成都农商行高新支行所在地人民法院起诉,该约定符合法律规定。故瀛鼎公司的上诉请求不能成立,原审认定事实清楚、适用法律正确,应予维持。

（六）建设用地使用权抵押权纠纷涉及的土地属于不动产,应依照不动产专属管辖的规定来确定管辖法院

【案例来源】

案例名称：江门市蓬江区南昌实业投资有限公司与江门融和农村商业银行股份有限公司建设用地使用权抵押权纠纷案

审理法院：广东省江门市中级人民法院

案　　号：（2014）江中法立民终字第275号

【争议点】

江门市蓬江区南昌实业投资有限公司（以下简称南昌公司）、江门融和农村商业银行股份有限公司（以下简称融和农商行）因建设用地使用权抵押权纠纷引发诉讼,该案历经广东省江门市蓬江区人民法院一审、广东省江门市中级人民法院二审两个阶段。在二审中,当事人就案件管辖产生争议。

【裁判说理】

本案为建设用地使用权抵押权纠纷。本案涉及的土地属于不动产,故本案是因不动产纠纷提起的诉讼,应依照不动产专属管辖的规定来确定本案具有管辖权的法院。本案不动产位于江门市蓬江区,根据《民事诉讼法》第33条第（1）项"因不动产纠纷提起的诉讼,由不动产所在地人民法院管辖"的规定,本案应由原审法院管辖。本案融和农商行提出的第一项诉讼请求是判令南昌公司立即将案涉的36.3亩土地抵押给融和农商行并办理相关的抵押登记手续,该诉讼请求的内容不涉及标的物的权属确认或转移,因而不涉及案涉土地的标的金额；融和农商行提出的第二项诉讼请求是判令南昌公司赔偿融和农商行经济损失200万元。本案诉讼标的金额未达6000万元以上,南昌公司认为本案不属于原审法院有关级别管辖范围,理由不成立,二审法院不予采纳。原审法院裁定驳回南昌公司提出的管辖权异议正确,二审法院予以维持。

四、结语

人民法院在审理建设用地使用权抵押权纠纷案件时，若出现以下几种情况的，人民法院不予支持：其一，案涉主合同并没有实际履行到位，他项权证书登记的抵押权人并非上诉人，该上诉人据此主张对抵押物拍卖款项享有优先受偿权的。其二，当事人可依据人民法院作出的最终裁决单方向有关权属登记机关申请物权的权利归属处理。当事人要求对方履行注销土地抵押登记的申请及协助义务的。此外，案涉抵押权所依附的主债权已经被一审法院以超过诉讼时效而驳回，抵押权人在主债权诉讼时效期间届满前未行使抵押权，抵押人在主债权诉讼时效届满后请求涂销抵押权登记的，人民法院依法予以支持。关于管辖问题，仅涉及担保效力问题而不涉及当事人的土地权属的建设用地使用权抵押权纠纷案件，不适用不动产专属管辖。双方当事人在建设用地使用权抵押合同中明确约定解决争议的方式是向抵押权人所在地人民法院起诉的，该约定符合法律规定。建设用地使用权抵押权纠纷涉及的土地属于不动产，应依照不动产专属管辖的规定来确定管辖法院。

后 记

中国司法案例研究中心微信公众号——"判例研究（Chinese Case）"于2015年开始推送有关裁判规则，目前已经推送各类裁判规则1000余篇，阅读量达到500 0000人次。推送出的诸多裁判规则不仅被国内一些较有影响力的微信公众号转发，而且成为法官、检察官、律师、法学学者和法科学生喜闻乐见的"快餐读品"。如何将这些裁判规则由"线上"走向"线下"，实现"线上"与"线下"的互动与交融，不仅是本研究中心追求的方向，也是我们推出大数据与裁判规则系列丛书的初衷。

司法的最终呈现载体为裁判，而裁判中的精华为裁判规则与裁判思路。裁判规则与裁判思路承载着法官对法律适用和案件事实实践的经验智慧。案件的不可"完全相同性"决定了每一裁判的不可"复制性"，但是裁判规则中蕴含的法官经验智慧则是可"复制"与可"模仿"的实践经验，这些经验智慧可以成为后来类案裁判的方向指引。而如何从中国裁判文书网上的"海量"案件中检索出相似案件，特别是如何从这些相似案例中再提炼和归纳出承载法官裁判智慧的规则并非易事。最高人民法院胡夏冰博士，河南省高级人民法院的王韶华副院长、马献钊主任、王静庭长、邹波庭长、王少禹庭长，郑州大学法学院沈开举教授，河南警察学院田凯教授等，对案件如何检索特别是裁判规则如何提取等方面给予了有益指导，在此表示衷心地感谢！

本研究中心的微信公众号在推送裁判规则以及其他案例过程中，得到了河南天欣律师事务所和河南正臻律师事务所的大力支持，在此表示感谢！

《房地产纠纷裁判精神要与裁判规则》一书不仅精选了部分"判例研究"公号推送的优秀裁判案例，而且从中国裁判文书网"海量"的案件中提炼、归纳了很多经典的裁判规则，这一项工作的圆满完成离不开郑州大学法学院的硕士生——安帅奇、靳楠、段阶尧、李巍华等同学无数次的讨论研究和夜以继日的不断尝试、努力,对同学们的辛勤付出表示感谢!最后还要特别感谢人民法院出版社的陈建德副总编辑、李安尼副主任、巩雪编辑在选题和出版等方面给予的大力支持和帮助!本书的具体分工和写作如下:

张嘉军(郑州大学法学院教授):前言,后记,第一章第6~7节。

李慧娟(河南省高级人民法院副庭长):第二章第13节。

马斌(河南天欣律师事务所主任):第二章第5~7节、第三章第1~2节。

陈同柱〔上海市建纬(郑州)律师事务所副主任〕:第四章第1~2节;第五章第6~7节。

安帅奇(郑州大学法学院硕士研究生):第一章第1~5节。

靳楠(郑州大学法学院硕士研究生):第一章第8节、第二章第1~4节。

段阶尧(郑州大学法学院硕士研究生):第二章第8~12节。

李巍华(郑州大学法学院硕士研究生):第三章第3~7节。

陈城(郑州大学法学院硕士研究生):第四章第3~7节。

常珂豪(郑州大学法学院硕士研究生):第五章第1~5节。

高铭泽(郑州大学法学院硕士研究生):第五章第8~12节。

《房地产纠纷裁判精要与裁判规则》一书是中国司法案例研究中心推出的大数据与裁判规则系列丛书的第四部专题化图书,今后将会推出更多"裁判规则"方面的书籍。希望我们今后的工作能够一如既往地得到各界朋友的大力支持!也希望各界朋友特别是法学理论界和实务界的朋友对大数据与裁判规则系列丛书提出更多宝贵意见,以便我们能够推出更贴近司法实践现实和学界需求的裁判规则。

"路漫漫其修远兮,吾将上下而求索。"

编者

二〇二一年八月六日